MÜNSTERISCHE BEITRÄGE
ZUR RECHTS- UND STAATSWISSENSCHAFT

HERAUSGEGEBEN VON DER

RECHTS- UND STAATSWISSENSCHAFTLICHEN FAKULTÄT DER
WESTFÄLISCHEN WILHELMS-UNIVERSITÄT IN MÜNSTER

11

Berlin 1967

WALTER DE GRUYTER & CO.

vorm. G. J. Göschen'sche Verlagshandlung / J. Guttentag, Verlagsbuchhandlung / Georg Reimer / Karl J. Trübner / Veit & Comp.

DIE RICHTERIDEE DER STRAFPROZESSORDNUNG UND IHRE GESCHICHTLICHEN GRUNDLAGEN

von

WILFRIED KÜPER

Münster

Berlin 1967

WALTER DE GRUYTER & CO.

vorm. G. J. Göschen'sche Verlagshandlung / J. Guttentag, Verlagsbuchhandlung / Georg Reimer / Karl J. Trübner / Veit & Comp.

Gedruckt mit Unterstützung der Deutschen Forschungsgemeinschaft
D 6

Archiv-Nr. 2 700 67 1
Satz und Druck: Berliner Buchdruckerei Union GmbH, Berlin 61

DEM ANDENKEN MEINER MUTTER

VORWORT

Das Manuskript dieser Schrift hat im Wintersemester 1964/65 der Rechts- und Staatswissenschaftlichen Fakultät der Universität Münster als Dissertation vorgelegen. Der Untersuchung, die vor Verkündung und Inkrafttreten des Strafprozeßänderungsgesetzes entstanden ist, liegt die Strafprozeßordnung in der bis zum 31. März 1965 geltenden Fassung zugrunde. Mit Rücksicht auf die überwiegend rechts- und geistesgeschichtliche Zielsetzung der Arbeit habe ich daran bewußt nichts geändert; die „kleine Strafprozeßreform" und ihre Ergebnisse sind jedoch in den Anmerkungen berücksichtigt worden. Das Manuskript wurde im Juni 1966 für den Druck abgeschlossen. Später erschienene Veröffentlichungen konnten nur noch vereinzelt verwertet werden.

Vielen Förderern dieser Arbeit habe ich zu danken. Zunächst Herrn Professor Dr. Karl *Peters*, früher Münster, jetzt Tübingen, der diese Schrift thematisch angeregt hat. Sodann der Rechts- und Staatswissenschaftlichen Fakultät der Universität Münster, die für die Veröffentlichung ihre Schriftenreihe zur Verfügung gestellt hat. Zu Dank verpflichtet bin ich ferner der Deutschen Forschungsgemeinschaft und dem Herrn Kurator der Universität Münster für die Bereitstellung der zur Publikation erforderlichen Druckkostenbeihilfen. Mein besonderer Dank aber gilt Herrn Professor Dr. Rudolf Gmür, Münster, für seine liebenswürdige Unterstützung bei der endgültigen Fassung des Manuskripts sowie bei den Verhandlungen mit dem Verlag und der Deutschen Forschungsgemeinschaft.

Münster/Westf., im Oktober 1966

Wilfried Küper

ABKÜRZUNGEN

AcP	Archiv für die civilistische Praxis
ACrR	Archiv des Criminalrechts
ADStGB	Allgemeines Deutsches Strafgesetzbuch (Entwurf)
AgesPsych	Archiv für die gesamte Psychologie
AkathKR	Archiv für katholisches Kirchenrecht
AllgLitZtg	Allgemeine Litteratur-Zeitung
ALR	Allgemeines Landrecht für die preußischen Staaten
AnwBl	Anwaltsblatt
AöR	Archiv des öffentlichen Rechts
ARSPh	Archiv für Rechts- und Sozialphilosophie
ARWPh	Archiv für Rechts- und Wirtschaftsphilosophie
AUS	Annales Universitatis Saraviensis (Serie Rechts- und Wirtschaftswissenschaften)
BGH	Bundesgerichtshof
BGHSt	Amtliche Sammlung der Entscheidungen des Bundesgerichtshofes in Strafsachen
BlRpfl	Blätter für Rechtspflege im Bezirk des Kammergerichts
BT	Bundestag
CCC	Constitutio Criminalis Carolina
CO	Criminalordnung
DJT	Deutscher Juristentag
DogmJb	Iherings Jahrbücher für Dogmatik
DÖV	Die Öffentliche Verwaltung
DRiZ	Deutsche Richterzeitung
DRW	Deutsche Rechtswissenschaft
DRZ	Deutsche Rechts-Zeitschrift
Dsp.	Deutschenspiegel
FH	Frankfurter Hefte
Fn.	Fußnote
GA	Goltdammers Archiv für Strafrecht
Ges.Schr.	Gesammelte Schriften
GG	Grundgesetz
GS	Der Gerichtssaal bzw. Gesetzessammlung

GVG	Gerichtsverfassungsgesetz
HdwK	Handwörterbuch der Kriminologie
HdwR	Handwörterbuch der Rechtswissenschaft
HHW	Hessische Hochschulwochen für staatswissenschaftliche Fortbildung
HZ	Historische Zeitschrift
IKV	Internationale Kriminalistische Vereinigung
JGS	Gesetze und Verfassungen im Justizfache
JJB	Juristen-Jahrbuch
JR	Juristische Rundschau
Jur.	Juristisch
JuS	Juristische Schulung
JW	Juristische Wochenschrift
JZ	Juristenzeitung
KO	Kabinettsorder
Komm.	Kommentar bzw. Kommission
KrVJSchr	Kritische Vierteljahresschrift für Gesetzgebung und Rechtswissenschaft
KrZRGA	Kritische Zeitschrift für Rechtswissenschaft und Gesetzgebung des Auslandes
Lb.	Lehrbuch
Ldr.	Landrecht
Mat.	Materialien
MDR	Monatsschrift für Deutsches Recht
Mitt.	Mitteilungen
MSchrKrimPsych	Monatsschrift für Kriminalpsychologie und Strafrechtsreform
Mot.	Motive
NACrR	Neues Archiv des Criminalrechts
N.F.	Neue Folge
NJW	Neue Juristische Wochenschrift
PGO	Peinliche Gerichts-Ordnung
PL	Patrologia Latina
Pr.	Practica
Prot.	Protokolle
RG	Reichsgericht
RGBl	Reichsgesetzblatt
RGSt	Amtliche Sammlung der Entscheidungen des Reichsgerichts in Strafsachen
Rn.	Randnote
RuW	Recht und Wirtschaft
Rz.	Randziffer

SchlHA	Schleswig-Holsteinische Anzeigen
Schwsp.	Schwabenspiegel
SchwZStr	Schweizerische Zeitschrift für Strafrecht
SJZ	Süddeutsche Juristenzeitung
Sp.	Spalte
Ssp.	Sachsenspiegel
StG	Studium Generale
StGB	Strafgesetzbuch
S.Th.	Summa Theologica
StL	Staatslexikon
StPO	Strafprozeßordnung
StPÄG	Gesetz zur Änderung der Strafprozeßordnung und des Gerichtsverfassungsgesetzes
VO	Verordnung
ZgeschRW	Zeitschrift für geschichtliche Rechtswissenschaft
ZJBlBritZ	Zentraljustizblatt für die Britische Zone
ZPröRG	Zeitschrift für das Privat- und öffentliche Recht der Gegenwart
ZSaR Germ bzw. ZSavSt GA	Zeitschrift der Savigny-Stiftung für Rechtsgeschichte, Germanistische Abteilung
ZStrVerf	Zeitschrift für deutsches Strafverfahren
ZStW	Zeitschrift für die gesamte Strafrechtswissenschaft
ZZP	Zeitschrift für Zivilprozeßrecht

INHALTSÜBERSICHT

A. EINLEITUNG

In der vorliegenden Arbeit wird der Versuch unternommen, die „Richteridee" zu bestimmen, die den für die Struktur und den Ablauf des deutschen Strafverfahrens maßgeblichen Gesetzen, der Strafprozeßordnung und dem Gerichtsverfassungsgesetz, zugrunde liegt. Es wird die Frage gestellt, welche Vorstellung der Gesetzgeber von der Aufgabe des Richters und der Eigenart richterlicher Tätigkeit gehabt, welches „Leitbild" des Richters die Gestaltung des Strafprozesses und der Gerichtsverfassung bestimmt hat. Soll eine derartige Untersuchung sinnvoll sein, so muß sie freilich zuerst die spezifische Problematik dessen, was mit den Begriffen „Richteridee", „Richtervorstellung", „Leitbild des Richters" zunächst sehr allgemein umschrieben ist, genauer fixieren. Da die Gegenwart — wie die reichhaltige Literatur beweist, die in den letzten Jahren auf diesem Gebiet entstanden ist — sich mit großer Intensität um die Probleme des Richtertums bemüht zeigt, erscheint für diesen Zweck eine Besinnung auf ihr „Richterbild", ihre „Richteridee" besonders geeignet.

I. Versuch einer Orientierung über die Richteridee der Gegenwart

1. Die Problematik von Richtertum und Rechtsfindung ist heute in einem bisher nicht gekannten Ausmaß Gegenstand rechtsdogmatischen und rechtspolitischen Bemühens. Grundlegende Einsichten in die Struktur richterlicher Rechtsanwendung, die — z. T. bereits in der Zeit um die Jahrhundertwende gewonnen — inzwischen zum festen Besitz der Dogmatik geworden sind[1], haben ebenso wie die tiefgreifenden

[1] Zur Entwicklung der Rechtsanwendungstheorie seit dem Ausgang des 19. Jahrhunderts sei aus der Literatur hingewiesen auf *Reichel:* Gesetz und Richterspruch, S. 19 ff; Max *Rümelin:* Erlebte Wandlungen in Wissenschaft und Lehre, S. 6 ff, 26 ff; *Forsthoff:* Hermeneutische Studien, S. 25 ff; *Engisch:* Konkretisierung, S. 181 ff; ders.: Einführung, S. 106 ff; *Germann:* Methodische Grundfragen, S. 104 ff; *Scheuerle:* Rechtsanwendung, S. 28 ff; *Meier-Hayoz:* Der Richter als Gesetzgeber, S. 3 f, 29 ff; *Boehmer:* Grundlagen II/1, S. 158 ff, 190 ff; *Coing:* Grundzüge, S. 244 ff; *Wieacker:* Gesetz und Richterkunst, S. 3 ff; *Reinhardt:* Methoden der Rechtsfindung, S. 12 ff, 15 ff; *Enneccerus-Nipperdey:* Allg. Teil, § 23, S. 132 ff; *Larenz:* Methodenlehre, S. 59 ff; *Dahm:* Deutsches Recht, S. 129 f.

Veränderungen in der sozialen Funktion des Richterspruchs, zu denen die Entwicklung vom „bürgerlichen Rechtsstaat" zum „sozialen Wohlfahrtsstaat" geführt hat[2], das herkömmliche Bild des Richters gewandelt und die Horizonte seines Wirkens erweitert. Die zuerst durch Oskar *von Bülows* berühmt gewordene Schrift „Gesetz und Richteramt" vom Jahre 1885 in ihrer vollen Bedeutung zum Bewußtsein gekommene Tatsache, daß der Richter nicht lediglich das intellektuelle „Werkzeug" des Gesetzgebers ist, sondern im Verhältnis zum Gesetz eine besondere, eigenartige und eigenwertige Rechtsordnungsaufgabe zu erfüllen hat[3], ist heute seit langem gesicherte Erkenntnis: „Gesetz und Richter sind zwei eigenständige Kräfte der Rechtsverwirklichung"[4]. *Bülow* hatte sich mit seiner damals neuartigen These, daß die richterliche Entscheidung nicht nur eine „Schlußfolgerung, für welche die gesetzliche Bestimmung den Obersatz, der abzuurteilende Tatbestand den Untersatz bildet", sondern darüber hinaus eine eigene „Rechtsbestimmung" und „Rechtswillenserklärung" des Richters sei[5], gegen das aus der Epoche der Aufklärung überkommene Denkmodell des wissenschaftlichen Gesetzespositivismus gewandt, das dem Richter lediglich die Funktion eines formallogisch arbeitenden Gesetzesanwenders, die Rolle eines „Subsumtions- und Deduktionsautomaten" zugewiesen hatte, der ausschließlich mit Hilfe seines Intellekts im Wege einer elementaren logisch-mechanischen Operation den festgestellten Sachverhalt unter die einschlägigen Gesetzesbegriffe subsumiere und in seinem Urteilsspruch nur die im Gesetz bereits hypothetisch enthaltene Rechtsfolge aktualisiere[6]. Im

---

[2] Vgl. dazu Fritz *Baur:* Sozialer Ausgleich durch Richterspruch, in: JZ 1953, S. 193 ff; *Wieacker:* Gesetz und Richterkunst, S. 4; *Bockelmann:* Richter und Gesetz, S. 29 ff; *Westermann:* Streitentscheidung, S. 38/39; neuerdings Eb. *Schmidt:* Probleme der richterlichen Verantwortung, S. 381 f. Zur Auswirkung dieser Entwicklung auf die Stellung des Strafrichters vgl. *Würtenberger:* Geistige Situation, S. 87 ff; ders.: Strafrichter und soziale Gerechtigkeit, S. 35 u. pass.; *Jescheck:* Vom Stil der gegenwärtigen deutschen Strafrechtspflege, S. 64 ff.

[3] Vgl. *Bülow:* Gesetz und Richteramt, S. 4: „Die richterliche Tätigkeit hilft das vom Gesetz begonnene Rechtsordnungswerk fortführen und vollenden"; S. 46/47: „Im Gesetz kommt der rechtsordnende Wille der Staatsgewalt noch nicht zum Abschluß; vollendet tritt er erst in den richterlichen Rechtssprüchen heraus"; S. 48: „Nicht das Gesetz, sondern Gesetz und Richteramt schaffen dem Volke sein Recht."

[4] K. *Peters:* Gutachten, S. 6.

[5] Vgl. *Bülow:* Gesetz und Richteramt, S. 4/5. Vgl. auch S. 6: „Das Urtheil des Richters ist kein Urtheil im gewöhnlichen logischen Sinne des Wortes. Es ist etwas Mehreres, Bedeutenderes, Mächtigeres, als sein Name zu besagen scheint."

[6] Vgl. dazu vorläufig *Bülow:* Gesetz und Richteramt, S. 11 f, 13 f; *Bierling:* Juristische Prinzipienlehre, Bd. IV, S. 3 ff; *Somló:* Juristische Grund-

Anschluß an *Bülow* haben dann J. *Kohler*, G. *Rümelin*, *Seuffert*, *Oertmann*, *Radbruch* und Carl *Schmitt*[7], haben insbesondere die beiden großen methodologischen Bewegungen „Freirechtslehre"[8] und „Interessenjurisprudenz"[9] dieses — freilich auch zur Zeit *Bülows* schon erschütterte[10] — „Werkzeugdogma"[11] vollends zerstört und der heute herrschenden Auffassung, daß die richterliche Entscheidung nicht lediglich formallogische „Subsumtion"[12] des Sachverhalts unter die Norm, sondern zugleich W e r t e n t s c h e i d u n g des Richters selbst ist, den Boden bereitet. So verschieden diese Strömungen in ihren Ansatzpunkten, Methoden und Zielen auch waren, so gesichert ist heute ihr wesentliches Ergebnis: die Befreiung der Dogmatik von dem

---

lehre, S. 394 ff; *Kantorowicz:* Vorgeschichte, S. 6 (Ausgew. Schr., S. 44); *Reichel:* Gesetz und Richterspruch, S. 6; *Sauer:* Juristische Methodenlehre, S. 560; *Engisch:* Konkretisierung, S. 180; ders.: Einführung, S. 106; *Bockelmann:* Richter und Gesetz, S. 26 f; *Boehmer:* Grundlagen II/1, S. 39; *Schröder:* Gesetz und Richter im Strafrecht, S. 11 f; *Radbruch-Zweigert:* Einführung, S. 163 f; *Larenz:* Methodenlehre, S. 34 ff.

7 Vgl. Josef *Kohler:* Über die Interpretation von Gesetzen, in: ZPröRG Bd. 13 (1886), S. 1 ff; ders.: Die schöpferische Kraft der Jurisprudenz, in: DogmJb Bd. 25, N.F.Bd. XIII (1887), S. 262 ff; *Rümelin:* Werturteile und Willensentscheidungen, S. 33 u. pass.; Lothar *von Seuffert:* Über richterliches Ermessen, Gießen 1890, pass.; *Oertmann:* Gesetzeszwang und Richterfreiheit, S. 24; Gustav *Radbruch:* Rechtswissenschaft als Rechtsschöpfung, in: ARSPh N.F.Bd. 4 (1906), S. 363 ff; Carl *Schmitt:* Gesetz und Urteil, passim.

8 Zur Freirechtslehre vgl. insbesondere *Boehmer:* Grundlagen II/1, S. 158 ff, mit reichhaltigen Schrifttumshinweisen S. 158–160; ders.: Jugenderinnerungen, S. 3 ff; *Engisch:* Konkretisierung, S. 183 ff; *Wieacker:* Privatrechtsgeschichte, S. 343 f; *Larenz:* Methodenlehre, S. 59 ff; *Dahm:* Deutsches Recht, S. 130; *Würtenberger:* Vorwort zu *Kantorowicz:* Rechtswissenschaft und Soziologie, S. 2 ff; Arthur *Kaufmann:* Einleitung zu *Fuchs:* Gerechtigkeitswissenschaft, S. 1 ff.

9 Vgl. die bei *Boehmer:* Grundlagen II/1, S. 190 ff, *Larenz:* Methodenlehre, S. 47 ff, und *Engisch:* Einführung, S. 243 Anm. 247, gegebenen Literaturhinweise.

10 Darüber Carl *Schmitt:* Gesetz und Urteil, S. 101 Fußn. 1. Vgl. auch schon *Iherings* Ablehnung der „mechanistischen" Richteridee in: Der Zweck im Recht, Bd. I, S. 385/386.

11 So nannte *Kantorowicz:* Vorgeschichte, S. 6 (Ausgew. Schriften, S. 44), diese Lehre vom Richter.

12 Unter „Subsumtion" soll hier mit dem herrschenden Sprachgebrauch ein rein formallogisches Urteils- und Schlußverfahren verstanden werden. Vgl. dazu *Coing:* Grundzüge, S. 246, 249 f, 268 f; ders.: Die obersten Grundsätze des Rechts, S. 141 f; *Larenz:* Methodenlehre, S. 210 Anm. 1; abw. *Engisch:* Einführung, S. 199 Anm. 47; dort weitere Hinweise. Zum Subsumtionsbegriff neuerdings *Kuchinke:* Grenzen der Nachprüfbarkeit, S. 78 f; *Henke:* Tatfrage, S. 45 ff; Arthur *Kaufmann:* Analogie und „Natur der Sache", S. 29 ff.

mechanisch verstandenen Subsumtionsdogma des Gesetzespositivismus und die Anerkennung des Wertungscharakters der richterlichen Rechtsanwendung. Wo immer seitdem die Eigenart der richterlichen Tätigkeit angesprochen wird, sieht man mit Vorrang vor der formallogischen Subsumtion in dem „ordnenden Werten und wertenden Ordnen“[13] der Rechtswirklichkeit die eigentliche Aufgabe des Richters[14]. Die subsumierende und deduzierende Verstandestätigkeit, einst

---

[13] Vgl. *Westermann:* Streitentscheidung, S. 12.

[14] Ohne Anspruch auf Vollständigkeit sei hierzu hingewiesen auf A. *Arndt:* Gesetzesrecht und Richterrecht, S. 1281 r. Sp.; ders.: Grundfragen einer Reform der deutschen Justiz, S. 202; Otto *Bachof:* Grundgesetz und Richtermacht, Tübingen 1959, S. 8; *Bartholomeyczik:* Kunst der Gesetzesauslegung, S. 69 f; Fritz *Baur:* Justizaufsicht und richterliche Unabhängigkeit, S. 23 u. p.; *Bockelmann:* Einführung in das Recht, S. 124; *Boehmer:* Grundlagen II/1, S. 167 ff; ders.: Jugenderinnerungen, S. 5 f; *Coing:* Die obersten Grundsätze des Rechts, S. 21 ff, 136, 141/142; ders.: Grundzüge, S. 247; *Dahm:* Deutsches Recht, S. 54; *Darmstaedter:* Der Begriff „Recht“ in Art. 20 III GG, S. 771 f; Alexander *Graf zu Dohna:* Kernprobleme der Rechtsphilosophie, Berlin und Wien 1940, Neudruck Darmstadt 1959, S. 75; *Eichenberger:* Die richterliche Unabhängigkeit, S. 5; *Engisch:* Logische Studien, S. 111 ff; ders.: Konkretisierung, S. 192 ff u. pass.; ders.: Einführung, S. 123 ff; ders.: Die normativen Tatbestandsmerkmale im Strafrecht, S. 149, 152; *Esser:* Grundsatz und Norm, S. 84 ff; ders.: Zur Methodenlehre des Zivilrechts, S. 105; ders.: Die Interpretation im Recht, S. 372; *Fechner:* Artikel „Richter“, in: Staatslexikon, S. 920; *Francke:* Die irrationalen Elemente der richterlichen Entscheidung, S. 38 ff; *Geiger:* Der Richter und seine Bindung an Gesetz und Recht, S. 172; ders.: Die dritte Gewalt, in: HHW 1961, S. 118 ff (121); ders.: Von der Aufgabe und Bedrängnis des Richters, S. 337; *Germann:* Methodische Grundfragen, S. 107 ff; ders.: Probleme der Rechtsfindung, S. 370, 374; *Goldschmidt:* Der Prozeß als Rechtslage, S. 496 ff, 498; *Grünhut:* Begriffsbildung und Rechtsanwendung, S. 5, 21; ders.: Methodische Grundlagen, S. 21, 22; Philipp *Heck:* Gesetzesauslegung und Interessenjurisprudenz, in: AcP Bd. 112 (1911), S. 1 ff (13); ders.: Begriffsbildung und Interessenjurisprudenz, S. 50; ders.: Das Problem der Rechtsgewinnung, S. 5; *Hegler:* Subjektive Rechtswidrigkeitsmomente, S. 272; *Heller:* Logik und Axiologie der analogen Rechtsanwendung, S. 95 ff, 100 f; Fritz *von Hippel:* Rechtstheorie und Rechtsdogmatik, Studien zur Rechtsmethode und zur Rechtserkenntnis, Frankfurt a. M. 1964, S. 285 ff, 288 f, 290 f u. pass.; Siegfried *Hohenleitner:* Werturteil und Tatbestand, Breslau 1933, S. 18 ff u. pass.; *Hubmann:* Naturrecht und Rechtsgefühl, S. 339 ff, 372 u. pass.; *Jescheck:* Methoden der Strafrechtswissenschaft, S. 114; *Larenz:* Methodenlehre, S. 215 ff; *Maihofer:* Die Bindung des Richters an Gesetz und Recht, S. 6 Fußn. 3; *Meier-Hayoz:* Der Richter als Gesetzgeber, S. 58; *Mezger:* Der psychiatrische Sachverständige im Prozeß, S. 85 f; ders.: Vom Sinn der strafrechtlichen Tatbestände, S. 228 f; *Raiser:* Rechtswissenschaft und Rechtspraxis, S. 1207; *Reichel:* Gesetz und Richterspruch, S. 92 ff; *Riezler:* Rechtsgefühl, S. 84, 89; *Rotberg:* Zu einem deutschen Richtergesetz, S. 13; W. *Sauer:* Juristische Methodenlehre, S. 141 u. p.;

als zentrale Obliegenheit des Richters betrachtet, fällt an die Peripherie, und als wesentlicher Vorgang rückt der vielschichtige Schöpfungsakt der Normvollendung durch richterliche Wertentscheidung in die Mitte.

2. Faßt man den Wertungsakt des Richters am Beispiel der strafrichterlichen Tätigkeit genauer ins Auge, so zeigt der Rechtsfindungsvorgang einen von Stufe zu Stufe wachsenden Anteil richterlicher Wertentscheidungen. Bereits die erste Stufe des Entscheidungsvorgangs, die Feststellung des Sachverhalts als Voraussetzung der Gesetzesanwendung, erschöpft sich nicht in dem Vollzug wertindifferenter Erkenntnisakte, sondern trägt in gewissem Umfang Wertungscharakter. Abgesehen davon, daß jede Tatsachenermittlung schon eine wertende Auswahl der Fakten aus dem Gesamtkomplex des dem Richter vorgeführten Stücks Lebenswirklichkeit in sich schließt[15], enthält insbesondere die richterliche Beweiswürdigung[16], die sich nach § 261 StPO im wesentlichen frei von gesetzlichen Bindungen vollzieht, ein ausgeprägtes Moment der Wertung[17]. Der Strafrichter hat bei der

---

ders.: Lehrbuch der Rechts- und Sozialphilosophie, S. 245 f; ders.: Rechts- und Sozialphilosophie, Stuttgart 1936, S. 451 f; ders.: Grundlagen des Prozeßrechts, S. 71 ff; ders.: System der Rechts- und Sozialphilosophie, Basel 1949, S. 218 f; ders.: Einführung in die Rechtsphilosophie, Berlin 1961, S. 12 f; *Sax:* Analogieverbot, S. 49 u. passim; *Scheuerle:* Rechtsanwendung, S. 111 f, 114, 161 f u. pass.; Eb. *Schmidt:* Gesetz und Richter, S. 3 ff; ders.: Die Sache der Justiz, S. 15 f; *Schröder:* Gesetz und Richter im Strafrecht, S. 14 f, 16; *Schweikert:* Wandlungen der Tatbestandslehre, S. 62 f; *Somló:* Juristische Grundlehre, S. 405 ff; *Stein:* Rechtsfortbildung, S. 1746 l. Sp.; *Warda:* Dogmatische Grundlagen, S. 34 ff; *Wieacker:* Gesetz und Richterkunst, S. 6; ders.: Zur rechtstheoretischen Präzisierung des § 242 BGB, S. 14; E. *Wolf:* Sachbegriff, S. 54 f; ders.: Die Typen der Tatbestandsmäßigkeit, S. 58 f; *Zippelius:* Wertungsprobleme, S. 3 ff, 11, 130 u. pass, zusammenfassend S. 198.

[15] Vgl. dazu Heinrich *Rickert:* Kulturwissenschaft und Naturwissenschaft, 6. u. 7. Aufl. Tübingen 1926, S. 78 ff; *Grünhut:* Begriffsbildung und Rechtsanwendung, S. 6, 15. Zur „Strukturverschlingung" von Tatsachenfeststellung und Gesetzesanwendung vgl. *Engisch:* Logische Studien, S. 82 ff m. w. H.; *Larenz:* Methodenlehre, S. 203; *Kuchinke:* Grenzen der Nachprüfbarkeit, passim; neuerdings J. *Hruschka:* Rechtsanwendung als methodologisches Problem, in: ARSPh 1964, S. 485 ff; ders.: Die Konstitution des Rechtsfalles, Berlin 1965, S. 9 ff; *Henke:* Tatfrage, S. 45 ff u. pass.; w. H. bei *Engisch:* Einführung, S. 200, Anm. 48.

[16] Vgl. dazu S. 293 ff dieser Arbeit.

[17] Vgl. dazu *Mezger:* Der psychiatrische Sachverständige im Prozeß, S. 134, 135 f; *Sauer:* Grundlagen des Prozeßrechts, S. 75 ff; H. *Mayer:* Der Sachverständige im Strafprozeß, S. 471; *Döhring:* Erforschung des Sachverhalts, S. 429. *Oertmann:* Gesetzeszwang und Richterfreiheit, S. 24, hält

Beweiswürdigung zwar lediglich festzustellen, was „ist", hat es also insoweit, wie es scheint, nicht mit „Werten", sondern mit der „Wirklichkeit" zu tun; aber eben diese Feststellung der Wirklichkeit ist nicht selten abhängig von einer wertenden Stellungnahme des Richters. So erfordert etwa die Entscheidung darüber, ob eine Zeugenaussage glaubhaft ist, außer der kognitiven Abwägung, Vergleichung und Verknüpfung tatsächlicher Umstände letztlich ein Werturteil über die Glaub-„würdigkeit" des Zeugen; sie verlangt von dem Richter eine Antwort auf die Wertfrage, ob die Persönlichkeit des Zeugen im Hinblick auf die von ihm bekundeten Tatsachen Vertrauen verdient[18].

Der Schwerpunkt der strafrichterlichen Wertentscheidung liegt indessen bei der Anwendung des Gesetzes auf den festgestellten Sachverhalt. Auf der Tatbestandsseite der Norm, bei der Feststellung der Strafvoraussetzungen, bedürfen hauptsächlich[19] die sog. normativen Gesetzesbegriffe, namentlich die normativen Tatbestandselemente, einer Konkretisierung durch die Wertung des Richters[20], um auf den ermittelten Lebenssachverhalt „angewandt" werden zu können. Darüber hinaus verlangen insbesondere die Entscheidungen über Rechtswidrigkeit und Schuld von dem Strafrichter Werturteile über Tat und Täter[21]. Die „Subsumtion" im herkömmlichen Sinn beschränkt sich in diesem Bereich auf die Auslegung der deskriptiven Begriffe. Indessen hat selbst für dieses Gebiet Erik *Wolf* aufgezeigt, daß auch bei Anwendung deskriptiver Tatbestandsmerkmale im Grunde nicht ohne

---

sogar jede Entscheidung darüber, „ob eine tatsächliche Behauptung für wahr oder nicht wahr zu erachten sei", für ein Werturteil. Dagegen *Somló:* Juristische Grundlehre, S. 407 Fußn. 1.

[18] Dazu neuerdings Ursula *Panhuysen:* Die Untersuchung des Zeugen auf seine Glaubwürdigkeit, Berlin 1964, insbes. S. 35; dort S. 37 Fn. 145, 146 weitere Literaturhinweise; ferner *Döhring:* Erforschung des Sachverhalts, S. 67 ff, 92 ff.

[19] Der umstrittene Problemkreis des sog. richterlichen Tatbestandsermessens soll hier außer Betracht bleiben. Vgl. dazu zuletzt *Engisch:* Die normativen Tatbestandselemente, S. 156; *Schröder:* Gutachten, S. 62 ff; *Larenz:* Methodenlehre, S. 222 ff; *Warda:* Dogmatische Grundlagen, S. 13 ff, 28, 31 u. p.; *Baumann:* Grenzen der individuellen Gerechtigkeit, S. 126.

[20] Vgl. dazu *Grünhut:* Begriffsbildung und Rechtsanwendung, S. 5 ff; ders.: Methodische Grundlagen, S. 21 f; E. *Wolf:* Sachbegriff, S. 54; ders.: Typen der Tatbestandsmäßigkeit, S. 58 f; *Drost:* Ermessen, S. 18 f; *Engisch*, a. a. O., S. 127 ff, 149, 152; ders.: Einführung, S. 109 ff m. Anm. 120 (S. 215); *Henkel:* Recht und Individualität, S. 24 ff; *Kunert:* Die normativen Merkmale, S. 98 ff; *Schweikert:* Wandlungen der Tatbestandslehre, S. 62 ff; *Warda:* Dogmatische Grundlagen, S. 32 ff; *Zippelius:* Wertungsprobleme, S. 3 ff.

[21] Darüber S. *Hohenleitner:* Schuld als Werturteil, in: Festschrift für Theodor *Rittler*, Aalen 1957, S. 185 ff.

eine normative Tätigkeit des Richters auszukommen ist[22], und *Drost* hat dargelegt, daß die Werthaltigkeit der – im wesentlichen mit den deskriptiven Merkmalen identischen – „Seinsbegriffe“ mit zunehmender Generalisierung steigt, so daß „aus dem werthaltigen Seinsbegriff über den seinshaltigen Wertbegriff ein reiner Wertbegriff“ werden kann[23]. Auch hier macht sich also der Wertungscharakter der richterlichen Entscheidung bereits geltend[24]. Die im Strafrecht der neueren Zeit herrschende Tendenz zur Elastisierung und Individualisierung der Rechtsanwendung, die sich in der Neigung des Gesetzgebers zur Verwendung „generalklauselartig“ unbestimmter Begriffe – seien sie nun normativer oder deskriptiver Natur – äußert[25], hat überdies die Notwendigkeit wertender Gesetzesanwendung fortschreitend gesteigert und das Gebiet der scharf umrissenen subsumierbaren Merkmale ständig verengt.

Noch ungleich größeren Raum nimmt die Wertentscheidung des Richters auf dem Felde der Rechtsfolgebestimmung ein. Sie tritt hier in Gestalt des richterlichen Rechtsfolge-Ermessens[26], der wertenden[27] Auswahl der Unrechtsfolge unter mehreren zugelassenen Möglichkeiten, in Erscheinung. Auf diesem Gebiet ist der Anteil der „Sub-

---

[22] E. *Wolf:* Sachbegriff, S. 55/56. Seine Annahme, alle Tatbestandsmerkmale seien normativ, geht freilich zu weit. Vgl. jetzt auch *Class:* Generalklauseln, S. 136 f; *Baumann*, a. a. O., S. 127 f.

[23] Vgl. *Drost:* Ermessen, S. 19.

[24] Vgl. dazu jetzt auch *Larenz:* Methodenlehre, S. 212 ff, 215; *Dahm:* Deutsches Recht, S. 62 f.

[25] Darüber *Henkel:* Recht und Individualität. S. 24 ff; *Engisch:* Einführung, S. 118 ff; *Schröder:* Gesetz und Richter im Strafrecht, S. 13 f; *Class:* Generalklauseln, S. 124. Mit dieser Tendenz und den damit im Zusammenhang stehenden Gesetzgebungsproblemen hat sich in neuerer Zeit insbesondere der 41. DJT beschäftigt. Vgl. die (im Schrifttumsverzeicheis angegebenen) Gutachten von K. *Peters* und *Schröder* sowie die Referate von *Kalsbach* und *Sarstedt*. – Vgl. ferner Horst *Woesner:* Generalklausel und Garantiefunktion der Strafgesetze, in: NJW 1963, S. 273 ff.

[26] Zur Struktur des Straffolge-Ermessens vgl. aus der älteren Lit. K. *Peters:* Die kriminalpolitische Stellung des Richters, S. 57 ff; ders.: Art. Strafzumessung, in: HdwK II, S. 737 ff; aus dem neueren Schrifttum *Spendel:* Zur Lehre vom Strafmaß, S. 168 ff; ders.: Begründung des Strafmaßes, S. 1758 ff; K. *Peters:* Art. Strafzumessung, in: StL VII, S. 785 ff; *Engisch:* Einführung, S. 117 ff, 122 ff, 126 ff; *Warda:* Dogmatische Grundlagen, S. 81 ff.

[27] Den Wertgehalt der Ermessensbegriffe betont *Engisch:* Einführung, S. 114. Zum Strafzumessungsermessen als Bewertung vgl. K. *Peters:* Die kriminalpolitische Stellung des Richters, a. a. O., sowie dessen in Fn. 26 angegebenen Artikel „Strafzumessung“; ferner *Exner:* Studien, S. 86 ff; *Sachs:* Beweiswürdigung und Strafzumessung, S. 17; neuerdings *Warda:* Dogmatische Grundlagen, S. 117.

sumtion" an der Rechtsanwendung verschwindend gering. Bei der Zumessung der Strafe vermag der Richter dem Gesetz im Wege der Subsumtion lediglich den Strafrahmen zu entnehmen, den er, um die im Einzelfall angemessene Strafe zu finden, erst mit seiner konkreten Wertentscheidung auszufüllen hat. Glaubte die im 19. Jahrhundert herrschende Vergeltungstheorie *Kantisch-Hegelscher* Observanz[28], das Subsumtionsdogma auch hier aufrechterhalten und in der Ausfüllung des Strafrahmens eine Art „Umrechnung" des im objektiv-subjektiven Straftatbestand zum Ausdruck kommenden Unrechtsgehalts der Tat in eine Strafgröße, gleichsam eine „Gleichung" zwischen Verbrechen und Strafübel, sehen zu können, so hat die tiefgreifende Wandlung, die Funktion und Gestalt des strafrechtlichen Reaktionssystems unter der Einwirkung sozialstaatlicher Tendenzen seit Franz *von Liszts* kriminalpolitischem Programm erfahren haben[29], den Wertungscharakter des richterlichen Strafzumessungsakts mit Deutlichkeit hervortreten lassen. Neben der Vergeltung von Unrecht und Schuld verlangt die heutige Gesetzgebung bei der Strafzumessung eine an sozialethischen Gesichtspunkten orientierte, von Gerechtigkeits- ebenso wie von Zweckmäßigkeitserwägungen geleitete Wertentscheidung des Richters, die unter Beachtung der Strafzwecke auf die Anpassung der Straffolgen an die jeweilige Eigenart der Täterpersönlichkeit abzielt.

3. Versucht man nun, die Wandlung zu charakterisieren, die sich mit der Einsicht in die Unzulänglichkeit des Subsumtionsdogmas und der Erkenntnis des Wertungscharakters richterlicher Rechtsfindung im Hinblick auf die Vorstellung vom Richter vollzogen hat, so läßt sich ihr wesentliches Kennzeichen wohl darin sehen, daß sich durch sie die Richteridee um die Dimension der „Richterpersönlichkeit" erweitert hat. Wurde der Richter unter der Geltung des gesetzespositivistischen Subsumtionsdogmas als individualitätslos-anonymes Vernunftwesen aufgefaßt und funktionell gleichsam auf seinen Intellekt reduziert, so tritt mit der Anerkennung der richterlichen Rechtsanwendung als Wertentscheidung der Richter zugleich als lebendiger Mensch, als individuelle Persönlichkeit in den Umkreis des Rechts. Denn jede Beschäftigung mit dem Wertungscharakter des Richterspruchs führt unabweislich auf die strukturbedingten personalen Komponenten der Rechtsfindung. Die Subsumtion als formallogische intellektuelle Operation ist ihrer Natur nach abstrahierbar von der Individualität des

---

[28] Vgl. darüber R. *von Hippel:* Strafrecht I, S. 287 ff, 471 ff; Hellmuth *Mayer:* Strafrecht, Allg. Teil, Stuttgart und Köln 1953, S. 30 ff. Vgl. ferner S. 255 Fn. 53, 54 dieser Arbeit.

[29] Zu dieser Entwicklung vgl. etwa *Würtenberger:* Geistige Situation, S. 87 ff; Ernst *Heinitz:* Die Individualisierung der Strafen und Maßnahmen in der Reform des Strafrechts und Strafprozesses, Berlin 1960, S. 2 ff; K. *Peters:* Grundprobleme der Kriminalpädagogik, S. 66–68.

subsumierenden Richters. Sie mag sich mitunter als „schöpferischer geistiger Akt" darstellen[30], sie mag ferner eine gewisse Abhängigkeit aufweisen von dem je verschiedenen Maß der „Urteilskraft", das dem einzelnen Richter eignet[31], sie bleibt jedoch immer reine Verstandestätigkeit und vollzieht sich als solche der Idee nach unbeeinflußt von der Persönlichkeit des Rechtsanwenders. Der Richter ist bei seiner Subsumtionstätigkeit, wie jedes Subjekt intellektueller Erkenntnisakte, nur „die gleichgültige Durchgangsstelle für eine unpersönliche Vernunfttätigkeit"[32]. Anders verhält es sich mit der Wertentscheidung. Sie ist im Gegensatz zur Subsumtion zugleich „ein Akt innerer Stellungnahme des Wertenden", eine „persönliche Entscheidung"[33], die infolge der Unteilbarkeit der Persönlichkeit nicht allein der Schicht des Intellekts, sondern auch der des Willens und Gefühls entstammt und insofern – nämlich als Entscheidung des „ganzen Menschen" – persönlichkeitsgebunden ist. Diese Feststellung bedarf freilich sogleich der einschränkenden Präzisierung.

Wenn die Rechtsordnung, wie heute gesichert ist, dem Richter in allen Phasen des Rechtsanwendungsvorganges Wertentscheidungen abverlangt, so verweist sie ihn damit nicht allein – und das ist ebenfalls anerkannt – auf seine höchstpersönliche subjektive Wertung. Es war der – schon von der Interessenjurisprudenz bekämpfte[34] – Irrtum der Freirechtslehre, daß sie glaubte, mit der Unzulänglichkeit des hergebrachten Subsumtionsdogmas und der Notwendigkeit wertender Rechtsanwendung schon den emotionalen Charakter der Rechtsprechung erwiesen zu haben und richterliche Wertentscheidung daher notwendig als frei subjektive Eigenwertung des Richters nach persönlichem Rechtsgefühl verstehen zu müssen[35]. In Wahrheit ist der

---

30 Vgl. *Engisch:* Einführung, S. 123.

31 Vgl. *Engisch:* Logische Studien, S. 30; *Stammler:* Der Richter, S. 34 f.

32 *Scheler:* Der Formalismus in der Ethik, S. 383.

33 So *Larenz:* Methodenlehre, S. 216. Vgl. auch *Drost:* Ermessen, S. 18; *Engisch:* Die normativen Tatbestandselemente, S. 149 ff; ders.: Einführung, S. 111, 115, 127 ff, 131 f; ders.: Wahrheit und Richtigkeit, S. 18 f; *Hubmann:* Naturrecht und Rechtsgefühl, S. 372 u. passim; *Dahm:* Deutsches Recht, S. 54; *Zippelius:* Wertungsprobleme, S. 87 f, 129 f, 196 u. passim; ders.: Rechtsfortbildung, S. 1284 f; ders.: Wesen des Rechts, S. 103 ff. Vgl. im übrigen den Text dieser Arbeit u. S. 13 ff.

34 Vor allem *Heck* wandte sich gegen die freirechtliche Gleichsetzung von Wertentscheidung und Eigenwertung; vgl. Begriffsbildung und Interessenjurisprudenz, S. 50/51; Problem der Rechtsgewinnung, S. 8.

35 Aus der freirechtlichen Literatur vgl. etwa *Kantorowicz:* Kampf um die Rechtswissenschaft, S. 20 f, 41; *Rumpf:* Gesetz und Richter, S. 50 ff; ders.: Das Ideal des volkstümlichen Rechts, Mannheim u. Leipzig 1913, S. 15 u. p.; Ernst *Stampe:* Unsere Rechts- und Begriffsbildung, Greifswald 1907, S. 15; *Isay:* Rechtsnorm und Entscheidung, S. 56 f, 60 ff, 68, 82, 223 f; *Fuchs:* Recht

Richter jedoch nicht schon deshalb, weil ihm das Gesetz jenseits des Bezirks der formallogischen Subsumtion auch Werturteile aufgibt, in seiner Wertentscheidung frei zu persönlicher Eigenwertung; er ist vielmehr, wie sogleich näher darzulegen sein wird, weitgehend an vorgegebene objektive Wertungen gebunden[36]. Der Richter – das hat schon 1906 Carl *Schmitt* in seiner Kritik der freirechtlichen Auffassung betont[37] – „wertet nicht für sich als Beteiligter, er untersucht Wertbeziehungen in ihrer wirklichen Lebendigkeit", d. h. er „verwertet" vorhandene Wertungen, sucht die Wertvorstellungen des Gesetzgebers oder anderer maßgeblicher Instanzen zu ermitteln und stellt sie in einem kognitiven Akt fest. Dabei „handelt es sich wesentlich um eine Verstandestätigkeit, um einen intellektuellen Vorgang"[38], der nicht mit eigener Wertung zu verwechseln ist. Das Gesetz überläßt es dem Richter nicht, in jedem Einzelfall die Frage der richtigen Wertung von sich aus in freier Entscheidung zu beantworten, sondern stellt ihn auch dort, wo die Möglichkeit der Subsumtion aufhört, unter objektive Wertmaßstäbe, verweist ihn auf vorgegebene maßgebliche Anschauungen, an denen er sein Werturteil auszurichten hat. Das bedeutet, „daß der Richter nicht allein auf seine eigene Werteinsicht angewiesen ist, sondern diejenigen Wertmaßstäbe zur Anwendung bringen soll, die in der Rechtsgemeinschaft, als deren Organ er Recht spricht, sich bereits herausgebildet haben und als verbindlich angesehen werden"[39].

Solche Wertmaßstäbe sind z. B. auf dem Gebiet der strafprozessualen Tatsachenerforschung die Beweisverbote[40], soweit in ihnen eine verbindliche Vorbewertung der Beweismittel durch den Gesetzgeber enthalten ist[41]; auf dem Felde der Beweiswürdigung begegnet man

---

und Wahrheit in unserer heutigen Justiz, in: Gerechtigkeitswissenschaft, S. 71 f. Vgl. außerdem *Oertmann:* Gesetzeszwang und Richterfreiheit, S. 12 ff; Arthur *Kaufmann:* Einleitung zu *Fuchs:* Gerechtigkeitswissenschaft, S. 13 m. Hinw. in Fn. 46.

[36] Das hat schon *Rümelin:* Werturteile und Willensentscheidungen, S. 48, betont. Zur Bindung des Richters an objektive Wertmaßstäbe, insbesondere an die Wertung des Gesetzgebers vgl. ferner, außer den i. F. Zitierten, *Somló:* Juristische Grundlehre, S. 406 f, 407/408, Fußn. 3; *Westermann:* Streitentscheidung, S. 12, 32; *Esser:* Zur Methodenlehre, S. 102 f; *Coing:* Die obersten Grundsätze des Rechts, S. 142; *Germann:* Methodische Grundfragen, S. 78 ff, 109, 113 ff; ders.: Probleme der Rechtsfindung, S. 370 f; *Raiser:* Rechtswissenschaft und Rechtspraxis, S. 1207 r. Sp.; *Zippelius:* Wesen des Rechts, S. 97 f.

[37] Vgl. Carl *Schmitt:* Gesetz und Urteil, S. 98, 99.

[38] Carl *Schmitt,* a. a. O., S. 98.

[39] *Larenz:* Methodenlehre, S. 218.

[40] Vgl. u. S. 292 f m. Fn. 124 dieser Arbeit.

[41] Dabei soll nicht verkannt werden, daß eine solche Vorbewertung nicht immer der Grund für ein Beweisverbot ist, daß dieses vielmehr auch

derartigen Wertmaßstäben in Form gesicherter wissenschaftlich-praktischer Erkenntnisse über Wert und Unwert bestimmter Beweismittel[42]. Sie stellen objektive Wertungen dar, die der Richter bei der Urteilsfindung kognitiv aufzusuchen und zur Grundlage seines Werturteils zu machen hat[43].

Auf der Ebene der Gesetzesanwendung ist die Unterscheidung zwischen dieser bloßen „Wertfeststellung" und der richterlichen „Eigenwertung" oder – mit *Hegler*[44] – zwischen „unechtem" und „echtem" Werturteil des Richters vor allem bei der Ausfüllung der normativen Tatbestandselemente durch die richterliche Wertung aktuell geworden. Der Gesetzgeber will beispielsweise die Wertungsfrage, ob eine Handlung „unzüchtig" ist – entgegen einer früheren Auffassung von dem Charakter normativer Tatbestandsbegriffe[45] – „nicht durch eine höchstpersönliche Wertung des Richters beantwortet wissen", sondern ist „vielmehr der Meinung, daß es maßgebliche sittliche Anschauungen gibt, von denen sich der Richter leiten lassen soll"[46], wobei es hier auf sich beruhen mag, ob es sich dabei um eine feste sittliche Tradition im Sinne eines „objektiven Sittengesetzes" oder um fluktuierende, nach Ort, Zeit und Bevölkerungskreisen unterschiedliche Bewertungen handelt[47]. Jedenfalls hat der Richter insoweit nur „festzustellen, welches die tatsächlich geltenden sittlichen Anschauun-

---

Ausdruck der Rücksichtnahme auf „beweisfremde Interessen" sein kann. Vgl. etwa *Engisch:* Einführung, S. 53.

42 Vgl. hierzu u. S. 301 m. Fn. 159 dieser Arbeit.

43 Es ist insoweit, wie Hellmuth *Mayer:* Der Sachverständige im Strafprozeß, S. 463, gesagt hat, die Aufgabe des Richters, „sich auf den Standpunkt des Allgemeinwissens zu stellen und von dort aus den einzelnen Sachverhalt zu ermitteln". Zum ganzen Problemkreis neuerdings K. *Kuchinke:* Grenzen der Nachprüfbarkeit, S. 176 f, 179 f.

44 Subjektive Rechtswidrigkeitsmomente, S. 272.

45 Nachweisungen darüber bei *Engisch:* Die normativen Tatbestandselemente, S. 149 u. 150 Anm. 2; ferner bei *Kunert:* Die normativen Merkmale, S. 31 ff. Als mehr oder minder subjektiv-persönliche Entscheidung haben die richterliche Wertung bei der Ausfüllung normativer Elemente insbesondere aufgefaßt: E. *Wolf:* Sachbegriff, S. 55 f; ders.: Typen der Tatbestandsmäßigkeit, S. 59; *Grünhut:* Begriffsbildung und Rechtsanwendung, S. 7; *Mezger:* Vom Sinn der strafrechtlichen Tatbestände, S. 208 f.

46 *Engisch:* Einführung, S. 124. Vgl. auch *Kunert:* Die normativen Merkmale, S. 93/94; *Jescheck:* Methoden der Strafrechtswissenschaft, S. 115; *Warda:* Dogmatische Grundlagen, S. 34, 39; ferner BGHSt Bd. 6, S. 46 ff (51).

47 Vgl. zu diesen Fragen, die nach der Entscheidung BGHSt Bd. 6, S. 46 ff, wieder lebhaft erörtert worden sind, insbesondere *Zippelius:* Wertungsprobleme, S. 158 ff und die dort S. 160 Fußn. 8, sowie die bei *Würtenberger:* Geistige Situation, S. 20 Fußn. 61 gegebenen Schrifttumshinweise; neuerdings Arthur *Kaufmann:* Recht und Sittlichkeit, Tübingen 1964, S. 34 m. Fn. 34.

gen sind. Seine eigene Bewertung des Falles ist nur ein Glied in der Reihe vieler gleichberechtigter Wertungen, mit denen er sie zu vergleichen und nach denen er sie unter Umständen zu berichtigen hat. Die eigene Wertung ist also nur Bestandteil des Erkenntnismaterials, nicht letztgültiger Erkenntnismaßstab"[48].

Schließlich ist der Richter auch auf dem Gebiet der Strafzumessung nur scheinbar frei; in Wirklichkeit bleibt auch hier seine Gebundenheit an vorgegebene Wertungen in Kraft: er darf nicht lediglich seiner subjektiven Wertung folgen[49]. Bindung besteht z. B. im Hinblick auf die gesetzgeberischen Wertvorstellungen über den Sinn eines einzelnen Rechtsinstituts[50] – etwa des Instituts der Strafaussetzung zur Bewährung–, über die Strafzwecke[51] und ihr jeweiliges Verhältnis zueinander, weiterhin im Hinblick auf bestimmte Grundgedanken, die das gesamte Strafrechtssystem durchziehen – wie etwa das Fundamentalprinzip der Schuldangemessenheit der Strafe –, und schließlich auch im Hinblick auf die besonderen Leitideen, die einzelnen Teilgebieten des Strafrechts das Gepräge geben – wie etwa der Erziehungsgedanke im Jugendstrafrecht. Außer diesen und ähnlichen Bindungsmaßstäben kraft prinzipieller gesetzgeberischer Wertentscheidungen mag man mit einer neueren Lehre eine stillschweigende Verweisung auf objektive Wertungen auch darin sehen, daß der Gesetzgeber, indem er einem bestimmten Delikt durch Fixierung eines Strafrahmens eine Summe von Strafgrößen zuordnet, zugleich voraussetzt, daß sich auch die Auswahl der Strafgröße weitgehend nach objektiven Wertmaßstäben vollziehen läßt, so daß der Richter insoweit auf „vorgegebene Ordnungsvorstellungen" hingewiesen wird, „die im wesentlichen durch die von der allgemeinen Rechtsüberzeugung getragene Strafzumessungspraxis der Gerichte geprägt werden und in ihr ihren Niederschlag finden"[52]. Auch auf dem Gebiet der Strafzumessung überläßt das Gesetz den Richter damit nicht allein seiner persönlichen Wertvorstellung, sondern zwingt ihn zur Fest-

[48] Vgl. *Engisch:* Einführung, S. 125/126.

[49] So ausdrücklich *Sachs:* Beweiswürdigung und Strafzumessung, S. 17, Fußn. 1.

[50] Vgl. dazu und zum Folgenden überhaupt *Warda:* Dogmatische Grundlagen, S. 123 ff.

[51] Vgl. schon K. *Peters:* Die kriminalpolitische Stellung des Richters, S. 74 ff, 90; jetzt *Warda:* Dogmatische Grundlagen, S. 125.

[52] Vgl. dazu *Warda:* Dogmatische Grundlagen, S. 182. S. auch Else *Koffka:* Welche Strafzumessungsregeln ergeben sich im geltenden StGB?, in: JR 1955, S. 322 ff. A. A. K. *Peters:* Die kriminalpolitische Stellung des Richters, S. 90 ff, 92; Strafprozeß, S. 520, der die Auffassung vertritt, daß der Richter zwar nicht in der Bestimmung der Strafzwecke, aber bei der „Umwertung in die Strafgröße" seiner gewissenhaften persönlichen Wertvorstellung folgen dürfe.

stellung und Anwendung der aus dem Ganzen des Systems und der Praxis abzuleitenden objektiven Wertungen. Auch die Handhabung des richterlichen Strafzumessungsermessens, die sich äußerlich als freie Auswahl unter mehreren vom Gesetz eingeräumten Entscheidungsmöglichkeiten darstellt, bedeutet daher „Konkretisierung des gesetzlichen Werturteils und Vollziehung der gesetzlichen Ziele im Einzelfall"[53].

4. Wird die richterliche Wertentscheidung somit nicht allein von der persönlichen Wertauffassung des jeweils wertenden Richters bestimmt, sondern weitgehend determiniert durch vorgegebene objektive Wertmaßstäbe und ist sie, soweit es um deren Feststellung geht, in erster Linie kognitive Verstandestätigkeit, so bleibt sie gleichwohl in hohem Grade abhängig von den Wertvorstellungen der individuellen Richterpersönlichkeit. Schon die Ermittlung der für den Richter maßgeblichen Wertung, so sehr sie der Idee nach ein bloßer Erkenntnisakt ist, übergreift den Bereich des Kognitiven. Bereits Carl *Schmitt*, der die freirechtliche Gleichsetzung von richterlichem Werturteil und subjektiv-persönlicher Eigenwertung nachdrücklich ablehnte, hat eingeräumt, „daß niemand Wertbeziehungen entwickeln, in ihrer Geltung und Tragweite auseinandersetzen kann, der die in Frage stehenden Wertungen nicht selbst erlebt hat"[54]. „Insoweit", stellt er fest[55], „wird die ‚Persönlichkeit' des Richters, die von je mit besonderer Betonung hervorgehoben worden ist, von Bedeutung. Ohne Lebenserfahrung, Lebenskenntnis, Kenntnis der Praxis kennt der Richter eben die von ihm zu verwertenden Wertungen nicht." Aber auch dann, wenn es dem Richter gelungen ist, die für ihn maßgeblichen Wertvorstellungen zu erkennen, wird ihm dadurch nur selten die persönliche Entscheidung und damit die e i g e n e Wertung erspart, die fast immer das letzte Glied in der zum Urteil hinführenden Kette der Erwägungen bildet. Obwohl die richterliche Wertentscheidung nicht bloße Aktualisierung persönlichen Wertwissens ist – was sie im Hinblick auf die Objektivität der Rechtsprechung auch nicht sein darf –, sondern ihre „Basis im Wertbezüglichen und damit in einer irgendwie vorgegebenen Normen- und Werte-Ordnung hat", so ist doch da-

[53] *Warda:* Dogmatische Grundlagen, S. 118. Diese Konkretisierung braucht freilich nicht zu bedeuten, daß nur e i n e Strafgröße die „gerechte" ist. Vgl. K. *Peters*, a. a. O.; ders.: Grundprobleme der Kriminalpädagogik, S. 165 m. w. H.; *Spendel:* Zur Lehre vom Strafmaß, S. 168 ff, 176 ff und die dort S. 177 Anm. 1 aufgeführten Schriftsteller; ders.: Begründung des Strafmaßes, S. 1765 m. Fn. 82; ferner *Engisch:* Einführung, S. 131. A. A. (nämlich gegen die Möglichkeit mehrerer gerechter Strafgrößen) u. a. *Drost:* Ermessen, S. 43; Eb. *Schmidt:* Probleme staatlichen Strafens in der Gegenwart, in: SJZ 1946, S. 204 ff (209); *Sarstedt:* Referat, S. 31 f; *Baumann:* Grenzen der individuellen Gerechtigkeit, S. 132.

[54] Vgl. Carl *Schmitt:* Gesetz und Urteil, S. 98.

mit „dem Rechtsanwender nicht einfach die richtige Wertung vorgezeichnet“, vielmehr muß „er sie sich in einem schöpferischen Akt suchen“[56]. Denn wenngleich die vom Richter vollzogene Feststellung einer im Einzelfall einschlägigen Wertung infolge ihres überwiegend kognitiven Charakters „eine Verwandtschaft mit der ‚Subsumtion‘“ aufweist[57], entbehren doch die so aufgefundenen Wertmaßstäbe vielfach, wie zuletzt noch *Larenz* dargelegt hat, „der für die Anwendung auf den Einzelfall erforderlichen letzten Bestimmtheit“; sie „enthalten keinen durch ‚Merkmale‘ umrissenen Tatbestand, der als Obersatz eines Subsumtionsschlusses zu fungieren vermöchte“[58], sind häufig unentwickelt, fließend[59] und mitunter widerspruchsvoll, so daß ihnen der Richter in rein kognitiver Anwendung keine endgültige Lösung des zu entscheidenden Falles entnehmen kann[60]. Die Bedeutung vorgegebener objektiver Wertungen für die Rechtsanwendung beschränkt sich vielmehr, wie *Larenz* nachgewiesen hat, auf ihre (doppelte) „Hinweisfunktion“: sie weisen den Richter auf die maßgeblichen Vorstellungen der Allgemeinheit oder einer bestimmten „führenden Schicht“ und durch sie auf die nur im Vollzug persönlicher Wertung erfahrbare Wertordnung selbst hin[61]. Der Richter muß deshalb, sofern die im Gesetz enthaltene Verweisung auf vorhandene Wertmaßstäbe allein eine sichere Wertentscheidung nicht ermöglicht, auf sein eigenes subjektives Wertwissen und Wertverstehen zurückgreifen und eine persönliche Entscheidung treffen[62]. „Die noch so gut gemeinte objektivierende Erfassung von Werten und Normen im kulturellen Bereich“, bemerkt *Engisch*[63], „landet schließlich doch bei der

---

[55] Vgl. Carl *Schmitt*, a. a. O.; auch die Feststellung *Drosts*: Ermessen, S. 28, daß der Richter, wenn er Wertungen der „Gesellschaft“ ermittle, auch zugleich als Mitglied der Gesellschaft selbst werte, gehört in diesen Zusammenhang. Vgl. auch Walter *Jellinek*: Gesetz, Gesetzesanwendung und Zweckmäßigkeitserwägung, Tübingen 1913, S. 171, 176.

[56] *Engisch*: Die normativen Tatbestandselemente, S. 152.

[57] *Engisch*: Einführung, S. 126.

[58] *Larenz*: Methodenlehre, S. 218.

[59] Vgl. *Drost*: Ermessen, S. 28/29.

[60] Vgl. schon *Somló*: Juristische Grundlehre, S. 407/408 Fußn. 3 a. E. Vgl. auch *Heller*: Logik und Axiologie, S. 100 f, 103 f.

[61] Vgl. im einzelnen *Larenz*: Methodenlehre, S. 219; ähnlich *Henkel*: Rechtsphilosophie, S. 360.

[62] Vgl. *Zippelius*: Wertungsprobleme, S. 209: „Auch für den Richter gibt es Situationen, in denen eine eindeutige Antwort weder im Recht noch in der herrschenden Rechtsmoral gefunden werden kann, und in denen deshalb seine persönliche Weltanschauung durchbrechen wird.“

[63] Vgl. *Engisch*: Die normativen Tatbestandselemente, S. 154. Vgl. auch *Sax*: Analogieverbot, S. 66 f; *Schweikert*: Wandlungen der Tatbestandslehre, S. 63; *Maihofer*: Die Bindung des Richters, S. 6 Fußn. 3; *Raiser*: Rechtswissenschaft und Rechtspraxis, S. 1207; *Henkel*: Rechtsphilosophie, S. 360.

relativ gültigen Eigenwertung." Auf dieser Stufe der Rechtsanwendung tritt damit der Charakter der richterlichen Wertentscheidung als persönlicher Stellungnahme des Richters in Erscheinung. Zwar darf auch die „Eigenwertung" nicht willkürliches, subjektiv-gefühlsmäßiges Belieben sein; sie hat vielmehr so weit als möglich Anschluß zu suchen an ausgebildeten Rechtsfindungsprinzipien[64]: der „sachlogischen Struktur" der jeweiligen Rechtsmaterie[65], der „entwickelten Lehre und Rechtsprechung"[66], an bewährten Richtlinien („Grundsätzen") für praktisches richterliches Handeln im Einzelfall[67] und letztlich am herrschenden Rechtsethos, der Rechtsidee[68]. Aber derartige Prinzipien führen den Richter, wie u. a. *Wieacker*[69] und neuerdings *Zippelius*[70] dargetan haben, immer nur in die Nähe der endgültigen Lösung, verringern die Möglichkeiten der Bewertungswahl[71], bedeuten „Wegweiser" für die richterliche Rechtsgewinnung[72], nehmen dem Richter aber die Entscheidung selbst und damit das eigene

---

[64] Zum Folgenden vgl. insbesondere *Wieacker:* Gesetz und Richterkunst, S. 12 f, und *Larenz:* Wegweiser zur richterlichen Rechtsschöpfung, S. 275 ff (279 ff). *Wieacker* erblickt verbindliche Rechtsfindungsprinzipien in den ausdrücklichen Wertungen des Verfassungsgebers, den Grundanschauungen des westeuropäischen Kulturkreises, Billigkeitsgrundsätzen, der Natur der Sache und bewährter Lehre und Rechtsprechung. *Larenz* sieht sie, ganz ähnlich, in der Natur der Sache, der Fallvergleichung, der entwickelten Lehre und Rechtsprechung, den Grundsätzen und Prinzipien des historischen Rechtsganzen und schließlich in der Ausrichtung auf die Rechtsidee. Vgl. jetzt auch *Larenz:* Richterliche Rechtsfortbildung, S. 1 ff.

[65] Dazu *Welzel:* Naturrecht und materiale Gerechtigkeit, 4. Aufl. Göttingen 1962, S. 244 ff; ders.: Naturrecht oder Rechtspositivismus, in: Festschrift für Hans *Niedermeyer,* Göttingen 1953, S. 279 ff (290 ff). Zum Problemkreis der „Natur der Sache" vgl. zuletzt Herbert *Schambeck:* Der Begriff der „Natur der Sache", Wien 1964; Arthur *Kaufmann:* Analogie und „Natur der Sache", Karlsruhe 1965; Ralf *Dreier:* Zum Begriff der „Natur der Sache", Berlin 1965. Weit. Hinw. bei *Engisch:* Einführung, S. 246 Anm. 266.

[66] Vgl. oben Fn. 64.

[67] Dazu besonders Josef *Esser:* Grundsatz und Norm in der richterlichen Fortbildung des Privatrechts, Tübingen 1956; Theodor *Viehweg:* Topik und Jurisprudenz, 3. Aufl. München 1965, bes. S. 53 ff. Vgl. jetzt auch *Arndt:* Gesetzesrecht und Richterrecht, S. 1277; *Raiser:* Rechtswissenschaft und Rechtspraxis, S. 1203 f; U. *Diederichsen:* Topisches und systematisches Denken in der Jurisprudenz, in: NJW 1966, S. 697 ff.

[68] Vgl. *Larenz:* Wegweiser zur richterlichen Rechtsschöpfung, S. 304 f.

[69] *Wieacker:* Gesetz und Richterkunst, S. 10 ff, 12 f; vgl. auch *Larenz,* a. a. O., S. 275.

[70] Vgl. *Zippelius:* Wertungsprobleme, S. 64 ff, 77 f, 79 ff, 85 f, 90, 129, 130, 193, 198, 209/210; ders.: Wesen des Rechts, S. 104 ff.

[71] Vgl. dazu *Wieacker:* Zur rechtstheoretischen Präzisierung des § 242 BGB, S. 14 f; ders.: Gesetz und Richterkunst, S. 7.

[72] Vgl. *Larenz:* Wegweiser zur richterlichen Rechtsschöpfung, S. 280 ff.

Werturteil nicht ab. Dem Richter bleibt, da ihm eine Rechtsverweigerung nicht gestattet ist, nur die Möglichkeit, sich unter gewissenhafter Berücksichtigung der vorhandenen Wertmaßstäbe und unter Beachtung der gesicherten methodologischen Prinzipien seiner eigenen Werterfahrung, seinem Wertwissen und Wertgefühl – dessen „Urform" das Gewissen ist[73] – anzuvertrauen und unter den von der Vernunft angebotenen Bewertungsmöglichkeiten die für sein Gewissen gültige zu wählen. Der Richterspruch wird in dieser Endphase der Entscheidung zu einem unmittelbar auf Wertverwirklichung gerichteten, auf der Wahl einer unter mehreren objektiv möglichen Bewertungen beruhenden Willensakt: das richterliche „Werturteil" wird zur „Willensentscheidung"[74], die – vom Ganzen der Rechtsordnung

[73] Vgl. Nicolai *Hartmann:* Ethik, S. 135. S. auch Max *Scheler:* Der Formalismus in der Ethik, S. 336. Aus der neueren Literatur zur Funktion des Gewissens in der Rechtsanwendung sei hingewiesen auf Alfred *Moser:* Die Rechtskraft der natürlichen Lebenswerte, Heidelberg u. Löwen 1962, S. 69 f, 92 f; Thomas *Würtenberger:* Vom rechtschaffenen Gewissen, in: Existenz und Ordnung, Festschrift für Erik *Wolf,* Frankfurt a. M. 1962, S. 337 ff. Zur Bedeutung des Gewissens für das richterliche Handeln insbesondere vgl. Carl Hermann *Ule:* Über die Gewissensgebundenheit des Richters, in: ZJBlBritZ 1948, S. 261 f; K. *Peters:* Das Gewissen des Richters, S. 23 ff; ders.: Strafprozeß, 2. Aufl. 1966, S. 98 ff m. w. Hinw. S. 99; *Rotberg:* Zu einem deutschen Richtergesetz, S. 13; *Maihofer:* Die Bindung des Richters, S. 11; Heinrich J. *Scholler:* Die Freiheit des Gewissens, Berlin 1958, S. 177/178; *Evers:* Der Richter und das unsittliche Gesetz, bes. S. 100 ff, mit reichhaltigen Schrifttumshinweisen S. 146 ff; *Werner:* Das Problem des Richterstaates, S. 10 f; ders.: Über den Standort des Juristen in der öffentlichen Ordnung, in: JuS 1962, S. 329 ff (334); *Hubmann:* Naturrecht und Rechtsgefühl, S. 371 f; Arthur *Kaufmann:* Das Schuldprinzip, Heidelberg 1961, S. 197 f; ders.: Recht und Sittlichkeit, Tübingen 1964, S. 45.

[74] Dieses Willensmoment hat bereits *Bülow:* Gesetz und Richteramt, S. 6, 46, gesehen und nach ihm *Rümelin:* Werturteile und Willensentscheidungen, S. 48 f, prägnant umschrieben: Wenn „die in Betracht kommenden Werte sich einigermaßen das Gleichgewicht halten und das Zünglein an der Waage dauernd hin und her schwankt, dann muß der Abschluß schließlich durch einen Willensakt erfolgen". Heute ist anerkannt, daß die richterliche Entscheidung jedenfalls in ihrer Endphase einen Willensakt darstellt. Vgl. *Coing:* Die obersten Grundsätze des Rechts, S. 141 f; sehr treffend auch *Eichenberger:* Die richterliche Unabhängigkeit, S. 88. Vgl. über das Willensmoment im Richterspruch ferner *Bockelmann:* Einführung in das Recht, S. 124; *Coing:* Grundzüge, S. 247 f; *Dahm:* Deutsches Recht, S. 54; *Engisch:* Einführung, S. 131; *Enneccerus-Nipperdey:* Allgemeiner Teil, § 23, S. 124; *Esser:* Grundsatz und Norm, S. 256 ff; ders.: Die Interpretation im Recht, S. 372; *Fechner:* Artikel „Richter" in: StL VI, S. 920; *Goldschmidt:* Der Prozeß als Rechtslage, S. 496 ff, 498; *Heller:* Logik und Axiologie, S. 103; *Hoeniger:* Riskante Rechtsauslegung, Tübingen 1917, S. 12 f, 15 f; *Hruschka:* Rechtsanwendung als methodologisches Problem, in: ARSPh 1964, S. 485 ff; *Isay:* Rechtsnorm und Entscheidung, S. 60 ff, 82 u. pass.;

her gesehen – zugleich einen „rechtsschöpferischen Akt" des Richters, ein „Stück punktueller Rechtsfortbildung"[75] darstellt. Das letzte, ausschlaggebende Moment im Prozeß der Urteilsfindung ist mithin ein höchstpersönliches, rational nicht mehr auflösbares Moment, ein – wie *Engisch* sagt[76] – „von der Persönlichkeit des Richters bestimmter Entscheidungsrest", dessen Vorhandensein deutlich macht, daß auch Rechtsanwendung wie jede geistige Tätigkeit kein rein intellektueller, geschweige denn ein mechanisch-automatischer Vorgang, sondern Betätigung lebendigen Menschengeistes ist, „der organisch und persongebunden in Erscheinung tritt"[77]. Die richterliche Entscheidung bleibt daher bei aller notwendigen Rationalisierung und Objektivierung der Urteilsbildung zugleich Ausdruck des Wollens und Fühlens des einzelnen Richters als Menschen[78]. Dort, wo der Richter, da die ihm zur

---

Kantorowicz: Kampf um die Rechtswissenschaft, S. 20 f (Ausgew. Schr., S. 21); *Reuss:* Der Richter und das Gesetz, S. 363; *Riezler:* Rechtsgefühl, S. 84; *Rotberg:* Zu einem deutschen Richtergesetz, S. 13; *Rumpf:* Artikel „Richter" in: HdwR V, S. 142 ff, 146; ders.: Gesetz und Richter, S. 97 f; *Sauer:* Juristische Methodenlehre, S. 141; ders.: Juristische Elementarlehre, S. 17; R. *Schmid:* Der Richter im heutigen Strafrecht, in: Schuld und Sühne, München 1960, S. 63 ff (67); *Scheuerle:* Rechtsanwendung, S. 95 ff; Carl *Schmitt:* Der Hüter der Verfassung, Tübingen 1931, S. 45 ff; ders.: Gesetz und Urteil, S. 46 ff; E. *Stein:* Rechtsfortbildung, S. 1747 l. Sp.; *Somló:* Juristische Grundlehre, S. 406; *Westermann:* Streitentscheidung, S. 12; *Wieacker:* Gesetz und Richterkunst, S. 6; ders.: Zur rechtstheoretischen Präzisierung des § 242 BGB, S. 16; *Zippelius:* Rechtsfortbildung, S. 1982 f. – Vgl. ferner u. S. 297 m. Fn. 142 dieser Arbeit.

[75] Vgl. *Wieacker:* Gesetz und Richterkunst, S. 7. Zum Problemkreis der richterlichen Rechtsschöpfung und -fortbildung vgl. aus dem neueren Schrifttum etwa *Boehmer:* Grundlagen II/1, S. 165 ff; *Dahm:* Deutsches Recht, S. 54 ff; *Engisch:* Einführung, S. 134 ff; *Esser:* Grundsatz und Norm, S. 84 ff, 242 ff u. pass.; *Larenz:* Wegweiser zur richterlichen Rechtsschöpfung, S. 275; *Less:* Wesen und Wert, S. 47 ff; neuerdings *Arndt:* Gesetzesrecht und Richterrecht, S. 1273 ff; *Larenz:* Richterliche Rechtsfortbildung, S. 1 ff; ders.: Kennzeichen geglückter richterlicher Rechtsfortbildungen, Karlsruhe 1965; *Zippelius:* Rechtsfortbildung, S. 1982 u. pass.; Claus-Wilhelm *Canaris:* Die Feststellung von Lücken im Gesetz, Berlin 1964, insbes. S. 93 ff.

[76] *Engisch:* Einführung, S. 131. Vgl. auch dens.: Wahrheit und Richtigkeit, S. 18 f.

[77] *Engisch:* Einführung, S. 132.

[78] Vgl. dazu K. *Peters:* Grundprobleme der Kriminalpädagogik, S. 166: „Wenn der Richter auch das Gesetz verwirklicht, so spricht er doch auch als Persönlichkeit das Urteil"; ders.: Das Gewissen des Richters, S. 23 ff; Strafprozeß, S. 91 u. 40 f; Gutachten, S. 6 u. p.; *Engisch:* Wahrheit und Richtigkeit, S. 22; ferner *Altavilla:* Forensische Psychologie II, S. 382 ff; *Grassberger:* Psychologie des Strafverfahrens, S. 312 ff; *Hellwig:* Zur Psychologie der richterlichen Urteilsfindung, S. 403 ff. Vgl. auch u. S. 297 Fn. 143 dieser Arbeit.

Verfügung stehenden objektiven Wertmaßstäbe ebenso wie die vorhandenen praktischen Maximen für das Handeln im Einzelfall die Antwort auf die Frage nach der richtigen Lösung versagen, in eigener verantwortlicher und unvertretbarer Entschließung die Entscheidung zu treffen hat, wirkt sich über den emotional bedingten Willensakt notwendig die Eigenart seiner Persönlichkeit auf den Richterspruch aus, machen sich irrationale Momente[79] verschiedenster Art, persönliches Rechtsgefühl[80], subjektive Weltanschauung oder objektive weltanschauliche Bindung[81], Charakter, größere oder geringere Lebenserfahrung und Menschenkenntnis, soziale Herkunft sowie Bildung und Erziehung[82] je nach der Individualität des Richters geltend. Insofern „schafft" auch der Richter, wie jeder geistig Schaffende, – nach einem Wort Wilhelm *Sauers*[83] – „das Urteil aus sich", ist es Ausfluß seines Menschentums, widerspiegelt es, wie es *Marcic* ausgedrückt hat[84], „die ganze Existenz der Person des Richters". Das Recht – das zeigt sich hierin – bedient sich des Richters eben nicht, wie der Gesetzespositivismus geglaubt hat, „nur weil er nun einmal die notwendige Kraft der Vermittlung ist, sondern es bedient sich seiner als einer aus dem Gesetzesbereich schöpfenden, in der eigenen sittlichen und rechtlichen Verantwortung stehenden Persönlichkeit"[85].

Diese Gebundenheit der Rechtsanwendung an die Person des Richters tritt bei näherem Zusehen auf allen Stufen der Rechtsfindung mehr oder minder deutlich in Erscheinung; sie steigert sich gleichsam mit der wachsenden Notwendigkeit wertender Stellungnahme. Bereits die Tatsachenfeststellung, insbesondere die („freie") Beweiswürdi-

---

[79] Darüber *Anossow:* Das Irrationale im Strafrecht, S. 184 ff; Ludwig *Bendix:* Über die irrationalen Kräfte der strafrichterlichen Urteilstätigkeit, Breslau 1928, pass.; *Schwinge:* Irrationalismus und Ganzheitsbetrachtung, S. 12 ff; *Francke:* Die irrationalen Elemente, S. 38 ff; *Hartz:* Irrationale Grenzen, S. 119 ff.

[80] Zur Bedeutung des Rechtsgefühls für die richterliche Entscheidung sei aus der umfangreichen Literatur hingewiesen auf *Baur:* Justizaufsicht, S. 46; *Beradt:* Der deutsche Richter, S. 147 f; *Boehmer:* Grundlagen II/1, S. 212 u. p.; ders.: Jugenderinnerungen, S. 13; *Darmstaedter:* Der Begriff ‚Recht' in Art. 20 III GG, S. 771 f; A. E. *Hoche:* Das Rechtsgefühl in Justiz und Politik, Berlin 1932, S. 55 ff; *Hubmann:* Naturrecht und Rechtsgefühl, S. 367 ff m. w. H. S. 372 Fußn. 105; *Isay:* Rechtsnorm und Entscheidung, S. 60 ff, 192 ff, 211 ff, 257 ff; *Riezler:* Rechtsgefühl, S. 137 ff.

[81] Darüber jetzt Ernst *Fraenkel:* Die Bedeutung weltanschaulicher Überzeugungen in der Gesetzesanwendung, in: HHW 1962, S. 118 ff.

[82] Vgl. zum Ganzen *Baur:* Justizaufsicht, S. 46/47.

[83] *Sauer:* Juristische Methodenlehre, S. 134.

[84] *Marcic:* Richterstaat, S. 261.

[85] K. *Peters:* Gutachten, S. 6.

gung wird – worauf noch zurückzukommen ist[86] – von der Persönlichkeit des Tatrichters weitgehend mitbestimmt. K. *Peters* hat sie geradezu einen „Persönlichkeitsakt" genannt[87]. Aber auch die „Auslegung des Gesetzes nach Sinn und Zweck, die Anwendung namentlich der normativen Begriffe und die Ausfüllung der Generalklauseln gewährt seinem (des Richters) persönlichen Urteil, seinem Sinn für Recht und Billigkeit Spielraum. Schon der Auslegung ist also ein Willensmoment und bis zu einem gewissen Grade ein irrationales Moment beigemengt"[88]. Zur Auslegung des Gesetzes wird damit „die ganze Richterpersönlichkeit aufgerufen, die ohne Anteilnahme von Verstand u n d Herz den wahren Geist der Gesetze nicht sicher begreift"[89]. Am auffälligsten aber tritt der Anteil persönlicher Willensentscheidung des Richters an der Rechtsfindung auf dem Gebiet der Strafzumessung hervor[90]. Bei der sachbedingten Lückenhaftigkeit und – das gilt vor allem für die Strafzwecke – der Antinomie der vorgegebenen Wertmaßstäbe zeigt sich in diesem Bezirk der Rechtsanwendung besonders deutlich ein von der Persönlichkeit des Richters beherrschter „Bereich des Gutdünkens und Schätzens, bei dem man sich vermöge des Willens für eine von der Vernunft nicht sicher auszu-

---

[86] Vgl. u. S. 293 ff dieser Arbeit.

[87] K. *Peters:* Strafprozeß, S. 237; Gutachten, S. 7.

[88] So *Dahm:* Deutsches Recht, S. 54.

[89] *Rotberg:* Zu einem deutschen Richtergesetz, S. 13.

[90] Vgl. dazu außer den i. f. Zitierten insbesondere *Altavilla:* Forensische Psychologie II, S. 432 f, der dem „Einfluß der Richterpersönlichkeit auf die Strafzumessung" einen besonderen Abschnitt widmet; ferner *Beradt:* Der deutsche Richter, S. 170; Eduard *Dreher:* Über die gerechte Strafe, Heidelberg 1947, S. 64 f; *Engisch:* Einführung, S. 130 f; *Exner:* Studien über die Strafzumessungspraxis, S. 86 ff; ders.: Über Gerechtigkeit im Strafmaß, in: Gerechtigkeit und Richteramt, S. 5 ff; ders.: Strafrechtsreform und Richteramt, ebenda, S. 39 ff; François *Gorphe:* Les Décisions de Justice, Étude Psychologique et Judiciaire, Paris 1952, p. 140 ff, bes. p. 142 („À défaut d'échelle et de base fixes, l'évaluation de la culpabilité et de la peine exprime, plus que toute autre opération du jugement, la personnalité du juge, son caractère, ses idées de justice répressive"); Roland *Grassberger:* Die Strafzumessung, Wien 1932, bes. S. 77 ff; Ernst *Heinitz:* Strafzumessung und Persönlichkeit, in: ZStW Bd. 63 (1951), S. 57 ff; Elisabeth *Krumme:* Ermessensfreiheit oder gesetzliche Bindung des Richters bei der Verhängung der Strafe oder sonstiger Unrechtsfolgen?, in: DRiZ 1955, S. 208 ff (208); *Middendorff:* Die soziale Prognose und der Strafrichter, S. 333 f m. w. H.; K. *Peters:* Die kriminalpolitische Stellung des Richters, S. 92; ders.: Artikel „Strafzumessung" in HdwK II, S. 743 f u. in StL VII, S. 785 f (vgl. auch die folgenden Anmerkungen); *Sachs:* Beweiswürdigung und Strafzumessung, S. XVI; Eb. *Schmidt* in: Materialien zur Strafrechtsreform, Bd. I, Bonn 1954, S. 9 ff (27); *Spendel:* Begründung des Strafmaßes, S. 1759.

schließende und nicht unbegründete Möglichkeit und damit für eine unter mehreren Übelsgrößen entscheiden muß"[91]. Die richterliche „Eigenwertung" nach persönlichem Wertgefühl nimmt demgemäß, wie die Praxis der Strafzumessung zeigt, hier wohl den breitesten Raum ein. „Für die Strafzumessung gibt das Gesetz in der Regel nur Anhaltspunkte, die tatsächliche Höhe der Strafe bestimmt sich nach der Individualität des Richters und des Angeklagten und dem Gewicht, das jeweils den verschiedenen Strafzwecken beigelegt wird."[92] In den Strafausspruch wird infolgedessen vieles von dem hineingetragen, „was der Richter als Amtsträger und als Mensch denkt, fühlt, empfindet und weiß"[93]. Das Strafmaß wird beeinflußt von „tausenderlei Subjektivitäten des Richters, seinem Charakter und seiner Umgebung, seinen Neigungen und Abneigungen, seiner Strenge und seiner Milde, seinem Pessimismus oder Optimismus"[94]. Das richterliche Urteil ist insofern zu einem wesentlichen Teil zugleich „Ausdruck seiner Persönlichkeit"[95]. *Engisch* hat daher die Formulierung geprägt, die richterliche Ermessensentscheidung – wie sie der Strafzumessungsakt darstellt – sei geradezu „die Inthronisation der nach Sinnverwirklichung strebenden Persönlichkeit auf der Ebene der Rechtskonkretisierung"[96].

5. Ist aber die richterliche Wertentscheidung bei aller Gebundenheit an vorgegebene Wertungen zugleich ein Stück Selbstverwirklichung der Richterindividualität[97], so wird damit der Richter als Mensch, als lebendige Person zu einem für die Rechtspflege entscheidenden Faktor. In der – oft uneingestandenen – Erkenntnis dieser Bedeutung der Richterpersönlichkeit liegt wohl eines der wesentlichen Merkmale der heutigen Auffassung von der Stellung des Richters im Gegensatz zu der abstrakt-unpersönlichen Richtervorstellung aufklärerisch-positivistischer Herkunft, die von der Illusion bestimmt war, die Rechtspflege könne des Richters als verantwortlicher Persön-

---

[91] So *Spendel:* Zur Lehre vom Strafmaß, S. 169/170.

[92] *Middendorff:* Der Strafrichter, S. 87. Vgl. auch S. 90: „Wie der Richter die Gewichte zu verteilen hat, sagt ihm niemand, er fühlt nur die unbedingte Forderung in sich, daß das Endergebnis seiner Überlegungen ein gerechtes Urteil sein soll."

[93] K. *Peters:* Gutachten, S. 39.

[94] So Fritz *Bauer:* Das Verbrechen und die Gesellschaft, München 1957, S. 211.

[95] K. *Peters:* Grundprobleme der Kriminalpädagogik, S. 106.

[96] *Engisch:* Einführung, S. 132.

[97] Vgl. Hermann *Weinkauff:* Warum und wie Große Justiz-Reform?, in: JJB Bd. 1, Köln-Marienburg 1960, S. 3 ff (9): „Jedem wirklichen Richterspruch, keineswegs nur dem sogenannten rechtsschöpferischen Richterspruch, wohnt zugleich ein untechnisches, ein aus dem Menschentum des Richters fließendes, man kann ruhig sagen, schöpferisches Element inne ..."

lichkeit entbehren und bedürfe seiner nur als exakt funktionierenden Intellekts. Mit Recht hat *Schröder* in seiner Schrift „Gesetz und Richter im Strafrecht" die Wandlung, die sich auf dem Gebiet des Richtertums mit der Überwindung des Subsumtionsdogmas vollzogen hat, in der Feststellung zusammengefaßt: „Eines hat uns die Entwicklung der letzten Jahrzehnte jedenfalls deutlich gezeigt: Das Verhältnis von Gesetz und Richter ist in erster Linie ein Problem des Richters und der Richterpersönlichkeit[98]." Ist aber „die richterliche Entscheidung in allen Sparten und Graden geradezu angewiesen auf die Mitsprache seelischer Kräfte der Richterpersönlichkeit"[99], so wird der Beruf des Richters recht eigentlich zum „Persönlichkeitsberuf"[100]. Das Verwiesensein der Rechtsprechung auf den persönlichen Einsatz des Richters[101], auf den – wie *Marcic* gesagt hat[102] – „existentiellen Mitvollzug" der Entscheidung macht die Eigenart[103], aber auch die spezifischen Gefahren richterlicher Tätigkeit aus. Dieser Sachverhalt eröffnet neue, durch die positivistische Vereinfachung der Rechtsfindung zu logischschematischer Gesetzesanwendung bisher verdeckt gebliebene Perspektiven geistesgeschichtlicher, aber auch rechtspolitischer Art. Er rückt den heute vielfach angesprochenen untergründigen Zusammenhang mit dem „charismatischen" Element[104] in den Blick, das dem Richtertum seit je innewohnt, enthüllt etwas von dem – institutioneller und staatsfunktioneller Versachlichung nur begrenzt zugänglichen – „archetypischen" Charakter des Richteramts[105]: Der Richter „ist Träger nicht erst eines geformten und künstlich gebildeten Berufes, sondern Träger einer Uraufgabe der Menschheit, der er mit seiner ganzen Persönlichkeit verpflichtet ist, und deren Erfüllung sein ganzes Menschsein durchdringen muß"[106]. In Gestalt dieses notwendigen Auf-

---

98 *Schröder:* Gesetz und Richter im Strafrecht, S. 29.

99 *Rotberg:* Zu einem deutschen Richtergesetz, S. 13.

100 Theodor *Sternberg*, zit. bei *Schwinge:* Der Jurist und sein Beruf, S. 49.

101 Vgl. Gerhart *Husserl:* Recht und Welt, Rechtsphilosophische Abhandlungen, Frankfurt a. M. 1964, S. 84: „Die Rechtsprechung fordert einen Einsatz der Person dessen, der Recht spricht, für das Recht."

102 *Marcic:* Richterstaat, S. 261. Vgl. auch *End:* Existentielle Handlungen, S. 93 f; *Maihofer:* Die Bindung des Richters, S. 24.

103 Vgl. *Schiffer:* Die deutsche Justiz, Berlin 1928, S. 102: „Was unter ... der Tätigkeit des Richters ... zu verstehen ist, läßt sich schwer definieren. Man wird sie begrifflich vielleicht dahin umreißen können, daß sie Menschliches und Juristisches gleichzeitig umfassen muß ..."

104 Vgl. dazu Max *Weber:* Wirtschaft und Gesellschaft, S. 400 ff; Rechtssoziologie, S. 177 ff. S. ferner End, a. a. O.; *Zweigert:* Zum richterlichen Charisma, S. 299 ff.

105 Vgl. dazu u. S. 50 Fn. 91 dieser Arbeit.

106 K. *Peters:* Das Gewissen des Richters, S. 29.

einander-Bezogenseins von Richteramt und Persönlichkeit ragt ein Relikt der – von Max *Weber* so genannten – „charismatischen Epoche der Rechtsschöpfung und Rechtsanwendung" durch „außeralltäglich" qualifizierte Richterpersönlichkeiten, das die neuzeitliche Entwicklung der Rechtsanwendung „zu einer zunehmend logischen Sublimierung und deduktiver Strenge" überdauert hat, in die Epoche der auf Grund „formallogischer Schulung sich vollziehenden Rechtspflege durch ‚Rechtsgebildete' (Fachjuristen)" hinein und weist auf den vorstaatlichen Ursprung des Richteramts zurück[107]. Die Erkenntnis, daß der Richterspruch nicht unwesentlich von dem Menschentum des Richters geprägt wird, nähert die Richtervorstellung des deutschen Rechts zugleich der Richteridee des englischen Rechts an, das seit langem in der richterlichen Entscheidung ein Produkt auch der schöpferischen Richterindividualität erblickt[108]. Nicht zufällig setzten zu der Zeit, als die Unzulänglichkeit der herkömmlichen Subsumtionsvorstellung zum Bewußtsein kam, jene vor allem mit dem Namen *Adickes* verknüpften Reformbestrebungen[109] ein, die unter dem Leitgedanken, dem Richter „Autorität, Kraft und Würde" zu verleihen, die Umgestaltung des deutschen Richtertums in Anlehnung an das Bild des englischen

[107] Vgl. hierzu im einzelnen Max *Weber:* Wirtschaft und Gesellschaft, S. 400 ff, 407; Rechtssoziologie, S. 177 ff, 188. Nach Max *Weber* ist die früheste Stufe des Richtertums die der Rechtsschöpfung durch charismatische Autoritäten, d. h. „außeralltäglich" qualifizierte Menschen, deren Autorität „sich die Beherrschten kraft des Glaubens an diese Qualität dieser bestimmten Person fügen". Die „charismatische Rechtsoffenbarung" verwandelt sich im Laufe der Entwicklung in eine „auf Grund literarischer und formallogischer Schulung sich vollziehende Rechtspflege durch ‚Rechtsgebildete'" (S. 504 bzw. S. 277). Das richterliche Charisma überdauert jedoch teilweise diesen Rationalisierungsprozeß, „ragt ... in zahlreichen Institutionen in die Zeit rein rationaler ... Rechtsanwendung hinein und ist noch heute nicht überall ganz beseitigt" (S. 407 bzw. S. 188). Vgl. dazu jetzt *Zweigert:* Zum richterlichen Charisma, S. 299 f. Mit Recht bemerkt Wilhelm *Ebel:* Geschichte der Gesetzgebung in Deutschland, 2. Auflage Göttingen 1958, S. 106, das richterliche Urteil sei „immer ein Stückchen Weistum geblieben".

[108] Zur Stellung des englischen Richters vgl. etwa E. *Wolff:* Freiheit und Gebundenheit des englischen Richters, in: Festschrift für Wilh. *Kiesselbach*, Hamburg 1947, S. 251 ff; Walter G. *Becker:* Das Common Law als Methode der Rechtsfindung, Tübingen 1952, bes. S. 45, 49; Gustav *Radbruch:* Der Geist des englischen Rechts, 4. Aufl. Göttingen o. J. (1963), S. 24 ff; *Evers:* Der Richter und das unsittliche Gesetz, S. 16 ff; Ernst J. *Cohn:* Richter, Staat und Gesellschaft in England, Karlsruhe 1958, passim; H. P. *Romberg:* Die Richter Ihrer Majestät, Stuttgart 1965, insbes. S. 46 ff, 202 ff.

[109] Vgl. Franz *Adickes:* Grundlinien durchgreifender Justizreform, Berlin 1906. Zu dieser Bewegung und ihren Auswirkungen vgl. Ed. *Kern:* Geschichte, S. 137 ff, mit eingehenden Schrifttumsangaben S. 137/138.

Richters zum Ziele hatten. Auf diese Zusammenhänge sei hier indessen nur hingewiesen. Wichtiger ist, daß sich aus der „Persönlichkeitsgebundenheit" der richterlichen Entscheidung ganz reale rechtspolitische Folgerungen ergeben. Ist Rechtsanwendung, wie heute anerkannt ist, nicht allein Nachvollzug fremder Wertungen, liegt vielmehr in jedem richterlichen Werturteil zugleich ein Stück echter persönlicher Stellungnahme des Richters, trägt er somit „eigenes Wesen in die Entscheidung mit hinein"[110], so gewinnt der Persönlichkeitswert des Richters für die Qualität der Rechtsprechung ausschlaggebendes Gewicht. „Der ganze Erfolg der Rechtspflege ruht schließlich", wie schon *Ihering* gesehen hat[111], „auf den Voraussetzungen, die das Recht in seiner Person vorfindet". Die Persönlichkeit des Richters entscheidet über Wert oder Unwert der Rechtspflege[112]. Dieser Umstand macht das Bedürfnis nach dem qualifizierten Richter unabweisbar. Die „Qualität des Richters" ist daher, neben allen Maßnahmen sachlich-institutioneller Art, ein „selbständiges Konstitutionselement der richterlichen Gewalt"[113]. Damit findet die alte Forderung der Freirechtslehre nach einer „Kultur des Richters" und der Richterpersönlichkeit nunmehr in einem neuen Sinn ihre Anerkennung[114]. Für die Freirechtsbewegung gleichsam der letzte Ausweg angesichts einer immer stärker subjektivierten und entrationalisierten Rechtsanwendungslehre[115], ergibt sich diese Forderung heute aus der Einsicht in die begrenzten Möglichkeiten rein kognitiver Rechtsfindung und in die Notwendigkeit persönlicher Entscheidung.

---

[110] K. *Peters:* Das Gewissen des Richters, S. 29.

[111] *Ihering:* Der Zweck im Recht, Bd. I, S. 389.

[112] Vgl. etwa *Fritzsche:* Richteramt und Persönlichkeit, S. 16 f; Herbert *Ruscheweyh:* Die Berufung in das Richteramt, Justiz und Verfassung, Hamburg 1948, S. 12; Egon *von Turegg:* Gerichte, in: NJW 1953, S. 1201 ff (1203 f); *Schröder:* Gesetz und Richter im Strafrecht, S. 14, 29; *Schwinge:* Der Jurist und sein Beruf, S. 49, 100 ff, 103; *Eichenberger:* Die richterliche Unabhängigkeit, S. 238; K. *Peters:* Grundprobleme der Kriminalpädagogik, S. 182; ders.: Gutachten, S. 38 u. p.; ders.: Grundfragen der Strafrechtsreform, S. 26; ders.: Das Gewissen des Richters, S. 39 u. p.; ders.: Art. Strafgerichtsbarkeit, in: StL VII, S. 736 ff (739); *Coing:* Der Aufbau der rechtsprechenden Gewalt, S. 245; *Jescheck:* Vom Stil der gegenwärtigen deutschen Strafrechtspflege, S. 63, 72.

[113] So *Eichenberger:* Die richterliche Unabhängigkeit, S. 234.

[114] Vgl. *Kantorowicz:* Kampf um die Rechtswissenschaft, S. 47/48: „Nur wo Persönlichkeit ist, – ist Gerechtigkeit"; Eugen *Ehrlich:* Freie Rechtsfindung und freie Rechtswissenschaft, 1903, S. 21: „Es gibt keine andere Gewähr der Rechtspflege als in der Persönlichkeit des Richters"; vgl. ferner *Rumpf:* Gesetz und Richter, S. 57; ders.: Art. „Richter und Rechtsprechung" in: HdwR V, S. 142 ff, 146; *Fuchs:* Was will die Freirechtsschule?, in: Gerechtigkeitswissenschaft, S. 35 f.

[115] Vgl. dazu Carl *Schmitt:* Gesetz und Urteil, S. 99/100.

Worin die spezifischen Anforderungen bestehen, die an die Persönlichkeit des Richters zu stellen sind[116], folgt im wesentlichen aus der Eigenart richterlicher Tätigkeit. Mochte der gesetzespositivistischen Vorstellung, Rechtsanwendung bedeute allein formallogische Anwendung des Gesetzes, das Richterideal einer „wertungslosen Intellektualität"[117] genügen, so macht der heute erkannte Wertungscharakter der richterlichen Entscheidung „Richterpersönlichkeiten notwendig, die sich grundlegend von dem nomokratischen Ideal der Gesetzesexekution unterscheiden"[118] und eben jene Fähigkeiten besitzen, die unter der Geltung des Subsumtionsdogmas zu verkümmern drohten. Zwar muß auch der Richter der heutigen Zeit – da Rechtsfindung nun einmal zu einem wesentlichen Teil Sache der Erkenntnis ist – über einen scharfen und sicheren Intellekt verfügen, der auch deshalb unentbehrlich ist, weil nur strengste rationale Selbstkontrolle die Gefahr des Abgleitens ins rein Gefühlsmäßig-Instinktive zu bannen vermag, weil nur der geistig hochstehende Richter auch der Pflicht gewachsen ist, „den Eingebungen seines Gefühls, seiner Schau, seiner Intuition gegenüber vorsichtig zu sein und ihre Sicherstellung zu suchen"[119]. So wesentlich diese, durch die sachlich-fachliche Ausbildung zu vermittelnde, logisch-intellektuelle Komponente ist, so wenig darf sich aber die Richterqualifikation in bloßer Intellektualität erschöpfen. Verlangt die Urteilsfindung die Mitsprache der „ganzen" Persönlichkeit, so ist die Kultivierung aller Persönlichkeitskräfte des Richters, seines Intellekts sowohl wie seines Gefühls notwendig. Soll der Richter, und besonders der Strafrichter, seiner Aufgabe, über menschliche Handlungen und Menschenschicksale zu entscheiden, gerecht werden können, so bedarf er in besonderem Maße der aus umfassender Lebenserfahrung in Verbindung mit psychologischem und kriminologischem Wissen gewonnenen Menschenkenntnis, des einfühlenden Verständnisses für den Menschen, über den er richtet[120]. Da es dem Richter obliegt,

---

[116] Grundsätzliches dazu bei *Fritzsche:* Richteramt und Persönlichkeit, S. 16 ff; *Molitor:* Der Richter, S. 64 ff, 71 f; K. *Peters:* Gutachten, S. 40 ff; ders.: Grundfragen der Strafrechtsreform, S. 26; *Schorn:* Der Strafrichter, S. 2 ff; *Schwinge:* Der Jurist und sein Beruf, S. 100 ff; *Middendorff:* Der Strafrichter, S. 48 ff. Immer noch wertvoll auch A. N. *Zacharias:* Persönlichkeit des Richters, S. 5 ff.

[117] *Radbruch-Zweigert:* Einführung, S. 164.

[118] *Schröder:* Gesetz und Richter im Strafrecht, S. 14.

[119] *Schwinge:* Irrationalismus und Ganzheitsbetrachtung, S. 25. Vgl. ferner Max *Grünhut:* Die Unabhängigkeit der richterlichen Entscheidung, in: Abhandlungen zur Erinnerung an Moritz *Liepmann*, Heidelberg 1930, S. 1 ff (23).

[120] Vgl. Gustav *Radbruch:* Aphorismen zur Rechtsweisheit, S. 118: „Was für den Richter überhaupt gilt, gilt ganz besonders für den Strafrichter: daß auf ein Lot Jurisprudenz ein Zentner Menschen- und Lebenskenntnis kommen müsse."

Wertentscheidungen zu treffen, d. h. die herrschenden Wertvorstellungen zu ergründen, aber auch selbst zu werten, so bedarf er der Empfänglichkeit und Offenheit für die Anforderung der Werte, der seelischen Disposition für Werterfahrung und Werterlebnis. „Der Richter muß die Werte, die er in seinen Spruch setzt, zuvor zum Teil seines eigenen Selbst gemacht haben."[121] Die Eigenart richterlicher Wertentscheidungen liegt nun aber darin, daß der Richter das Material für die Wertung den vorpositiven Bereichen des Sittlichen entnimmt, daß er ethische Werte in Rechtswerte „transformiert". „Richterarbeit", hat Esser gesagt[122], „bedeutet ständig erneuerte Wiederherstellung der Kommunikation zwischen ethischen Substanzwerten und juristischen Form- und Institutionswerten." Diese Umsetzung sittlicher Werte in rechtliche Entscheidungen vermag der Richter nicht allein mit dem Verstande zu leisten; sie erfordert sittliche Anstrengung, ernsthaftes Bemühen um die Erkenntnis und intensives Streben nach Wahrung und Erhaltung der Wertordnung, also eine emotionale und willensmäßige Leistung. Diese sittliche Komponente des Richtertums ist, seit man richterliche Tätigkeit nicht mehr als bloß formallogische Verstandesoperation betrachtete, des öfteren hervorgehoben worden; man hat sie meist mit dem Begriff der „charakterlichen" Eignung umschrieben und sie den intellektuellen Erfordernissen des Richteramts gegenübergestellt[123]. So hat unlängst noch *Schwinge* den Beruf des Richters „nicht in erster Linie Intelli-

---

121 *Brüggemann:* Die rechtsprechende Gewalt, S. 84.

122 *Esser:* Grundsatz und Norm, S. 60. Vgl. auch K. *Peters:* Das Gewissen des Richters, S. 29 f; neuerdings *Wieacker:* Rechtsprechung und Sittengesetz, S. 341.

123 Vgl. schon *Ihering:* Der Zweck im Recht, Bd. I, S. 389: Der Richter habe zwei Voraussetzungen zu erfüllen. „Die eine ist intellektueller Art: das nöthige Wissen und die erforderliche Fertigkeit in der Anwendung desselben ... Die zweite ist moralischer Art, Sache des Charakters: die nöthige Willensfestigkeit und der moralische Muth, um unbeirrt durch Rücksichten irgendwelcher Art ... das Recht zur Geltung zu bringen." Auch nach *Bülow:* Gesetz und Richteramt, S. 48, bedarf es zur Urteilsfindung „sittlicher Charakterbildung". Nach Otto *Bähr* (Gesammelte Aufsätze, Bd. I, Leipzig 1895, S. 407) geht das für den Richter notwendige „lebendige Rechtsbewußtsein" „nicht bloß aus dem Wissen hervor; nein, es ist zugleich eine Sache des Charakters". Wilhelm *Sauer:* Lehrbuch der Rechts- und Sozialphilosophie, S. 317, sagt: „Der Richter ... ist nicht nur ein intellektueller Mensch ..., sondern auch und vor allem ein sozialer und moralischer Mensch." Zur charakterlichen Qualität des Richters vgl. ferner *Fritzsche:* Richteramt und Persönlichkeit, S. 22 ff; *Radbruch-Zweigert:* Einführung, S. 163; *Schiffer:* Die deutsche Justiz, 1. Aufl. 1928, S. 102 f; neuerdings *Middendorff:* Der Strafrichter, S. 50 ff. Vgl. auch die o. S. 24 Fn. 116 angeführten Autoren.

genzberuf, sondern Charakterberuf" genannt[124]. Die Erkenntnis, daß Rechtsprechung als Wertentscheidung mit Notwendigkeit auf die qualifizierte Richterpersönlichkeit angewiesen ist, mündet hier ein in die Forderung nach der moralischen Qualität dieser Persönlichkeit, nach der Persönlichkeit im spezifisch sittlichen Verständnis des Begriffs, die das Recht nicht nur geistig beherrscht, sondern auch ein Organ für die Geltung und Tragweite der ethischen Wertordnung besitzt und aus der sittlichen Verantwortung heraus zu entscheiden vermag. Nur ein solcher Richter ist imstande, die Werte, um die es bei der Entscheidung geht, zum inneren Besitz seiner selbst zu machen und in seinem Spruch zu aktualisieren; nur ein solcher Richter kann auch die menschliche Überzeugungskraft ausstrahlen, die das Vertrauen in die Justiz begründet[125] und deren die Rechtspflege bedarf, will sie über die Intention auf bloße „Sachrichtigkeit" hinaus den Menschen, über dessen Schicksal sie entscheidet, nicht nur äußerlich dem Richterspruch unterwerfen, sondern auch innerlich von Sinn und Notwendigkeit des Urteils überzeugen[126].

Die moderne Entwicklung der Auffassungen über Richtertum und Rechtsfindung hat damit auf dem Wege über die Erkenntnis des Wertungscharakters der richterlichen Entscheidung und die Entdeckung der personalen Komponenten des Richterspruchs zu einem „Bild", einer „Idee" des Richters geführt, die sich von der herkömmlichen Richtervorstellung dadurch unterscheiden, daß über den Bereich des Intellektuellen hinaus den menschlich-persönlichen Eigenschaften des Richters grundlegende Bedeutung beigemessen wird. Der Richter, der außer über sachlich-fachliche Qualitäten, fundierte Rechtskenntnisse und gründliche methodische Schulung auch über die Fähigkeit verfügt, aus persönlichem Wertwissen die rechtsethische Wertordnung zu erfassen und sie in eigenverantwortlicher Entscheidung dem Betroffenen deutlich zu machen, der zudem Lebens- und Menschenkenntnis besitzt und kraft seines sittlichen Ernstes Überzeugungskraft ausstrahlt – dieser Richter ist das Ideal des heutigen Rechts.

---

124 *Schwinge:* Der Jurist und sein Beruf, S. 103; vgl. a. S. 49.

125 Dazu neuerdings Eb. *Schmidt:* Die Sache der Justiz, S. 17 ff; *Zweigert:* Zum richterlichen Charisma, S. 309 f.

126 Zu dem damit berührten Problem der menschlichen „Kommunikation" zwischen Richter und Angeklagtem vgl. insbesondere *End:* Existentielle Handlungen im Strafrecht, S. 90 ff, bes. S. 92; ferner K. *Peters:* Grundprobleme der Kriminalpädagogik, S. 182: „Die Werte werden im Wege der menschlichen Vermittlung sichtbar gemacht. Durch den sie vermittelnden Menschen erlangen sie ihre Glaubwürdigkeit." S. auch *Marcic:* Richterstaat, S. 277; *Ackermann:* Der Angeklagte und sein Richter, in: DRiZ 1958, S. 330 ff; Eberhard *Schmidhäuser:* Gesinnungsmerkmale im Strafrecht, Tübingen 1958, S. 37; ders.: Vom Sinn der Strafe, Göttingen 1963, S. 76; Arthur *Kaufmann:* Das Schuldprinzip, Heidelberg 1961, S. 198 f; ders.: Recht und Sittlichkeit, Tübingen 1964, S. 45.

II. Ziel und Methode der Untersuchung

1. Freilich bleibt dieses Richterbild ein Idealbild, wie denn überhaupt „die echte Richterpersönlichkeit ein seltener Glücksfall" ist[127]. Das Recht kann sie, wie die Persönlichkeit allgemein[128], nicht erzeugen und schaffen. „Was ein Richter sein soll, läßt sich gesetzgeberisch nicht machen"[129]; die Rechtsordnung kann hier nur – sie muß dies allerdings auch – „vorbereitend" und „unterstützend"[130] wirken, indem sie institutionelle Vorkehrungen trifft, die gewährleisten, daß allein geistig und charakterlich hochstehende Persönlichkeiten in das Richteramt berufen werden, indem sie ferner bei der Ausgestaltung der Rechtsinstitute, die unmittelbar die Stellung des Richters berühren, bei aller Bindung an das Gesetz und die gesetzgeberischen Wertvorstellungen auch die Überzeugung des Richters achtet und durch die Garantie eines Mindestmaßes menschlicher Freiheit der Richterpersönlichkeit ihren Entfaltungsraum sichert. Während die zuerst genannte Aufgabe: die Gewinnung qualifizierter Richter hauptsächlich Sache justiz- und gesellschaftspolitischer Planung ist – Richterausbildung und -auswahl sowie Maßnahmen zur Hebung des sozialen Ansehens der Richter gehören in diesen Zusammenhang –, hängt die Erfüllung der zweiten Aufgabe, die dem Recht im Hinblick auf die Formung, Förderung und Erhaltung der Richterpersönlichkeit gestellt ist, auch von der Stellung ab, welche die Gesetzesordnung dem Richter anweist[131]. Die Gesetzgebung vermag zwar nur den äußeren Rahmen zu schaffen, innerhalb dessen sich das persönliche Richtertum des einzelnen mit dem Richteramt betrauten Menschen je nach dessen Individualität auswirkt; der schwache Richter wird auch bei einem Höchstmaß an Entscheidungsfreiheit nicht zur kraftvollen Richterpersönlichkeit, umgekehrt vermag der von seiner Aufgabe durchdrungene Richter auch unter ungünstigen Voraussetzungen oft einen Weg zu finden, um seiner Überzeugung Geltung zu verschaffen. Das ändert jedoch nichts an dem Prinzip, daß das Maß an Freiheit und Gebundenheit, das die Gesetzgebung dem Richter einräumt und auferlegt, daß das Vertrauen, das sie ihm entgegenbringt oder versagt, seine Haltung mitprägt, sein Verantwortungsbewußtsein

---

127 *Radbruch:* Aphorismen zur Rechtsweisheit, S. 118, Nr. 568.

128 Vgl. dazu *Engisch:* Konkretisierung, S. 236.

129 A. *Arndt:* Das Bild des Richters, S. 4. Vgl. auch *Jescheck:* Vom Stil der gegenwärtigen deutschen Strafrechtspflege, S. 63.

130 Vgl. A. *Arndt*, a. a. O. Das Wort Carl *Schmitts* (Gesetz und Urteil, S. 73): „Alle Vorstellungen über Macht und Würde der ‚Persönlichkeit' bewegen sich in außerjuristischen Kategorien", trifft insofern nicht zu.

131 Vgl. dazu schon *Reichel:* Gesetz und Richterspruch, S. 16 f; ferner K. *Peters:* Das Gewissen des Richters, S. 39 f; ders.: Strafprozeß, S. 92 f; ders.: Grundprobleme der Kriminalpädagogik, S. 183.

mitbeeinflußt und damit die Entfaltung seiner Persönlichkeit mitbestimmt. Insofern ist das „Bild" vom Richter, das der Gesetzgeber voraussetzt, ist die Vorstellung von der Eigenart richterlicher Tätigkeit, die er seinem Systemplan zugrunde legt und bei der Gestaltung des Gesetzes zu verwirklichen sucht, für die seelische Situation des Richters und seine Haltung im Amt von erheblicher Bedeutung. Das gilt für die Gesetzgebung auf dem Gebiet des materiellen Rechts ebenso wie für die Verfahrens- und Gerichtsverfassungsgesetzgebung.

An diesem Punkte der Überlegungen um Richteramt und Richterpersönlichkeit setzt nun die Problematik ein, der sich die vorliegende Arbeit zuwendet, erhebt sich nämlich die Frage, ob die Richteridee, die dem älteren, im 19. Jahrhundert entstandenen Gesetzesmaterial zugrunde liegt, der heutigen Vorstellung von der Aufgabe des Richters und der Bedeutung der Richterpersönlichkeit noch gerecht wird. Im materiellen Recht – und das gilt vor allem für das materielle Strafrecht – ist in den letzten Jahrzehnten im Gleichlauf mit einer deutlich feststellbaren Entwicklung zu größerer Richterfreiheit auch das „Vertrauen in die Persönlichkeit des Richters, dessen Fähigkeiten sich in den Zeiten schneller sozialer und wirtschaftlicher Umschichtung ausgezeichnet bewährt haben", stetig angewachsen[132]. Betrachtet man mit *Schröder*[133] die Wandlung, die Stellung und Aufgabe des Richters im materiellen Strafrecht erfahren haben, so fällt auf, daß das Strafgesetzbuch, ursprünglich dem gesetzespositivistischen Ideal kasuistischer Einzelregelung und exakt berechenbarer Rechtsanwendung verhaftet, durch Bevorzugung elastischer Rechtsbegriffe und weitgehende Verwendung von Ermessensnormen auf nahezu allen Gebieten dem Richter ein immer größeres Maß eigener Entscheidung übertragen, die Möglichkeiten wertender Rechtsfindung erweitert und dadurch auch dem persönlichen Werturteil des Richters gesteigerte Bedeutung verliehen hat. Durch umfangreiche und einschneidende gesetzgeberische Eingriffe in die geschichtliche Substanz des Gesetzes hat sich hier „auf dem Boden eines tiefen Vertrauens in die Männer, denen die rechtsprechende Gewalt anvertraut ist"[134], die ursprüngliche Richteridee des historischen Gesetzgebers grundlegend verändert und den modernen Vorstellungen über Richtertum und Rechtsfindung angepaßt. Die gerade in jüngster Zeit wieder hervortretenden Be-

---

[132] Vgl. *Schröder:* Gesetz und Richter im Strafrecht, S. 15 f; vgl. auch K. *Peters:* Gutachten, S. 7 u. p.

[133] Vgl. *Schröder:* Gesetz und Richter im Strafrecht, S. 25 ff; ders.: Gutachten, S. 57 ff; ders.: Gesetzliche und richterliche Strafzumessung, in: Festschrift für Edmund Mezger, München u. Berlin 1954, S. 415 ff. Vgl. auch o. S. 7 Fn. 25 dieser Arbeit.

[134] *Schröder:* Gesetz und Richter im Strafrecht, S. 29.

strebungen, die richterliche Entscheidungsfreiheit zu begrenzen[135], richten sich eher auf Korrekturen im einzelnen, ohne dieses Ergebnis als solches in Frage zu stellen. Was für die Stellung des Richters im materiellen Strafrecht gilt, läßt sich indessen für das Gebiet des Strafprozeß- und Gerichtsverfassungsrechts nicht mit der gleichen Eindeutigkeit feststellen. Trotz intensiver Reformbemühungen, die bis in das ausgehende 19. Jahrhundert zurückreichen, ist die Grundstruktur des Strafverfahrens und der Strafgerichtsverfassung, wie sie bei dem Erlaß der Strafprozeßordnung und des Gerichtsverfassungsgesetzes konzipiert wurde – und mit ihr die prozeßrechtliche Stellung des Richters –, bisher im wesentlichen unverändert geblieben. Diese Tatsache legt die Vermutung nahe, daß sich auch die Vorstellung von Aufgabe und Bedeutung des Richters, die in diesen Gesetzen ihren Ausdruck gefunden hat, nicht unerheblich, ja möglicherweise sogar ganz grundsätzlich von der Richteridee der Jetztzeit unterscheidet. Was insbesondere die Rolle der Richterpersönlichkeit betrifft, die in der modernen Lehre vom Richter immer stärker in den Vordergrund gerückt ist, so ergeben sich schon auf den ersten Blick Anhaltspunkte dafür, daß ihr der Gesetzgeber offenbar eine nur untergeordnete Bedeutung zuerkannt hat. Läßt doch – worauf Karl *Peters* in seiner Schrift „Das Gewissen des Richters und das Gesetz"[136] und seitdem wiederholt[137] hingewiesen hat – eine Überprüfung der geltenden Bestimmungen des Strafverfahrens- und Gerichtsorganisationsrechts „unschwer Vorschriften finden, in denen die Persönlichkeit des Richters in unerträglicher Weise eingeengt wird"[138], Gesetzesnormen nämlich, die eine auffallende Indifferenz gegenüber dem individuellen Werturteil des Richters aufweisen, ja ihn zur Entscheidung gegen seine Überzeugung und u. U. sogar zum Handeln gegen sein Gewissen zwingen[139]. Angesichts dieser Vorschriften stellt sich die

---

[135] Vgl. etwa *Dahm:* Deutsches Recht, S. 55/56; *Maihofer:* Die Bindung des Richters, S. 29, m. w. Hinw.; ferner die Verhandlungen des 41. DJT, insbes. die Referate von *Kalsbach* und *Sarstedt*, Bd. II, S. 3 ff bzw. S. 29 ff; neuerdings H. J. *Hirsch:* Richterrecht und Gesetzesrecht; in: JR 1966, S. 334 ff.

[136] S. 39 ff.

[137] Vgl. K. *Peters:* Strafprozeß, S. 92 f; Grundprobleme der Kriminalpädagogik, S. 183; Freie Beweiswürdigung und Justizirrtum, S. 535 f.

[138] K. *Peters:* Das Gewissen des Richters, S. 39.

[139] Als Beispiele für die Tendenz des geltenden Strafprozeß- und Gerichtsverfassungsrechts, „die Persönlichkeit zurückzudrängen", hat K. *Peters* (zusammenfassend in Grundprobleme der Kriminalpädagogik, S. 183) genannt: die Verpflichtung zum weiteren Mitstimmen im Falle des Überstimmtwerdens bei einer vorangegangenen Grundentscheidung (§ 195 GVG); die Gebundenheit des Tatrichters an die Rechtsauffassung des Revisionsgerichts (§ 358 StPO); die – nunmehr durch §§ 354 Abs. 2, 23 Abs. 2 StPO i. d. F. d. StPÄG v. 19. 12. 1964 allerdings ausgeschlossene – Mitwirkung derselben Richter im Falle der Aufhebung ihres Urteils durch die höhere

Frage, welche Vorstellung sich ein Gesetzgeber, der solche Bestimmungen erließ, von der Aufgabe des Richters und der Eigenart richterlicher Tätigkeit gemacht, welches „Leitbild" des Richters er der Gestaltung des Strafverfahrens und der Gerichtsverfassung zugrunde gelegt hat. Sind jene Normen, die ersichtlich einen starken Eingriff in die geistige Selbständigkeit des Richters und die Selbstverantwortlichkeit seines Handelns bedeuten, nur der Niederschlag zwingender gesetzgeberischer Notwendigkeiten, die in der Natur des jeweiligen Regelungsobjekts liegen, so daß sie gleichsam nur zufällig die Stellung des Richters beeinflussen und daher über die Richterauffassung des Gesetzgebers nichts Wesentliches, zumindest nichts Endgültiges aussagen? Oder stellen sie grundsätzliche gesetzliche Wertentscheidungen dar, repräsentieren sie — möglicherweise in Verbindung mit anderen Entscheidungen des Gesetzgebers — ein bewußtes gesetzgeberisches Prinzip, eine einheitliche Grundauffassung über Richteramt, Rechtsfindung und Richterpersönlichkeit, die sich als „Richteridee" erfassen und beschreiben läßt?

Die damit gestellte Frage nach der Richtervorstellung des Gesetzgebers ist nicht etwa, wie eingewandt werden könnte, schon dadurch beantwortet, daß Strafprozeßordnung und Gerichtsverfassungsgesetz geschichtlich zu einer Zeit entstanden sind, da die grundlegende Wandlung im Verständnis richterlicher Tätigkeit, als deren Anreger Oskar *von Bülow* bekanntgeworden ist, noch gar nicht eingesetzt hatte und deshalb, wie es scheint, die aus der Aufklärung überkommene positivistische Auffassung vom Richter als logisch-mechanisch arbeitendem unpersönlichem Gesetzesvollstrecker noch unangefochten herrschte. Zwar kann es als sicher gelten, daß erst die durch *Bülows* Schrift über Gesetz und Richteramt veranlaßte „Wiederentdeckung" des Richters[140] zu einer vertieften Beschäftigung mit der Problematik der richterlichen Entscheidung und in der Folge zu der allgemeinen Einsicht in die Unzulänglichkeit des Subsumtionsdogmas und die Notwendigkeit der schöpferischen Fortbildung des Rechts durch die Wert- und Willensentscheidung des Richters geführt hat; Strafprozeßordnung und Gerichtsverfassungsgesetz in ihrer historischen Gestalt konnten von diesen Strömungen noch nicht berührt werden, und insofern liegt in der Tat die Annahme nahe, daß sie weitgehend von dem positivistischen Richterideal geprägt worden sind, das in der Zeit ihrer Entstehung herrschte. Indessen ist die Richteridee, die das

---

Instanz und bei den Entscheidungen im Wiederaufnahmeverfahren; die Niederlegung der Urteilsgründe durch den überstimmten Richter; die praktisch erhebliche Einschränkung der Abgabe und Bekanntgabe eines Sondervotums.

[140] So *Rumpf:* Gesetz und Richter, S. 31; *Forsthoff:* Hermeneutische Studien, S. 18 f.

wissenschaftliche Bewußtsein einer Zeit nach Art einer „idealtypischen"[141] Vorstellung aus der heterogenen Vielfalt der für die Stellung des Richters maßgebenden Momente abstrahiert, nicht notwendig identisch mit der Vorstellung vom Richter, die ein bestimmter Gesetzgeber seinem Systemplan zugrunde legt. Wenn der Gesetzgeber auch in vieler Beziehung den Einflüssen seiner Zeit ausgesetzt und von den in ihr herrschenden Auffassungen abhängig ist, so kann er doch durch die besondere Struktur gerade seiner Materie genötigt sein, die Stellung des Richters innerhalb des von ihm erfaßten Regelungsbereichs anders zu bestimmen, als es der allgemeinen Vorstellung von der Eigenart richterlicher Tätigkeit entspricht. So paßt – um dies an einem Beispiel aus der Strafprozeßordnung zu verdeutlichen – das Prinzip der freien richterlichen Beweiswürdigung, eines der Kernstücke des heutigen Strafverfahrensrechts, augenscheinlich durchaus nicht zu der angeblich bis zu *Bülow* herrschenden Idealvorstellung vom Richter als bloß logisch-mechanisch operierendem Gesetzesanwender. Hat doch der Gesetzgeber mit dem Grundsatz der freien Beweiswürdigung dem Richter ein ungewöhnlich hohes Maß an Entscheidungsfreiheit eingeräumt und der Richterpersönlichkeit durch den weitgehenden Verzicht auf gesetzliche Normierung – so scheint es jedenfalls – gerade das Vertrauen entgegengebracht, das ihr der Gesetzespositivismus des 19. Jahrhunderts versagte. Es ist bezeichnend, daß die Freirechtslehre, die an der Überwindung des „Subsumtionsdogmas" maßgeblichen Anteil gehabt hat, in der Freiheit des Richters bei der Würdigung der Beweise geradezu das Vorbild gesehen hat für die von ihr postulierte Freiheit der schöpferischen Richterpersönlichkeit überhaupt[142]. Der Einfluß des aufklärerisch-positivistischen „Werkzeugdogmas" auf die Richtervorstellung des Gesetzgebers, den der historische Zusammenhang vermuten läßt, ist demnach allererst zu beweisen und in seiner Bedeutung für Strafprozeßordnung und Gerichtsverfassungsgesetz klarzulegen, ohne daß er sich von vornherein unterstellen läßt.

2. Das Unternehmen, die Richteridee eines Gesetzes zu untersuchen, verspricht nur dann einigen Erfolg, wenn es sich nicht auf die Betrachtung der für die Stellung des Richters wesentlichen gesetz-

---

[141] Zum Begriff des „Idealtypus" vgl. Max *Weber:* Gesammelte Aufsätze zur Wissenschaftslehre, Tübingen 1922, S. 191. Der Idealtypus wird nach *Weber* „gewonnen durch einseitige Steigerung eines oder einiger Gesichtspunkte und durch Zusammenschluß einer Fülle von diffus und diskret ... vorhandenen Einzelerscheinungen, die sich jenen einseitig herausgehobenen Gesichtspunkten fügen, zu einem in sich einheitlichen Gedankengebilde". Näheres bei Dieter *Henrich:* Die Einheit der Wissenschaftslehre Max *Webers,* Tübingen 1952, S. 90 ff.

[142] Vgl. dazu u. S. 299 Fn. 150 dieser Arbeit.

lichen Bestimmungen selbst beschränkt, sondern darüber hinaus das Gesetz in den Zusammenhang mit der Rechtsentwicklung, insbesondere mit der Entwicklung der Auffassungen über Richtertum und Rechtsfindung hineinzustellen versucht. Es liegt in der Natur des modernen Gesetzes, daß sich der Gesetzgeber über sein Richterideal nicht unmittelbar und ausdrücklich äußert[143], wie das z. B. die mittelalterlichen Rechtsbücher taten[144], sondern in Gestalt der Normen, die das Verhalten des Richters regeln, seinen Tätigkeitsbereich abgrenzen und ausfüllen und seine Haltung im Amt bestimmen, lediglich Anhaltspunkte für die Richtervorstellung gibt, die ihm bei der Gestaltung des Gesetzes vorgeschwebt hat. Um aus diesen, oft nur sehr schwachen Hinweisen die Richteridee des Gesetzgebers zu erschließen, genügt es nicht, einzelne Gesetzesnormen für sich zu betrachten, zueinander in Beziehung zu setzen und miteinander auf Übereinstimmungen oder Widersprüche hin zu vergleichen. Ein solches Verfahren könnte nicht über bloße Hypothesen und Vermutungen hinausführen, da es die untergründig wirkenden geistigen Kräfte, die erst den Zusammenhang zwischen der Summe der Gesetzesnormen und der Stellung des Richters herstellen, außer acht ließe. Zu einem geschlossenen – allerdings nicht notwendig einheitlichen und widerspruchsfreien – Gesamtbild vom Richter lassen sich die einzelnen „richterbezogenen" Bestimmungen der Strafprozeßordnung und des Gerichtsverfassungsgesetzes erst zusammenfügen, wenn man auch die geistigen Einflüsse, denen der Gesetzgeber bei der Gestaltung des Gesetzes unterlag, wenigstens in großen Zügen mit zu erfassen sucht. Ohne hier grundsätzliche methodologische Fragen der Gesetzesauslegung aufzuwerfen – die vorliegende Untersuchung hat ja nicht die „Auslegung" des Gesetzes im Sinne der juristischen Hermeneutik, d. h. die Feststellung des Geltungsbereichs bestimmter Normen und Normengruppen, sondern das Gesetz als geschichtliches Dokument des Rechtsdenkens zum Gegenstand –, läßt sich feststellen, daß zur Schaffung einer derartigen geistesgeschichtlichen Basis ein Rückgriff auf die Vorstellungen des historischen Gesetzgebers, wie sie in den Gesetzesmaterialien ihren Niederschlag gefunden haben, nicht ausreicht. Spiegeln doch die Materialien erfahrungsgemäß nur einen Bruchteil der geistigen Inhalte wider, die in das Gesetz eingegangen sind. Der Gesetzgeber löst die ihm gestellten Probleme, gestaltet das Verfahrens- und Gerichtsverfassungsrecht, bestimmt damit die Stellung des Richters nicht in allen Punkten von sich aus neu, sondern übernimmt zum weitaus größten Teil aus dem Material an Rechtsformen und Rechtsgedanken, das ihm die Geschichte zur Verfügung stellt, vorgeformte überlieferte Inhalte, bewährte Rechtsinstitute, mit

---

143 Vgl. H. *Krause:* Idealbild und Gefährdung des Richters, S. 26.

144 Vgl. dazu u. S. 90 ff dieser Arbeit.

denen jeweils bestimmte Vorstellungen von der Aufgabe des Richters verbunden sein können, ohne sich in jedem Fall ihrer Tragweite bewußt zu sein. Will man die Richteridee des Gesetzes aus ihrem geistesgeschichtlichen Zusammenhang heraus verstehen, so muß auf die rechtsgeschichtlichen Grundlagen dieser Rechtsinstitute, soweit sie in das Gesetz aufgenommen worden und für die Stellung des Richters von Bedeutung sind, zurückgegangen werden. Das bedingt eine ausführlichere Betrachtung der geschichtlichen Entwicklung, die Stellung und Aufgabe des Richters im Strafverfahrens- und Gerichtsorganisationsrecht im Laufe der Zeit erfahren haben, verlangt insbesondere eine eingehende Beschäftigung mit den historischen Grundlagen der heutigen Verfahrensstruktur, des Beweisrechts und der Gerichtsorganisation. Für das geschichtliche Verständnis der Richteridee ist dabei nicht nur die Entwicklung des Strafprozeß- und Gerichtsverfassungsrechts selbst, sondern sind darüber hinaus auch die Impulse von entscheidender Bedeutung, die das Verfahrensrecht aus dem Gebiet des materiellen Strafrechts erhalten hat. Denn das formelle Recht läßt nur einen Teil der Vorstellungen erkennen, die sich im Laufe der Geschichte über Richteramt, Richterstellung und Richterpersönlichkeit herausgebildet haben. Die Richteridee einer Zeit wird entscheidend von den Bedingungen mit geprägt, die der Richter bei der Anwendung des materiellen Rechts vorfindet. Für die „idealtypische" Sinnerfassung des „Bildes" vom Richter sind die materiellrechtlichen Grundlagen des Richteramts — wie schon die einleitenden Bemerkungen über die Richteridee der Gegenwart gezeigt haben — sogar so wesentlich, daß dem Prozeß- und Gerichtsorganisationsrecht mitunter nur eine ergänzende Funktion zufällt. Das macht die Notwendigkeit unabweisbar, auch die Stellung des Richters im materiellen Strafrecht, die darüber herrschenden Auffassungen und ihre Ausstrahlungen auf die Dogmengeschichte des Verfahrensrechts — im Blick auf das Richteramt — in die entwicklungsgeschichtliche Betrachtung einzubeziehen.

Aus diesen Überlegungen ergibt sich der endgültige methodische Ansatzpunkt dieser Arbeit. Sie wird zunächst die Auffassungen über Amt und Stellung des Richters im materiellen Recht einerseits, im Prozeß- und Gerichtsverfassungsrecht andererseits jeweils parallel zueinander durch die wesentlichen Entwicklungsphasen hindurch bis auf die Entstehungszeit der Reichsjustizgesetze verfolgen. Auf der dadurch gewonnenen Basis aufbauend wird die Untersuchung die Stellung des Richters in der Strafprozeßordnung und im Gerichtsverfassungsgesetz selbst analysieren.

B. DIE RICHTERIDEE DER KRIMINALPOLITISCHEN AUFKLÄRUNG

I. Die geistesgeschichtliche Ausgangslage

1. Die Geschichte des Richtertums ist so alt wie die Gesellschafts- und Kulturgeschichte der Menschheit überhaupt; die Entwicklung des Richteramts in Deutschland[1] reicht so weit in die Vergangenheit zurück wie die Geschichte des deutschen Rechts selbst; die moderne richterliche Dogmengeschichte[2] indessen, die Gegenstand der vorliegenden Untersuchung ist, tritt erst mit jener großen geistigen Bewegung, der das Zeitalter *Kants* den Namen „Aufklärung" gegeben hat, in ihr entscheidendes und insbesondere für die Gegenwart bestimmendes Stadium.

Die Epoche der Aufklärung[3] war nicht nur ein philosophisches, sie war auch ein rechts- und kriminalpolitisches Ereignis[4]. Mit ihr war

---

[1] Zusammenfassende Darstellungen, die nicht lediglich einen begrenzten Zeitraum behandeln, sind *Heinemann:* Richter und Rechtspflege, S. 1 ff; *Rothenberger:* Der deutsche Richter, S. 27 ff; *Molitor:* Der Richter, S. 53 ff; *Bader:* Die deutschen Juristen, S. 8 ff; *Kern:* Geschichte, S. 1 ff; *Döhring:* Geschichte, S. 35 ff; *Liermann:* Richter, S. 5 ff; *Wagner:* Der Richter, S. 28 ff; *Conrad:* Gestalt des Richters, S. 71 ff; neuerdings *Middendorff:* Der Strafrichter, S. 10 ff.

[2] Grundlegende Darstellungen dieses im übrigen wenig behandelten Gebiets: *Loening:* Geschichtliche Behandlung, S. 273 ff; *Kontorowicz:* Vorgeschichte, S. 1 ff; *Drost:* Ermessen, S. 80 ff; *Bockelmann:* Richter und Gesetz, S. 23 ff; *Evers:* Der Richter und das unsittliche Gesetz, S. 27 ff.

[3] Über das ältere Schrifttum zur Aufklärung vgl. *Grünhut:* Feuerbach, S. 3 f. Grundlegend ist heute *Valjavec:* Geschichte der abendländischen Aufklärung, Wien u. München 1961.

[4] Zur kriminalpolitischen Aufklärung ist eine reichhaltige Literatur entstanden. Neuere Darstellungen der Grundgedanken dieser Bewegung: Eb. *Schmidt:* Geistesgeschichtliche Bedeutung, S. 341 ff; *Valjavec:* Aufklärung, S. 295 ff; *Conrad:* Grundlagen, S. 7 ff; *Krüger:* Erhard, S. 13 ff; *Kleinheyer:* Svarez, S. 89 ff; *Lohmann:* Marat, S. 10 ff. Aus der älteren Literatur seien hervorgehoben: *Fischl:* Aufklärungsphilosophie, S. 25 ff; *Frank:* Strafrechtsphilosophie, S. 1 ff; *Willenbücher:* Strafrechtsphilosophische Anschauungen, S. 47 ff; *Mehring:* Einfluß *Montesquieus*, S. 1 ff; *von Zahn:*

zugleich die bedeutungsvollste Wandlung verbunden, die Stellung des Richters und Verständnis des Richteramts seit der Rezeption des römisch-italienischen Rechts in Deutschland erfahren haben[5]. Als bewußte rechtspolitische Schöpfung entstand im Zuge der Aufklärungsbewegung eine von Grund auf neue Richteridee, die weitgehend mit der geschichtlichen Überlieferung brach, die zugleich die Grundlagen zu der im 19. Jahrhundert herrschenden und – wie noch gezeigt werden wird – auch in Strafprozeßordnung und Gerichtsverfassungsgesetz enthaltenen Vorstellung von Wesen und Aufgabe des Richters legte. Die Rechtskultur des 19. Jahrhunderts hat nach den Worten Franz *von Liszts*[6] „ihre ganze Kraft aus dem Jahrhundert der Aufklärung geschöpft". Das gilt auch und besonders für die Richteridee dieser Zeit. Hat doch die Aufklärung – nach *Drost*[7] – wie keine andere Geistesströmung „insbesondere auf die Ausgestaltung des Richteramts eingewirkt".

2. „Aufklärung" bedeutete nach *Kants* berühmter Definition[8] den „Ausgang des Menschen aus seiner selbstverschuldeten Unmündigkeit", aus dem „Unvermögen, sich seines Verstandes ohne Leitung eines anderen zu bedienen". „Habe Mut, deine Vernunft zu gebrauchen", war nach *Kant* der „Wahlspruch" dieses philosophischen Jahrhunderts. Die Aufklärung verdankt *Kant* mit dieser Begriffsbestimmung eine unvergängliche Deutung ihres Wesens, die nicht zuletzt für das Gebiet des Rechts Gültigkeit beanspruchen darf. Denn allein aus der menschlichen ratio, aus der von ihr als vernünftig erkannten Natur der Dinge heraus, suchte die Aufklärung die Rechtsordnung zu gestalten, sich mit der Rechtsüberlieferung auseinanderzusetzen und die Aufgabe des Richters zu bestimmen. Schon die ältere Naturrechtslehre – vor allem mit den Namen *Grotius* und *Pufendorf* verbunden – hatte die religiös-theokratischen Bindungen des überkommenen Strafrechtsdenkens, wie es im 17. Jahrhundert in *Carpzov* seinen be-

---

Hommel, S. 1 ff; wichtig für die Beziehungen zwischen der deutschen und der französischen kriminalpolitischen Aufklärung sind besonders *Hertz:* Voltaire, S. 122 ff; *von Overbeck:* Strafrecht der französischen Encyclopädie, S. 1 ff; *Günther:* Marat, S. 161 ff. Vgl. ferner die Schrifttumshinweise bei Eb. *Schmidt:* Einführung, S. 468 ff.

5 Vgl. *Günther:* Marat, S. 203; *Drost:* Ermessen, S. 80 f; *Conrad:* Gestalt des Richters, S. 81 ff; *Schill:* Stellung des Richters, S. 92 f; *Höhn:* Stellung des Strafrichters, S. 45 ff; *Loening:* Geschichtliche Behandlung, S. 273 ff; *Kantorowicz:* Vorgeschichte, S. 18 f, (52); *Evers:* Der Richter und das unsittliche Gesetz, S. 23 ff.

6 Lehrbuch, S. 63.

7 Ermessen, S. 80.

8 *Kant:* Was ist Aufklärung?, S. 135 (Ausg. *Weischedel*).

deutendsten Repräsentanten gefunden hatte[9], abgestreift und eine tiefgreifende Säkularisierung des Rechtslebens eingeleitet. Hatte die Zeit *Carpzovs* im Verbrechen noch einen Frevel an Gottes Geboten, in der Justiz das weltliche Schwert göttlicher Gerechtigkeit, im Richter den Vollstrecker eines göttlichen Auftrags erblickt[10], so setzte die Naturrechtslehre diesem Denken eine rational-vernünftige, auf den Grundsätzen der Zweckmäßigkeit beruhende Vorstellung von Strafe, Recht und Richteramt entgegen. Mit seinem berühmten Satz: „Poena est malum passionis, quod infligitur propter malum actionis", gab *Grotius*[11] dem Strafrecht zum erstenmal in der Neuzeit eine zweckrationale, von religiös-theokratischen Rechtfertigungselementen freie Sinndeutung[12]. Nicht mehr als diesseitige Vorwegnahme göttlichen Zorns verstand *Grotius* die Strafe, sondern als Maßnahme sozialer Zweckmäßigkeit[13], die sich aus der Vernunftnatur des Menschen rechtfertigt[14]. *Pufendorf* führte diese Säkularisierung und Rationalisierung des Rechtsdenkens zu wissenschaftlicher Höhe, erhob das Naturrecht vom „Geisteszustand" zum „Erkenntnisgegenstand"[15]. Er gab ihm zugleich die „Befehlsform"[16], die Gestalt des verbindlichen Imperativs, die es in den Stand setzte, mit dem Anspruch auf Allgemeingültigkeit alle Rechtsgebote auf die Gesetze der Vernunft kausal zurückzuführen. Er erschloß damit das Naturrecht dem aufgeklärten Denken, das aus der religiösen Ordnung heraus- und einer auf Vernunftgesetze gegründeten Rechtsgestaltung zustrebte. Durch ihn erhielt es – anders gesehen – seine aufklärerische Form[17]: die menschliche Vernunft selbst wurde zur alleinigen Quelle aller Erkenntnis, auch der Rechtserkenntnis erhoben. „Der Mensch braucht nur sich selbst zu erkennen, um das richtige Recht zu begreifen."[18]

Der Gedanke der geistigen Autonomie des Menschen, der Überlegenheit menschlicher Vernunft über die dunklen Mächte des Irratio-

---

[9] Vgl. *von Wächter:* Gemeines Recht, S. 129 ff; *Stintzing:* Geschichte II (Text), S. 55 ff; *Schaffstein:* Beiträge, S. 15 ff; ders.: Die allgemeinen Lehren vom Verbrechen, S. 9 ff; Eb. *Schmidt:* Einführung, S. 153 ff; *von Weber:* Carpzov, S. 29 ff m. w. H.; neuerdings Thomas *Würtenberger:* Benedikt Carpzov, in: JuS 1966, S. 345 ff (346/47).

[10] Vgl. *Schaffstein:* Beiträge, S. 32 ff; Eb. *Schmidt:* Einführung, S. 163 f.

[11] De jure belli ac pacis, l. II, c. XX, I. 1 (S. 416).

[12] Vgl. zuletzt Eb. *Schmidt:* Geistesgeschichtliche Bedeutung, S. 344; s. a. Einführung, S. 164.

[13] *Grotius,* a. a. O. VI. 1 u. ff (S. 424 ff).

[14] a. a. O. I. 2 (S. 416).

[15] E. *Wolf:* Grotius, Pufendorf, Thomasius, S. 86; vgl. a. *Welzel:* Pufendorf, S. 93; *Valjavec:* Aufklärung, S. 295.

[16] E. *Wolf:* a. a. O., S. 88.

[17] *Wieacker:* Privatrechtsgeschichte, S. 186.

[18] *Dahm:* Deutsches Recht, S. 111.

nalen, der in der Epoche der Aufklärung zu einem ungeheuren Aufschwung von Philosophie, Mathematik und Naturwissenschaften führte, fand auf dem Felde der Kriminalpolitik seinen Ausdruck in den vier großen Zielen, denen sich Rechtswissenschaft und Rechtspraxis verschrieben: Säkularisierung, Rationalisierung, Humanisierung und Liberalisierung des Rechtslebens[19]. Im Spannungsfeld einer wechselvollen Auseinandersetzung zwischen diesen Ideen und dem überkommenen Recht entstand eine neue rationale Rechtsordnung, in deren Gefüge auch der Richter seinen fest bestimmten Ort zugewiesen erhielt.

3. Für die Stellung des Richters sollte es von entscheidender Bedeutung werden, daß sich die Gedanken der kriminalpolitischen Aufklärung in Deutschland zunächst in zwei verschiedenen, einander geradezu entgegengesetzten Richtungen entwickelten.

a) Am Beginn der Aufklärungsbewegung stand die Negation des Bestehenden, stand der Protest gegen den Geist und die Formen des jahrhundertelang anerkannten und angewandten, nun aber für „vernunftwidrig" befundenen Rechts im Vorderund. Die Aufklärung hatte sich vor allem mit dem geltenden gemeinen und partikularen Strafrecht, das noch auf den Grundlagen der Constitutio Criminalis Carolina von 1532 beruhte, auseinanderzusetzen. Dieses Recht, das in der Grausamkeit seines Strafensystems noch den Geist mittelalterlicher Strafrechtsauffassung bewahrt hatte[20], rief nun allenthalben schärfste Kritik hervor[21]. Die Bestrafung religiöser Delikte wie Ketzerei, Zauberei und Teufelsbündnis genügte den Anforderungen, die das aufgeklärte Rechtsbewußtsein an die Strafwürdigkeit menschlichen Verhaltens stellte, nun ebensowenig mehr, wie die Strafen des Verstümmelns, Säckens, Pfählens und Lebendigverbrennens den Vorstellungen von gerechter und zweckmäßiger Bestrafung entsprachen. Denker traten hervor, deren Hauptanliegen es war, alles überkommene Recht vor den Richterstuhl der Vernunft zu ziehen[22]. Christian *Thomasius*, dessen Kampf sich vor allem gegen die Bestrafung von Hexerei, Ketzerei und Bigamie richtete, leitete eine umfassende Revision des überlieferten Strafrechts ein[23]. Es gab kaum eine Bestimmung des

---

[19] Vgl. Eb. *Schmidt:* Geistesgeschichtliche Bedeutung, S. 343.

[20] Vgl. die Zusammenstellung der in der CCC vorkommenden Strafen bei *Geib:* Geschichte, S. 275, 276.

[21] *Malblank:* Geschichte der PGO, S. 253 f, führt die negativen Urteile der Kriminalisten des 18. Jahrhunderts an. Vgl. im übrigen *Loening:* Geschichtliche Behandlung, S. 273 ff; *Hälschner:* Geschichte, S. 160 ff; *Wächter:* Gemeines Recht, S. 126 ff.

[22] Vgl. Eb. *Schmidt:* Einführung, S. 212.

[23] Vgl. zuletzt E. *Wolf:* Große Rechtsdenker, S. 371 ff (Schrifttum S. 420 ff).

geltenden Rechts, die von der Wissenschaft nicht auf ihre Vereinbarkeit mit den Geboten der Vernunft geprüft worden wäre[24].

Da aber auf diese Weise die Gesetze immer stärker als veraltet, die Traditionen als nicht mehr verpflichtend empfunden wurden, fiel in der Praxis mehr und mehr dem Richter die Aufgabe zu, die von der Wissenschaft aus der menschlichen Vernunft abgeleiteten Rechtserkenntnisse mit der geltenden Gesetzesordnung in Einklang zu bringen[25]. Wie häufig in Zeiten des Umbruchs erschien der Richter als die zur zeitgerechten Rechtsschöpfung berufene Instanz, deren Souveränität gegenüber dem Gesetz, anfangs nur unter dem Zwang der Ereignisse als Tatsache hingenommen, bald auch theoretisch, als rechtspolitisches Prinzip, gefordert wurde.

b) Je stärker indessen die Rationalisierung des Rechtsdenkens fortschritt, je eindringlicher die Unzulänglichkeit der Carolina und der auf ihr beruhenden partikularen Gesetze in der Rechtspraxis empfunden wurde, desto dringender wurde auch das Bedürfnis, die bestehenden Rechtszustände durch die Vorbereitung einer neuen umfassenden Gesetzgebung, die dem aufgeklärten Rechtsdenken Rechnung trug, zu beseitigen und eine rationale Rechtsgestaltung an ihre Stelle zu setzen. Damit rückte zwangsläufig das Gesetz als Akt verbindlicher staatlicher Rechtssetzung, als Instrument zur autoritativen Korrektur überholter Rechtszustände und als Mittel zu einer rationalen, dem als richtig erkannten Naturrecht entsprechenden Planung und Gestaltung des Rechtslebens in den Vordergrund. Die Folge davon war ein neues Verständnis des Richteramts[26], das es bisher in dieser Ausschließlichkeit nicht gegeben hatte: der Richter wurde verstanden als der bloße Vollstrecker des Gesetzeswillens, als Sprachrohr des Gesetzgebers. Seine Unterordnung unter das Gesetz mußte dabei um so strikter werden, je bedingungsloser das Gesetz selbst als Ausdruck des rechtlich Vernünftigen aufgefaßt wurde.

4. So rangen bei Beginn der Aufklärung in Deutschland zwei entgegengesetzte geistige Kräfte um die Ortsbestimmung des Richters. Die zuerst genannte Richtung, welche größtmögliche Freiheit des Richters vom Gesetz und zu naturrechtlicher Rechtsschöpfung verlangte, war das Ergebnis der kritischen Einstellung der aufgeklärten deutschen Rechtswissenschaft und Rechtspraxis gegenüber der be-

---

[24] Vgl. *Valjavec:* Aufklärung, S. 297.

[25] Vgl. *Wächter:* Gemeines Recht, S. 129; *Loening:* Geschichtliche Behandlung, S. 219 ff (273, 274 m. w. Nachw.); *Kantorowicz:* Vorgeschichte, S. 18 (52); *Evers:* Der Richter und das unsittliche Gesetz, S. 23 ff, 28.

[26] Vgl. *Hälschner:* Geschichte, S. 169 f; *Wieacker:* Privatrechtsgeschichte, S. 197 ff; *Boehmer:* Grundlagen, S. 36 ff; *Kantorowicz:* Vorgeschichte, S. 18 f, (52 f); *Evers:* Der Richter und das unsittliche Gesetz, S. 29 f.

stehenden Gesetzgebung. Die andere, die jede Freiheit des Richters bekämpfte und um der ausschließlichen Geltung des gesetzten Rechts willen die absolute Unterordnung des Richters unter das Gesetz forderte, verkörperte die Reformbestrebungen, die in den großen Gesetzgebungswerken des Aufklärungszeitalters ihre Verwirklichung fanden; sie stand zugleich stellvertretend für die Ideen der französisch-italienischen Aufklärung, die allmählich auch in Deutschland, zunächst in der Gesetzgebung, dann in der Wissenschaft, an Boden gewannen und sich schließlich unter *Feuerbachs* Führung durchsetzen sollten.

II. Die Stellung des Richters in der frühen deutschen Aufklärungsbewegung

1. *Die Idee des Richters bei Carl Ferdinand Hommel (1722–1781)*[27]

Carl Ferdinand *Hommel*, einer der berühmtesten Strafrechtslehrer des 18. Jahrhunderts, war im Deutschland der Aufklärungszeit der maßgebliche Repräsentant der Richtung, die um der Humanisierung des Strafrechts willen eine freie und souveräne Stellung des Richters forderte. *Hommel* hat als erster die Folgerungen, die sich aus der neuen rationalisierten und säkularisierten Rechtsauffassung für die Stellung des Richters ergaben, klar zu Ende gedacht und offen formuliert. Mit einer Gesetzgebung, die auf den letzten aus der Menschenvernunft abgeleiteten Grundsätzen des Naturrechts beruhte und so dem Richter das endgültig „richtige" Recht mit dem Anspruch auf strikte Verbindlichkeit zur Verfügung stellte, mochte *Hommel* noch nicht rechnen[28]. Zwar maß auch er dem Gesetz als Mittel zu einer „vernunftgemäßen" Gestaltung des Rechtslebens hohe rechtspolitische Bedeutung zu. Seine Schrift „Principis cura legis", in der er den großen Wert klarer und vollständiger Gesetze für den Richter hervorhob, beweist das[29]. Aber das Ideal einer modernen, rational durchgeformten und mit dem Anspruch auf absolute Gültigkeit auftretenden Gesetzgebung war für ihn noch zu sehr bloßes Wunschbild, als daß er daraus die Aufgabe des Richters hätte ableiten können. *Hommel* hatte das überkommene Recht der Carolina vor Augen. Einem

---

[27] Zur Bedeutung *Hommels* vgl. außer der Monographie von *von Zahn*: Hommel als Strafrechtsphilosoph, Leipzig 1911, insbes. *Landsberg*: Geschichte III, 1, S. 386 ff (Text) u. S. 253 ff (Noten); *Loening*: Geschichtliche Behandlung, S. 274; Eb. *Schmidt*: Einführung, S. 209 f, 212 f; *Gerats*: Hommel, S. 103 ff; *Krüger*: Erhard, S. 38 ff.

[28] Vgl. Eb. *Schmidt*: Einführung, S. 222.

[29] Vgl. *Hommel*: Philosophische Gedanken über das Criminalrecht, § 14, S. 29 f.

solchen Gesetzesrecht gegenüber aber „konnte dem von den Aufklärungsideen erfüllten Richter nur größere Freiheit der Auslegung und Anwendung gewährt werden, sollte nicht die praktische Strafrechtspflege in völligen Mißkredit bei allen gebildeten Menschen kommen"[30]. So wurde *Hommel* zu einem Verfechter der rechtsschöpferischen Freiheit des Richters[31].

Der individuellen Einsicht des Richters, dessen aufgeklärt-philosophische Bildung und Gesinnung vorausgesetzt wird, fällt nach seiner Lehre die Aufgabe zu, das überkommene Recht an der Idee des Vernünftigen zu messen und dem Rechtsideal im Wege der Auslegung und Umformung anzunähern. Der Richter als Träger der philosophischen Vernunft und folgeweise als Repräsentant der Rechtsidee steht über dem Gesetz, und es ist eine Forderung des aufgeklärten Zeitalters, daß – wie *Hommel* sagt – „ein Richter mit guten Gewissen abgeschmackte Geseze zu umschiffen bemüht seyn kann", auch wenn sie „noch bis diese Stunde nicht abgeschafft"[32]. In einem umfangreichen Werk zeigt *Hommel* an Hand vieler Rechtsfälle, wie der Richter das veraltete Gesetzesrecht beiseite schiebt, um zu Ergebnissen zu kommen, die das aufgeklärte Bewußtsein verlangt[33]. In der berühmten observatio 439, die die Quintessenz seiner Auffassung über die Stellung des Richters enthält, erklärt *Hommel* offen[34]:

> „Mit Recht nehmen die rechtsgelehrten Richter die Befugnis in Anspruch, unpassende und veraltete Gesetze durch Auslegung zu berichtigen. Das möge ihnen kein Gesetzgeber verbieten. Alle Gesetze sind ihrem Wesen nach vergänglich. Daher wurde bei den Römern dem Prätor das Recht zugestanden, veraltete Gesetze bei Änderung der Rechtsanschauung zu berichtigen. Wem anders sollen wir heute das ehedem dem Prätor eingeräumte Recht zur Gesetzesergänzung, -anpassung, -berichtigung, -veränderung und -fortbildung anvertrauen als den Spruchkollegien und hohen Gerichtshöfen? ... Wollen wir denn fernerhin nach wie vor noch Hexen, von denen man glaubt, daß sie frevelhaften Verkehr mit dem Teufel haben, bei lebendigem Leibe verbrennen? Sie müssen freilich verbrannt werden, wenn wir uns nicht entschließen, von den Gesetzen, die eine solche Strafe verhängen, die aber gleichwohl nirgends aufgehoben sind, abzugehen. Den Richtern darf daher die Freiheit, von völlig unhaltbaren Rechtsauffassungen aus früheren Zeiten Abstand zu neh-

---

[30] Eb. *Schmidt:* Einführung, S. 223; vgl. auch *Loening:* Geschichtliche Behandlung, S. 273 ff.

[31] Vgl. dazu *Kantorowicz:* Vorgeschichte, S. 18 (52).

[32] Vgl. *Hommel:* Beccaria-Ausgabe, S. 19 Anm. h.

[33] Das Werk trägt den Titel: Rhapsodia quaestionum in foro quotidie obvenientium neque tamen legibus decisarum, 5 Bde. Bayreuth 1776–1779. Zur Entstehung vgl. *Landsberg:* Geschichte III, 1, S. 259 (Noten).

[34] Die Stelle ist im lat. Original zitiert bei *Loening:* Geschichtliche Behandlung, S. 274, und Eb. *Schmidt:* Einführung, S. 223.

men, nicht genommen werden; sie sollen sogar – wenn nicht offen, dann versteckt – nach Art des Prätors verfahren, um ungerechte Ergebnisse zu verhindern."

Mit dieser Forderung hatte *Hommel* den Standpunkt der deutschen Frühaufklärung im Hinblick auf die Stellung des Richters zum Gesetz eindeutig formuliert und die Richtung vorgezeichnet, die ein großer Teil der zeitgenössischen Kriminalisten einschlagen sollte[35]. Der Richter wird „zu einem Schrittmacher einer vernünftigeren Gesetzgebung. Er steht nicht mehr unter, sondern über dem positiven Gesetzesrecht und zieht es täglich vor den Richterstuhl seiner kritisierenden Vernunft"[36].

2. Die Richteridee bei anderen Vertretern der frühen deutschen Aufklärung

Die Forderung nach Anerkennung „philosophischer" Freiheit des Richters gegenüber dem Gesetz, wie sie *Hommel* vertreten hatte, spricht aus mancher literarischen Äußerung jener Zeit.

a) Ähnliche Gedanken, wie sie *Hommel* äußerte, klangen schon bei *Thomasius* (1655–1728) an. Seine Schrift „Über das Verbrechen der Zauberei" appelliert an die Vernunft der Richter und gipfelt in der Forderung, daß „alle Hexenprozesse einzustellen seien, sei es nun durch fürstliches Machtwort, sei es durch Einsicht der Richter, welche unmöglich, auch nach bestehenden Gesetzen, ein nicht bestehendes Delikt zu strafen gezwungen sein können"[37].

b) *Gmelin* (1749–1818) bezeichnete in der Vorrede zu seinen „Grundsätzen der Gesetzgebung" die Gerichtspraxis seiner Zeit als eine solche, „welche sich nach und nach zu den gereinigten und vernünftigen Grundsätzen der Menschlichkeit so sehr bequemt und die vorhandenen Gesetze großenteils mit denselben so gut zu vereinigen weiß, daß gewiß zu einer vernünftigeren Gesetzgebung über Verbrechen und Strafen sehr viel vorgearbeitet ist". „Ich habe das Glück", so fuhr er fort, „seit mehreren Jahren in einem Spruchkollegium zu sein, welchem sehr viele peinliche Fälle zur Entscheidung zugeschickt werden, und kann versichern, daß ich nur äußerst selten mich durch allzu deutliche Gesetze (!) in der Notwendigkeit befunden habe, wider jene Grundsätze oder wider mein inneres Gefühl einem Urteil beizustimmen."[38]

---

[35] Darüber *Loening*, a. a. O.

[36] Eb. *Schmidt:* Einführung, S. 224.

[37] Vgl. *Thomasius:* Diss. de crimine magiae, in: Diss. acad. tom. II, p. 701 ff, zit. nach *Landsberg:* Geschichte III, 1, S. 92.

[38] *Gmelin:* Grundsätze der Gesetzgebung über Verbrechen und Strafen, Vorrede. Vgl. dazu *Loening:* Geschichtliche Behandlung, S. 274.

c) Bezeichnend für diese naturrechtliche Freiheit, die der Richter in der deutschen Frühaufklärung für sich in Anspruch nahm, war besonders die häufig zitierte Äußerung *Malblanks*, der die Richterkunst *Meisters* mit den Worten lobte[39]:

„Der verstorbene *Meister* aber zeigte sich in seinen peinlichen Erkenntnissen überall das menschenfreundlichste Herz und besaß in hohem Grade die Stärke, seine überaus gelinde Gesinnungen mit den Gesetzen so schicklich zu vereinigen, daß man niemals eine gewaltsame Abweichung davon bemerkt und er doch überall seinen Endzwek erreicht."

Durch derartige Äußerungen klang als gemeinsamer Grundton der Gedanke hindurch, daß das bisher als verbindlich betrachtete gesetzte und überkommene Recht durch eine andere Quelle zu ersetzen sei: durch das von der individuellen Vernunft des Richters philosophisch erkannte und von seinem aufgeklärten Rechtsgewissen gebilligte und geforderte Naturrecht.

3. *Die Gegenbewegung*

a) Zuerst wollte es scheinen, als sollte sich diese Richtervorstellung endgültig durchsetzen. Die Stimmen, die offen eine Freistellung des Richters vom Gesetz forderten, sofern das positive Recht mit dem Naturrecht in Widerspruch trete, mehrten sich. *Loening* hat sie in einer reichhaltigen Materialsammlung zusammengestellt[40]. Indessen trug diese frühaufklärerische Periode größter Richterfreiheit, deren geschichtliche Bewertung gewechselt hat[41], den Charakter einer Übergangszeit. Die Freiheit zu naturrechtlicher Rechtsschöpfung, die man dem Richter gewährte, führte bei dem Fehlen fester Maßstäbe schnell zu unerträglicher Rechtsunsicherheit[42]. Obwohl sich der Gedanke, daß dem Richter ein „Ermessensraum über dem Gesetz"[43] zustehe, bis in die Mitte des 19. Jahrhunderts hinein erhalten konnte, geriet das

---

39 Geschichte der PGO, S. 249; vgl. dazu *von Bar:* Geschichte, S. 154, Anm. 632; *von Wächter:* Gemeines Recht, S. 129; *Kraus:* Practische Begründung, S. 218, Fn. 21; *Loening:* Geschichtliche Behandlung, S. 274.

40 Vgl. Loening: Geschichtliche Behandlung, S. 273 ff.

41 Vgl. *Wächter:* Gemeines Recht, S. 126; *von Bar:* Geschichte, S. 141 f; *Geib:* Geschichte, S. 308; *Hälschner:* Geschichte, S. 162 ff; *Bergbohm:* Jurisprudenz und Rechtsphilosophie, S. 224; *Kantorowicz:* Vorgeschichte, S. 18 (52).

42 Vgl. *Hälschner:* Geschichte, S. 142; *Wächter:* Gemeines Recht, S. 126; *Loening:* Geschichtliche Behandlung, S. 330; *Geib:* Geschichte, S. 308; *Evers:* Der Richter und das unsittliche Gesetz, S. 23, 28; *von Hippel:* Strafrecht, S. 238.

43 S. zu diesem Begriff *Boldt:* Boehmer, S. 78 u. p.

Rechtsdenken des 18. Jahrhunderts schon bald unter den Einfluß neuer geschichtlicher Kräfte, die der kriminalpolitischen Aufklärung erst ihre endgültige Form und mit ihr dem aufklärerischen Richterbild sein endgültiges Profil geben sollten.

b) Die rationalistische Negation der überkommenen Rechtsformen wich, sobald die Rechtspraxis die stärksten Hindernisse für eine aufgeklärt-vernunftgemäße Rechtspflege durch berichtigende Interpretation des älteren Gesetzesmaterials beseitigt hatte, dem Bedürfnis nach einer sicheren, umfassenden und einheitlichen Gestaltung des Rechtslebens durch die Gesetzgebung. Zwar teilte jene Zeit des späten Naturrechts nicht mehr den unbedingten Glauben älterer Naturrechtssysteme an die mathematisch-exakte Erkenntnis der „Vernunftwahrheiten" und ihre allgemeingültige, von raum-zeitlichen Besonderheiten unabhängige Kodifizierbarkeit[44]. Jedoch verband die verschiedenen naturrechtlichen Strömungen der Aufklärungszeit, so gegensätzlich sie vielfach sein mochten, letztlich die gemeinsame Überzeugung, daß es möglich und notwendig sei, die Erkenntnisse des Zeitalters auf dem Gebiet des Rechts in klare, vom Richter ohne eigene schöpferische Leistung anzuwendende Gesetzesbestimmungen zu fassen und so über die bruchstückhafte, mit großer Rechtsunsicherheit verbundene Rationalisierung des Rechts durch individuelle Richtervernunft hinaus zu einer umfassenden Rationalisierung durch eine überindividuelle, mit allgemeiner Verbindlichkeit ausgestattete Instanz zu gelangen: durch den Gesetzgeber[45]. So wurde die Forderung nach einer auf den Grundsätzen des Naturrechts aufgebauten, für den Richter unbedingt verbindlichen Gesetzgebung eines der wesentlichen Anliegen der Aufklärung[46]. „Man verlangte", wie *Savigny* gesagt hat[47], „neue Gesetzbücher, die durch ihre Vollständigkeit der Rechtspflege eine mechanische Sicherheit gewährleisten sollten, indem der Richter, alles eigenen Urtheils überhoben, blos auf die buchstäbliche Anwendung beschränkt wäre." Als mehr oder minder starke Unterströmung blieb allerdings die ältere Auffassung lebendig, die dem Richter über die bloße Gesetzesanwendung hinaus eine rechtsschöpferische Tätigkeit zuwies[48].

---

[44] Vgl. dazu insbes. *Thieme:* Die Zeit des späten Naturrechts, S. 221 ff, 229 ff, 233.

[45] Vgl. *Thieme,* a. a. O., S. 221 f, 230 f, 236 f, 261; ders.: Die preußische Kodifikation, S. 357.

[46] Vgl. zuletzt *Boehmer:* Grundlagen II/1, S. 36 ff; *Dahm:* Deutsches Recht, S. 115.

[47] *Savigny:* Beruf, S. 74.

[48] Vgl. *Thieme:* Die Zeit des späten Naturrechts, S. 238 f.

III. Die Stellung des Richters in der französisch-italienischen Aufklärungsbewegung

1. *Die Idee des Richters bei Montesquieu (1698–1755)*

a) Die Gegenbewegung gegen die frühaufklärerisch-naturrechtliche Richtervorstellung *Hommelscher* Prägung, die in Deutschland immer mehr an Boden gewann, bezog ihren geistigen Gehalt wesentlich aus der Gedankenwelt der französisch-italienischen Aufklärung.

Im Jahre 1748 erschien das für die Gestaltung des Richteramts schicksalsentscheidende Werk: *Montesquieus* „Geist der Gesetze". Es ist ganz beherrscht von der Forderung nach Gesetzlichkeit des Rechtslebens. Schon am Anfang des Werkes stehen die für *Montesquieus* Haltung kennzeichnenden Sätze über die umfassende Bedeutung des Gesetzes in der geistigen und materiellen, der belebten wie der unbelebten Wirklichkeit[49]:

„Les lois, dans la signification la plus étendue, sont les rapports nécessaires qui dérivent de la nature des choses et, dans ce sens, tous les êtres ont leurs lois; la Divinité a ses lois; le monde matériel a ses lois; les intelligences supérieures à l'homme ont leurs lois; les bêtes ont leurs lois; l'homme a ses lois."

Das Gesetz ist für *Montesquieu* „la reine de tous mortels et immortels"[50]. Es ist – darin liegt die Eigenart des *Montesquieuschen* Gesetzesbegriffs[51] – nichts willkürlich von einem Gesetzgeber nach lediglich pragmatischen Gesichtspunkten Geschaffenes, sondern Abbild der Natur- und Weltschöpfungsgesetze. „La loi est la raison du grand Jupiter[52]." Obwohl *Montesquieu* begrifflich „les lois de la nature" und „les lois positives" trennt[53], liegt der Gesetzesgedanke *Montesquieus* jenseits einer materiellen Unterscheidung von „natürlichem" und „positivem" Recht, Gesetz und Rechtsidee. Auch die positiven Gesetze werden daher nicht als „Herrscherbefehle beliebigen Inhalts", sondern als „Emanationen der apriorischen Rechtsidee" verstanden[54]. Naturrecht und positives Recht werden miteinander versöhnt. „Ganz allgemein", sagt *Montesquieu* in dem Kapitel über

---

[49] L'Esprit des Lois I, 1, t. 1, p. 5.

[50] a. a. O. Anm. a.

[51] Vgl. Eb. *Schmidt:* Esprit des lois, S. 189; Lehrkommentar I, Rz. 464 (S. 263); zum Gesetzesbegriff *Montesquieus* vgl. ferner insbes. *Cassirer:* Philosophie der Aufklärung, S. 234 f; *Meinecke:* Historismus, S. 132; *Böckenförde:* Gesetz und gesetzgebende Gewalt, S. 33 ff.

[52] *Montesquieu:* Cahier 201, zit. nach *Radbruch:* Kleines Rechtsbrevier, S. 49.

[53] Vgl. L'Esprit des Lois I, 2 bzw. 3 (t. 1, p. 7 ff, 9 ff).

[54] Eb. *Schmidt:* Geistesgeschichtliche Bedeutung, S. 374.

die „positiven Gesetze“[55], „verstehen wir unter ‚Gesetz‘ die menschliche Vernunft, soweit sie alle Völker der Erde lenkt; und die Gesetze jeder Nation auf dem Gebiet des öffentlichen und des Privatrechts dürfen nichts anderes sein als die einzelnen Anwendungsfälle dieser menschlichen Vernunft.“ Das als Inhalt der Rechtsvernunft verstandene Gesetz verleiht dem Staat seine objektive, durch keine Willkür abänderbare, geradezu mathematisch klare Struktur[56]. Das Rechtsleben, wird es vom Gesetz beherrscht, gewinnt deshalb, ähnlich wie die „vernünftige“ Ordnung der Natur, eine mechanisch sichere und rational berechenbare Gesetzlichkeit[57]. Sie ist gleichbedeutend mit Freiheit: die Gesetze als Ausdruck des Gerechten sind ja Verkörperungen der Werte, die der an der „Urvernunft“ teilhabende aufgeklärte Mensch notwendig bejahen muß[58].

b) Damit aber die Gesetze diese ihre hohe Aufgabe als Garanten der Freiheit erfüllen können, bedarf es einer strengen Gliederung der politischen Gewalten[59]. Denn jeder, auch der gut regierte Staat, ist virtuell von der Despotie bedroht[60]. Sie kann wirksam nur bekämpft werden, wenn die Macht im Staate in Ausrichtung auf das Gesetz rational gegliedert wird. Auf Grund einer – vielleicht bewußt – unhistorischen Interpretation der englischen Verfassung entwickelt *Montesquieu* im 6. Kapitel des 11. Buches: „De la constitution d'Angleterre“ sein System der Gewaltengliederung. Er unterscheidet drei Gewalten (pouvoirs): die gesetzgebende, die vollziehende und die richterliche Gewalt und verfeinert damit die Gewaltentrennungslehre *Lockes*, nach der Exekutivgewalt und richterliche Gewalt noch eine begrifflich ungeschiedene Einheit darstellten[61]. Die richterliche Gewalt, bisher nur durch intuitive Wesensschau erfaßbar, wird hier zum erstenmal, auf der Grundlage einer Staatsfunktionenlehre, be-

[55] L'Esprit des Lois I, 3, t. 1, p. 10. Die deutsche Übersetzung ist zit. nach der Ausgabe von *von der Heydte*, S. 84.

[56] *Cassirer:* Philosophie der Aufklärung, S. 25; vgl. auch *Meinecke:* Historismus, S. 132.

[57] Zum mechanistischen Zug im Denken *Montesquieus* vgl. etwa *Dilthey:* Gesammelte Schriften III, S. 234 ff.

[58] Eb. *Schmidt:* Esprit des lois, S. 203.

[59] Zum Begriff der Gewaltengliederung bei *Montesquieu* sei aus der neueren Literatur verwiesen auf *Forsthoff:* Textausgabe, S. XXIX ff; *Böckenförde:* Gesetz und gesetzgebende Gewalt, S. 29 ff; *Krauss:* Gewaltengliederung, S. 103 ff; *Imboden: Montesquieu*, S. 1 ff.

[60] Vgl. z. B. L'Esprit des Lois, VIII, 8, t. 1, p. 125 (*Forsthoff* I, S. 164 f).

[61] Vgl. *Montesquieu:* L'Esprit des Lois, XI, 6, t. 1, p. 163 f. Vgl. zur Deutung dieser Stelle *Böckenförde:* Gesetz und gesetzgebende Gewalt, S. 30 f; *Krauss:* Gewaltengliederung, S. 103, 107. Zur Gewaltengliederung bei *Locke* vgl. *von Meier:* Französische Einflüsse, S. 62 ff; *Böckenförde:* Gesetz und gesetzgebende Gewalt, S. 21 ff.

grifflich abgegrenzt und den beiden anderen Gewalten gegenübergestellt. Dieser begrifflichen Trennung hat die personell-organisatorische Aufgliederung zu entsprechen. Denn sind, sagt *Montesquieu*[62], gesetzgebende und vollziehende Gewalt vereinigt, dann „steht zu befürchten, daß derselbe Monarch oder derselbe Senat tyrannische Gesetze macht, um sie tyrannisch zu vollziehen". Wäre die richterliche Gewalt mit der vollziehenden verknüpft, so „würde der Richter die Macht eines Unterdrückers haben". Würde schließlich die richterliche Gewalt mit der gesetzgebenden vereinigt, so „wäre die Macht über Leben und Freiheit der Bürger willkürlich, weil der Richter Gesetzgeber wäre"[63].

c) Diese These *Montesquieus* enthielt den Ausgangspunkt zu einer neuen Deutung von Wesen und Aufgabe des Richters. Ihre Eigenart erhellt aus verschiedenen, im „Esprit des Lois" verstreuten Ausführungen und Andeutungen[64] über Richtertum und Rechtsfindung.

Seiner Grundkonzeption gemäß konnte *Montesquieu* die Trennung zwischen richterlicher und gesetzgebender Gewalt nur so durchführen, daß jeder potentielle Eingriff des Richters in den Bereich der Legislative, der ja eine Gefahr für die Freiheit des Bürgers bedeutete, der Idee nach vermieden wurde. Dem Richter mußte daher jedwede rechtsschaffende Macht aberkannt werden, eine Forderung, die sich um so leichter verwirklichen ließ, als nach *Montesquieus* Vorstellung das Gesetz als einziger rechtsschaffender Faktor alles Recht verkörperte, Ausdruck der Rechtsidee war. Dem Gedanken der Omnipotenz des Gesetzes entsprach als logisches Korrelat die Idee der völligen Abhängigkeit des Richters[65]. So mechanistisch, wie nun *Montesquieu* in Analogie zu den Naturgesetzen den Gedanken der juristischen Gesetzlichkeit konzipierte, so mechanistisch verstand er auch die Gesetzesgebundenheit des Richters, die er mit der ganzen mathematischen Folgerichtigkeit des aufklärerischen Rationalismus zu Ende dachte. Der Richter soll nichts weiter sein als das „Sprachrohr"[66] des Gesetzes: „... les juges de la nation ne sont ... que la bouche qui prononce les paroles de la loi."[67] Er hat sich streng „an den Buchstaben des Gesetzes zu halten"[68]. Bestraft er, so spricht er nur „die Strafe aus, die das Gesetz für diese Tat verhängt, und dazu braucht

---

[62] Vgl. zum Folgenden L'Esprit des Lois, XI, 6, t. 1, p. 164 (*Forsthoff* I, S. 215; dort die wörtlichen Zitate).

[63] *Montesquieu*, a. a. O.

[64] Zum aphoristischen Stil *Montesquieus* vgl. *Radbruch:* Natur der Sache, S. 24, 25.

[65] Vgl. *Ross:* Theorie der Rechtsquellen, S. 35.

[66] *Ross*, a. a. O.

[67] *Montesquieu:* L'Esprit des Lois, XI, 6, t. 1, p. 171.

[68] a. a. O. VI, 3, t. 1, p. 82 (*Forsthoff* I, S. 109).

er nur seine Augen"[69]. Die Urteilssprüche sollen „fest bestimmt" „in solchem Maße sein, daß sie niemals etwas anderes sind als eine genaue Formulierung des Gesetzes – qu'un texte précis de la loi"[70]. Jede Wertentscheidung soll dem Richter versagt sein[71]. Die „besondere Meinung des Richters" – „l'opinion particulière du juge" – darf in dem Urteil nicht zum Ausdruck kommen[72]. Der Gesetzgeber darf dem Richter keinen Anlaß zu eigener Wertung des Sachverhalts geben: „Wesentlich ist, daß die Worte des Gesetzes bei allen Menschen die gleichen Vorstellungen hervorrufen"[73], eine Forderung, in der „die Ablehnung aller Wertbegriffe" enthalten ist[74]. Selbst der Ermittlung des „Gesetzessinnes" steht *Montesquieu* skeptisch gegenüber. Im Gegensatz zu „despotischen Staaten", fordert *Montesquieu*[75], in denen der „Richter sich selbst Gesetz" sei, und zu „monarchischen Staaten", in denen er den Sinn des Gesetzes (esprit) zu ermitteln suche, müsse unter der „republikanischen Regierungsform" die Aufgabe des Richters allein darin bestehen, den „Buchstaben des Gesetzes" – la lettre de la loi – anzuwenden.

Der richterlichen Gewalt soll nach *Montesquieus* Vorstellung keinerlei eigenes Gewicht gegenüber der Gesetzgebung zukommen. Wie der einzelne Richter funktionell nur der mechanische Vollstrecker des Gesetzeswortlauts ist, so soll auch die rechtsprechende Gewalt als ganze gleichsam in der bloßen Verkündung des Gesetzes aufgehen, ihrer sozialen Macht im Staatsleben entkleidet werden. Rechtsprechung soll nach *Montesquieu* „überhaupt keine Gewalt im Sinne einer Herrschaft von Menschen über Menschen sein"[76]; deshalb darf jeder nur von seinesgleichen gerichtet, müssen die Richter nach einem gesetzlich geregelten Verfahren aus der Mitte des Volkes entnommen werden[77]. „Auf diese Weise", sagt *Montesquieu*, „wird die unter den Menschen so schreckliche richterliche Gewalt, losgelöst von der Bindung an einen bestimmten Stand oder bestimmten Beruf, sozusagen unsichtbar und zu einem Nichts – invisible et nulle –. Man hat nicht ständig Richter vor Augen, und man fürchtet das Amt, aber nicht die

---

[69] loc. cit.

[70] a. a. O. XI, 6, t. 1, p. 166 (*Forsthoff* I, S. 217).

[71] Vgl. dazu insbes. *Drost*: Ermessen, S. 87.

[72] a. a. O. XI, 6, t. 1, p. 166.

[73] Vgl. *Montesquieu*: L'Esprit des Lois, XXIX, 16, t. 2, p. 290 (*Forsthoff* II, S. 364).

[74] Vgl. *Drost*: Ermessen, S. 87.

[75] L'Esprit des Lois, VI, 3, t. 1, p. 82 (*Forsthoff* I, S. 109 f).

[76] *Böckenförde*: Gesetz und gesetzgebende Gewalt, S. 32; vgl. ferner *von Meier*: Französische Einflüsse, S. 67; *Arndt*: Richter, Gericht und Rechtsweg, S. 190; *Draht*: Gewaltenteilung, S. 102; *Krauss*: Gewaltengliederung, S. 103.

[77] L'Esprit des Lois, XI, 6, t. 1, p. 165 (*Forsthoff* I, S. 217).

Beamten."[78] Hier geht *Montesquieu* deutlich über die staatstheoretischen Notwendigkeiten des Gewaltengliederungsgedankens hinaus und fordert mit politischem Akzent die Eliminierung der Rechtsprechung als Machtfaktor aus dem Staatsleben.

d) Im Gefüge einer solchen Konzeption von Richtertum und Rechtsfindung hatte nicht nur die frühaufklärerische Idee des Richters als Gestalters der Rechtswirklichkeit keinen Raum mehr – *Montesquieu* abstrahierte darüber hinaus von dem Richter als menschlichem Wesen, als lebendiger Person überhaupt. Stellte doch „jede schöpferische und freie Entscheidung des Richters" einen „Übergriff in den Bereich der Legislative dar"[79]. Deshalb klammerte *Montesquieu* alles Persönliche, Unwägbare, Menschliche aus seinem System aus. Die Richter waren für ihn nicht nur „la bouche qui prononce les paroles de la loi", sondern auch, wie er bezeichnend hinzufügte, „des êtres inanimés qui n'en peuvent modérer ni la force ni la rigueur" – „unbeseelte Wesen, die weder die Schärfe noch die Strenge des Gesetzes zu mildern vermögen"[80]. *Montesquieu* konnte hier, wie *Radbruch* gesagt hat[81], „die Ausdrücke nicht schroff genug wählen, um die völlig unschöpferische Natur der richterlichen Entscheidungstätigkeit zu kennzeichnen". Bis auf *Montesquieus* Zeit war der Richter – am markantesten in der deutschen Frühaufklärung – immer zugleich Rechtsschöpfer gewesen. An der rechtsschöpferischen Erzeugung von Werturteilen und Willensentscheidungen aber „war der Richter mit seiner ganzen Persönlichkeit, nicht nur mit ihrer erkennenden, sondern auch mit ihrer wertenden Seite, nicht nur mit dem Intellekt, sondern auch mit dem Charakter beteiligt" gewesen[82]. *Montesquieu* setzte dieser Auffassung eine sachlich-abstrakte, rein logisch-begriffliche Vorstellung von richterlicher Entscheidungstätigkeit entgegen. Er klammerte – der Idee nach – die schöpferische Richterpersönlichkeit überhaupt aus dem Gesetzesvollzug aus. Sie gefährdete die rationale Klarheit, die mechanische Funktionsweise des Gewaltengliederungsschemas. Das Persönliche war in der Vorstellung *Montesquieus* identisch mit dem Willkürlich-Unkontrollierbaren. Die persönliche Haltung des Richters zu Recht und Gesetz erschien als „opinion particulière du juge" gefährlich. Sie war für *Montesquieus* Gefühl belastet mit der Hypothek der „Willkürjustiz", die im Frankreich des 18. Jahrhunderts herrschte[83]. Er teilte insofern das tiefe Mißtrauen gegen den Richterstand und

---

[78] *Montesquieu*, a. a. O.

[79] Vgl. *Dahm:* Deutsches Recht, S. 115.

[80] Vgl. L'Esprit des Lois, XI, 6, t. 1, p. 171 (*Forsthoff* I, S. 225).

[81] Vgl. *Radbruch-Zweigert:* Einführung, S. 163.

[82] Vgl. *Radbruch-Zweigert*, a. a. O.

[83] Vgl. dazu die ausführliche Darstellung der Zustände in der französischen Rechtspflege bei *Hertz:* Voltaire, S. 83 ff.

seine Persönlichkeiten, das die Haltung der französischen Aufklärungsphilosophie allgemein kennzeichnete[84]. Der Richter als – im Guten wie im Bösen – menschlich-lebendiger Repräsentant der Rechtspflege sollte gleichsam durch einen logisch-automatischen Gesetzesvollzugsmechanismus ersetzt werden, der seiner nur noch als individualitätslos-anonymen Funktionsträgers, als persönlichkeitslosen Verkündungsorgans – „bouche" – bedurfte. Diese ablehnende Haltung *Montesquieus* und der Aufklärung gegenüber allem Persönlichen in der Rechtsanwendung hat später *Feuerbach*, selbst dieser Gedankenrichtung nahestehend, treffend dahin zusammengefaßt, daß „die Geseze den Willen des Richters aufheben" sollten, „um der Willkür vorzubeugen"[85]. „Aufhebung des Willens" – dieses Ziel war gleichbedeutend mit der Lösung der richterlichen Entscheidungstätigkeit aus ihrer Persönlichkeitsgebundenheit. Nicht „Werturteil und Willensentscheidung" – wie später Gustav *Rümelin* formuliert hat[86] – sollte das richterliche Urteil sein, sondern logisch-mechanischer Erkenntnisakt, schematische Subsumtion des vorliegenden Sachverhalts unter die möglichst „buchstäblich" zu interpretierende Norm, die der Richter als persönlichkeitsloses Werkzeug des Gesetzgebers in völliger Selbstverleugnung zu vollziehen hatte. „Wir urteilen", so hat der französische Jurist *Portalis* diese Vorstellung vom Richter als „seelenlosem Wesen" zu Beginn des 19. Jahrhunderts gekennzeichnet[87], „als ob die Gesetzgeber Götter wären und die Richter nicht einmal Menschen." „Entpersönlichung" der Rechtsanwendung im Sinne einer „Degradierung des Richters zu einem bloß mechanisch arbeitenden Subsumtionsautomaten"[88] war, wenn nicht das eigentliche Anliegen, so doch die unmittelbare Folgewirkung der *Montesquieuschen* Gewaltengliederungslehre auf dem Gebiet der Rechtspflege. *Montesquieus* Wort vom Richter als „seelenlosem Wesen" war – worauf schon *Sommer* hin-

---

84 Vgl. *Bockelmann:* Richter und Gesetz, S. 26 f; *Engisch:* Einführung, S. 106; *Lohmann:* Marat, S. 41.

85 Vgl. *Feuerbach:* Kritik I, 2, S. 20.

86 *Rümelin:* Werturteile und Willensentscheidungen, bes. S. 29, 48 f.

87 Zitiert bei *Kantorowicz:* Vorgeschichte, S. 32 (61).

88 Vgl. Boehmer: Grundlagen II, 1, S. 39. Vgl. ferner *Bockelmann:* Richter und Gesetz, S. 26: „Die richterliche Gesetzesanwendung soll funktionieren wie ein Automat, mit der einzigen Besonderheit, daß der funktionierende Automat kein mechanischer, sondern ein logischer Automatismus ist." *Radbruch-Zweigert:* Einführung, S. 164: „Der Richter ist auf dem Richterstuhl nichts als ein Subsumtionsapparat, eine Urteilsmaschine, ein Rechtsautomat oder wie man das neue Richterideal einer wertungs- und deshalb individualitätslosen Intellektualität sonst noch ausdrücken mag." – Vgl. auch *Sommer:* Studien, S. 127, *Henkel:* Strafrichter und Gesetz, S. 18, sowie schon *Ihering:* Zweck im Recht I, S. 385 f („Urteilsmaschine"); neuerdings *Lohmann:* Marat, S. 40.

gewiesen hat[89] – die nahezu wörtliche Antithese zu dem *Aristotelischen* Gedanken des Richters als „beseelten Rechts“[90]. Hatte *Aristoteles* mit diesem Wort den Richter als den lebendigen Repräsentanten der Rechtsidee definiert und damit letztlich auf seine mythische Uraufgabe, sein Charisma hingewiesen, so verzichtete *Montesquieu* auf eine solche umfassende, auch das Persönliche einbeziehende, damit aber notwendig komplexe und unklare Wesensschau des Richtertums zugunsten einer logischen Konstruktion, deren Widerspruchsfreiheit er alles Individuelle, Lebendige, Irrationale, Persönliche zu opfern bereit war. Aus dem Richter, der bei *Aristoteles* das Recht sichtbar machte, wurde bei *Montesquieu* der individualitätslos-anonyme „Funktionsträger“. *Montesquieu* suchte der Idee des Richters ihren archetypischen Charakter zu nehmen, sie von ihrem „mythischen Grund losgelöst“ zu denken[91]. Der Richter als „Repräsentant einer umgreifenden Ordnung“[92], als den ihn noch die frühe deutsche Aufklärung empfunden hatte, wurde bei *Montesquieu* zum persönlichkeitslosen „Träger“ einer rein formallogischen Subsumtionsaufgabe.

2. *Die Idee des Richters bei Beccaria (1738–1794)*

a) Die „mechanistische“ Richteridee *Montesquieus* – wie sie nunmehr abkürzend bezeichnet werden soll – wurde schnell zum Allgemeingut der französisch-italienischen Aufklärungsbewegung. Bei *Beccaria*, dem nächst *Montesquieu* bedeutendsten Rechtsdenker des aufklärerischen Rationalismus, kehrte sie in nur geringfügiger Abwandlung wieder[93].

---

89 Studien, S. 127. Vgl. auch *Wlassak:* Römische Processgesetze, S. 16.

90 *Aristoteles:* Nikomachische Ethik, V, 7, 1132 a *(Dielmeier*, S. 103).

91 Vgl. *Marcic:* Richterstaat, S. 261. Zum „Urberuf“ des Richters vgl. K. *Peters:* Das Gewissen des Richters, S. 29; *Marcic*, a. a. O.; E. *von Hippel:* Moralisches Rechtsdenken, S. 434; Fritz *Werner:* Das Problem des Richterstaates, S. 3; *Schmidt-Räntsch:* Deutsches Richtergesetz, S. 33; *Wagner:* Der Richter, S. V; *Brüggemann:* Rechtsprechende Gewalt, S. 80; *Zweigert:* Zum richterlichen Charisma, S. 301 f; *Verosta:* Korreferat, S. 41 f; *Reuss:* Der Richter und das Gesetz, S. 361; *Stein:* Rechtsfortbildung, S. 1746 Anm. 9. Zur soziologisch-sozialgeschichtlichen Seite grundlegend Max *Weber:* Wirtschaft und Gesellschaft, S. 400 ff; ders.: Rechtssoziologie, S. 177 ff.

92 Vgl. *End:* Existentielle Handlungen, S. 93.

93 Vgl. *Radbruch:* Iselin, S. 186, 187; *von Overbeck:* Das Strafrecht der französischen Encyclopädie, S. 114; zur Bedeutung *Beccarias* vgl. außer den Genannten insbes. *Günther:* Wiedervergeltung, Abt. II, S. 176 ff; *Esselborn:* Vorwort zur deutschen Ausgabe; *Drost:* Ermessen, S. 87; neuerdings Thomas *Würtenberger:* Cesare Beccaria und die Strafrechtsreform, in: Erinnerungsgabe für Max *Grünhut*, Marburg 1965, S. 199 ff.

Wie *Montesquieu* foderte *Beccaria* den Primat der Gesetze im Leben der Gesellschaft. „Die Gesetze sind die Bedingungen, unter denen sich unabhängige und vereinzelt lebende Menschen zu einer Gesellschaft zusammenschlossen, da sie es müde waren, in fortgesetztem Kriegszustand zu leben und eine Freiheit zu genießen, die durch die Unsicherheit ihres Bestandes wertlos geworden war."[94] *Beccaria* verband die *Rousseausche* Lehre vom Gesellschaftsvertrag mit dem *Montesquieuschen* Gedanken der Gewaltengliederung[95]. Da – kraft Übereinkunft im Gesellschaftsvertrag – „nach Gesetzen leben" zugleich „Freiheit" bedeutet, kann die Befugnis zur Inhaltsbestimmung der Freiheit allein dem Gesetzgeber zustehen. Die Gesetze sind es daher, auf denen ausschließlich die Strafbarkeit beruhen kann; nur durch das Gesetz können auch Art und Maß der Strafe bestimmt werden[96]: „Die erste Folgerung aus diesen Grundsätzen ist, daß die Gesetze allein die Strafen für die Verbrechen bestimmen können, und diese Machtbefugnis kann nur dem Gesetzgeber zustehen, der die ganze durch einen Gesellschaftsvertrag geeinte Gesellschaft vertritt."

Aus diesem Prinzip ausschließlicher Repräsentation der Rechtsgemeinschaft durch den Gesetzgeber folgt für *Beccaria* die ebenso ausschließliche Abhängigkeit des Richters vom Gesetz[97]. Die Aufgabe des Richters besteht lediglich darin, daß er den gegebenen Sachverhalt im Wege eines logisch korrekten Schlußverfahrens dem Gesetz unterordnet. „Bei jedem Verbrechen", sagt *Beccaria*, „muß der Richter einen vollständigen (dreigliedrigen) Vernunftschluß aufstellen: den Obersatz bildet das allgemeine Gesetz, den Untersatz die Handlung, die dem Gesetze entspricht, oder nicht, den Schlußsatz die Freiheit oder Strafe. Stellt der Richter gezwungen oder aus freiem Willen auch nur zwei Schlüsse auf, so ist der Unsicherheit Tür und Tor geöffnet[98]." Bei *Beccaria* hat – klarer als bei *Montesquieu* – das aufklärerische „Subsumtionsdogma", hat der Gedanke, daß der Richterspruch allein eine logisch-schematische Folgerung aus der Norm" sei[99], seine Formulierung gefunden. Die Rechtsprechung wird „als eine ausschließlich rational bedingte, in der Form eines logischen Syllogismus sich vollziehende, restlos fungible Tätigkeit"[100] verstanden. Die mechanistische Richteridee *Montesquieus* kehrt bei *Beccaria* in stärker logisch akzentuierter Abwandlung wieder.

---

94 *Beccaria:* Verbrechen, § 2, S. 69.

95 *Radbruch*, a. a. O., S. 186.

96 *Beccaria:* Verbrechen, § 3, S. 70.

97 Zur Richterauffassung *Beccarias* vgl. insbes. *von Overbeck:* Das Strafrecht der französischen Encyclopädie, S. 120 f; *Radbruch:* Iselin, S. 186 f; *Höhn:* Stellung des Strafrichters, S. 36 f.

98 *Beccaria:* Verbrechen, § 4, S. 72, 73.

99 Vgl. *Engisch:* Konkretisierung, S. 180.

100 *Drost:* Ermessen, S. 87.

Den Gefahren für die Richtigkeit des Urteils, die auch nach *Beccarias* Auffassung trotz des streng logischen Charakters der Rechtsanwendung nicht ganz auszuschließen sind, kann durch eine klare und bestimmte Fassung der Gesetze wirksam begegnet werden. Je exakter und vollständiger die gesetzliche Regelung ist, desto mehr schrumpft der „dreigliedrige Vernunftschluß" gleichsam auf seinen ersten Teilakt, die Feststellung des Sachverhalts, zusammen. „Wo die Gesetze klar und bestimmt sind", erklärt *Beccaria*[101], „besteht die Aufgabe des Richters einzig und allein in der Feststellung einer Tatsache."

b) Aus der Gewaltengliederungslehre zog *Beccaria* eine Konsequenz, vor der *Montesquieu* noch zurückgeschreckt war: das strikte Verbot an den Richter, das Gesetz auszulegen. *Montesquieu* hatte sich in diesem Punkt auf Andeutungen beschränkt[102]. *Beccaria* erklärte eindeutig[103]: „Die Befugnis zur Auslegung der Strafgesetze kann nicht den Strafrichtern zukommen, und zwar aus dem Grunde nicht, weil sie keine Gesetzgeber sind." Er warnte vor dem Gedanken, daß der Richter bei der Gesetzesanwendung auch den Sinn der Norm zu erforschen habe[104]: „Nichts ist gefährlicher als der allgemein angenommene Satz, daß man den Geist der Gesetze zu Rate ziehen müsse." Der „Geist der Gesetze" sei in Wahrheit oft der „Geist der Richter"[105]:

> „Unsere Kenntnisse und alle unsere Vorstellungen stehen in gegenseitiger Verbindung miteinander: je verwickelter sie sind, desto zahlreicher sind die Wege, die zu ihnen hinführen und von ihnen ausgehen. Jeder Mensch hat seine eigene Anschauungsweise, und diese wechselt mit den verschiedenen Zeiten. Der Geist der Gesetze wäre also das Ergebnis der guten oder schlechten Logik des Richters und würde von seiner leichten oder schweren Verdauung abhängen: er wäre abhängig von der Heftigkeit seiner Leidenschaften, von der Schwäche des Angeklagten, von den Beziehungen des Richters zu dem Verletzten und von allen den unscheinbaren Nebenumständen, die einem jeden Ding in dem unsteten Sinn des Menschen ein anderes Aussehen geben. Daher sehen wir, wie das Schicksal eines Bürgers oftmals sich ändert, wenn seine Sache von einem Gerichtshof vor einen anderen gebracht wird, und wie oftmals das Leben der Unglücklichen falschen Schlüssen oder der gegenwärtigen üblen Laune eines Richters zum Opfer fällt, der das unklare Ergebnis der Wirrsal von Begriffen, die seinen Geist beschäftigen, für eine gesetzmäßige Auslegung hält. Daher sehen wir, wie dieselben Verbrechen von demselben Gerichtshof zu verschiedenen Zeiten

---

101 Verbrechen, § 5, S. 80.

102 Vgl. *Montesquieu:* L'Esprit des Lois, XI, 3, t. 1, p. 82 (*Forsthoff* I, S. 109 f).

103 Verbrechen, § 4, S. 71 a. A.

104 l. c., S. 71 Mitte.

105 *Beccaria:* Verbrechen, § 4, S. 73, 74.

verschieden bestraft werden, weil nicht der unveränderlich feststehende Wortlaut des Gesetzes, sondern die irreführende Unbeständigkeit der Auslegungen maßgebend war."

Mit viel psychologischem Scharfblick erfaßte *Beccaria* hier die mannigfach verflochtenen menschlich-seelischen Bedingungen der richterlichen Urteilstätigkeit. Trotzdem blieb seine Haltung gegenüber dem Richtertum ebenso unpsychologisch-konstruktivistisch wie die *Montesquieus.* Denn *Beccaria* erkannte psychologische Faktoren in der Rechtspflege zwar als bestehend, nicht aber als notwendig und persönlichkeitsbedingt an. Die kritische Schärfe psychologischer Beobachtung, die aus der angeführten Äußerung spricht, wurde bei *Beccaria* überspielt von dem unkritisch-optimistischen Glauben an die Allmacht des Gesetzes und die Möglichkeit, durch Bindung des Richters an minutiös genaue Normen die Rechtspflege gegen alle störenden persönlichen Einflüsse zu schützen. Wie *Montesquieu* ging er davon aus, daß die Unzuträglichkeiten der Rechtspflege im Grunde nur aus Grenzverwirrungen zwischen den Bereichen des Richters und des Gesetzgebers herrührten, die durch eine mathematisch genaue Grenzziehung zu beseitigen seien. Aufgeschlossener für den menschlichen Aspekt als *Montesquieu,* sah *Beccaria* in der Individualität der Richter, der Ungleichheit ihrer Anlagen und ihres Umweltverhaltens die Quelle dieser Grenzverwirrungen. Statt jedoch aus seinen psychologischen Beobachtungen auf die wesensmäßige Persönlichkeitsgebundenheit des Richterspruchs zu schließen, statt zu folgern, daß jede richterliche Wertentscheidung unwägbare, nichtrationalisierbare Elemente enthalte, fiel *Beccaria* mit der Degradierung des Richters zum unpersönlichen Gesetzeswerkzeug, dem nicht einmal die Gesetzesauslegung gestattet ist, in die mechanistische Richtervorstellung *Montesquieus* zurück, um sie noch krasser zu vertreten als dieser selbst. Das Phänomen der Richterpersönlichkeit tauchte so zwar im Umkreis des Denkens auf, es wurde jedoch in seiner Existenz nicht anerkannt, geschweige denn als Wert empfunden, sondern als schädlich und feindlich bekämpft. Auch bei *Beccaria* begegnet jenes allgemeine aufklärerische Mißtrauen gegen die Person des Richters. Das Persönliche erscheint als identisch mit dem Unkontrollierbaren, Unregelmäßigen, nicht in Gesetzmäßigkeiten Auflösbaren. Es ist bezeichnend, daß *Beccaria,* wenn er die persönliche Seite der Rechtsanwendung ansprach, zur Kennzeichnung der „Richterpersönlichkeit" die negativen Wendungen bevorzugte: die „schlechte Logik", die „schwere Verdauung", die „Heftigkeit der Leidenschaften", der „unstete Sinn des Menschen", die „falschen Schlüsse", die „üble Laune", die „Wirrnis der Begriffe". In diesen Formulierungen spiegelt sich die Abneigung *Beccarias* gegen alle Erscheinungen der Rechtspflege, die den Stempel des Persönlichen tragen. Die Persönlichkeit des Richters war für ihn angesichts der Macht- und Kabinettsjustiz seiner Zeit die Quelle der Ungerechtigkeit; alles Persönliche mußte daher, wie bei *Montesquieu,* der Rechtsanwendung ferngehalten werden. In unbegrenztem Zutrauen zu der Allmacht des Gesetzes, das einem ebenso tiefen Mißtrauen gegen Unfähigkeit und Bestechlichkeit der Richter entsprach, opferte *Beccaria* so auch die Werte der Richterpersönlichkeit der Idee eines entpersönlichten Gesetzesmechanismus, in dem der Richter durch ein striktes Auslegungsverbot auch des letzten Restes schöpferischer Freiheit beraubt sein sollte. „Ein Mißstand", erklärte *Beccaria*[106], „der aus der starren Beobachtung des Buchstabens eines Strafgesetzes hervorgeht, steht in keinem Vergleich zu den aus der Auslegung entstehenden Übelständen. Ein solcher augenblicklicher Mißstand treibt dazu an, die leichte und notwendige Verbesserung der Worte des Gesetzes vorzunehmen, die die Unsicherheit veranlaßt haben; aber er verhindert jene verderbliche Freiheit der Schlußfolgerung, aus der die willkürlichen und feilen Streitfragen entstehen. Wenn eine feststehende Sammlung der Gesetze, die buchstäblich beobachtet werden müssen, dem Richter nur die Obliegenheit läßt, die Handlungen der Bürger zu prüfen und sie für im Einklang oder im Widerspruch mit den geschriebenen Gesetzen stehend zu erklären, ... dann sind die Untertanen nicht mehr den kleinen Bedrückungen vieler preisgegeben."

Bei dieser Einstellung *Beccarias* zu Gesetz und Richteramt war es nur folgerichtig, daß dem Richter auch die Befugnis, die gesetzlich bestimmte Strafe nach Lage des Einzelfalls zu mildern – geschweige denn zu schärfen –, nicht zugestanden werden konnte. Der Gedanke *Montesquieus:* „... qui n'en peuvent modifier ni la force ni la rigueur", kehrte bei *Beccaria* in abgewandelter Form wieder, wenn er sagte[107]: „Die Milde ist eine Tugend des Gesetzgebers und nicht des Vollstreckers der Gesetze." Sie soll „aus dem Gesetzbuch und nicht aus den einzelnen Erkenntnissen hervorstrahlen". „Unerbittlich müssen daher die Gesetze, unerbittlich ihre Vollstrecker in den einzelnen Fällen sein."

3. Die Idee des Richters bei Filangieri (1752–1788)

Die rechtspolitischen Forderungen *Montesquieus* und *Beccarias* hat der dritte bedeutende Vertreter der französisch-italienischen Aufklärung, Gaetano *Filangieri*[108], in einem umfassenden „System der Gesetzgebung" zu verwirklichen versucht. Sein Ziel war, eine „Wissen-

[106] *Beccaria:* Verbrechen, § 4, S. 74.
[107] Verbrechen, § 20, S. 123.
[108] Vgl. über ihn insbes. *Landsberg:* Geschichte III, 1, S. 412 (Text), 304 (Noten); *Günther:* Wiedervergeltung II, S. 185 ff.

schaft von der Gesetzgebung"[109] zu schaffen, die für die gesetzgeberische Planung und Regelung auf allen Lebensgebieten leitende Grundsätze herausarbeitete. Der Gedanke lückenloser Gesetzlichkeit des Rechtslebens stand hier, wie bei *Montesquieu* und *Beccaria*, beherrschend im Vordergrund. Die Bedeutung des Richteramts trat demgegenüber ganz zurück. Für *Filangieri* war die Forderung *Montesquieus* und *Beccarias*, daß der richterlichen Gewalt im Verhältnis zur Gesetzgebung keinerlei substantielles Gewicht zukomme, schon eine Selbstverständlichkeit. Nur an wenigen Stellen seines achtbändigen Werkes ging er überhaupt auf die Funktion des Richters ein. Wo *Filangieri* allerdings vom Richter spricht, ist deutlich das Vorbild *Montesquieus* und *Beccarias* zu erkennen. Der Gesetzgeber müsse gezwungen werden, so sagt *Filangieri*[110] ganz im Sinne *Beccarias*, „sich zu unendlich ins Kleine gehenden Bestimmungen herabzulassen, wenn er die Macht der Richter nicht willkürlich machen und ihnen keine Gewalt einräumen will, die über ihre Bestimmung hinausgeht". „Als getreue Bewahrer des Gesetzes", fordert *Filangieri*, sollten die Richter „blos das Organ derselben seyn"[111]. Seine Vorstellung von der Aufgabe des Richters faßt er in die Worte zusammen[112]: „Da die Macht, eine Strafe zu verhängen, nirgends anders als in dem Gesetz seyn soll und seyn kann, so sollte der Richter mehr der erste Zeuge als der Urheber desselben seyn." „Er sollte nichts anderes thun", heißt es im Sinne *Montesquieus* weiter[113], „als die Verurtheilung kund machen, die dasselbe vorläufig verhängt hat, und seinen Befehl anerkennen."

4. *Die praktische Verwirklichung der aufklärerischen Richteridee in den Gesetzen der französischen Revolutionszeit*

a) Die neue französisch-italienische Lehre von der Stellung des Richters fand ihre erste praktische Verwirklichung im Frankreich des ausgehenden 18. Jahrhunderts, als die Revolution das Ancien Régime gestürzt hatte und damit der Weg für eine grundlegende Reform des Gerichtswesens frei geworden war[114]. Die konstituierende Nationalversammlung von 1790 führte das Programm *Montesquieus* „mit doktrinärer Rigorosität" durch[115]. Darüber, daß die Aufgabe des Rich-

---

109 Vgl. den ital. Originaltitel „La scienza della legislazione".

110 System III, S. 377.

111 System III, S. 381.

112 a. a. O., S. 382.

113 a. a. O.

114 Vgl. dazu *Ross:* Theorie der Rechtsquellen, S. 34 ff; *Höhn:* Stellung des Strafrichters, S. 45 ff; *Schill:* Stellung des Richters, S. 92 ff; historische Einzelheiten bei *Garraud:* Traité du Droit Pénal, I, p. 122 ff.

115 Vgl. *Ross:* Theorie der Rechtsquellen, S. 35 f.

ters allein in der logisch-mechanischen Anwendung des Gesetzes zu bestehen habe, bestand unter ihren Mitgliedern Einhelligkeit. *Thouret*[116] forderte eine Verfassungsbestimmung dahingehend, „que la fonction des juges n'est que d'appliquer la loi et leur devoir de se conformer au sens littéral, sans s'en écarter, ni se permettre de l'interpréter". „Dans un état qui a une constitution, une législation", erklärte *Robbespierre*[117], „la jurisprudence des tribunaux n'est autre chose que la loi." Das Dekret vom 16./24. August 1790, das *Montesquieus* Gewaltengliederungslehre zum Verfassungsgrundsatz erhob, verbot dem Richter ausdrücklich jede Rechtsschöpfung, untersagte ihm darüber hinaus jede Auslegung des Gesetzes[118]. Durch Einführung des „Référé législatif" und die Errichtung des „Tribunal de Cassation" sollte jeder Eingriff des Richters in den Bereich des Gesetzgebers verhindert werden. Bei Zweifeln über die Auslegung des Gesetzes hatte sich der Richter an die Gesetzgebungskommission zu wenden (Référé législatif)[119]. Die Aufgabe des neuerrichteten Kassationshofes bestand darin, den „Text der Gesetze" zu überwachen[120]. Der Gerichtshof sollte alle Urteile aufheben, die eine „contravention expresse au texte de la loi" enthielten[121]. Beide Institutionen waren Ausdruck derselben Grundauffassung von der Stellung des Richters: „Die Aufgabe des Richters besteht", wie es *Ross* ausgedrückt hat, „darin, passiv wie ein ‚lebloses Ding', als ‚Sklave des Gesetzes', das Gesetz ohne irgendeine Art von Interpretation anzuwenden[122]."

b) Dieser Richtervorstellung entsprach es, daß dem Richter auch auf dem Gebiet der Straffolgen keine eigene Entscheidungs- und Bewertungsfreiheit zugestanden wurde. Dem Verständnis richterlicher Gesetzesanwendung als logisch-schematischen Normvollzugs korrespondierte konsequentermaßen die Forderung, die Freiheit des Richters zur Bestimmung der Straffolgen ebenso rigoros einzuschränken wie seine Interpretationsfreiheit auf der Tatbestandsseite[123]. Daraus ergab sich als Korrelat zum Rechtsschöpfungs- und Auslegungsverbot

[116] Zit. bei *Ross:* Theorie der Rechtsquellen, S. 36.

[117] Zit. bei *Ross:* Theorie der Rechtsquellen, S. 36.

[118] Vgl. *Garraud:* Traité, a. a. O., p. 126 f.

[119] Vgl. dazu *Gény:* Méthode d'Interpretation, p. 77 ff; *Ross:* Theorie der Rechtsquellen, S. 36; *Somló:* Juristische Grundlehre, S. 385 Anm. 1; *Meier-Hayoz:* Der Richter als Gesetzgeber, S. 27 Anm. 1.

[120] Vgl. *Gény:* Méthode, p. 84 ff; *Ross:* Theorie der Rechtsquellen, S. 36 ff; *Schwinge:* Grundlagen des Revisionsrechts, S. 39 ff. Vgl. auch die älteren Darstellungen des Kassationsverfahrens bei *Feuerbach:* Gerichtsverfassung Frankreichs, S. 94 ff, 276 ff; *Arnold:* Wirkungskreis, S. 100 ff.

[121] *Ross:* Theorie der Rechtsquellen, S. 36 f.

[122] *Ross*, a. a. O.

[123] Vgl. *Drost:* Ermessen, S. 89, 90; *Höhn:* Stellung des Strafrichters, S. 52 ff; *von Holtzendorff:* Einleitung, S. 3 ff (187).

das Postulat gesetzlich fest bestimmter, richterlicher Ermessensfreiheit unzugänglicher Strafen. Auch hier stellten die Gedanken *Montesquieus*[124] und *Beccarias*[125] das Vorbild dar. *Pelletier*, der Schöpfer des Code pénal von 1791, erhob im Anschluß an *Montesquieu* die Forderung nach einem System der „peines fixes“[126]: „Il est un autre caractère que vos précédents décrets rendent inséparable de toute loi pénale, c'est d'établir pour chaque délit une peine fixe et déterminée.“ Denn nur bei einem solchen System sei der Richter im Sinne *Montesquieus* allein auf das „prononcer“ des Gesetzes beschränkt: „Il faut qu'il ouvre la loi et qu'il y trouve une peine précise applicable aut fait déterminé, son devoir est de prononcer cette peine.“[127] Im Code pénal des Jahres 1791 wurde dieser Gedanke Wirklichkeit[128]. Auch auf dem Gebiet der Strafzumessung war damit der Richter, der aufklärerischen Richtervorstellung getreu, „zu einem bloß automatischen Werkzeug“ degradiert worden[129].

IV. Stellung des Richters und Verständnis des Richteramts in der deutschen Aufklärungsbewegung unter dem Einfluß der französisch-italienischen Ideen

1. Die Idee des Richters in der wissenschaftlichen Reformbewegung des ausgehenden 18. Jahrhunderts

a) Noch bevor aber die Gedanken der französisch-italienischen Aufklärung und mit ihnen die neue Vorstellung vom Wesen des Richteramts in den Gesetzen der französischen Revolutionszeit verwirklicht worden waren, hatten sie schon im Bereich des deutschen Strafrechts Anklang gefunden. So wenig sich in Deutschland, unter der Herrschaft des Absolutismus, der Gewaltenteilungsgrundsatz als politisches Prinzip schon durchzusetzen vermochte, so viel Entgegenkommen fand seine wesentlichste kriminalpolitische Folgerung: die absolute Gesetzesgebundenheit des Strafrichters. Die Reorganisation des Strafrechts auf der Grundlage lückenloser, den Richter strikt bindender Gesetzlichkeit wurde das Ziel einer Reformbewegung, die ihre Impulse von der Strafrechtswissenschaft jener Zeit erhielt. *Beccarias* Werk über Verbrechen und Strafen, das bei seinem Erscheinen im Jahre 1764 großes Aufsehen erregte, hatte die Frage nach der Umgestaltung des deutschen Strafrechts mit seiner großen Richterfreiheit

124 L'Esprit des Lois, VI, 3, t. 1, p. 82.
125 Verbrechen, § 3, S. 70.
126 Vgl. *Höhn*, a. a. O., S. 54 f.
127 *Höhn*, a. a. O., S. 55.
128 Vgl. *Garraud:* Traité du Droit Pénal, I, p. 128 f.
129 *Höhn:* Stellung des Strafrichters, S. 55.

gleichsam über Nacht populär gemacht[130]. Die Kritik an der Antiquiertheit des deutschen Strafrechts, die zu der vor allem von *Hommel* proklamierten Forderung nach schöpferischer Richterfreiheit geführt hatte, wich nun vollends der Begeisterung für das neue Richterideal[131]. Man ging daran, eine umfassende Gesetzgebung nach den Vorstellungen *Montesquieus, Beccarias* und *Filangieris* in Angriff zu nehmen.

b) Im Jahre 1777 schrieb die „Berner ökonomische Gesellschaft" einen Preis aus für die Abfassung des besten Planes einer vollständigen und lückenlosen Strafgesetzgebung: „Composer et rédiger", lautete die Preisaufgabe, „un plan complet et detaillé de législation criminelle[132]." Angeregt durch *Voltaires* Aufruf, der in seiner berühmten Schrift „Prix de la justice et de l'humanité" dieses Vorhaben lebhaft unterstützte[133], wurde eine Fülle von Gesetzgebungsplänen entworfen und der Berner ökonomischen Gesellschaft eingesandt. Unter den vierundvierzig Bewerbern aus verschiedenen Ländern erkannte sie im Jahre 1782 den beiden sächsischen Juristen *von Globig* und *Huster* den Preis für ihre „Abhandlung von der Criminal-Gesetzgebung" zu. Diese Schrift enthielt den Versuch, die aufklärerische Idee des „absolut vollkommenen" Gesetzes – und folgeweise der absoluten Gesetzesgebundenheit des Richters – auf dem Gebiet der Strafgesetzgebung zu verwirklichen. Das von *von Globig* und *Huster* in seinen Grundzügen entworfene Gesetzgebungswerk sollte nach dem erklärten Programm der Verfasser „unbekümmert um die Individualität gegebener Verhältnisse ein absolut vollkommenes sein, und daher denn auch, als Ausdruck der reinen Vernunft, bei allen Völkern und zu allen Zeiten gleiche Anwendung finden"[134]. Die Vorstellung vom Richter, die diesem Plan zugrunde lag, war daher auch nicht mehr die „freirichterliche" Auffassung *Hommels, Gmelins, Malblanks* und anderer früher Aufklärer, sondern die mechanistische Richteridee der französisch-italienischen Aufklärung, die hier zum erstenmal von Vertretern der deutschen Rechtswissenschaft formuliert wurde: „Der Richter ist nur der mechanische Ausüber der klaren Bestimmungen des Gesetzes. Er darf weiter nichts als den vollkommenen Gebrauch der fünf Sinne, gute Beurtheilungskraft und Rechtschaffenheit besitzen, um seinem Amte gut vorstehen zu können."[135]

---

130 Vgl. *Frank:* Strafrechtsphilosophie, S. 69.

131 Vgl. dazu *Loening:* Geschichtliche Behandlung, S. 273 f.

132 Einzelheiten bei *Hertz:* Voltaire, S. 426 ff; *Höhn:* Stellung des Strafrichters, S. 40; *Hälschner:* Geschichte, S. 169 ff; *Lohmann:* Marat, S. 28 ff.

133 Vgl. *Hertz:* Voltaire, S. 426 f.

134 *von Globig* und *Huster:* Abhandlung (Zugaben), S. 16 f.

135 *von Globig* und *Huster:* Abhandlung, S. 24 f; vgl. dazu *Hälschner:* Geschichte, S. 170.

c) Versuchten *von Globig* und *Huster* noch, dieses Richterideal durch eine möglichst ins einzelne gehende lückenlose Gesetzgebung, die dem Richter für eigene Erwägungen gleichsam keinen Raum ließ, zu verwirklichen, so gingen andere Autoren noch einen Schritt weiter, indem sie nach dem Vorbild *Beccarias* ein absolutes Auslegungsverbot statuierten und den Richter anwiesen, sich in Zweifelsfällen zwecks authentischer Interpretation an den Gesetzgeber zu wenden. So hießt es in § XVIII des von Justus *Claproth* verfaßten „Ohnmassgeblichen Entwurfs" eines Gesetzbuches:

„In so ferne nicht von einer in unsern Gesetzen enthaltenen Verordnung über einen nahmhaft gemachten Fall auf einen andern nicht ausgedruckten Falle eine ganz unmittelbare richtige Folge gezogen werden kann, verbieten wir alle interpretationem doctinalem, sowohl die restrictivam als extensivam und gewärtigen vielmehr von unseren Beamten Bericht um authentische Interpretation[136]."

Quistorp, der Verfasser eines „Ausführlichen Entwurfs in peinlichen und Strafsachen", schlug sogar vor, das von ihm geforderte, vorzugsweise gegen die Rechtslehrer gerichtete Auslegungs- und Kommentierungsverbot zu einem regelrechten Straftatbestand auszugestalten[137]. Auch *Pflaum* wies in seinem „Entwurf einer neuen peinlichen Gesetzgebung" den Richter an, „Unsere ohnehin gemäßigten Criminal-Gesetze bey dem Mangel ausdrücklicher Ausnahmen ohne Unterschied des Geschlechts und sonstigen Verhältnisses der Regel nach buchstäblich zu Anwendung zu bringen"[138]. Die Strafe soll, das war der in solchen Bestimmungen zum Ausdruck kommende Gedanke, allein auf dem „buchstäblich" anzuwendenden Gesetz beruhen, das der Richter lediglich mechanisch, ohne eigenes Denken, geschweige denn Werten, zu vollziehen hat, weil es in seiner Vollkommenheit und Lückenlosigkeit der ergänzenden Wertentscheidung des Richters nicht bedarf.

---

136 Vgl. *Claproth:* Entwurf, 1. Forts., § XVIII. Zu *Claproth* s. *Landsberg:* Geschichte III, 1, S. 407 f (Text), 265 f (Noten).

137 Vgl. Joh. Christian Ernst *Quistorp:* Ausführlicher Entwurf zu einem Gesetzbuch in peinlichen und Strafsachen, I, Rostock 1782, § 5, zit. nach *Feuerbach:* Kritik I/2, S. 21: „Ein Rechtsgelehrter, der ohne von Uns habende Erlaubnis sich mit der Auslegung Unserer Strafgesetze in öffentlichen Druckschriften befaßt, soll ... zur Bezahlung einer Geldbuße von 50 Thalern ... verurtheilt werden." Vgl. auch *Bockelmann:* Richter und Gesetz, S. 26. Zu *Quistorp* allgemein vgl. *Landsberg:* Geschichte III, 1, S. 408 ff.

138 Mathias *Pflaum:* Entwurf einer neuen peinlichen Gesetzgebung, Frankfurt 1793, Teil III, § 78.

2. *Die Übernahme der aufklärerischen Richteridee durch das Rechtsdenken des Absolutismus*

a) Die Voraussetzungen: Die Stellung des Richters im absoluten Staat

Die neue Richteridee der französisch-italienischen Aufklärung fand indessen nicht nur bei den Vertretern der wissenschaftlichen Rechtsreform Anklang; sie war auch den praktischen Zielen des in Deutschland herrschenden Absolutismus innerlich gemäß[139]. Das Gewaltenteilungsdogma als politischer Gedanke stand zwar im Widerspruch zur absolutistischen Staatsauffassung[140], die Folgerungen jedoch, die sich aus der Gewaltenteilungslehre für das Verhältnis von Gesetz und Richteramt ergaben, entsprachen durchaus der Vorstellung, die absolutistisches Staatsdenken von der Funktion des Richters hatte. Waren die Landesherren doch von jeher bestrebt gewesen, die Rechtsprechung in den Dienst ihrer politischen Ziele zu stellen[141]. Die von den Theoretikern der Aufklärungsepoche erhobene rechtspolitische Forderung nach Unterordnung des Richters als Rechtspflegeorgan unter das Gesetz ergänzte in willkommener Weise die vom absoluten Staat ebenso nachdrücklich erhobene staatspolitische Forderung nach Unterordnung des Richters als Staatsdieners unter die Weisungsgewalt des Landesherrn, der mit dem Rang eines obersten Gesetzgebers auch die Stellung eines obersten Richters in Anspruch nahm[142]. Die „gerichtliche Botmäßigkeit" war damals, wie es *Seckendorff* klassisch formulierte[143], nichts weiter als ein „sonderbares abhängiges Stück der höchsten Obrigkeit". Die Landesherren betrachteten die Richter daher in erster Linie als Beamte und erst in zweiter Linie als Rechtspflegeorgane; die Gehorsamspflicht des Staatsdieners stand über der Richterpflicht[144]. Eine lückenlose Unterordnung der Richterschaft unter den gesetzgeberischen Willen des Landesherrn war allerdings bisher an der freien Stellung des Richters zum Gesetz geschei-

---

[139] Vgl. *Conrad:* Gestalt des Richters, S. 82.

[140] Vgl. etwa die ablehnende Haltung Friedrichs d. Gr.; s. dazu *von Meier:* Einflüsse, S. 67 f.

[141] Das kam besonders zum Ausdruck in den Einrichtungen des landesherrlichen Begnadigungs- und Bestätigungsrechts in Strafsachen. Vgl. etwa *Hälschner:* Geschichte, S. 134 f, 141 f; *Stölzel:* Entwicklung des gelehrten Richtertums, Bd. I, S. 359 f; *von Bar:* Geschichte, S. 140; *von Hippel:* Strafrecht I, S. 235 m. w. H.; Eb. *Schmidt:* Rechtsentwicklung, S. 19 ff; Einführung, S. 179 ff; Rechtssprüche und Machtsprüche, S. 12 ff.

[142] Vgl. ALR § 10 II 17.

[143] Teutscher Fürsten-Staat, S. 222.

[144] Vgl. dazu etwa *Kern:* Der gesetzliche Richter, S. 55; ders.: Geschichte, S. 40; *Wieacker:* 250 Jahre Celler Obergericht, S. 12; *Conrad:* Gestalt des Richters, S. 88.

tert, die sich in der gemeinrechtlichen Jurisprudenz der Frühaufklärung entwickelt hatte. Die französisch-italienische Lehre von der absoluten Gesetzesgebundenheit des Richters bot dem absolutistischen Staat nunmehr die Möglichkeit, den Richter auch in dieser Beziehung an den Willen des Landesherrn zu binden[145]. Die Richteridee *Montesquieus, Beccarias* und *Filangieris* wurde daher sogar weitaus schneller als von der wissenschaftlichen Lehre, die – soweit sie nicht mit Reformplänen befaßt war – weitgehend noch an dem Gedanken naturrechtlicher Richterfreiheit festhielt[146], von der Gesetzgebungspraxis des Absolutismus rezipiert. Der Wille des absoluten Gesetzgebers duldete kein anderes Recht mehr als das von ihm selbst gesetzte, duldete vor allem das Richterrecht nicht, dessen Bestehen und Fortentwicklung – wie man jetzt unter dem Einfluß der französisch-italienischen Rechtsgedanken glaubte – nur den Unklarheiten und Mängeln der vorhandenen Gesetzgebung zuzuschreiben sei.

b) Die Verwirklichung der aufklärerischen Richteridee in der Gesetzgebungspraxis des Absolutismus

Die drei Grundformen, in denen die mechanistische Richtervorstellung französisch-italienischer Herkunft auftrat, das Auslegungsverbot, das Institut des Référé législatif und – in engem Zusammenhang damit – der Gedanke der ausführlich-kasuistischen und zugleich lückenlos-vollständigen Kodifizierbarkeit des Rechts, wurden daher auch von der absolutistischen Gesetzgebungspraxis schon frühzeitig übernommen.

Die österreichische Gesetzgebung bestimmte in der Allgemeinen Gerichtsordnung vom 1. Mai 1781 (§ 437)[147]:

> „Sollte ... über den Verstand des Gesetzes ein begründeter Zweifel vorfallen, so wird solcher nach Hof anzuzeigen und die Entschließung darüber einzuholen sein."

---

145 Vgl. *Conrad:* Gestalt des Richters, S. 82; ders.: Zu den geistigen Grundlagen der Strafrechtsreform Josephs II., in: Festschrift für Hellmuth *von Weber,* Bonn 1963, S. 56 ff (69 f).

146 Vgl. dazu S. 43 Fn. 48, S. 71 ff, 144 Fn. 1 dieser Arbeit. Ein entschiedener Verfechter des Gedankens der Richterfreiheit war z. B. auch Johann Georg *Schlosser.* Vgl. dessen „Vorschlag und Versuch einer Verbesserung des deutschen bürgerlichen Rechts ohne Abschaffung des römischen Gesezbuches", Leipzig 1777, S. 14, 32 ff, besonders aber seine „Briefe über die Gesezgebung überhaupt und den Entwurf des preußischen Gesezbuches", Frankfurt a. M. 1789, S. 168, 207 ff, 209/210. Hier wird die Richtervorstellung der Hochaufklärung scharfer Kritik unterzogen. Vgl. dazu auch *Stölzel:* Svarez, S. 271.

147 JGS Nr. 13, S. 6 ff.

Dieser Regelung entsprach die Stellung des Richters in dem Josephinischen Gesetzbuch vom 1. November 1786[148]. Dort hieß es in Teil I § 26:

„Wenn dem Richter ein Zweifel vorfiele, ob ein vorkommender Fall in dem Gesetze begriffen sei oder nicht, wenn ihm das Gesetz dunkel schiene, oder falls besondere und sehr erhebliche Bedenken der Beobachtung desselben entgegenstünden, soll die Belehrung allezeit von dem Landesfürsten gesuchet werden."

Noch weiter ging das „Allgemeine Gesetz über Verbrechen und derselben Bestrafung" vom 13. Januar 1787[149]. Es hatte zum Ziel – wie es in dem Kundmachungspatent hieß – „bei Verwaltung der strafenden Gerechtigkeit alle Willkür zu entfernen"[150]. Neben der Référé-législatif-Klausel statuierte es in Teil I § 1 ein generelles Analogieverbot und bestimmte in Teil I § 13 ausdrücklich:

„Der Kriminalrichter ist an die buchstäbliche Beobachtung des Gesetzes gebunden, soweit in demselben die Strafe auf die Missethat, die Größe und Gattung derselben genau bestimmt ist."

In der preußischen Gesetzgebungspraxis begegnen wir der Richtervorstellung, die in derartigen Bestimmungen ihren Niederschlag gefunden hat, zum erstenmal im Justizreformprogramm *Coccejis*[151] zur Zeit Friedrichs d. Gr. Mit seinem 1749 vorgelegten Gesetzentwurf „Project des Corpus Juris Fridericiani"[152] beabsichtigte *Cocceji*, ein erschöpfendes und vollständiges, alle Anwendungszweifel ausschließendes „ius certum und universale"[153] zu schaffen. Dieses Ziel „gebot die größtmögliche Einengung der richterlichen Persönlichkeit"[154]. Bisher – so erläuterte der Verfasser den Grundgedanken des Entwurfs[155] – habe „ein jeder Richter sich die Freyheit genommen, die Gesetze ... unter dem Praetext eines oftmals bey den Haaren

148 JGS Nr. 591, S. 71 ff.

149 JGS Nr. 611, S. 7 ff.

150 Dazu und zu den geistigen Grundlagen der hier zitierten österreichischen Gesetze überhaupt vgl. jetzt *Conrad*, a. a. O. (s. S. 61 Fn. 145 dieser Arbeit), S. 66 f.

151 Vgl. darüber Conrad *Bornhak:* Preußische Staats- und Rechtsgeschichte, Berlin 1903, S. 246 ff; Herbert *Klemm:* Samuel *von Cocceji,* in: 200 Jahre Dienst am Recht, Berlin 1938, S. 305 ff; Eb. *Schmidt:* Rechtsentwicklung in Preußen, S. 25 f; Max *Springer:* Die Coccejische Justizreform, München und Leipzig 1914, insbes. S. 137 f, 328 f, 381 f; *Stölzel:* Rechtsverwaltung II, S. 119 ff, 126, 189, 208 f; ders.: Vorträge, S. 131 ff, 144 ff; *Thieme:* Die preußische Kodifikation, S. 362.

152 Hier zitiert nach der 2. Auflage, Halle 1750.

153 So der Titel des Entwurfs (a. E.).

154 *Thieme:* Die preußische Kodifikation, S. 362; vgl. auch *Kantorowicz:* Vorgeschichte, S. 18 (52).

155 Vgl. z. F. Eingang § 4 d; Vorrede §§ 28 IX, 29; Teil I, Buch I, Titel II, §§ 7, 8 des Entwurfs.

hergezogenen Argumenti legis zu expliciren, zu limitiren oder zu amplificiren", „so daß die Richter nicht sowol nach den Gesetzen", „sondern nach ihrem Gefallen" entschieden hätten. Um diesem Mißstand abzuhelfen und jede „eigenmächtige Interpretation" zu verhindern, solle es in Zukunft, wenn „Casus, welche in dem Gesetze nicht wörtlich exprimirt sind, decidiret" werden müßten, „keinem Richter frey stehen..., dieses Unser Land-Recht, wann es zweyfelhaftig zu sein scheint, zu interpretiren, oder argumento legis allerhand Exceptiones, Limitationes, und Ampliationes nach Gefallen zu fingiren". Der Richter habe vielmehr in allen Zweifelsfällen beim Justizdepartement anzufragen und dessen Entscheidung einzuholen.

Auch als Friedrich d. Gr. in seiner Kabinettsorder vom 14. April 1780[156] die Fortführung der von *Cocceji* begonnenen Reform und Kodifikation des preußischen Rechts anordnete, stand für ihn der Gedanke im Vordergrund, die richterliche Tätigkeit auf den schematischen Vollzug des als allgemeinverständlich und lückenlos vorgestellten Gesetzes zu beschränken. Alle „Dunkelheit und Zweydeutigkeit", überhaupt aller wissenschaftliche „Subtilitätenkram"[157] sollte beseitigt und ein Gesetzbuch geschaffen werden, das – nach den Worten *Savignys* – „höchst einfach, populär und zugleich materiell vollständig seyn sollte, so daß das Geschäft des Richters in einer Art mechanischer Anwendung bestehen konnte"[158]. Absolute Gesetzesgebundenheit der Rechtsprechung, gesichert durch ein striktes Auslegungs- und Rechtsschöpfungsverbot, war das Ideal, das Friedrich vorschwebte. Wir werden – kündigte er in der erwähnten Order an[159] – „nicht gestatten, daß irgendein Richter ... Unsere Gesetze zu interpretiren, auszudehnen oder einzuschränken, viel weniger neue Gesetze zu geben sich einfallen lasse".

Ähnliche Vorstellungen waren es, die Carl Gottlieb *Svarez*[160], den hervorragendsten Gesetzgebungspolitiker des preußischen Absolutismus und eigentlichen Schöpfer des Allgemeinen Landrechts, bei der Durchführung der preußischen Kodifikation leiteten. Beseitigung des Richterrechts, Einschränkung der Richtermacht und Richterfreiheit waren wesentliche Ziele seiner Kodifikationsarbeit. „Es ist unstreitig

---

[156] In: Novum Corpus Constitutionum Prussico-Brandenburgensium..., 6. Bd., Nr. 13, S. 1939 ff.

[157] a. a. O.

[158] *Savigny:* Beruf, S. 122.

[159] Vgl. o. Fn. 156.

[160] Vgl. über ihn die grundlegende Biographie *Stölzels:* Carl Gottlieb Svarez, Ein Zeitbild aus der zweiten Hälfte des achtzehnten Jahrhunderts, Berlin 1885; ferner Eb. *Schmidt:* C. G. Svarez, in: Schlesische Lebensbilder, Bd. 2 (1926), S. 29 ff; ferner G. *Kleinheyer:* Staat und Bürger im Recht, Bonn 1959, S. 21 ff; neuerdings H. *Thieme* in: JJB Bd. 6 (1965/66), S. 1 ff.

ein Übel", bemerkte er in einem Vortrag über Gesetzgebungsfragen[161], „wenn die Rechte und Pflichten der Bürger des Staates in ihren mannigfaltigen Verhältnissen, die aus der Verschiedenheit der Stände und Geschäfte entstehen, nicht mit Deutlichkeit und Gewißheit bestimmt sind und dem Befinden des Richters überlassen werden müssen. Denn alsdann wird der Richter zum Gesetzgeber; und nichts kann der bürgerlichen Freiheit gefährlicher sein..." Aufgabe des Gesetzgebers sei es daher, „die Bürger nicht von den Richtern, sondern von den Gesetzen allein abhängig zu machen"[162], die „richterliche Willkühr in Auslegung und Anwendung der Gesetze"[163] zu beseitigen und eine Kodifikation zu schaffen, die nicht mehr dem „Vorwurf einer zu großen Biegsamkeit nach den Absichten und Launen des Richters" ausgesetzt sei[164]. „Um das Schwankende und Willkührliche der Entscheidung, die nur gar zu leicht in richterlichen Despotismus ausarte, möglichst zu verhüten und um für die bürgerliche Freiheit die Gefahr abzuwenden, daß allzuviel auf die individuelle Fähigkeit des Richters ankomme", erklärte es *Svarez* für die „unerläßliche Pflicht des Staates und der gesetzgebenden Macht, nicht nur die Begriffe der rechtlichen Gegenstände und Handlungen, sondern auch die daraus herzuleitenden Folgen s o v i e l a l s m ö g l i c h durch positive Gesetze zu bestimmen[165]." Ein dermaßen vollständiges Gesetz, so glaubte *Svarez*, mache die unsichere und gefährliche Auslegungsarbeit des Richters überflüssig und schränke seine Tätigkeit derart ein, daß ihr Schwergewicht im wesentlichen „bey der Entwickelung der Facti, und bey der Subsumirung derselben unter das Gesetz" liege[166].

c) Die Stellung des Strafrichters im Allgemeinen Landrecht für die Preußischen Staaten von 1794

aa) Aus dieser Gedankenwelt ging das bedeutendste Zeugnis aufgeklärt-absolutistischer Gesetzgebungspolitik, das Allgemeine Landrecht für die Preußischen Staaten von 1794, hervor[167]. Ein logisch in

---

[161] Inwiefern können und müssen Gesetze kurz sein?, in: Vorträge, S. 628.

[162] Brief *Svarez'* aus dem Jahre 1781, zit. bei *Stölzel:* Svarez, S. 223.

[163] Brief an *Danckelmann* vom 29. 12. 1793 (abgedruckt bei *Thieme:* Die preußische Kodifikation, Anhang, S. 426; ähnlich die bei *Stölzel:* Svarez, S. 374, 377, zitierten Briefstellen).

[164] a. a. O.

[165] Brief vom 8. 11. 1793 an *Danckelmann* (abgedruckt bei *Thieme*, a. a. O., S. 420, und *Stölzel*, a. a. O., S. 379 f).

[166] a. a. O. (insoweit bei *Stölzel:* Svarez, S. 379 f, nicht abgedruckt).

[167] Zur rechts- und geistesgeschichtlichen Bedeutung des Allgemeinen Landrechts vgl. aus der umfangreichen Literatur *Boehmer:* Grundlagen II/1, S. 36 ff; Conrad *Bornhak:* Preußische Staats- und Rechtsgeschichte, Berlin

sich geschlossenes, materiell lückenloses, auf den Grundsätzen des Naturrechts aufgebautes Gesetz, sollte es in seiner Klarheit und Vollständigkeit für richterliche Anwendungszweifel keinen Raum lassen und eine buchstabengetreue Rechtsanwendung ermöglichen[168].

bb) Das ALR wies dementsprechend die Richter an, bei ihren Entscheidungen den Gesetzen keinen anderen Sinn zu unterstellen als den, der sich aus den Worten, dem Zusammenhang in Beziehung auf den streitigen Gegenstand oder aus dem „nächsten unzweifelhaften Grund des Gesetzes" deutlich ergebe, jedoch die Entscheidung der Gesetzeskommission einzuholen, wenn der eigentliche Sinn des Gesetzes zweifelhaft sei und ihren Erkenntnissen den Beschluß der Kommission zugrunde zu legen (Einl. ALR §§ 46 ff). Außerdem dürfe „auf die Meinung der Rechtslehrer oder ältere Aussprüche der Richter" künftig „keine Rücksicht genommen werden". Zu einem strikten Auslegungsverbot, wie es noch Friedrich d. Gr. in seiner Kabinettsorder von 1780 verfügt hatte, konnte man sich freilich nicht mehr entschließen, ja es gelang der älteren naturrechtlichen Richtung mit der Vorschrift des § 49 Einl.ALR sogar ein Einbruch in die absolutistische Gesetzestheorie[169]. Diese Vorschrift bestimmte:

> „Findet der Richter kein Gesetz, welches zur Entscheidung des streitigen Falles dienen könnte, so muß er ... nach den in dem Landrechte angenommenen Grundsätzen und nach den wegen ähnlicher Fälle vorhandenen Verordnungen, seiner besten Einsicht gemäß erkennen."

An dem Geist und der Haltung des ALR gegenüber dem Richtertum änderte diese formale Deklaration eines gewissen Minimums an richterlicher Auslegungsfreiheit, durch die Anzeige- und Anfragepflicht schon in sich eingeschränkt, indessen recht wenig. Sie bedeutete nur eine Auflockerung, keine Aufhebung des Prinzips totaler Gesetzesgebundenheit des Richters. Wenn Carl Gottlieb *Suarez* in seinem

---

1903, S. 273 ff; *Conrad:* Grundlagen, insbes. S. 11 mit eingehenden Schrifttumshinweisen S. 12/13 Fn. 6; ders.: Das Allgemeine Landrecht von 1794 als Grundgesetz des friderizianischen Staates, Berlin 1965; *Dilthey:* Das Allgemeine Landrecht, in: Gesammelte Schriften, Bd. XII, S. 131 ff; *Thieme:* Die Zeit des späten Naturrechts, S. 202 ff; ders.: Die preußische Kodifikation, S. 355 ff; ders.: Das Gesetzbuch Friedrichs d. Gr., in: DJZ Bd. 41 (1936), S. 939 ff; *Wieacker:* Privatrechtsgeschichte, S. 201 ff.

168 Zur Stellung des Strafrichters im ALR vgl. *von Bar:* Geschichte, S. 161 ff; *Drost:* Ermessen, S. 100 f; *Fischl:* Aufklärungsphilosophie, S. 201 ff; *Geib:* Geschichte, S. 323 ff; *Hälschner:* Geschichte, S. 181 ff; *von Hippel:* Strafrecht I, S. 275 f; *von Holtzendorff:* Einleitung, S. 92 f. Vgl. auch *Thieme:* Die preußische Kodifikation, S. 398, 400; ders.: Die Zeit des späten Naturrechts, S. 228 u. pass.; W. *Hülle:* Das rechtsgeschichtliche Erscheinungsbild des preußischen Strafurteils, Aalen 1965, S. 68 f.

169 Vgl. *Conrad:* Gestalt des Richters, S. 83.

Vortrag „Über den Einfluß der Gesetzgebung in die Aufklärung" erklärte, die Gesetzgebung des Allgemeinen Landrechts habe den Richter, der vormals bloß „Maschine" gewesen sei, wieder „mehr als sonst zum Selbstdenken gewöhnt" und „ihn dabei dem Gebrauche seines Verstandes und seiner Fähigkeiten überlassen"[170], so mochte diese Behauptung scheinbar durch § 49 Einl.ALR bestätigt werden. Indessen läßt sich nicht verkennen, daß die Interpretation des Richters „seiner besten Einsicht gemäß" nach der Intention des Gesetzgebers nur ein Ausnahmefall hatte sein sollen, der an dem Prinzip einer möglichst buchstabengetreuen Rechtsanwendung nichts änderte, und dessen Wiederholung überdies dadurch vermieden werden sollte, daß die Gesetzeskommission auf die Anzeige des Richters hin das Gesetz authentisch auslegte. Auf diese nur scheinbare Anerkennung der richterlichen Interpretationsfreiheit hat später *Savigny* mit Nachdruck aufmerksam gemacht, wenn er zur Regelung der §§ 49 ff Einl.ALR bemerkte: „Dennoch ist dieses nur eine einzelne Abweichung von der Regel, es soll offenbar nur von den als selten gedachten Ausnahmen gelten, in welchen ein unmittelbar bestimmendes Gesetz fehlen würde, ja ein Fall dieser Art soll, sobald er vorkommt, angezeigt und durch ein neues Gesetz entschieden werden. Die eigentliche Tendenz des bestehenden Gesetzes geht auch jetzt noch darauf, daß die einzelnen Rechtsfälle als solche vollständig aufgezählt und einzeln entschieden werden."[171]

cc) Außerdem aber — und das wiegt weitaus schwerer — ließ *Svarez* außer acht, daß der Gesetzgeber auf ganz andere und viel wirksamere Weise, als es durch ein Interpretationsverbot möglich war, „die freie Erwägung des einzelnen Falles durch den Richter möglichst einschränkte"[172]. Durch eine geradezu an Pedanterie grenzende Kasuistik suchte er — wie es *Kantorowicz* ausgedrückt hat[173] — „dem Richter nicht nur jedes Wollen, sondern auch möglichst viel Denken zu ersparen". Ein System „in der Fassung ausführlicher und tunlichst erschöpfender Satzungen"[174] hatte die Aufgabe, „dem richterlichen Ermessen möglichst enge Schranken zu ziehen"[175]. Es gab schlechthin keinen Lebensbereich, den das Gesetz nicht durch minuziöse Regelung vollständig zu erfassen bemüht war. Der Staat be-

---

170 *Svarez:* Vorträge, S. 637 f; A. *Arndt:* Gesetzrecht und Richterrecht, S. 1281, schließt aus dieser Äußerung: „Erst die Aufklärung erfand wieder den denkenden Richter", was in dieser Allgemeinheit sicher nicht zutrifft.

171 Vgl. *Savigny:* Beruf, S. 123.

172 *Dilthey:* Das Allgemeine Landrecht, S. 135.

173 Vorgeschichte, S. 21 (57).

174 *von Holtzendorff:* Einleitung, S. 93.

175 *Hälschner:* Geschichte, S. 205.

gleitete „mit seinen Kontrollmaßnahmen den Untertanen von der Geburt bis zum Grabe"[176].

In ihren fast 1600 Paragraphen enthielt die Strafgesetzgebung des ALR eine Fülle gesetzlicher Tatbestände, von echten kriminellen Delikten bis hin zu der Bestimmung, daß, „wer aus eigennützigen Absichten, durch Verläumdung Uneinigkeiten unter Verwandten oder Ehegatten" stiftete, „nach dem Verhältnis der zum Grunde liegenden boshaften Absicht und des daraus entstehenden Schadens mit nachdrücklicher Geld- oder Leibensstrafe belegt werden" solle (§ 1308 II 20 ALR). Vorschriften über Redouten und Maskeraden (§§ 186 ff II 20 ALR) waren ebenso vertreten wie ausführliche Bestimmungen darüber, in welcher Weise der aufgeklärte Bürger mit „Scheintodten" zu verfahren habe (§ 785 II 20 ALR). Der richterliche Entscheidungsraum sollte nach der Tatbestandsseite hin durch detaillierte gesetzliche Bestimmungen voll ausgefüllt werden. Über die Schaffung von Grundtatbeständen hinaus versuchte der Gesetzgeber deshalb – kennzeichnend für das Allgemeine Landrecht –, die gesamte strafrechtliche Materie möglichst zu „vertatbestandlichen". Die verschiedenen Begehungsformen einheitlicher Deliktstypen wurden verselbständigt und mit speziellen Strafdrohungen ausgestattet, um die Wahlfreiheit des Richters, die bei entsprechenden Qualifizierungen und Privilegierungen bestanden hätte, weitgehend auszuschließen. Ja, „mit den allgemeinen Bestimmungen sich nicht begnügend", erörterte der Gesetzgeber „bei den einzelnen Verbrechen immer von Neuem den Einfluß der verschiedenartigen Gestaltung des subjektiven und objektiven Tatbestandes"[177]. Dem Richter sollte eine schlechthin lückenlose, mit mechanischer Einfachheit anzuwendende Gesetzesordnung zur Verfügung gestellt werden. „Je mehr Tatbestandselemente man dem Deliktstypus einfügte, je konkreter der Gesetzestatbestand damit wurde, desto sicherer glaubte man vor der Willkür richterlicher Auslegung zu sein."[178] Auf diese Weise, nicht durch ein förmliches Auslegungsverbot, sollte die mechanistische Richtervorstellung im Allgemeinen Landrecht verwirklicht werden. Führte doch „das Streben nach Vollständigkeit und Lückenlosigkeit der gesetzlichen Gesamtplanung, verbunden mit einem überängstlichen Mißtrauen gegen richterliche Rechtsfortbildung", das sich in der Kasuistik des Gesetzbuches niederschlug, zwangsläufig die „Gefahr der Erstarrung des Richters zu einem mechanisch arbeitenden Subsumtionsautomaten"

[176] *Dilthey:* Das Allgemeine Landrecht, S. 188. Vgl. auch *von Bar:* Geschichte, S. 161: „Mit Geboten und Verboten drängt der Staat sich hier in die kleinsten Details des häuslichen Lebens, überall Vorsicht predigend, um selbst Veranlassungen zu Verbrechen zu verhüten."

[177] Vgl. *Hälschner:* Geschichte, S. 205.

[178] Vgl. *Drost:* Ermessen, S. 102.

herbei[179]. Das hat zu Anfang des 19. Jahrhunderts schon Franz *von Zeiller* erkannt, als er über die Gefahren der Kasuistik bei der Konzeption von Gesetzen mit Blick auf das preußische Allgemeine Landrecht sagte: „In diesen Fehler der Gesetzgebung muß man notwendig verfallen, wenn man so, wie das preußische Gesetzbuch, den Richter an eine buchstäbliche Anwendung des Gesetzes binden, und ihn in eine rechtsprechende Maschine verwandeln will."[180] Die Vorstellung vom Richter als „Urteilsmaschine" beschwor auch *Ihering* herauf, als er in seinem Werk „Der Zweck im Recht" die Richteridee, die hinter den kasuistischen Kodifikationen der Aufklärungszeit stand, mit der Bemerkung kennzeichnete: „Der Gedanke, der dabei vorschwebt, ist der, die Anwendung des Gesetzes zu einer rein mechanischen zu machen, bei der das richterliche Denken durch das Gesetz überflüssig gemacht werden soll – vorn wird der Fall in die Urteilsmaschine hineingeschoben, hinten kommt er ohne vorangegangene selbständige Thätigkeit des Richters wieder heraus."[181]

dd) Der minuziösen Bindung des Richters auf der Tatbestandsseite hätte auf dem Gebiet der Strafzumessung am ehesten ein differenziertes System absoluter Strafen, peines fixes, entsprochen[182]. Der Gesetzgeber des ALR folgte indessen auch in dieser Frage – ebensowenig wie in der Frage des Auslegungsverbots – nicht streng dem französischen Vorbild. Das ALR kannte daher im Gegensatz zum Code pénal von 1791 ein System der absolut bestimmten Strafen nicht. Das bedeutete indessen auch hier keine prinzipielle Abweichung vom aufklärerischen Richterdogma. Der Gesetzgeber fand sich zwar mit – selbstverständlich sehr eng bemessenen – Strafrahmen ab, ja er ließ bei Delikten von geringer Schwere sogar die arbiträren Strafen des gemeinen Rechts bestehen[183]. Damit war jedoch ein Zuge-

---

[179] Vgl. *Boehmer:* Grundlagen II/1, S. 38.

[180] *von Zeiller:* Grundsätze der Gesetzgebung, S. 41.

[181] *von Ihering:* Der Zweck im Recht, Bd. I, S. 385, 386.

[182] Vgl. *Drost:* Ermessen, S. 89, 90.

[183] Nach dem System des ALR bestand in mehrfacher Hinsicht Ermessensfreiheit des Richters bei der Strafzumessung. Das Gesetz unterscheidet „ordentliche" (i. d. R. bei vorsätzlicher Tat; vgl. z. B. § 31 II 20 ALR), „außerordentliche" (z. B. bei Fahrlässigkeitstaten; vgl. §§ 33, 29 II 20 ALR) und „willkürliche" (bei leichten Delikten; vgl. § 35 II 20 ALR) Strafen. Die ordentliche Strafe ist jeweils im Gesetz bestimmt. Dabei stellt der Gesetzgeber – sofern die Strafe nicht überhaupt absolut ist – entweder unter Angabe einer bestimmten Strafart einen Strafrahmen zur Verfügung oder er stellt, mit oder ohne Bestimmung eines Strafrahmens, die Strafart zur Auswahl. Die außerordentliche Strafe steht nach Art und Höhe jeweils im Ermessen des Richters, das jedoch durch § 34 II 20 ALR absolut begrenzt ist. Die „willkürliche Strafe", die im Gesetz jeweils als solche bezeichnet ist, steht gänzlich im Ermessen des Richters, darf jedoch nicht

ständnis an die individualisierende Wertentscheidung des Richters nur scheinbar verbunden. Ähnlich wie auf dem Gebiet der Gesetzesauslegung zog der Gesetzgeber der Richterfreiheit nicht sowohl äußere als vielmehr innere, durch den Systemplan des Gesetzes bedingte Grenzen. War es auf der Tatbestandsseite die kasuistisch-differenzierende Regelung der Rechtsmaterie, die jede eigene wertende Stellungnahme des Richters trotz fehlenden Interpretationsverbots überflüssig machen sollte, so war es im Bereich der Straffolgen die Idee der Proportionalität zwischen Tat und Strafe, mit deren Hilfe der Gesetzgeber die richterliche Bewertungsfreiheit einzuschränken, ja aufzuheben suchte[184]: der Richter wurde – in der Theorie – zum Vollstrecker einer mathematischen Gleichung zwischen dem objektiv meßbaren Verletzungserfolg des Delikts und der Schwere der Strafe[185].

Die Forderung nach Proportionalität zwischen Verbrechen und Strafe war eine der Grundforderungen der französisch-italienischen Aufklärung gewesen und von ihren Vertretern, u. a. *Beccaria* und *Voltaire*[186], fast einhellig erhoben worden. *Montesquieu* hatte sie in einer berühmten Stelle seines „Esprit des Lois"[187] damit begründet, daß die Bestrafung unter der Geltung des Proportionalitätsgrundsatzes allein „von der Natur der Sache" abhängen werde; alle „Willkür" entfalle und es sei „nicht mehr der Mensch, der dem Menschen Gewalt" antue. Grundgedanke war also auch hier die Eliminierung der – als Willkür empfundenen – individuellen Bewertung. Menschlicher Entscheidung, persönlichem Wollen und Denken sollte die Strafbemessung unzugänglich bleiben; sie sollte sich vielmehr aus der

---

über 6 Wochen Gefängnis oder 50 Taler Buße ausgedehnt werden (vgl. § 35 II 20 ALR). In dieser willkürlichen Strafe hat sich noch ein Relikt des seit *Carpzov* geltenden Satzes erhalten, daß „alle Strafen arbiträr" seien. Vgl. dazu *Carpzov:* Practica P. III qu. 133 n. 1 ff, S. 345 f; aus der umfangreichen Literatur vgl. *Lippmann:* Strafänderungsbefugnis, S. 18 ff; *Schaffstein:* Die allgemeinen Lehren, S. 39 ff; *Boldt:* Boehmer, S. 53 ff, 78 ff; *von Hippel:* Strafrecht I, S. 236 ff; *Wächter:* Gemeines Recht, S. 119 ff; *von Bar:* Geschichte, S. 145 ff; *Hälschner:* Geschichte, S. 126 ff.

184 Vgl. zum Proportionalitätsgedanken in der kriminalpolitischen Aufklärung etwa *Böhmer:* Handbuch, S. 182; *Günther:* Wiedervergeltung II, S. 167 ff, 197 ff; *Frank:* Strafrechtsphilosophie, S. 67 f; *Hertz:* Voltaire, S. 135 ff, 430; *von Overbeck:* Das Strafrecht der französischen Encyclopädie, S. 27 ff; *von Hippel:* Strafrecht I, S. 265; *Nagler:* Die Strafe I, S. 264 ff; *Willenbücher:* Strafrechtsphilosophische Anschauungen, S. 18 f; *Mumme:* Klein, S. 18, 19; *Kleinheyer:* Svarez, S. 68 ff; *Krüger:* Erhard, S. 95 ff; *Lohmann:* Marat, S. 36.

185 Vgl. *Hartmann:* Feuerbach, S. 54.

186 Vgl. dazu *Günther:* Wiedervergeltung II, S. 175 f, 177 f; *Hertz:* Voltaire, S. 430 m. w. H.; vgl. im übrigen o. Fn. 184.

187 XII, 4, t. 1, p. 198 (*Forsthoff* I, S. 260).

Natur der Delikte ohne das Zwischenglied menschlichen Wollens „von selbst", kraft der natürlichen Vergleichbarkeit von Verbrechen und Strafe, ergeben. Geistesgeschichtlich stellte der dieser Forderung zugrunde liegende Gedanke einer meßbaren Entsprechung von Verletzungserfolg und Strafübel die Übertragung des physikalischen Grundgesetzes vom Gleichgewicht der Kräfte – actio gleich reactio – auf das Zusammenleben der Menschen dar[187a].

Richtete sich die Forderung nach Proportionalität zwischen Verbrechen und Strafe in der französisch-italienischen Aufklärung noch vorwiegend gegen den Gesetzgeber, so wandten sie die Schöpfer des Allgemeinen Landrechts auf die Strafzumessung des Richters an. Die Strafzumessung wurde in Analogie zu naturwissenschaftlichen Geschehensabläufen als eine Art mechanischer, mit naturgesetzähnlicher Präzision funktionierender Vorgang verstanden. Der Richter sollte in logisch-mathematischer Gedankenoperation die konkrete, für den jeweiligen Fall geltende Proportion zwischen Tat und Strafe geradezu berechnen[188]. Diesem Ziel, das in vielen Vorschriften des Allgemeinen Landrechts seinen Ausdruck fand[189], diente die Ermessensfreiheit des Richters, der damit, trotz scheinbarer Bewertungsfreiheit, keine persönliche Wertentscheidung zu treffen, sondern lediglich die ideell festliegende Tat-Strafe-Proportion deklaratorisch festzustellen hatte. Auch der Bereich der Strafzumessung war somit, obwohl die absolut bestimmten Strafen des französischen Rechts fehlten, in der Theorie logisch „vergesetzlicht", dem Prinzip der Subsumtion von Tatsachen unter feststehende Normen unterworfen, so daß für die konkrete Wertentscheidung des Richters kein Raum blieb. Der Richter als handelnder, wollender und wertender Mensch war nach der diesem System zugrunde liegenden Vorstellung an der Strafzumessung ebenso unbeteiligt wie an der Gesetzesanwendung überhaupt; er war beteiligt lediglich mit seinem „Intellekt", der indessen ebenfalls völlig unschöpferisch, mechanisch-automatisch verstanden wurde. An der mechanistischen Richteridee des Aufklärungszeitalters hatte sich hier noch nichts Wesentliches geändert. Die deutsche Gesetzgebung verzichtete zwar auf die doktrinären Überspitzungen dieser Idee, wie sie in Frankreich ihren Niederschlag u. a. in dem System der peines fixes gefunden hatten, ohne das Leitbild des Richters als solches aufzugeben.

187a Vgl. *Hartmann:* Feuerbach, S. 54; *Böhmer:* Handbuch, S. 182.

188 Vgl. dazu *Drost:* Ermessen, S. 90. S. auch die Stelle bei *Beccaria:* Verbrechen, § 23, S. 128. Den Gedanken, daß nicht nur der Gesetzgeber, sondern auch der Richter die „natürliche" Proportionalität zwischen Verbrechen und Strafe zu beachten habe, hatte in Frankreich schon *Voltaire* geäußert. Vgl. *Hertz:* Voltaire, S. 303 m. Anm. 1.

189 Vgl. z. B. §§ 1261, 1263, 1308 II 20 ALR und viele andere.

3. *Das Verständnis des Richteramts in der deutschen Strafrechtswissenschaft vor Feuerbach*

a) Hatte sich somit die mechanistische Richteridee der französisch-italienischen Aufklärung in der deutschen Gesetzgebungspraxis durchgesetzt, so war hingegen die Reaktion der Strafrechtswissenschaft auf die Ideen *Montesquieus*, *Beccarias* und *Filangieris* nicht so einheitlich. Vor allem die philosophisch-naturrechtliche Richtung in der strafrechtlichen Doktrin setzte dem neuen Richterideal beachtlichen Widerstand entgegen. Trotz der allenthalben sichtbaren Bemühungen um eine Neuordnung des Strafrechts war die kriminalpolitische Situation im Deutschland des ausgehenden 18. und beginnenden 19. Jahrhunderts immer noch zwiespältig[190]. Eine lückenlose Gesetzgebung auf der Grundlage der französisch-italienischen Aufklärungsphilosophie und nach dem Vorbild *von Globigs* und *Husters*, wie sie das preußische Allgemeine Landrecht darstellte[191], erschien zwar als erstrebenswertes Ideal, und überall dort, wo Gesetzgebungspläne und neue Gesetzentwürfe entstanden, waren die Verfasser um strenge Gesetzesbindung des Richters und um weitgehende Einschränkung seiner Ermessensfreiheit bemüht[192]. Auf dem Gebiet des gemeinen und des älteren partikularen Rechts jedoch hatte man sich mit den überwiegend als veraltet empfundenen Normen aus der Zeit vor der Aufklärung abzufinden. De lege ferenda mochte man daher das *Montesquieusche* Richterideal anerkennen, de lege lata aber konnte man, wollte man nicht unhaltbare Zustände sanktionieren, die frühaufklärerisch-naturrechtliche Richtervorstellung *Hommelscher* Prägung nicht aufgeben[193]. So erklärt sich die eigentümlich ambivalente Einstellung, die zu Beginn des 19. Jahrhunderts gegenüber Funktion und Stellung des Strafrichters herrschte. „Auf der einen Seite", bemerkt *Geib*, „gilt als das letzte Ziel einer jeden Gesetzgebung die Erreichung einer so unbedingten Vollständigkeit, daß dadurch für alle Zukunft der Einfluß ... der Praxis ausgeschlossen wird; ja um dieses Ziel desto weniger zu verfehlen, sollen die Gerichte nicht einmal die Befugniß haben, die Gesetze auch nur zu interpretiren[194]." „Auf der anderen Seite aber, hinsichtlich des bisherigen sogenannten gemeinen Rechts, da dasselbe eben nicht in der Gestalt eines modernen Gesetzbuchs auftritt", findet man als vorherrschende Richtung das Bestreben nach „Sanction desjenigen Zustandes der Praxis, wie dieser bereits

---

190 Vgl. *Geib:* Geschichte, S. 328 ff.

191 Über den Einfluß *von Globigs* und *Husters* auf das Allgemeine Landrecht vgl. *Hälschner:* Geschichte, S. 191 ff.

192 Über die Gesetzentwürfe vgl. im einzelnen *Geib:* Geschichte, S. 321, 322.

193 Vgl. *Coenders:* Richtlinien, S. 53.

194 *Geib:* Geschichte, S. 328.

seit der Mitte des 18. Jahrhunderts sich gebildet hatte, also hier gerade umgekehrt Sanction der höchsten richterlichen Freiheit oder vielmehr der unbedingten richterlichen Willkür"[195]. Weitaus stärker als im Frankreich der Aufklärungszeit, wo die einheitliche Rechtserneuerung durch die Revolutionsgesetze auf der ganzen Linie zum „Positivismus" geführt und sich nur in der „freirichterlichen" Bewegung um *Portalis* eine voraufklärerische Ideeninsel erhalten hatte[196], konnte sich daher in Deutschland eine naturrechtlich ausgerichtete Opposition behaupten, die dem Absolutheitsanspruch des positiven Gesetzes die Forderung nach „philosophischer" Freiheit des Richters bei der Anwendung der Normen entgegensetzte. Die Schriften *Montesquieus*, *Beccarias* und *Filangieris* vermochten die Vertreter dieser Richtung weniger von der Durchführbarkeit und Zweckmäßigkeit umfassender neuer als vielmehr von der kulturellen Rückständigkeit der alten Kodifikationen zu überzeugen[197]. Aus der Übergangssituation des ausgehenden 18. Jahrhunderts, in der „ein fast unwiderstehlicher Zwang, unerhörte Härten des überkommenden Rechts durch rechtsschöpferische Eingriffe zu mildern"[198] die weitgehende Freistellung des Richters vom positiven Recht zur unabdingbaren rechtspolitischen Notwendigkeit hatte werden lassen, entwickelte sich so in der deutschen Strafrechtsdoktrin eine allgemeine und grundsätzliche Abneigung gegen die positivistische Gleichsetzung von Recht und Gesetz, welche die französisch-italienische Aufklärungsbewegung vertrat.

Man wertete das positive Gesetz schlechthin nur als mehr oder minder unvollkommene Ausdrucksform philosophischer Sachverhalte. Das „philosophische" Strafrecht erschien als die Quelle allen positiven Rechts. Aus den „obersten Grundsätzen", den „letzten Gründen des Rechts zu strafen", versuchte man nicht nur, Lücken und Unbestimmtheiten des positiven Rechts zu beseitigen, sondern überhaupt „alles strafrechtliche Detail zu deduzieren"[199]. „Die Gesetze", stellte *Zirkler* fest[200], „sind für die Rechtswissenschaft und Gesetzpflege nur etwas durch die Möglichkeit ihrer endlichen Beziehung auf Ideen, welche die Rechtsphilosophie aus der ersten Quelle schöpft." *Wirth* bemerkte[201]: „Der Geist fühlt das Bedürfnis, unabhängig von der Gesetzgebung seine Forschungen über die höchsten Prinzipien des

---

195 *Geib*, a. a. O., S. 329.

196 Zu *Portalis* vgl. vor allem *Ross:* Theorie der Rechtsquellen, S. 38, 39 m. w. Hinw.; *Kantorowicz:* Vorgeschichte, S. 24 ff (Ausgew. Schriften, S. 56 ff).

197 Vgl. *Loening:* Geschichtliche Behandlung, S. 273, 274.

198 *Coenders:* Richtlinien, S. 53.

199 Vgl. *Loening:* Geschichtliche Behandlung, S. 279.

200 Vgl. *Zirkler:* Revision, Bd. II, S. 12.

201 Vgl. *Wirth:* Handbuch der Strafrechtswissenschaft und Strafgesetzgebung, Bd. I, S. 5 f.

Strafrechts fortzusetzen." „So entstand die reine Wissenschaftslehre, die weder durch Erfahrung noch durch positive Gesetzgebung begrenzt, ein vollkommenes, in allen seinen Theilen auf Wahrheit gegründetes System des Strafrechts aus der Quelle aller Vollkommenheit, der sich selbst erkennenden Vernunft, zu schaffen strebt." *Henke* wollte sogar „Rechtswissenschaft" und „Gesetzwissenschaft" prinzipiell voneinander trennen[202]: „Der Rechtsgelehrte ist erhaben über jede bestehende Gesetzgebung, die er nur als einen Versuch betrachtet, sich einer idealen anzunähern." „Die Strafrechtswissenschaft soll sich nicht den mangelhaften und grausamen Strafgesetzen eines Staates anpassen, sondern voranschreiten und das Ideal aufstellen, das die Gesetzgebung zu realisiren streben muß." „Recht und Gesetz, ideales und objektives Recht, Rechtswissenschaft und Gesetzwissenschaft" seien voneinander zu sondern. „Letztere bezweckt die Analyse einer bestimmten individuellen Gesetzgebung – in der Rechtswissenschaft dagegen soll das Ideal einer vollendeten Rechtsorganisation dargestellt werden[203]."

Stübel zog aus diesen Lehren die Konsequenzen für die Stellung des Strafrichters: „Sobald die positiven peinlichen Gesetze in einem Fall nichts bestimmen, kommen die Regeln des natürlichen Schutzrechts und insbesondere der natürlichen Strafgesetze sogleich in Anwendung, indem dann der Gesetzgeber es den Einsichten eines jeden und besonders der Richter stillschweigend überlassen hat, wie ein natürliches Strafgesetz auf einen peinlichen Fall anzuwenden sei."[204]

b) Von diesem Ausgangspunkt her kam man zwangsläufig, ähnlich wie *Hommel,* dessen Gedanken hier nachwirkten, zur Anerkennung einer umfassenden Prüfungszuständigkeit des Richters gegenüber dem positiven Recht, einer Prüfungsbefugnis freilich ohne festen Maßstab, lediglich nach dem aufgeklärten Rechtsgewissen des Richters, nach den je verschieden verstandenen „obersten Prinzipien" des Strafrechts[205]. *Henke* wollte zwar den Richter von der „Rechtswissenschaft" ausschließen und ihn um der Rechtssicherheit willen auf die „Gesetzwissenschaft" beschränken[206]. Doch im allgemeinen sah man gerade in dem – „philosophisch" gebildeten – Richter die Instanz, die das positive Recht an den philosophischen Prinzipien auszurichten und von ihnen her auszulegen und anzuwenden hatte. So stellte *Stübel fest:* „Es gibt Fälle, in welchen, ungeachtet sie unter ein vorhandenes Gesetz subsumirt werden können, dennoch höhere Grund-

---

[202] Vgl. *Henke:* Kriminalistische Versuche, Bd. I, S. 7.

[203] Vgl. *Henke:* Kriminalistische Versuche, a. a. O.

[204] System I, S. 54.

[205] Vgl. *Loening:* Geschichtliche Behandlung, S. 286. Vgl. ferner *Hälschner:* Geschichte, S. 161.

[206] Vgl. *Henke:* Kriminalistische Versuche I, S. 7, 10, 38 u. ö.

sätze die Freisprechung rechtlich möglich machen. Diese höheren Gründe werden aus den philosophischen Rechtsprinzipien ... abgeleitet[207]." *Zirkler* forderte[208], der Richter müsse bei der Gesetzesauslegung die Kunst verstehen, „ein Verbrecher des Gesetzes zu sein, um es im Geist und in der Wahrheit anzuwenden". *Tittmann* bemerkte[209], „daß sich die Urtheilssprecher in der Nothwendigkeit befinden können, eine gesetzwidrige Strafe zu bestimmen, um ein gerechtes Urtheil zu sprechen". *Gerstäcker* folgerte aus der geschichtlichen Bedeutung des Gerichtsgebrauchs eine Art Gesetzgebungsrecht des Richters. Den aufklärerischen „Gesetzrigorismus", der mit der Entstehung neuer Kodifikationen auch auf Deutschland übergegriffen habe, bekämpfte er als verwerfliche Einseitigkeit. „Dem Kriminalrichter", meinte *Gerstäcker*[210], könne „das Recht, unvernünftige Gesetze unangewendet zu lassen oder grausame Strafen zu mildern, der Natur des Richteramts nach kaum abgesprochen werden. Ein Richter soll nach den Gesetzen, aber auch nach seinem Gewissen urtheilen". *Schrader* trat für eine möglichst weitgehende Freiheit des Richters gegenüber dem Gesetz ein. Er erblickte, ähnlich wie früher *Hommel*, in der „Übertragung der Prätorischen Edicte der Römer auf unsere Verhältnisse" ein „Hauptmittel, unser Recht allmälich gut und volksmässig zu bilden"[211].

4. *Feuerbach als Repräsentant der aufklärerischen Richtervorstellung*

a) Herrschten so zu Beginn des 19. Jahrhunderts bei einem Großteil der Kriminalisten noch Vorstellungen über das Verhältnis von Gesetz und Richteramt, die sich im Ergebnis kaum von den Auffassungen *Hommels, Gmelins, Malblanks, Thomasius'* und anderer Vertreter der frühen Aufklärungsperiode unterschieden, so konnte sich die deutsche Strafrechtswissenschaft doch auf die Dauer der Richteridee der französisch-italienischen Aufklärung, die in ihrer bestechenden Klarheit und Einfachheit große Anziehungskraft ausübte, nicht verschließen. Es war vor allem *Feuerbachs*[212] Autorität, der

207 *Stübel:* Criminalverfahren III, S. 148 f.

208 Revision I, S. 39.

209 Urtheilssprecher, S. 352.

210 Gesetzrigorismus, S. 483.

211 Eduard *Schrader:* Die Prätorischen Edicte der Römer auf unsere Verhältnisse übertragen, ein Hauptmittel, unser Recht allmählich gut und volksmäßig zu bilden, Weimar 1815.

212 Aus der umfangreichen Literatur über *Feuerbach* seien als die wichtigsten Darstellungen hervorgehoben: *Landsberg:* Geschichte III, 2, S. 60 ff; *Loening:* Geschichtliche Behandlung, S. 219 ff, 273 ff; *Grünhut:* Feuerbach; *Radbruch:* Feuerbach, und *Hartmann:* Feuerbach (vgl. Lit.-Verz.); neuerdings E. *Wolf:* Große Rechtsdenker, S. 413 ff.

Prägnanz und Überzeugungskraft seiner Gedanken und der Verbreitung seiner Schriften zuzuschreiben, daß sich auch in Deutschland die Ideen der kriminalpolitischen Aufklärung gegen die Opposition der philosophisch-naturrechtlichen Doktrin allmählich durchsetzten.

b) Das Neue an *Feuerbachs* Lehre war zunächst, daß er, der von Hause aus Philosoph, ein Schüler *Kants* und *Reinholds*, war und sich zuweilen mehr als Philosoph denn als Jurist fühlte[213], sich in allen rechtlich entscheidenden Fragen „ausschließlich und mit Nachdruck auf den Boden des positiven Rechts" stellte[214] und die Aufgabe des Richters — im Einklang mit der Grundüberzeugung *Montesquieus*, *Beccarias* und *Filangieris* — allein als Dienst am positiven Gesetz verstanden wissen wollte. Nicht scharf genug konnte *Feuerbach* die Neigung der zeitgenössischen Strafrechtswissenschaft, die Geltung der Strafgesetze durch ihre Rückbeziehung auf „oberste philosophische Grundsätze" zu relativieren, ja geradezu aufzuheben, bekämpfen. Es war, wie er in seiner „Revision" aussprach[215], das erklärte Ziel seiner Lehre, „die Anmaßungen der Philosophie in dem peinlichen Rechte einzuschränken, der Herrschaft jener launenhaften Tyrannin in dem positiven Rechte entgegenzuarbeiten und ihr in der Jurisprudenz nichts weiter übrig zu lassen als das Geschäft und die Ehre, eine unterthänige Dienerin der Gesetze zu sein". „Die positiv-rechtlichen Grundsätze", erklärte *Feuerbach*[216], „sind der unmittelbare Gegenstand des positiven Criminalrechts; die Philosophie ist blos die Magd, welche den Weg beleuchtet, zur Herrin brauchen wir sie nicht, dazu hat sie der Launen zu viel." Die „Philosophie" hatte nach *Feuerbach* in der „positiven" Jurisprudenz „blos formellen Gebrauch, in wie ferne sie sich weiter nichts erlauben darf als uns zu deutlichen und erschöpfenden positiven Begriffen zu verhelfen, uns bei der Auf-
erschöpfenden positiven Begriffen zu verhelfen, uns bei der Auf-
sätze zur Führerin zu dienen und eine harmonische Verknüpfung des Ganzen und seiner Theile möglich zu machen"[217]. Um das positive Recht, um die Wiederherstellung seines Ranges im Rechtsleben, kreiste *Feuerbachs* rechtsphilosophisches Denken. Die damals übliche

---

[213] Zu *Feuerbachs* Stellung in der Philosophie vgl. etwa *Doering*: Feuerbachs Straftheorie, S. 34 ff; *Grünhut*: Feuerbach, S. 15 ff; *Hartmann*: Feuerbach, S. X, XI; Wolfgang *Naucke*: Kant und die psychologische Zwangstheorie Feuerbachs, Hamburg 1962, S. 62 ff; E. *Wolf*: Große Rechtsdenker, S. 413.

[214] Vgl. *Loening*: Geschichtliche Behandlung, S. 292.

[215] Revision I, Vorrede a. E. In ähnlichem Sinne äußerte sich *Feuerbach* in: Revision I, S. 178, 249; Philosophisch-juridische Untersuchung über das Verbrechen des Hochverraths, Erfurt 1798, S. III; Über Philosophie und Empirie, S. 6 ff, 25; Blick auf die teutsche Rechtswissenschaft, S. 159, 160.

[216] *Feuerbach*: Über die Strafe als Sicherungsmittel, Chemnitz 1800, S. 87.

[217] *Feuerbach*: Revision I, S. XX.

naturrechtliche Methode, „Begriffe von Verbrechen nach allgemeinen Grundsätzen zu bestimmen und auf die unglücklichen positiven Gesetze nur darum Rücksicht zu nehmen, um ihre Einstimmung oder Nichtübereinstimmung mit jenen zu zeigen", empfand er als „Barbarei" an der Wissenschaft[218].

Um die untergrabene Autorität des Gesetzes wiederherzustellen, mußte *Feuerbach* den inneren Zwiespalt zwischen der modernen, aufgeklärten Gesetzgebung und den Normen des rückständigen gemeinen und partikularen Strafrechts zu überwinden suchen. Er tat es, indem er das positive Gesetz um seiner selbst willen, im Interesse seiner rechtspolitischen Ordnungsfunktion, bejahte[219]. Zwar konnte auch er wie alle seine Zeitgenossen an dem veralteten und häufig grausamen Strafrecht jener Zeit nicht kritiklos vorübergehen; aber er lehnte es ab, dieses Recht im Wege naturrechtlicher Argumentation beiseite zu schieben, um es durch eigene philosophische Konstruktionen zu ersetzen[220], sondern verteidigte – und das kennzeichnet die Eigenart seines Denkens – in dem Strafrecht seiner Zeit „die Autorität des positiven Gesetzes mehr um dessen Idee willen als wegen des wirklich bestehenden Rechts selbst"[221]. Die Idee des Gesetzes verlangt nach *Feuerbachs* Vorstellung die Anerkennung auch des bestehenden, möglicherweise unzureichenden und veralteten positiven Rechts. „Daß doch die armen Criminalgesetze", klagte er[222], „überall eine so subalterne Rolle spielen müssen! Daß sich doch unsere Rechtsgelehrten so ganz unbefugt das Recht anmaßen wollen, nicht Interpreten des Gesetzes zu seyn, sondern über dasselbe zu gebieten!" Hinter dieser unbedingten, „positivistischen" Bejahung des Gesetzes um seiner Idee willen stand bei *Feuerbach* freilich ein anderer Gesetzesbegriff, als ihn die zeitgenössische Lehre kannte. Das Gesetz war für *Feuerbach* weder etwas rein praktisch nach Zweckmäßigkeitserwägungen Geplantes und Gemachtes, wie für viele Reformer seiner Zeit, noch, wie etwa für *Zirkler*[223], „nur etwas durch die Möglichkeit seiner endlichen Beziehung auf Ideen", sondern, ähnlich wie für *Montesquieu*, Ausdruck der „apriorischen Rechtsidee". Ihm ging es um die Idee der Gesetzlichkeit überhaupt und im allgemeinen, um das Prinzip der

---

218 a. a. O., S. 182.

219 Das hat schon *Kraus:* Practische Begründung, S. 219, betont. Vgl. ferner *Loening:* Geschichtliche Behandlung, S. 320; E. *Wolf:* Große Rechtsdenker, S. 422.

220 Vgl. dazu *Feuerbach:* Lehrbuch, § 5 (Anm.), S. 5.

221 *Loening:* Geschichtliche Behandlung, S. 320.

222 Rezension von Carl August *Tittmanns* „Versuch über die wissenschaftliche Behandlung des peinlichen Rechts", Leipzig 1798, in: Allg. Lit. Ztg. Jena 1798, Nr. 322, Sp. 217 ff, zitiert nach *Hartmann:* Feuerbach, S. 81.

223 Revision I, S. 12.

Klarheit und Berechenbarkeit des Rechtslebens[224], letztlich also um den Gedanken der „Rechtssicherheit". Nicht von ungefähr forderte *Feuerbach* eine Besinnung auf das Werk *Montesquieus,* verlangte eine „Gesezphilosophie, wie sie Montesquieu gedacht, aber nach ihm kaum einer und der andere begriffen hat"[225]. Ähnlich wie *Montesquieu* betonte *Feuerbach* die „Heiligkeit"[226], Unantastbarkeit und kategorische Geltungskraft des Gesetzes. Nach *Feuerbachs* Auffassung drückt jeder Gesetzgebungsakt, gleichviel, ob sein Ergebnis befriedigt oder nicht, mehr oder weniger vollkommen den Versuch aus, sich dem Idealbild des Vernunft- und Rechtsgesetzes zu nähern[227]. Er wird dadurch gleichsam geheiligt und erhält seine Weihe durch das Vernunftgesetz. „Unabhängig vom Wechsel der Erfahrung", erklärte er in seiner Schrift „Über Philosophie und Empirie"[228], bestehe ungeachtet der konkreten Gestalt des positiven Gesetzes das „Gesetz der Vernunft" als das grundlegende oberste „Gesetz aller Gesetzgeber", als „aller Gesetzgebungen ewige Norm".

c) Aus dieser unbedingten Bejahung des Gesetzes, gegründet auf den *Montesquieuschen* Gesetzesbegriff, ergab sich *Feuerbachs* Stellung zu Richtertum und Rechtsfindung geradezu von selbst. Der Erhöhung des Gesetzes zum Inbegriff der Rechtsvernunft entsprach als notwendiges Korrelat die absolute Abhängigkeit des Richters vom Gesetz. *Feuerbach* war es denn auch, der zusammen mit der Idee des positiven Gesetzes auch die Richteridee *Montesquieus* in der deutschen Strafrechtswissenschaft verteidigte und die französisch-italienische Richtervorstellung gegen alle Widerstände durchsetzte. „Was ein Gesetz sein soll, gezeigt, der Opposition gegen die richterliche Willkür den schärfsten Ausdruck gegeben, die Übergriffe der richterlichen Gewalt auf das Gebiet der Gesetzgebung energisch zurückgewiesen zu haben", das war – nach dem Urteil K. *Lippmanns* – „Feuerbachs bleibendes Verdienst"[229].

Von seinem „positivistischen" Ausgangspunkt her mußte *Feuerbach* zunächst die Theorie der richterlichen Rechtserzeugung, die – wenn auch nicht immer als solche gekennzeichnet – von der philosophisch

---

[224] Vgl. *Loening,* a. a. O.; *Hartmann:* Feuerbach, S. 129; E. *Wolf:* Große Rechtsdenker, S. 422.

[225] *Feuerbach:* Blick auf die teutsche Rechtswissenschaft, S. 169 f.

[226] Von der „Heiligkeit" des Gesetzes sprach *Feuerbach* ausdrücklich in: Über Philosophie und Empirie, S. 31. Interessant ist auch, daß er, statt die Antiquiertheit der Carolina zu tadeln, deren „ehrwürdiges Alter und gravitätischen Klang" hervorhob. Vgl. dazu: Einige Worte über historische Rechtsgelehrsamkeit, S. 151 Fußnote.

[227] Vgl. *Feuerbach:* Über Philosophie und Empirie, S. 80 ff.

[228] S. 11.

[229] *Lippmann:* Strafänderungsbefugnis, S. 63.

ausgerichteten Strafrechtslehre seiner Zeit vertreten wurde, entschieden ablehnen. *Feuerbach* erkannte den Gerichtsgebrauch als Rechtsquelle nicht an. Er sah darin nichts als „eine Stütze blinder Willkür"[230]. „Der Gerichtsgebrauch", erklärte er[231], „mag wohl, sofern seine Ergebnisse aus dem unabweislichen Bedürfnisse veränderter Zeiten hervorgegangen, mit der Nothwendigkeit entschuldigt, von der Vernunft und Menschlichkeit gebilligt, nimmermehr aber aus Gründen des Rechts in der Theorie gerechtfertigt und als Quelle verpflichtender Rechtsnormen betrachtet werden. Er ist nur anzuerkennen, wie man auch Staatsrevolutionen anerkennt, als Thatsache, nicht als Recht."

Feuerbachs Gegnerschaft gegen das „Richterrecht" war nur die Konsequenz seiner grundsätzlichen Auffassung über das Verhältnis von Gesetz und Richteramt. Wie viele Kriminalisten seiner Zeit aus der effektiv rechtsbildenden Macht der Gerichtspraxis die Befugnis jedes einzelnen Richters zu berichtigender Auslegung und Umdeutung des Gesetzes gefolgert hatten, so leitete *Feuerbach* umgekehrt aus der formellen Autorität des Gesetzes für den einzelnen Richter die Unzulänglichkeit einer Abänderung, Ergänzung und Neuschaffung von Rechtsnormen durch Gerichtsgebrauch und Rechtspraxis ab[232]. Absolute Gesetzlichkeit auf allen Stufen und in allen Bereichen der richterlichen Rechtsanwendung, der „kollektiven" wie der „individuellen" – das war das wiederholt und nachdrücklich betonte Grundanliegen der straftheoretischen Bemühungen *Feuerbachs,* das sich durch alle seine Äußerungen über Richtertum und Rechtsfindung hindurchzieht. Der Richter war für *Feuerbach* nur ein „Diener des Gesetzes", er „schändet seinen Beruf, wenn er gegen die Heiligkeit des Gesetzes auch nur im mindesten sich vergißt"[233].

d) Bereits *Feuerbachs* 1799 verfaßte Dissertation „De causis mitigandi ex capite impeditae libertatis"[234] ließ diese seine Grundeinstellung deutlich werden. Die von *Kleinschrod* im Anschluß an *Carpzov* und *Boehmer* vertretene Ansicht[235], daß der Richter auch bei bestimmt fixierten Strafdrohungen in Härtefällen die Strafe nach Ermessen herabsetzen dürfe – eine Auffassung, mit der *Kleinschrod* in der Weise *Hommels* die Grausamkeiten des herrschenden Strafensystems durch richterlichen Gestaltungsakt zu mildern suchte –, lehnte *Feuerbach* um der Autorität des Gesetzes und der Gewalten-

---

[230] Lehrbuch, 1. Ausgabe, Gießen 1801, Vorrede S. III.

[231] Lehrbuch, § 5 (Anm.), S. 5.

[232] Vgl. *Loening:* Geschichtliche Behandlung, S. 311.

[233] *Feuerbach:* Philosophie und Empirie, S. 31.

[234] Vgl. dazu *Landsberg:* Geschichte III, 2, S. 177 (Noten); *Grünhut:* Feuerbach, S. 24, 25.

[235] Vgl. *Kleinschrod:* Systematische Entwickelung, Teil II, § 129; *Carpzov:* Pr. P. III, qu. 133, n. 1 ff, S. 345 f; *Boldt:* Boehmer, S. 53 ff.

gliederung willen ab. Des Richters einzige Aufgabe, führte er aus[236], sei die Anwendung des Gesetzes; gestatte man ihm das Recht der Strafänderung, so stelle man ihn damit unzulässigerweise „über das Gesetz".

In der ebenfalls 1799 erschienenen „Revision der Grundsätze und Grundbegriffe des peinlichen Rechts" griff *Feuerbach* diesen Gedanken wieder auf. Das richterliche Strafmilderungsrecht, erklärte er, mache die Strafe „zu einem Spiel der richterlichen Willkühr und die Richter zu Gesetzgebern"[237]. Möge das Strafgesetzbuch noch so bestimmt und vollständig sein, dieses Institut „würde nur zu bald wieder die richterliche Willkühr über das Gesetz erheben"[238]. Wiederholt forderte *Feuerbach*, daß sich der Richter nicht zum „Herrn über das Gesetz" erheben dürfe[239] und nur Diener des Gesetzes zu sein habe. Das Gesetz allein sei der „Obersatz" des Vernunftschlusses – hier kehrt das Subsumtionsdogma *Beccarias* wieder –, aus dem der Richter seine Entscheidung abzuleiten habe. Nicht aber dürfe der Richter „selbst die Gründe zu seinem Urtheile (den Obersatz in demselben) bestimmen, ohne aufzuhören Richter zu seyn und in das Geschäft des Gesetzgebers einzugreifen"[240]. Denn Richter ist für *Feuerbach* nur derjenige, „der Geseze auf vorkommende Fälle anwendet, der einzelne Thatsachen unter dieselben subsumirt, der die rechtlichen Wirkungen des Gesezes mit den rechtlichen Voraussetzungen desselben in concreto verknüpft"[241]. Auf diesen streng logischen Subsumtionsschluß hat sich der Richter ohne Ausnahme zu beschränken. Er darf weder die Vereinbarkeit des Gesetzes mit der Gerechtigkeitsidee generell nachprüfen noch im einzelnen Falle dessen Härten nach seinen Gerechtigkeitsvorstellungen mildern. „Nach meiner einfältigen Meinung", erklärte *Feuerbach*[242], „muß das Gesez angewendet werden, sobald der Fall da ist, auf den es die Strafe angedroht hat, und der Richter, der dagegen handelt und das Gesez bekrittelt und auf Erfahrungen horcht, von denen erst die Gültigkeit des Gesezes für d i e s e n Fall abhängen müsse, dieser Richter ist ein Verbrecher an den Gesezen des Staats."

---

236 Nach *Landsberg*, a. a. O.

237 Revision I, S. 109.

238 a. a. O.

239 Revision I, S. 192 f.

240 a. a. O.

241 *Feuerbach*: Revision I, S. 243.

242 Revision II, S. XXXII. Vgl. z. B. auch seine Anmerkungen zum Strafgesetzbuch für das Königreich Baiern, Bd. I, München 1813, S. 67: „Die Richter sind nur Diener des Gesetzes, welchen es nicht zukommt, über die Zweckmäßigkeit eines Gesetzes zu urtheilen."

Die Auseinandersetzung mit *Kleinschrods* „Entwurf eines peinlichen Gesetzbuchs" (1802)[243] gab *Feuerbach* dann Gelegenheit, im Zusammenhang mit seinen kriminalpolitischen Grundanschauungen auch seine Grundauffassung von der Stellung des Richters ausführlich darzulegen und an Einzelfragen zu erläutern. Daraus ging *Feuerbachs* berühmte „Kritik des Kleinschrodischen Entwurfs zu einem peinlichen Gesetzbuche" (1804) hervor. Der Entwurf des bayerischen Juristen *Kleinschrod*[244] war ein Erzeugnis jener von *Feuerbach* bekämpften „philosophischen" Richtung in der Strafrechtslehre, die alle positiven Rechtssätze durch Rückbeziehung auf strafrechtsphilosophische „Grundwahrheiten" zu relativieren suchte. *Kleinschrod* selbst hatte ein solches System der „Grundbegriffe und Grundwahrheiten des peinlichen Rechts nach der Natur der Sache und der positiven Gesetzgebung" entwickelt[245]. In seinem Entwurf unternahm er es, diesem Gedanken kodifizierbare Form zu geben. Dem Zeitgeist entsprechend strebte er eine möglichst vollständige und ins einzelne gehende Regelung der Materie an, suchte jedoch den philosophisch-naturrechtlichen Grundcharakter seines Systems auch im Gesetz weitgehend zu erhalten. Das Ergebnis war eine Fülle normativer Wertbegriffe[246], die der Richter im konkreten Fall nach den Anweisungen des Gesetzgebers auszufüllen hatte.

Diese Bewertungsfreiheit des Richters forderte den scharfen Widerspruch *Feuerbachs* heraus. In der häufigen Verwendung werthaltiger Begriffe sah er nur eine „feierliche Constitutionsacte für das Reich einer unbedingten richterlichen Willkühr"[247]. „Wenn die Begriffe des Gesetzgebers keine Gränzen haben", fragte er[248], „wenn dieser die Merkmale der Voraussetzungen entweder gar nicht oder nur relativ oder so bestimmt, daß diese Merkmale in einander fließen und sich nicht wieder erkennen lassen; wenn er Fälle unterscheidet, deren Unterschied in concreto niemals mit Sicherheit nachgewiesen werden kann; sind dann die Gesetze – Gesetze? Ist dann der Richter – Richter?" Dem Richter soll um der Rechtssicherheit willen keine konkrete Wertentscheidung abverlangt oder zugestanden werden. Denn bei Zugrundelegung werthaltiger Tatbestände kann der Richter

---

243 Vgl. Schrifttumsverzeichnis. Zur Auseinandersetzung zwischen *Feuerbach* und *Kleinschrod* vgl. *Grünhut:* Feuerbach, S. 167 ff, *Radbruch:* Feuerbach, S. 60 f.

244 Über *Kleinschrod* vgl. *Landsberg:* Geschichte III, 1, S. 464; *Grünhut:* Feuerbach, S. 156 f.

245 Gallus Aloys *Kleinschrod:* Systematische Entwickelung der Grundbegriffe und Grundwahrheiten des peinlichen Rechts nach der Natur der Sache und der positiven Gesetzgebung, 3 Theile, Erlangen 1794–1796.

246 Vgl. *Drost:* Ermessen, S. 111; *Grünhut:* Feuerbach, S. 168.

247 Kritik II, 3, S. 13.

248 a. a. O., S. 12.

nach *Feuerbach* „in allem alles und nichts in allem finden"; er kann „Fälle des Gesetzes annehmen, wo sie nicht sind, und, wo sie sind, nicht annehmen"; er kann „lossprechen oder verdammen, mit Strenge oder Milde strafen, je nachdem er glaubt, meint, muthmaßt oder will"[249]. Das aber ist im Ergebnis nichts anderes als Willkür – ein Begriff, der bei *Feuerbach* geradezu zur abwertenden Umschreibung für jede Art von Richterfreiheit wird. Der Kampf gegen die „Richterwillkür" muß das bevorzugte Ziel aller Gesetzgebungsarbeit sein: „Es gehört zu den vorzüglichsten Rücksichten des Gesetzgebers, daß er seine Gesetze über die Willkür seiner Richter erhebe[250]." Das kann nach *Feuerbachs* Vorstellung vor allem dadurch geschehen, daß in das Gesetz nur einfache, konkrete, wertfreie, vom Richter im Wege formallogischer Subsumtion und auf Grund der Erfahrung feststellbare Merkmale aufgenommen werden. „Der Gesetzgeber", fordert *Feuerbach*[251], „sey einfach in seinen Bestimmungen und verwickle sich nicht in spitzfindige kleinliche Distinctionen; da wo er distinguirt, gebe er wenigstens keine Unterscheidungen, die in einander fließen und zwischen denen der Richter in der Erfahrung keine bestimmten Grenzen ziehen kann." Der Gesetzgeber solle sich fernhalten von jenen bei *Kleinschrod* so häufig anzutreffenden „feinen, aber dem irdischen Auge eines Richters völlig entzogenen Distinctionen"[252]. Dort, wo es nach der Natur der Sache unumgänglich sei, dem Richter ein gewisses Maß an Ermessensfreiheit einzuräumen, wie etwa auf dem Gebiet der Strafzumessung, sei es erst recht Aufgabe des Gesetzgebers, das Handeln des Richters durch Regeln zu leiten. *Feuerbach* fordert, daß Strafzumessungsregeln „durch das Gesetz selbst aufgestellt"[253], nicht etwa erst durch die Praxis erarbeitet werden sollten. „Denn so etwas der eigenen Philosophie des Richters überlassen heißt, es der Willkühr des Richters Preis geben[254]."

e) Bei dieser Auffassung über das Verhältnis von Gesetz und Richter blieb in *Feuerbachs* Konzeption für die Entfaltung spezifisch richterbezogener Gerechtigkeitswerte, also vor allem für die individualisierende Einzelfallgerechtigkeit und damit für den Richter als Träger eigenwertiger, mit dem Gesetz nicht zu lösender Aufgaben, kein Raum. Alles „Nicht-Gesetzliche" klassifizierte *Feuerbach* unterschiedslos als „Willkür", ein Begriff, in dem zugleich die Nichtanerkennung einer Sonderstellung des Richters gegenüber dem Gesetz zum Ausdruck kam. Durch das Gesetz allein wird das Handeln

---

[249] a. a. O., S. 13 f.

[250] *Feuerbach:* Kritik I, 2, S. 18 f.

[251] Kritik I, 2, S. 93. Vgl. die ähnliche Formulierung in Kritik II, 3, S. 12 ff.

[252] *Feuerbach*, Kritik I, 1, S. 55.

[253] *Feuerbach:* Kritik I, 2, S. 296, 297.

[254] *Feuerbach:* Kritik I, 2, a. a. O.

des Richters gerechtfertigt, ihm ist er zu unbedingtem Gehorsam verpflichtet. Der Richter geht im Vollzug des Gesetzes gleichsam auf. Darin liegt für *Feuerbach* nicht nur die Garantie gegen richterliche „Willkür", sondern zugleich auch die „hohe Würde des Richteramts": „Wir Diener der Gerechtigkeit", sagte *Feuerbach* in seiner Antrittsrede als Präsident des Appellationsgerichts Ansbach[255], „haben nichts zu erringen, zu erbeuten, zu erschaffen..., die Seele unseres Wirkens ist nicht jene das Zufällige beachtende, nach Zeit und Umständen sich bequemende, geschmeidige Klugheit, von welcher die Staatsverwaltung nothwendig geleitet wird; – sondern allein jener einfache Sinn, der nirgends hin als hinauf zum G e s e z und von da zur That hinunter blickt." Nicht zufällig schließt die zeitlich letzte Äußerung *Feuerbachs* über die Aufgabe des Richters mit einem Bekenntnis zu dem Wort *Montesquieus* vom Richter als „bouche de la loi" und erweist damit, bis in den Wortlaut der Formulierung hinein, *Feuerbachs* Zugehörigkeit zur kriminalpolitischen Aufklärung: „Das Gesez, aber auch nur das Gesez, nichts als das Gesez geltend zu machen, ist des Richters Amt, der weil in allem, was er ausspricht, blos das Gesez sich aussprechen, weil zu allem, was er beschließt, blos ein Gesez den Obersatz seines Urtheils bilden darf – nach sehr anpassendem Bilde der Mund, das Organ, das Orakel der Geseze genannt zu werden pflegt. ‚Recht sprechen' und ‚nach einem Geseze sprechen', beides ist ist daher Eins[256]."

f) Mit *Feuerbach*, dessen Geist nun in der deutschen Rechtsentwicklung für ein volles Jahrhundert herrschen sollte[257], hatte die von *Montesquieu* geprägte Idee vom Richter als „Mund des Gesetzes" auch in Deutschland nicht nur praktisch-gesetzgeberische Bedeutung, sondern auch wissenschaftlichen Rang erhalten[258]. Mochte diese Idee in der Lehre *Feuerbachs* nicht mehr in der rigorosen Schärfe ausgeprägt sein wie in der französisch-italienischen Aufklärung – die Grundhaltung gegenüber dem Richtertum war hier wie dort die gleiche. Für *Feuerbach* war der Richter der Idee nach, was er für *Montesquieu*, *Beccaria* und *Filangieri* der Realität nach hatte sein sollen: der individualitätslos-anonyme, unpersönliche Vollstrecker des Gesetzes, der an der Rechtsfindung lediglich mit seinem Intellekt, nicht aber mit den übrigen Persönlichkeitskräften, mit Wille, Gefühl und Gewissen beteiligt und dessen innere Einstellung zu Recht und

---

[255] Die hohe Würde des Richteramts, S. 126.

[256] *Feuerbach:* Kleine Schriften, S. 195, 196.

[257] Zu den Nachwirkungen der Lehre *Feuerbachs* auf die Entwicklung des Richtertums vgl. *Köstlin:* Geschichte, S. 245 f; *von Liszt:* Lehrbuch, S. 32 ff; *Coenders:* Richtlinien, S. 54; *Grünhut:* Feuerbach, S. 226; *Drost:* Ermessen, S. 109, 119 f.

[258] Vgl. *Coenders:* Richtlinien, S. 54.

Gesetz vollends gleichgültig war. Der Richter wurde auch bei *Feuerbach* isoliert gedacht von der das positive Recht umgreifenden Ordnung, herausgelöst aus dem Zusammenhang mit der Rechtsidee, in dem ihn noch die deutsche Frühaufklärung gesehen hatte, und in geradezu sklavischem Gehorsam auf die wortgetreue Anwendung des Gesetzes verpflichtet. Glaubte die Aufklärung doch, daß sich die Rechtsidee, das „richtige" und „vernünftige" Recht dem positiven Gesetz gleichsam inkorporieren lasse, so daß es außerhalb seiner nur Ungerechtigkeit und richterliche „Willkür" gebe. In letzter Konsequenz war für diese gesetzesabsolutistische Lehre der Richter als eigenständiges Rechtsprechungsorgan zwar nicht geradezu entbehrlich, aber doch in hohem Grade gleichgültig. Als unselbständigem Vollzugsorgan des Gesetzes fehlte ihm jeglicher Eigenwert, er war lediglich „Werkzeug" des Gesetzgebers[259].

V. Die geschichtliche Bedeutung der aufklärerischen Richtervorstellung – Rückblick auf die Geschichte der Richteridee vor der Aufklärung

Die Degradierung des Richters vom freien schöpferischen Interpreten des Rechts zum „Sklaven" des Gesetzes und die mit ihr verbundene „Versachlichung" und „Entpersönlichung" der Richteridee, zu der die kriminalpolitische Aufklärung in Deutschland führte, bedeutete für die deutsche Rechtsentwicklung etwas grundlegend Neues. Hatte doch das deutsche Rechtsdenken von Anbeginn bis in das 18. Jahrhundert hinein in dem Richter mehr gesehen als nur das seelenlos-unpersönliche Werkzeug einer rein sachlich verstandenen Gesetzesordnung, nämlich den schöpferischen Vermittler und Repräsentanten der Gerechtigkeit. Die deutsche Frühaufklärung, in der *Hommels* Forderung nach schöpferischer Freiheit des Richters dominierte, war nur die letzte Phase einer Entwicklung, die dem Richter stets auch rechtsschaffende Qualitäten zuerkannt hatte. Wer aber „Recht schaffen soll", muß – nach dem schönen Wort *Radbruchs*[260] – auch „rechtschaffen sein". Der rechtsschöpferische Richterspruch geht nicht auf in der formallogischen Subsumtion, sondern verlangt als „Werturteil und Willensentscheidung" die ganze Persönlichkeit des Richters. Das deutsche Rechtsdenken hatte sich bis an die Schwelle des Aufklärungszeitalters dieses Gefühl für den Wert der Richterpersönlichkeit bewahrt. Noch in der – im 19. Jahrhundert vielfach als „naiv" kritisierten[261] – Bemerkung *Malblanks* über *Meisters* mensch-

---

[259] Vgl. *Kantorowicz:* Vorgeschichte, S. 6 (44).

[260] Vgl. *Radbruch-Zweigert:* Einführung, S. 163.

[261] Vgl. *von Bar:* Geschichte, S. 154 Anm. 632. Vgl. ferner *von Wächter:* Gemeines Recht, S. 129; *Loening:* Geschichtliche Behandlung, S. 274; *Kraus:* Practische Begründung, S. 218, Fn. 21.

liche Haltung, die er auch als Richter bewiesen habe, klang etwas von der Vorstellung nach, daß echtes Richtertum seine tiefste Wurzel im Menschentum des Richtenden habe und damit jene „außeralltäglichen Qualitäten“ der Persönlichkeit voraussetze, die nach Max *Weber* die „charismatische Autorität“ des Richters ausmachen[262]. Damit aber erweist sich *Malblanks* Äußerung als ein Glied in einem großen geistigen Zusammenhang, der bis in die frühen Anfänge der deutschen Rechtsentwicklung zurückreicht.

1. *Die Richteridee im altdeutschen Rechtsdenken*

Schon nach altdeutscher Rechtsauffassung war der Richterspruch rechtsschöpferischer Akt einer mit besonderen, „außeralltäglichen Qualitäten“ (Max *Weber*) ausgestatteten Persönlichkeit[263]. Rechtsfindung setzte in der Person des Richters[264] das Charisma der Rechtsweisheit voraus[265]. Das Amt des altdeutschen Urteilers war charismatische Rechtsoffenbarung[266], „Rechtsverkündung aus eigenem Rechtswissen, das sich durchsetzte, weil es dem allgemeinen Rechtsbewußtsein entsprach“[267]; Richten war ein „Akt der Weisheit“[268]. Diese Richtervorstellung hing eng mit der altdeutschen Auffassung vom Recht zusammen[269]. Das Recht war für das frühe deutsche Rechts-

---

[262] Max *Weber:* Wirtschaft und Gesellschaft, S. 402 ff.

[263] Der Text gibt die bis vor kurzem wohl herrschende Auffassung über Rechtsfindung und Richterstellung im alten deutschen Recht wieder. Gegen sie hat allerdings unlängst *Schmitt-Weigand:* Rechtspflegedelikte, S. 114 f, für den von ihm untersuchten Zeitraum erhebliche Bedenken angemeldet. Er kommt zu dem Ergebnis, daß in der fränkischen Zeit nicht etwa „irgendein Rechtswissen der Urteilsfinder“, „eine auf Rechtsgefühl, Hörensagen und Überlieferung gegründete Rechtsüberzeugung“ die Quelle der richterlichen Entscheidung gewesen sei; für die Richtigkeit des Urteils sei vielmehr allein „die Einhaltung der Norm“, „der Zwang des geschriebenen Rechts“ maßgebend gewesen. Eine Auseinandersetzung mit dieser Arbeit, auf die hier nur hingewiesen werden kann, ist im Rahmen der vorliegenden Untersuchung nicht möglich.

[264] Der Begriff „Richter“ wird hier zunächst im untechnischen Sinn verstanden, so daß die spezifisch deutschrechtliche Trennung zwischen „Richter“ und „Urteilern“ außer Betracht bleibt.

[265] Vgl. Max *Weber:* Wirtschaft und Gesellschaft, S. 408; *Dahm:* Deutsches Recht, S. 69.

[266] Max *Weber,* a. a. O.

[267] *Wieacker:* Privatrechtsgeschichte, S. 55.

[268] *Fehr:* Rechtsgeschichte, S. 49.

[269] Zur altdeutschen Rechtsauffassung vgl. aus der umfangreichen Literatur: *Mitteis-Lieberich:* Rechtsgeschichte, S. 9 f; *von Amira-Eckhardt:* Germanisches Recht, S. 5; *Fehr:* Rechtsgeschichte, S. 19; *Brunner:* Rechtsgeschichte I, S. 151 f; *Conrad:* Rechtsgeschichte I, S. 25 f.

denken nicht sowohl gesetztes, begrifflich fixiertes Recht[270], sondern Lebensüberlieferung, Gemeingut der Rechtsgemeinschaft; es war zugleich „identisch mit der heiligen Gerechtigkeit, die in den sapientes unter den Menschen widerklingt“[271]. Von den „Rechtsweisen“, den Rachinburgen[272] und später den Schöffen[273] als den bevorzugten Repräsentanten der allgemeinen Rechtsüberzeugung, wurde es daher von Fall zu Fall „gefunden“, nicht aus einer vorgegebenen logischen Ordnung deduktiv abgeleitet, sondern aus eigenem Rechtsgefühl und Rechtsgewissen „geschöpft“. Auf dem „Wissen vom Recht“[274] mit der Rechtsüberlieferung vertrauter Männer beruhten Geltung und Wirkung des Rechts; ihre persönliche, durch keine äußere Autorität gebundene Rechtsüberzeugung[275] wurde „für den individuellen Fall zum Recht“[276]. Das Urteil des altdeutschen Richters trug daher ganz das Gepräge seiner Persönlichkeit, die es schöpferisch aus dem vielseitigen Stoff der Überlieferung formte[277]. Die Rechtsfindung beruhte damit wesentlich „auf den persönlichen Eigenschaften und Tugenden der Urteilsfinder“[278], die deshalb regelmäßig lebenskundige, erfahrene, „weise“ Männer von hohem sozialen Ansehen waren.

2. *Die Richteridee im Rechtsdenken des Mittelalters*

Ein sehr persönliches Gepräge trägt auch das Bild vom Richter, das uns im Rechtsdenken des Mittelalters begegnet. Zu der altdeutschen „charismatischen“ Richtervorstellung traten neue, aus dem Bereich des Religiösen stammende Gedanken hinzu, welche die Vorstellung von Wesen und Aufgabe des Richters formten. Für das Rechtsdenken des

---

[270] Anders jetzt aber *Schmitt-Weigand:* Rechtspflegedelikte, S. 114.

[271] F. *Kern:* Recht und Verfassung im Mittelalter, S. 24.

[272] Zur Stellung der Rachinburgen vgl. *Beyerle:* Rachinburgen, S. 43 ff; *Brunner:* Rechtsgeschichte I, S. 204 ff; *von Schwerin-Thieme:* Grundzüge, S. 27; *Schröder-von Künssberg:* Lehrbuch I, S. 47 ff; *Planitz-Eckhardt:* Rechtsgeschichte, S. 24; *Fehr:* Rechtsgeschichte, S. 49; *Conrad:* Rechtsgeschichte I, S. 28 f; *Schmitt-Weigand:* Rechtspflegedelikte, S. 9 ff.

[273] Vgl. zur Stellung der altdeutschen Schöffen u. a. *Feuerbach:* Öffentlichkeit, S. 72 ff; *Savigny:* Geschichte, Bd. I, S. 195; E. *Mayer:* Verfassungsgeschichte I, S. 404; *Planck:* Gerichtsverfahren I, S. 98 ff; *Brunner-von Schwerin:* Rechtsgeschichte II, S. 297 ff; *Schröder-von Künssberg:* Lehrbuch I, S. 179 ff; *Conrad:* Rechtsgeschichte I, S. 146 ff; *Dahm:* Deutsches Recht, S. 69; *Schmitt-Weigand:* Rechtspflegedelikte, S. 26 ff.

[274] Vgl. dazu *Schönfeld:* Grundlegung, S. 202 f.

[275] Vgl. *Stintzing:* Geschichte I, S. 39; *Planck:* Gerichtsverfahren I, S. 311 ff, 315.

[276] *Schultze:* Privatrecht und Prozeß, S. 180 f.

[277] Vgl. *Schöllgen:* Richter und Gesetz, S. 657.

[278] *Dahm:* Deutsches Recht, S. 69.

Mittelalters war „alles Recht in Gott gegründet“[279]. „Gott ist selber Recht, darum ist ihm das Recht lieb“, heißt es im Sachsenspiegel[280]. „Wer das Recht verkehrt, bricht Gottes Gebot“[281], verstößt gegen die göttliche Ordnung. Der Richter hatte Gottes Ordnung zu vollziehen, war eingeordnet in den göttlichen Plan[282], wurde geradezu zum Stellvertreter Gottes, der „von Gottes wegen“ und an „Gottes Statt“ zu Gericht saß[283]. Er war deshalb auch Gott unmittelbar für seine Tätigkeit verantwortlich. Diese Verantwortlichkeit vor Gott gab nach mittelalterlicher Rechtsauffassung der Stellung des Richters ihr besonderes Gepräge. „Darum sollen sich vorsehen alle die“, mahnt der Sachsenspiegel[284], „denen ein Gericht von Gottes wegen anvertraut ist, daß sie also richten, daß Gottes Zorn und sein Gericht gnädiglich über sie kommen kann.“ Der Gedanke der Verantwortlichkeit des Richters vor Gott verdichtete sich im symbolhaften Denken des Mittelalters zu der bildlichen Vorstellung eines überirdischen Gerichts, das zu derselben Zeit und an demselben Ort, da der Richter über andere richte, Gott über den Richter halte:

> „Wenn wo der richter mit orteiler richtet, in der selbigen stat unde in der selbigen stunde sitzit got in sinem gotlichen gerichte obir den richter, unde obir die schepphen[285].“

Von hier aus kam das mittelalterliche Rechtsdenken zu einem ausgeprägt personalen Verständnis des Richteramts, zu bestimmten Anforderungen an die innere Haltung, den Charakter, die Persönlichkeit des Richters. Denn da das Richteramt göttlichen Ursprungs ist, da es letztlich jeder, der es ausübt, an Gottes Stelle versieht und Gott unmittelbar für seine Amtsführung verantwortlich ist, kann es nicht verwaltet werden wie irgendein beliebiger amtlicher Pflichtenkreis, setzt es vielmehr bei seinem Träger besondere menschliche Eigenschaften voraus.

a) Die scholastisch-kanonistische Lehre vom „bonus iudex“

Diese Anschauung tritt im mittelalterlichen Rechtsdenken Deutschlands in der spezifischen Ausprägung hervor, die sie durch die scholastisch-kanonistische Lehre vom „bonus iudex“[286] erhalten hat:

---

279 O. *Brunner:* Land und Herrschaft, S. 133 m. w. H. in Fn. 1.

280 Ssp. Prolog (*Eckhardt*, Rz. 9, S. 26).

281 Ssp. Vorrede in Reimpaaren, v. 136 f.

282 *Krause:* Idealbild und Gefährdung des Richters, S. 32; *Wagner:* Der Richter, S. 1.

283 Vgl. Glosse zum sächsischen Weichbildrecht, Art. 16 (*von Daniels-von Guben*, Sp. 256).

284 Ssp. Prolog (*Eckhardt*, Rz. 10–12, S. 26).

285 Glosse zum sächsischen Weichbildrecht, zu Art. 16, a. a. O.

286 Vgl. *Merzbacher:* Das Bild des kirchlichen Richters, S. 383.

Richter-Sein ist nach dieser Lehre nicht nur eine Angelegenheit des Verstandes, sondern vor allem auch eine Sache des Charakters. Beides in seiner Einheit macht den „guten", den vorbildlichen Richter aus, dessen Idealbild der Maßstab für jeden mit dem Richteramt betrauten Menschen ist. Das gerechte Urteil setzt daher nach dieser Auffassung nicht lediglich eine korrekte logische Subsumtion des „Falles" unter das Gesetz, sondern auch eine gerechte menschlich-sittliche Haltung des Richter voraus. Das Urteil wird nicht nur sachlich als Ergebnis logischer Deduktion, sondern zugleich persönlich als Emanation gerechter richterlicher Gesinnung verstanden.

aa) Die Vorstellung, daß zum „bonus iudex" vor allem eine innerlich gerechte Haltung gehört, durchzieht das gesamte mittelalterlich-kanonische Rechtsdenken. Sie ist schon bei dem großen Enzyklopädisten des frühen Mittelalters, bei *Isidor von Sevilla*, anzutreffen. „Niemand vermag nach isidorischer Auffassung Richter zu sein, in dem nicht Gerechtigkeitssinn und Gerechtigkeitsgefühl herrschen."[287] „Non est autem iudex, si non est in eo iustitia."[288] Sie klingt an bei *Augustin*, für den sich das Maß der menschlichen Reife und des Gerechtigkeitssinns, das zum Richteramt gehört, im Alter des Richters symbolisiert. Der von mittelalterlichen Konzilskanones verkündete Satz „iudex est senex" geht auf diesen Gedanken zurück[289], der eine Grundbestimmung richterlichen Wesens enthält; gehört doch zum Richter „die Würde des Alters, die reiche Lebenserfahrung und die ruhig überlegende, abwägende Betrachtung der Dinge"[290], mithin eine spezifische Qualität der Persönlichkeit.

Nach *Burchard von Worms* schließt nicht nur intellektuelle Unkenntnis (ignavia), sondern auch moralische Unredlichkeit (cupiditas) vom Richteramt aus. Denn die Unredlichkeit verfälsche das Urteil auch dann, wenn es „an sich" richtig sei: „nam stultus per ignaviam ignorat iustitiam, improbus per cupiditatem corrumpit ipsam quam dicit veritatem[291]." Hier wird die Gerechtigkeit des Richterspruchs ersichtlich mit einem anderen Maßstab gemessen als dem der bloßen „Sachrichtigkeit": dem Maßstab der richterlichen Gesinnung, die das Urteil trägt. In demselben Sinn sagt *Bartolus*[292], der Richter müsse

---

[287] a. a. O., S. 379.

[288] Vgl. *Isidor:* Etymologien, lib. IX, IV, 14/15. Über *Isidors* Rechtslehre vgl. *Flückiger:* Naturrecht I, S. 396 ff.

[289] *Merzbacher:* Das Bild des kirchlichen Richters, S. 380.

[290] Vgl. *Dahm:* Deutsches Recht, S. 328; zur Zuordnung zwischen Alter und Richtertum vgl. auch *Tönnies:* Gemeinschaft und Gesellschaft, S. 17; *Hirzel:* Themis, S. 67 Fn. 4; *Binding:* Grundfragen, S. 110 f.

[291] *Burchard:* Dekret, l. XVI, c. 26 = *Migne:* P. L. t. 140, col. 913 C.

[292] Zit. bei *Merzbacher:* Das Bild des kirchlichen Richters, S. 380.

nicht allein ein „kluger" (sapiens), sondern auch ein sittlich guter (bonus) Mensch sein.

bb) Ihre bedeutendste Ausgestaltung hat diese Lehre bei *Thomas von Aquino* erfahren, wo sie zugleich in ein umfassendes System der Gerechtigkeitslehre eingeordnet ist.

Rechtsprechung ist nach *Thomas* ein Ausschnitt aus der Ordnung der Dinge, wie Gott sie geschaffen hat[293]. Sie bedeutet nicht nur „Anwendung" von Rechtsnormen, sondern steht in unmittelbarer Beziehung zur Gerechtigkeitsidee: „Rechtsprechung bedeutet die Bestimmung oder Umgrenzung des Gerechten oder des Rechtes."[294] Damit aber erhält der Richterspruch „rechtserzeugende Kraft", wird, wie *Thomas* selbst sagt, zu einem „ins Einzelne gehenden Gesetz für den besonderen Fall"[295]. Die Hinordnung der Rechtsprechung unmittelbar auf die göttliche Seinsordnung setzt voraus, daß sich auch der Richter als Subjekt des Urteilsspruchs mit dieser Ordnung in Einklang hält. Das führt zur Einbeziehung des Richters als Menschen in den Rechtsprechungs- und damit den Gerechtigkeitsverwirklichungsakt. Denn Gerechtigkeit ist für *Thomas* nichts Abstrakt-Allgemeines, sondern nur denkbar im Zusammenhang mit einem menschlichen Willen, der ständig um ihre Verwirklichung bemüht ist[296]. Ausdrücklich lehnt er eine Gerechtigkeitsdefinition ab, die nach dem Grundsatz „bene iudicat qui bene cognoscit" die Gerechtigkeit ausschließlich dem „Erkenntnisvermögen" und die Rechtsprechung allein dem Gebiet der „Klugheit" zuordnen will[297]. Gerechtigkeit ist für *Thomas* vielmehr eine Tugend, eine sittliche Stärke, die das Recht dem anderen gegenüber verwirklichen soll, eine „dauernde sittliche Haltung" des Menschen[298]. Er hat *Ulpians* Begriffsbestimmung von Augen[299] und schließt sich der ganz ähnlichen Definition des *Aristoteles* an: „Gerechtigkeit ist das Gehaben, kraft dessen der Mensch mit stetem und ewigem Willen einem jeden sein Recht zuteilt[300]."

---

293 *Marcic:* Richterstaat, S. 248. Vgl. ferner *Utz:* Kommentar, S. 453 ff; *Flückiger:* Naturrecht, S. 437 ff; Hans *Meyer:* Thomas von Aquin, Sein System und seine geschichtliche Stellung, Bonn 1938, S. 511 ff.

294 S. Th. II, II, qu. 60 art. 1 resp. (S. 70).

295 S. Th. II, II, qu. 67 a. 1 resp. (S. 221).

296 Vgl. *Utz:* Kommentar, S. 453.

297 S. Th. II, II, qu. 60 art. 1, ad 1 squ. (S. 69 f).

298 Vgl. *Utz:* Kommentar, S. 453.

299 D. 1, 1, 10: „Iustitia est constans et perpetua voluntas ius suum cuique tribuendi."

300 Vgl. S. Th. II, II, qu. 58 art. 1 resp. (S. 21): „Iustitia est habitus secundum quem aliquis constanti et perpetua voluntate ius suum unicuique tribuit."

Wird aber Gerechtigkeit in diesem Sinne nicht als bloße Klugheit des Verstandes, sondern als sittliche Haltung der Person verstanden, so kann sich auch Rechtsprechung nicht in einem Akt des Intellekts erschöpfen, sondern ist als „Umgrenzung" des Gerechten abhängig von der Teilhabe des Richters an der als dauernde sittliche Anstrengung gemeinten Tugend der Gerechtigkeit. *Thomas* verlangt daher: „Überall aber sind zur richtigen Rechtsprechung zwei Dinge erforderlich. Das erste der beiden ist die Kraft (virtus), die das Urteil spricht, und insofern ist das Urteil ein Akt der Vernunft... Das andere aber ist die Ausrüstung des Richtenden (dispositio iudicantis), auf Grund deren er die Eignung besitzt, richtig zu urteilen. In den Dingen also, die zur Gerechtigkeit gehören, geht die Rechtsprechung hervor aus der Tugend der Gerechtigkeit[301]." „So ist", fährt *Thomas* fort[302], „also die Rechtsprechung ein Akt der Gerechtigkeit als derjenigen Tugend, welche die Neigung verleiht zum richtigen Urteilen, ein Akt der Klugheit jedoch als derjenigen, die das Urteil ausspricht." Jeder Richter ist gehalten, jedem das Seine zu geben, wozu er, wie *Thomas* an anderer Stelle sagt[303], sowohl der Verstandesschärfe als auch der Liebe zum Recht, der gerechten Gesinnung bedarf. Mit diesem wiederholten Hinweis auf die doppelte, die rationale und die sittliche Grundlage des Richterspruchs gibt *Thomas* der Lehre vom „bonus iudex" Ausdruck: die „Charakterfestigkeit der richterlichen Persönlichkeit" ist die unbedingte Voraussetzung der wahren Rechtsverwirklichung[304]. Weil aber alle Rechtsprechung für *Thomas* nicht nur Sache des Intellekts, sondern auch Selbstverwirklichung des in dauernder sittlicher Anstrengung um die „Tugend" der Gerechtigkeit bemühten Richters ist, soll dieser das Urteil nicht nur nach Art einer juristischen Technik ermitteln, sondern jederzeit selbst in eigener sittlicher Verantwortung für seinen Spruch eintreten können[305]. Bei *Thomas* wird – nach A. F. *Utz* – „der Richter zum sittlichen, nicht nur zum sachverständigen Interpreten des vorliegenden Falles"[306]. Die sittliche Persönlichkeit des Richters ist einer der Schwerpunkte der thomistischen Gerechtigkeitslehre. In der Person des Richters ge-

---

[301] S. Th. II, II, qu. 60 art. 1 resp. ad 1 (S. 71): „In omnibus tamen ad rectum iudicium duo requiruntur. Quorum unum est ipsa virtus proferens iudicium. Et sic iudicium est actus rationis... Aliud est autem dispositio iudicantis, ex qua habet idoneitatem ad recte iudicandum. Et sic in his, quae ad iustitiam pertinent, iudicium procedit ex iustitia."

[302] a. a. O. (S. 71): „Sic ergo iudicium est quidam actus iustitiae sicut inclinantis ad recte iudicandum, prudentiae autem sicut iudicium proferentis."

[303] S. Th. II, II, qu. 67 art. 4 ad 1 (S. 231).

[304] *Marcic:* Richterstaat, S. 250.

[305] *Utz:* Kommentar, S. 466.

[306] *Utz:* Kommentar, a. a. O.

winnt für *Thomas* wie für *Aristoteles* die Gerechtigkeit lebendige Gestalt. Nicht zufällig kennzeichnet *Thomas* an entscheidender Stelle der „quaestio" über die Rechtsprechung das Wesen des Richters mit einem Zitat aus *Aristoteles'* Nikomachischer Ethik: „Die Menschen nehmen zum Richter ihre Zuflucht wie zu einer lebendigen Gerechtigkeit[307]."

b) Das „Bild des Richters" in den deutschen Rechtsbüchern der Rezeptionszeit

aa) Schon mit Beginn der Rezeption hat die scholastische Lehre vom „bonus iudex" Eingang in das deutsche Rechtsdenken des Mittelalters gefunden. Beschränkte sich der Sachsenspiegel noch auf die Mahnung, der Richter solle „ein gleicher Richter sein allen Leuten"[308], so kam in den Rechtsbüchern der frühen Rezeptionszeit bereits der kanonische Gedanke zum Ausdruck, daß die Ausübung des Richteramts vom Richter bestimmte „Tugenden" verlange.

Insbesondere der Deutschenspiegel[309] stellte eine Reihe von persönlichen Voraussetzungen für die Ausübung des Richteramts auf, legte die Anforderungen fest, die an den Richter in menschlicher Hinsicht zu stellen waren und entwarf so ein „Richterbild", das mit seinem hohen Ethos auch auf den heutigen Menschen noch Anziehungskraft ausübt[310].

Vier Tugenden hat der Richter nach dem Deutschenspiegel zu besitzen: Gerechtigkeit, Klugheit, Festigkeit und Selbstbeherrschung:

> „Ein ieglîh rihter sol vier tugende an im haben; die heizent fürsten über alle tugende: daz ist diu rehticheit unde diu wîsheit unde staete und diu mâze[311]."

Die Tugend der Gerechtigkeit soll er besitzen, d. h. er soll — wie der Deutschenspiegel erläuternd hinzufügt — sich durch keinerlei

---

[307] S. Th. II, II, qu. 60 art. 1 resp.: „Ad iudicem confugiunt sicut ad quandam iustitiam animatam." Vgl. *Aristoteles:* Nik. Ethik E 1132 a: τὸ δ' ἐπὶ τὸν δικαστὴν ἰέναι ἰέναι ἐστὶν ἐπὶ τὸ δίκαιον· ὁ γὰρ δικαστὴς βούλεται εἶναι οἷον δίκαιον ἔμψυχον. S. dazu auch *Hall:* Richter und Ankläger, S. 96; *Sommer:* Studien, S. 127.

[308] Ssp. Ldr. III 30 § 2.

[309] Zum Einfluß des römisch-kanonischen Rechts auf den Dsp. vgl. insbesondere *Stobbe:* Geschichte der deutschen Rechtsquellen I, S. 327 ff.

[310] *Zachariä:* Schöffenverfassung, S. 89, hat über die i. F. zitierte Stelle gesagt: „Sie bezeichnet sehr gut die moralischen Eigenschaften des Strafrichters, auf welche sich alles zurückführen läßt, was in moderner Form und Fassung über diesen Gegenstand gesagt worden ist." Vgl. zu dieser Stelle ferner *Heinemann:* Der Richter, S. 11; *Kern:* Geschichte, S. 9 f; *Krause:* Idealbild und Gefährdung des Richters, S. 26; *Scheyhing:* Amtsgewalt, S. 185; *Radbruch-Zweigert:* Einführung, S. 163.

[311] Vgl. Dsp. Ldr. 77 § 3.

Affekte, sei es Gunst oder Haß, von gerechtem Denken und Handeln ablenken lassen:

„Er sol reht sîn, alsô daz er durch liebe noch durch guotes miete noch durch vintschaft niht entuo wan das reht sî[312]."

Er soll Festigkeit besitzen, um bösen Anwandlungen widerstehen zu können[313]:

„Er sol staete sîn, alsô daz er sîn herze alsô staetez behalte, daz er niemer gerâte daz wider reht sî, und daz daz herze einen boesen muot gewinnet, sô sol der lîp also staetez sîn daz er dem boesen muote widerstê."

Der Richter soll alles, was er hat, sein Gut, sein Leben, seine ganze Person einsetzen, um das Recht zu schützen:

„... ein rihter sol alsô staete sîn daz er sînen lîp unde sîn guot sol wâgen daz er daz rehte scherme[314]."

Der Richter soll „weise" sein, er soll die Klugheit besitzen, um zwischen Gut und Böse unterscheiden zu können[315]:

„Er sol alsô witzic sîn daz er das übel von dem guoten und daz guote von dem übeln künne gescheiden; unde kan er daz, sô ist er ein wîser rihter."

Der weise Richter verbindet mit der Furcht Gottes die Liebe zum Recht und den Haß gegen alle Ungerechtigkeit:

„Die besten tugende sol er haben, daz ist daz er Got fürchten sol und daz er das rehte minnen sol und alliu unrehtiu dinc hazzen sol; sô ist er ein wîser rihter, tuot er diu dinc[316]."

Schließlich aber soll der Richter die Tugend der „mâze" besitzen, sich weder durch Recht noch durch Unrecht so mitreißen lassen, daß er wider das Recht handelt[317]:

„Ditz ist diu mâze: er sol durch daz reht noch durch daz unreht niemer so unmaezlichen zornic werden, daz er wider dem rehten iemer iht getuo."

Diese vier Tugenden – Gerechtigkeit, Klugheit, Festigkeit und Beherrschung – bilden gleichsam eine Einheit; die eine ohne die andere ist wertlos[318]:

„Die vier tugende sint also tugenthaft, daz einiu âne die andern dehein vrum ist; swer die eine zerbrichet, der hât si alle zerbrochen."

---

[312] Dsp. Ldr. 77 § 3.
[313] Dsp. a. a. O.
[314] Dsp. a. a. O.
[315] Dsp. Ldr. 77 § 3.
[316] Dsp. a. a. O.
[317] Dsp. a. a. O.
[318] Dsp. Ldr. 77 § 3.

Ihr Besitz ist für den Richter nicht nur wünschenswert, sondern geradezu notwendig. Denn[319]:

„Swelch herre oder rihter die vier tugende niht enthât, den hazzet got un de missevelt auch wîsen liuten."

Das Richterbild des Deutschenspiegels zeigt eindringlich, wie ernst es dem mittelalterlichen Rechtsdenken mit der Forderung nach einer charakterstarken Richterpersönlichkeit war. Die Persönlichkeit des Richters war das konstituierende Moment der mittelalterlichen Richteridee. „Anforderungen an den Charakter sind es", hat *Radbruch* gesagt[320], „aus denen der Deutschenspiegel mit hinreißendem Pathos sein Richterideal bildet", ein Ideal freilich, das nicht als bloßes Wunschbild mißverstanden werden darf, sondern eine durchaus reale Forderung an den Richter stellte. Bestand doch für das mittelalterliche Rechtsbewußtsein überhaupt „kein grundsätzlicher Unterschied zwischen Sein und Sollen"[321]. Ideales und positives Recht waren eins, das Recht selbst war „göttlich, natürlich, moralisch und positiv zugleich", es trug „in unklarer Vermengung die Heiligkeit des moralischen Gesetzes in sich"[322]. Also hatte auch der Richter, der das Recht lebte und verwirklichte, in demselben unmittelbar verpflichtenden Sinne gut und untadelig zu sein.

bb) Gedanken über den Richter, wie man sie im Deutschenspiegel findet, wurden zu jener Zeit nicht nur vereinzelt geäußert. Wie sehr die Auffassung, daß zum Richter vor allem sittliche Stärke gehöre, dem allgemeinen Empfinden entsprach, zeigt die Wiederkehr ähnlicher Vorstellungen in anderen mittelalterlichen Rechtsbüchern[323].

Der Schwabenspiegel, etwas jünger als der Deutschenspiegel[324], hat dessen Tugendkatalog übernommen und erblickt in „Gerechtigkeit, Stärke, Weisheit und Mäßigkeit" die unabdingbare charakterliche Grundlage gerechten Richtens[325]:

„Ein iegelich rihter sol vier tugent an ihm han. Die selben vier tugent die heizent die kardenäle tugent oder fürsten über alle tugende. Daz eine ist rehtikeit; daz ander wisheit; daz dritte sterke; daz vierte maze."

Diesem Satz schließen sich ähnliche Erläuterungen an, wie sie sich im Deutschenspiegel finden.

---

319 Dsp. a. a. O.

320 *Radbruch-Zweigert:* Einführung, S. 163.

321 *Wohlhaupter:* Rechtsfibel, S. 10.

322 F. *Kern:* Recht und Verfassung, S. 17, 18. Vgl. auch S. 18: Unter dem Recht wird „zugleich das sittliche Empfinden, die geistige Grundlage der ganzen Menschheitsordnungen, das Gute schlechthin mitgedacht."

323 Dazu neuerdings *Scheyhing:* Amtsgewalt, S. 185 f.

324 Vgl. *Stobbe:* Geschichte der deutschen Rechtsquellen I, S. 340 ff; *Conrad:* Rechtsgeschichte I, S. 353.

325 Schwsp. Ldr. 71 § 3.

Die Glosse zum sächsischen Weichbildrecht definierte diese Richtertugenden in einer für die Sinnfälligkeit mittelalterlichen Rechtsdenkens bezeichnenden Weise durch die ihnen entsprechenden „Untugenden“[326]

„...der richter sal sien gerichte durch keinerley sache willen unde sunderlich durch vier sachen wille, als durch vorchte, durch gyzigkeit, durch hasses oder durch nydes oder durch gabe willen verkeren.“

Diese negative Formulierung der Richtertugenden, die ebenfalls in der kirchlichen Lehre ihr Vorbild hat[327], kehrt in mannigfacher Abwandlung in mittelalterlichen Rechtsquellen, vor allem in vielen Richtereiden, wieder[328], die hier nicht im einzelnen aufgeführt werden sollen.

Für die mittelalterliche Richtervorstellung – das beweisen diese Gedanken über die Aufgabe des Richters – war der Richter als Person, als „tugendhafter“ Mensch, der seine Amtsausübung jederzeit vor Gott und Gewissen rechtfertigen kann, das Entscheidende. In dem Charakter des Richters, seiner rechtlichen Gesinnung, seiner ineren Zugewandtheit zum Recht sah mittelalterliches Rechtsbewußtsein die wesentliche Garantie der Gerechtigkeit. Mit der Frage, die für *Feuerbach* allein noch Bedeutung hatte: was der Funktion nach das Wesen richterlicher Tätigkeit ausmache, setzte sich das Mittelalter nicht auseinander. Es sah den Richter noch als konkret-menschliche Einheit, spaltete seine Funktion noch nicht ab von seinem Menschentum und gelangte so von selbst zu einer Vorstellung vom Richter, die die menschlichen Werte der Richterpersönlichkeit unmittelbar in den Vorgang der Rechtsverwirklichung durch Richterspruch mit einbezog. Der mittelalterlichen Richtervorstellung fehlte auf diese Weise zwar die rationale Klarheit, sie war, wie das mittlalterliche Rechtsdenken überhaupt, „warmblütig, unklar verworren und unpraktisch“; aber sie war eben deshalb zugleich „schöpferisch, von einer nicht zu übertreffenden Erhabenheit und Tröstlichkeit der Idee“[329].

3. *Die Richteridee im Rechtsdenken der Neuzeit*

a) Die Vorstellung vom Richter bei *Luther*

Auch dem Rechtsdenken der beginnenden Neuzeit war der Gedanke, daß zu echtem Richtertum nicht nur geistige Befähigung, sondern auch sittliche Haltung gehöre, nicht fremd. Das Reformationszeitalter rückte ihn erneut in den Mittelpunkt.

---

[326] Glosse zu Art. 18 (Ausg. von *Daniels-von Guben*, Sp. 263).

[327] Vgl. *Scheyhing:* Amtsgewalt, S. 185; s. auch *Gratian:* Decretum C. 78 C. XI, qu. 3 (S. 665).

[328] Vgl. *Scheyhing:* a. a. O.

[329] *F. Kern:* Recht und Verfassung, S. 64; das Zitat bezieht sich auf die mittelalteralterliche Rechtsvorstellung.

Für *Luther*[330] war das geoffenbarte Recht Gottes die oberste Richtschnur der sozialen Ordnung. Der Richter hatte sich daher stets mit dem göttlichen Recht in Einklang zu halten und bei seinem Handeln der Stimme des Gewissens zu folgen. Denn jedes Gerichtsurteil, auch wo es aus dem geschriebenen Recht geschöpft wird, muß nach *Luthers* Lehre vor dem Urteil des Gewissens bestehen können[331]. Dazu gehört für *Luther* vor allem eine charakterstarke Richterpersönlichkeit. „Du siehst also", mahnt er den Richter[332], „welchen Sinnes der bedarf, der das Amt des Richters und des Schwertes ausüben soll. Er muß Sieger sein über alle Leidenschaften, Furcht, Liebe, Gunst, Mitleid, Habsucht, Hoffnung, Ruhm, Leben und Tod. Er muß ganz schlicht die ganz schlichte Wahrheit lieben und das gerechte Urteil; denn das Urteil ist Gottes." „Es gehört vor allen Dingen ein frommer Mann zu einem Richter", fordert *Luther*, „und nicht allein ein frommer, sondern auch ein weiser, gescheiter, ja auch ein kühner Mann[333]." Echtes Richtertum verlangt darüber hinaus innere menschliche Anteilnahme des Richters an dem Richterspruch. Der Richter hat Mitleid auch mit dem Schuldigen: „Also sehen wir, daß ein frommer Richter mit Schmerzen ein Urteil fället über den Schuldigen und ihm leid ist der Tod, den das Recht über denselben bringt... So gar gründlich gut ist die Sanftmut, daß sie auch bleibt unter solchen zornigen Werken, ja am allerheftigsten im Herzen quellet, wenn sie also zürnen und ernst sein muß." „Wahre Gerechtigkeit hat Mitleid, falsche Gerechtigkeit ist enrüstet. Der wahre Jurist ist traurig und streng[334]." Der gute Richter hat so letztlich – damit greift *Luther* einen schon bei *Burchard von Worms* und *Thomas von Aquin* anzutreffenden Gedanken[335] auf – dem Angeklagten in Liebe zu begegnen.

b) Die Vorstellung vom Richter bei *Oldendorp* (1480–1567)

Im Gewissen des Richters fand Johann *Oldendorp*[336], ein unter dem Eindruck lutherischer Lehre stehender Rechtslehrer des 16. Jahr-

---

[330] Zur Rechtslehre *Luthers* vgl. insbes. *Beyer:* Luther und das Recht, München 1935; E. *Wolf:* Johann Oldendorp, in: Große Rechtsdenker, S. 138 ff (144 f), Schrifttum S. 174 f.

[331] Vgl. E. *Wolf:* Oldendorp, S. 150. Vgl. auch *Luthers* Predigt v. 6. 1. 1544: „Lieber Freund, Herr Richter, Ihr sollt wider euer Gewissen kein Urteil sprechen..." (*Beyer*, a. a. O., S. 49).

[332] zit. bei *Beyer:* Luther und das Recht, S. 54.

[333] a. a. O.

[334] Zit. bei *Beyer*, a. a. O., S. 55.

[335] Vgl. Decretum Burchardi, lib. XVI, c. 25 (bei *Migne*, P. L., tom. 140, col. 913 A); *Thomas von Aquin:* S. Th. II, II, qu. 67 a. 4.

[336] Zu *Oldendorp* vgl. E. *Wolf:* Johann Oldendorp, in: Große Rechtsdenker, S. 138 ff (Schrifttumsangaben S. 174 ff). Hauptwerk *Oldendorps:*

hunderts, die Quelle der Rechtserkenntnis, ja geradezu die Quelle des Rechts selbst. Das Gewissen ermöglicht es nach *Oldendorp* dem Richter, das positive Recht mit dem wahren und richtigen Recht in Einklang zu bringen; in ihm wirken natürliches Rechtsgefühl und biblische Rechtsweisung, Vernunft und Offenbarung, in unlösbarer Einheit zusammen[337]. Im Gewissen findet sich die rechte und zugleich billige Entscheidung für jeden Fall als ein „Gericht der natürlichen Vernunft" vorgezeichnet[338]. „Denn die Billigkeit", sagt *Oldendorp*, „kannst du aus keinen großen Büchern oder Schriften, viel weniger aus bestehenden Disputationen, sondern allein aus deinem eigenen unverrückbaren Gemüt erwägen und beurteilen... Also geschieht ein Gericht in deinem Gemüt oder Gewissen, das dir alle Gebrechen der Ordnungen oder Handlungen, so du zuhanden hast, eigentlich nachweist[339]." Das Gewissen macht daher erst eine selbstverantwortliche, unabhängige richterliche Entscheidung möglich[340]. In seiner Schrift „Was billig und recht ist" schärft *Oldendorp* deshalb dem Richter immer wieder den Rat *Luthers* ein, daß jedes Urteil auch vor dem Gewissen Bestand haben müsse. „Denn wir sollen alle Dinge wie vor Gott und nicht vor Menschen tun, auch keinesfalls wider unser Gewissen handeln. Wie könnte es denn bestehen, wenn du anders urteilen solltest als du in Wahrheit weißt?" Nach *Oldendorp* kann ein Mensch „nichts Gewisseres wissen als aus seinem Gewissen"[341]. Der Richter muß sich daher unablässig bemühen, „stets nach dem Gewissen und der wahrhaftigen Überzeugung zu richten"[342].

c) Die Vorstellung vom Richter bei *Schwarzenberg* (um 1463–1528)

Dem Freiherrn Johann *von Schwarzenberg*[343], dem Schöpfer des Strafrechts der Constitutio Criminalis Carolina, verdankt die Rechts-

---

„Wat byllich unn recht ys, eyne korte erklaring, allen stenden denstlick." Rostock 1529. Zit. nach der neuhochdeutschen Ausgabe von E. *Wolf*, 2. Auflage Franfurt a. M. 1948.

[337] E. *Wolf:* Oldendorp, S. 151.

[338] E. *Wolf*, a. a. O., S. 150.

[339] Was billig und recht ist, S. 11.

[340] E. *Wolf*, a. a. O., S. 150.

[341] *Oldendorp*, a. a. O., S. 21.

[342] *Oldendorp*, a. a. O.

[343] Zu *Schwarzenberg* vgl. jetzt insbes. E. *Wolf:* Große Rechtsdenker, S. 102 ff, Schrifttum S. 136, 137; aus der älteren Literatur vor allem *Stintzing:* Geschichte I, S. 612; *Geib:* Geschichte, S. 254 ff; *Stobbe:* Geschichte der deutschen Rechtsquellen II, S. 241 ff; *Zoepfl:* Biographie, S. 133 ff, 201 ff; *Rosshirt:* Schwarzenberg, S. 234 ff; Willy *Scheel:* Johann Freiherr zu Schwarzenberg, Berlin 1905, insbes. S. 169 ff. Immer noch wertvoll ist das Kapitel „Vom Leben und Charakter des Freyherrn von Schwarzenberg" in *Malblanks* Geschichte der PGO, S. 112 ff. Hinweise auf das ältere Schrifttum bei *von Kries:* Lehrbuch, S. 25 Anm. 2.

geschichte eine unvergängliche Deutung von Wesen und Aufgabe des Richters.

aa) *Schwarzenberg* gestaltete die Carolina nicht aus dem autoritären Selbstbewußtsein des Gesetzgebers heraus, der glaubte, dem Richter das als richtig erkannte Recht in letzter Klarheit und deshalb mit absoluter Verbindlichkeit zur Verfügung stellen zu können[344], sondern aus dem Wissen um die Unentbehrlichkeit des rechtsschöpferischen Richters. Nicht um eine umfassende gesetzgeberische Neuregelung war es *Schwarzenberg* zu tun; „er wollte nur zusammenfassen und festigen"[345]. Es ging ihm vor allem um eine Neubelebung des Rechtswesens vom Richtertum her[346]. Den Richtern galt *Schwarzenbergs* besondere Aufmerksamkeit. An der Spitze der CCC stehen nicht zufällig Vorschriften über das Richteramt. So sollen nach Art. 1 CCC alle Gerichte mit den besten und zuverlässigsten Richtern besetzt werden, die man bekommen kann:

„Item erstlich: setzen ordnen vnnd wöllen wir, daß alle peinlich gericht mit Richtern, vrtheylern vnd gerichtß-schreibern, versehen vnd besetzt werden sollen, von frommen, erbarn, verstendigen vnd erfarnen personen, so tugentlichst vnd best die selben nach gelegenheyt jedes orts gehabt vnd zu bekommen sein."

Mit einem ausdrücklichen ernsten Appell wandte sich *Schwarzenberg* an die Obrigkeit, damit für die gute Besetzung der Richterämter gesorgt werde[347]. Die adligen Gerichtsherren ermahnte er, sich ihrer häufig vernachlässigten Richterämter wieder anzunehmen. Übertriebenem Standesbewußtsein, das die Tätigkeit des Richters als zu subaltern verachtete, hielt er die Würde des Richteramts entgegen und wies darauf hin, daß

„ijnen doch solch gerichtsbesitzung an jrer achtbarkeyt oder standt gantz keyn nachteyl geberen soll noch kan, sonder mer zu fürderung der gerechtigkeyt, straff der boßhafften, vnd den selben vom adel vnd ämpter zu ehren reychen vnd dienen ist, solch peinlich gericht ...[348]"

Wie sich darin schon äußerlich *Schwarzenbergs* Sinn für Bedeutung und Würde des Richteramts kundgab, so durchzog sein gesamtes Gesetzgebungswerk der Gedanke, daß die innere Autorität des gewissenhaften und um klare Rechtserkenntnis bemühten Richters die Wirksamkeit des Rechts begründe, eine Vorstellung, die bei *Schwarzenberg* geradezu zur Ausrichtung der gesamten Strafrechtsordnung

---

[344] Vgl. *Wächter:* Gemeines Recht, S. 118; *Geib:* Geschichte, S. 270; *von Bar:* Geschichte, S. 118; *Rosshirt:* Criminalprozeß der Carolina, S. 624; Eb. *Schmidt:* Der Richter, S. 283.

[345] E. *Wolf:* Große Rechtsdenker, S. 118.

[346] Das betont Eb. *Schmidt:* Inquisitionsprozeß, S. 77 f.

[347] Vgl. CCC Art. 1 Abs. 1.

[348] CCC Art. 1 Abs. 2.

auf den strafenden Richter führte[349]. So strebte *Schwarzenberg* kein umfassendes, die Rechtsanwendung zum Modus logischer Technik vereinfachendes Gesetzessystem an, sondern eine Sammlung und Gliederung gültiger „wissenschaftlicher" Lehr- und richterlicher Erfahrungssätze, die als „Richtungsnormen"[350] die Entschließungen des Richters leiten sollten. Durch persönliche Erlebnisse auf dem Richterstuhl angeregt, hatte *Schwarzenberg* über das Strafrecht nachgedacht und es unternommen, es für den Gebrauch des Richters zu sammeln, aufzuzeichnen und zu ergänzen[351]. „Richterliche Erfahrung und Einsicht" waren es, „die *Schwarzenberg* die Feder geführt haben"[352]. Diese Erfahrung war es auch, die *Schwarzenberg* die Erkenntnis vermittelte, daß die Rechtsordnung auf die geistige Aufgeschlossenheit und den sittlichen Willen des Richters unmittelbar angewiesen ist. „*Schwarzenberg* weiß als erfahrener Richter", sagt Eberhard *Schmidt*[353], „daß das Gesetz nicht für jeden Fall eine passende Entscheidung bieten kann. Oft genug läßt das Gesetz den Richter vor dem Einzelfall im Stich." Hier bedarf es notwendig der mit sicherem Sinn für klare Unterscheidungen und zugleich mit der Stärke sittlichen Wollens ausgerüsteten Persönlichkeit des Richters.

bb) Diese bei *Schwarzenberg* wieder begegnende Idee der doppelten — geistigen und sittlichen — Grundlage des Richtertums hat in den beiden Richtertugenden „bescheidenheit" und „mâze", die die Carolina voraussetzt, ihren Ausdruck gefunden[354].

„Bescheidenheit" im damaligen Verständnis des Wortes meint die intellektuelle Komponente der richterlichen Entscheidungstätigkeit, das „Vermögen, den Besonderheiten aller Fälle gegenüber aufgeschlossen zu bleiben", „die zu vernünftigen Unterscheidungen fähige Verstandestätigkeit"[355]. Sie war nicht identisch mit logischer „Subsumtion", wurde von *Schwarzenberg* vielmehr als eine auf Erfahrung und Schulung beruhende „Unterscheidungskunst" verstanden. Diese Kunst, die Fähigkeit, die „gar vil underscheidt"[356] der Rechtsfälle zu

---

[349] Was *Boldt*: Boehmer, S. 50, in diesem Zusammenhang über *Boehmer* gesagt hat, gilt sinngemäß auch für *Schwarzenberg*, dem *Boehmer* insoweit folgt. Die Ausrichtung auf den Richter kommt auch darin zum Ausdruck, daß die CCC gleich zu Beginn des materiellen Teils (Art. 104, 105) das Verhältnis von Richter und Gesetz regelt.

[350] E. *Wolf*: Große Rechtsdenker, S. 118.

[351] E. *Wolf*, a. a. O., S. 106.

[352] Eb. *Schmidt*: Kriegsstrafverfahrensordnung, S. 435.

[353] Eb. *Schmidt*: Der Richter, S. 283.

[354] Vgl. dazu Eb. *Schmidt*: Inquisitionsprozeß, S. 79 f; Strafrechtspflege und Rezeption, S, 263; Einführung, S. 137 ff; Der Richter, S. 282 f; Die Sache der Justiz, S. 90; Richter und Staatsanwalt, S. 181 f.

[355] Eb. *Schmidt*: Die Sache der Justiz, S. 90 Anm. 31.

[356] Vgl. CCC Art. 150 Abs. 3.

erkennen und danach zu handeln, wollte *Schwarzenberg* den Richtern seiner Zeit vermitteln, um, wie es die Vorrede als Hauptabsicht bezeugt, der richterlichen „Unbegrifflichkeit" zu Hilfe zu kommen. Sein Gesetzbuch sollte in diesem Sinne mehr ein Handbuch, eine Anleitung zu selbständigem Denken, zur Entscheidung an Hand des Einzelfalles, denn eine systematische Kodifikation sein[357]. *Schwarzenberg* begriff die Rechtsgewinnung mehr als richterliche, aus Rechtserfahrung und Rechtswissen geschöpfte „Rechtsfindung" denn als logisch-schematische „Rechtsanwendung". Die Gerechtigkeit des Urteils beruhte nicht allein auf dem konkretisierenden Vollzug des Gesetzes, sondern zugleich auf der individualisierenden Beurteilung des Einzelfalls durch den Richter. „Nach gelegenheyt eines jeglichen fals" soll der Richter die Entscheidung treffen[358]. Die geschriebene Rechtsnorm ist nur die Leitlinie für die richterliche Entscheidung, nicht der autoritative Rechtstext, der blinden Gehorsam verlangt. Auf der Grundlage der durch das Gesetz geleiteten Rechtserkenntnis hat der Richter aus eigener Erfahrung und eigenem Rechtswissen die Entscheidung zu finden. Das Gesetz soll, wie es *Wächter* treffend gesagt hat, „das Unvermittelte möglichst vermitteln", ohne jedoch „den Richter nun ganz an das geschriebene Wort zu binden"[359]. Andererseits soll es eben dadurch der „Ungebundenheit entgegentreten"[360], die Rechtsprechung aus der Sphäre unkontrollierter Emotionen in die Region kritischer Klarheit emporheben, damit der Richter nicht ein „Spielball vager Gefühle und Stimmungen" werde[361].

Ihre tiefste Grundlage fand die Tätigkeit des Richters nach *Schwarzenbergs* Vorstellung aber letztlich nicht im Bereiche des Geistigen, sondern im Sittlichen. Denn *Schwarzenberg* war – wie Eb. *Schmidt* gesagt hat[362] – „von der Auffassung durchdrungen, daß echtes Richtertum nicht nur Schulung des Verstandes, sondern auch eine charakterliche Haltung erfordert". Zum „Schönsten und Feinsten" im Rechtsdenken der Zeit *Schwarzenbergs* gehört daher, was ihre Gesetze „über das Amt des Richters und die an ihn zu stellenden ethischen Anforderungen zu sagen wissen"[363]. Neben die geistig-intellektuelle Richterqualität der „bescheidenheit" tritt so die Tugend der „mâze", wie sie auch schon Deutschen- und Schwabenspiegel kannten. Im Gegensatz zur „bescheidenheit" zielt „mâze" nicht sowohl auf die Ausbildung verstandesmäßigen Unterscheidungsver-

---

[357] Vgl. *Rosshirt:* Criminalprozeß der Carolina, S. 624.

[358] Vgl. CCC Art. 92.

[359] *Wächter:* Gemeines Recht, S. 118.

[360] *Wächter*, a. a. O.

[361] Eb. *Schmidt:* Der Richter, S. 283.

[362] Einführung, S. 137.

[363] Eb. *Schmidt:* Der Richter, S. 282.

mögens als vielmehr auf die Fundierung und Überhöhung der geistigen Fähigkeiten des Richters durch sittliche Anstrengung, bedeutet sie die Kultur der sittlichen Richterpersönlichkeit. „Das eben bewirkt die ‚mâze', daß der Richter in seiner charakterlichen Haltung sicher bleibt gegenüber allen Anfechtungen", daß er die Kraft gewinnt, „alle Leidenschaften zu beherrschen" und „in seinem Amte demütig und bescheiden" wird[364].

d) Die Vorstellung vom Richter im voraufklärerischen Schrifttum des 18. Jahrhunderts

aa) Der Gedanke, daß echtes Richtertum nicht nur im Geistigen, sondern zugleich im Sittlichen wurzele, ist im deutschen Rechtsdenken bis an die Schwelle des Aufklärungszeitalters lebendig geblieben. Insbesondere in der Gewissensgebundenheit des Richters sah man im 18. Jahrhundert das für die Stellung des Richters konstituierende Merkmal. Das Schrifttum jener Zeit wiederholt in vielfacher Abwandlung die Forderung, daß der Richter alle seine Entscheidungen jederzeit vor Gott und Gewissen müsse verantworten können[365].

Welche Bedeutung man dem Richtergewissen beimaß, zeigt die damals herrschende juristisch-theologische Spekulation über den sog. „Gewissensprozeß"[366]. Ihr Ausgangspunkt war der von der Weichbildglosse her bekannte Gedanke[367], daß Gott selbst über den Richter zu Gericht sitze an demselben Ort und zu derselben Zeit, da dieser über andere richte. Man ging der Frage nach, wo dieses Gericht stattfinde, „wo aber dasselbe gerichtet und durch welchen Process es gehalten werde"[368]. Diesen Ort und diesen Prozeß fand man im Gewissen des Richters. „Was sich vor Gericht in der äußeren Welt als Prozeß mit eingehender Erörterung des Für und Wider vollzog, spielte sich sozusagen in ähnlicher Weise vor dem Forum des Gewissens ab[369]." Der Prozeß vor dem Tribunal des Gewissens erschien

---

364 Vgl. Eb. *Schmidt:* Der Richter, S. 283; Einführung, S. 138; Die Sache der Justiz, S. 90 Anm. 31. Vgl. zur „mâze" ferner Eb. *Schmidt:* Inquisitionsprozeß, S. 79 f; Strafrechtspflege und Rezeption, S. 263; Richter und Staatsanwalt, S. 181 f.

365 Vgl. z. B. J. H. *Boehmer:* Vorrede zu Peter *Roques:* Gestalt Eines Gewissenhaften Richters, S. 43 ff; Friedrich Carl *von Moser:* Reliquien, Frankfurt 1766, S. 323; *Naevius:* Jus Justitiariorum, S. 28 ff; *von Seckendorff:* Teutscher Fürsten-Staat, S. 638 f; *von Massow:* Anleitung für den practischen Dienst, S. 47; *Schramm:* Richterlicher Gewissensspiegel, Vorrede, S. 3 R.

366 Vgl. dazu *Döhring:* Geschichte, S. 90 f.

367 Vgl. o. S. 86.

368 *Naevius,* a. a. O., S. 427.

369 *Döhring,* a. a. O., S. 91.

gleichsam als Vorspiel des jüngsten Gerichts. Setzte doch nach der Vorstellung der damaligen Zeit ein Richter, der im Amte nachlässig war, sein Seelenheil aufs Spiel. Er hatte schon zu Lebzeiten göttliche Strafe zu fürchten. „Woher kömmts doch", fragt *Naevius* 1713 in seinem „Jus Justitiariorum"[370], „daß mancher Officialis vor der Zeit verfället ... oder Kranckheit und andere Unglücks-Fälle empfindet ... oder kein fröliches Hertz, sondern eitel Unruhe hat?" „Ists nicht also", antwortet er[371], „daß solches alles Kennzeichen Gottes geheimer Straffe wegen böser Administration seiner Gerichte und Justitz oder auch Signa Göttlicher Züchtigung seyn?"

Bei dieser Einstellung wurde die Gewissensnot, in die den Richter seine Amtspflichten führen konnten, sehr stark empfunden. Mancher ehrliche Mann, meint Melchior *von Osse*[372], der von der Gerichtssitzung heimkehre und überdenke, wie er abgestimmt habe, wünsche, nicht dabeigewesen zu sein, und fürchte sich vor der schweren Verantwortung, die er auf sein Gewissen geladen habe. Nachdrücklich wurden die Richter daher in vielen Anstellungsurkunden des 18. Jahrhunderts außer auf ihre Amts- und Rechtspflichten auch auf ihre Verantwortung vor Gott und Gewissen hingewiesen[373].

bb) Im übrigen beschäftigte sich das juristische Schrifttum des 18. Jahrhunderts, soweit es die Stellung des Richters behandelte, nicht selten ausschließlich mit den rechtsethischen Fragen des Richteramts und besonders mit den sittlichen Anforderungen an die Persönlichkeit des Richters. *Lenhart* entwarf in seiner Schrift „Versuch einer Darstellung der Eigenschaften, welche die Würde des Richteramts von dem Richter fordert"[374], das Bild einer idealen, durch Klugheit ebenso wie durch Gerechtigkeitssinn und Menschlichkeit ausgezeichneten Richterpersönlichkeit. „Bild eines vollkommenen Richters" hieß eine von *Klauhold* verfaßte richterliche Pflichtenlehre[375]. *Rambach* übertrug das Buch des Franzosen *Roques:* „Gestalt eines gewissenhaften Richters"[376] ins Deutsche. Johann Friedrich *Schramm* knüpfte mit seinem

---

[370] a. a. O., S. 35.

[371] Jus Justitiariorum, S. 35.

[372] Vgl. Schriften Melchior *von Osses*, hrsg. von Artur *Hecker*, Leipzig und Berlin 1922, S. 437.

[373] Vgl. z. B. die von *Seckendorff* mitgeteilte Bestallungsurkunde für einen „Hof- und Justitien-Rath", in: Teutscher Fürsten-Staat, S. 638, 639.

[374] Josef J. *Lenhart:* Versuch einer Darstellung der Eigenschaften, welche die Würde des Richteramtes von dem Richter fordert, Karlsbad 1730.

[375] Karl August *Klauhold:* Bild eines vollkommenen Richters, oder Vorschläge zu einer vernünftigen Verwaltung des Richteramtes, den Zeitbedürfnissen gemäß dargestellt, Gießen 1798.

[376] Peter *Roques:* Gestalt Eines Gewissenhaften Richters, mit einer Vorrede von Just Henning *Boehmer*, aus dem Französischen übersetzt von Friedrich Eberhard *Rambach*, Jena 1747.

„Richterlichen Gewissensspiegel“[377] an die seit dem 17. Jahrhundert bestehende Richterspiegelliteratur an[378]. Eine richterliche Pflichtenlehre enthielt auch G. S. *Hunolds* Buch „Der alte und der neue Amtmann“[379].

Aus diesem Schrifttum ragen drei Werke heraus, die für die Richtervorstellung des 18. Jahrhunderts besonders charakteristisch sind, weil sie in lebendiger Weise für das personale Verständnis des Richteramts Zeugnis ablegen. Es sind der „Richterliche Gewissensspiegel“ Johann Friedrich *Schramms*, die Vorrede Justus Henning *Böhmers* zu Peter *Roques'* „Gestalt eines gewissenhaften Richters“ und Karl August *Klauholds* „Bild eines vollkommenen Richters“.

Schramm bewegte besonders die Frage, ob der Richter befugt sei, lediglich nach dem Akteninhalt und dem Buchstaben des Rechts – secundum acta et probata – zu befinden, oder ob er verpflichtet sei, nur bei entsprechender Gewissensüberzeugung zu verurteilen. Er beantwortete sie mit *Luther* und *Oldendorp*[380] dahin, daß der Richter sein Urteil stets vor dem Gewissen müsse rechtfertigen können. „Zwar stehen leider viele“, bedauert *Schramm*[381], „in denen irrigen Gedancken, es sey genug, wenn sie bey Abfassung derer Urtheile und Bescheide bloß auf Acta et probata giengen, massen ein Richter auf solche geschwohren, einfolglich daran lediglich gebunden, und hingegen das Gewissen hierbey zu beobachten nicht nöthig habe.“ Das sei jedoch eine falsche Auffassung. Müsse doch ein jeder Richter „bedencken, daß er in der Stunde, da er andere richtet, von dem Richter aller Welt zugleich wieder gerichtet werde, und er seine gesprochene Urtheile dermaleinst vor dem Richterstuhl Christi zu justificieren habe“[382]. Eingehend setzt sich *Schramm* mit dem Einwand auseinander, daß eine Gewissensentscheidung leicht zu großer Rechtsunsicherheit führen könne[383]:

> „Mir ist zwar unverborgen, daß gar leicht das dubium movieret werden könte: wann einem Richter erlaubet sey, eine Sache nach den Gewissen und nicht nach den Actis und probatis zu entscheiden, würde in denen judiciis die grösseste Confusion entstehen.“

---

377 Erfurt 1729.

378 Vgl. z. B. Caspar *Ziegler:* Dicastice, Wittenberg 1672; Leonhard S. *von Meltorf:* Richterspiegel, Hamburg 1666; Johann Jacob *von Weingarten:* Richterspiegel, Prag 1682; Stephan *Guazzo:* Rechtschaffener Richter und Amtsmann, o. O. 1688.

379 Halle 1716.

380 Zu *Luther* vgl. *Beyer:* Luther und das Recht, S. 55, 56; vgl. auch u. S. 93 f dieser Arbeit; *Oldendorp:* Was billig und recht ist, S. 13.

381 *Schramm:* Richterlicher Gewissensspiegel, S. 2 R (Vorrede).

382 *Schramm:* Richterlicher Gewissensspiegel, Vorrede, S. 5 R/6, S. 3.

383 *Schramm:* Richterlicher Gewissensspiegel, Vorrede, S. 5 R/6.

Dieses Bedenken sei jedoch nicht stichhaltig. Denn niemand werde vernünftigerweise verlangen, daß der Richter ausschließlich und allein nach seinem Gewissen entscheiden solle, woraus freilich „mancherley inconvenientien entstehen“ könnten. Nicht daß das subjektive Gewissen des Richters die einzige Quelle der Entscheidung sei, werde indessen gefordert, vielmehr komme es nur darauf an, daß kein Richter gegen die Stimme seines Gewissens entscheiden dürfe[384]:

„... nur so viel wird begehret, daß ein Richter in Urtheilen sein Gewissen nicht auf die Seite setzen, lediglich auf Acta und probata gehen, auch dasjenige, so er besser weiß oder deutlicher heraus zu bringen vermag, unterlassen, mithin contra animi judicium ac veritatem aliunde cognitam ein Werck entscheiden soll.“

In Justus Henning *Boehmers* Vorrede kehrt in scharfer Ausprägung die thomistische Idee der doppelten Grundlage des Richtertums wieder. *Boehmer*[385] betont, daß echtes Richtertum neben einer Kultur des Intellekts vor allem sittliche Tugend des Richters verlange. „Es bestehet dahero die Gerechtigkeit in zweyen Stücken, als erstlich in einem beharrlichen Willen und beständigen Vorsatz, dieselbe auszuüben, welches eine Handlung und Beschäftigung des Gemüths und Tugend ist[386].“ Geistige Befähigung und sittliche Haltung des Richters gehören für *Boehmer* eng zusammen. „Soll die Gerechtigkeit eine Haupt-Tugend seyn, so kan man von derselben den Vorsatz und die Bereitwilligkeit des Willens nicht absondern[387].“ Der Richter müsse daher nicht nur das Recht geistig beherrschen, sondern auch als Mensch ständig nach gerechter Gesinnung streben. Denn die Richter sind, wie *Boehmer* sagt[388], „die vornehmste Stütze der Handhabung der Gerechtigkeit, wann sie nicht allein eine vollkommene Wissenschaft der Rechte besitzen, sondern auch einen guten Willen und anhaltende Bestrebung zur Ausübung der Gerechtigkeit sich erworben haben“. Diese „letztere Gemüths-Beschaffenheit“ sei „die vornehmste Eigenschaft bey einem Juristen, welche nicht hintangesetzt“ werden dürfe[389]. Auch hier steht also letztlich die Persönlich-

---

384 *Schramm:* Richterlicher Gewissensspiegel, Vorrede, S. 6: „Wenn jemand statuirte, es solte ein Richter die Acta und was in solchen dargethan, gäntzlich auf die Seite setzen und die ihn vorkommende Sache bloß nach seinen Gewissen entscheiden, so irrete er freylich ...“ Das folgende Zit. S. 6 R.

385 Über ihn vgl. Hans *Liermann* in: Neue Deutsche Biographie, Bd. II (1953 ff), S. 391 f m. w. Hinw.

386 *Boehmer:* Vorrede zu Peter *Roques:* Gestalt Eines gewissenhaften Richters, S. 18.

387 *Boehmer:* Vorrede, a. a. O.

388 *Boehmer:* Vorrede, S. 41.

389 *Boehmer:* Vorrede, a. a. O.

keit, stehen Charaktereigenschaften und Gesinnung des Richters im Vordergrund, haben Vorrang vor den juristisch-technischen Kenntnissen.

Einen besonderen Rang nimmt in dem richterrechtlich-richterethischen Schrifttum jener Zeit das Buch *Klauholds* ein. Bereits gegen Ausgang des 18. Jahrhunderts geschrieben und sichtlich schon unter dem Eindruck der Aufklärungsbewegung entstanden, faßt diese Schrift noch einmal die personal-gewissensbezogene Richterauffassung der Voraufklärungszeit zusammen.

„Bedenken Sie immer" — das ist der Leitgedanke des in Form von Briefen an einen Richter geschriebenen Buches —, „daß Sie Mensch waren, ehe Sie Richter wurden, daß in Ihrer neuen Sphäre nichts Pflicht für Sie sein kann, was jenen früheren Pflichten widerspräche[390]." Ein Richteramt versehen ist für *Klauhold* nicht denkbar ohne einen engen Bezug zur Ethik. „Der Richter, der nicht all sein Thun und Lassen auf das Sittengesätz bezieht, sondern mechanisch, nach seinen juristischen Systemen — nach den toten Buchstaben handelt, versagt der Vernunft die schuldige Achtung[391]." Aufgabe des Richters ist es nach *Klauhold* vielmehr, rechtliche und sittliche Ordnung vom Sittengesetz her in Einklang zu halten. „Der Richter soll streng nach dem Gesäz urtheilen, aber erst dann, wenn er es auf das Sittengesäz bezogen und seine moralische Möglichkeit eingesehen hat[392]." Zum Richter gehört deshalb — hier greift *Klauhold* ebenfalls den Gedanken der „doppelten Grundlage" des Richtertums auf — neben intellektueller Befähigung charakterliche Stärke. „Kenntnis der Gesäze und die Geschicklichkeit, sie auf vorkommende Fälle richtig anzuwenden, reichen..., so unentbehrlich solche Eigenschaften auch sind — noch lange nicht hin: unerschütterliche Rechtschaffenheit muß der schöne Charakter des Richters seyn[393]." Es ist deshalb für *Klauhold* nicht gleichgültig, was für ein Mensch der Richter ist[394]; es ist vielmehr für die Verwirklichung einer ethisierten Rechtsordnung höchst wichtig, ob hinter einem „an sich" richtigen Richterspruch auch eine charakterlich einwandfreie Richterpersönlichkeit steht, ein Gedanke, den wir schon bei *Isidor von Sevilla* vertreten sahen[395].

---

390 *Klauhold:* Bild eines vollkommenen Richters, S. 13. Vgl. auch S. 15.

391 *Klauhold:* Bild eines vollkommenen Richters, S. 15.

392 *Klauhold,* a. a. O., S. 16, Fußnote.

393 *Klauhold,* a. a. O., S. 23.

394 Vgl. zu diesem Problem allgemein K. *Peters:* Das Gewissen des Richters und das Gesetz, S. 29; Strafprozeß, S. 92; Kriminalpädagogik, S. 182; jetzt auch Werner *Goldschmidt:* Der Aufbau der juristischen Welt, Wiesbaden 1963, S. 191 ff.

395 Vgl. *Isidor:* Etymologien, lib. IX, IV, 14/15; s. dazu S. 87 dieser Arbeit.

„Denken Sie sich, mein Freund", sagt *Klauhold*[396], „welches Entsetzen sich auch des Rechtschaffenen bemeistern muß, wenn er findet, daß der, in dessen Hände man sein ganzes Glück gegeben hat, ... ein unmoralischer Mensch ist." „Der Richter hingegen, der mit den nöthigen wissenschaftlichen Kenntnissen unerschütterliche Rechtschaffenheit vereiniget, ist dem Lande ein Segen[397]."

Jeder Richter muß sich daher unablässig um gerechte Haltung bemühen, muß sich immer wieder selbst prüfen, sich seine Schwächen zum Bewußtsein bringen, damit unstatthafte Beweggründe keinen Einfluß auf seine Entscheidungen gewinnen. Bleibt doch der Richter, wie *Klauhold* mit psychologischer Einsicht erkennt[398], „immer ein Mensch, ein sinnlich vernünftiges Wesen, das bei all seinem Bestreben, dem Vernunftgesäz jederzeit gemäß zu handeln, von zusammentreffenden Umständen hingerissen werden kann, sich durch die Triebfeder der Lust bestimmen zu lassen". „Nur der unaufhörliche Gedanke an die erhabene Bestimmung des Richters, nur der festeste Vorsatz, diese nie aus den Augen zu lassen[399]" vermag daher eine gerechte richterliche Rechtsfindung zu gewährleisten.

Am Schluß seines Buches wendet sich *Klauhold* noch einmal mit dem ernsten Appell an den Richter: „Die Richterpflichten heben die Pflichten des Menschen nicht auf, und der Vollstrecker der Gesäze muß unerbittlich gerecht sein können, ohne daß ihm sein Herz den Vorwurf zu machen hätte, eine einzige Pflicht der Menschlichkeit wissentlich verletzt zu haben[400]."

4. Zusammenfassung

Dieser notwendig fragmentarische Überblick über die Geschichte der Richteridee in der Zeit vor der Aufklärung zeigt, wie sehr das deutsche Rechtsdenken, wenn es sich den Fragen des Richteramts zuwandte, bis an die Schwelle des Aufklärungszeitalters von dem Bewußtsein durchdrungen war, daß Richter-Sein mehr bedeute als logisch-technische Gesetzesanwendung, nämlich eine unlösbare Einheit von Erkennen, Handeln, Wollen und Werten, nachvollziehendem und schöpferischem Tätigsein in ständiger unermüdlicher Ausrichtung des Richtenden auf Wahrheit und Gerechtigkeit. Das Rechtsdenken der Voraufklärungszeit verlangte deshalb von dem Richter nicht nur geistige, sondern auch sittliche Qualitäten, nicht nur eine Schulung

---

[396] a. a. O., S. 23.
[397] *Klauhold*, a. a. O., S. 24.
[398] *Klauhold:* Bild eines vollkommenen Richters, S. 51.
[399] *Klauhold:* Bild eines vollkommenen Richters, S. 93.
[400] *Klauhold:* Bild eines vollkommenen Richters, S. 160.

des Verstandes, sondern eine Kultur der ganzen Persönlichkeit. Wesen und Aufgabe des Richteramts wurden so in engem Zusammenhang mit dem Menschentum des Richters gesehen, Richteramt und Richterpersönlichkeit einander wechselseitig zugeordnet und geradezu als notwendige Einheit betrachtet. Dieser personale Bezug bleibt in allen Entwicklungsstadien der Richteridee sichtbar, von der personbezogenen Anknüpfung der Richtereigenschaft an das charismatische „Wissen vom Recht“ im altdeutschen Rechtsdenken über die scholastisch-kanonistische Lehre vom „bonus iudex“, die lutherische Forderung nach Gewissensbezogenheit des richterlichen Handelns und die Richtervorstellung *Schwarzenbergs* bis hin zu den Gedanken *Klauholds* über das Verhältnis von „Richterpflicht“ und „Menschenpflicht“. Überall war es letztlich die alte aristotelische Wesensbestimmung vom Richter als „beseeltem Recht“, die hierin zum Ausdruck kam.

Diese Zuordnung von Richteramt und Richterpersönlichkeit, in der eine grundlegende Aussage über das Wesen des Richtertums liegt, entschwand im Zeitalter der Aufklärung dem Bewußtsein. Die von der kriminalpolitischen Aufklärung bedingungslos geforderte Ausrichtung des Richterspruchs am positiven Gesetz, die den Richter vom schöpferischen Repräsentanten der Gerechtigkeit zum individualitätslosen Vollstrecker der Norm degradierte, ließ die personale Grundlage des Richtertums verblassen. Das Streben nach einer rational klaren Abgrenzung der Rechtsanwendung von der Gesetzgebung, verbunden mit einer vernunftgläubigen Verabsolutierung des Gesetzes, führte zur Eliminierung aller persönlichkeitsbezogenen Elemente aus dem Prozeß der Rechtsgewinnung, der lediglich als logisch-schematischer Subsumtionsvorgang verstanden wurde. Die „Persönlichkeit des Richters“, um deren Formung sich die Verfasser von Deutschenspiegel und Schwabenspiegel mit *Isidor, Burchard* und *Thomas* bemüht, der die ernsten Mahnungen *Luthers* und *Oldendorps* gegolten hatten, und um die das Denken *Schwarzenbergs, Schramms, Boehmers* und *Klauholds* kreiste, wurde für das Rechtsdenken der Aufklärung zum bloßen menschlichen Substrat einer rein überpersönlich-sachlich aufgefaßten Gesetzesanwendung. Nach der Vorstellung der Aufklärung war der Richter als Mensch, als mit Willen, Wertgefühl und Gewissen ausgestattete Persönlichkeit, an der Rechtsfindung unbeteiligt; er hatte sich, neutral bis zur Selbstverleugnung, streng auf den logisch-schematischen Normvollzug zu beschränken. Jedes Hinausgreifen über diesen diesem Richter zugewiesenen Bereich schien als potentielle „Richterwillkür“ gefährlich und unzulässig. In dem Bestreben, ihre rechtspolitische Konzeption eines streng rationalen, mit naturgesetzähnlicher Präzision funktionierenden Gesetzesmechanismus widerspruchsfrei im Rechtsleben zu verwirklichen, „entpersönlichte“ die Aufklärung die Idee des Richters, erklärte den Richter – wie es

Montesquieu kaum treffender hätte sagen können – zum „unbeseelten Wesen" und verlor damit das Gefühl für die persönlichkeitsbezogenen Momente des Richterspruchs, das sich deutsches Rechtsdenken, wie wir sahen, jahrhundertelang zu bewahren vermocht hatte. Der Bruch mit der geschichtlichen Tradition, der hier vollzogen wurde, wirkt noch heute im Bewußtsein nach.

VI. Die Stellung des Richters im Strafprozeßrecht zur Zeit der Aufklärung

Die rationalistisch-mechanistische Grundeinstellung der Aufklärung zu Richtertum und Rechtsfindung – insbesondere ihre gleichgültige, ja feindliche Haltung gegenüber Wesen und Wirken der Richterpersönlichkeit – hat nicht zuletzt die Stellung des Richters im Strafprozeßrecht, die nunmehr näher zu betrachten sein wird, entscheidend mitgeprägt. Es ist allerdings schon seit dem 19. Jahrhundert des öfteren hervorgehoben worden, daß das Zeitalter der kriminalpolitischen Aufklärung, das auf dem Gebiet des materiellen Strafrechts zu durchgreifenden Veränderungen in der Ausgestaltung des Richteramts führte, die Stellung des Richters im Gefüge des Strafverfahrensrechts, wie sie sich geschichtlich entwickelt hatte, nahezu unverändert ließ[401]. Indessen läßt gerade diese Tatsache den mechanistisch-rationalistischen Charakter der aufklärerischen Richteridee deutlich werden; konnte doch die Aufklärung – wie noch zu zeigen sein wird – von ihren inneren Voraussetzungen her gar nicht zu einer entscheidenden Umgestaltung der prozessualen Stellung des Richters gelangen. Das wird erkennbar, wenn man sich die Eigenart der Verfahrensgestaltung vergegenwärtigt, welche die Stellung des Richters zur Zeit der Aufklärung bestimmte.

Die Stellung des Richters im Strafprozeßrecht war damals wie heute die Resultante zweier Komponenten: der Verfahrensstruktur und des Beweisrechts.

1. *Die prozeßstrukturelle Komponente*

Seiner Struktur nach war das zur Zeit der Aufklärung herrschende Strafverfahren der „Inquisitionsprozeß", und zwar in der Form und Gestalt, die ihm Lehre und Praxis des gemeinen Rechts – die ihrerseits auf der Carolina beruhten – verliehen hatten.

---

[401] Vgl. z. B. *Zachariä:* Gebrechen und Reform, S. 9; *Mittermaier,* ACrR. 1842, S. 41 ff; *Möhl,* ZStrVerf. N. F. 1844, S. 231/232; vgl. ferner *Fischl:* Aufklärungsphilosophie, S. 219; *von Hippel:* Strafprozeß, S. 39.

a) Rückblick auf die Entwicklung des Richteramts im gemeinrechtlichen Inquisitionsverfahren

aa) Dieser Inquisitionsprozeß hatte sich in einem höchst komplizierten und vielschichtigen Entstehungsvorgang, der hier in seinen Einzelheiten nicht zu verfolgen ist[402], neben und aus dem altdeutschen „Anklageverfahren" entwickelt und dieses schließlich verdrängt.

Das ursprüngliche deutsche Strafverfahren war reiner Parteiprozeß, ein Rechtsstreit zwischen Kläger und Beklagtem vor Gericht. Es stand in engem Zusammenhang mit dem altdeutschen Kompositionensystem und bezweckte, ohne staatlich-sozialen Gesichtspunkten Raum zu geben, die Versöhnung des Verletzten oder dessen Sippe mit dem Rechtsbrecher im Wege eines streng formalen Rechtsganges[403]. Es hatte demgemäß nicht – oder doch nicht vorwiegend[404] – den Sinn, dem Gericht logisch-verstandesmäßige Klarheit über bestimmte Tatsachen zu verschaffen; vielmehr sollte dem Beklagten im Prozeß Gelegenheit gegeben werden, sich unter traditionell-formalen Regeln von dem Klagevorwurf zu „reinigen". Das altdeutsche Verfahrensrecht stellte ihm daher in den irrationalen Beweismitteln des frühen deutschen Rechts, Eid, Zweikampf, Gottesurteil u. a., Mittel zur Verfügung, die durch den Klagevorwurf verletzte Ehre wiederherzustellen[405], und beschränkte das Gericht auf die Überwachung der Verfahrensregeln. Das rein als Streit zwischen den Parteien gestaltete deutsche Strafverfahren verwies damit den verhandlungsleitenden „Richter" und, stärker noch, das von ihm nach alter deutscher Auf-

---

402 Zur Entstehungsgeschichte des Inquisitionsprozesses vgl. aus der älteren Literatur *Brunnenmeister:* Quellen der Bambergensis, S. 237 ff; R. *Schmidt:* Herkunft des Inquisitionsprozesses, S. 14 ff, 20 ff, 36 ff; *Schoetensack:* Strafprozeß der Carolina, S. 94 ff; ferner die bei Eberh. *Schmidt:* Inquisitionsprozeß, S. 9/10 zit. Literatur. Heute sind grundlegend die Forschungen Eb. *Schmidts:* Inquisitionsprozeß, S. 9 ff; Einführung, S. 86 ff; Strafrechtspflege und Rezeption, S. 232 ff. Vgl. auch R. C. *van Caenegem:* Geschiedenis van het Strafprocesrecht in Vlaanderen van de XIe tot de XIVe eeuw, Brüssel 1956; ferner *Westhoff:* Grundlagen, S. 82 ff. Neuerdings Eberhard *Schmidt:* Der Inquisitionsprozeß in ober- und niederbayerischen Rechtsquellen des 15. und 16. Jahrhunderts, in: Festschrift für Hellmuth *von Weber,* Bonn 1964, S. 32 ff.

403 Zur Eigenart des altdeutschen Strafverfahrens vgl. außer den Darstellungen in den Lehrbüchern der deutschen Rechtsgeschichte *Glaser:* Handbuch I, S. 49 ff, m. Hinw. auf die ältere Literatur S. 49 Fußn. 1; *von Bar:* Geschichte, S. 51 ff; Eb. *Schmidt:* Einführung, S. 37 ff, Inquisitionsprozeß, S. 4; *Henkel:* Strafverfahrensrecht, S. 10 ff.

404 Über Ausnahmen vgl. *Mayer-Homberg:* Beweis und Wahrscheinlichkeit, S. 20 f; *Westhoff:* Grundlagen, S. 61.

405 S. dazu *Planck:* Gerichtsverfahren II, S. 2 ff.

fassung streng getrennte Kollegium der „Urteiler“[406] auf eine ausschließlich passive Betrachterrolle. Der Richter hatte den ordnungsgemäßen Ablauf des Rechtsstreits sicherzustellen, den Urteilsfindern oblag es, die Entscheidung über seinen Ausgang zu treffen, ohne daß einem der beiden Organe – und insbesondere dem „Richter“ – die Befugnis zu initiativ-aktivem prozeßgestaltenden Eingreifen zugestanden hätte. Der „Richter“ stand als streng neutraler Beobachter „außerhalb“ der Gerichtsversammlung[407]. Ihm war insbesondere jede auf Strafverfolgung und Sachaufklärung gerichtete aktive Tätigkeit versagt. Sie war für das deutsche Rechtsbewußtsein mit der Funktion des „Richters“ ebensowenig vereinbar wie diese selbst mit der Tätigkeit des Urteilsfindens. Noch der Sachsenspiegel bestimmte ausdrücklich, daß kein Richter zugleich Kläger sein dürfe: „... de richtere ne mach beide, klegere unde richtere nicht sin[408].“ In dieser neutralen Stellung des Richters außerhalb des Rechtsstreits sah deutsches Rechtsdenken eine wesentliche Garantie richterlicher Objektivität und Unparteilichkeit, ein Seitenstück zu der Garantie der Neutralität des Urteilerkollegiums, die in der deutschrechtlichen Trennung von Verhandlungsleitung und Sachentscheidung lag[409].

bb) Wurde diese letztere Garantie durch die mit der Rezeption des römischen Rechts einsetzende Rationalisierung der Rechtsfindung weitgehend gegenstandslos[410] – die Carolina z. B. kannte die Scheidung zwischen „Richter“ und „Urteilern“ der Sache nach nicht mehr[411] –, so beseitigte der aufkommende Inquisitionsprozeß darüber hinaus auch die Trennung zwischen den Funktionen des Gerichts und

406 Zur deutschrechtlichen Trennung von „Richter“ und „Urteilern“ vgl. z. B. *Rosenthal:* Geschichte I, S. 89; *Planck:* Gerichtsverfahren I, S. 87; *Wieacker:* Privatrechtsgeschichte, S. 53. Vgl. ferner das S. 85 Fn. 272, 273 dieser Arbeit angegebene Schrifttum.

407 *Planck:* Gerichtsverfahren I, S. 87.

408 Ldr. III 53 § 2.

409 S. dazu *Wieacker:* Privatrechtsgeschichte, S. 53; *Boehm:* Der Schöppenstuhl zu Leipzig, in: ZStW 1941, S. 155 ff; *Heinemann:* Der Richter, S. 8; *Wagner:* Der Richter, S. 45. S. auch Max *Weber:* Wirtschaft und Gesellschaft, S. 407.

410 Zum Einfluß der Rezeption auf die hergebrachte Trennung von Richter und Urteilern zusammenfassend P. *Lenel:* Die Scheidung von Richtern und Urteilern, S. 440 ff. Einzelheiten bei Eb. *Schmidt:* Halsgerichtsordnungen, S. 109; *Stintzing:* Geschichte I, S. 51 ff; *Stoelzel:* Entwicklung des gelehrten Richtertums I, S. 142, 160 f; *Smend:* Reichskammergericht I, S. 23 ff; vgl. ferner: *Heinemann:* Der Richter, S. 54 ff; *Kern:* Geschichte, S. 21 ff; *Döhring:* Geschichte, S. 35 ff; *Conrad:* Gestalt des Richters, S. 75 ff.

411 Vgl. die einander ähnlichen Eidesformeln für Richter und Urteiler in CCC Art. 3 und 4. S. dazu auch *Zachariä:* Schöffenverfassung, S. 105; *Schoetensack:* Strafprozeß der Carolina, S. 15; *Döhring:* Geschichte, S. 35; *Conrad:* Gestalt des Richters, S. 78.

des Klägers. Im Gegensatz zum altdeutschen Anklageverfahren trug der Inquisitionsprozeß streng amtlichen, von jeder Privatinitiative unabhängigen Charakter[412], eine Folge der gewandelten Strafauffassung: an die Stelle des „privatrechtlichen" Bußenstrafrechts war die echte staatliche Kriminalstrafe getreten[413]. Der amtliche Charakter äußerte sich in den zwei Maximen, die in ihrer Verbindung miteinander das Wesen des Inquisitionsprozesses ausmachten: der „Offizialmaxime" und der „Instruktionsmaxime"[414]. Strafverfolgung wie Beweiserhebung beruhten nunmehr auf der amtlichen Untersuchungstätigkeit des Richters. Er stand nicht mehr außerhalb des Prozesses als unbeteiligter Beobachter und Wahrer der Formen, sondern gestaltete den gesamten Ablauf des Verfahrens entscheidend mit. Vom ersten Auftauchen des Verdachts bis zum Urteil bestimmte amtliche Initiative den Gang des Prozesses; durch amtliche richterliche Forschungstätigkeit, nicht mehr durch Beweishandlungen der Parteien, wurde nun auch der Beweis der Täterschaft erbracht, und zwar mit Hilfe rationaler Erkenntnismittel, wie Augenschein, Befragung von Wissenszeugen und Geständnis des Beschuldigten.

Diese Umwandlung des altdeutschen Anklageprozesses in ein amtliches Untersuchungsverfahren führte notwendig zu einer Veränderung der gesamten Prozeßstruktur. Die Parteistellung des Verletzten, der früher die Rolle des Klägers innegehabt hatte, verkümmerte zu der eines bloßen „Denunzianten", der dem inquirierenden Richter als Auskunftsperson diente, ohne auf den Prozeßablauf Einfluß zu haben[415]. Auch der Beschuldigte stand dem Gericht nun nicht mehr als selbständiges, mit dem Kläger gleichberechtigtes Prozeßsubjekt gegenüber, sondern war als Objekt staatlicher Untersuchungstätigkeit gerichtlicher Zwangsgewalt unterworfen[416]. Das Subjekt-Objekt-Verhältnis, das damit zwischen dem Inquirenten und dem Inquisiten entstand, wurde vertieft durch die Anwendung der Folter zur Erzwingung des Geständnisses, die sich im 13. und 14. Jahrhundert über ganz Deutschland verbreitete[417]. Der Fortfall der Prozeßparteien im Inquisitionsprozeß führte zu einer weitgehenden Entformalisierung

---

[412] Vgl. statt vieler Eb. *Schmidt:* Einführung, S. 86; Inquisitionsprozeß und Rezeption, S. 13 und 39 ff.

[413] Dazu *His:* Geschichte, S. 48 ff; ders.: Strafrecht des Mittelalters, Bd. I, S. 344 ff; *Hirsch:* Hohe Gerichtsbarkeit, S. 150 ff.

[414] Vgl. statt vieler Eb. *Schmidt:* Einführung, S. 86.

[415] Vgl. *von Kries:* Lehrbuch, S. 32 f; *Schoetensack:* Strafprozeß der Carolina, S. 97; *von Hippel:* Strafrecht I, S. 209.

[416] *Schoetensack:* Strafprozeß der Carolina, S. 94.

[417] Zur Einführung der Folter in Deutschland vgl. heute – im Gegensatz zur älteren Literatur – Eb. *Schmidt:* Inquisitionsprozeß, S. 23 ff; Strafrechtspflege und Rezeption, S. 232 ff; Einführung, S. 91 f; *Liebermirth:* Untersuchungen, S. 13 ff.

des gesamten Verfahrens; war doch der Strafprozeß nun kein nach bestimmten traditionellen Verfahrensregeln ablaufender Rechtsstreit der Parteien mehr, sondern eine unter von Fall zu Fall wechselnden Zweckmäßigkeitsgesichtspunkten stehende gerichtliche Untersuchung. „Untersuchen" aber heißt – wie es *Zachariä* formuliert hat[418] –, „alle diejenigen Mittel und Wege gebrauchen, welche zur Erkenntnis der wahren Beschaffenheit eines Objekts hinführen können". Aus dem streng formalen altdeutschen Gerichtstag, in dem die Parteien in Anwesenheit des Volkes vor Gericht um ihr Recht gestritten hatten, wuchs so ein gestaltloses „Vorverfahren" heraus, in dem die gerichtliche Untersuchungstätigkeit entfaltet, insbesondere die „peinliche Befragung" des Beschuldigten vorgenommen und meist schon das Urteil schriftlich abgefaßt wurde[419]. Das frühere Hauptverfahren, der sog. „endliche Rechtstag"[420], verkümmerte zu einem prozessual bedeutungslosen Schauspiel für die Öffentlichkeit, das lediglich der Verkündung des bereits beschlossenen Urteils diente.

cc) Die Strukturveränderung des Strafverfahrens – die hier nur in ihren wesentlichen Umrissen gekennzeichnet werden konnte – mußte notwendig eine tiefgreifende Wandlung auch in der Stellung des Richters herbeiführen. Unabhängig davon, daß die mit dem Wegfall der deutschrechtlichen Formalbeweise rationalisierte Rechtsfindung und Sachverhaltsfeststellung das Urteilerkollegium der „charismatischen Rechtshonoratioren" (Max *Weber*) überflüssig machte und damit die ohnehin inhaltlos gewordene Trennung zwischen „Richter" und „Urteilern" vollends aufhob[421], unabhängig also von dieser Folge der allgemeinen Rationalisierung des Rechts in der Rezeptionszeit, war die Strukturveränderung des Strafverfahrens auch auf die Stellung des „Richters" selbst, der nunmehr im Verhältnis zum Urteilerkollegium zum maßgeblichen Organ der Rechtsfindung geworden war[422], von erheblichem Einfluß. Der Fortfall der Parteirollen be-

---

[418] Gebrechen und Reform, S. 43.

[419] Zur Entwicklung des Vorverfahrens vgl. bes. *von Zallinger:* Verfahren gegen die landschädlichen Leute, S. 195 ff; Eb. *Schmidt:* Einführung, S. 99 ff.

[420] Dazu *Ruoff:* Der endliche Rechtstag, a. a. O., S. 115 ff; Eb. *Schmidt:* Einführung, S. 100.

[421] Vgl. *von Kries:* Lehrbuch, S. 32; *Schoetensack:* Strafprozeß der Carolina, S. 15; *von Hippel:* Strafprozeß, S. 32 f.

[422] Die Vorrangstellung des „Richters" gegenüber den Schöffen tritt z. B. in der CCC deutlich hervor. Die Schöffen haben nach CCC Art. 93 das schriftlich vom Richter bzw. dessen Schreiber abgefaßte Urteil lediglich im endlichen Rechtstag zu bestätigen. Häufig sanken die Schöffen zu bloßen „Gerichtszeugen" (Vorläufer schon in der CCC; vgl. Art. 91) oder „stummen Schöffen" herab. Vgl. dazu E. *Kern:* Gerichtsbeisitzer, S. 71 ff. Viele Hinweise auf sie finden sich im gemeinrechtlichen Schrifttum. Vgl.

seitigte mit der differenzierten Aufgabenverteilung zwischen Kläger, Beklagtem und Richter (bzw. Urteilern), wie sie im früheren Parteiprozeß geherrscht hatte, zugleich die neutrale Stellung des Gerichts „außerhalb" des Verfahrens und führte auch insoweit zu einer gewissen Entformalisierung des Prozesses: zu der Vereinigung früher getrennter Prozeßfunktionen in einem einzigen Organ, dem Richter. Der Richter des Inquisitionsverfahrens war auf Grund der Entwicklung der Gerichtsverfassung und des Strafprozesses nicht nur zum „Richter" und „Urteiler", er war darüber hinaus auch zum „Ankläger" und „Verteidiger" in einer Person geworden[423]. Die beiden wesentlichen Garantien der Neutralität und Unbefangenheit des Richters und der Objektivität der richterlichen Entscheidung, die das altdeutsche Verfahrensrecht gekannt hatte: die Trennung von Prozeßleitung und Urteilsfindung einerseits und die Scheidung von Richter und Kläger andererseits waren im Inquisitionsverfahren entfallen. Der Richter des Inquisitionsprozesses vereinigte in sich die Macht, die früher auf mehrere Prozeßsubjekte verteilt gewesen war.

Diese „fast schrankenlose Gewalt des Inquirenten"[424] mußte zwangsläufig zu einer ernsten Gefahr für die richterliche Wahrheitsfindung werden[425]. Dies um so mehr, als der Inquisitionsprozeß, gestaltlos wie er war, aller „schützenden Formen"[426] entbehrte, die die weitgespannte Ermessensfreiheit des Richters hätten einschränken und seine Willensbildung hätten leiten können. Nachdem die richterpsychologisch wertvolle Verfahrensgliederung in „General"- und „Spezialinquisition", die ein stufenweises Aufsteigen der richterlichen Überzeugungsbildung von der Wahrscheinlichkeit bis zum „vollen Beweis" bezweckt hatte[427], schon seit dem 17. Jahrhundert außer

---

z. B. *Feuerbach:* Lehrbuch, S. 787; *Heffter:* Lehrbuch, S. 470; *von Grolman:* Grundsätze, S. 580.

[423] Vgl. dazu schon *Feuerbach:* Lehrbuch, S. 843, und *von Grolman:* Grundsätze, S. 812. Vgl. ferner: *Puchta:* Inquisitionsprozeß, S. 122 ff; *Zachariä:* Gebrechen und Reform, S. 91 ff, 156 ff; *Mittermaier:* Strafprozeß, S. 442 f; ders.: Mündlichkeit, S. 294 f; *Hepp:* Anklageschaft, S. 36; *Leue:* Anklageprozeß, S. 101 ff; *Abegg:* Beiträge, S. 59 ff; *Biener:* Vorschläge, S. 72; *Köstlin:* Wendepunkt, S. 80 ff; *Savigny:* Staatsanwaltschaft, S. 577 ff; *von Kries:* Lehrbuch, S. 41; *Schoetensack:* Strafprozeß der Carolina, S. 94 f; *von Hippel:* Strafprozeß, S. 24; *Hall:* corpus delicti, S. 2.

[424] *Zachariä:* Gebrechen und Reform, S. 91.

[425] Eb. *Schmidt:* Einführung, S. 207 f.

[426] Vgl. zu diesem Begriff *Zachariä:* Handbuch I, S. 145 f; ders.: Gebrechen und Reform, S. 93; ferner Eb. *Schmidt:* Lehrkommentar I, S. 45 m. Fn. 50.

[427] Näheres bei *Biener:* Beiträge, S. 85 ff; *von Kries:* Lehrbuch, S. 36 ff; R. *Schmidt:* Die Herkunft des Inquisitionsprozesses, S. 89 f; *Hall:* corpus delicti, S. 1 f, 46 ff; *von Hippel:* Strafprozeß, S. 22; Eb. *Schmidt:* Einführung, S. 177.

Übung gekommen war[428], hingen Beginn, Durchführung, Abschluß und Ergebnis der Untersuchung allein von dem fast ungebundenen Ermessen des Untersuchungsrichters ab[429]. Der Untersuchungsrichter – so hat *Zachariä* dieses Übermaß an richterlicher Ermessensfreiheit treffend beschrieben[430] – „muß ermessen, welche Mittel im einzelnen Falle die geeigneten seyen, den Zweck seiner forschenden Thätigkeit zu erreichen; er muß beurtheilen, wann und wie er damit zu beginnen habe, in welcher Reihenfolge die einzelnen, für die Untersuchung nothwendigen oder zweckmäßigen Schritte zu thun seyen, und ob die Grundlagen für die verschiedenen Stufen seiner Thätigkeit gewonnen seyen oder nicht. Auch muß nothwendig sein subjectives oder individuelles Ermessen darüber entscheiden, ob der Zweck seiner Untersuchung schon erreicht sey oder nicht, ob und welche Schritte vielleicht noch zur Ergänzung des Untersuchungsverfahrens geschehen können, und ob vielleicht Gründe vorhanden sind, um die bisher ohne genügendes Resultat gebliebene Untersuchung wieder aufzunehmen".

Angesichts dieser nahezu unbegrenzten richterlichen Ermessensfreiheit bedeutete insbesondere die Vereinigung der strafverfolgenden und der richtenden Tätigkeit „unvermeidlich eine psychologische Überforderung des Richters"[431], die bei der Formlosigkeit des Prozesses die Objektivität der Rechtsfindung ernsthaft in Frage stellte. Gab es doch, wie noch *Kitka* in seinem „Leitfaden für Kriminal-Untersuchungsrichter" sagen konnte[432], „kein anderes Dienstverhältniß, in welchem auf den Beamten von mehreren Seiten, um ihn vom Wege der Gerechtigkeit abzuwenden, so mächtig zu wirken getrachtet wird, wie es in Beziehung auf den Inquirenten der Fall ist". Die „Intention auf Wahrheit", die als konstituierendes Moment echten Richtertums nach Eberhard *Schmidt* dann gewährleistet ist, „wenn der Richter mit voller innerer Gelassenheit und Ruhe, ohne jeden Druck von außen, ohne jedes ‚Vor'-urteil, ohne einen Seitenblick auf irgendein ihn von der Linie der reinen Erkenntnis ablenkendes Moment an seine äußerst schwierige, verantwortungsvolle Aufgabe herangehen" kann[433] – diese Intention auf Wahrheit war im Inquisitionsprozeß einem Höchstmaß von Gefährdungen ausgesetzt. Die Forderung, Ankläger und Richter in einer Person zu sein, die der Inquisitionsprozeß

---

428 Vgl. etwa *Biener:* Beiträge, S. 117 f; *Glaser:* Handbuch I, S. 98 f; Eb. *Schmidt:* Einführung, S. 205 ff; *Hall:* corpus delicti, S. 69.

429 *Zachariä:* Gebrechen und Reform, S. 43.

430 *Zachariä,* a. a. O.

431 Eb. *Schmidt:* Lehrkommentar I, S. 197 (Rz. 347).

432 S. 40.

433 Eb. *Schmidt:* Die Sache der Justiz, S. 11 f; Lehrkommentar I, S. 268 (Rz. 472).

an den Inquirenten stellte, konnte dieser auch bei größter Gewissenhaftigkeit und stärkster sittlicher Anstrengung nicht erfüllen[434]. Insbesondere der Pflicht zur Neutralität und Unvoreingenommenheit, deren Erfüllung das Richteramt verlangte, vermochte der Inquirent nicht zu genügen, weil sie letztlich von ihm Übermenschliches forderte. Das Unmenschliche, Unnatürliche, Monströse der Funktionenvereinigung von Ankläger und Richter ist oft betont worden. Schon *Zachariä* hat hervorgehoben, daß der Inquisitionsprozeß „die Functionen des Anklägers mit der des Richters auf eine unnatürliche Weise in einer Person" vereinige[435]. Man fordere von dem Inquirenten, hat *Mittermaier* gesagt[436], „etwas Unmögliches, weil es in der menschlichen Natur liegt, daß man mehr für e i n e bestimmte Ansicht sich entscheide, Partei dafür ergreife, daß dies eben bei sehr gescheiten und charakterfesten Männern am meisten der Fall seyn wird und bei dem Inquirenten am leichtesten eintritt, da das Gesetz ihn verpflichtet, als Ankläger das öffentliche Interesse zu verfolgen und der Amtseifer, mit dem er seine Pflicht erfüllt, den Blick für die in dem Falle begründeten Gesichtspunkte der Vertheidigung verdunkelt und das Erkennen derselben hindert". „Nur ein mit übermenschlichen Fähigkeiten ausgestatteter Richter", hat deshalb Eberhard *Schmidt* mit Recht bemerkt[437], „könnte sich bei seiner Entscheidungsfunktion von den suggestiven Einflüssen seiner eigenen angreifenden und ermittelnden Tätigkeit freihalten." Das Unnatürliche, alles Menschenmaß Sprengende der Kumulation von „Anklagen" und „Richten" bringt mit tiefer Einsicht in die psychologischen Bedingungen richterlicher Entscheidungstätigkeit die von *Wegner* in diesem Zusammenhang angeführte Rechtsparömie zum Ausdruck: „Wer einen Ankläger zum Richter hat, braucht Gott zum Advokaten[438]." Sie drückt klar aus, worum es bei der prozessualen Stellung des Inquisitors letztlich ging: um die menschlichen Grenzen richterlicher Pflichterfüllung.

dd) Die ernsten Gefahren, die sich aus der Antinomie von Ankläger- und Richterfunktion für die Wahrheitsfindung ergaben, sind zwar

---

[434] Vgl. dazu die treffenden psychologischen Ausführungen von *Elling:* Staatsanwaltschaft, S. 18/19.

[435] *Zachariä:* Gebrechen und Reform, S. 140. Vgl. in ähnlichem Sinne: *Hepp:* Anklageschaft, S. 35 u. 57; *Molitor:* Erfahrungen, S. 24, 25; *Leman:* Über Öffentlichkeit und Mündlichkeit des Strafverfahrens in den preußischen Staaten, Berlin 1842, S. 55; *Köstlin:* Wendepunkt, S. 58 ff; *Möhl:* Ist es rechtmäßig usw.?, S. 230; *Savigny:* Staatsanwaltschaft, S. 584; *Puchta:* Inquisitions-Prozeß, S. 77 f.

[436] Der deutsche Strafprozeß, S. 455.

[437] Lehrkommentar I, S. 197.

[438] *Wegner:* Einführung in die Rechtswissenschaft, S. 249. Vgl. auch *Hall:* Richter und Ankläger, S. 94, 101.

schon frühzeitig erkannt und bekämpft worden. Bereits in das 16. Jahrhundert gehen Bestrebungen zurück, die Sachentscheidungsfunktion von der Untersuchungsfunktion abzuspalten und einem besonderen richterlichen Organ zu übertragen[439]. Bald wurde die funktionelle und organisatorische Trennung zwischen den Aufgaben des – regelmäßig monokratisch besetzten – Untersuchungsgerichts und des – im allgemeinen kollegial gestalteten – Spruchgerichts für alle bedeutenderen Strafsachen die Regel[440], wenn sie auch nicht überall streng durchgeführt war. Indessen ließ sich das mit dieser Regelung angestrebte Ziel: einen „unvoreingenommenen", mit dem „Ankläger" nicht identischen erkennenden Richter zu gewinnen[441], auf diese Weise nur sehr unvollkommen erreichen. Solange das Gericht bei seiner Entscheidung auf das in den Untersuchungsakten niedergelegte Ermittlungsergebnis des Inquirenten angewiesen war, blieb dieser, wie *Elling* zutreffend hervorgehoben hat[442], trotz der formalen Trennung zwischen inquirierendem und erkennendem Richter die maßgebliche richterliche Instanz, war der Inquirent, obwohl funktionell nur mit der Untersuchungsführung befaßt, „in übertragenem, mittelbarem Sinne verstanden, auch der erkennende Richter"[443]. War es doch bei der Eigenart des schriftlichen Verfahrens unvermeidlich, daß die Untersuchungsarbeit des Inquirenten maßgeblichen Einfluß auf die Sachentscheidung des erkennenden Spruchkollegiums ausübte. Hatte der Inquirent auch formell nur zu „untersuchen", ohne über Schuld- und Straffrage befinden zu können, so war ihm doch tatsächlich ein sehr wesentlicher, in der Praxis sogar der bedeutsamste Teil des Verfahrens: die gesamte Tatsachenfeststellung, zu alleiniger Verantwortung übertragen[444]. Hatte er aber die vollständige Tatsachengrund-

---

[439] Vgl. *Glaser:* Handbuch I, S. 43; *Geyer:* Beweis, S. 199; *von Kries:* Lehrbuch, S. 49; *von Stemann:* Gutachten, S. 16; *Zachariä:* Gebrechen und Reform, S. 49; *Puchta:* Inquisitions-Prozeß, S. 72; *Mittermaier:* Strafverfahren I, § 37.

[440] *Geyer:* Beweis, S. 199.

[441] Vgl. *Mittermaier:* Strafverfahren I, § 37. Nach *Zachariä:* Gebrechen und Reform, S. 157, war es der Sinn der Trennung zwischen Inquirentem und erkennendem Gericht, einen Richter zu gewinnen, „der vom Inquirenten als dem zugleich in der Rolle des Anklägers fungirenden Proceß-Subjecte verschieden sey".

[442] *Elling:* Staatsanwaltschaft, S. 23; vgl. auch die Bemerkung von *von Wächter:* Gemeines Recht, S. 80; ferner *von Kries:* Lehrbuch, S. 52/53; ders.: Vorverfahren und Hauptverfahren, S. 11 f; Eb. *Schmidt:* Lehrkommentar I, S. 243.

[443] *Elling:* Staatsanwaltschaft, S. 24.

[444] *Puchta:* Inquisitions-Prozeß, S. 72, bemerkt mit Recht, dem Inquirenten sei „in gewisser Art beinahe ein noch wichtigerer Theil der Strafrechtspflege anvertraut als den erkennenden Richtern".

lage für die Entscheidung des erkennenden Gerichts zu erarbeiten, so mußte er sich, sollte seine Arbeit nicht wertlos sein, bei der Durchführung der Ermittlungen notwendigerweise hypothetisch auf den Standpunkt eines erkennenden Richters stellen. Es war unausbleiblich, daß diese hypothetische Vorwegnahme der Entscheidung auch den Inhalt des Untersuchungsergebnisses beeinflußte[445], so daß in die Tatsachenfeststellungen des Inquirenten zwangsläufig Erwägungen mit einflossen, die prozeßfunktionell nur dem erkennenden Gericht zustanden[446]. Schon *Zachariä* hat darauf hingewiesen, wie sehr infolge dieses engen psychologischen Zusammenhanges zwischen „Untersuchung" und „Beurteilung" das Ermittlungsergebnis durch die Bewertung des Inquirenten inhaltlich vorgeformt werden mußte[447]:

> „Vom ersten Augenblick der richterlichen Thätigkeit ist Forschen und Urtheilen mit einander unzertrennlich verbunden, und man müßte eine nach bestimmten Gesetzen sich bewegende Untersuchungs-Maschine haben, nicht aber einen nach der unendlichen Mannichfaltigkeit der individuellen Naturen stets in seiner Weise handelnden Menschen, wenn es möglich sein sollte, die Darlegung des Thatsächlichen von der besonderen Auffassung des Inquirenten unabhängig zu machen. Bei jedem Inquirenten wird stets im einzelnen Falle entweder die Meinung von der Schuld oder der Unschuld des Inquisiten in irgend einer Weise vorherrschend seyn, und schon dieß wird unwillkürlich die Auffassung der Thatsachen modificiren. Durch den Untersuchungsrichter werden die einzelnen Momente, die er in der durch seine individuelle Auffassung bestimmten Färbung gewonnen hat, wieder miteinander combinirt und erhalten diejenige Gestalt und Form, in welcher sie für den Zweck der Urtheilsfällung in den Acten niedergelegt werden."

Das erkennende Gericht hatte keine reale Möglichkeit, Einseitigkeiten und Fehler der Untersuchung zu korrigieren, es mußte, da es lediglich auf Grund des Akteninhalts entschied, den Angeklagten und die Zeugen nicht sah und sich vom Ablauf des Vorverfahrens kein lebendiges Bild machen konnte, das von dem Inquirenten dargelegte Ermittlungsergebnis seiner Entscheidung zugrunde zu legen. Das Spruchkollegium sah, psychologisch betrachtet, den Sachverhalt mit

---

445 Vgl. dazu *Zachariä:* Gebrechen und Reform, S. 44, 159, 166 f; *Puchta:* Inquisitions-Prozeß, S. 77 ff; *Mittermaier:* Mündlichkeit, S. 248/249.

446 Zu der hier zu beobachtenden „Parallelität" von Prozeß- und Sachentscheidung vgl. grundsätzlich *K. Peters:* Parallelität, S. 374 ff. Hier handelt es sich um den von Peters so genannten Fall der „versteckten Parallelität" (S. 379), die sich dadurch kennzeichnet, daß die Entscheidung zwar „formell und inhaltlich auf den Prozeß ausgerichtet" ist, ihr aber gleichwohl „verborgen materielle Erwägungen und Tendenzen zu Grunde" liegen.

447 *Zachariä:* Gebrechen und Reform, S. 166. Vgl. auch *Abegg* in ACrR N. F. 1851, S. 166.

den Augen des Inquirenten[448]. Nur in einem vordergründig-äußerlichen Sinne bedeutete damit die prozeßfunktionelle Trennung von untersuchendem und erkennendem Richter zugleich die Sonderung von „Richter“ und „Ankläger“; inhaltlich blieb auf Grund der beherrschenden Bedeutung des Inquirenten die Identität beider Organe bestehen. Der Satz, daß im Inquisitionsprozeß Ankläger- und Richterfunktion in einem Organ vereinigt seien, behielt prozeßpsychologisch nach wie vor seine volle Berechtigung.

Die im Inquisitionsprozeß neueren Stils zu beobachtende Sonderung zwischen Untersuchungsrichter und erkennendem Spruchkollegium barg darüber hinaus weitere Gefahren für die richterliche Wahrheitsfindung in sich. Sie lagen außer in der Schriftlichkeit und „Mittelbarkeit“ des Erkenntnisverfahrens[449] zunächst in dem damals bei allen kollegial verfaßten Spruchgerichten gebräuchlichen Referiersystem[450]. Das Kollegium entschied in der Regel ohne Kenntnis der Akten auf Grund eines Vortrags des Berichterstatters, häufig sogar nur auf Grund eines von diesem ausgearbeiteten schriftlichen Votums. Daß bei einer derartig fragmentarischen Kenntnis des ohnehin schon durch die Darstellung des Inquirenten eingeengten und vorgeformten Sachverhalts eine zuverlässige Wahrheitsfindung vielfach unmöglich war, hat *Wächter* temperamentvoll dargelegt[451].

Die funktionelle Trennung zwischen Untersuchungs- und Spruchrichter brachte den Inquirenten außerdem in eine Abhängigkeit, die fast von selbst eine Gewichtsverschiebung in Richtung auf „Überführung“ und Geständniserlangung und eine ihr entsprechende Tendenz zur Vernachlässigung der Entlastungsmomente herbeiführte[452].

---

[448] Vgl. *von Kries:* Lehrbuch, S. 52/53; ders.: Vorverfahren und Hauptverfahren, S. 11 f; ferner *von Wächter:* Beiträge zur Deutschen Geschichte, S. 80, der davon spricht, das Gericht sehe den Sachverhalt durch Gläser, deren Färbung großenteils von dem Inquirenten abhänge. Vgl. auch *Elling:* Staatsanwaltschaft, S. 23; Eb. *Schmidt:* Lehrkommentar I, S. 243 (Rz. 427).

[449] Vgl. *Zachariä:* Gebrechen und Reform, S. 157; *Hepp:* Anklageschaft, S. 112.

[450] Geschichtliches bei *Döhring:* Geschichte, S. 254 ff; vgl. ferner E. *Boehm:* Der Schöppenstuhl zu Leipzig, ZStW Bd. 59 (1940), S. 202 ff.

[451] Beiträge zur Deutschen Geschichte, S. 80: „In den Acten steht kaum der dritte Theil von Dem, was der Inquirent mit dem Inquisiten verhandelte, und von diesem Bruchstücke trägt dem erkennenden Gericht der Referent nur einen Theil vor, und nach diesen Fragmenten, ohne den Inculpaten, ohne die Zeugen gesehen und gehört zu haben, soll das erkennende Gericht durch dreifache Gläser, deren Färbung großentheils vom Inquirenten und vom Referenten abhängt, über Schuld und Unschuld richten!“

[452] Vgl. *Zachariä:* Gebrechen und Reform, S. 45.

Ein schonend und unvoreingenommen durchgeführtes Untersuchungsverfahren, dessen Ergebnisse zu einer Verurteilung nicht ausreichten, konnte dem Inquirenten leicht den Vorwurf ungenügender Sachaufklärung einbringen; es stellte, wie *von Kries* gesagt hat, eine „persönliche Niederlage" für den Untersuchungsrichter dar[453]. Dem erkennenden Spruchkollegium fehlte regelmäßig die nötige „Sachnähe", um die spezifischen Schwierigkeiten der Sachverhaltsfeststellung zu erkennen, mit denen der Inquirent zu kämpfen hatte. Es war leicht geneigt, Aufklärungsmängel statt auf die Beschaffenheit des Sachverhalts auf das Verhalten des Inquirenten zurückzuführen. Nimmt man hinzu, daß sich der Inquisit fast völlig in der Gewalt des Inquirenten befand – war er doch nach den Worten *Zachariäs* „Bestandteil des Gegenstandes der Untersuchung, welchen jener zugleich als das beste und wichtigste Mittel zur Führung der Untersuchung betrachten" mußte[454] –, so ergab sich für den Inquirenten ein Mißverhältnis zwischen der Freiheit „nach unten" und der Gebundenheit „nach oben"[455], das zu einer gefahrvollen psychologischen Belastung wurde. Es löste einen seelischen Druck aus, der auf die Dauer eine starke Vereinseitigung des Ermittlungsverfahrens bewirken und dazu führen mußte, daß der Inquirent seine wesentliche Aufgabe in der Herbeischaffung möglichst lückenlosen Belastungsmaterials erblickte, ohne seinen richterlichen Pflichten zu Neutralität und Objektivität gerecht werden zu können.

Die Gefahren für die richterliche Wahrheitsfindung, die daraus erwuchsen, wurden kaum wesentlich gemindert, als man im 18. Jahrhundert unter dem Einfluß aufklärerischer Humanisierungsbestrebungen, an denen *Feuerbach* hervorragenden Anteil hatte, die Folter abschaffte[456]. Der Inquirent, der sich des bisherigen Überführungsmittels beraubt sah, stellte sich zwangsläufig auf andere Praktiken um, die es ihm ermöglichten, dem Beschuldigten ein Geständnis abzuringen. Eine gerichtliche „Untersuchungskunst" – von der u. a. *Mejers* „Practische Bemerkungen über das Inquiriren"[457] und *Quistorps* „Versuch einer Anweisung für Richter beim Verfahren in Criminal- und Strafsachen wider solche, welche die Wahrheit nicht gestehen wollen, in

[453] *von Kries:* Lehrbuch, S. 53. Vgl. dazu auch *Mittermaier:* Mündlichkeit, S. 294, sowie *Puchta:* Inquisitions-Prozeß, S. 72 ff.

[454] *Zachariä:* Gebrechen und Reform, S. 45.

[455] Vgl. *Henkel:* Strafverfahren, S. 34 f.

[456] Näheres bei *Malblank:* Geschichte der PGO, S. 239 ff; *Hälschner:* Geschichte, S. 174; *von Kries:* Lehrbuch, S. 46 m. w. Hinw. i. Fußn. 3; *von Hippel:* Strafprozeß, S. 39. *Feuerbach* hat sich für die Aufhebung der Folter besonders in seiner Schrift: Die Aufhebung der Folter in Bayern, in: Themis oder Beiträge zur Gesetzgebung, Landshut 1812, S. 136 ff, eingesetzt. Vgl. auch *Radbruch:* Feuerbach, S. 74 f.

[457] Hannover 1810.

Ländern wo die Tortur abgeschafft worden"[458] ein anschauliches Bild vermitteln – suchte die physische Tortur gleichsam durch die psychische zu ersetzen und durch „fortgesetzte moralische Bearbeitung"[459] das Geständnis des Beschuldigten zu erlangen. So änderte sich nur die Methode, nicht das Ziel der Inquisition[460], und die inquisitorische Untersuchungstechnik „wirkte in der Hand eines mit fast uneingeschränkter Machtfülle ausgestatteten Inquirenten nicht viel anders als die Folter"[461]. Jetzt erst entstand jenes abschreckende Bild des Inquisitionsrichters, das heutiger Betrachtung als der Inbegriff gesetzgeberischer Blindheit für die psychologischen Bedingungen richterlicher Tätigkeit erscheint. Mit der Abschaffung der Folter wurde die psychologische Situation des Inquirenten „so überbelastet in Richtung auf Geständniserlangung und Überführung, daß seine Pflicht, im Interesse der Erforschung materieller Wahrheit auch die Entlastungsbeweise mit der gleichen inneren Bereitschaft, der gleichen Sorgfalt und dem gleichen Aufwand an Mühe und Zeit zu führen, wie die Belastungsbeweise, geradezu illusorisch gemacht wurde"[462].

b) Die Einstellung der kriminalpolitischen Aufklärung zur psychologischen Problematik des Richteramts

aa) Die mit der Stellung des Richters im Inquisitionsprozeß – und vor allem mit der Stellung des Inquirenten – verbundene Problematik lag somit vorwiegend auf richterpsychologischem Gebiet[463]. Ihre Lösung hing davon ab, ob es gelang, neue psychologisch sinnvolle Verfahrensformen zu schaffen, die den Richter vor Einseitigkeiten, innerlichen Festlegungen, vorschnellem Handeln und gefährlichen Vorurteilen zu schützen vermochten. Der Weg zu einer psychologisch befriedigenderen Ausgestaltung des Richteramts war dabei im Grunde schon durch die geschichtliche Entwicklung der Stellung des Richters weitgehend vorgezeichnet: die Idee der Sonderung von Ankläger- und Richterfunktion, der Gedanke der Trennung von „Richten" und „Urteilen" und schließlich das Prinzip der Gliederung des Verfahrens in verschiedene Stadien enthielten alte und bewährte prozeßpsychologische Grunderfahrungen, die – aus jahrhundertealter Prozeßübung gewonnen – grundlegende Erkenntnisse über die dem Richter angemessene Stellung im Verfahren darstellten. Es galt lediglich, sich auf

---

[458] Leipzig 1798. Vgl. auch den Aufsatz *Kleinschrods* im ACrR Bd. 1 (1799), S. 1 ff, und die lebendige Schilderung des Verhörs bei *Zachariä*, a. a. O., S. 99 ff.

[459] *Zachariä:* Gebrechen und Reform, S. 45.

[460] *Henkel:* Strafverfahrensrecht, S. 38; *von Hippel:* Strafprozeß, S. 40.

[461] Eb. *Schmidt:* Einführung, S. 328; vgl. auch *von Kries:* Lehrbuch, S. 47.

[462] Eb. *Schmidt*, a. a. O.

[463] Vgl. *Elling:* Staatsanwaltschaft, S. 18/19; Eb. *Schmidt:* Lehrkommentar I, S. 197 (Rz. 347).

diese geschichtlichen Grundlagen des Richtertums wieder zu besinnen und ihren Gehalt für die Gegenwart fruchtbar zu machen.

Das setzte indessen – und hier wird die gemeinsame geistesgeschichtliche Grundlage sichtbar, auf der die Stellung des Richters im materiellen wie im prozessualen Recht beruhte – eine völlig andere Einstellung zu Wesen und Aufgabe des Richters voraus, als sie die kriminalpolitische Aufklärung besaß. Darin ist wohl der geschichtliche Grund dafür zu sehen, daß die Aufklärung die psychologisch widersinnige Stellung des Inquirenten unangetastet ließ. Die bekannte aufklärerische Vorstellung von richterlicher Rechtsanwendung als einer logisch-schematischen Subsumtion von Tatsachen unter Rechtsnormbegriffe hatte zwangsläufig eine ganz spezifische Einstellung auch zu den Problemen richterlicher Tatsachenfeststellung im Gefolge, eine Einstellung, die hier ebenso wie im Bezirk der Rechtsanwendung durch eine Überbewertung des Gesetzes und eine ihr entsprechende Simplifizierung und Bagatellisierung des richterlichen Entscheidungsvorganges gekennzeichnet war.

Das Denken der Aufklärung, das sich im Bereich der richterlichen Rechtsfindung fast ausschließlich in der Kategorie der Gesetzlichkeit bewegte, unterstellte Tatsachenfeststellung wie Rechtsanwendung demselben justizpolitischen Leitgedanken: absolute Gesetzlichkeit in allen Phasen des richterlichen Erkenntnisprozesses, bei der Herbeischaffung des Tatsachenmaterials ebenso wie bei der Anwendung des Rechtssatzes auf den ermittelten Sachverhalt. Durch die totale Vergesetzlichung der Rechtsanwendung schien der richterliche Entscheidungsvorgang durchsichtig und berechenbar geworden, dem Einfluß aller dunklen, nichtrationalen Kräfte entzogen zu sein; durch die Vereinfachung des richterlichen Erkenntnisprozesses zum streng funktionellen, mit mechanischer Präzision ablaufenden Schlußverfahren glaubte man alle Richter„willkür", jeden mit aktiver, willensmäßiger, wertender Tätigkeit verbundenen Einfluß der Richterpersönlichkeit ausgeklammert und die unpersönlich-mathematische Sicherheit der Rechtsanwendung gewährleistet zu haben. Es war nur eine Konsequenz des Absolutheitsanspruchs, den das Gesetzlichkeitsdenken des Aufklärungszeitalters erhob, daß man dieses Denkmodell auf das Gebiet der Tatsachenfeststellung übertrug und damit auch die prozessuale Stellung des Richters ausschließlich auf das Gesetz hinordnete und vom Gesetz her begriff. Dem Strafprozeß als dem „pragmatischen Teil des peinlichen Rechts", wie ihn *Feuerbach* nannte[464], fiel bei dieser Betrachtung vorwiegend die Aufgabe zu, den logisch-automatischen Ablauf der Rechtsanwendung zu sichern; die Feststellung der prozeßerheblichen Tatsachen als Voraussetzung der Rechtsanwendung ergab sich dabei für den gesunden Menschenver-

---

[464] Vgl. *Feuerbach*: Lehrbuch, S. 782.

stand „von selbst“[465], wenn nur durch möglichst lückenlose Regelung des Verfahrensablaufs der Richter auf eine rein mechanische Subsumtion des Sachverhalts unter die Norm beschränkt blieb. Die spezifisch psychologische Problematik, die mit der Stellung des Richters im Strafprozeß als Folge der menschlich-seelischen Überforderung durch die Vereinigung widersprechender Prozeßfunktionen verbunden war, kam bei dieser Betrachtung „vom Gesetz her“ zwangsläufig ebenso zu kurz wie die Eigenart der Tatsachenfeststellung überhaupt[466]. Denn die logisch-mechanische Subsumtionsvorstellung versperrte mit ihrer einseitigen Betonung des Gesetzes einerseits und des formallogischen Charakters der Rechtsfindung andererseits der Aufklärung den Zugang zu den jenseits des Bezirks formallogischer Gesetzesanwendung auftretenden richterpsychologischen Problemen, die sich aus der Eigenart richterlicher Tätigkeit als wertender und damit notwendig gefühls- und willensbedingter Stellungnahme der Richterpersönlichkeit ergaben. Lag doch dem Subsumtionsdogma der Aufklärung letztlich die Vorstellung zugrunde, daß der einer Norm im Wege des logischen Schlußverfahrens unterzuordnende Sachverhalt als solcher schon unumstößlich feststehe[467], dem Richter ebenso klar und eindeutig gegeben sei wie der Inhalt der Norm selbst und ebensowenig wie dieser erst in einem komplexen geistig-seelischen Schaffensprozeß vom Richter selbst in enger Wechselwirkung zwischen Tatsachenfeststellung und Rechtsanwendung[468] erarbeitet und „zubereitet“ werden müsse. M. a. W.: eine Vorstellung von richterlicher Entscheidungstätigkeit, die den Richterspruch – nach den Worten des aufklärerischen Rechtslehrers *Dabelow*[469] – als bloße „Vergleichung eines factischen Umstandes mit den Verfügungen des positiven Rechts“ verstand, enthielt implizit die ungeprüfte Voraussetzung, daß die beiden zu „vergleichenden“ Größen, Sachverhalt und Norminhalt, dem Richter bereits als evidente Gegebenheiten vorgegeben seien, nicht aber erst von ihm selbst in einem qualifizierten Zusammenwirken von Denken und Wollen mitgeschaffen werden

---

465 Vgl. *Binding:* Handbuch des Strafrechts, S. 24. Sehr kennzeichnend für diese Auffassung war der Ausspruch *Montesquieus*, der Richter brauche „nichts als seine Augen“ (Esprit d. L. VI, 3, t. 1, p. 82). Vgl. auch *Beccaria:* Verbrechen, § 7, S. 80.

466 Vgl. zu diesem Zusammenhang *Rumpf:* Der Strafrichter, Bd. I, S. 77 f.

467 Kennzeichnend für diese Auffassung ist der Satz *Beccarias:* „Wo die Gesetze klar und bestimmt sind, besteht die Aufgabe des Richters allein in der Feststellung einer Tatsache“ (Verbrechen, § 7, S. 80).

468 Vgl. zu dieser „Strukturverschlingung“ schon *Bierling:* Juristische Prinzipienlehre, IV, S. 7 ff, u. bes. *Engisch:* Logische Studien, S. 20 f, 83 ff. S. auch S. 280 Fn. 80 und S. 5 Fn. 15 dieser Arbeit.

469 Christoph Christian *Dabelow:* Einleitung in die deutsche positive Rechtswissenschaft, Halle 1793, S. 19.

mußten. Es herrschte die terrible simplification vom „klaren Fall", der unter das „eindeutige Gesetz" gleichsam automatisch, ohne persönliche Mitwirkung des Richters, subsumiert werden könne, eine Vorstellung, die später *Binding* mit den Worten gekennzeichnet hat[470]: „... automatisch mußte der gesunde Menschenverstand den klaren Fall – wer ihn aufklärte, stand freilich dahin! – unter das klare Gesetz stellen: das Urteil ergab sich von selbst." Diese mechanistische Vereinfachung des richterlichen Denkprozesses, welche die Aufklärung im Bereich der Rechtsanwendung das Vorhandensein persönlichkeitsbezogener Elemente in der richterlichen Entscheidung leugnen ließ, führte auch auf dem Gebiet der Tatsachenfeststellung zu einer persönlichkeitsindifferenten Betrachtung richterlicher Entscheidungstätigkeit. Einem Denken, das den Entscheidungsakt des Richters zum Modus einer mathematischen Gedankenoperation simplifizierte, mußte die eigenartige Dynamik der prozessualen Tatsachenfeststellung und ihre in hohem Maße psychologische Problematik verschlossen bleiben. Die Subsumtionsvorstellung verleitete dazu, den Prozeß der Sachverhaltserforschung nach Analogie der Rechtsanwendung zu konstruieren und ihn denselben Regeln zu unterwerfen wie diese. Wie man auf dem Gebiet des sachlichen Rechts durch eine möglichst vollständige Gesetzesordnung eine konfliktlos sichere Anwendung des Rechts zu gewährleisten bemüht war, so glaubte man auch im Bereich der Tatsachenfeststellung durch möglichst ins einzelne gehende Vorschriften für den Inquirenten alle der Wahrheitsfindung drohenden Gefahren bannen zu können, ohne zu erkennen, daß das Problem der Wahrheitserforschung im Strafverfahren ein in hohem Grade psychologisches Problem, eine Frage der inneren, seelischen Unabhängigkeit des Richters war, die sich nicht allein vom Gesetz her lösen ließ, sondern die Schaffung einer sachrichtigen Verfahrensstruktur und insbesondere einer psychologisch durchdachten Funktionenverteilung zwischen den Rechtspflegeorganen voraussetzte.

bb) Diese durch eine Überbewertung des Gesetzes wie durch eine Unterschätzung der prozeßpsychologischen Problematik des Richteramts gleichermaßen gekennzeichnete Einstellung der Aufklärung zu Amt und Aufgabe des Strafrichters spiegelt das wohl bedeutendste strafprozessuale Gesetzgebungswerk der Aufklärungszeit in Deutschland deutlich wider: die preußische „Criminal-Ordnung" vom 11. Dezember 1805[471].

---

470 *Binding*: Handbuch des Strafrechts, S. 24.

471 Zu den geistigen Grundlagen und zur geschichtlichen Bedeutung der preußischen Kriminalordnung vgl. *Hälschner*: Geschichte, S. 60; *Glaser*: Handbuch I, S. 120 ff; derselbe: Geschichtliche Grundlagen, S. 7 f; *von Kries*: Lehrbuch, S. 49 ff; *Rosenfeld*: Reichsstrafprozeß, S. 17 f; Eb. *Schmidt*: Einführung, S. 271; *Peters*: Strafprozeß, S. 56/57.

Durch vielerlei instruktionelle Vorschriften, Hinweise und Empfehlungen, aber auch nur durch sie, sucht das Gesetz die weitgespannte Ermessensfreiheit des Richters einzugrenzen und den ordnungsgemäßen Ablauf der Ermittlungen sicherzustellen, sichtlich bemüht, das Ideal der „Vergesetzlichung" auch auf dem Felde der Tatsachenfeststellung zu verwirklichen. In einer Fülle kasuistischer und entsprechend weitläufiger Vorschriften wird der Inquirent nach jeder Richtung hin zu sorgfältigem und überlegtem Handeln angehalten; Art und Weise seines Vorgehens werden ihm bis in alle Einzelheiten hinein vorgeschrieben. So kommt es zu Vorschriften wie z. B. § 60 CO:

> „Bei allen Criminal-Verhören muß der Richter den Hauptzweck seiner Bemühungen, die Erforschung der Wahrheit, beständig vor Augen haben. Er muß daher die zu vernehmenden Personen zu einer vollständigen Erzählung der Thatsachen, worüber sie vernommen werden sollen, auffordern und das Mangelhafte und Dunkele in ihren Aussagen durch zweckmäßige Fragen zu ergänzen und aufzuklären bemüht seyn, jedoch dabei solche Fragen sorgfältig vermeiden, welche schon diejenigen Umstände in sich enthalten, die erst aus der Antwort sich ergeben sollen (Suggestionen), oder wodurch der zu Vernehmende verleitet werden könnte, mehr auszusagen, als seine Absicht gewesen ist, oder wodurch der Befragte in Irrthum oder Verwirrung gesetzt wird (kaptiöse Fragen)."

§ 265 CO macht dem Inquirenten zur Pflicht:

> „Der Richter muß bei der Vernehmung des Angeschuldigten mit der größten Behutsamkeit und Sorgfalt verfahren; er muß daher dessen Aussagen jedesmal vollständig zum Protocoll nehmen, ihn bei allen schicklichen Gelegenheiten zum Bekenntnisse der Wahrheit auffordern, ihm die Widersprüche in seinen Erzählungen vorhalten und darauf vorzüglich bedacht seyn, daß nicht bloß die That an und für sich, sondern auch ihre Bewegungsgründe klar gemacht werden."

Die Kriminalordnung enthält eine Vielzahl ähnlicher, ins einzelne gehender Instruktionen, die das Verhalten des Inquirenten regeln sollen. Das Bestreben, Gesetzlichkeit an die Stelle der „Richterwillkür" zu setzen, ist allenthalben erkennbar. Eine ausführliche und vollständige Prozeßordnung soll dem ausführlichen und vollständigen materiellen Strafrecht, wie es im Allgemeinen Landrecht enthalten war, zum Siege verhelfen.

Aber diesem — gewiß sehr ernsten und anerkennenswerten — Bemühen, die Objektivität der Tatsachenfeststellung durch genaue gesetzliche Anordnungen zu sichern, fehlte die prozeßpsychologische Grundlage, weil die traditionelle Stellung des Inquirenten unangetastet blieb. In ihrer Gesetzesgläubigkeit übersahen die Verfasser der preußischen Kriminalordnung, daß der Inquirent in seiner Doppelstellung als Ankläger und Richter seelisch überfordert war. Die Vielzahl instruktioneller Imperative, die von allen Seiten das richterliche

Handeln zu reglementieren suchten, vermochte das Vorhandensein „schützender" Verfahrensformen nicht zu ersetzen[472]. Es fehlten die notwendigen „Garantien gegen die richterliche Einseitigkeit, leidenschaftliche Verblendung, Mißbrauch der fast unbeschränkten Gewalt des Inquirenten"[473]; es fehlte damit die Einsicht, daß auch bei strengster Gesetzlichkeit ein Richter irren kann, weil die Anwendung des Rechts auf die Wirklichkeit von menschlichen Bedingungen abhängt, die jenseits des logisch-schematischen Normvollzugs das richterliche Handeln bestimmen[474]. Es ist kennzeichnend für diese Einstellung des Gesetzgebers, daß zwar gesetzlich bestimmt wurde, der Inquirent solle „mit gleicher Sorgfalt sowohl denjenigen Umständen, welche dem Angeschuldigten nachtheilig sind, als auch denjenigen, welche zu seiner Vertheidigung gereichen, nachforschen" (§ 5 CO); daß indessen nirgends dafür gesorgt wurde, „daß die psychologische Situation des Inquirenten es ihm möglich macht, die doppelte Funktion als Angreifer (Sammlung der belastenden Umstände) und Verteidiger (Berücksichtigung der Entlastungsmomente) mit der für die Wahrheitserforschung notwendigen Sicherheit auszuüben"[475].

cc) Die hier zu beobachtende Vernachlässigung, ja Verkennung der psychologischen Problematik des Richteramts im Inquisitionsprozeß fällt auch in der prozeßrechtlichen Literatur jener Zeit auf. Als Beispiele seien nur die Bemerkungen *Grolmans* und *Feuerbachs* zur Stellung des Inquirenten herausgegriffen. Für Grolman hat die im Inquisitionsprozeß herrschende Identität von Richter und Ankläger offenkundig gar nichts Bedenkliches. Seine Ausführungen über die prozessuale Stellung des Inquisitionsrichters erschöpfen sich in der Feststellung[476]:

> „Der feyerliche Inquisitionsprocess ist als eine, in Ermangelung eines gegen den Verdächtigen auftretenden Anklägers, an die Stelle des feyerlichen Anklageprocesses tretende Verfahrensart eingeführt worden,

---

472 *Zachariä:* Gebrechen und Reform, S. 134, bemerkt dazu mit Recht: „... dergleichen Anweisungen, so gut sie auch klingen mögen, sind in der That wegen ihrer großen Unbestimmtheit von sehr geringer Bedeutung, da sie doch immer dem Ermessen des Untersuchungsrichters den größten Spielraum lassen, für den verständigen Inquirenten auch ohne Vorschrift vorhanden sind, gegen den Mißbrauch aber wenig oder gar nicht schützen, weil sich für die Ausdehnung der Untersuchung wohl stets der eine oder andere Grund wird geltend machen lassen."

473 *Zachariä:* Gebrechen und Reform, S. 141. Vgl. auch die Ausführungen über den psychologischen Wert prozessualer Formen bei *Bohne,* SJZ 1949, S. 760 ff (767).

474 Vgl. dazu schon *Puchta:* Inquisitions-Prozeß, S. 27.

475 Eb. *Schmidt:* Einführung, S. 273; vgl. auch *Zachariä:* Gebrechen und Reform, S. 140.

476 *Grolman:* Grundsätze, § 532, S. 812.

bey welcher man den Richter selbst als Ankläger betrachtete und denselben für verbunden hielt, über die von ihm als Ankläger abgefasste Anklage als Richter das Verfahren nach den bekannten Formen des Anklageprocesses einzuleiten."

Über die Gefahren dieser Doppelstellung des Richters verliert *Grolman* kein Wort.

Auch für *Feuerbach* war die Koinzidenz von Ankläger-, Richter- und Verteidigerfunktion in der Person des Inquirenten kein prozeßpsychologisches, sondern lediglich ein prozeßlogisches Phänomen, geradezu nur eine Denkfigur, die als Mittel zur logisch-begrifflichen Erfassung der eigenartigen Stellung des Inquirenten diente. Ähnlich wie *Grolman* deutete er in die empirische Einheit des „Inquirierens" die logische Dreiheit des Anklagens, Richtens und Verteidigens hinein, um die Besonderheit des Inquisitionsverfahrens gegenüber dem Akkusationsprozeß zu erklären. *Feuerbach* wies darauf hin, daß man sich den Richter des Inquisitionsprozesses gleichsam als „dreifache Person" vorzustellen habe[477]:

„Der Richter ist im Untersuchungsprocesse als dreifache Person zu betrachten, als Stellvertreter des beleidigten Staats, indem er an dessen Statt die Rechte aus Strafgesetzen zu verfolgen verpflichtet ist; als Stellvertreter des Angeschuldigten, indem er zugleich alles, was die Schuldlosigkeit oder geringere Strafbarkeit desselben begründen kann, aufsuchen und darstellen soll, und endlich als Richter, inwiefern er das Gegebene zu beurtheilen und darüber richterlich zu verfügen (oder zu entscheiden) hat."

Das Unnatürliche, Monströse dieser Konstruktion, das die *Feuerbachsche* Formulierung mit der Wendung „dreifache Person" ungewollt in den Blick rückt, kam *Feuerbach* anscheinend nicht zum Bewußtsein[478]. Für den Kriminalisten der Aufklärung, der in der Tätigkeit des Richters eine lediglich logisch-schematische Unterordnung des Sachverhalts unter die Norm erblickte, war das Problem des Inquisitionsprozesses mit der abstrakt-logischen Aufgliederung der Prozeßfunktionen und ihrer exakten Umschreibung gelöst. Psychologischen Erwägungen bot dieses Denkschema keinen Raum. War doch, wie man glaubte, durch die lückenlose Vergesetzlichung des Prozesses alles richterliche Handeln auf den Bezirk logischer Schlußfolgerung eingegrenzt und damit auch der persönliche Einfluß des Inquirenten auf das Verfahrensergebnis ausgeschaltet.

---

[477] Vgl. *Feuerbach:* Lehrbuch, § 623 (S. 843).

[478] Vgl. dazu ferner *Feuerbach:* Themis, S. 270. Über *Feuerbachs* Einstellung zur Institution des Inquirenten vgl. im übrigen *Rudolf Thierfelder:* Anselm von Feuerbach und die bayerische Strafprozeßgesetzgebung, in: ZStW Bd. 53 (1934), S. 403 ff (416 f).

2. *Die beweisrechtliche Komponente*

Diese logisch-mechanische Richteridee, Ausdruck des aufklärerischen Gesetzlichkeitsideals, hat auch auf dem Gebiet des Beweisrechts ihren deutlichen Niederschlag gefunden. In diesem Zusammenhang bestätigt sich die schon gemachte Beobachtung, daß das Zeitalter der Aufklärung in Deutschland trotz bedeutungsvoller Veränderungen materiell-rechtlicher Art, trotz neuer kriminalpolitischer Zielsetzungen, zu einer spürbaren Wandlung der prozeßrechtlichen Stellung des Richters nicht geführt hat. Wie das Prozeßrecht der Aufklärungsperiode den psychologisch höchst fragwürdigen Typus des Inquirenten konservierte, so behielt es auch die dem Inquisitionsverfahren historisch zugeordnete gemeinrechtliche Beweistheorie grundsätzlich bei.

a) Rückblick auf die Entwicklung des Beweisrechts im Inquisitionsprozeß

aa) Die Vertreter der kriminalpolitischen Aufklärung fanden im gemeinen und partikularen deutschen Strafverfahrensrecht ein festgefügtes, gesetzlich geregeltes Beweisrecht vor, das sich auf der Grundlage der Carolina unter dem Einfluß italienischer Lehren in der gemeinrechtlichen Jurisprudenz herausgebildet hatte. Entwicklung und Charakter dieses Beweisrechts waren auf das engste mit der Entwicklung des Inquisitionsprozesses selbst verbunden[479].

Dem frühen deutschen Inquisitionsverfahren fehlte anfangs noch jedes geregelte Beweissystem. Die rationalen Beweismittel: Geständnis, Zeugnis, Augenschein, die im Inquisitionsprozeß das formale altdeutsche Beweisrecht in den Hintergrund gedrängt hatten, entbehrten nach Voraussetzungen und Wirkungen der klaren Regelung. Insbe-

---

[479] Zur geschichtlichen Entwicklung des Beweisrechts in Deutschland, die im folgenden nur gestreift werden kann, sei auf folgendes Schrifttum verwiesen: *Malblank:* Geschichte der PGO, S. 71 ff; *Mittermaier:* Beweislehre, S. 9 ff; *von Wächter:* Beiträge zur Deutschen Geschichte, S. 74 ff und Exkurs S. 259 ff; *Köstlin:* Wendepunkt, S. 208 ff; *Glaser:* Beiträge, S. 1 ff, und bei der Darstellung der jeweiligen Beweismittel; ders.: Handbuch I, S. 78; ders.: Geschichtliche Grundlagen, S. 5 ff; *Brunnenmeister:* Quellen der Bambergensis, S. 213 ff; *Geyer:* Beweis, S. 196 ff; *Schoetensack:* Strafprozeß der Carolina, S. 41 ff; *von Hippel:* Strafprozeß, S. 23 ff, 33 f m. Fußn.; Eb. *Schmidt:* Inquisitionsprozeß, S. 69 ff. Eine Übersicht über die geschichtliche Entwicklung des Beweisverfahrens und Beweisrechts von der germanischen Zeit bis zum reformierten Strafprozeß gibt neuerdings Edwin *Kube:* Beweisverfahren und Kriminalistik in Deutschland, Ihre geschichtliche Entwicklung, Hamburg 1964, S. 15 ff, 55 ff. Vgl. ferner F. W. *Krause:* Zum Urkundenbeweis im Strafprozeß, S. 7 ff.

sondere war der für die Anwendung der Folter erforderliche Verdachtsgrad völlig unbestimmt; auch die vielfachen Fragen, die bei der Bewertung von Zeugenaussagen auftauchten, blieben offen. Noch die Maximilianischen Halsgerichtsordnungen für Tirol (1499) und Radolfzell (1506) stellten die Voraussetzungen, unter denen der Inquirent zur Folter schreiten und dementsprechend das erfolterte Geständnis verwerten oder überhaupt etwas als bewiesen annehmen konnte, ganz in das richterliche Ermessen[480].

Herrschte so in der ersten Phase des deutschen Inquisitionsprozesses eine Art „freier Beweiswürdigung" vor, so bahnte sich eine neue Entwicklung an, als die italienisch-kanonische Prozeßrechtsdoktrin[481] auf das deutsche Strafverfahrensrecht Einfluß gewann. Nachdem im mittelalterlich-kanonischen Rechtskreis im Zusammenhang mit der Ketzerverfolgung die Folter in Gebrauch gekommen war[482], waren die Probleme, die sich vor allem im Hinblick auf die Voraussetzungen der Tortur ergaben, schon früh erkannt worden. Die hochentwickelte italienische Rechtslehre hatte, geleitet von dem Bestreben, den Richter nicht allein seiner subjektiven Überzeugung zu überlassen, sondern ihn an gesetzliche Normen zu binden[483], zu der Ausbildung einer Beweistheorie geführt[484]. Man unterschied scharf zwischen „indicium" und „probatio", Indizien und Beweistatsachen. Grundsätzlich konnten – wenn darüber auch nicht volle Klarheit besteht – Indizien eine Verurteilung nicht rechtfertigen; sie begründeten nur eine Vermutung, einen Verdacht, während eine Verurteilung regelmäßig Geständnis, Zeugen- oder Augenscheinbeweis voraussetzte. Bei Indizien war freilich – und darin lag ihre Hauptbedeutung für das Inquisitions-

---

480 Vgl. Eb. *Schmidt:* Halsgerichtsordnungen, S. 98 u. 150; derselbe: Inquisitionsprozeß, S. 71 f; *Brunnenmeister:* Quellen der Bambergensis, S. 105 f; *Glaser:* Beiträge, S. 108/109 Fußn. 14. Vgl. zu anderen Rechtsquellen jener Zeit *Malblank:* Geschichte der PGO, S. 80/81.

481 Gesamtdarstellung der kanonischen Beweislehre bei C. *Gross:* Die Beweistheorie im canonischen Process, 2 Bde. Innsbruck 1867, 1870. Vgl. im übrigen *Glaser:* Beiträge, S. 4; ders.: Handbuch I, S. 69 ff; *Geyer:* Beweis, S. 196 f; *Mittermaier:* Beweislehre, S. 14. Vgl. auch die unten zu Fn. 484 angeführte Literatur.

482 Vgl. *von Hippel:* Strafprozeß, S. 23 m. w. Hinw.

483 Über die Stellung des italienisch-kanonischen Richters zum Gesetz vgl. *Stintzing:* Geschichte, Abt. I, S. 50; *Dahm:* Strafrecht Italiens, S. 45 ff, 58 f, 60, 67 u. p.; *Engelmann:* Wiedergeburt der Rechtskultur, S. 72 ff; *Bohne:* Die Freiheitsstrafe in den italienischen Stadtrechten, S. 10 ff; *Kohler:* Das Strafrecht der italienischen Statuten, S. 12 ff; *Kantorowicz:* Gandinus, Bd. I, S. 50 Anm. 5; *Wieacker:* Privatrechtsgeschichte, S. 69.

484 Vgl. *Brunnenmeister:* Quellen der Bambergensis, S. 213 ff; *Gross:* Beweistheorie (vgl. o. Fn. 481) I, S. 56 ff, II, S. 91 ff; *Mittermaier:* Beweislehre, S. 442 f; *Bauer:* Theorie des Anzeigenbeweises, S. 210.

verfahren – in bestimmten Fällen die Anwendung der Folter zulässig. Die italienische Jurisprudenz suchte hier Regeln aufzustellen, die den Grad des Verdachts bestimmten; man kam dabei zu subtilen Unterscheidungen und Klassifizierungen wie „indicium proximum et remotum", „indicia levia, gravia, gravissima", „indicium necessarium, credibile, non repugnans", „indicia facti et iuris" usf. und den ihnen entsprechenden Vermutungs- und Wahrscheinlichkeitsgraden: „praesumptio", „coniectura", „suspicio", „opinio", „dubitatio", „argumentum", „signum", „adminiculum" usw.[485].

Darüber hinaus suchte das kanonische Prozeßrecht auch die Wirkungen der Beweise überhaupt zu regeln; als Grundlage dazu dienten Beweisregeln des römischen und oberitalienischen Rechts, aus denen die kanonische Lehre ein festes Beweissystem entwickelte, das subtile Klassifikationen der Beweismittel mit jeweils abgestufter Beweiskraft enthielt. Waren die Beweisregeln des römischen Rechts, besonders der von der oberitalienischen Doktrin viel verwendeten kaiserlichen Konstitutionen, ursprünglich nur Richtlinien für eine gewissenhafte richterliche Überzeugungsbildung gewesen[486], so führte indessen das Bestreben, die Richtermacht auf dem Gebiet der Tatsachenfeststellung möglichst einzuschränken, in der kanonischen Lehre zu dem Mißverständnis, daß es sich hierbei um unbedingt bindende, für den Richter schlechthin verpflichtende Beweisnormen handele, die eine eigene richterliche Wertung überflüssig machten[487]. In diesem Sinne wurde insbesondere die Beweisnorm verstanden, daß zwei unbescholtene Zeugen, die aus eigenem Wissen die Täterschaft des Beschuldigten bekundeten, vollen Beweis begründeten, während ein Zeuge allein nicht ausreiche[488].

---

485 Vgl. *Glaser:* Beiträge, S. 107/108 Fußn. 13 m. Hinw. auf *Clarus, Baldus, Gandinus* u. a.

486 Vgl. insbes. das Reskript Hadrians, D. 22,5 de test. 1.3 § 2: „Quae argumenta ad quem modum probandae cuique rei sufficiant, nullo certo modo satis definiri potest... Hoc ergo solum tibi rescribere possum summatim, non utique ad unam probationis speciem cognitionem statim alligari debere, sed ex sententia animi tui te aestimare oportere, quid aut credas, aut parum probatum tibi opineris." Theodor *Mommsen:* Römisches Strafrecht, Leipzig 1899, S. 436, bemerkt dazu: „Auf die Frage, in welcher Weise der Richter zu der Überzeugung von der Schuld des Angeklagten gelangt, läßt die römische Gesetzgebung sich nicht ein; was in den Rechtsquellen darüber gesagt wird, sind nicht so sehr positive Rechtsvorschriften als Erwägungen des praktischen Menschenverstandes..." Vgl. im übrigen *Mittermaier:* Beweislehre, S. 300 f.

487 Vgl. *Mittermaier:* Beweislehre, S. 300/301 m. w. Hinw.; *Glaser:* Beiträge, S. 200 f; *Geyer:* Beweis, S. 197.

488 Vgl. *Gross:* Beweistheorie (vgl. o. S. 126 Fn. 481) I, S. 125 ff; *Geyer:* Beweis, S. 196/197 m. Fußn. 3; *Mittermaier:* Beweislehre, S. 300 f.

bb) Nachdem bereits die Wormser Reformation (1498) gewisse Ansätze zur Ausbildung einer Beweistheorie gezeigt hatte[489], verarbeitete *Schwarzenberg* die italienische Lehre zu einem Beweissystem, das in der Carolina seinen Niederschlag gefunden hat[490].

Nach italienischem Vorbild unterscheidet die Carolina klar zwischen den Voraussetzungen für die Anwendung der Folter und den Grundlagen für ein verurteilendes Erkenntnis, zwei Fragen, die *Schwarzenberg* eindeutig als „qualitativ verschiedene Dinge" betrachtet[491]. Eine Verurteilung kann, wie Art. 22 CCC ausdrücklich bestimmt[492], nicht auf bloße Indizien gestützt werden. Anzeigen und Vermutungen können lediglich zur Anwendung der „peinlichen Frage" führen. Grundlage der Verurteilung können dagegen nur Geständnis oder „Beweisung" durch Zeugen sein. In hohem Maße kennzeichnend für *Schwarzenbergs* Denken ist sein ernstes Bestreben, dem Richter bei der schwierigen und von der Gefahr des Irrens bedrohten Würdigung des Beweises, von deren Problematik er schon vieles ahnte, unterstützende Hinweise, „Richtungsnormen" für die Überzeugungsbildung zu geben. Der Schwerpunkt dieses Bemühens lag naturgemäß in dem Fragenkreis, der mit der Bewertung des auf der Folter erpreßten Geständnisses zusammenhing[493]. Nach dem Beweisrecht der CCC kann das auf der Folter abgelegte Geständnis nur dann als Beweismittel verwertet werden, wenn die Tortur auf „redliche anzeygungen" hin angewandt wurde[494]. *Schwarzenberg* versucht, diese Verdachtsgründe dem Richter exemplifikativ vor Augen zu führen[495]. So sollen als „redliche anzeygungen" regelmäßig nur solche Verdachtsmomente

---

489 Vgl. *Brunnenmeister:* Quellen der Bambergensis, S. 104 ff; Eb. *Schmidt:* Inquisitionsprozeß, S. 69 ff.

490 Vgl. dazu besonders die eingehende Darstellung von *Schoetensack:* Strafprozeß der Carolina, S. 41 ff; im übrigen Eb. *Schmidt:* Inquisitionsprozeß, S. 80 ff; aus der älteren Literatur *Malblank:* Geschichte der PGO, S. 81 ff; *Mittermaier:* Beweislehre, S. 14/15.

491 Vgl. *Schoetensack:* Strafprozeß der Carolina, S. 43.

492 CCC Art. 22: „Item es ist auch zumercken, daß niemant auff eynicherlei anzeygung, argkwons warzeichen oder verdacht, entlich zu peinlicher straff soll verurtheylt werden; ... dann soll jemant entlich zu peinlicher straff verurtheylt werden, das muß auß eygen bekennen oder beweisung ... beschehen ..."

493 Eb. *Schmidt:* Inquisitionsprozeß, S. 81.

494 Vgl. CCC Art. 20: „Item wo nit zuuor redlich anzeygen der mißthat ... vorhanden, vnnd beweist wurde, soll niemant gefragt werden, vnd ob auch gleich wol, auß der marter, die missethat bekant wurd, So soll doch der nit geglaubt noch jemants darauff vervrtheylt werden."

495 In CCC Art. 18 wird ausdrücklich hervorgehoben, daß eine abschließende Aufzählung aller Indizien und Verdachtsgründe schlechthin unmöglich sei.

gelten, die durch zwei gute Zeugen dargetan sind[496]. Sagt nur ein Zeuge gegen den Beschuldigten aus, so soll nur dann gefoltert werden, wenn er die „hauptsach der missethat", d. h. die Hauptbeweistatsachen, nicht nur Anhaltspunkte, bekunden kann[497]. Was die übrigen Indizien betrifft, so klassifiziert sie *Schwarzenberg* nach verschiedenen Gesichtspunkten mit Rücksicht auf ihre unterschiedliche „Beweiskraft" und erläutert an Hand von Beispielen ihre Bedeutung, auch hier bemüht, den Richter zu belehren und zu lenken, ohne ihn streng an das Gesetz zu binden. Darüber hinaus wird der Richter ermahnt, belastende und entlastende Momente sorgfältig gegeneinander abzuwägen[498]. Auch soll das auf der Folter erzwungene Geständnis nicht blindlings zur Urteilsgrundlage gemacht, vielmehr an Hand der Angaben des Beschuldigten „außerhalb marter" gewissenhaft überprüft werden[499].

Ähnlich wie bei der Normierung der Indizien verfährt *Schwarzenberg* bei der Regelung der „Beweisung". Sie geschieht regelmäßig durch die übereinstimmende Bekundung mindestens zweier glaubwürdiger Zeugen[500], ohne daß allerdings eine Pflicht des Richters bestände, in solchen Fällen immer und ausnahmslos zu verurteilen[501]. Das hätte dem Grundanliegen *Schwarzenbergs*, Richtungsnormen für das Ermessen des Richters zu geben, widersprochen. „Glaubwürdig" sind die Zeugen, wenn sie „vnbeleumdet vnd sunst mit keyner rechtmessigen vrsach zu verwerffen sein" (CCC Art. 66), eine Bestimmung, die dem Richter erheblichen Spielraum bei der Bewertung der Aussage gibt. Ausgeschlossen ist bloßes „Wissen vom Hörensagen"; die Zeugen müssen vielmehr „von jrem selbs eygen waren wissen" (CCC Art. 66) aussagen, wozu Art. 65 S. 2 CCC ausdrücklich bestimmte: „So sie aber vom frembden hören sagen würden, das soll nit gnugsam geacht werden." *Schwarzenberg* versäumt auch nicht, noch Hinweise für die individuelle Bewertung der Zeugenaussagen zu

[496] Vgl. CCC Art. 23.

[497] Vgl. CCC Art. 23 Satz 2.

[498] Vgl. CCC Art. 28.

[499] Darüber verhalten sich die Art. 48 ff, bes. Art. 53 CCC.

[500] Vgl. CCC Art. 67: „Item so eyn missethat zum wenigsten mit zweyen oder dreien glaubhafftigen guten zeugen, die von eynem waren wissen sagen, bewiesen wirdt, darauff soll nach gestalt der verhandlung mit peinlichen rechten volfarn vnd geurtheilt werden."

[501] Darüber vgl. etwa *Zachariä:* Grundlinien, S. 179 ff; ders.: Gebrechen und Reform, S. 201, 210; *Mittermaier:* Strafverfahren, Bd. 1, S. 535; ders.: Beweislehre, S. 84 ff; *Köstlin:* Wendepunkt, S. 119; *Jarcke:* Bemerkungen über die Lehre vom unvollständigen Beweise, in NACrR Bd. 8 (1825), S. 97 ff (111); *Biener:* Abhandlungen, S. 162; *Glaser:* Beiträge, S. 10 ff; *von Kries:* Lehrbuch, S. 61 Anm. 1.

geben. Neben der Warnung vor den „belonten zeugen"[502] steht die Mahnung, der Richter solle jeden Zeugen bei seiner Aussage beobachten, um aus seinem Verhalten für die Beweiswürdigung Schlüsse zu ziehen[503].

Es ist charakteristisch für *Schwarzenbergs* Einstellung zu Richtertum und Rechtsfindung, daß er im Gegensatz zum italienisch-kanonischen Prozeßrecht kein starres, den Richter absolut bindendes Beweissystem anstrebte[504]. Aus der für ihn kennzeichnenden praktischen Lebenshaltung heraus verzichtete er auf eine gesetzliche Beweistheorie, mittels deren der Richter durch eine formallogische Operation seine Entscheidung mit scheinbar unfehlbarer Sicherheit gewinnen konnte und begnügte sich hier – wie auch sonst – damit, praktische Erfahrungen zusammenzufassen, „Richtungsnormen" (E. *Wolf*) aufzustellen, um „den Richter vor Irrwegen zu bewahren und ihn zur Vorsicht zu mahnen"[505]. *Schwarzenberg* appellierte, wie früher schon deutlich wurde, nicht allein an die Logik des Richters, sondern an seine „bescheidenheit" im ursprünglichen Sinne, seine auf Lebenserfahrung und gerechter Haltung beruhende „Unterscheidungskunst", sein Judiz[506]. Die Gewinnung der zur Verurteilung notwendigen Beweisgründe war für ihn nicht sowohl eine Frage logisch-schematischer Rechtsanwendung, als vielmehr Sache der richterlichen Überzeugung, des Gewissens. Auf die Stellung des Richters im Beweisrecht, wie sie *Schwarzenberg* sich vorstellte, läßt sich so dem Sinne nach das Wort seines geistesverwandten Zeitgenossen Johann *Oldendorp* anwenden[507]:

> „Dergleichen sind auch etliche Artikel im geschriebenen Recht, welche der Richter (nach den Umständen des Falles) viel mehr durch seine Vernunft als aus geschriebenen Gesetzen oder Disputationen auslegen muß. So ist es mit Zeugen und ihren Aussagen; ob und wann eine Sache genügend bewiesen sei oder nicht, – das kann der Richter aus seinem Gewissen besser erfahren als irgendein Mensch es zu beschreiben vermag."

---

502 Art. 64 CCC: „Item belonte zeugen, sein auch verworfen, vnd nit zulessig, sondern peinlich zu straffen."

503 Der Richter solle, bestimmt CCC Art. 70, „mit fleiß verhören vnd sunderlich eygentlich auffmercken, ob der zeug inn seiner sage würd wanckelmütig vnd vnbestendig erfunden".

504 *Schwarzenberg* beabsichtigte nach *Mittermaier* (Beweislehre, S. 15) nur, „genauere Regeln über den Beweis zu geben, Anweisungen für den Gebrauch der verschiedenen Beweisquellen und Rücksichten, welche bei der Abwägung schwieriger Fälle den Richter l e i t e n sollten, aufzustellen". Vgl. auch *Walther*: Rechtsmittel I, S. 80.

505 Eb. *Schmidt*: Inquisitionsprozeß, S. 82, 83.

506 Vgl. z. B. *Zachariä*: Gebrechen und Reform, S. 201; *Biener*: Abhandlungen, S. 162; *Heffter*: Lehrbuch, § 616, S. 503; *Köstlin*: Wendepunkt, S. 119.

507 *Oldendorp*: Was billig und recht ist, S. 13.

cc) Obwohl die Carolina bis in das 19. Jahrhundert hinein die Grundlage für die prozeßrechtliche Stellung des Richters blieb, geriet das Grundanliegen *Schwarzenbergs* – dem Richter im Gesetz Leitlinien für eine gewissenhafte Überzeugungsbildung zu geben – in der Folgezeit mehr und mehr in Vergessenheit. Ein Wandel im Verständnis der Beweisregeln trat ein und damit zugleich ein Wandel in der Stellung des Richters zu ihnen. Unter dem Einfluß der kanonistischen Beweistheorie, der *Schwarzenberg* zwar Anregungen entnommen, die er im übrigen aber selbständig verarbeitet hatte[508], setzte sich die Auffassung durch, daß die Beweisregeln des gemeinen Rechts zwingendes, den Richter absolut bindendes Recht darstellten[509]. Daraus folgerte man, daß der Richter immer dann, wenn ein Geständnis vorliege oder zwei unbescholtene Zeugen übereinstimmend aussagten, den Angeklagten verurteilen müsse, ohne Rücksicht darauf, ob er von seiner Schuld überzeugt sei oder nicht[510], ein Satz, der schon in den Kommentaren zur Carolina von *Remus* und *Clasen*[511] sowie bei *Carpzov*[512] und *Boehmer*[513] unangefochtene Geltung erlangt zu haben scheint. Der Akt richterlicher Überzeugungsbildung, bei *Schwarzenberg* noch als dynamischer seelischer Vorgang verstanden, wurde formalisiert, zu einem Akt schematischer Rechtsanwendung vereinfacht: der Richter hatte lediglich die Übereinstimmung oder Nichtübereinstimmung zwischen den gesetzlichen Beweiskriterien und den tatsächlichen Merkmalen der Beweismittel festzustellen. Dieser Schematisierung des Beweisrechts entsprach es, daß man in der Beweiswürdigung geradezu ein „Rechnungsexempel"[514] sah, eine mathematische Gedankenoperation lediglich formallogisch-technischen Charakters.

---

[508] Über *Schwarzenbergs* bewußte Selbständigkeit gegenüber dem römisch-italienischen Recht vgl. etwa *Malblank:* Geschichte der PGO, S. 144; *Hälschner:* Geschichte, S. 78; *von Bar:* Geschichte, S. 118 ff; *Güterbock:* Entstehungsgeschichte der Carolina, S. 21, 42, 254 ff; Eb. *Schmidt:* Strafrechtspflege und Rezeption, S. 262, 263; ders.: Einführung, S. 127 ff; *Wieacker:* Privatrechtsgeschichte, S. 81; E. *Wolf:* Große Rechtsdenker, S. 105 f.

[509] Vgl. *Mittermaier:* Beweislehre, S. 16; ders.: Mündlichkeit, S. 403; *Zachariä:* Gebrechen und Reform, S. 201, 260; *Glaser:* Beiträge, S. 10 ff; *Bierling:* Juristische Prinzipienlehre, Bd. IV, S. 69 f.

[510] Vgl. die o. in Fn. 509 zit. Literatur.

[511] Vgl. *Abegg:* Interpretatio Const. Crim. Carol., S. 82, 83.

[512] Pr. III, qu. 114, n. 50 squ. (52), p. 168/169.

[513] Meditationes, art. 22, § 1, S. 118; Observationes selectae, a. a. O., S. 168.

[514] Vgl. *Mittermaier:* Mündlichkeit, S. 403. Vgl. auch Beweislehre, S. 17.

b) Richteramt und Beweisrecht zur Zeit der Aufklärung

aa) In dieser Ausgestaltung, nicht mehr in der ihr ursprünglich von *Schwarzenberg* zugedachten Form, fanden die Kriminalisten der Aufklärungszeit die gesetzliche Beweistheorie im gemeinen und partikularen deutschen Strafverfahrensrecht vor. Daß sie von ihnen unverändert übernommen wurde, zeigt, wie sehr sie ihrer Vorstellung von richterlicher Entscheidungstätigkeit entsprach. Obwohl in Frankreich -- worauf noch zurückzukommen sein wird — schon in den Gesetzen der Revolutionszeit die freie richterliche Beweiswürdigung eingeführt worden war, fand dieses Institut im Deutschland des ausgehenden 18. und beginnenden 19. Jahrhunderts noch keinen fruchtbaren Boden. Zwar war mit der Abschaffung der Folter recht eigentlich „das Rückgrat der formellen Beweistheorie gebrochen"[515]. Die Notwendigkeit, den Richter bei der Würdigung der Beweise freier zu stellen, ihm einerseits die Befugnis zur Verurteilung auf Grund von Indizien einzuräumen und ihn andererseits von dem Zwang zur Verurteilung bei formell erbrachtem Beweis zu befreien, ergab sich für die heutige rückschauende Betrachtung unausweichlich[516]. Indessen erfuhr die beweisrechtliche Stellung des Strafrichters ebensowenig eine durchgreifende Veränderung wie die Grundstruktur des Inquisitionsprozesses überhaupt. Die Unzulänglichkeit, die darin lag, daß der Richter unter der Geltung der gesetzlichen Beweistheorie häufig gegen seine wohlbegründete Überzeugung zu verurteilen oder freizusprechen hatte[517], bot für die Kriminalisten des Aufklärungszeitalters keinen Anlaß, das gesetzliche Beweissystem als solches aufzugeben. Die Lehre des sächsischen Juristen *Justi,* der schon im Jahre 1760 das Prinzip der freien Beweiswürdigung vertreten hatte[518], gab zwar den Anstoß zu mancher Kritik an den herkömmlichen gesetzlichen Beweis-

---

[515] *Hall:* corpus delicti, S. 97.

[516] Vgl. z. B. *Schwinge:* Kampf um die Schwurgerichte, S. 75.

[517] S. dazu etwa *Geyer:* Beweis, S. 199 u. 195; *Ortloff:* Beweisregeln und Entscheidungsgründe, S. 462; *Savigny:* Beweistheorie, S. 481 ff; *Mittermaier:* Beweislehre, S. 82 f; *Völcker:* Beweis in Criminalsachen, S. 461 ff; *Schaper:* Beweis und freie Überzeugung, S. 181; *Möhl,* ZStrVerf 1842, S. 277 f; *von Wick:* Beweistheorie, S. 42 ff; *von Kries:* Lehrbuch, S. 61; *Schwinge:* Kampf um die Schwurgerichte, S. 75; *Glaser:* Handbuch I, S. 346 f, 351 f; *Ullmann:* Lehrbuch, S. 321 ff; *Beling:* Reichsstrafprozeßrecht, S. 291 f.

[518] Johann Heinrich Gottlob *von Justi:* Anzeigung derjenigen Mängel unserer peinlichen Rechte, die aus einigen gemeinen Lehren der Rechtsgelehrten von dem Corpore delicti entspringen, in: Historische und juristische Schriften, Bd. I, Frankfurt u. Leipzig 1760, S. 350 ff, zit. nach *Hall,* a. a. O., S. 93. Ansätze zur Anerkennung der freien Beweiswürdigung auch bereits bei Augustin *Leyser;* vgl. *Hall,* a. a. O., S. 86 f.

regeln[519], vermochte sich jedoch als ganze nicht durchzusetzen. *Justi* hatte, seiner Zeit vorauseilend, die Gewißheitsfrage von der traditionellen Verbindung mit den gesetzlichen Beweiskriterien befreien wollen und die gewissenhafte Überzeugung des Richters zum maßgeblichen Merkmal der prozessualen Wahrheit erklärt. „Das corpus delicti", bemerkte *Justi*[520] und meinte damit den zur Verurteilung notwendigen Gewißheitgrad[521], „ist nichts anderes als die vollkommene Überzeugung des Richters, daß eine Missethat wahrhaftig geschehen sey. Die Richtigkeit dieser Erklärung fällt leicht in die Sinne. Sie begreift alle Arten von Verbrechen in sich, und wenn wir vollkommen überzeugt sind, daß eine Missethat wahrhaftig geschehen sey, so haben wir die Wirklichkeit derselben vor uns." Damit stellte *Justi* deutlich auf die persönliche Gewißheit des Richters ab und näherte sich darin den Auffassungen *Schwarzenbergs* und *Oldendorps*. Gewißheit war für ihn nichts ausschließlich Objektives, aus dem Gesetz Deduzierbares, sondern enthielt zugleich ein unausscheidbares subjektives, richterbezogenes Element; sie bestand darin, daß der hier und jetzt entscheidende Richter die Wirklichkeit der Tat „vor sich" hatte. Deutlicher noch sagte das *Justi* im Nachsatz[522]: „Diese Überzeugung muß auch nothwendig auf den Richter eingeschränkt werden, weil viele andere Menschen von der Wirklichkeit einer Missethat versichert seyn können, ohne daß es der Richter ist."

Daß die Beweislehre *Justis*, die nach *Hall* „eine volle Anerkennung des Grundsatzes der freien Beweiswürdigung des gewissenhaften Richters"[523] darstellte, zur Zeit der Aufklärung keinen Anklang fand, war für das rational-mechanistische Verständnis der richterlichen Entscheidungstätigkeit symptomatisch. Von ihren eigenen inneren Voraussetzungen her konnte die kriminalpolitische Aufklärung nicht zur Anerkennung des Prinzips freier richterlicher Beweiswürdigung gelangen[524].

Die Abwendung von der gesetzlichen Beweistheorie, wie sie *Justi* vollzogen hatte, hätte den Bruch mit den richterrechtlichen Grundvorstellungen des Aufklärungszeitalters und seiner justizpolitischen Kardinalforderung nach absoluter Gesetzlichkeit des richterlichen Handelns bedeutet. Schließen doch die gesetzliche Beweistheorie und der Grundsatz der freien Beweiswürdigung jeweils grundverschiedene

---

519 Zusammenfassung bei *Mittermaier*: Beweislehre, S. 77 f.

520 a. a. O., S. 354.

521 Vgl. *Hall*: corpus delicti, S. 93.

522 Vgl. *Justi*, a. a. O., S. 354.

523 corpus delicti, S. 93.

524 *Drost*: Ermessen, S. 96, bemerkt dazu mit Recht: „Es entsprach nicht der Tendenz, alles durch Gesetz zu regeln, nicht dem Mißtrauen gegen richterliche Willkür, hier dem Richter vollständige Freiheit einzuräumen."

Wertentscheidungen zu Stellung und Funktion des Richters ein. Das Prinzip der freien Beweiswürdigung beruht auf der Freiheit der richterlichen Urteilsbildung, dem Gedanken der gewissenhaften persönlichen Überzeugung des Richters[525]. Freie Beweiswürdigung macht den Wertungscharakter richterlichen Entscheidens in seinen Möglichkeiten und Grenzen deutlich, setzt die Anerkennung des Eigenwertes richterlicher Rechtsfindung gegenüber der gesetzgeberischen Vorwegbestimmung des Rechts voraus und bedeutet letztlich den Verzicht des Gesetzgebers zugunsten des individuellen Richtergewissens. Die gesetzliche Beweistheorie hingegen setzt an die Stelle individueller Beweiswürdigung durch den Richter „gewisse Durchschnittserfahrungen über den Wert der Beweismittel"[526], die – zum Gesetz erhoben – dem Richter das Beweisergebnis mit dem Anspruch auf Verbindlichkeit vorschreiben. Die richterliche Beweiswürdigung wird damit zur Gesetzesanwendung, der Richter auch auf dem Gebiet der Tatsachenfeststellung – der Idee nach – zum Vollstrecker des Gesetzes. Die Würdigung der Beweise, unter der Geltung der freien Beweiswürdigung richterliche Wertentscheidung mit allen irrationalen Imponderabilien, aber auch mit der Möglichkeit individueller Beurteilung, erhält durch das gesetzliche Beweissystem den Charakter eines Subsumtionsakts, einer formallogischen Unterordnung der Beweistatsachen unter die gesetzlichen Beweiskriterien[527].

Die grundsätzlich verschiedene Vorstellung von richterlicher Entscheidungstätigkeit, die somit die gesetzliche Beweistheorie von dem Prinzip der freien Beweiswürdigung trennt[528], erklärt, warum die kriminalpolitische Aufklärung nicht zu dem Gedanken der freien richterlichen Beweiswürdigung durchdringen konnte, sondern nach wie vor an der als unzulänglich erkannten Theorie der gesetzlichen Beweisregelung festhielt. Die gesetzliche Beweistheorie schien einen wirksamen Schutz gegen die gefürchtete „Richterwillkür" zu verbürgen[529]; sie war zugleich der logisch-mechanischen Subsumtions-

---

525 Vgl. dazu u. S. 293 ff dieser Arbeit.

526 So *Stein:* Das private Wissen des Richters, S. 33. Vgl. ferner A. *Bauer:* Über gesetzliche Beweistheorie, S. 108; *Zachariä:* Gebrechen und Reform, S. 196; *Mittermaier:* Beweislehre, S. 87; *Planck:* Systematische Darstellung, S. 383 f; *Ullmann:* Lehrbuch, S. 329; *Birkmeyer:* Strafprozeßrecht, S. 91.

527 Vgl. *Zachariä:* Gebrechen und Reform, S. 195; *Savigny:* Beweistheorie, S. 489 f; *Glaser:* Beiträge, S. 16; *Geyer:* Beweis, S. 195; *Mittermaier:* Beweislehre, S. 84 ff.

528 Vgl. *Ortloff:* Beweisregeln und Entscheidungsgründe, S. 461; s. auch *von Wick:* Beweistheorie, S. 42 ff.

529 Vgl. A. *Bauer:* Über gesetzliche Beweistheorie, S. 108: „Sie dient dazu, Mißgriffe und Täuschungen zu verhüten, den Einfluß der Richterwillkür, des Vorurtheils, der Volksmeinung und der augenblicklichen

vorstellung adäquat, stimmte mit dem aufklärerischen Gesetzlichkeitsideal überein. Durch „strenge Regeln“ suchte man „der Allmacht des nach unten hin fast schrankenlos berechtigten Inquirenten von oben her einen Damm zu setzen“[530]. Auf dem Gebiet der Tatsachenermittlung dienten dazu genaue gesetzliche Vorschriften über das Beweisverfahren, detaillierte und möglichst lückenlose Instruktionen an den Inquirenten, wie sie die preußische Kriminalordnung anschaulich zeigt. Auf dem Felde der Beweiswürdigung bot sich zu diesem Zweck die überkommene, von der gemeinrechtlichen Prozeßrechtstheorie zu einem geschlossenen System ausgestaltete Lehre vom gesetzlich geregelten Beweis an. Sie entzog nach der Vorstellung der damaligen Zeit die Bewertung der Beweistatsachen der richterlichen Subjektivität und gewährleistete infolge der Vereinfachung der richterlichen Wertentscheidung zum Subsumtionsakt, daß der Richterspruch in allen seinen Elementen Ergebnis reiner Gesetzesanwendung war.

bb) Angesichts dieser rechtspolitischen Grundhaltung war es nur selbstverständlich, daß sowohl in der Gesetzgebung[531] als auch in der Prozeßrechtsdoktrin[532] der Aufklärungszeit an der gesetzlichen Beweistheorie des gemeinen Rechts festgehalten wurde. Das für die Strafverfahrensgesetzgebung repräsentative Gesetzeswerk, die preußische Kriminalordnung von 1805, bemühte sich zwar um eine elastische Gestaltung der richterlichen Beweiswürdigung, wofür insbesondere

---

Gemüthsstimmung zu erschweren, eine größere Besonnenheit und Umsicht zu befördern, der Einseitigkeit, der Trägheit und Übereilung entgegenzuwirken und dem Mangel der Erfahrung zu Hülfe zu kommen.“ Vgl. auch *Abegg:* Beiträge, S. 142.

530 *Geyer:* Beweis, S. 195, 198, 199, der den engen Zusammenhang der gesetzlichen Beweistheorie mit dem Gesetzlichkeitsideal der Aufklärung betont.

531 Überblick bei *Geyer:* Beweis, S. 195.

532 Schon *Montesquieu* (L'Esprit des Lois, l. XI, ch. 3; *Forsthoff* I, S. 259) hatte den Grundsatz aufgestellt: „Gesetze, die einen Menschen auf die Aussage nur eines Zeugen hin zu Tode kommen lassen, sind für die Freiheit verhängnisvoll. Die Vernunft verlangt deren zwei.“ Auch *Filangieri:* System III, S. 242 ff, hielt an den überkommenen Beweisregeln fest. Selbst *Beccaria:* Verbrechen, § 8, S. 82, forderte: „Mehr als ein Zeuge ist erforderlich, weil, solange der eine etwas behauptet und der andere etwas verneint, keine Gewißheit vorhanden ist.“ – Aus dem deutschen Schrifttum der Aufklärungszeit vgl. *Stübel:* Thatbestand, § 185, §§ 303 ff; *Kleinschrod:* Unvollkommener Beweis, S. 1 ff; *Feuerbach:* Betrachtungen über das Geschwornengericht, S. 126 ff; ders.: Gerichtsverfassung Frankreichs, S. 461 ff; ders.: Lehrbuch, §§ 543 ff, S. 805 ff; *von Grolman:* Grundsätze, § 435, S. 611; *von Globig* und *von Huster:* Abhandlung, S. 348; *von Globig:* Theorie der Wahrscheinlichkeit, Teil II, S. 293 u. ö.; *Henke:* Darstellung des gerichtlichen Verfahrens, S. 145 ff; *Tittmann:* Handbuch III, § 822, S. 465.

die Vorschrift des § 359 CO bezeichnend ist[533], verzichtete im übrigen aber nicht auf ins einzelne gehende Bestimmungen über die Beweiskraft der Beweismittel[534] und hielt vor allem an der traditionellen gemeinrechtlichen Beweisregel fest, daß zwei gute Zeugen vollen Beweis begründen, wenn sie übereinstimmend über selbst Wahrgenommenes aussagen[535]. Wie in der Gesetzgebung galt auch im Schrifttum die gesetzliche Beweistheorie unangefochten. „Beweis" war für die um logisch-mechanische Gesetzlichkeit des richterlichen Erkenntnisvorgangs bemühte Prozeßrechtslehre der Aufklärungszeit nicht sowohl identisch mit der aus Logik, Erfahrung und gewissenhafter geistig-seelischer Anspannung gewonnenen „Überzeugung" des Richters als vielmehr gleichbedeutend mit „Gewißheit aus gesetzlichen Gründen". „Das vollständige Dasein aller derjenigen Gründe der Gewißheit", formulierte *Feuerbach*[536], „deren nach positiven Gesetzen der Richter bedarf, um mit einer vorausgesetzten Thatsache rechtliche Folgen zu verbinden, heißt die juridische Gewißheit, im Gegensatze der gemeinen, welche lediglich nach den Gesetzen des Verstandes gemäß den Regeln der Erfahrung bestimmt wird." Ein möglicher Widerspruch zwischen beiden Methoden der Wahrheitsfindung – der durch gesetzliche Beweisnormen verbindlich geregelten und der Wahrheitserkenntnis kraft innerer logischer Notwendigkeit der Beweistatsachen[537] – wurde dabei im Grunde gar nicht zugestanden und damit der Konflikt zwischen gesetzlichem Beweisergebnis und gewissenhafter richterlicher Überzeugung für unerheblich er-

---

[533] § 359 CO: „Die größere oder geringere Glaubwürdigkeit der Zeugen hängt ab von ihren Seelenkräften, von dem Verhältnisse, in welchem sie mit dem Angeschuldigten stehen, oder mit dem Angeber, wenn dieser ein Interesse bei der Sache hat, von der Vollständigkeit, Bestimmtheit und inneren Wahrscheinlichkeit der Aussage selbst, und endlich überhaupt von dem Interesse, welches sie bei dem Ausgange der Sache haben." – Zum Beweisrecht der CO vgl. insbes. *Glaser:* Geschichtliche Grundlagen, S. 8; *Schaper:* Beweis und freie Überzeugung, S. 181 f; *Geyer:* Beweis, S. 200; *Jarcke:* Bemerkungen über die Lehre vom unvollständigen Beweise, S. 114 ff; *Paalzow:* Kommentar z. CO, S. 133.

[534] Vgl. §§ 361 ff CO, bes. §§ 370 ff (Geständnis), 382 ff (Urkunden), 386 ff (Zeugen).

[535] Vgl. § 386 CO: „Zwei vereidete, über alle Einwendung erhabene Zeugen geben einen vollen Beweis für eine jede Thatsache, die der Gegenstand ihrer einstimmigen, durch eigene Sinnes-Erkenntniß begründeten Aussage ist." Dagegen kann „die Aussage von mehreren verdächtigen Zeugen, wenn sie auch mit einander übereinstimmen", nicht vollen Beweis begründen (§ 387 CO).

[536] Lehrbuch, § 544, S. 805/806.

[537] Zu diesem Widerspruch vgl. die Ausführungen von W. *Wundt:* Logik (2. Aufl. Stuttgart 1895), Bd. II, S. 588.

klärt[538]. Die „Überzeugung des Richters besaß, wie alles spezifisch Richterliche, für die Denker der Aufklärung nicht das geistige Gewicht, um mit dem durch die formelle Beweistheorie repräsentierten Gesetzlichkeitsgedanken konkurrieren zu können. Die „gesunde Beurtheilung des erfahrnen Richters" erschien allzusehr durch „dunkele Gefühle" bedroht[539] und damit der „Willkür" zugänglich. Für die nach lückenloser Rationalisierung der richterlichen Entscheidung strebende Prozeßrechtswissenschaft des Aufklärungszeitalters vermochte daher – wie es *von Globig* in seiner beweisrechtlichen Wahrscheinlichkeitstheorie sagte[540] – „die blosse richterliche Überzeugung, welche von dem Gesetz keine Unterstützung erhält", die Erfordernisse des Beweises nicht zu erfüllen, „weil die Combination vieler unvollkommenen oder geschwächten Beweismittel, indem sie die individuelle Überzeugung bewirkt, mehr die Sache der Empfindung als der deutlichen Vorstellung ist, und daher dem Irrthum und Betrug ausgesetzt bleibet". Die Prozeßrechtswissenschaft bemühte sich daher ebenso wie die Gesetzgebung um zuverlässige gesetzliche Beweisregeln. In den Ausführungen über den Zeugenbeweis begegnet man dabei fast durchweg der alten Beweisregel des Art. 67 CCC über den Beweis durch mindestens zwei glaubwürdige Zeugen[541], die auch von Autoren

538 Bezeichnend dafür ist die Formulierung *Grolmans* (Grundsätze, § 431, S. 607), ein Beweis liege dann vor, „wenn aus den Beweismitteln sich alle Erkenntnißgründe ergeben, welche die Wahrheit des Beweissatzes entweder mit Nothwendigkeit bestimmen, oder doch (!) als die nach den Gesetzen genügenden Merkmale der Wahrheit erscheinen". *Grolman* nennt den juristischen Beweis ein „ganz positives Institut" (§ 451b, S. 650). Vgl. auch *Tittmann:* Handbuch III, § 825, S. 468: „Man nennt die Gewißheit die juristische, wenn sie auf Gründen beruht, welche nach den ausdrücklichen Bestimmungen positiver Gesetze in rechtlichen Angelegenheiten für hinreichend angesehen werden." Vorher (§ 822, S. 465) hatte *Tittmann* die prozessuale Gewißheit noch definiert als „völlige Überzeugung von der Übereinstimmung einer Vorstellung mit der Wirklichkeit der Sache". Über die Begriffe Überzeugung, Gewißheit im wissenschaftlichen Verständnis der damaligen Zeit vgl. auch *Mittermaier:* Beweislehre, S. 63 ff, 70; *Glaser:* Beiträge, S. 4 f.

539 *von Globig:* Theorie der Wahrscheinlichkeit, Einleitung, S. VIII.

540 *von Globig,* a. a. O., Teil II, S. 293.

541 Vgl. zunächst S. 135 Fn. 532; ferner u. a. *Grolman:* Grundsätze, § 435, S. 611: „Es müssen wenigstens zwey Zeugen in ihren Aussagen über diese Thatsache vollkommen harmoniren, weil bey der Aussage eines einzelnen, wenn auch noch so glaubwürdigen Menschen die Besorgniß, daß unwillkürliche Sinnentäuschung der Grund einer unlauteren Erfahrungserkenntniß desselben geworden seyn könne, durch nichts entfernt wird." *Feuerbach:* Lehrbuch, § 576, S. 820: „Zwei vereidete, über alle Einwendungen erhabene Zeugen geben vollen Beweis für eine jede Thatsache, welche Gegenstand ihrer einstimmigen, durch eigene Sinnenerkenntniss begründeten Aussage ist"; *Tittmann:* Handbuch III, § 825, S. 468.

beibehalten wird, welche – wie z. B. *Globig* und *Huster*[542] – das herkömmliche Beweisrecht einer strengen und gründlichen Kritik unterziehen. Allenthalben herrschte das Bestreben, dem richterlichen Erkenntnisvorgang rationale Berechenbarkeit zu verleihen, damit „einer dem Rechte und der Wahrheit widersprechenden Gesinnung und Handlungsweise des Richters kein nachtheiliger Einfluß gestattet wäre“[543]. Mitunter ging man deshalb über die hergebrachten Beweisregeln des gemeinen Rechts – von denen die des Art. 67 CCC die wichtigste war – noch hinaus und suchte auf der Grundlage von „Vernunft“ und „Wahrscheinlichkeit“ neue, subtilere und zuverlässigere Beweisnormen zu gewinnen. So machte der Verfasser der schon erwähnten „Abhandlung von der Criminal-Gesetzgebung“[544], *von Globig,* in seiner „Theorie der Wahrscheinlichkeit“ im Anschluß an Bestrebungen der französischen Aufklärungsphilosophie[545] den Versuch, auf Grund von „Wahrscheinlichkeitsgesetzen“ für alle bei der Beweiswürdigung auftauchenden Zweifelsfragen ein festes System von Beweisregeln zu formulieren, das dem Richter eine mathematisch sichere Beurteilung der Beweismittel und ihrer Beweiskraft ermöglichen sollte. In einer vielfach abgestuften Skala von Unterscheidungen legte er den jeweiligen Grad der Beweiskraft der verschiedenen Beweismittel fest und bestimmte die Folgen der Übereinstimmung (Harmonie) oder des Widerspruchs (Disharmonie) zwischen den einzelnen Beweisen. Daraus entwickelte *von Globig* detaillierte Beweisregeln, die häufig mathematischen Formeln gleichen. So wächst nach seiner Theorie z. B. die Beweiskraft zweier Zeugenaussagen „durch den Zutritt anderer nach der Zahl der Zeugen und der Übereinstimmungen“: „Wenn also z. B. 3 Zeugen in 8 zusammenhängenden Punkten übereinstimmen, so ist der Grad ihrer Harmonie 24. Sind hingegen 8 Zeugen bloß in 3 Punkten einstimmig, so ist die Harmonie ebenfalls 24, und sie beweisen nicht mehr als jene 3 Zeugen[546].“ Die aufklärerische Neigung zur mechanistischen Auffassung der richterlichen Entscheidungstätigkeit tritt in solchen Überlegungen deutlich

---

542 Abhandlung, S. 348. Vgl. dazu *Hall:* corpus delicti, S. 97: „Es ist, als ob *Globig* und *Huster* dem Richter noch nicht zutrauten, die Beweise frei zu würdigen. Darum stellen sie als aufgeklärte Menschen vernünftige Regeln auf.“

543 *Abegg:* Beiträge, S. 142.

544 Vgl. o. S. 58 dieser Arbeit.

545 Darüber vgl. im einzelnen *Schnuse* in ACrR N. F. 1841, S. 41 ff, 349 ff; *Földes:* Zur Psychologie der Urteile, S. 601 ff; *Haymann:* Mehrheitsentscheidung, S. 397 f. Besonders zu erwähnen ist *Condorcets* Essai sur l'application de l'analyse à la probabilité des décisions rendues à la pluralité des voix, Paris 1785.

546 *von Globig:* Theorie der Wahrscheinlichkeit, Teil I, S. 183. Vgl. auch das instruktive Beispiel dort S. 191.

hervor; in ihr lag der tiefere Grund für die Bemühungen, das gesetzliche Beweissystem des gemeinen Rechts festzuhalten und neu zu legitimieren. Theorien wie die *von Globigs* lassen erkennen, wie weit man damals noch von der Erkenntnis entfernt war, daß richterliche Entscheidung über die bloße logische Schlußfolgerung hinaus einen Akt der Wertung darstellt, in dem nicht nur der rechnende Intellekt waltet, sondern alle richterlichen Persönlichkeitskräfte zusammenwirken. Solange diese Richteridee unangefochten herrschte, konnte sich der Gedanke der freien Beweiswürdigung, der auf die gewissenhafte Überzeugung des Richters abstellt und die Beweiswürdigung damit zu einem „Persönlichkeitsakt" (*K. Peters*) ausgestaltet, nicht durchsetzen.

cc) Doch nicht nur die Tatsache, daß Gesetzgebung und Doktrin der Aufklärungszeit an dem gesetzlichen Beweissystem als solchem festhielten und es neu zu rechtfertigen suchten, erscheint für die Richtervorstellung jener Periode symptomatisch, auch die Art, wie man die gesetzlichen Beweisregeln verstand und interpretierte, kennzeichnet die rational-mechanistische Auffassung über das Verhältnis von Gesetz und Richteramt. Wie man in dem positiven Gesetz die für die Rechtsanwendung des Richters schlechthin verbindliche Norm sah, so erblickte man auch in den positivgesetzlichen Beweisregeln unbedingt und ausnahmslos verpflichtende Bestimmungen für die richterliche Beweiswürdigung. Im Gegensatz zu *Schwarzenberg*, der die Beweisregeln noch als bloße Leitlinien für die Überzeugungsbildung des gewissenhaften Richters betrachtet hatte, folgte die Prozeßrechtslehre der Aufklärungszeit daher in dieser Hinsicht fast durchweg der durch die italienisch-kanonische Doktrin geprägten gemeinrechtlichen Tradition und deutete das herrschende Beweissystem ganz im Sinne der später so genannten p o s i t i v e n gesetzlichen Beweistheorie. Für diese Beweistheorie ist die Beweisregel nicht lediglich Hilfsmittel des Richters bei der Wahrheitserforschung, sondern immer und ausnahmslos geltende Norm, der dieser sich auch dann unterwerfen muß, wenn er das gesetzliche Beweisergebnis nicht billigt, sondern eine andere Überzeugung gewonnen hat[547]. Die positive gesetzliche Beweistheorie zwingt also den Richter häufig, gegen seine Überzeugung zu entscheiden; sie ermöglicht es ihm andererseits auch, zu entscheiden, ohne überzeugt zu sein, bleibt also, indem sie

---

[547] Vgl. dazu *Geyer:* Beweis, S. 195; ferner *Ortloff:* Beweisregeln und Entscheidungsgründe, S. 462; *von Wick:* Beweistheorie, S. 42 ff; *Savigny:* Beweistheorie, S. 481 f; *Jarcke:* Bemerkungen über die Lehre vom unvollständigen Beweise, S. 109; *Mittermaier:* Beweislehre, S. 82 f; *Möser:* Patriotische Phantasien I/1, S. 308; A. *Bauer:* Über gesetzliche Beweistheorie, S. 105 ff; *Walther:* Rechtsmittel I, S. 85 ff; *von Kries:* Lehrbuch, S. 61; *Glaser:* Beiträge, S. 10 ff.

allein auf das Gesetz abstellt, in einem zweifachen Sinne gegenüber der Überzeugung des entscheidenden Richters indifferent. Indem sie so den Richterspruch zum wertfreien Subsumtionsakt vereinfachte, kam sie der Richteridee der Aufklärung weitgehend entgegen. Freilich fand die Folgerung, daß der Richter auch gegen seine wohlbegründete Überzeugung entscheiden müsse, schon zur damaligen Zeit vereinzelt Kritik. Es war *Filangieri*, der durch eine neuartige Deutung der herrschenden gesetzlichen Beweistheorie dem als unangenehm empfundenen Widerspruch zwischen richterlicher Überzeugung und gesetzlichem Beweisergebnis Rechnung zu tragen suchte. Er wollte zwar nicht auf Beweisregeln verzichten, hielt den Richter aber nicht für verpflichtet, die gesetzlichen Beweisnormen auch gegen seine Überzeugung anzuwenden und entwarf so die später von *Feuerbach* so bezeichnete[548] negative Beweistheorie[549]. *Filangieri* wies auf die Gefahr des Gewissenskonflikts hin, der jeder Richter unter der Geltung des positiven Beweissystems ausgesetzt sei. Ein Richter, dem die innere Gewißheit fehle, daß der Angeklagte die ihm zur Last gelegte Tat begangen habe, könne ihn nicht verurteilen, „ohne ein Verräter an seinem Gewissen zu werden"[550]. *Filangieri* fügte freilich sogleich hinzu, daß die persönliche Überzeugung des Richters allein ebenfalls nicht „für hinreichend gelten könne"[551] und lehnte damit das Prinzip der freien Beweiswürdigung entschieden ab. Wollte man, so meinte *Filangieri*[552], die subjektive Überzeugung des Richters zum maßgeblichen Beweiskriterium erheben, „blos seine moralische Gewißheit zur Bestimmung der Wahrheit einer Thatsache hinreichen" lassen, so wäre „eine uneingeschränkte straflose Willkühr über Leben, Ehre und Freyheit des Bürgers" die Folge. Die Lösung dieser Antinomie zwischen Gewissenszwang einerseits und Richterwillkür andererseits erblickte *Filangieri* in der Möglichkeit, „die moralische Gewißheit des Richters mit der vom Gesetzgeber vorgeschriebenen Norm, nemlich dem gesetzlichen Kriterium, zu vereinbaren"[553]. Das solle so geschehen, daß der Richter zwar generell das Beweisergebnis

---

548 Vgl. *Feuerbach:* Betrachtungen über das Geschwornengericht, S. 132 f.

549 Vgl. *Filangieri:* System III, S. 228 ff; dazu *Schwinge:* Kampf um die Schwurgerichte, S. 75 f. Zur Unterscheidung zwischen positiver und negativer Beweistheorie vgl. grundsätzlich *Savigny:* Beweistheorie, S. 481 ff; *Ortloff:* Beweisregeln und Entscheidungsgründe, S. 462 f; *Arnold:* Prüfung der Beweise, S. 41; *Geyer:* Beweis, S. 195; *Kitka:* Beweislehre, S. 429; *von Kries:* Lehrbuch, S. 61; *Glaser:* Beiträge, S. 11; neuerdings *Krause:* Zum Urkundenbeweis im Strafprozeß, S. 12 f.

550 *Filangieri:* System III, S. 228.

551 a. a. O.

552 System III, S. 228, 229.

553 a. a. O., S. 229 f.

nicht nach freier Überzeugung finden dürfe, sondern durch Subsumtion der Beweistatsachen unter die gesetzlichen Beweisregeln gewinnen müsse, daß er jedoch den Angeklagten nicht zu verurteilen brauche, „wenn er auch ungeachtet der gesetzlichen Beweise, die seiner Überzeugung beiträten, noch Gründe hätte, an ihrer Wahrheit zu zweifeln"[554].

Wurde hier der gewissenhaften Überzeugung des Richters zumindest eine Art Kontrollfunktion gegenüber der Richtigkeit des gesetzlichen Beweisergebnisses zuerkannt und damit in Durchbrechung des starren Subsumtionsdogmas – wie es im übrigen *Filangieri* selbst vertrat[555] – der erste Schritt zur freien Beweiswürdigung getan[556], so blieb die praktische und theoretische Auswirkung dieser negativen Beweistheorie mit ihrem neuartigen Verständnis des Verhältnisses zwischen Gesetz und Richter jedoch zunächst sehr gering. In der Gesetzgebung des deutschen Rechtskreises fand sich lediglich in § 414 des österreichischen Strafgesetzbuchs von 1803 ein Anklang an diese Lehre[557], während die anderen bedeutenden Strafgesetzbücher und Verfahrensordnungen der Aufklärungszeit[558], besonders die preußische Kriminalordnung[559], eindeutig auf dem Boden der positiven Beweistheorie standen. Auch in der Doktrin vermochte sich – wie *Glaser* nachgewiesen hat[560] – die Lehre *Filangieris* zu jener Zeit noch nicht durchzusetzen. Wenn auch die negative Beweistheorie nur selten ausdrücklich abgelehnt wurde – wie z. B. durch *von Globig*[561] –, so zeigte sich ihre geringe Bedeutung doch darin, daß der Unterschied zwischen positivem und negativem Beweissystem weder eindeutig formuliert noch häufig als solcher empfunden wurde. Obwohl z. B. in *Feuerbachs* „Betrachtungen über das Geschwornengericht" schon der Gedanke der negativen Beweistheorie der Sache und dem Namen nach enthalten war[562], ging *Feuerbach* in seinem Lehrbuch mit keinem Wort darauf ein[563], und auch seine Darstellung des französischen Gerichtsverfahrens, in der er das negative Beweissystem erörtert, be-

---

554 *Filangieri:* System III, S. 231, 232.

555 Vgl. o. S.54 f dieser Arbeit.

556 Vgl. *Westhoff:* Grundlagen, S. 116; *Schwinge:* Kampf um die Schwurgerichte, S. 75; a. A. wohl *Geyer:* Beweis, S. 195.

557 Vgl. *Ortloff:* Beweisregeln und Entscheidungsgründe, S. 462; *Geyer:* Beweis, S. 195 f; *Kitka:* Beweislehre, S. 429; *Glaser:* Beiträge, S. 11 Fn. 13; a. A. *von Kries:* Lehrbuch, S. 61.

558 Vgl. den Überblick bei *Geyer:* Beweis, S. 195.

559 Vgl. dazu u. S. 136 m. Fn. 533, 535 dieser Arbeit.

560 Beiträge, S. 10 ff, 16.

561 Theorie der Wahrscheinlichkeit, Teil II, S. 292.

562 S. 132 ff.

563 §§ 543 ff, S. 805 ff.

schränkt sich auf einige nicht ganz klare Andeutungen[564]. *Grolman* wollte anscheinend der negativen, *Tittmann* der positiven Beweistheorie folgen, ohne daß der Unterschied theoretisch geklärt wurde[565]. *Henke* verlangte in seiner „Darstellung des gerichtlichen Verfahrens in Strafsachen" zwar, unter Bezugnahme auf *Feuerbach*, daß die Bindung des Richters durch gesetzliche Beweisregeln nur eine negative, keine positive sein dürfe, legte seiner weiteren Darstellung des Beweisrechts dann aber offenbar diese Unterscheidung gar nicht mehr zugrunde, sondern ging von der herkömmlichen positiven Beweistheorie aus[566]. Eine klare Auseinandersetzung mit den Gedanken *Filangieris* fand nirgends statt, und man gewinnt den Eindruck, daß die deutsche Strafrechtslehre damals der negativen Beweistheorie noch sehr fremd gegenüberstand. *Von Kries* hat deshalb mit Recht festgestellt, die Unterscheidung zwischen positiver und negativer gesetzlicher Beweistheorie sei der älteren Doktrin im Grunde nicht geläufig gewesen[567]. Die negative Beweistheorie widersprach mit ihrer weitgehenden Berücksichtigung der individuellen richterlichen Überzeugung, in ihrer inneren Verwandtschaft mit dem selbst von *Filangieri* als „Willkür" empfundenen Grundsatz der freien Beweiswürdigung der aufklärerischen Vorstellung von der unbedingten Unterordnung des Richters unter das Gesetz. War doch jeder Fall eines Freispruchs kraft richterlicher Überzeugung bei formal erbrachtem Schuldbeweis letztlich eine Dokumentation der Insuffizienz des Gesetzes, die das gesetzliche Beweissystem als ganzes in Frage stellte[568] und damit den Absolutheitsanspruch des Gesetzes erschütterte. Die Anerkennung der richterlichen „Überzeugung", die mit der Einführung der negativen Beweistheorie zwangsläufig verbunden gewesen wäre, hätte zudem die Konfrontierung mit den werthaltigen, irrationalen, persönlichkeitsbezogenen Elementen des Richterspruchs bedeutet, denen die Aufklärung in ihrem strengen Rationalismus ablehnend gegenüberstand. Rechtspolitisch verlangte die Forderung nach unbedingter Gesetzesunterworfenheit des Richters, rechtsdogmatisch erheischte das Subsumtionsdogma eine der Idee nach lückenlose, von richterlicher Wertentscheidung unabhängige, mithin positive gesetzliche Beweistheorie, so daß es zu einer klaren Entscheidung für die neue Lehre *Filangieris* noch nicht kommen konnte.

---

564 Vgl. *Feuerbach:* Gerichtsverfahren Frankreichs, S. 461 f.

565 *Grolman:* Grundsätze, § 435, S. 611; *Tittmann:* Handbuch III, § 825, S. 468.

566 Vgl. *Henke:* Darstellung, S. 145 ff.

567 Vgl. *von Kries:* Lehrbuch, S. 61; *Glaser*, a. a. O., S. 16.

568 Vgl. *Glaser:* Beiträge, S. 14 f; ders.: Geschichtliche Grundlagen, S. 14; *Ortloff:* Beweisregeln und Entscheidungsgründe, S. 463; *Westhoff:* Grundlagen, S. 116.

3. *Zusammenfassung*

Auch im Strafprozeßrecht der Aufklärungszeit trat damit deutlich der für jene Epoche des Rechtsdenkens kennzeichnende Richtertypus hervor: ein Richter, der geradezu sklavisch an das positive Gesetz gebunden war, das er mit einer an Selbstverleugnung grenzenden Unbeteiligtheit, fern von jeder eigenverantwortlichen Wertentscheidung, in einem logisch-schematisch vorgestellten Subsumtionsverfahren auf den Sachverhalt anzuwenden hatte. Wenngleich die Aufklärung in Deutschland prozessual keine wesentlichen Neuerungen brachte, so zeigte sich doch gerade darin, daß sie die alten Prozeßformen bewahrte und sich zu eigen machte, der Einfluß der aufklärerischen Richteridee. Das galt sowohl für den Verfahrensaufbau als auch für das Beweisrecht des damaligen Strafprozesses. Solange der Strafrichter nur als „Sprachrohr" des Gesetzes, als ein persönlichkeitsloses Schemen gesehen, seine geistige Tätigkeit als logisch-automatische „Subsumtion" vorgestellt wurde, solange war kein Raum für eine psychologische Analyse der Funktionen des Inquisitionsrichters, die notwendig zu der Erkenntnis der psychologischen Unhaltbarkeit dieser Form des Richteramts hätte führen müssen. Eine prozeßpsychologische Betrachtung setzte voraus, daß der Akt der richterlichen Tatsachenfeststellung und Rechtsanwendung in der Totalität seiner vielschichtigen geistig-seelischen Struktur in das Blickfeld der Prozeßrechtswissenschaft rückte und konnte daher erst einsetzen, nachdem jenseits des Gebietes formaler Entscheidungslogik der Charakter des Richterspruchs als persönlichkeitsbestimmter Willens- und Wertentscheidung erkannt war. Solange aber die mechanistische Richtervorstellung der Aufklärung herrschte, blieb auch das Beweisrecht dem Gedanken lückenloser Gesetzlichkeit, wie er vorwiegend durch die positive Beweistheorie repräsentiert wurde, verhaftet, so daß sich weder das Prinzip der freien Beweiswürdigung noch die negative Beweistheorie durchzusetzen vermochten, weil beide einen freier gestellten und in seinem Eigenwert anerkannten Richter voraussetzten.

C. DIE WANDLUNG DER STELLUNG DES STRAFRICHTERS UNTER DEM EINFLUSS DER HISTORISCHEN RECHTSSCHULE

I. Geistesgeschichtliche Voraussetzungen

1. Die Abschwächung des aufklärerischen Gesetzlichkeitsgedankens

Den Absolutheitsanspruch des positiven Gesetzes, auf dem die logisch-mechanische Richteridee der damaligen Zeit wesentlich beruhte, haben freilich Theorie und Praxis der Aufklärungszeit niemals mit der Rigorosität und kompromißlosen Einhelligkeit verwirklicht, wie das im Frankreich des ausgehenden 18. Jahrhunderts geschehen war. Noch im Anfang des 19. Jahrhunderts gab es in Deutschland, wie *Feuerbachs* Auseinandersetzung mit seinen Zeitgenossen zeigte, viele Stimmen, die dem Richter in verschiedener Abstufung eine gewisse Selbständigkeit gegenüber dem Gesetz zubilligten. Der Einfluß dieser Vertreter einer philosophisch-naturrechtlich ausgerichteten Strafrechtswissenschaft, die an die Ideen *Hommels, Gmelins, Malblanks* u. a. anknüpfen konnten, war zwar durch *Feuerbachs* überragende Autorität stark zurückgedrängt worden. Doch die Stimmen, die – wenn auch mit verschiedener Begründung – eine freiere Stellung des Richters gegenüber dem Gesetz forderten, verstummten nie ganz[1]. Mochte auch der aufklärerische Gedanke, daß der Richter nur der „mechanische Ausüber des Gesetzes" *(Globig* und *Huster)* sein dürfe, in Gesetzgebung und Wissenschaft seinen Vorrang behaupten, so war er doch in Deutschland nicht in dem Grade zum Bestandteil des Rechtsbewußtseins geworden, wie das in Frankreich zur Zeit der Revolution der Fall gewesen war. Untergründig lebte die alte voraufklärerische Vorstellung von der schöpferischen Freiheit des Richters fort. Durch praktische Erfahrungen mit den neuen „vollständigen" und „lückenlosen" Strafgesetzbüchern wurde das positivistische Gesetzlichkeitsdogma der Aufklärung erschüttert. Theoretisch erneuerte die historische Rechtsschule, die im 19. Jahrhundert wachsenden Einfluß auf das gesamte Rechtsdenken gewann, den alten Kampf der philosophisch-naturrechtlich orientierten Rechtslehre gegen die All-

---

[1] Vgl. *von Wächter:* Gemeines Recht, S. 129 ff; *Geib:* Geschichte, S. 337; *Bockelmann:* Richter und Gesetz, S. 28.

macht des positiven Gesetzes mit anderen Mitteln. So kam es, daß sich schon in der ersten Hälfte des 19. Jahrhunderts[2], zu einer Zeit, da *Feuerbachs* Einfluß seinen Zenit erreicht hatte, zugleich Veränderungen in der Auffassung von der Funktion des Gesetzes vollzogen, die auf das Verständnis des Richteramts tiefgreifenden Einfluß gewannen.

Man erkannte, daß die aufklärerische Forderung nach lückenloser gesetzlicher Bindung des Richters auf die Dauer weder erfüllbar noch wünschenswert war[3]; unerfüllbar, weil es nicht gelingen konnte, die Gesetze so exakt zu fassen, daß sämtliche Anwendungszweifel des Richters ausgeräumt waren, nicht erstrebenswert, da ein blinder und starrer, aller richterlichen Individualisierung unzugänglicher Gesetzesmechanismus die notwendige Anpassung der Rechtspflege an die Zeit- und Lebenserfordernisse verhindern mußte. Die weitgehende Gesetzesbindung des Richters, in den Gesetzgebungswerken der Aufklärung häufig mit doktrinärer Folgerichtigkeit durchgeführt, brachte in der Praxis viele Unzuträglichkeiten und führte zu mancherlei Beschwerden[4]. Binnen kurzer Zeit mußte manches der theoretisch höchst sorgfältig konzipierten Strafgesetzbücher einschneidende Abänderungen erfahren, weil es sich bei der Rechtsanwendung als zu unelastisch und daher unpraktikabel erwies. Das eindrucksvollste Beispiel in dieser Hinsicht war *Feuerbachs* eigene Schöpfung, das bayerische Strafgesetzbuch von 1813[4a]. Dieses Gesetz, in dem *Feuerbachs* Richtervorstellung, wie er sie in der „Kritik des Kleinschrodischen Entwurfs" entwickelt hatte, verwirklicht worden war[5] — Vorbild für die Gesetzgebungsarbeiten vieler deutscher Länder[5a] —, erwies sich schon wenige Jahre nach seinem Inkrafttreten als teilweise veraltet und verbesserungsbedürftig[6]. Bereits 1816 kam es mit einer Diebstahlsnovelle zu einem einschneidenden Eingriff; im Widerspruch zu dem Grundgedanken *Feuerbachs* wurde dem Richter gestattet, bei „besonders milden Umständen" die gesetzliche Strafe nach Ermessen bis auf die

---

[2] Vgl. *Geib:* Geschichte, S. 337: „seit dem zweiten und dritten Decennium des gegenwärtigen Jahrhunderts..." Darüber auch *von Wächter*, a. a. O.

[3] Vgl. dazu *Engisch:* Einführung, S. 107; *Bockelmann:* Richter und Gesetz, S. 28; *Geib:* Geschichte, a. a. O.

[4] Vgl. Eb. *Schmidt:* Einführung, S. 266.

[4a] Vgl. dazu im einzelnen *Arnold:* Erfahrungen, in: ACrR N. F. 1843, S. 96 ff, 1844, S. 190 ff; *Mittermaier:* Betrachtungen, S. 54 ff.

[5] Vgl. dazu Edwin *Baumgarten:* Das bayerische Strafgesetzbuch von 1813 und Anselm von Feuerbach, in: GS Bd. 81 (1913), S. 98 ff; *Grünhut:* Feuerbach, S. 168.

[5a] Vgl. *Radbruch:* Feuerbach, S. 162; *Mittermaier:* Betrachtungen, a. a. O.

[6] Zum Schicksal des bayerischen StGB vgl. *Grünhut:* Feuerbach, S. 178 f; *Radbruch:* Feuerbach, S. 165 f.

Hälfte herabzusetzen[7]. Wurde hier der Ermessensbereich des Richters über den ursprünglichen Plan *Feuerbachs* hinaus erheblich erweitert, so ergingen in den ersten vier Jahren nach dem Inkrafttreten insgesamt über hundert abändernde und ergänzende Novellen[8], die das Gesetzbuch praktikabler gestalten sollten. Schließlich mußte *Feuerbach,* nachdem im Jahre 1822 sein Gegner *Gönner* mit einem vollständigen Gegenentwurf hervorgetreten war, das gesamte Strafgesetzbuch einer gründlichen Revision unterziehen[9]. Er sah sich gezwungen, von der einst so apodiktisch erhobenen Forderung nach Einschränkung der richterlichen Ermessensfreiheit abzugehen. „Das richterliche Ermessen", umschrieb er jetzt das Ziel seiner Gesetzgebungsarbeit, „wird einen angemessenen Spielraum erhalten, ohne daß demselben erlaubt oder möglich werden sollte, sich in Willkür aufzulösen[10]." Im Gegensatz zu seinem früheren Standpunkt ließ *Feuerbach* nunmehr sogar generelle richterliche Strafmilderung zu[11], „wenn in einem ungewöhnlichen Falle so viele und starke schuldmildernde Umstände zusammentreffen, daß die gesetzliche Strafe mit der Schuld des Täters außer allem Verhältnis erscheint".

2. *Der Rechtsbegriff der historischen Rechtsschule*

a) Die rasche „Alterung" der neuen Kodifikationen lenkte die Aufmerksamkeit wieder stärker auf die reale Bedeutung, die der Urteilsspruch des Richters von jeher für das Rechtsleben gehabt hatte, schärfte den Blick für das außergesetzliche, in Rechtsbewußtsein und Gerichtspraxis lebende Recht. Hier setzte die von *Savigny* geführte historische Rechtsschule[12], deren Gedanken allmählich die Vorstellungen der Aufklärung zu überlagern begannen, mit ihrer Kritik am

---

[7] Vgl. *Gönner:* Über das Kgl. Baierische Gesetz wider den Diebstahl v. 25. März 1816, NACrR Bd. 8 (1825), S. 1 ff.

[8] *Radbruch:* Feuerbach, S. 165 f; Eb. *Schmidt:* Einführung, S. 266.

[9] Vgl. *Grünhut:* Feuerbach, S. 179 f m. weit. Hinw.

[10] Nach *Radbruch:* Feuerbach, S. 165.

[11] Vgl. Art. 7 des Entw. eines revidierten StGB, veröff. von *Mittermaier* in ACrR N. F. 1847, S. 586 ff (588).

[12] Aus der umfangreichen Literatur über *Savigny* und die historische Rechtsschule seien als neueste Darstellungen hervorgehoben: *Conrad:* Friedrich Carl von Savigny und die Rechtsentwicklung in Deutschland im 19. Jahrhundert, in: Juristen-Jahrbuch 1961/62, S. 1 ff (Literaturhinweise S. 12 f); *Kunkel:* Savignys Bedeutung für die deutsche Rechtswissenschaft und das deutsche Recht, in: JZ 1962, S. 457 ff; R. *Gmür:* Savigny und die Entwicklung der Rechtswissenschaft, Münster 1962 (Schrifttum S. 48 ff); *Dahm:* Deutsches Recht, S. 117 ff; E. *Wolf:* Große Rechtsdenker, S. 467 ff (Schrifttum S. 537 ff); H. *Thieme:* Savigny und das deutsche Recht, in: ZSaR/Germ. Bd. 80 (1963), S. 1 ff.

Kodifikationsideal – und im Zusammenhang damit auch am Richterideal – des 18. und beginnenden 19. Jahrhunderts an. In einem Aufsatz „Stimmen für und wider neue Gesetzbücher" nahm *Savigny* das Schicksal des *Feuerbachschen* Strafgesetzbuchs zum Anlaß, erneut auf die Fragwürdigkeit umfassender Kodifikationen hinzuweisen[13], wie er das für das Zivilrecht schon in seiner Schrift „Vom Beruf unserer Zeit für Gesetzgebung und Rechtswissenschaft" getan hatte[14]. In jener „so plötzlichen Rechtsabwechslung" fand er eine Bestätigung der in seiner berühmten Programmschrift von 1814 vertretenen These, daß seiner Zeit – und wohl nicht nur ihr[15] – der „Beruf" zur Gesetzgebung überhaupt fehle. Am Beispiel des Allgemeinen Landrechts legte *Savigny* die Bedeutung der richterlichen Rechtsfortbildung dar, der sich kein Gesetzgeber verschließen dürfe[16]. Die unbestreitbare Wirkung dieses großen Gesetzgebungswerks auf das Rechtsleben führte er im Grunde darauf zurück, daß sich die Gerichtspraxis über die engen Grenzen, die ihr der Gesetzgeber hatte ziehen wollen, stillschweigend hinweggesetzt und dadurch das Gesetz selbst lebensfähig erhalten hatte[17]. Obwohl das Allgemeine Landrecht ausdrücklich „alle Rücksicht auf den Gerichtsgebrauch" verbiete, habe sich doch durch „die Anwendung in den Gerichten so vieles modifizirt, ergänzt, anders gestellt, daß das geschriebene Landrecht mit dem in den preußischen Gerichten lebenden Recht keineswegs identisch" sei[18].

Savignys Kritik am aufklärerischen Kodifikationsgedanken und seine Aufgeschlossenheit für die rechtsschaffende Macht der Gerichtspraxis waren indessen nur die Auswirkungen seiner grundsätzlichen Einstellung zu Gesetz und Recht. Ihm ging es um das Verhältnis von Gesetz und Rechtswissenschaft zu dem geschichtlich gewordenen, der positiven Gesetzgebung vorgegebenen Recht, zu der Rechtsidee. Der Konflikt zwischen Recht und Rechtsidee, den die Aufklärung glaubte beilegen zu können, indem sie das Naturrecht dem Kodifikationsgedanken dienstbar machte, brach hier wieder auf. Für das Rechtsdenken der Aufklärung war das Gesetz zugleich Inbegriff der Rechtsvernunft, Ausdruck der apriorischen Rechtsidee gewesen; der Glaube an die Allmacht des Gesetzes hatte zu dem Gedanken der Identität von „natürlichem" und „positivem" Recht geführt. Gesetzgebung wurde als gleichbedeutend mit Positivierung und Kodifizierung des als richtig erkannten natürlichen Rechts empfunden. Die Erfahrung, daß das gesetzte Recht dieser Idealforderung nicht genügen konnte,

---

13 *Savigny:* Stimmen, S. 205 ff (211).

14 *Savigny:* Beruf, S. 102 ff.

15 Vgl. dazu J. *von Kirchmann:* Die Wertlosigkeit der Jurisprudenz als Wissenschaft, Berlin 1848, S. 22.

16 *Savigny:* Stimmen, S. 213.

17 *Savigny,* a. a. O.

18 ebendort.

vielmehr kurzlebig und oft nur ephemer war, ließ den Dualismus zwischen Gesetz und Rechtsidee wieder hervortreten. Das wiedererwachende Bewußtsein der Verschiedenheit, ja Gegenläufigkeit von positivem und idealem Recht war dabei zugleich Symptom einer allgemeinen geistigen Krise[19], aus der heraus die Gedanken der historischen Schule erst verständlich werden. Der optimistische Glaube an die Allmacht der menschlichen ratio, das eigentliche Fundament der aufklärerischen Ideen, begann zu schwinden. Das philosophische Denken löste sich aus dem Banne des mathematisch-rationalistischen Weltverständnisses, in den es die Philosophie der Aufklärung hineingezogen hatte[20], und wandte sich stärker den tieferen, jenseits des rational Analysierbaren liegenden Schichten des Menschlichen zu. *Kant* hatte die Grenzen des verstandesmäßig Erkennbaren und Berechenbaren aufgewiesen; der Neigung der Aufklärung, den Menschen gedanklich zur bloßen Funktion, zum Mittel sachlicher Zwecke zu abstrahieren, hatte er zugleich den Gedanken der sittlichen Autonomie des Individuums, das „Zweck an sich selbst" ist und nicht „unter die Gegenstände des Sachenrechts gemengt" werden darf, gegenübergestellt[21]. Der Sinn für das Besondere, Individuelle, Einzigartige und Lebendige erwachte; jenseits des erkennenden Verstandes wurden die Sphären des Gefühls, des Erlebens, der Empfindung entdeckt. *Herder* suchte an die Stelle des Menschenbildes der Aufklärung, die das Individuum einseitig vom Intellekt her gesehen hatte, den Gedanken der „Gestalt" zu setzen, das „ganze Bild vom ganzen Menschen", das in seiner Einheit von der „empfindenden Seele" erfaßt wird[22]. Dieses Denken drang in den Bereich der überindividuellen Ordnungen vor. Das V o l k als lebendige, durch die Eigenart seiner geschichtlich gewachsenen Kultur, Kunst, Sprache, Sitte und nicht zuletzt seines Rechts individualisierte Einheit, als geistiger Organismus trat in den Kreis des Bewußtseins. Die Volksidee erschloß dem

---

[19] Die folgenden Bemerkungen sind vor allem Fr. *Meinecke:* Entstehung des Historismus, S. 355 ff; Th. *Litt:* Kant und Herder, S. 109 ff, und G. *Dahm:* Deutsches Recht, S. 117 ff, verpflichtet.

[20] Zum mathematisch-mechanistischen Rationalismus der Aufklärungsphilosophie vgl. u. a. *Marck:* Das Jahrhundert der Aufklärung, S. 36 ff; *Ewald:* Französische Aufklärungsphilosophie, S. 8 ff; *Frischeisen-Köhler* und *Moog:* Philosophie der Neuzeit, S. 348 ff; *von Brockdorff:* Deutsche Aufklärungsphilosophie, S. 22 ff; *Eisler:* Wörterbuch (Art. Aufklärung), Bd. I, S. 140 f; E. *Cassirer:* Philosophie der Aufklärung, S. 1 ff; *Litt:* Ethik der Neuzeit, S. 67; *Schilling:* Geschichte der Philosophie, Bd. II, S. 107 ff; *Hoffmeister:* Wörterbuch (Art. Aufklärung), S. 92 f; *Windelband-Heimsoeth:* Lehrbuch, S. 375 ff; *Hirschberger:* Geschichte der Philosophie II, S. 228 ff.

[21] Vgl. *Kant:* Grundlegung zur Metaphysik der Sitten, S. 59 u. 453. Über die Grenzen des menschlichen Erkennens vgl. Kritik der praktischen Vernunft, S. 281.

[22] Vgl. Th. *Litt:* Kant und Herder als Deuter der geistigen Welt, S. 127 f.

Rechtsdenken eine neue Sphäre: nicht die von immer und unwandelbar geltenden Vernunftgesetzen beherrschte Welt, sondern das organisch wachsende, in immerwährender Veränderung begriffene, der Gesetzlichkeit letztlich sich entziehende Gemeinschafts- und Rechtsleben des Volkes rückte in den Vordergrund.

b) Mitten in dieser geistigen Bewegung stand die historische Rechtsschule. Sie bezog die Rechtsidee, die sie dem aufklärerischen Positivismus gegenüberstellte, aus dem neuentdeckten Gebiet des Individuellen, Lebendigen, Organischen. Das Recht war für *Savigny* nicht allein mehr, wie für das Naturrechtsdenken der Aufklärung, Gestalt gewordene menschliche ratio, positiviertes Vernunftgesetz, es war überhaupt nichts Gemachtes, künstlich nach vernünftigem Plan Gestaltetes, sondern etwas geschichtlich Gewachsenes, „durch innere stillwirkende Kräfte, nicht durch Willkühr des Gesetzgebers"[23] Entstandenes. Der „Volksgeist"[24], das „gemeinsame Bewußtseyn des Volkes" war für ihn „der eigentliche Sitz des Rechts"[25]. Das Recht „wächst mit dem Volke fort, bildet sich aus mit diesem und stirbt endlich ab, so wie das Volk seine Eigenthümlichkeit verliert"[26]. Der „organische Zusammenhang des Rechts mit dem Wesen und Charakter des Volkes"[27] macht nach *Savigny* das wirkliche und zugleich das richtige Recht aus, stellt die Rechtsidee dar. Die positiven Gesetze erfüllen gegenüber diesem in einem organischen Entwicklungsprozeß aus der Volksüberzeugung hervorwachsenden Recht nur eine dienende Funktion; sie sollen Zweifel und Unbestimmtheiten klären und den Willen des Volkes rein erhalten[28]. Das Recht selbst aber ist unabhängig und wesensverschieden von staatlicher Gesetzgebung.

II. Die Abkehr von der Richtervorstellung der kriminalpolitischen Aufklärung

1. *Die Idee des Richters bei Savigny*

a) Dieser Rechtsbegriff *Savignys* mußte wie zur Absage an den aufklärerischen Kodifikationsgedanken so auch zu einer weitgehenden Distanzierung von der rational-mechanistischen Richteridee der Auf-

---

23 *Savigny:* Beruf, S. 79; vgl. auch System I, S. 13 ff.

24 *Savigny:* System I, S. 14; zur Volksgeistlehre *Savignys* vgl. die Hinweise bei *Gmür:* Savigny, S. 12 Anm. 5; ferner *Hollerbach:* Schelling, S. 288 ff.

25 *Savigny:* Beruf, S. 78.

26 a. a. O.

27 a. a. O., S. 77. Zum Begriff des „Organischen" bei *Savigny* vgl. *Gmür:* Savigny, S. 13.

28 Vgl. *Savigny:* Beruf, S. 81; System I, S. 40, 41.

klärung führen[29]. War der aufklärerische Richterbegriff doch wesentlich mitbedingt durch die Vorstellung einer materiell vollständigen und daher mit mechanischer Einfachheit anwendbaren Gesetzesordnung. Daran, daß er die Konstruktion eines rein mechanisch entscheidenden, „alles eigenen Urtheils überhobenen" Richters[30] verurteilte, ließ *Savigny* denn auch von vornherein keinen Zweifel. Schon in seiner Programmschrift von 1814 kritisierte er das Bestreben der Aufklärung, durch Beschränkung des Richters auf „buchstäbliche Anwendung" der Rechtspflege eine „mechanische Sicherheit" verleihen zu wollen[31]. Der Begriff des „Mechanischen", mit dem *Globig* und *Huster* noch die Idealvorstellung konfliktlos-sicher funktionierender Rechtsanwendung verbunden hatten, wurde in diesem Zusammenhang zum erstenmal mit eindeutig kritischem Akzent gebraucht. Wie wenig die mechanistische Vorstellung vom Richteramt der Wirklichkeit entspreche, legte *Savigny* dar, zeige schon die Entstehungsgeschichte des Allgemeinen Landrechts, die beweise, daß sich das aufklärerische Richterideal nur unvollkommen habe verwirklichen lassen. Ursprünglich habe die Absicht bestanden, „das Gesetzbuch höchst einfach, populär und zugleich materiell vollständig" zu gestalten, „so daß das Geschäft des Richters in einer Art mechanischer Anwendung bestehen könnte"[32]. Das zu diesem Zweck aufgestellte Interpretationsverbot habe jedoch dann stufenweise gelockert werden müssen, bis es schließlich gänzlich aufgegeben worden sei, so daß im Endergebnis, gegen den ursprünglichen Plan, dem Richteramt „ein mehr wissenschaftlicher und weniger mechanischer Character zuerkannt" werde. Gleichwohl gehe das Gesetz von dem Grundgedanken aus, „daß die einzelnen Rechtsfälle als solche vollständig aufgezählt" und vom Gesetzgeber für die Zwecke der Rechtsanwendung schon im voraus entschieden seien[33], halte also im Prinzip an der mechanistischen Konzeption fest. *Savigny* stellt diesem Richterbegriff das Ideal des römischen Juristen gegenüber, der nicht mechanisch den fremden Willen des Gesetzgebers vollstrecke, sondern durch „die scharfe individuelle Anschauung der einzelnen Rechtsverhältnisse", die „sichere Kenntniß der leitenden Grundsätze ihres Zusammenhangs" und den „lebendigen Besitz des Rechtssystems" in den Stand gesetzt werde, „für jeden gegebenen Fall das Recht zu finden"[34]. Dieses Ideal auf der einen und die aufklärerische Richtervorstellung auf der anderen Seite bilden gleichsam die Koordinaten, innerhalb deren *Savigny* seine eigene Auffassung über Stellung und Aufgabe des

---

[29] Vgl. *Drost:* Ermessen, S. 123 ff; *Lang-Hinrichsen:* Gutachten, S. 6.
[30] Vgl. *Savigny:* Beruf, S. 74.
[31] *Savigny,* a. a. O., S. 74.
[32] *Savigny:* Beruf, S. 122.
[33] Vgl. dazu *Savigny:* Beruf, S. 123.
[34] *Savigny:* Beruf, S. 123.

Richters entwickelt. „Das nachtheiligste Verhältniß", schreibt er im „Beruf", „ist unläugbar dasjenige, worin der Richter darauf beschränkt seyn soll, einen gegebenen Buchstaben, den er nicht interpretiren darf, mechanisch anzuwenden: betrachtet man dieses Verhältniß als den äußersten Punkt auf einer Seite, so würde das entgegen gesetzte äußerste darin bestehen, daß für jeden Rechtsfall der Richter das Recht zu finden hätte, wobey durch die Sicherheit einer streng wissenschaftlichen Methode dennoch alle Willkühr ausgeschlossen wäre. Zu diesem zweyten Endpunkt aber ist wenigstens eine Annäherung möglich[35]." Sie wird bei *Savigny* dadurch erreicht, daß der Richter nicht lediglich auf das Gesetz hingeordnet, sondern auch zu der Rechtsidee, dem „Volksgeist", in ein Verhältnis geistiger Nähe gesetzt wird. Das wird möglich durch die eigentümliche Wendung, die *Savigny* der Volksgeistlehre gibt: er erklärt den wissenschaftlich gebildeten Juristen zum Repräsentanten der Volksüberzeugung und identifiziert damit im Ergebnis die Rechtsidee mit dem Rechtsbewußtsein der juristisch Gebildeten[36]. Das Recht, ursprünglich identisch mit dem Rechtsbewußtsein des Volkes, ist mit fortschreitender Verwissenschaftlichung dem „besonderen Stand der Rechtskundigen" anheimgefallen, „von welchen das Volk nunmehr in dieser Function repräsentirt wird"[37]. Die hier vollzogene Gleichsetzung von Volksüberzeugung und Jurisprudenz begründete zugleich die Eigenschaft der Rechtswissenschaft als Rechtsquelle. Denn die Tätigkeit des „Juristenstandes" ist nicht nur reproduzierend, sondern auch rechtsschöpferisch, „indem sich die rechtserzeugende Thätigkeit des Volks großentheils in ihn zurückzieht und von ihm als dem Repräsentanten des Ganzen fortwährend geübt wird"[38]. „Wissenschaftliches Recht" oder „Juristenrecht" ist für *Savigny* denn auch die bevorzugte „Art der Rechtserzeugung"[39]. Daher ist auch der Richter, als Mitglied des Juristenstandes überhaupt, insbesondere aber als wissenschaftlich gebildeter Jurist, nicht bloß Anwender des positiven Rechts, sondern kraft seiner Teilhabe an der umfassenden Repräsentationsaufgabe der Rechtskundigen zugleich Rechtsschöpfer. Wenn *Savigny* in seinem Frühwerk, dem „Recht des Besitzes" von „rechtsschöpferischem Gerichtsgebrauch"[40], wenn er an anderer Stelle[41] von dem „in den Gerichten lebenden Recht" spricht, so deutet er damit auf die rechtsschöpferische Funktion des Richters hin. Freilich wird sie dort ebensowenig wie im „Beruf" und im „System des heutigen Römischen

[35] *Savigny:* Beruf, S. 147/148; vgl. dazu *Drost:* Ermessen, S. 125.
[36] Vgl. *Dahm:* Deutsches Recht, S. 122.
[37] *Savigny:* System I, S. 45; Beruf, S. 78.
[38] *Savigny:* System I, S. 46.
[39] a. a. O., S. 46, 47.
[40] *Savigny:* Das Recht des Besitzes, 2. Aufl. Gießen 1806, S. 535.
[41] *Savigny:* Stimmen, S. 213.

Rechts" klar umschrieben und von der Funktion des Richters als Vollzieher des Gesetzes geschieden. So sehr *Savigny* den aufklärerischen Gesetzlichkeitsgedanken zurückweist und die Degradierung des Richters zum „mechanischen" Gesetzesanwender ablehnt, so wenig scheint ihm andererseits an einer genauen Abgrenzung zwischen Gesetzgebung und Rechtsprechung im Hinblick auf die rechtsschöpferische Tätigkeit des Richters gelegen zu sein. Weitaus mehr liegt ihm an der Bestimmung des Verhältnisses zwischen Richtertum und Rechtswissenschaft[42]. Kennzeichnend ist, daß *Savigny* sich im „Beruf" mit der Beziehung Richter – Gesetz eigentlich nur nach der negativen Seite hin beschäftigt: er lehnt den Gedanken der mechanischen Gesetzesanwendung ab. Sobald er sich darüber hinaus seiner eigenen Konzeption der Rechtsfindung zuwendet, tritt die Alternative „Richter oder Gesetz" hinter dem Begriffspaar „Rechtsprechung und Rechtswissenschaft" zurück. *Savignys* Vorstellung vom Richter – das wird daran deutlich – zielt weniger auf eine rechtslogisch prägnante Umschreibung der Sonderstellung des Richters als vielmehr auf den rechtssoziologischen Effekt der Durchdringung des Richter„standes" mit wissenschaftlichem Geist. Ausführlich entwickelt *Savigny* den Gedanken einer „Annäherung der Theorie und Praxis"[43]. Der Richter muß, soll er eine gerechte Entscheidung treffen können, „das klare lebendige Bewußtseyn des Ganzen stets gegenwärtig haben"[44], das ihm nur die Wissenschaft vermitteln kann. Der „theoretische, wissenschaftliche Sinn" ist es, „wodurch auch die Praxis erst fruchtbar und lehrreich erscheint". Das Ideal sieht *Savigny* in der „Verknüpfung der Praxis mit einer lebendigen, sich stets fortentwickelnden Theorie"[45]. Beide, Theorie und Praxis, gehören „dem allgemeinen Wesen des Rechts selbst an", bilden eine „natürliche Einheit"[46]. Sie müssen deshalb auch praktisch verbunden werden, indem ein „zweckmäßiger Verkehr der Juristenfakultäten mit den Gerichtshöfen" geschaffen wird, der zugleich die Möglichkeit bietet, „geistreiche Menschen für den Richterberuf wahrhaft zu gewinnen"[47]. Zwar „Ehre und Rechtlichkeit" könne der Richterstand auch ohne diese Wechselwirkung erlangen, „aber ganz anders wird es seyn, wenn der eigene Beruf selbst durch seinen Zusammenhang mit dem Ganzen einen wissenschaftlichen Charakter annimmt und selbst zu einem Bildungsmittel wird.

[42] Vgl. darüber *Strauch:* Recht, Gesetz und Staat bei Savigny, S. 54 ff, 91 ff.

[43] Vgl. *Savigny:* Beruf, S. 127 ff. Auch *Savignys* System des heutigen Römischen Rechts war vorwiegend für den Praktiker bestimmt; vgl. *Kunkel:* Savigny, S. 462.

[44] *Savigny:* Beruf, S. 146; hier auch das folg. Zitat.

[45] a. a. O., S. 147.

[46] *Savigny:* System I, S. XIX u. XXV.

[47] *Savigny:* Beruf, S. 146, 147.

Ein solcher Zustand allein wird alle Forderungen befriedigen können: der einzelne wird nicht als bloßes Werkzeug dienen, sondern in freyem, würdigem Beruf leben, und die Rechtslehre wird wahre, kunstmäßige Vollendung erhalten"[48].

Savigny verschiebt damit die Frage nach der Stellung des Richters von der juristisch-dogmatischen auf die rechtssoziologische Ebene. Die „Sprachrohr"-Konstruktion der Aufklärung lehnt er ab, indem er ihr das Ideal der römischen Einzelfallrechtsfindung aus dem „lebendigen Besitz des Rechtssystems" heraus gegenüberstellt; hier wie dort verwendet er zunächst dogmatische Idealtypen des Richters: den absolut gesetzesgebundenen und den gesetzesfreien Richter. Obwohl *Savigny* der Einzelfallrechtsfindung, dem Ideal des „freien Richters" zuneigt, gibt er indessen keine klare Antwort darauf, wie er sich die „Annäherung" an dieses Ideal vorstellt. Vielmehr ersetzt er den rechtsdogmatischen Begriff „Richter" stillschweigend durch die rechtssoziologische Kategorie „Richterstand". Diesen Richterstand will er aus seiner untergeordneten Rolle befreien, indem er ihm die Würde des wissenschaftlichen Berufs verleiht. Nicht so sehr auf eine neue rechtstheoretische Konzeption von richterlicher Rechtsfindung zielt sein Bemühen, sondern vor allem auf einen gesellschaftspädagogischen Erfolg, die wissenschaftliche Bildung und Erziehung des — unter der Herrschaft der mechanistischen Richtervorstellung — zu einem bloßen Werkzeug des Gesetzgebers verkümmerten Richters. Die Frage nach dem rechtsdogmatischen Verhältnis von Richter und Gesetz, von der *Savigny* bei seiner Kritik am aufklärerischen Kodifikationsideal ausgegangen ist, bleibt dabei freilich unbeantwortet, die als solche von ihm anerkannte Sonderstellung des Richters gegenüber dem Gesetz in ihrer Eigenart ungeklärt[49].

b) Unter diesen Umständen waren einer Überwindung der aufklärerischen Richteridee bei *Savigny* Grenzen gesetzt. So sehr er die Vorstellung vom „Deduktionsautomaten" verwarf und ihr das Ideal des wissenschaftlich gebildeten, aus wissenschaftlichem Geist das Recht lebendig gestaltenden Richters gegenüberstellte, so wenig vermochte er sich im Grunde von dem herkömmlichen Subsumtionsdogma zu lösen. Dessen mechanistische Vereinfachung, wie er sie besonders in der Gesetzgebung der Aufklärung vorfand, widerstrebte zwar seiner Auffassung vom wissenschaftlichen Charakter des

---

[48] a. a. O., S. 147.

[49] Das übersieht *Drost* (Ermessen, S. 125), der meint, *Savigny* habe einer Richteridee das Wort geredet, wonach „der Richter ohne gesetzliche Bindung für jeden Einzelfall das Recht zu finden hat, das Recht, das ohne den tötenden Einfluß der Gesetze in seiner Zeit und Nation lebt und wächst". Die Frage „Gesetz oder Richter?" hat *Savigny* jedoch gar nicht entschieden.

Richterberufs, widerstrebte überhaupt seiner Anschauung von der organischen Erzeugung des Rechts durch die Wissenschaft. Andererseits führte ihn diese seine organische Rechtslehre aber nicht zu der Konsequenz, den formallogisch-deduktiven Charakter der richterlichen Rechtsfindung in Frage zu stellen; sie blieb insoweit rein programmatisch[50]. *Savigny* hat im Grunde immer an der schon in seiner Methodenlehre von 1802/03 vertretenen Auffassung festgehalten, daß „die einzige Behandlung und das einzige Geschäft des Richters eine rein logische Interpretation" der Rechtsnorm sei[51]. Rechtsanwendung begriff er zwar nicht mehr, wie die Aufklärung, als unmittelbare schematisch-automatische Folgerung der Entscheidung aus der Norm; vielmehr trat für ihn zwischen die Norm und den Richter das „System"[52], ein über den positiven Rechtssätzen errichtetes Gebäude von Rechtsbegriffen, denen die einzelnen Rechtssätze dergestalt untergeordnet waren, daß die im Gesetz enthaltenen speziellen Normen durchweg nur Folgerungen aus „allgemeinen und umfassenden Grundsätzen" darstellten, auf die sie durch Weglassung des Besonderen zurückgeführt werden konnten[53]. Doch die „freye Geistesthätigkeit"[54], zu der die Rechtsanwendung dadurch nach *Savignys* Vorstellung wurde, bedeutete für ihn immer nur Freiheit zu begrifflichem Denken, zu logisch-mathematischem Konstruieren, nicht jedoch Freiheit zu richterlicher Wertentscheidung. Der Systemgedanke ermöglichte es – und darin lag sein wesentlicher rechtstheoretischer Sinn –, die aufklärerische Idee der „materiellen Vollständigkeit" des Gesetzes durch die Vorstellung „einer solchen Vollständigkeit in anderer Art"[55], nämlich einer ideell-gedanklichen Vollständigkeit kraft des Systems, zu ersetzen und so „die rechtliche Entscheidung des einzelnen Falles ausschließlich als logische Subsumtion zu verstehen"[56]. Die geistige Arbeit, die der Richter bei der Erschließung des Systems aus den Einzelrechtssätzen zu leisten hatte, trug nach *Savignys* Vorstellung den Charakter einer rein formallogischen, geradezu mathematisch-geometrischen Gedankenoperation. Denn die „leitenden Grundsätze" – wie *Savigny* das System nennt[57] – könn-

---

[50] Vgl. dazu *Wilhelm:* Zur juristischen Methodenlehre, S. 35; *Larenz:* Methodenlehre, S. 13.

[51] *Savigny:* Methodenlehre, S. 15.

[52] Vgl. *Savigny:* Methodenlehre, S. 42; Beruf, S. 84; System I, S. 9 ff. Zum Systemgedanken vgl. *Beyerle:* Der andere Zugang zum Naturrecht, S. 17; *Larenz:* Methodenlehre, S. 10; *Coing:* Systemgedanke, S. 9 ff (24, 25); *Viehweg:* Zur Geisteswissenschaftlichkeit der Rechtsdisziplin, S. 336 f.

[53] Vgl. *Coing:* Systemgedanke, S. 24; *Larenz,* a. a. O., S. 10.

[54] *Savigny:* System I, S. 207, 209.

[55] *Savigny:* Beruf, S. 84; vgl. auch S. 83 unten.

[56] *Coing:* Systemgedanke, S. 24, 25.

[57] Vgl. *Savigny:* Beruf, S. 84.

ten, so meint er, zu der Erkenntnis der inneren Zusammenhänge des Rechts auf ähnliche Weise führen, wie man aus zwei Dreiecksseiten und dem eingeschlossenen Winkel das ganze Dreieck erschließen könne[58]. Systematische Rechtsfindung an Hand der „leitenden Grundsätze" war für *Savigny* geradezu ein „Rechnen mit Begriffen"; sie verlieh der Rechtsprechung eine „Sicherheit, wie sie sich sonst außer der Mathematik nicht findet"[59]. Für ein wertendes, willensmäßiges Verhalten des Richters war in diesem rein kognitiv ausgerichteten System der Rechtsanwendung grundsätzlich kein Platz. Es ist kennzeichnend, daß *Savigny* in seiner Auslegungslehre dem Richter nicht nur untersagte, den „inneren Werth des Resultats" heranzuziehen, d. h. die Ergebnisse des Subsumtionsverfahrens durch eigene rechtspolitische Wertung an Hand außergesetzlicher Maßstäbe zu überprüfen[60], sondern ihm sogar „nach dem reinen Begriff seines Amtes" die Befugnis zur Berücksichtigung des Gesetzeszwecks, zur teleologischen Interpretation, nur für den Ausnahmefall zugestehen wollte[61]. Das „voluntaristische Element" – diese Absicht teilte *Savigny* mit der Aufklärung – sollte generell aus dem Rechtsfindungsvorgang ferngehalten werden[62]. Lediglich dem wissenschaftlichen Richter von hohem Rang, dem „eigentlichen Gelehrten auf dem Richterstuhl", wollte er gestatten, „seine wohl begründete und geprüfte Überzeugung auch in der Rechtspflege geltend zu machen"[63]. Im übrigen aber sollte die Wertentscheidung nicht Aufgabe des Richters, sondern Sache des Gesetzgebers sein; der Richter hatte sie lediglich aus dem Gesetzessystem mit den Mitteln der Logik herauszufinden, d. h. zu erkennen, ohne selbst zu eigener Wertung genötigt und befugt zu sein[64].

So vermochte *Savigny*, trotz aller Opposition gegen die Richteridee der Aufklärung, nicht zu einer grundlegend neuen Vorstellung von richterlicher Rechtsfindung zu gelangen. Das mechanistische Moment, das der Richteridee der Aufklärung anhaftete, hatte sich zwar ver-

---

58 *Savigny:* Beruf, S. 84: „In jedem Dreyeck nämlich gibt es gewisse Bestimmungen, aus deren Verbindung zugleich alle übrige mit Nothwendigkeit folgen: durch diese, z. B. durch zwey Seiten und den zwischenliegenden Winkel, ist das Dreyeck gegeben. Auf ähnliche Weise hat jeder Theil unsres Rechts solche Stücke, wodurch die übrigen gegeben sind: wir können sie die leitenden Grundsätze nennen."

59 *Savigny:* Beruf, S. 88 (betr. die Methode der römischen Juristen).

60 Vgl. *Savigny:* System I, S. 325.

61 Vgl. *Savigny:* System I, S. 322.

62 Vgl. dazu *Scheuerle:* Rechtsanwendung, S. 28.

63 *Savigny:* System I, S. 89.

64 Nach *Kantorowicz* (Was ist uns Savigny?, S. 76 l. Sp.) hat *Savigny* den Richter „zu einem bloß erkennenden, nachbildenden, logisch operierenden, alles Werten von sich weisenden Werkzeug" degradiert.

flüchtigt, der geistigen Tätigkeit des Richters wurde mit dem Systemgedanken größere Freiheit und höherer Wert zuerkannt; gleichwohl blieb Rechtsanwendung für *Savigny* wie für *Beccaria, Montesquieu* und *Feuerbach* ein Erkenntnisakt, ein logisches Schlußverfahren, aus dem jedes willensmäßige, wertende, irrationale Moment ausgeklammert war[65]. Die Idee des schöpferischen Richters, der das Recht als Repräsentant des Volksgeistes kraft seiner Teilhabe an der Rechtsidee lebendig gestaltet, blieb idealisierende Umschreibung ohne praktische Realität[66]. *Savigny* ließ die von der Aufklärung vorgenommene Reduzierung der Rechtsfindung auf einen wertfreien Akt des Intellekts unangetastet; er konnte deshalb das ihr zugeordnete Richterideal einer „wertungs- und deshalb individualitätslosen Intellektualität"[67] nicht überwinden. Der Richter blieb weiterhin ein persönlichkeitsloses Schemen; eine Wiederentdeckung des durch die Aufklärung verschütteten persönlichen Bildes vom Richter, wie es bis in das 18. Jahrhundert hinein lebendig geblieben war, konnte unter diesen Umständen nicht stattfinden.

2. Die Idee des Richters im strafrechtlichen Schrifttum bis zur Mitte des 19. Jahrhunderts

a) Hatte *Savigny* die Richtervorstellung der Aufklärung somit nicht zu überwinden vermocht, so war sie doch merklich erschüttert worden. *Savignys* Lehre war trotz ihrer intellektualistischen Tendenz jedenfalls in einer Richtung ebenso eindeutig wie neuartig gewesen: in der entschiedenen Negation der mechanistischen Auffassung von richterlicher Rechtsfindung. Der „bouche-de-la-loi"-Vorstellung hatte er den Gedanken des wissenschaftlich gebildeten Richters, der in „freier Geistestätigkeit" das Gesetz anwendet, gegenübergestellt, mochte dieser Gedanke bei *Savigny* auch weitgehend bloßes Programm geblieben sein. So konnte *Savignys* Lehre — bei der Breiten- und Tiefenwirkung, die der historischen Schule nicht zuletzt auf dem

---

[65] Die Bemerkung, die *Coing:* Grundzüge, S. 246, über die systematische Jurisprudenz des 19. Jahrhunderts macht, trifft auch die Auffassung *Savignys* vom Charakter richterlicher Entscheidungstätigkeit: „Die systematische Jurisprudenz des 19. Jahrhunderts hat die Tätigkeit des Richters im wesentlichen als logische angesehen, ihn allerdings dem Gesetz gegenüber insofern freier gestellt, als sie die Notwendigkeit einer Ergänzung des Gesetzes durch ‚Konstruktion', d. h. durch deduktive Ableitung aus dem System, erkannt hatte und forderte."

[66] Vgl. dazu *Ross:* Theorie der Rechtsquellen, S. 165 f, der ausführt, daß *Savigny* im Ergebnis dem Richter eine „selbständige, freie und rechtsschaffende Tätigkeit" nicht zuerkenne; die Aufgabe des Richters bleibe rein rechtsanwendend.

[67] *Radbruch-Zweigert:* Einführung, S. 164.

Felde der Strafrechtswissenschaft beschieden war[68] – zu einer nachhaltigen Erschütterung der aufklärerischen Richteridee führen[69]. Dies um so mehr, als *Savignys* Gedanken nur die besondere Ausprägung einer weitverbreiteten Reaktion gegen die Verabsolutierung des Gesetzes und die Degradierung des Richters waren, der seine Stimme wiederum besonderes Gewicht und größere Wirkung verlieh. Durch *Savignys* Lehre erhielt auch die niemals ganz verdrängte naturrechtlich-philosophische Bewegung, die eine freiere Stellung des Richters anstrebte, wieder Auftrieb. In der ersten Hälfte des 19. Jahrhunderts wurde daher die Abkehr von der mechanistischen Richtervorstellung der Aufklärung zu einer allenthalben feststellbaren Erscheinung. Ohne daß eine grundlegend neuartige Richteridee an ihre Stelle trat, machte doch die Auffassung vom Richter als bloßem Verkünder des Gesetzes einer realistischeren Beurteilung Platz. Während anfangs meist betont wurde, daß die „mechanische" Vorstellung von richterlicher Rechtsfindung durch die „praktische Erfahrung" widerlegt worden sei, suchte man später auch nach einer theoretischen Begründung der geforderten größeren Entscheidungsfreiheit des Richters. Das Gesetz blieb zwar als unbedingt verbindliche Richtschnur des Richterspruchs anerkannt; der Gedanke lückenloser gesetzlicher Regelbarkeit wurde jedoch mit großer Skepsis behandelt und dem Richter ein gewisser, wenn auch nicht genau abgegrenzter, Spielraum eigener Entscheidung zugestanden. Die Aufgabe der Zukunft sah man überwiegend darin, nach einem vernünftigen und praktikablen „Mittelweg" zwischen totaler Gesetzesgebundenheit und völliger Freiheit des Richters zu suchen.

Neue Impulse erhielt diese Bewegung auch durch den Gedanken der richterlichen Unabhängigkeit, der in der ersten Hälfte des 19. Jahrhunderts zunehmende Bedeutung gewann[70]. „In dem Maße, in dem

---

[68] Zum Einfluß der historischen Rechtsschule auf die Strafrechtswissenschaft des 19. Jahrhunderts vgl. *Würtenberger:* Die deutsche Strafrechtsgeschichte im 19. Jahrhundert, S. 261 ff; ferner *Landsberg:* Geschichte, Abt. III, 2. Halbbd., S. 296 ff (Text), S. 132 ff (Noten); *Loening:* Geschichtliche Behandlung, S. 334. Der größte Teil der bedeutenden Kriminalisten des 19. Jahrhunderts gehörte der historischen Schule an oder stand ihr zumindest nahe; darüber vor allem *Landsberg*, a. a. O. Zum Einfluß *Savignys* auf die Praxis der preußischen Strafgesetzgebung vgl. insbesondere Eberhard *Lorenz:* Friedrich Carl *von Savigny* und die preußische Strafgesetzgebung, Diss. jur. Münster (Westf.) 1957, S. 6 ff.

[69] Vgl. *Lang-Hinrichsen:* Gutachten, S. 6.

[70] Aus dem umfangreichen Schrifttum zur Geschichte der richterlichen Unabhängigkeit sei hier verwiesen auf Eduard *Kern:* Der gesetzliche Richter, bes. S. 95 ff; *Plathner:* Der Kampf um die richterliche Unabhängigkeit, insbes. S. 40 ff; A. *Wagner:* Der Kampf der Justiz gegen die Verwaltung in Preußen, S. 68 ff.

die Gerichte von der Macht der Landesherren freigestellt wurden und als ‚unabhängige' Spruchbehörden ihres Amtes walteten, glaubte man sie auch vom Gängelband des Gesetzes lösen zu dürfen, damit sie diejenige Entscheidungsfreiheit gewönnen, deren sie bedürfen, um das Leben in seiner Vielgestaltigkeit und Unabsehbarkeit zu meistern[71]." Der Richter als „freier Diener des Rechts", wie er jetzt gern genannt wurde[72], empfand die justizpolitische Forderung nach Unabhängigkeit zugleich als Bestätigung der seinem Amt innewohnenden geistigen Freiheit. Als die konstitutionell-liberale Bewegung um die Jahrhundertmitte die Garantie der Weisungs- und Entscheidungsfreiheit des Richters in den Verfassungen durchgesetzt hatte[73], war mit der neu errungenen äußeren Freiheit des Richters auch seine innere Selbständigkeit und Unabhängigkeit gewachsen. In der Auseinandersetzung zwischen der aufklärerischen Theorie der unbedingten Gesetzesgebundenheit und der freieren Auffassung der historischen Rechtsschule war das aufklärerische Richterideal — vorläufig — unterlegen, ohne daß sich freilich eine neue positive, über die bloße Negation hinausgehende Richteridee schon klar ausmachen ließe.

b) Die hier im Umriß skizzierte Entwicklung läßt sich zunächst deutlich in der Strafgesetzgebung jener Zeit verfolgen. Bei der schwer überschaubaren Vielfalt der partikularen Gesetzbücher ist es allerdings an dieser Stelle nicht möglich, diese Entwicklung im einzelnen nachzuzeichnen und die verschiedenen Varianten aufzuzeigen, in denen sich die Abwendung vom Richterdogma der Aufklärung vollzog. Es muß daher hier notwendig darauf verzichtet werden, auf die vielen Strafgesetzbücher jener Zeit einzugehen, die dem Richter, oft klar und entschieden, oft zögernd und behutsam, einen größeren Spielraum eigener Entscheidung gewährten. Statt dessen mag in diesem Zusammenhang der Hinweis auf die lange Reihe von kritischen Besprechungen der Strafgesetzbücher und Strafgesetzentwürfe genügen, die — meist aus der Feder *Mittermaiers,* aber auch von *Gönner, Wächter, Zachariä, Kitka, Heffter, Schwarze* u. a. verfaßt — in der maßgeblichen Strafrechtszeitschrift der damaligen Zeit von 1818 bis 1857 erschienen[74]. Sie geben einen deutlichen Einblick in die Entwicklungstendenzen der partikularen Gesetzgebungsarbeit und zeigen, in unter-

---

[71] *Engisch:* Einführung, S. 107.

[72] *Feuerbach:* Die hohe Würde des Richteramts, S. 129.

[73] Vgl. im einzelnen die bei E. R. *Huber:* Dokumente zur deutschen Verfassungsgeschichte, Bd. I, S. 154, 176, 181, 218, 322, 392, abgedruckten Verfassungsartikel.

[74] Neues Archiv des Criminalrechts, 1816 bis 1833; seit 1834 als Archiv des Criminalrechts, N. F., fortgeführt bis 1857. Herausgegeben von *Kleinschrod, Konopak, Mittermaier, Abegg, Birnbaum, Heffter* und *Wächter.*

schiedlicher Abstufung, das Bestreben der Gesetzgeber, „das Verhältniß der Richter zum Strafgesetz würdiger zu stellen“[75].

c) Auch die strafrechtliche Literatur der ersten Hälfte des 19. Jahrhunderts spiegelt die deutliche und wachsende Reaktion der Doktrin gegen die mechanistische Richtervorstellung der Aufklärung wider. Häufig ist hier der Einfluß der *Savignyschen* Ideen spürbar.

Eberhard *Schmidt* betont mit Recht[76], daß der jede richterliche Eigenständigkeit ablehnende „Gesetzrigorismus“, vor dem *Gerstäcker* noch im Jahre 1823 glaubte warnen zu müssen[77], schon damals nicht mehr zeitgemäß war. Zwar ging man im allgemeinen nicht so weit wie *Gerstäcker*, der forderte, der Richter müsse sich über das Gesetz hinwegsetzen dürfen, wenn es vor seiner Vernunft oder seinem Gewissen nicht bestehen könne[78]. Aber die bewußte und nachdrückliche Degradierung des Richters zum Werkzeug des Gesetzgebers, wie sie zur Zeit der Aufklärung anzutreffen war und wie sie *Gerstäcker* als „Gesetzrigorismus“ bekämpfte, war bereits überwunden. Schon 1825 konnte *Rosshirt* feststellen[79], „daß Gesetzgebung und Praxis nicht zwei verschiedene Dinge sind, sondern daß beide einen und denselben Zweck“ haben, „den der Schöpfung des Rechts“. „Die Richter“, sagte *Rosshirt*[80], „finden nämlich das Recht für den einzelnen Fall, der zur Beurtheilung vorliegt; der Gesetzgeber hat es zu finden für eine so große Reihe von Fällen, daß er glauben kann, durch die einfache Darstellung derselben dem Richter in den meisten Verhältnissen seine Geschäftsführung erleichtert zu haben.“ Der Richter wirke so wie der Gesetzgeber – heißt es mit einer an *Savigny* erinnernden Wendung weiter – „bildend ein ins Leben“[81]. „Indem die Gerichte“, formulierte Karl Salomo *Zachariä*[82], „da wo der Buchstabe des Gesetzes schweigt, aus dem Zwecke des Gesetzes, aus der Ähnlichkeit oder Unähnlichkeit der Fälle die Gründe der Entscheidung entlehnen, arbeiten sie zugleich in still rühmlichem Eifer an der Vervollkommnung des bestehenden Rechtszustandes.“

---

75 *Mittermaier:* Der Entwurf eines Criminalgesetzbuchs für das Herzogthum Braunschweig, in: ACrR, N. F. 1840, S. 323 f.

76 Einführung, S. 283.

77 *Gerstäcker:* Gesetzrigorismus, in: NACrR, Bd. 6 (1823), S. 463 ff.

78 Vgl. *Gerstäcker*, a. a. O., S. 483.

79 *Rosshirt:* Einiges über Wissenschaft, Gesetzgebung und Anwendung im Rechte, bes. im Criminalrechte, S. 152.

80 a. a. O., S. 152.

81 *Rosshirt*, a. a. O.

82 Karl Salomo *Zachariä:* Vierzig Bücher vom Staate, Bd. III, S. 55.

Biener führte in einem vielbeachteten Aufsatz über die Stellung der historischen Schule zur Strafrechtswissenschaft aus[83], man habe schon längst erkannt, „wie einflußreich die Praxis Jahrhunderte hindurch gewesen ist und wie vielfach modificirend sie sich der Jurisprudenz bemächtigt hat". Die Legitimation zu dieser richterlichen Rechtsschöpfung liege darin, meinte *Biener* – ebenfalls mit einer *Savignyschen* Formulierung –, daß der Richter „das Organ der lebendigen Rechtsbildung" sei[84].

Rehberg legte dar[85], es sei „einleuchtend, zu welch unerträglicher Härte, ja zu welch ganz unvernünftigen Urtheilssprüchen eine buchstäbliche Anwendung der Gesetze führen würde". Man könne zwar inhaltlich bestimmter gesetzlicher Vorschriften nicht entbehren; „das Unternehmen, mittelst derselben Alles, was die Menschen in der Gesellschaft einander zufügen und von einander leiden, in Begriffe zu fassen und den Zusammenhang dieser darzustellen", sei indessen nicht durchführbar. Man bedürfe daher – in Gestalt des Richters – „der Willkühr irgend einer Autorität", der es gestattet sei, „sich in einzelnen Fällen über das Gesetz zu erheben und davon abzuweichen"[86].

Auch *Mittermaier* trat für eine Lockerung der Gesetzesbindung ein, ohne sie freilich, wie *Rehberg*, als solche anzutasten. Er lehnte indessen eine Gesetzgebung ab, „bei der der Richter nur verpflichtet seyn soll, genau nach den im Gesetz gebrauchten Worten das Gesetz anzuwenden, und wenn dies Wort nicht auf den Fall paßt, den Fall straflos zu erklären"[87]. Eine solche Auffassung „dürfte schwerlich Billigung verdienen". Statt dessen solle der „Richter ermächtigt und verpflichtet seyn, bei der Anwendung auch den Sinn des Gesetzgebers, den er bei dem Gebrauche eines gewissen Wortes hatte, zu erforschen und da, wo das Wort weitergeht als der Sinn des Gesetzes, das Gesetz auf einen Fall nicht anwenden, ungeachtet die Worte darauf passen, da aber, wo das allgemein gefaßte Wort einen obgleich nicht ausdrücklich bezeichneten Fall umfaßt, dennoch das Gesetz darauf anwenden"[88]. Daß *Mittermaier* darüber hinaus dem Richterspruch auch rechtsschaffende Macht zuerkannte, erhellt daraus, daß er seinem Strafprozeßlehrbuch wie auch seiner Beweislehre

---

[83] *Biener:* Über die historische Methode und ihre Anwendung auf das Criminalrecht, S. 492, 493.

[84] *Biener:* Über die historische Methode, S. 493.

[85] Über die Verbesserung der Criminaljustiz, S. 403 f.

[86] *Rehberg*, a. a. O., S. 404.

[87] *Mittermaier:* Der Entwurf zu einem Criminalgesetzbuch für das Königreich Sachsen, verglichen mit den neuesten Erscheinungen der Criminallegislation, in: ACrR, N. F. 1836, S. 385 ff (413 f).

[88] *Mittermaier*, a. a. O.

den kennzeichnenden Untertitel „nach der Fortbildung durch Gerichtsgebrauch" gab[89].

Auf die gewandelte Stellung des Richters bei der Strafzumessung konnte *Kitka* in einer 1836 veröffentlichten Abhandlung hinweisen[90] und dabei die wachsende Anerkennung des richterlichen Ermessens auf diesem Gebiet hervorheben. „Die Erfahrung", so legte er dar[91], „hat schon längst die Richtigkeit der Ansicht bestätigt, daß absolute Strafen ebenso verwerflich sind als der Grundsatz, es sey blos der Willkür des Richters zu überlassen, die Strafe immer selbst zu bestimmen." Die neueren Gesetzgebungen hätten „daher mit Recht den Mittelweg in der Art eingeschlagen, daß sie zwar die Bestimmung der Strafe nicht ganz der Willkür des Richters überlassen, diesen jedoch auch nicht zu einer bloßen Maschine herabwürdigen, sondern seiner vernünftigen Beurtheilung die Bemessung der Strafe in concreto anheimstellen"[92].

In demselben Jahre konnte *Geib* eine Vielzahl von Autoren anführen, die eine enge Bindung des Richters an das Gesetz im Sinne der Aufklärung ablehnten und in unterschiedlicher Abstufung die Bedeutung des richterlichen Ermessens anerkannten[93]. Besonderes Gewicht wurde dabei auf die Befugnis des Richters zur Milderung der gesetzlichen Strafe gelegt; die Auffassung *Feuerbachs*, der eine Abweichung des Richters vom Gesetz hier grundsätzlich abgelehnt hatte, fand bei den meisten Kriminalisten keine Zustimmung mehr. Vielmehr setzte eine rückläufige Tendenz ein, die sich in der grundsätzlichen Anerkennung des richterlichen Rechts zur Unterschreitung der gesetzlichen Mindeststrafe bei „besonderen Milderungsgründen" ausprägte.

„Die Erfahrung", stellte 1839 *Freudentheil* fest[94], „hat bereits gezeigt und wird es immer mehr an den Tag bringen, daß das Extrem der neuern Zeit nicht minder verderblich auf eine richtige und gerechte Criminalrechtspflege einwirken werde wie das der älteren Zeit, und eine Tyrannei der Gesetze herbeiführen kann, die viel drückender ist als die gefürchtete Despotie der Richter." Viele Gesetzgebun-

---

89 Vgl. *Mittermaiers* Werke „Das deutsche Strafverfahren in der Fortbildung durch Gerichtsgebrauch und Landesgesetzgebung", Heidelberg 1827 f, und „Die Lehre vom Beweise im deutschen Strafprozesse nach der Fortbildung durch Gerichtsgebrauch usf.", Darmstadt 1834.

90 Soll der Richter in einem Strafcodex ermächtigt werden usw.?, in: ACrR N. F. 1836, S. 624, 625.

91 *Kitka*, a. a. O., S. 624.

92 *Kitka*, a. a. O., S. 625.

93 *Geib*: Über die Nothwendigkeit usf., in: ACrR N. F. 1836, S. 187 ff, m. Hinw. auf *Wächter*, *Rosshirt*, *Tittmann* u. a.

94 *Freudentheil*: Der Entwurf eines Criminalgesetzbuchs für das Königreich Hannover, in: ACrR N. F. 1839, S. 88 ff (90, 91).

gen hätten daher „durch die Erfahrung belehrt, den eingeschlagenen Weg verlassen und wiederum das Ermessen des Richters weiter ausgedehnt".

Im Jahre 1841 machte *Abegg* das Verhältnis von Gesetz und Richter, wie es sich nach Auffassung der historischen Schule darstellte, zum Gegenstand einer ausführlichen Abhandlung – der ersten eingehenden Äußerung zu diesem Thema nach *Savignys* Darlegungen. Der Richter solle, betonte *Abegg*[95], „nicht nur bloßes Werkzeug der Gesetze seyn", sondern „als freies Organ des Rechts wirkend, seinen hohen Beruf erfüllen". In gewisser Weise dürfe dabei auch die Persönlichkeit des Richters, seine „Subjektivität", zur Geltung kommen. Als „reine Subjektivität", sofern sie „nur zufällig mit dem Recht zusammentreffe", führe sie allerdings zu Unrecht und „individueller Willkühr"; sie müsse sich vielmehr mit der objektiven Gesetzesordnung „in Übereinstimmung setzen": „sie soll zum Inhalt und Gegenstand ihres Wollens und Thuns jenes Objective machen, und hierin, nicht in der untergeordneten Freiheit, die sich als Willkühr äußert, hat sie ihre wahrhafte, mit der Nothwendigkeit in Einklang stehende Freiheit"[96]. Der Richter habe seine „Subjektivität" der „Objektivität" des Rechtes und Gesetzes unterzuordnen; mit dieser Einschränkung sei jedoch der persönliche Einsatz des Richters nützlich und notwendig, seine „von der Gerechtigkeit durchdrungene Gesinnung" unentbehrlich[97]. Das gelte vor allem, wenn das Gesetz den Richter vor dem Einzelfall im Stich lasse: „Immer bleibt Vieles dem besonderen Ermessen anheimgestellt, auch wo das Gesetz möglichst enge Schranken zieht. Dann aber vermag nur die gerechte Gesinnung in Verbindung mit rechtlicher Klugheit, der praktischen Erfahrung – überhaupt die Gediegenheit des Charakters ... das Rechte zu leisten[98]." „Seine wahre Würde", schließt *Abegg* seine Ausführungen[99], „hat der Richter nicht in einer äußeren, loyalen Pflichterfüllung, sondern in jener mit dem Gegenstande seines Lebensberufes identischen Gesinnung und der dadurch geheiligten Bestrebung, auch seinerseits beizutragen, daß die Gerechtigkeit herrsche und sich eine Stätte in dem Menschen bereite."

Um die Mitte des 19. Jahrhunderts scheint das mechanistische Richterdogma der Aufklärungszeit endgültig der Vergangenheit anzugehören. *Köstlin* leitete in seinem 1855 erschienenen „System des deutschen Strafrechts" aus der Unmöglichkeit einer erschöpfenden

[95] *Abegg*: Über die Bedeutung des Strafrechtsprincips, in: ZStrVerf, Bd. 1 (1841), S. 291 ff (310).
[96] *Abegg*, a. a. O., S. 311.
[97] Vgl. *Abegg*: Über die Bedeutung des Strafrechtsprincips, S. 324–326.
[98] *Abegg*, a. a. O., S. 326.
[99] a. a. O., S. 328.

gesetzlichen Regelung die Forderung nach Anerkennung eines begrenzten Spielraums richterlicher Entscheidungsfreiheit ab. Da es „in der Natur der Gesetzgebung liegt, nur die allgemeinen Normen festzustellen und sich vor Kasuistik zu hüten, so muß sie auch diese ihre Schranke anerkennen und deshalb dem richterlichen Ermessen einen Spielraum für konkrete Bestimmungen offen lassen"[100]. Seine Auffassung über das Verhältnis von Richter und Gesetz im Strafrecht faßte *Köstlin* in dem Satz zusammen: „Die Strafrechtspflege ... hat a) die Aufgabe, sich vom Gesetze als ihrer absoluten Norm bestimmen zu lassen, andererseits aber auch b) nicht selbstlose Maschine zu sein, woraus c) als ihre konkrete Bestimmung die hervorgeht, als freie Selbstbestimmung innerhalb des Gesetzes sich zu bewegen und dessen Geist lebendig zu machen[101]." „Selbst die sorgfältigste Gesetzgebung", so umschrieb *Heffter* 1857 in seinem „Lehrbuch des gemeinen deutschen Strafrechts"[102] die Selbständigkeit des Richters, „kann niemals alles im voraus entscheiden, sondern sie muß etwas, ja Vieles, einer wissenschaftlich und zugleich praktisch gebildeten Intelligenz bei der Rechtsanwendung überlassen." Und *Hälschner* sprach in seinem 1858 erschienenen „System des Preußischen Strafrechts"[103] schon als ganz selbstverständlich von der „für jede Gesetzesanwendung nun einmal erforderlichen freien Denktätigkeit des Richters".

Im Jahre 1861 konnte *Geib* die Entwicklung zu einer freieren Anschauung über die Stellung des Richters, die sich in den angeführten Äußerungen widerspiegelt, dahin zusammenfassen, daß „in der Auffassung des Strafrechts seit den letzten Jahrzehnten" ein „Aufgeben der bisherigen Ansicht über die Alleinherrschaft des Gesetzes" festzustellen sei; es habe sich eine „richtigere Ansicht über das Verhältnis des Richters zu dem Strafgesetze" Bahn gebrochen, die zu der „Wiederanerkennung einer größeren Freiheit des richterlichen Ermessens gegenüber der bisher angestrebten Gebundenheit an den gesetzlichen Buchstaben" geführt habe[104].

d) Die wiederanerkannte Freiheit des Richters wurde freilich — nach dem Vorgang *Savignys* — lediglich als Freiheit des Denkens begriffen. Das Subsumtionsdogma in der durch den Systemgedanken modifizierten Form blieb unangetastet; richterliche Entscheidung war „freie Denktätigkeit" innerhalb der als rein deduktives Begriffssystem verstandenen Gesetzesordnung. Wo immer von Richtertum und Rechtsfindung um die Mitte des 19. Jahrhunderts die Rede war,

---

100 *Köstlin:* System, Bd. I, S. 582; vgl. auch S. 533 ff.
101 *Köstlin:* System, Bd. I, S. 534.
102 *Heffter:* Lehrbuch, S. 4.
103 *Hälschner:* System des Preußischen Strafrechtes, S. 90.
104 *Geib:* Geschichte, S. 356 f; vgl. auch System, S. 85.

wurde die Tätigkeit des Richters denn auch allenthalben als logische, als Schlußverfahren betrachtet[105]. Wurde ihr schöpferischer Charakter hervorgehoben, so geschah das in allgemeinen Wendungen, welche die logisch-deduktive Struktur des Richterspruchs nicht in Frage stellten[106]. Daß sich in der Entscheidung des Richters außer dem intellektuellen auch noch andere Momente richtungsbestimmend auswirken, Momente volitiver, emotionaler, persönlichkeitsbezogener Natur, blieb regelmäßig unbeachtet. Die Richterpersönlichkeit als Triebkraft des Richterspruchs lag außerhalb des Kreises der Betrachtung. Wo diese Grenze ausnahmsweise überschritten wurde und das Phänomen der Richterpersönlichkeit in das Blickfeld rückte, kam es gleichwohl nicht zum Bruch mit der herkömmlichen Subsumtionsvorstellung. Kennzeichnend dafür war die Haltung *Abeggs*. In seiner schon erwähnten Abhandlung „Über die Bedeutung des Strafrechtsprincips"[107] war er dem Phänomen der Richterpersönlichkeit bereits sehr nahe gekommen, hatte auf die Unentbehrlichkeit richterlicher Gesinnung und Haltung hingewiesen und war damit von der üblichen Subsumtionsformel abgewichen. Freilich erschöpfte sich die Bedeutung der „Subjektivität" des Richters auch bei *Abegg* im wesentlichen darin, das „Objektive", d. h. hauptsächlich das Gesetz, anzuerkennen und zu verwirklichen; einen möglichen Konflikt zwischen Gesetzesordnung und richterlicher Überzeugung erkannte er nicht an. Immerhin tauchte bei *Abegg* bereits der Gedanke auf, daß die Persönlichkeit des Richters eine bestimmte, wenn auch in ihrer Bedeutung nur geahnte Rolle im Bereich der Rechtsanwendung

[105] Vgl. Otto *Bähr:* Der Rechtsstaat, Eine publizistische Skizze (1864, Nachdruck Aalen 1961), S. 13 f; *Geib:* Über die Nothwendigkeit usf., in: ACrR N. F. 1836, S. 187 ff (204 ff); ders.: System, § 73, S. 84, 85; *Kraus:* Practische Begründung, S. 220 f; *von Wächter:* Über Gesetzes- und Rechtsanalogie im Strafrecht, in: ACrR N. F. 1844, S. 413 ff, bes. S. 420–422, 430; K. S. *Zachariä:* Vierzig Bücher vom Staate, Bd. III, S. 27 ff; A. O. *Krug:* Die Grundsätze der Gesetzesauslegung in ihrer Anwendung auf die neueren deutschen Strafgesetzbücher, Leipzig 1848, S. 26 ff; Ernst Immanuel *Bekker:* Theorie des heutigen Deutschen Strafrechts, Leipzig 1857, S. 141 f; *Hälschner:* System des Preußischen Strafrechtes, S. 78 ff (81, 89); *Heffter:* Bemerkungen, S. 28; ders.: Lehrbuch, S. 545 ff; *Köstlin:* System I, S. 531 ff.

[106] Sehr bezeichnend *Bähr:* Der Rechtsstaat, a. a. O., S. 13/14: „Die Urtheilsfindung ist an sich ein logischer Proceß, mittelst dessen Besonderes unter ein Allgemeines subsumirt wird. Sie ist ein Erzeugniß nicht des Wollens, sondern des Erkennens; und mit Recht wird deshalb der Richterspruch ein ‚Erkenntniß' genannt. Freilich sind die Denkgesetze, unter welchen dieses Erkennen steht, nicht so zwingender Natur, daß die mittelst solcher zu ziehenden Schlüsse mit absoluter Notwendigkeit sich gestalteten; und deshalb bleibt die Rechtsprechung in gewissem Sinne und Maaße stets ein freies geistiges Schaffen."

[107] Vgl. S. 162 Fn. 95 dieser Arbeit.

spiele. Gerade bei *Abegg* zeigte sich jedoch auch, wie sehr dieser Gedanke noch an der Peripherie des Bewußtseins lag, wie wenig er zu einer Auseinandersetzung mit der intellektualistischen Vorstellung von Rechtsanwendung nötigte. Denn in einer 1856 erschienenen Abhandlung *Abeggs* – dem einzigen ausführlichen Aufsatz aus jener Zeit, der sich eigens mit der Stellung des Richters beschäftigt – ist von seinen früher geäußerten Gedanken kaum etwas zu spüren[108]. Richterliche Rechtsanwendung wird hier als reines Schlußverfahren verstanden. Unter Berufung auf *Hegels* Ausspruch: „Der Schluß ist das Vernünftige, und alles Vernünftige ist ein Schluß" bemerkt *Abegg*: „Es ist die in der Sache liegende tiefe Nothwendigkeit, daß der Rechtsspruch, das Urtheil, sich als Schluß erzeigt, der Schluß und nur dieser als Urtheil sich ausspricht[109]." Die Person des Richters ist bei diesem Schlußverfahren unbeteiligt, er hat „nur das Recht als Objektives zu erklären und seine Subjektivität, sein Wissen und Erkennen in Übereinstimmung mit dem Objektiven als Erkenntniß auszusprechen". Der Richter ist also lediglich Erkenntnissubjekt, Ausgangspunkt von Vernunftakten, nicht Willenssubjekt, nicht Persönlichkeit. Zwar hat es der Richter, wie auch *Abegg* einräumt, nicht wie der Gesetzgeber, mit dem Abstrakt-Generellen, sondern mit dem individuellen Fall in seiner konkreten Eigentümlichkeit zu tun; umgekehrt kann der Gesetzgeber „nicht das Einzelne, Individuelle, erschöpfen und bestimmen"[110]. Aus dieser Antinomie folgt indessen für *Abegg* nicht die Befugnis des Richters zu wertender Stellungnahme. Das Gesetz selbst ist zwar nicht materiell, aber im Sinne *Savignys* ideell vollständig; zufolge des in ihm enthaltenen Systems von Rechtsbegriffen bedarf es keiner richterlichen Ergänzung, stellt es gedanklich die Lösung auch für den konkreten Einzelfall bereit. Indem der Gesetzgeber nämlich „das Allgemeine und Gemeinsame als Regel aufstellt, geschieht es mit Rücksicht auf Jenes, was mit inbegriffen ist und in Beziehung auf welches das Gesetz erst in die Wirklichkeit tritt"[111]. So kann *Abegg* die richterliche Tätigkeit rein begriffslogisch dahingehend definieren, „daß es wesentlich in dem Amte des Richters, des Urtheilssprechers gegründet sei, den durch das Verfahren herausgestellten Fall in seiner ganzen Eigenthümlichkeit zu würdigen, auf diesen die allgemeinen, hiefür maaßgebenden Rechtsgrundsätze und Bestimmungen anzuwenden und also mittelst Subsumtion unter dieselben das, was in der Sache das Recht sei, in einer zugleich der Logik und der Gerechtigkeit – denn dieses ist hier untrennbar (!) – entsprechenden Consequenz als Organ des Rechts

---

[108] *Abegg*: Das richterliche Urtheil nach Recht und Gesetz, in: ACrR N. F. 1856, S. 40 ff.

[109] *Abegg*, a. a. O., S. 42; das *Hegel*-Zitat s. S. 41.

[110] *Abegg*, a. a. O., S. 46; das vorhergegangene Zitat s. S. 45.

[111] *Abegg*: Das richterliche Urtheil nach Recht und Gesetz, S. 46/47.

zu verkünden"[112]. Damit aber hat *Abegg* nur der herrschenden Idealvorstellung über Richtertum und Rechtsfindung Ausdruck gegeben, der Vorstellung vom ausschließlich formallogischen Charakter der richterlichen Entscheidung.

III. Die Wandlung der prozeßrechtlichen Stellung des Strafrichters

1. *Rechtsdogmatische und rechtspolitische Voraussetzungen*

Wie im materiellen Recht, so zeichnet sich auch im Strafprozeßrecht seit dem zweiten und dritten Jahrzehnt des 19. Jahrhunderts eine deutliche Wandlung im Verständnis des Richteramts ab. Die Abwendung der wissenschaftlichen Theorie und der Gesetzgebungspraxis von der mechanistischen Richtervorstellung der Aufklärungszeit, die sich unter dem Einfluß der historischen Rechtsschule seit den zwanziger Jahren vollzog, blieb nicht ohne Auswirkungen auf die prozeßrechtliche Stellung des Strafrichters. Die Erschütterung der aufklärerischen Richteridee prägte sich im Bereich des Strafprozeßrechts sogar in vieler Hinsicht klarer und nachhaltiger aus als im materiellen Recht. Während die Ablehnung der mechanistischen „bouche-de-la-loi"-Vorstellung auf dem Gebiet des sachlichen Rechts im Ergebnis nur zu einer Abschwächung der als überspitzt und lebensfremd empfundenen totalen Gesetzesgebundenheit des Richters führte, die in gewissen Zugeständnissen an die als notwendig erkannte, aber inhaltlich noch nicht als Wertentscheidung begriffene „freie Denktätigkeit" des Richters bestand, kam es im Strafprozeßrecht zu einer grundlegenden Neugestaltung des Richteramts und – das ist besonders bemerkenswert – zu einer Neubesinnung auf die Grundlagen richterlicher Entscheidungstätigkeit überhaupt. Die Aufklärung hatte, wie früher schon bemerkt wurde, die Stellung des Richters im materiellen wie im prozessualen Recht auffällig undifferenziert behandelt. In ihrem Bemühen um möglichst lückenlose Vergesetzlichung der Rechtsmaterie war es ihr auch im Strafprozeßrecht in erster Linie darauf angekommen, durch ins einzelne gehende gesetzliche Vorschriften die logisch-schematische Subsumierbarkeit des Sachverhalts ausnahmslos zu gewährleisten. Die psychologische Problematik des Richteramts im Inquisitionsprozeß wurde dabei ebensowenig erkannt wie die Fragwürdigkeit der überlieferten gesetzlichen Beweistheorie in ihrer römisch-kanonischen Prägung. Die Erschütterung des aufklärerischen Gesetzlichkeitsdenkens unter dem Einfluß der historischen Rechtsschule bereitete hier indessen den Boden für eine grundlegende Wandlung, führte zu einer den Besonderheiten des Prozeßrechts

---

[112] *Abegg*, a. a. O., S. 47.

gegenüber aufgeschlosseneren Einstellung in Theorie und Gesetzgebungspraxis. Es ist kein Zufall, daß seit den zwanziger Jahren des 19. Jahrhunderts, zu einer Zeit also, als sich im materiellen Recht eine deutliche Neigung zur Anerkennung größerer Richterfreiheit beobachten läßt, auch das Strafverfahrensrecht von einer tiefgreifenden Krise erfaßt wurde, einer Krise, deren Herd ebenfalls nicht zufällig in der als unzulänglich empfundenen Stellung des Inquisitionsrichters lag[113]. Hatte man sich einmal mit dem Gedanken vertraut gemacht, daß das Gesetz nicht für jeden Fall die fertige und nur mechanisch „anzuwendende" Lösung bereitstellte, sondern zu seiner Verwirklichung der geistigen Mitwirkung des Richters bedurfte, so mußte die erhöhte Aufmerksamkeit, die damit der Aufgabe des Richters zugewandt wurde, bald auch die Unzulänglichkeiten in den Blick rücken, die der Stellung des Richters im Inquisitionsprozeß anhafteten. Tatsächlich kam es in der Folge zu einer umfassenden strafprozessualen Reformbewegung, als deren vordringliches Ziel sich immer mehr die Neugestaltung des Richteramts im Strafverfahren erwies. Diese Bewegung war nun zwar nicht allein ein theoretisch-dogmatisches Ereignis, das ausschließlich im Zusammenhang mit der gewandelten Auffassung vom Richteramt und der größeren Aufgeschlossenheit für die Bedeutung des Richters gesehen werden darf; vielmehr waren die Reformbewegung als ganze wie ihre Ergebnisse im einzelnen entscheidend durch politische Faktoren mitgeprägt[114]. Die liberal-konstitutionelle Richtung im politischen Denken, die zunehmend an Bedeutung gewann, konfrontierte das deutsche Strafprozeßrecht mit den als „freiheitlich" empfundenen und als solche dem „absolutisti-

---

[113] Vgl. dazu besonders Eb. *Schmidt:* Staatsanwalt und Gericht, S. 278/279, mit ausführlichen Hinweisen auf die Literatur des 19. Jahrhunderts. Vgl. ferner dens.: Lehrkommentar I, S. 197.

[114] Auf den Zusammenhang mit der Politik hat mit großem Nachdruck F. Exner: Strafverfahrensrecht, S. 3 ff, hingewiesen. Er stellt die Entwicklung des Strafprozeßrechts gleichsam als Ergebnis politischer Konstellationen dar („Die Strafverfahrensordnung ist ein Politikum"), insbesondere auch die Reformbewegung des 19. Jahrhunderts („Anderer Staat – anderes Strafverfahren"). Das politische Moment ist auch in der älteren Literatur immer stark betont worden. Vgl. etwa: *Glaser:* Geschichtliche Grundlagen, S. 14 ff; ders.: Handbuch, Bd. I, S. 129 ff; *von Kries:* Lehrbuch, S. 60 ff; *von Hippel:* Strafprozeß, S. 40 ff. Vgl. außerdem *Henkel:* Strafverfahrensrecht, S. 41 ff; *Westhoff:* Grundlagen, S. 114 ff; *Höhn:* Stellung des Strafrichters, S. 143 ff; *Schwinge:* Kampf um die Schwurgerichte, bes. S. 43 ff; *Elling:* Staatsanwaltschaft, S. 26 ff; *Carsten:* Geschichte der Staatsanwaltschaft, S. 15 ff; *Dannenberg:* Liberalismus und Strafrecht, S. 7 ff; *Dahm:* Deutsches Recht, S. 239 ff. Gegen eine Überbewertung des politischen Faktors wendet sich Eb. *Schmidt:* Staatsanwalt und Gericht, S. 263 ff. Grundsätzliches zum Verhältnis zwischen Strafprozeß und Politik bei *Peters:* Strafprozeß, S. 45, und *Kern:* Strafverfahrensrecht, S. 2 ff.

schen“ Geist des Inquisitionsprozesses gegenübergestellten Rechtseinrichtungen des englischen und französischen Strafverfahrens; der Kampf um die Reform des Strafprozesses wurde so weitgehend mit politischen Argumenten geführt, und als er im Revolutionsjahr 1848 mit der Beseitigung des Inquisitionsprozesses endete, stellte die Neugestaltung des Strafprozeßrechts zugleich einen politischen Erfolg der liberalen Bewegung über justitielles Obrigkeitsdenken dar. Was jedoch die strafprozessuale Reformbewegung unabhängig von diesen sicherlich gewichtigen politischen Einflüssen für die richterliche Dogmengeschichte bedeutsam macht, ja was sie – wie noch gezeigt werden wird – geradezu als eine für die Wandlung der Richtervorstellung symptomatische Erscheinung kennzeichnet, war die Tatsache, daß die Prozeßdogmatik des 19. Jahrhunderts die justizpolitischen Ideen und Denkformen zugleich in den Dienst ihres Bemühens um eine zweckmäßige und zuverlässige richterliche Wahrheits- und Rechtsfindung zu stellen vermochte. Wenn sich auch der Anteil der Dogmatik an der Reform des Strafprozesses von den politischen Impulsen nicht sicher abgrenzen läßt, so ist doch im Verlaufe der Reformbestrebungen ein deutliches Anwachsen prozeßdogmatischer und insbesondere prozeßpsychologischer Erwägungen spürbar, eine Erscheinung, die der Strafprozeßerneuerung je länger je mehr den Charakter einer eminent wissenschaftlichen Reform verlieh[115]. Die psychologische Problematik, die mit der Stellung des Inquirenten und des erkennenden Spruchkollegiums verbunden war, wurde nun ebenso erkannt wie die Reformbedürftigkeit des überlieferten Beweisrechts – Vorgänge, hinter denen sich eine gewandelte, nicht mehr ausschließlich an dem Gedanken der Gesetzlichkeit orientierte Auffassung von der Tätigkeit des Strafrichters verbirgt. Diese Wandlung jedoch war nicht denkbar ohne die von der historischen Rechtsschule ausgelöste Erschütterung der aufklärerischen Richteridee, ohne die zunehmende Aufgeschlossenheit gegenüber den Problemen des Richtertums, die geweckt zu haben das Verdienst *Savignys* und seiner Anhänger war. Es ist kennzeichnend, daß die bedeutendsten Träger der wissenschaftlichen Strafprozeßreform im 19. Jahrhundert, wie *Mittermaier, Zachariä, Abegg, Biener, Köstlin, Planck, von Wächter* – um nur die bekanntesten Namen zu nennen –, der historischen Schule angehörten oder doch nahestanden[116]; an ihrer Spitze stand *Savigny*

[115] Das hat in neuerer Zeit besonders Eb. *Schmidt:* Staatsanwalt und Gericht, S. 273 ff, hervorgehoben. Im 19. Jahrhundert haben schon *Mittermaier:* Der deutsche Strafprozeß usw., S. 61 ff, 64, und *Abegg:* Betrachtungen über die Verordnung usf., S. 11, auf die hohe prozeßwissenschaftliche Bedeutung der Reform hingewiesen und vor einer ausschließlich politischen Deutung gewarnt.

[116] Vgl. im einzelnen *Landsberg:* Geschichte, Abt. III, 2. Halbbd., S. 296 ff (Text), S. 132 ff (Noten).

selbst, der in praktischer Hinsicht als preußischer Minister für Gesetzgebung der Strafprozeßerneuerung entscheidend zum Durchbruch verhalf[117] und in theoretischer Hinsicht mit seiner Denkschrift „Die Prinzipienfragen in Beziehung auf eine neue Strafprozeßordnung"[118] eine der bedeutendsten und erfolgreichsten Reformschriften jener Zeit veröffentlichte. Als die Reformbewegung in den Jahren um 1850 zu jener grundlegenden Umgestaltung des deutschen Strafprozesses geführt hatte, die durch die Stichworte „Anklageverfahren", „Mündlichkeit", „Unmittelbarkeit", „Öffentlichkeit", „Schwurgerichte" und „freie Beweiswürdigung" gekennzeichnet wird, da waren diese Grundsätze ungleich mehr als nur das Ergebnis justizpolitischer Kämpfe, mehr auch als das bloße Resultat einer Rezeption englisch-französischen Prozeßrechts; sie waren vielmehr das Zeichen einer veränderten Auffassung von der Stellung des Richters im Strafverfahren.

2. *Einflüsse des französischen und englischen Rechts*

a) In der deutschen Rechtsentwicklung des 18. und beginnenden 19. Jahrhunderts hatte sich, so sehr sie von den Ideen der Aufklärung beherrscht worden war, auf Grund der politischen Lage Deutschlands bisher nur ein Teil des Gedankenguts durchzusetzen vermocht, um dessen Verbreitung sich die französisch-italienische Aufklärung auf rechtspolitischem Gebiet bemüht hatte. Es war im wesentlichen die Idee der rationalen Vergesetzlichung des Rechtslebens gewesen, die man in Deutschland den Werken *Montesquieus, Beccarias* und *Filangieris* entnommen und auf die deutschen Verhältnisse angewandt hatte. Eine Auseinandersetzung mit dem rechtspolitischen Gedankengut der französisch-italienischen Aufklärung in seiner Gesamtheit war durch die politische Situation Deutschlands weitgehend erschwert und geradezu verhindert worden. In Frankreich hatten die Gedanken der Aufklärung zur Revolution geführt; mit der absolutistischen Staatsform war zugleich die ihr „kongeniale Prozeßform"[119], der Inquisitionsprozeß, beseitigt und durch das Anklageverfahren mit Schwurgerichten und öffentlich-mündlicher Verhandlung sowie freier Beweiswürdigung ersetzt worden. Das Deutschland der Aufklärungs-

---

[117] Über *Savignys* Tätigkeit als preußischer Justizminister vgl. *Stölzel:* Rechtsverwaltung II, S. 535 ff; E. *Wolf:* Große Rechtsdenker, S. 467 ff (523 ff); *Thiesing:* Das Justizministerium unter Friedrich Wilhelm IV., S. 95 ff; *Stoll:* Savigny, Bd. III, S. 7 ff. Vgl. auch die o. S. 157 Fn. 68 angeführte Dissertation von *Lorenz,* S. 6 ff u. p.

[118] Ungedruckte Denkschrift, Berlin 1846, auszugsweise abgedruckt unter den Titeln „Über Schwurgerichte und Beweistheorie im Strafprozesse" und „Über das Institut der Staatsanwaltschaft" in: GA Bd. 6 (1858), S. 469 ff bzw. Bd. 7 (1859), S. 577 ff.

[119] *Glaser:* Geschichtliche Grundlagen, S. 15.

zeit blieb dagegen dem aufgeklärten Absolutismus verhaftet, ja geriet nach den Befreiungskriegen sogar unter den Einfluß der Restauration. Der spezifisch politische Gehalt der Aufklärungsbewegung, der mit ihren rechts- und kriminalpolitischen Zielen in engem Zusammenhang stand, konnte sich deshalb in Deutschland erst auswirken, als die konstitutionell-demokratische Richtung zu einem ernsthaften Gegengewicht gegen die absolutistisch-obrigkeitsstaatlichen Tendenzen geworden war. Den Vertretern dieser Richtung erschien das überkommene Verfahrens- und Gerichtsverfassungsrecht unvereinbar mit dem erstrebten konstitutionellen Staat[120]. Hatte man vorher die rechtspolitischen Ideen der Aufklärung, insbesondere die Forderung nach strengster Gesetzesbindung des Richters, gleichsam von den politischen getrennt und isoliert auf das deutsche Rechtsleben übertragen, so besann man sich nunmehr gerade auf die politischen Zielsetzungen der französischen Rechtsdenker. Aus dieser Sicht erschien das durch die Revolutionsgesetze geschaffene Strafverfahren Frankreichs vielen als verbindliches Vorbild für eine rechtsstaatliche, dem konstitutionell-liberalen Gedanken gemäße Prozeßgestaltung. Anderen wiederum gab es Anlaß zu eingehender Beschäftigung mit dem französischen Prozeßrecht. Eine intensive, mit hoher politischer Spannung geladene Diskussion um die zweckmäßige Gestaltung des deutschen Strafprozesses kam in Gang, in deren Mittelpunkt das französische Strafverfahren stand.

Diese Vorgänge waren von tiefgreifendem Einfluß auf die Stellung des Richters im deutschen Strafprozeß. Ging es bei den Erörterungen um die Reform des Strafverfahrens doch ganz wesentlich um einen spezifischen Gerichtstypus, der die gesamte Struktur des Prozesses mitprägte, hinter dem darüber hinaus auch eine besondere Vorstellung von richterlicher Rechtsfindung und Tatsachenfeststellung stand: um das Geschworenengericht. Der Gedanke, das Schwurgericht dem kontinentalen Strafverfahren zu inkorporieren, war eine der justizpolitischen Grundideen der französisch-italienischen Aufklärung gewesen. *Montesquieu*, der geistige Urheber dieses Gedankens, hatte nicht nur – was man in Deutschland bisher allein zur Kenntnis genommen hatte – die Struktur richterlicher Rechtsanwendung dadurch umgestalten wollen, daß er den bisher als rechtsschöpferischen Gestaltungsakt begriffenen Richterspruch zum Modus eines logisch-schematischen Syllogismus vereinfachte; er hatte vielmehr auch den politisch-sozialen Typus des Richters selbst von Grund auf ändern wollen. Mit der aus dem Gewaltengliederungsprinzip abgeleiteten Formel vom Richter als „bouche de la loi" hatte er die Forderung

120 Vgl. dazu und zum folgenden Eb. *Schmidt:* Einführung, S. 324; *Schwinge:* Kampf um die Schwurgerichte, S. 43 f; *Glaser:* Geschichtliche Grundlagen, S. 15, 16; *Höhn:* Stellung des Strafrichters, S. 143 ff.

nach unständigen, nicht beamteten, volksgewählten Laienrichtern, nach Geschworenen, verbunden, um auf diese Weise die ohnehin zur bloßen Funktion der Gesetzgebung degradierte „richterliche Gewalt" in jeder Beziehung als Machtfaktor auszuschalten. „Die richterliche Gewalt", hatte *Montesquieu* verlangt[121], „darf nicht an einen dauernden Senat gegeben, sondern muß von Personen ausgeübt werden, die zu bestimmten Zeiten des Jahres in gesetzlich vorgeschriebener Weise aus der Mitte des Volkes entnommen werden, um einen Gerichtshof zu bilden, der nur solange besteht, wie die Notwendigkeit es erfordert". Diese Forderung *Montesquieus*, im Zusammenhang mit seinen Ausführungen über die Verfassung Englands erhoben und allgemein als Hinweis auf die englische Gerichtsverfassung verstanden, hatte die Aufmerksamkeit Frankreichs auf die britischen Verhältnisse gelenkt[122]. Der Vergleich mit den englischen Rechtseinrichtungen gab den Anstoß zu einer grundsätzlichen Reform des Gerichtswesens. In dem englischen Strafverfahren trat dem französischen Inquisitionsprozeß eine Prozeßform gegenüber, welche die Rechte des Individuums in weitaus höherem Maße zu gewährleisten wußte als das Untersuchungsverfahren. Als zentrale Institution des britischen Prozeß- und Gerichtsverfassungsrechts[123] betrachtete man das Geschworenengericht[124], das nach damaliger Auffassung alle weiteren Reformforderungen — Anklageprozeß, Öffentlichkeit, Mündlichkeit, freie Beweiswürdigung — gleichsam mit enthielt und daher auch in Frankreich sogleich in den Mittelpunkt der Erörterungen rückte[125]. Der in der Einrichtung des Schwurgerichts zum Ausdruck kommende Gedanke des Laienrichtertums bot die Möglichkeit einer Anknüpfung an das staatspolitische Prinzip der Volkssouveränität; in Gestalt der Aufgabenverteilung zwischen dem beamteten Vorsitzenden und der aus Laien bestehenden Jury sah man auch innerhalb der Rechtspflege

---

[121] De l'Esprit des Lois, l. XI, ch. 6 (t. 1, p. 165); *Forsthoff*, Bd. I, S. 217.

[122] Vgl. dazu *von Kries:* Lehrbuch, S. 57; *Schwinge:* Kampf um die Schwurgerichte, S. 1 u. S. 51; *von Hippel:* Strafrecht I, S. 262, 265; Eb. *Schmidt:* Einführung, S. 326.

[123] Über das englische Strafprozeß- und Gerichtsverfassungsrecht der damaligen Zeit orientieren überblicksweise *Glaser:* Geschichtliche Grundlagen, S. 33 ff; ders.: Handbuch I, S. 130 ff (jeweils mit eingehenden Literaturhinweisen); *Westhoff:* Grundlagen, S. 94 ff. Die einschlägigen Spezialdarstellungen für diese Zeit sind die im Schrifttumsverz. angeführten Werke von *Mittermaier:* Englisches Strafverfahren, *Stephen-Mühry:* Handbuch des englischen Strafrechts und Strafverfahrens, und *Best:* Grundzüge des englischen Beweisrechts.

[124] Vgl. darüber die Darstellung *Bieners:* Das englische Geschwornengericht, 3 Bde., Leipzig 1852—1855. Zur Entstehungsgeschichte vgl. insbes. H. *Brunner:* Die Entstehung der Schwurgerichte, Berlin 1872.

[125] Zur Einführung des Schwurgerichts in Frankreich vgl. A. *Buchner:* Einführung des Geschworenengerichts, S. 371 ff.

den Grundsatz der Gewaltenteilung verwirklicht[126]; bei den Geschworenen rechnete man schließlich auf jene Unbefangenheit und Unparteilichkeit, die der auf dem gelehrten Beamtenrichtertum aufgebaute Inquisitionsprozeß nicht zu gewährleisten vermochte[127]. Das britische Schwurgericht stellte daher für die französische Aufklärung den Inbegriff freiheitlicher Gerichtsverfassung, das – wie es *de Lolme* bezeichnete[128] – „Bollwerk und Palladium der bürgerlichen Freiheit“ dar, dessen Einführung von ihren namhaftesten Vertretern fast einhellig gefordert wurde[129]. Als der Sturm der Revolution mit dem absolutistischen Regime auch den Inquisitionsprozeß alten Stils beseitigte, herrschte über die Schwurgerichtsfrage Einmütigkeit[130]. Durch die Anordnung der Nationalversammlung von 1790 und die ihr folgenden Revolutionsgesetze von 1791[131] wurden neben den „tribunaux de police“ für Übertretungen (contraventions) und den „tribunaux de police correctionelle“ für Vergehen (délits) – die mit Einzelrichtern bzw. beamteten Richterkollegien besetzt waren[132] – für Verbrechen (crimes) die Schwurgerichte eingeführt[133].

b) Für die künftige Entwicklung – insbesondere auch des deutschen Strafprozeßrechts – wurde die Einführung des Geschworenengerichts in zweifacher Hinsicht zu einem folgenreichen Ereignis.

Zunächst dadurch, daß mit ihr bedeutsame Veränderungen in der Struktur des Prozesses verbunden waren. Im Gegensatz zum geheimen schriftlichen Untersuchungsverfahren war der englische Schwurgerichtsprozeß öffentlich und mündlich; er gliederte sich ferner – anders als der „summarische“ Inquisitionsprozeß – in zwei verschiedene Verfahrensabschnitte, ein Vor- und Hauptverfahren. Das Vorverfahren schloß mit einer Vorprüfung des Belastungsmaterials durch die sog. Anklagejury ab[134], während das Hauptverfahren mit dem von der Urteilsjury gefundenen Urteil endete. An dieses Vorbild schloß sich die französische Regelung – zunächst sogar unter

---

126 Vgl. *von Kries:* Lehrbuch, S. 57; *Höhn,* a. a. O., S. 78.

127 *Schwinge:* Kampf um die Schwurgerichte, S. 1.

128 Die Constitution Englands, S. 149.

129 Vgl. *Hertz:* Voltaire, S. 120 ff; *Beccaria:* Verbrechen, § 7, S. 79 f; *Filangieri:* System III, S. 261 ff, 360.

130 Vgl. statt vieler Eb. *Schmidt:* Einführung, S. 326.

131 Einzelheiten bei *Garraud:* Traité du Droit Pénal, vol. I, p. 129.

132 Zur Besetzung vgl. *Schill:* Stellung des Richters in Frankreich, S. 93, 94.

133 Vgl. dazu *Garraud:* Traité du Droit Pénal, vol. I, p. 126 ff; *von Kries:* Lehrbuch, S. 57; *Glaser:* Geschichtliche Grundlagen, S. 21 ff; *Schill:* Stellung des Richters, S. 92 f.

134 Vgl. *Biener:* Das englische Geschwornengericht II, S. 26 ff; ders.: Anklage-Jury, S. 76; *Mittermaier:* Englisches Strafverfahren, S. 263 ff.

Übernahme der Anklagejury – im wesentlichen an. Allerdings vermochte man sich nicht völlig vom Inquisitionsprozeß zu trennen und wahrte insbesondere im Vorverfahren weitgehend den inquisitorischen Charakter. Im englischen Verfahrensrecht gab es – sieht man von hier unwesentlichen Ausnahmefällen ab – weder eine notwendige, der inquisitorischen Sachverhaltserforschung von Amts wegen vergleichbare und auf eingehende amtliche Tatsachenfeststellung gerichtete „Voruntersuchung“ noch eine öffentliche Anklage[135]. Der Schwerpunkt des Verfahrens lag ganz in der Hauptverhandlung, während im Vorverfahren für die Sachgestaltung erhebliche Entscheidungen nicht getroffen wurden. Das französische Strafverfahren behielt dagegen das „inquisitorische Prinzip“ für das Vorverfahren bei. Gerade in der Voruntersuchung, die unter der Aufsicht einer öffentlichen Anklagebehörde, der „procureurs du roi“[136] stand und durch den Dualismus von procureur und Inquirent weitgehend vor der im deutschen Prozeß eingetretenen Entformalisierung bewahrt worden war, sahen die französischen Juristen das wertvollste Element des überkommenen Inquisitionsprozesses, das aufzugeben sie nicht bereit waren[137]. So bemühte man sich um eine Vermittlung zwischen den Grundsätzen des englischen Gerichtsverfahrens und dem Inquisitionsprozeß. Das Ergebnis war die für die spätere Entwicklung des Prozeßrechts bedeutungsvolle Gliederung des Strafprozesses in drei Stadien. An ein rein inquisitorisches, auf amtlicher Sachverhaltsermittlung beruhendes Vorverfahren, in dem der Untersuchungsrichter mit der nunmehr „ministère public“ genannten Anklagebehörde in einem eigenartig schillernden Verhältnis wechselseitiger Über- und Unterordnung zusammenwirkte[138], schloß sich ein Zwischenverfahren an, das die Entscheidung über die „Versetzung in den Anklagestand“ zum Ziel hatte. Den dritten Teil des Verfahrens bildete eine formal nach den Grundsätzen des englischen Verfahrens aufgebaute Hauptverhandlung, in der ein Vertreter des ministère public als Ankläger auftrat, und die mit dem Urteil abschloß. Der Form nach war hier das erkennende Gericht von seiner psychologisch gefahrvollen inquisitorischen Doppelfunktion befreit und auf seine eigentliche richterliche Aufgabe beschränkt, der Sache nach jedoch bestand – was demnächst

---

[135] Vgl. *Mittermaier:* Englisches Strafverfahren, S. 64 ff, 244 ff; *Stephen-Mühry:* Handbuch, S. 415 ff; *Biener:* Das englische Geschwornengericht II, S. 1 ff, 20 ff, 29 ff; *Glaser:* Geschichtliche Grundlagen, S. 36 ff, 42.

[136] Vgl. dazu die Darstellung von J. *Goldschmidt:* Staatsanwaltschaft und Kriminalpolizei in Frankreich, S. 179 ff, m. eingeh. Schrifttumshinweisen.

[137] *Glaser:* Geschichtliche Grundlagen, S. 22, 23 m. w. H.; *Goldschmidt,* a. a. O., S. 184.

[138] Vgl. dazu Eb. *Schmidt:* Einführung, S. 325 f; *Carsten:* Geschichte der Staatsanwaltschaft, S. 7 f; *Goldschmidt:* Staatsanwaltschaft und Kriminalpolizei in Frankreich, S. 179 ff.

noch zu erörtern sein wird – die inquisitorische Doppelstellung des erkennenden Richters in nicht unerheblichem Umfang fort.

Bedeutsamer noch als dieser mittelbare Einfluß des Schwurgerichts auf die Struktur des Strafverfahrens waren für die prozessuale Stellung des Richters die unmittelbaren Auswirkungen, die das Schwurgerichtsprinzip auf das Beweisrecht hatte. Das Geschworenengericht führte zur Beseitigung der traditionellen gesetzlichen Beweisregeln und zur Einführung der freien richterlichen Beweiswürdigung. Der Gedanke der freien Beweiswürdigung war in Frankreich schon früher und unabhängig von der Schwurgerichtsidee vertreten worden[139], ohne sich indessen – ähnlich wie in Deutschland die Lehre *Justis* – entfalten und durchsetzen zu können. Solange der von dem rechtsgelehrten Beamtenrichtertum getragene Inquisitionsprozeß herrschte, wagte man trotz der weithin bekannten und getadelten Mängel des gesetzlichen Beweissystems[140] nicht, die Beweiswürdigung allein der pflichtgemäßen und gewissenhaften Überzeugung des Richters anheimzustellen[141]. Als dann jedoch die englische Schwurgerichtsverfassung in das Blickfeld der französischen Juristen rückte, wuchs das Prinzip der freien Beweiswürdigung eng mit dem Schwurgerichtsgedanken zusammen und verband sich mit diesem zu einer einheitlichen wirkungsvollen Idee[142]. Die vorher so zäh verteidigte gesetzliche Beweistheorie schien jetzt als Garantie gegen richterliche „Willkür" entbehrlich zu sein, ja sie schien der Schwurgerichtsidee geradezu zu widersprechen. Wollte die Schwurgerichtsbewegung doch dem Typus des Beamtenrichters, der nach subtilen und diffizilen, dem Volke unverständlichen und häufig spitzfindig erscheinenden gesetzlichen Regeln über die Beweisfrage entschieden hatte, einen neuen Richtertypus entgegensetzen: den des Volksrichters, der, getragen vom Vertrauen der Allgemeinheit, frei vom Zwang des Gesetzes, nur der Stimme seines Gewissens folgend, nach innerer Überzeugung, nicht nach formalen Kriterien über die Wahrheit oder Unwahrheit der Beweistatsachen befinden sollte. „In der Forderung nach Geschworenen", sagt zutreffend *Höhn*[143], „liegt instinktiv der Gedanke: jetzt werden wir von Leuten verurteilt, die nicht mehr nach den starren Regeln, die wir selbst nicht kennen, unsere Handlungen beurteilen, sondern die frei nach innerer Überzeugung richten." Hinter diesem

---

[139] Vgl. dazu *Hertz:* Voltaire, S. 426 ff, 439 f. Zur Entwicklung des Beweisrechts im französischen Strafprozeß allgemein vgl. *Hélie:* Traité, Bd. I, S. 649 ff.

[140] Vgl. *Hertz:* Voltaire, a. a. O.

[141] *Höhn:* Die Stellung des Strafrichters, S. 79.

[142] Vgl. *Höhn:* Stellung des Strafrichters, S. 79; *Schwinge:* Kampf um die Schwurgerichte, S. V u. S. 74 ff; *Glaser:* Geschichtliche Grundlagen, S. 57; *Westhoff:* Grundlagen, S. 114; *Hélie:* Traité, Bd. V, S. 391 ff.

[143] Stellung des Strafrichters, S. 79/80.

Gedanken stand freilich eine ganz spezifische Vorstellung von der Eigenart und dem Zustandekommen dieser „inneren Überzeugung": die Idee der „intime conviction"[144]. Der Akt der richterlichen Überzeugungsbildung wurde nach dieser Lehre, die auf *Beccaria* zurückging[145] und in den Art. 312 und 342 des Code d'Instruction Criminelle von 1808 ihren gesetzlichen Niederschlag fand[146], als ein einfacher Denkvorgang begriffen, der lediglich den natürlichen, juristisch unverbildeten, „gesunden Menschenverstand" des Laien voraussetze und einer Leitung durch wissenschaftliches System oder positives Gesetz weder bedürftig noch zugänglich sei. Zur Beweiswürdigung bedurfte es nach *Beccaria* „nur des einfachen und gewöhnlichen gesunden Menschenverstandes, der seltener irregeht als das Wissen eines Richters, der daran gewöhnt ist, Schuldige finden zu wollen und alles unter ein künstliches, durch seine Studien gewonnenes System zu bringen"[147]. „Die Frage, ob der Angeklagte schuldig oder nicht schuldig sey", so hat *Zachariä* die Lehre von der „intime conviction" charakterisiert[148], „soll als eine bloße Thatfrage von Nichtjuristen eben so gut und selbst besser beurtheilt werden können als von rechtsgelehrten Richtern. Denn dazu gehöre nur natürlicher Verstand und gewöhnliche Lebenserfahrung, die sich in besserer Extraction bei den aus dem Volke genommenen Geschworenen als bei den juristischen Richtern finde." Das Prinzip der freien Beweiswürdigung, wie es der intime-conviction-Vorstellung zugrunde lag, richtete sich also nicht primär gegen die mechanistische Vergesetzlichung des richterlichen Erkenntnisvorgangs, zielte nicht auf eine Befreiung des Richters aus der Rolle eines Subsumtionsautomaten, betraf letztlich überhaupt nicht das Verhältnis des Richters zum Gesetz. Die Beseitigung der gesetzlichen Beweistheorie sollte vielmehr in erster Linie einen bestimmten Richtertypus und seine besondere Denkweise treffen: den Typus des rechtsgelehrten Beamtenrichters. Nicht der Gedanke, die Freiheit des Richters zu konkret-individueller Wertentscheidung auf

---

[144] Vgl. dazu *Hélie:* Traité, vol. V, p. 422; *von Bar:* Recht und Beweis, S. 323; *Zachariä:* Gebrechen und Reform, S. 307; *Mittermaier:* Beweislehre, S. 18; ders.: Über den Zustand der Strafprozeßordnung in Deutschland, in: ACrR N. F. 1854, S. 130 ff; *Ortloff:* Beweisregeln und Entscheidungsgründe, S. 467 f; *Jarcke:* Bemerkungen über die Lehre vom unvollständigen Beweise, S. 105; *Schaper:* Zur Psychologie des Verdachts, S. 443; *Savigny:* Beweistheorie, S. 484; *Schwinge:* Kampf um die Schwurgerichte, S. 130 ff; neuerdings *Krause:* Zum Urkundenbeweis im Strafprozeß, S. 17.

[145] Vgl. *Mittermaier:* Beweislehre, S. 18; *Schwinge,* a. a. O.

[146] Art. 312: „... suivant votre conscience et votre intime conviction"; Art. 342: „Avez-vous une intime conviction?"

[147] *Beccaria:* Verbrechen, § 7, S. 80.

[148] *Zachariä:* Gebrechen und Reform, S. 307; ähnlich *von Bar:* Recht und Beweis, S. 323; *Mittermaier:* Beweislehre, S. 18.

dem Gebiete des Beweisrechts wiederherzustellen, veranlaßte die Einführung der freien Beweiswürdigung, sondern die Abneigung gegen die dem Typus des Beamtenrichters zugeordnete „künstliche" Denkweise. Sie sollte durch die jedem Menschen angeborene „gesunde Vernunft" des Laien als einzige Quelle prozessualer Wahrheitserkenntnis ersetzt werden. Der Begriff des gesunden Menschenverstandes, der diese Auffassung als der Aufklärung zugehörig ausweist, erhielt dabei vielfach einen gefühlsmäßig-irrationalen Einschlag, den Charakter eines gedanklich nicht mitteilbaren, logisch nicht begründbaren „Totaleindrucks"[149], eines instinkthaft-intuitiven „Wahrheitsgefühls"[150], das man bei dem juristisch nicht geschulten Laien als ursprüngliche natürliche Anlage voraussetzte. In richtiger Erkenntnis, aber unklarer Übersteigerung der jeder richterlichen Überzeugungsbildung immanenten unwägbar-persönlichen Momente sah man in der Gewißheit des Richters eine nicht nachvollziehbare konkrete Gefühlsgewißheit, die weniger das Ergebnis rationaler Überlegung denn einer emotionalen „Gesamtschau" des Geschehens sei[151]. Mit dieser Auffassung von richterlicher Beweiswürdigung waren freilich gesetzliche Beweisregeln nicht vereinbar; die Lehre von der „intime conviction" ließ daher weder das positive noch das negative Beweissystem gelten. In echt aufklärerischer Simplifizierung psychologischer Sachverhalte proklamierte diese Lehre die absolute Herrschaft des gesunden Menschenverstandes, der das Gesetz seiner Unfehlbarkeit in sich selbst trug. Opfer eines „einzigartigen historischen Mißverständnisses"[152] deuteten die französischen Juristen der Revolutionszeit die Idee der „intime conviction" sogar in die von ihnen als Vorbild betrachtete britische Schwurgerichtsverfassung hinein, in der Meinung, das Fehlen kodifizierter Beweisregeln im englischen Recht sei Ausdruck einer gefühlsmäßig-intuitiven Entscheidungsfreiheit der Geschworenen[152a]. Dabei übersahen sie indessen die Existenz eines ausgeprägten, wenngleich nicht positivierten Beweisrechts im englischen Strafverfahren, des „law of evidence", das als „judge made

---

[149] Zur Lehre vom „Totaleindruck" vgl. *Hélie:* Traité V, p. 403 ff; *Savigny:* Beweistheorie, S. 476; *Ortloff:* Beweisregeln und Entscheidungsgründe, S. 467 f; *Mittermaier:* Mündlichkeit, S. 402; *Zachariä:* Gebrechen und Reform, S. 299 ff; *Glaser:* Beiträge, S. 19 f; *Schwinge:* Kampf um die Schwurgerichte, S. 86 ff m. w. Hinw.

[150] Auch die Wendung des Begriffs „intime conviction" ins Gefühlsmäßige geht auf *Beccaria* zurück; vgl. *Beccaria:* Verbrechen, § 7, S. 79 f: „Aber diese moralische Gewißheit der Beweise ist leichter zu fühlen als genau zu umschreiben . . ."

[151] Vgl. *Feuerbach:* Betrachtungen über das Geschwornengericht, S. 118, 121 ff, 127.

[152] *Westhoff:* Grundlagen, S. 114.

[152a] *Westhoff,* a. a. O.

law“ für das englische Prozeßrecht überragende Bedeutung hatte[153]. Dieses englische Beweisrecht verkörperte gleichsam die Zwischenstufe zwischen positiv-gesetzlichem Beweissystem und freier Beweiswürdigung, die die französische Lehre von der „intime conviction“ übersprang, als sie den unkritisch-gefühlsmäßigen gesunden Menschenverstand zur einzigen Quelle des prozessualen Beweises erhob: ein auf generationenlanger richterlicher Erfahrung beruhendes, in Präjudizien niedergelegtes, von der Wissenschaft geläutertes System von Beweisregeln, das Richter und Geschworene bei der Urteilsfindung nicht mit der unbedingten Verbindlichkeit des positiven Gesetzes band, ihnen jedoch kraft der inneren Autorität anerkannter Beweissätze und Wahrscheinlichkeitsregeln eine kritische Gewißheit vermittelte und ihre Überzeugung aus der Sphäre des Gefühlsmäßig-Subjektiven heraushob[154]. Hinter diesem richterbezogenen Beweisrecht stand die Einsicht, die auch *Schwarzenberg* bei der Konzeption des Beweisrechts der Carolina geleitet hatte: daß die richterliche Überzeugungsbildung ein vielschichtig-komplizierter, vielerlei Gefährdungen durch die Menschlichkeit des Richters ausgesetzter psychologischer Vorgang sei, bei dessen Vollzug bewährte Erfahrungsregeln in Gestalt leitender „Richtungsnormen“ unerläßlich seien. Der französischen Lehre von der „intime conviction“, der diese Einsicht fehlte, die vielmehr in unklarer Vermengung rationaler und irrationaler Momente die Überzeugung des Richters als Ergebnis eines natürlichen, jedem Menschen angeborenen Wahrheitsgefühls betrachtete, mußten Eigenart und Wert des englischen Beweisrechts verschlossen bleiben.

3. Die Stellung des Strafrichters in der prozessualen Reformbewegung des 19. Jahrhunderts

a) Richteramt und Prozeßstruktur

aa) Als die deutsche Prozeßrechtswissenschaft des 19. Jahrhunderts mit dem französischen Verfahrensrecht konfrontiert wurde, hatte sich

---

[153] Zum englischen law of evidence der damaligen Zeit vgl. etwa *Best-Marquardsen:* Grundzüge des englischen Beweisrechts, S. 69 ff; *Mittermaier:* Über die Bedeutung der englischen Beweislehre, Einleitung zu *Best-Marquardsen,* S. XI ff; ders.: Englisches Strafverfahren, S. 324 ff m. w. H.; ders.: Mündlichkeit, S. 27; ders.: Über den neuesten Zustand der Strafgesetzgebung, S. 173 ff; *Biener:* Das englische Geschwornengericht II, S. 147 ff m. w. H.; *Schwarze:* Die gesetzliche Beweistheorie, S. 721 ff. Eine Zusammenstellung der älteren englischen Literatur zum law of evidence findet sich bei *Glaser:* Geschichtliche Grundlagen, S. 33, 34; eine neuere Darstellung des englischen Beweisrechts im Überblick enthält die Schrift von *Westhoff:* Grundlagen, S. 134 ff, 139 ff, 143 ff, 150 ff.

[154] Vgl. etwa *Mittermaier:* Mündlichkeit, S. 27.

die Wandlung im Verständnis des Richteramts, die von der historischen Rechtsschule ausgelöst worden war, auch auf dem Gebiet des Strafprozeßrechts schon spürbar ausgewirkt. Wenngleich die Vorstellung vom ausschließlich formallogischen Charakter der Rechtsfindung noch unangefochten herrschte, das Subsumtionsdogma unerschüttert fortgalt, so hatten die Ideen der historischen Schule doch zu der Überwindung des aufklärerischen Glaubens an die Allmacht und den absoluten Primat des positiven Gesetzes geführt und damit auch im Bereich des Strafverfahrens den Blickwinkel verändert, aus dem man Amt und Stellung des Richters betrachtete. Begriff man den Richter jetzt nicht mehr schlechthin als mechanisch-unbeteiligten Vollstrecker des Gesetzes, erkannte man dem Richterspruch vielmehr ein eigenes Gewicht zu, so begann man nun auch einzusehen, daß das Problem richtiger Verfahrensgestaltung nicht allein mit Hilfe eines möglichst ins einzelne gehenden Systems gesetzlicher Anweisungen für das prozessuale Handeln des Richters gelöst, sondern nur dadurch bewältigt werden konnte, daß zugleich die Stellung des Richters selbst eine ihrer Bedeutung angemessene Ausgestaltung erhielt. Der Gedanke, daß das Amt des Richters nicht als bloße Funktion des Gesetzes begriffen werden dürfe, sondern etwas durchaus Selbständiges, Besonderes und Eigenwertiges darstelle, dem man auch im Strafverfahren gerecht werden müsse, war die eigentlich neue Einsicht dieser Zeit, die maßgeblich die Überlegungen um die Neugestaltung des deutschen Strafprozesses bestimmte. So stellte *Abegg* an den Anfang seiner „Beiträge zur Strafprozeßgesetzgebung" die für diese Einstellung kennzeichnende Erwägung: „Die gesetzlichen Bestimmungen über das Verfahren können, ungeachtet ihrer Wichtigkeit und der Gewährleistung, die sie im allgemeinen für die Handhabung der Gerechtigkeit bieten, doch nicht an sich und allein ihrem Zweck entsprechen. Für die Ausübung und also für jeden besonderen Fall und jede gerichtliche Handlung muß auf die Gesinnung, auf die Rechtschaffenheit und Pflichttreue der zu dem Amte bestellten Richter gerechnet werden[155]." *Zachariä* warnte nachdrücklich davor, in den Fehler der Aufklärung zurückzufallen und die Stellung des Richters im Strafverfahren ausschließlich vom Gesetz her zu verstehen; gerade im Prozeßrecht bleibe trotz der ausführlichsten gesetzlichen Regelung immer ein bedeutsamer Spielraum für den Richter[156]. „Gerichtsverfassungen und Procedurordnungen", betonte nun auch W. H. *Puchta*[157], seien nicht geeignet, „der Willkür für sich allein einen Damm vorzusetzen", weil „gar sehr vieles von den Eigenschaften der Gesetzvollzieher, der Richter besonders, abhänge". „Vernunft und

---

[155] *Abegg:* Beiträge, S. 11.
[156] *Zachariä:* Gebrechen und Reform, S. 134.
[157] *Puchta:* Inquisitions-Prozeß, S. 27.

Erfahrung lehren uns, daß der Zweck der Vorschriften einer Regel für vernünftige und freie Wesen dadurch bedingt sei, daß sie von diesen befolgt werde." Daher komme es entscheidend auf die Stellung des Richters an, dessen Amt für die Rechtspflege so wichtig sei wie die Zeiger für eine Uhr[158].

Bei dieser deutlich richterbezogenen Betrachtung des Strafprozeßrechts, in der die Erschütterung des aufklärerischen Gesetzlichkeitsdenkens spürbar ist, fand insbesondere die psychologische Problematik des Richteramts, die in der Aufklärungszeit verkannt worden war, in zunehmendem Maße Beachtung[159]. Die früher nur am Rande bemerkte Tatsache — erinnert sei z. B. an *Beccaria* —, daß jenseits des Bezirks der Logik psychische Faktoren emotionalen Charakters den Richterspruch mitprägen, wurde nunmehr, wenn auch noch nicht in ihrer vollen Bedeutung erkannt und theoretisch-wissenschaftlich erfaßt, so doch praktisch stärker als bisher berücksichtigt. Die Kritik an der Stellung des Richters im Inquisitionsprozeß erhielt einen starken prozeßpsychologischen Akzent; man sah weithin den entscheidenden Fehler dieses Verfahrens in den unzulänglichen psychologischen Bedingungen, die der Inquisitionsprozeß für eine unvoreingenommene und leidenschaftslose richterliche Entscheidung bot. Die Aufmerksamkeit konzentrierte sich dabei vor allem auf die früher als unbedenklich hingenommene Häufung widerstreitender Funktionen in der Person des Inquirenten und die gleichfalls als fragwürdig befundene ungenügende „Sachnähe" des erkennenden Gerichts.

Diese neue Sicht der Verfahrensprobleme gab auch der Auseinandersetzung mit dem französischen Prozeßrecht ihr Gepräge und trug wesentlich zur Gestaltung des Richteramts im reformierten deutschen Strafprozeß bei. In Frankreich waren es hauptsächlich die politischen Ideen der Revolutionszeit gewesen, die den neuen Strafprozeß geschaffen hatten; prozeßpsychologische Erwägungen hatten dabei — wie überhaupt im Zeitalter der Aufklärung — nur eine untergeordnete Rolle gespielt. So erklärt sich z. B. die Tatsache, daß der Richter im französischen Strafverfahren nicht mehr, wie der Inquirent, zugleich Organ der Strafverfolgung war, nicht etwa aus einer psychologisch motivierten „Aufspaltung" des Inquirentenamts, sondern aus

---

158 *Puchta*, a. a. O.: „Wir möchten diese (scil. die Richter) mit den Zeigern einer Uhr vergleichen, die bei aller Vortrefflichkeit unnütz ist, wenn jene fehlen oder ihren Dienst nicht leisten."

159 Vgl. Eb. *Schmidt:* Kriegsstrafverfahrensordnung, S. 436, 437; ders.: Lehrkommentar I, S. 197 (Rz. 347/48); ders.: Staatsanwalt und Gericht, S. 263 ff (278 ff); vgl. ferner Wilhelm *Gallas:* Zur Struktur des kommenden Strafverfahrens, Bemerkungen zu dem Bericht der amtlichen Strafprozeßkommission, in: ZStW Bd. 58 (1939), S. 624 ff (627).

dem Gedanken der Gewaltenteilung, den man im Strafprozeß in Form des Dualismus Ankläger – Richter verwirklichen wollte[160]. Auch die Forderung nach Öffentlichkeit und Mündlichkeit des Verfahrens war in Frankreich vorwiegend als politisches Postulat, nämlich i. S. einer Kontrolle des Prozeßablaufs durch die Bürger, aufgefaßt worden[161]. Die Schwurgerichtsidee hatte die gesamte Reformfrage vollends zu einem Politikum gemacht, das für prozeßpsychologische Erwägungen nur geringen Raum ließ. Im Deutschland der dreißiger und vierziger Jahre des 19. Jahrhunderts war die rechtspolitische Lage – nicht zuletzt auf Grund der im Verständnis des Richteramts inzwischen eingetretenen Wandlung – jedoch eine andere. Zwar wurden hier inhaltlich die gleichen Reformforderungen erhoben wie in Frankreich vor und während der Revolution; auch waren diese Forderungen den Zeitläuften entsprechend politisch-ideologisch gefärbt, was besonders für die Frage des Schwurgerichts galt. Aber sie wurden in Deutschland zugleich aus prozeßpsychologischen Gründen erhoben und mit prozeßpsychologischen Erwägungen begründet. „Hinter der politischen Ideologie", hat Eberhard *Schmidt*[162] treffend bemerkt, „ist der ganz nüchterne Gedanke wirksam, daß die Überbetonung inquisitorischer Zweckmäßigkeit den mit unvergleichlicher Machtfülle und großer Ermessensfreiheit ausgestatteten Richter in eine Einstellung hineinlockt oder -zwingt, die der Wahrheitsfindung und damit der Gerechtigkeit zur Gefahr wird. Man erkennt, daß das Problem der Verfahrensgestaltung und der Verteilung und Abgrenzung der den Prozeßbeteiligten einzuräumenden prozessualen Möglichkeiten ein in hohem Maße psychologisch-technisches Problem ist und gelangt auf diesem Wege zur Verteilung der Funktionen der Strafverfolgung und Sachentscheidung auf verschiedene Träger, zur Einführung von Mündlichkeit und Unmittelbarkeit, und im Zusammenhang mit dem allen zu neuen Formen und zu Bindungen der staatlichen Organe bei der Prozeßführung." Die deutsche Strafprozeßreform gewann auf diese Weise geradezu den Charakter und die Bedeutung einer Reform des Richteramtes, d. h. einer Reform der psychologischen Grundbedingungen richterlicher Entscheidungstätigkeit, die in alle Bereiche des Strafverfahrensrechts ausstrahlte. „Vermag die psychologische Situation

---

[160] Vgl. *Goldschmidt:* Staatsanwaltschaft und Kriminalpolizei in Frankreich, S. 185 f, 186 Anm. 36. Erst im 19. Jahrhundert deutete man die Funktionentrennung auch psychologisch; vgl. etwa *Mangin:* Traité de l'action publique, Bruxelles 1839, p. 18, 19, 69, zit. nach *Möhl,* ZStrVerf, Bd. 1 (1844), S. 230 ff (235).

[161] Vgl. *Mittermaier:* Der deutsche Strafprozeß, S. 260; ders.: Mündlichkeit, S. 338; *Abegg:* Beiträge, S. 121; *Feuerbach:* Öffentlichkeit und Mündlichkeit, S. 147 ff.

[162] Kriegsstrafverfahrensordnung, S. 436/437.

des Richters im Inquisitionsprozeß die Erkenntnis der Wahrheit zu gewährleisten?" – das war „die Kardinalfrage, zu der die wissenschaftliche Diskussion von allen Ausgangspunkten aus gedrängt" wurde[163]. *Mittermaier* sprach in seinem 1842 erschienenen Aufsatz „Der deutsche Strafprozeß" für viele Wissenschaftler und Praktiker der damaligen Zeit, als er neben der weitgehend schutzlosen Lage des Beschuldigten besonders die psychologisch fehlerhafte Stellung des Richters – des Inquirenten sowohl wie des erkennenden Gerichts – als das wesentliche „Gebrechen" des Inquisitionsprozesses bezeichnete[164]:

> „Die Gebrechen des deutschen Strafprozesses liegen darin, daß 1) es an Garantien fehlt, welche dem Angeschuldigten Schutz gewähren; daß 2) e i n e m Beamten eine zu große Gewalt eingeräumt und nach der ihm im Geiste des Inquisitionsprozesses gesetzten Aufgabe eine maaßlose Thätigkeit vorgeschrieben ist, und Forderungen an ihn gestellt werden, welche er in der widernatürlichen Lage, in welche er versetzt ist, nicht erfüllen kann; daß man 3) dem urtheilenden Richter die Materialien, auf deren Grund er entscheiden soll, erst durch viele Mittelglieder zur Kenntniß bringt, und 4) ihn der Mittel beraubt, sich selbst die zur Überzeugung nothwendigen Materialien zu verschaffen."

Es war kennzeichnend für die Ausrichtung der Strafprozeßreform auf die psychologische Problematik des Richteramtes, daß sich im Verlauf der Reformbewegung eine deutliche Schwerpunktverschiebung im Verhältnis der verschiedenen Reformforderungen zueinander vollzog, eine Erscheinung, an der sich zugleich die fortschreitende „Entpolitisierung" und „Verwissenschaftlichung" der Strafprozeßerneuerung ablesen läßt. Im Anfang hatten die liberal-rechtsstaatlichen, gegen absolutistische Justizwillkür gerichteten „Prinzipien" Öffentlichkeit, Mündlichkeit und Schwurgericht auch in den wissenschaftlchen Erörterungen beherrschend im Vordergrund gestanden[165], wäh-

---

163 Eb. *Schmidt:* Staatsanwalt und Gericht, S. 278/279; vgl. auch dens.: Lehrkommentar I, S. 197 (Rz. 347).

164 *Mittermaier:* Der deutsche Strafprozeß, S. 103. Vgl. ferner: *Hepp:* Anklageschaft, S. 36 ff; *Molitor:* Erfahrungen, S. 25; *Leue:* Anklageproceß, S. 81 ff, 111 ff; *Abegg:* Beiträge, S. 59 ff; *Zachariä:* Gebrechen und Reform, S. 91 ff; *Biener:* Vorschläge, S. 69 ff, 72; *Köstlin:* Wendepunkt, S. 80 ff; *Savigny:* Staatsanwaltschaft, S. 577 ff.

165 Vgl. etwa H. B. *Weber:* Andeutungen über Wesen und Reform der Criminal-Rechtspflege und Gesetzgebung, in: NACrR Bd. 1 (1816), S. 363 ff; ders.: Von den Hauptforderungen an eine zeitgemäße Straf-Proceß-Ordnung usw., in: NACrR Bd. 4 (1820), S. 597 ff (615 f); ders.: Über die Mündlichkeit und Öffentlichkeit des gerichtlichen Verfahrens usw., in NACrR Bd. 9 (1826), S. 473 ff; *Rosshirt:* Criminalprozeß der Carolina, S. 610 ff. Vgl. ferner die in der folgenden Anmerkung angeführte Schrift *Feuerbachs.*

rend die psychologisch bedeutsamste Errungenschaft des französischen Prozeßrechts: die neuartige Aufgabenverteilung zwischen Ankläger und Richter in Gestalt des „Akkusationsprinzips" in ihrem Wert kaum erkannt worden war. So hatte noch *Feuerbach* seine 1821 erschienene Reformschrift fast ausschließlich den Fragen der Öffentlichkeit und Mündlichkeit gewidmet, das Anklageprinzip hingegen nur flüchtig gestreift[166]. Auch als in Süddeutschland die ersten „verworrenen und buntscheckigen Experimente"[167] mit dem Institut der Staatsanwaltschaft gemacht wurden, war von einem Anklagegrundsatz i. S. eines zweckvollen Prozeßprinzips noch nichts zu spüren[168]. Ohne Änderung der Stellung des Inquirenten wollte man vielmehr die Staatsanwaltschaft in den bestehenden Inquisitionsprozeß aufnehmen und ihr in einem unorganisch angefügten „Schlußverfahren" eine prozeßrechtlich untergeordnete Rolle zuweisen, um die vordringlichsten Forderungen der liberalen Bewegung zu erfüllen und das Verfahren dem französischen Vorbild anzugleichen. Erst als es der Prozeßdogmatik unter Führung *Zachariäs* und *Mittermaiers* gelungen war, neben der politischen die prozeßpsychologische Seite der Reform in den Blick zu rücken und die Aufmerksamkeit auf die Stellung des Richters zu lenken, erhielt die „Anklageschaft" den Rang eines selbständigen, den übrigen prozessualen Kardinalforderungen gleichwertigen, ja übergeordneten Prozeßprinzips. Nicht mehr – wie im Frankreich der Revolutionszeit – als Folgerung aus dem Gewaltenteilungsgrundsatz wurde jetzt die Einführung einer besonderen Anklagebehörde gefordert, sondern als Konsequenz des Gedankens der „Reinerhaltung des Richteramts"[169], der Erkenntnis, daß in der Funktion des „Inquirierens" zwei psychologisch unvereinbare Tätigkeiten, die des „Anklägers" und „Richters", in einer Weise verbunden waren, die den Inquirenten in eine seelisch zwiespältige und für eine unvoreingenommene, leidenschaftslose Wahrheits- und Rechtsfindung höchst gefährliche Lage brachte[170]. Diese Erkenntnis setzte ihrerseits

[166] *Feuerbach:* Öffentlichkeit und Mündlichkeit, S. 328 ff; dazu *Glaser:* Handbuch I, S. 208/209.

[167] Eb. *Schmidt:* Staatsanwalt und Gericht, S. 281.

[168] Vgl. im einzelnen *Carsten:* Geschichte der Staatsanwaltschaft, S. 18 f; *Elling:* Staatsanwaltschaft, S. 31 ff; Eb. *Schmidt:* Staatsanwalt und Gericht, S. 280/281.

[169] Vgl. *Beling:* Strafprozeßgesetzgebung und energetischer Imperativ, S. 265; ders.: Reichsstrafprozeßrecht, S. 86.

[170] Vgl. dazu im einzelnen *Puchta:* Inquisitions-Prozeß, S. 122 ff; *Zachariä:* Gebrechen und Reform, S. 91 ff, 156 ff; *Molitor:* Erfahrungen, S. 25; *Mittermaier:* Der deutsche Strafprozeß, S. 442 f; ders.: Mündlichkeit, S. 294 f; *Hepp:* Anklageschaft, S. 36; *Leue:* Anklageproceß, S. 101 ff; *Abegg:* Beiträge, S. 59 ff; *Biener:* Vorschläge, S. 72; *Köstlin:* Wendepunkt, S. 80 ff.

– und darin lag wiederum etwas Neues – die psychologische Beobachtung voraus, daß der Inquirent, obwohl prozeßfunktionell nur Untersuchungsorgan, wegen seines überragenden Einflusses auf die Entscheidung in Wirklichkeit zugleich erkennender Richter war, eine Beobachtung, die in der Tat zu jener Zeit z. B. von *Mittermaier*, *Zachariä* und *von Wächter* gemacht wurde[171]. Es kennzeichnet die zunehmende prozeßpsychologische Bedeutung, die man dem Anklageprinzip beimaß, daß dieses Prinzip, obwohl anfangs ganz vernachlässigt, in den vierziger Jahren mit Vorrang unter den Reformforderungen vertreten war. So nannte z. B. *Mittermaier* in seiner 1845 erschienenen Programmschrift[172] das „Anklageprinzip" nach der „Mündlichkeit" an zweiter Stelle, und *Hepp* stellte die Forderung nach „Anklageschaft" sogar an die Spitze seines Reformprogramms[173].

Neben dem Anklageprinzip trat im Verlauf der Reformbewegung noch eine zweite, stärker richterpsychologisch ausgerichtete Verfahrensmaxime in den Vordergrund: der Grundsatz der „Unmittelbarkeit". Wie das Anklageprinzip mit der Stellung des Inquirenten, so stand diese Maxime mit der Stellung des erkennenden Gerichts in engem Zusammenhang, und ihre Genesis macht wie die des Anklagegrundsatzes die Hinwendung zu den Problemen des Richteramts deutlich, die sich im Zuge der Strafverfahrensreform vollzog. Das Unmittelbarkeitsprinzip war der Sache nach das Ergebnis eines gewandelten Verständnisses des Mündlichkeitsgrundsatzes[174]. Den Grundsatz der Mündlichkeit des Verfahrens hatte man im Anfang der Reformbewegung geradezu als eine Funktion der – nächst dem Schwurgerichtsgedanken – am stärksten politisch gefärbten Reformidee: der Öffentlichkeit betrachtet. Die Mündlichkeit des Prozesses bildete gleichsam die Brücke für die erstrebte Beteiligung des Volkes an der Rechtspflege[175] Diese von der Öffentlichkeit im weitesten Sinne

---

[171] Vgl. *Mittermaier:* Mündlichkeit, S. 295; *Zachariä:* Gebrechen und Reform, S. 159; *von Wächter:* Beiträge zur Deutschen Geschichte, S. 80.

[172] Vgl. *Mittermaiers* Schrift „Die Mündlichkeit, das Anklageprincip, die Öffentlichkeit und das Geschworenengericht usw.". Stuttgart und Tübingen 1845.

[173] Vgl. Ferd. Carl Theodor *Hepp:* Anklageschaft, Öffentlichkeit und Mündlichkeit des Strafverfahrens usf., Tübingen 1842.

[174] In diesem Zusammenhang geht es nur um die entwicklungsgeschichtliche Beziehung zwischen Mündlichkeit und Unmittelbarkeit. Zur prozeßdogmatischen Seite vgl. insbes. Eb. *Schmidt:* Lehrkommentar I, S. 244, Rn. 429 f, m. weit. Hinw. Zum prozeßpsychologischen Wert des Mündlichkeitsgrundsatzes neuerdings J. *Meyer:* Dialektik im Strafprozeß, Tübingen 1965, S. 75 ff.

[175] Über die liberalistische „Mündlichkeitsschwärmerei" jener Zeit vgl. *Kip:* Mündlichkeitsprinzip, S. 29 ff.

her verstandene Bedeutung des Mündlichkeitsprinzips hatte auch *Feuerbach* vorgeschwebt, als er schrieb[176]:

„Die Mündlichkeit der Verhandlung steht geschichtlich allgemein mit der Öffentlichkeit der Gerichte in Verbindung. Vor öffentlichen Gerichten wird immer mündlich verhandelt; schreibende und nach Schrift urtheilende Richter finden wir überall hinter verschlossenen Thüren. Und ganz natürlich. Nur wo freie Kräfte gegen einander in Kampf gestellt sind, wo Geister mit Geistern ringen, nicht da wo ein pflichtmäßig kalter Berichterstatter von dem trockenen Papier einen trockenen Bericht über einen trockenen Gegenstand abliest, mag einige Theilnahme des Volks an gerichtlichen Verhandlungen vernünftiger Weise gehofft werden."

Freilich hatte schon *Feuerbach* neben dieser prozeßpolitischen Seite des Mündlichkeitsprinzips auch dessen prozeßpsychologischen Aspekt gesehen und erkannt, daß die mündliche „Verhandlungsart" eine gewisse „Beziehung auf die Erkenntnißkräfte der Richter" aufweise[177]. Doch hatte er diesem Gesichtspunkt eine entscheidende Bedeutung nicht beigemessen. *Feuerbach* hatte zwar nicht verkannt, daß die Frage nach dem Wert der Mündlichkeit für die Wahrheitsfindung des erkennenden Richters letztlich von der weiteren psychologischen Frage abhänge, „ob die mündliche Verhandlung die zur richtigen Beurtheilung der Sache erforderlichen Momente (in thatsächlicher und rechtlicher Beziehung) eben so gut oder besser oder schlechter als die schriftliche dem Geiste der Richter mitzutheilen und gegenwärtig zu erhalten fähig" sei[178]. Aber eben darauf hatte er die Antwort gegeben, daß die Schrift „beharre", das Wort aber „vorüber gehe"[179]. Er traute dem Richter nicht zu, daß er, wenn der Gegenstand des Prozesses „mehrfach zusammengesetzt", „die Bestandtheile mannigfaltig unter sich verschlungen" oder „in ihrer Kleinheit für die Beurtheilung des Ganzen bedeutend" seien, „bloß auf mündliche Rede ein gründliches, der Sache vollkommen angemessenes Urtheil sprechen" könne[180]. Hier, meinte *Feuerbach*, werde vom Richter „mehr gefordert, als gewöhnliche Kräfte des menschlichen Geistes zu leisten vermögen"[181]. Die „Lebendigkeit" der mündlichen Verhandlung, deren Vorzug er darin sah, daß sie „die Aufmerksamkeit mächtig anziehe", „die geistigen Kräfte anrege", „die Klarheit des Gegenstandes erhöhe" und ihn dadurch „der Betrachtung näher rücke"[182], wog für *Feuerbach* den Nachteil nicht auf, der nach seiner Auffassung in den zu hohen Anforderungen an die Konzentrationsfähigkeit und Gedächtnisleistung

---

[176] *Feuerbach:* Öffentlichkeit und Mündlichkeit, S. 295.
[177] Vgl. *Feuerbach:* Öffentlichkeit und Mündlichkeit, S. 295.
[178] a. a. O., S. 273.
[179] ebendort.
[180] *Feuerbach:* Öffentlichkeit und Mündlichkeit, S. 274, 275.
[181] *Feuerbach:* Öffentlichkeit und Mündlichkeit, S. 275.
[182] *Feuerbach,* a. a. O., S. 273.

des Richters lag. Nur wegen seiner politischen Funktion – weil es dem Volke die Mitwirkung an der Rechtspflege ermöglichte – hatte *Feuerbach* schließlich das Mündlichkeitsprinzip bejaht und mit dieser Begründung „alle anderen Gegengründe und Bedenklichkeiten" zurückgestellt[183].

Im weiteren Verlauf der Reformbewegung wechselte indessen die Bewertung des Mündlichkeitsgrundsatzes entscheidend. Die Forderung nach Mündlichkeit des Verfahrens wurde aus dem Zusammenhang mit dem justizpolitischen Gedanken der Gerichtsöffentlichkeit herausgelöst; auch sie wurde nun dem Problemkreis zugeordnet, der sich je länger je mehr als die Quelle aller Kritik am Inquisitionsprozeß erwies: dem Fragenkreis um die Stellung des Richters. Das Prinzip der Mündlichkeit trat in enge Verbindung mit der Kardinalforderung nach zuverlässiger Gewinnung richterlicher Wahrheitserkenntnis im Strafprozeß[184]. Gerade der prozeßpsychologischen Seite des Mündlichkeitsgrundsatzes, der anregenden, veranschaulichenden und verlebendigenden Wirkung, die von einer mündlich geführten Verhandlung auf die Psyche des Richters ausging, erkannte man jetzt ausschlaggebendes Gewicht zu. Dabei stand die Erwägung im Vordergrund, daß allein die mündliche Verhandlung geeignet sei, die mit der Schriftlichkeit des Inquisitionsprozesses verbundenen verfälschenden Einwirkungen auf die Überzeugungsbildung des erkennenden Richters zu beseitigen. Das erkennende Gericht, das unter der Herrschaft des schriftlichen Verfahrens den Sachverhalt – wie *Wächter* formulierte – „durch dreifache Gläser, deren Färbung großentheils vom Inquirenten und vom Referenten abhängt"[185], hatte betrachten müssen, sollte unmittelbar an den Prozeßstoff herangeführt, ihm sollten Einlassungen des Angeklagten, Aussagen der Zeugen und Erklärungen der anderen Prozeßbeteiligten nicht erst durch schriftliche Berichte Dritter, sondern aus eigener Anschauung und unmittelbarem persönlichen Erleben zugänglich gemacht werden. Mit dieser psychologischen Wendung war jedoch das Mündlichkeitsprinzip fast unmerklich in das „Unmittelbarkeitsprinzip" umgedeutet worden, oder – anders ausgedrückt – hatte sich aus einer zunächst rein formal verstandenen „Verfahrensart" als deren materieller Gehalt ein unmittelbar auf die richterliche Überzeugungsbildung bezogenes „Erkenntnis"prinzip herauskristallisiert. Diesen materiellen Kern meinte man jetzt, wenn man den formalen Begriff „Mündlichkeit" ge-

---

183 *Feuerbach*, a. a. O., S. 297.

184 Vgl. zu diesem Vorgang im einzelnen *Mittermaier:* Mündlichkeit, S. 295 ff; *Molitor:* Erfahrungen, S. 9 f; *Abegg:* Beiträge, S. 86 f; *Zachariä:* Gebrechen und Reform, S. 251 ff; *Nöllner:* Der Entwurf einer Strafproceßordnung für das Großherzogthum Baden, in: ZStrVerf Bd. 1 (1844), S. 86 ff (89/90, 91).

185 *von Wächter:* Beiträge zur Deutschen Geschichte, S. 80.

brauchte[186], ja definierte mitunter, wie *Zachariä*[187], den Mündlichkeitsgrundsatz „in dem Sinne von Unmittelbarkeit". Demgegenüber trat die justizpolitische Bedeutung des Mündlichkeitsprinzips als Grundlage der Gerichtsöffentlichkeit, die noch für *Feuerbach* das Wesentliche ausgemacht hatte, mehr und mehr zurück. Ja auch das „Öffentlichkeitsprinzip" wurde von dem Sinnwandel der Prozeßmaximen ergriffen, und wie früher die „Mündlichkeit" von der „Öffentlichkeit", so wurde jetzt die „Öffentlichkeit" von der im Sinne der „Unmittelbarkeit" verstandenen „Mündlichkeit" her gedeutet und weniger als justizpolitische Verfahrensgarantie denn als psychologisch zweckmäßiges Mittel zu gründlicher richterlicher Sachverhaltserforschung gewertet. Die früher viel vertretene Auffassung, die Öffentlichkeit diene überwiegend einer Kontrolle des Richters durch das Volk[188], lehnte man nun fast einhellig ab und erblickte ihren Sinn – außer in einer Förderung des Vertrauens zwischen Volk und Gericht – vor allem in der Anregung zu gründlicher Beschäftigung mit dem Prozeßstoff[189]. „Nicht durch den Einfluß der öffentlichen Stimme auf die Richter", bemerkte W. H. *Puchta*[190], „nicht durch die Gegenaufsicht des vor den Schranken des Gerichts versammelten Volks wird also die Güte der auf Publicität gebauten Justizverwaltung bestimmt; der Gerichtsöffentlichkeit ist vielmehr nur darin der Preis zuzuerkennen,

---

[186] Vgl. dazu die o. S. 185 Fn. 184 angeführte Literatur. Ein instruktives Beispiel dafür sind die Ausführungen *Mittermaiers:* Mündlichkeit. S. 248 –255, der die Vorzüge des „Mündlichkeitsgrundsatzes" in die Thesen zusammenfaßt: 1. „Nur durch sie (scil. die Mündlichkeit) erlangen die Richter die Gewißheit, daß die Aussagen der Angeklagten und der Zeugen treu, vollständig und in dem richtigen Zusammenhange zu ihrer Kenntniß gelangen" (S. 248). 2. „Nur das mündliche Verfahren gibt dem Richter die Möglichkeit, durch geeignete Fragen an die Angeklagten und die Zeugen alle Zweifel zu beseitigen, die sonst mehr oder minder zurückgeblieben wären ..." (S. 250). 3. „Die gehörige Würdigung der Individualität der Angeklagten und der Zeugen ist nur bei dem mündlichen Verfahren möglich" (S. 251). 4. „Nur das beständige Zusammenwirken aller lebendig vor der Seele der Richter die Umstände des Verbrechens reconstruirenden Aussagen ... verbunden mit den Erklärungen der Angeklagten ... regen nachhaltig die geistige Thätigkeit der Richter an ..." (S. 252). 5. „Das mündliche Verfahren gibt aber auch erst den Richtern Gelegenheit, die kleinsten Nebenumstände ... kennen zu lernen, die Zeugen und den Angeklagten zu befragen, so daß jeder Zweifel schwindet ..." (S. 255).

[187] Vgl. *Zachariä:* Gebrechen und Reform, S. 83, 158, 251.

[188] Vgl. dazu S. 180 Fn. 161.

[189] Vgl. außer den im folgenden Zitierten *Molitor:* Erfahrungen, S. 21; *Zachariä:* Gebrechen und Reform, S. 251; *Biener:* Vorschläge, S. 115; *Möhl:* Über das Urtheilen rechtsgelehrter Richter, S. 296 f.

[190] Inquisitions-Prozeß, S. 124.

daß sie die Richter in den Stand setzt, mit Zuverlässigkeit zu erkennen und auszusprechen, was Rechtens ist." Die Öffentlichkeit des Verfahrens, betonte *Leue*[191], enthalte ein „starkes Motiv für gründliche und gewissenhafte Wahrheitserforschung". Auch *Mittermaier* sah in der Öffentlichkeit einen „Antrieb für die Richter" zu gründlicher und eingehender Sachverhaltsaufklärung; wirke sie doch der „Bequemlichkeitsliebe" und gefühlsmäßigen „Verstimmungen" des Richters entgegen[192].

bb) Die Ausrichtung der Strafprozeßreform auf die psychologische Situation des Richters, die in diesem Bedeutungswandel der Prozeßmaximen zum Ausdruck kam, war ein Symptom für die zunehmende Distanzierung der Theorie von der rational-mechanistischen Richtervorstellung der Aufklärungszeit, die sich unter dem Einfluß der historischen Rechtsschule vollzogen hatte. Die Prozeßdogmatik sah in dem Richter nicht allein mehr eine Art „Deduktionsautomaten", der in einer mechanisch einfachen gedanklichen Operation den „klaren Fall" dem eindeutigen Gesetz unterordnet; die aufklärerische Fiktion des „klaren Falles", der sich zweifelsfrei ermitteln lasse, wenn der Richter nur die prozessualen Vorschriften genau befolge, war vielmehr einer stärker dynamischen und der Vielschichtigkeit prozessualer Tatsachenfeststellung gegenüber aufgeschlosseneren Betrachtungsweise gewichen. Deutlicher als im Bereich des materiellen Rechts – wo man trotz zunehmender Opposition gegen das mechanistische Richterdogma der Aufklärung an der Vorstellung vom ausschließlich formallogischen Charakter der richterlichen Entscheidung festgehalten hatte – rückten daher im Bereich des Prozeßrechts auch die nichtlogischen, emotionalen, irrationalen, persönlichkeitsbezogenen Elemente des Richterspruchs in den Kreis der Betrachtung. Mochte dieser Umstand auch noch nicht zu einer neuartigen theoretischen Konzeption des Richterspruchs, einem mehr voluntaristischen und weniger intellektualistischen „Richterbild" führen, so sah man doch, soweit es um die praktische Gestaltung des Verfahrens ging, in dem Richter nicht nur mehr eine rein intelligible Person, ein individualitäts- und persönlichkeitsloses Vernunftwesen, sondern einen zugleich mit Gefühl und Willen begabten und daher von vielfachen seelischen Einflüssen abhängigen „fehlsamen Menschen"[193], der bei seinem Be-

[191] Anklageproceß, S. 239. S. auch S. 240, 241: Die Öffentlichkeit nehme die Hindernisse der Gerechtigkeit hinweg, indem sie den menschlichen Schwachheiten mit dem Gegengewicht menschlicher Antriebe entgegenwirke.

[192] *Mittermaier:* Mündlichkeit, S. 338 f.

[193] Eb. *Schmidt:* Staatsanwalt und Gericht, S. 275. Vgl. dazu aus der Literatur der damaligen Zeit vor allem *Molitor:* Erfahrungen, S. 25; *Mittermaier:* Mündlichkeit, S. 294; *Zachariä:* Gebrechen und Reform, S. 91 f.

mühen, Wahrheit und Recht zu finden, vom Irrtum und der eigenen Schwäche bedroht war. An der psychologischen Situation des Inquirenten wurde modellhaft deutlich, daß der Richterspruch nicht allein ein Akt des Intellekts war, sondern tiefer in der Menschlichkeit des Richters wurzelte, von seiner ganzen Persönlichkeit und ihrer jeweiligen seelischen Lage mitgeprägt wurde, ein Sachverhalt, den W. H. *Puchta* mit bemerkenswerter Klarheit formulierte, wenn er sagte, im Inquisitionsprozeß beruhe „alles auf der Persönlichkeit des instruirenden Richters“[194]. Mit dieser neuartigen Aufgeschlossenheit für die Bedeutung der Richterpersönlichkeit hing es zusammen, daß jetzt die persönlich-menschliche Seite der richterlichen Tätigkeit, unter der Herrschaft des aufklärerischen Rationalismus nahezu völlig vernachlässigt, wieder stärkere Beachtung fand. Es erwachte das Bewußtsein, daß man bisher über dem Bemühen um rationale Vergesetzlichung der Rechtsanwendung die menschlich-seelischen Bedingungen der richterlichen Entscheidung nicht genügend beachtet hatte. Die Kritik an der Stellung des Richters im Inquisitionsprozeß wurde so zu einer Kritik an den psychologischen Voraussetzungen, die dieses Verfahren für eine innerlich unbefangene und objektive, aber auch gründliche und erschöpfende Beurteilung des Sachverhalts durch den Richter bot. Es sei Pflicht des Gesetzgebers, so konnte nun *Nöllner* fordern[195], „vermöge seiner Kenntniß des menschlichen Herzens seine Richter mit solchen Formen zu umgeben, welche am meisten geeignet sind, in ihnen stets die lebendige Rechtsidee aufzufrischen“. Diese neue, auch das menschlich-persönliche Moment mit einbeziehende Einstellung zu Richteramt und Rechtsfindung, fand in der Forderung nach Einführung des Anklage- und des Unmittelbarkeitsprinzips ihren Niederschlag. Der Anklagegrundsatz zielte auf eine psychologisch sinnvolle „Aufspaltung“ der Stellung des Inquirenten mit ihrer gefährlichen Koinzidenz einander widersprechender Prozeßfunktionen. Der jetzt beinahe „täglich wiederholte“ Vorwurf gegen den herrschenden Inquisitionsprozeß, „daß er die Functionen des Anklägers mit der des Richters auf eine unnatürliche Weise in einer Person vereinige und doch auch ihm zugleich die Rolle des Vertheidigers übertragen wolle“[196], war insofern das Ergebnis einer stärker menschlich-persönlich und weniger logisch-begrifflich ausgerichteten Denkweise. War doch die Funktionendreiheit „Anklagen, Verteidigen, Richten“ nun keine bloße Denkfigur mehr, mit Hilfe deren man, wie noch *Feuerbach* und *Grolman* es getan hatten[197], die

---

194 *Puchta:* Inquisitions-Prozeß, S. 85. Vgl. auch *Möhl:* Ist es rechtmäßig usw.?, S. 230.

195 *Nöllner:* Entwurf Baden, S. 88.

196 *Zachariä:* Gebrechen und Reform, S. 140.

197 *Feuerbach:* Lehrbuch, § 623, S. 843; *Grolman:* Grundsätze, § 532, S. 812. Vgl. dazu oben S. 123f.

eigenartige Stellung des Inquirenten begrifflich zu erfassen suchte; sie wurde vielmehr als psychologische Realität empfunden, die den Richter in eine unzumutbar schwere, oft Menschenkraft überfordernde seelische Situation brachte und eine ernste Gefahr für die Objektivität seiner Entscheidungen darstellte[198]. Der Gedanke der logischen Vereinbarkeit der drei verschiedenen Prozeßfunktionen, der unausgesprochen *Feuerbachs* Äußerungen zugrunde gelegen hatte, man habe den Richter „im Untersuchungsprocesse als dreifache Person zu betrachten"[199], machte dem Bewußtsein ihrer menschlich-seelischen Unvereinbarkeit Platz. Die Erkenntnis, daß das Amt des Inquirenten an den Richter als Menschen nahezu unerfüllbare Anforderungen stellte, von ihm fast Übermenschliches verlangte[200], führte zu der Forderung, die Anklagefunktion von der Richterfunktion zu trennen und damit dem Richter zwischen Strafverfolgung und Verteidigung eine neutrale Stellung einzuräumen. „Der Richter", verlangte *Savigny* in seiner Denkschrift über die „Prinzipienfragen" der Strafprozeßreform[201], „muß in eine Stellung treten, in welcher zugleich seine Menschlichkeit so viel wie möglich vor der Gefahr geschützt ist, zu einem überwiegenden Interesse nach der einen oder anderen Richtung hin verleitet zu werden."

Wie der Anklagegrundsatz, so stand auch das Unmittelbarkeitsprinzip im Dienst des Gedankens, die persönlich-menschlichen Bedingungen der richterlichen Entscheidungstätigkeit umzugestalten. Die Idee der „Unmittelbarkeit" des Prozesses, von der her, wie gezeigt wurde, auch die Maximen der Mündlichkeit und Öffentlichkeit verstanden wurden, wies eine spezifische Beziehung zu den persönlichkeitsbezogenen Elementen des Richterspruchs auf. Jenseits des Bezirks formaler Logik sollte der Richter durch den unmittelbaren menschlichen Kontakt mit Angeklagten und Zeugen seelisch angeregt werden, einen lebendigen Eindruck empfangen und sich so eine echte

198 Vgl. insbesondere *Mittermaier:* Der deutsche Strafprozeß, S. 455; ders.: Mündlichkeit, S. 294 f; *Hepp:* Anklageschaft, S. 35 u. 57; *Molitor:* Erfahrungen, S. 25; *Köstlin:* Wendepunkt, S. 58 ff; *Savigny:* Staatsanwaltschaft, S. 584; *Puchta:* Inquisitions-Prozeß, S. 77 f, 122 ff; *Nöllner:* Entwurf Baden, S. 99 f; *Möhl:* Ist es rechtmäßig usw.?, S. 230; *Biener:* Vorschläge, S. 72; *Abegg:* Beiträge, S. 59 ff. Vgl. aus der neueren Literatur ferner *Elling:* Staatsanwaltschaft, S. 18 f; Eb. *Schmidt:* Lehrkommentar I, S. 197, Rn. 347; ders.: Staatsanwalt und Gericht, S. 275; *Hall:* Richter und Ankläger, S. 93 ff, 101.

199 Vgl. oben S. 188 Fn. 197.

200 Vgl. z. B. die Schilderung der Anforderungen an die Persönlichkeit des Inquirenten bei *Kitka:* Leitfaden für den Kriminal-Untersuchungsrichter, S. 27 ff, 44 ff.

201 *Savigny:* Staatsanwaltschaft, S. 584.

persönliche Überzeugung bilden können[202]. Deutlicher noch als in dem Anklagegrundsatz kam in dem Unmittelbarkeitsprinzip der Gedanke zum Ausdruck, daß die richterliche Entscheidung nicht lediglich eine formallogische Operation sei, sondern darüber hinaus Momente enthalte, die aus dem Menschentum des Richters stammten. Bedeutete das Anklageprinzip das Eingeständnis, daß der Richterspruch von psychischen Faktoren irrational-emotionalen Charakters mitgeprägt wurde, so wurden mit der Forderung nach „Unmittelbarkeit" die nicht-logischen Komponenten der richterlichen Entscheidung geradezu als notwendig und für eine zuverlässige Sachverhaltserforschung unentbehrlich anerkannt. Wenngleich diese Konsequenz nirgends ausdrücklich gezogen wurde und die rein formallogische Auffassung der Rechtsanwendung auch hier äußerlich unangetastet blieb, so stand doch hinter dem Unmittelbarkeitsprinzip unausgesprochen die Vorstellung, daß die prozessuale Tatsachenfeststellung nicht lediglich Sache des Verstandes, sondern zugleich Sache der Anschauung, des Gefühls, der Vorstellungskraft, des unmittelbaren Erlebens war, mithin die Aktivierung seelischer Potenzen voraussetzte, die nicht allein dem Teilbereich des Intellekts zugeordnet werden konnten, sondern nur der Persönlichkeit des Richters als ganzer.

cc) Die Wandlung der Richteridee, die im Verlauf der Reformbewegung zu beobachten war, hatte damit eine Phase erreicht, in der sich die Umrisse eines neuen, von dem Richterbild der Aufklärung grundlegend verschiedenen Richterideals deutlicher abzuzeichnen begannen. Mit der stillschweigenden Anerkennung einer inneren Beziehung zwischen Richterspruch und Richterpersönlichkeit hatte das Bild vom Richter etwas von der rationalistischen Abstraktheit verloren, die ihm seit *Montesquieu* anhaftete und zugleich etwas zurückgewonnen von der menschlich-persönlichen Färbung, die in der Zeit vor der Aufklärung den vielfach verschiedenen Vorstellungen von Wesen und Beruf des Richters ihren gemeinsamen Grundton gegeben hatte. Der Richter, bisher ein wesenloses Schemen und noch bei *Savigny* ein „seelenloses", auf den Intellekt reduziertes Vernunftwesen, war in seiner Menschlichkeit dem Rechtsdenken wieder zum Bewußtsein gekommen. Der einfache, im Grunde selbstverständliche und doch durch den entpersönlichenden Rationalismus der Aufklärung bisher auffällig verdeckt gebliebene Grundsachverhalt, daß auch der Richterspruch wie alles menschliche Denken und Handeln durch die Individualität des Richters geprägt wird und insofern bei allem Streben nach Objektivität und Allgemeingültigkeit ein unausscheidbar sub-

202 Vgl. *Zachariä:* Gebrechen und Reform, S. 83; *Mittermaier:* Mündlichkeit, S. 248 ff; *Abegg:* Beiträge, S. 86 ff; *Molitor:* Erfahrungen, S. 9 f; vgl. auch *von Wächter:* Beiträge zur Deutschen Geschichte, S. 80.

jektives Moment enthält[203], war in der Auseinandersetzung mit der psychologisch fragwürdigen Stellung des Richters im Inquisitionsverfahren wiederentdeckt worden und hatte zu der bemerkenswert neuartigen Forderung nach Änderung der menschlichen Bedingungen richterlicher Entscheidungstätigkeit geführt.

Freilich blieb dieser Sachverhalt in seinen Auswirkungen zunächst auf den engeren Bereich des Strafprozeßrechts beschränkt und änderte, insgesamt gesehen, wenig an der vorwiegend vom materiellen Recht her konzipierten herrschenden Idealvorstellung vom Richter, ja selbst auf dem Gebiet des Strafverfahrensrechts deckten sich die Folgerungen, die aus der neuen Richtervorstellung für die konkrete Ausgestaltung des Strafprozesses gezogen wurden, oft nur sehr wenig mit den ursprünglichen prozeßpsychologischen Intentionen der Reformbewegung. Das „Richterbild", das die Prozeßrechtswissenschaft des 19. Jahrhunderts bei ihrer Auseinandersetzung mit dem Inquisitionsprozeß geleitet und in den Postulaten „Anklageprinzip" und „Unmittelbarkeit" vorzugsweise seinen Ausdruck gefunden hatte, war aus der Kritik an den Mängeln des Untersuchungsverfahrens entstanden; die menschlich-psychologisch unzureichenden Bedingungen für eine vorurteilslos-unbefangene und gründlich-gewissenhafte Ausübung des Richteramts, die der Inquisitionsprozeß bot, hatten den Anstoß zur Reform des Strafverfahrens gegeben und zu der Forderung nach einer psychologisch sinnvollen, auf den Maximen „Anklage", „Mündlichkeit", „Öffentlichkeit" und „Unmittelbarkeit" aufgebauten Stellung des Richters geführt. Weitaus schwieriger als die Kritik an den bestehenden Verfahrensformen erwies sich jedoch die Aufgabe, über die Negation des Alten hinaus zu einer positiven Neugestaltung des Prozesses vorzudringen, die dieser Forderung gerecht wurde und die Fehler des Inquisitionsverfahrens vermied. Das „inquisitorische Prinzip" als solches aufzugeben und auf die bisherige amtliche Sachverhaltserforschung durch den Richter zu verzichten, um statt dessen die Sammlung des Prozeßstoffs der Initiative von Ankläger und Angeklagtem zu überlassen, dazu waren nämlich auch die fortschrittlichsten Kräfte unter den Reformern nicht bereit[204]. Eine derartige Ausgestaltung des Strafprozesses, die sich an das englische Verfahren hätte anlehnen können, erschien als unvereinbar mit dem allseits anerkannten Prozeßziel der „materiellen Wahr-

---

[203] Das hat damals z. B. *Möhl* betont (Ist es rechtmäßig usw.?, S. 230), der hervorhob: „Das Recht aber hinieden bleibt stets subjektiv bedingt, und die gute oder schlechte Beschaffenheit der Rechtspflege hängt von der guten oder schlechten Beschaffenheit der Gerichte ab."

[204] Vgl. dazu den Überblick über die verschiedenen Auffassungen im Reformschrifttum, den *Mittermaier:* Mündlichkeit, S. 13 ff, gibt.

heit"[205]. Bei aller Kritik am Inquisitionsprozeß erblickte man den unbestreitbaren Vorzug dieser Prozeßform gerade in der „sorgfältigen Ermittlung und Feststellung des Thatbestandes des Verbrechens"[206] durch den Richter, die ein durchgehend auf dem Anklageprinzip aufgebautes Verfahren nicht zu verbürgen schien. „Den Vorzug verdient jene Processform", bemerkte *Mittermaier*[207], „welche am meisten geeignet ist, den höchsten Grad von Wahrheit herzustellen; daher wird jede Gesetzgebung, die nach materieller Wahrheit strebt, dem inquisitorischen Princip in so ferne folgen, als die Untersuchung darauf berechnet wird, alle Materialien, die dazu dienen, über die Wahrheit der Anklage zu urtheilen, zu sammeln und auf die der Aufdeckung der Wahrheit am meisten günstige Weise zu benutzen." Andererseits hatte man jedoch die psychologischen Gefahren, mit denen die Stellung des Inquirenten belastet war, zur Genüge erkannt, um zu wissen, daß sein weitgehender Einfluß auf das erkennende Gericht möglichst auszuschalten sei. Sollte im übrigen das erstrebte prozeßpsychologische Ziel des „Anklageprinzips" nicht verfehlt werden, so durfte jedenfalls der Teil des Verfahrens, der dem erkennenden Gericht die Grundlagen für seine Entscheidung lieferte, nicht ausschließlich inquisitorisch ausgestaltet werden. In Anlehnung an das französische Prozeßrecht bildete sich so der Gedanke eines abgestuften Prozesses heraus, der Inquisitions- und Anklagegrundsatz miteinander vereinigen sollte: an ein untersuchungsrichterliches Vorverfahren, das auf dem Inquisitionsprinzip beruhte, sollte sich ein öffentlich-mündliches, auf dem Anklagegrundsatz aufgebautes Hauptverfahren vor dem erkennenden Richter anschließen[208]. Dabei bestand schon bald Übereinstimmung darüber, daß das akkusatorische Hauptverfahren nicht lediglich ein formales, sachlich bedeutungsloses „Schlußverfahren" nach Art des gemeinrechtlichen „endlichen Rechtstages" darstellen dürfe[209] — wie es *Feuerbach* für das bayerische Strafgesetzbuch vorgesehen hatte und wie es in anderer Form 1843/1845 in

---

[205] Vgl. statt vieler *Biener:* Beitrag, S. 425; ders.: Vorschläge, S. 71; *Zachariä:* Gebrechen und Reform, S. 181 u. pass.; Hepp in ZStrVerf N. F. Bd. 3 (1846), S. 153 ff (155 u. pass.); *Mittermaier:* Beweislehre, S. 63 ff; *Abegg:* Beiträge, S. 4 ff.

[206] *Zachariä:* Gebrechen und Reform, S. 181; vgl. ferner *Biener:* Vorschläge, S. 71; *Mittermaier:* Beweislehre, S. 29 ff.

[207] Beweislehre, S. 48.

[208] Vgl. *Zachariä:* Gebrechen und Reform, S. 224 ff; *Puchta:* Inquisitions-Prozeß, S. 122; *Nöllner:* Entwurf Baden, S. 100; *Mittermaier:* Mündlichkeit, S. 13 ff; *Hepp:* Anklageschaft, S. 40 f; abw. *Biener:* Vorschläge, S. 84 ff.

[209] Vgl. *Zachariä:* Gebrechen und Reform, S. 225 f; *Leue:* Anklageproceß, S. 69; *Molitor:* Erfahrungen, S. 19; vgl. auch Eb. *Schmidt:* Einführung, S. 329.

Württemberg und Baden eingeführt worden war[210] –, sondern vielmehr den entscheidenden Schwerpunkt und die für die Urteilsfällung allein maßgebliche Grundlage des Prozesses bilden müsse[211], um eine zuverlässige richterliche Überzeugungsbildung zu ermöglichen. „Das Vorverfahren", so grenzte *Zachariä* die beiden Prozeßstadien voneinander ab[212], „hat die Bestimmung, alle zur Urtheilsfällung dienlichen Materialien vorläufig zu sammeln, ihre Benutzung ... zu sichern und vorzubereiten und das Relevante von dem Irrelevanten auszuscheiden. Das durch die Ergebnisse des Vorverfahrens bedingte Hauptverfahren dagegen soll alle für die Urtheilsfällung relevanten Beweise, ihrem materiellen Gehalte nach und in gesetzlich bestimmter Form, zur unmittelbaren Erkenntniß der urtheilenden Richter bringen." In Preußen wurde 1846 durch das „Gesetz betreffend das Verfahren in den bei dem Kammergericht zu Berlin zu führenden Untersuchungen"[213] zum erstenmal der Versuch unternommen, dieser Forderung gerecht zu werden[214].

Trotz dieser grundsätzlichen Einigkeit über das Verhältnis von akkusatorischem Haupt- und inquisitorischem Vorverfahren blieb jedoch die Beziehung zwischen inquisitorischer Sachverhaltserforschung und Anklageprinzip problematisch. *Zachariä* nannte sie die „Hauptfrage" der gesamten Reform[215]. Die Vorstellung, daß das Vorverfahren vom inquisitorischen, das Hauptverfahren hingegen vom akkusatorischen Prinzip beherrscht werden sollte, beruhte im Prinzip auf dem Gedanken der Trennung zwischen Untersuchungs- und Sachentscheidungsfunktion. Sah man doch in der Beibehaltung des „inquisitorischen Prinzips" für das Vorverfahren etwas Bedenkliches eben deshalb nicht, weil das Vorverfahren seinem prozessualen Zweck gemäß nicht auf Sachentscheidung, auf Überführung oder Freisprechung des Beschuldigten gerichtet war, sondern nur auf die Gewinnung des für die Anklageerhebung notwendigen hinreichenden Tatverdachts abzielte[216]. Indessen führte man gerade diese Trennung zwischen untersuchender und entscheidender Gerichtstätigkeit, die

---

210 Zu *Feuerbach* vgl. *Thierfelder:* Feuerbach und die bayerische Strafprozeßgesetzgebung, S. 420 f; *Radbruch:* Feuerbach, S. 84. Zu der Regelung in Württemberg und Baden vgl. *Nöllner,* a. a. O., S. 86 ff, und ZStrVerf N. F. Bd. 2 (1844), S. 136 ff, 204 ff.

211 Eb. *Schmidt:* Einführung, S. 329.

212 a. a. O., S. 225.

213 GS 1846, S. 267 ff.

214 Vgl. dazu *Temme:* Das preußische Gesetz über das Untersuchungsverfahren usw., S. 243 ff; *Abegg:* Betrachtungen über das Gesetz betreffende das Verfahren usf., S. 103 ff, 155 ff; *Glaser:* Geschichtliche Grundlagen, S. 17.

215 Gebrechen und Reform, S. 225.

216 Vgl. o. S. 192 Fn. 209.

im gemeinrechtlichen Inquisitionsprozeß jedenfalls der Form nach eindeutig verwirklicht worden war[217], im reformierten Strafverfahren weder im Grundsatz klar noch im einzelnen folgerichtig durch. Durch die Aufspaltung des Prozesses in Vor- und Hauptverfahren wurde zwar der Inquirent – jetzt Untersuchungsrichter – auf reine Untersuchungstätigkeit beschränkt; insofern war das „inquisitorische Prinzip" eindeutig dem Vorverfahren zugeordnet. Weniger klar war indessen das Verhältnis des erkennenden Gerichts zum Akkusationsprinzip oder – anders gesagt – die Beziehung zwischen Anklagegrundsatz und Sachentscheidungsfunktion. Hier zeigte sich, daß das Prozeßrechtsdenken jener Zeit noch zu fest in der Vorstellungswelt des Inquisitionsprozesses verwurzelt war, als daß man zu einer neuartigen, logisch klaren und psychologisch befriedigenden Gestaltung des Hauptverfahrens hätte vordringen können. Zwar bestand nahezu völlige Einigkeit darüber, daß das Hauptverfahren im Gegensatz zum traditionellen Inquisitionsprozeß und zum neugestalteten Vorverfahren vom inquisitorischen Charakter befreit und vom Anklagegrundsatz beherrscht werden müsse[218], damit der erkennende Richter, von der psychologisch gefährlichen Strafverfolgungsfunktion entlastet, frei werde für eine innerlich unbefangene Würdigung des Prozeßstoffs. Die aus der Gedankenwelt des Inquisitionsverfahrens stammende, mit dem Prinzip der „materiellen Wahrheit" begründete Forderung, daß die Sammlung des Beweis- und Entlastungsmaterials nicht allein den Trägern des Anklagegrundsatzes – Staatsanwalt und Beschuldigtem – überlassen werden dürfe, sondern weiterhin auf richterlicher Amtsermittlung beruhen müsse, führte jedoch dazu, daß der Anklagegrundsatz diesen seinen materiellen Inhalt weitgehend verlor und zu einem rein formalen Prinzip verkümmerte. M. a. W.: Das „akkusatorische Prinzip", ursprünglich als materielles Wahrheitsermittlungsprinzip begriffen und als solches dem Inquisitionsgrundsatz gegenübergestellt, wurde in ein „Klageformprinzip"[219] umgedeutet, das eine gewisse materielle Inquisition neben der „Anklageschaft" begrifflich nicht ausschloß und dem erkennenden Richter die Ausübung amtlicher Sachverhaltsermittlung – unabhängig von Anträgen des Anklägers und des Angeklagten – auch innerhalb des

---

[217] Vgl. dazu oben S. 113 f.

[218] Vgl. statt vieler den Überblick bei *Mittermaier:* Mündlichkeit, S. 13 ff.

[219] Der Begriff „Klageformprinzip" (Offizialmaxime mit Klageform) stammt von *Beling:* Reichsstrafprozeßrecht, S. 32, 86, 358. Ähnliche Formulierungen tauchen aber schon im Reformschrifttum des 19. Jahrhunderts auf, zuerst wohl bei *Abegg:* Lehrbuch des gemeinen Criminal-Processes, § 148. Vgl. ferner *Abegg:* Beiträge, S. 50 („Form der Anklage"); *Hepp:* Anklageschaft, S. 40 („accusatorische Form"); *Mittermaier:* Mündlichkeit, S. 282 („Anklageform").

Anklageverfahrens ermöglichte[220]. Bei H. A. *Zachariä*, dem Prozessualisten des 19. Jahrhunderts, der die Gedanken der Reformbewegung wohl am klarsten formuliert hat und so zu ihrem verläßlichsten Zeugen geworden ist[221], tritt diese Umdeutung sichtbar hervor. Im logisch-begrifflichen Teil seiner Schrift über die „Gebrechen und die Reform des deutschen Strafverfahrens", wo er Akkusations- und Inquisitionsprinzip „konsequent", d. h. in rein begrifflicher, von der empirischen Wirklichkeit abstrahierter Reinheit, entwickelt, definiert er den materiellen Anklagegrundsatz[222]:

> „Das Wesen des accusatorischen Prinzips finden wir aber in der geordneten Verhandlung einer Sache zwischen zwei in freier, gleichberechtigter Stellung sich gegenüberstehenden Subjekten vor einer unpartheiischen, das Verfahren dirigirenden dritten Person, zu dem Zwecke, um eine auf vollständige und klare Anschauung der concreten Verhältnisse gegründete richterliche Entscheidung derselben über die in der Sache collidirenden Rechte zu erhalten."

Dieses Prinzip, so verstanden, wie hier definiert, hätte folgerichtig jedwede eigene Untersuchungstätigkeit des erkennenden Richters im Hauptverfahren ausschließen, ihn allein auf Verhandlungsleitung und Urteilsfindung beschränken und dazu führen müssen, daß die Ermittlungsinitiative den Prozeß„parteien" vorbehalten blieb. Diese Konsequenz, die letztlich – wie im altdeutschen Parteiprozeß – zu einer streng neutralen Stellung des Richters „außerhalb" des Verfahrens[223] geführt hätte, vermied *Zachariä* jedoch bewußt. Sie hätte der von ihm als Ideal empfundenen Verschmelzung des Akkusationsgrundsatzes mit dem Inquisitionsprinzip widersprochen. So erklärt er im Gegensatz zu seiner Definition des Akkusationsprinzips denn auch ausdrücklich[224]:

> „Nach dem accusatorischen Prinzipe legen die mit- oder gegeneinander verhandelnden Subjekte dem Richter ihre Beweise und Gegenbeweise, die sie zunächst selbst vorzubereiten und zu sammeln haben, zur Vermittlung eines unpartheiischen Urtheils in bestimmter Form vor. Der

---

220 Vgl. im einzelnen *Zachariä:* Gebrechen und Reform, S. 75/76; *Abegg:* Beiträge, S. 50; ders.: Betrachtungen über die Verordnung usw., S. 81/82; ders.: Über die Bedeutung des Strafrechtsprincips, S. 308 Anm. 18; *Hepp:* Anklageschaft, S. 40; *Nöllner:* Entwurf Baden, S. 99 f; *Möhl:* Ist es rechtmäßig usw., S. 233 ff; *Temme:* Über das accusatorische Prinzip, S. 106 f; *Mittermaier:* Mündlichkeit, S. 281 f u. pass.; *Geib:* Reform, S. 97; *Bluhme:* System, S. 88. Weitere Nachweisungen bei *Binding:* Strafprozeßprinzipien, S. 174/175, und *Glaser:* Handbuch I, S. 36 f.

221 Zur Bedeutung *Zachariäs* vgl. *Landsberg:* Geschichte, III/2, S. 658 ff (Text); Eb. *Schmidt:* Einführung, S. 291 ff.

222 *Zachariä:* Gebrechen und Reform, S. 53.

223 Vgl. oben S. 107 f.

224 *Zachariä:* Gebrechen und Reform, S. 75/76.

Richter ist zwar nicht berufen, neue Beweise selbstthätig zum Vortheil der einen oder anderen Parthei aufzusuchen; da von ihm aber ein erschöpfendes, der Natur des Gegenstandes der Verhandlung entsprechendes Urtheil verlangt wird, so muß er das Recht und die Pflicht haben, Alles zu thun, was notwendig ist, um das eigene Urtheil über die vorgelegten Beweise aufzuklären. Diesen Beruf hat ja das richterliche Officium selbst im Civilverfahren; um wie viel mehr im Strafproceß, wo das Streben nach materieller Wahrheit dem Richteramt notwendig erweiterte Befugnisse zugestehen muß."

Was *Zachariä* hier aus der „Natur des Gegenstandes", dem „richterlichen Officium" und dem Prinzip der „materiellen Wahrheit" folgerte, war aber der Sache nach nichts anderes als das Inquisitionsprinzip in akkusatorischer Form. Mit Recht hat schon *Köstlin* die Deduktion *Zachariäs* kritisiert[225]: „Wem würde nicht diese gezwungene Umgehung des einzigen Begriffs, der hier am Platze wäre, auffallen? Was anders ist denn das ‚Mehr', das dem Richter im Strafprozeß gegenüber dem bürgerlichen Richter nach dem Grundsatz der Erforschung der materiellen Wahrheit obliegt, als eben die Handlung dessen, was man im allgemeinen das Untersuchungsprinzip nennt?" Im praktischen Teil seiner Reformschrift beschränkte *Zachariä* denn auch seine Forderung nach Einführung des „accusatorischen Prinzips" auf das rein formal-organisatorische Postulat[226]:

„Grundlage des Hauptverfahrens muß das accusatorische Prinzip bilden, und daher muß jedenfalls im Hauptverfahren ein besonderes, zur Vertretung der Anklage bestimmtes Organ vorhanden sein, welches dem Angeklagten und seinem Vertheidiger gegenüber die zur Begründung der Anklage erforderlichen Beweise vorlegt und ihre Bedeutung entwickelt, auch die Einwendungen der Gegenseite zu widerlegen sucht und seine Anträge hiernach formirt."

Hier war von dem materiellen Inhalt des Anklagegrundsatzes, den *Zachariä* anfangs definiert hatte, nichts mehr zu spüren; vielmehr wurde das Anklageprinzip lediglich organisatorisch – als Formprinzip – in dem Sinne verstanden, daß für den formalen Akt der Anklage und ihre weitere Durchführung ein besonderes Organ vorhanden sein müsse, während der Grundsatz materieller richterlicher Inquisition dadurch nicht berührt wurde. Der erkennende Richter konnte, ja sollte zugleich Inquirent insoweit sein, als er aus eigener Initiative, ohne Bindung an das Vorbringen und die Anträge der „Parteien" die materielle Wahrheit zu erforschen habe; er war nicht bloß auf die Urteilsfindung und die Überwachung der Verfahrensregeln beschränkt.

---

225 Vgl. *Köstlin:* Wendepunkt, S. 52. Zur Kritik an der Prinzipienlehre *Zachariäs* vgl. auch *Temme:* Über das accusatorische Prinzip, S. 98 ff; *Westhoff:* Grundlagen, S. 15/16.

226 *Zachariä:* Gebrechen und Reform, S. 244, 245.

Was *Zachariä* – und mit ihm die große Mehrheit aller Reformer[227] – erstrebte, war also in Wahrheit, wie es *Planck* formulierte[228], ein „Untersuchungsprozeß mit akkusatorischen Beigaben", ein Inquisitionsverfahren in Anklageform. Diese Idee war es, die sich durchsetzte, als nach dem „Wendepunkt des deutschen Strafverfahrens", dem Revolutionsjahr 1848, in fast allen deutschen Staaten neue Strafprozeßordnungen ergingen, die, angeführt von der „Preußischen Verordnung vom 3. Januar 1849 über die Einführung des mündlichen und öffentlichen Verfahrens mit Geschworenen in Untersuchungssachen", das Hauptverfahren „akkusatorisch" ausgestalteten[229]. Nicht ohne

---

227 Aus der Vielzahl der Autoren, die im Anklagegrundsatz wie *Zachariä* ein bloßes Formprinzip sahen, das den Inquisitionsgrundsatz im materiellen Sinne unberührt lasse, seien hier erwähnt: *Nöllner:* Entwurf Baden, S. 99, 100; *Temme:* Über das accusatorische Prinzip, S. 106 f, der sehr deutlich zum Ausdruck bringt, daß es bei dem Anklageprinzip im wesentlichen um die Form des Verfahrens gehe; *Hepp:* Anklageschaft, S. 40: „Von diesem richtigen Gesichtspunkte, d. h. der Gewinnung eines Inquisitionsprozesses in möglichst akkusatorischer Form, sollten wir auch jetzt ausgehen ... Zu diesem Behuf wäre bis zur Beendigung der Voruntersuchung (Generalinquisition) ganz wie nach dem bestehenden Rechte von den Untersuchungsgerichten zu verfahren, dann aber, d. h. wenn jene in Spezialinquisition übergehen soll, sollte das inquisitorische Verfahren eine mehr akkusatorische Form annehmen ..."; *Mittermaier:* Mündlichkeit, S. 281 ff; *Geib:* Reform, S. 97; *Savigny:* Staatsanwaltschaft, S. 583; *Abegg:* Beiträge, S. 50: „Ich nehme keinen Anstand, ... die Form der Anklage und die contradictorischen Verhandlungen des Anklägers und des in den Anklagestand Versetzten unter Leitung des urtheilenden Gerichts ... als eine Forderung anzuerkennen, deren Erfüllung mit den Grundsätzen unseres einheimischen Prozesses durchaus nicht in Widerspruch steht"; ders.: Zur Verordnung usw., S. 117/118: „... daß durch die Einführung der Form des Anklageprozesses mit contradictorischer Verhandlung in dem Hauptverfahren zunächst das dem Strafverfahren wesentliche Princip – welches wir als das der Untersuchung von Amts wegen bezeichnen – nicht aufgehoben sey ..."; *Bluhme:* System, S. 88; *Biener:* Abhandlungen, 2. Heft, S. 89 ff; ders.: Beitrag, S. 425 f, 427: Wenn man die Bezeichnung „Anklageprozeß" gebrauche, so „sollte weiter nichts damit gesagt sein, als daß die Form eines Anklageverfahrens eingeführt worden ist"; *Walther:* Rechtsmittel, Bd. I, S. XV, XVI; *von Tippelskirch:* Beiträge, S. 27 u. pass.

228 Systematische Darstellung, S. 157.

229 Die preußische VO vgl. in GS 1849, S. 14 ff. § 1 lautete: „Die Gerichte sollen bei Einleitung und Führung der Untersuchungen wegen einer Gesetzesübertretung nicht ferner von Amts wegen, sondern nur auf erhobene Anklage einschreiten." Vgl. zu dieser VO *Abegg:* Zur Verordnung usw., S. 163 ff. Über die Gesetzgebung in den übrigen deutschen Staaten vgl. die Übersicht bei *Bluhme:* Quellen und Literatur des in Deutschland geltenden Strafprozeßrechts, S. 15 ff.

innere Berechtigung konnte daher *Dieterici*[230] im Jahre 1854 das preußische Strafverfahren, das auf der Grundlage der genannten Verordnung durch das Gesetz vom 3. Mai 1852 seine endgültige Form erhalten hatte, als modifizierten Inquisitionsprozeß bezeichnen, eine Auffassung, mit der er im übrigen nicht allein stand[231].

Die weitgehende Formalisierung des ursprünglich materiell verstandenen Anklageprinzips – die die Frage, ob das reformierte Strafverfahren auf dem Anklage- oder dem Inquisitionsgrundsatz beruhe, praktisch zu einem bloß terminologischen Streitpunkt werden ließ – hatte für die prozeßrechtliche Stellung des erkennenden Richters zwangsläufig erhebliche Folgen. Wenn sich auch der prozeßpsychologische Vorzug nicht leugnen ließ, der gegenüber dem Inquisitionsverfahren alten Stils darin lag, daß nunmehr für die Erhebung und Durchführung der Anklage ein besonderes, von dem Richter funktionell verschiedenes Organ zur Verfügung stand[232], so führte doch gerade die formal-organisatorische Deutung des Anklagegrundsatzes dazu, daß man den Gedanken der „Reinerhaltung" des Richteramts, der Ausgangspunkt der Reformbewegung gewesen war, nicht mehr folgerichtig durchführte und die Stellung des erkennenden Richters weiterhin mit Aufgaben belastete, die der Sache nach „inquisitorischer" Natur waren. Das Anklageprinzip im materiellen Sinne hätte den Richter in der Hauptverhandlung von Strafverfolgungsaufgaben freigestellt, eine Konsequenz, auf die damals schon *Dieterici* hingewiesen hat. Im echten Akkusationsprozeß, führte er aus, sei der Richter passiv, stehe zwischen und über den Parteien: „Der Richter ist weder mit Erhebung der Beweise, noch mit einem Verhöre des Angeklagten befaßt, sondern, wie im Civilprozeß, indifferent in die Mitte gestellt. Er läßt vor sich verhandeln und wahrt nur die Regeln und Formen, nach welchen dieses geschehen soll[233]." Der formalisierte Anklagegrundsatz hingegen, wie ihn die Reformbewegung verstand, nötigte nicht zu dieser Folgerung, zwang nicht dazu, dem erkennenden Richter eine von Untersuchungsaufgaben freie Prozeßstellung zu-

---

[230] Anklage- oder Untersuchungs-Prozeß?, in: GA Bd. 2 (1854), S. 501 ff (505); vgl. dens.: Die Gewalten des Strafprozesses, in: GA Bd. 4 (1856), S. 189 ff. Über weitere Autoren, die das reformierte Verfahren als Untersuchungsprozeß ansahen, vgl. unten Fn. 231.

[231] Vgl. ferner *Schwark:* Über den kgl. Sächsischen Entwurf zu einer Strafprozeßordnung, S. 663; *Goltdammer:* Über die Stellung des vorsitzenden Richters, S. 336; *Küssner:* Über Beweislast und Präsumtionen im Preußischen Strafverfahren, S. 34; *Sundelin:* Berechtigung und Bedeutung des Verhörs, S. 624 ff.

[232] Vgl. schon *Abegg:* Zur Verordnung usw., S. 179, der darauf hinweist, daß die richterliche Untersuchung nunmehr „unbefangener stattfinde". Vgl. ferner Eb. *Schmidt:* Lehrkommentar I, S. 197, Rz. 347 m. w. H. in Anm. 45.

[233] *Dieterici:* Anklage- oder Untersuchungs-Prozeß?, S. 505.

zuweisen, in der er „blos zuschauend und auf Selbstthätigkeit verzichtend“[234], in strenger Unparteilichkeit die Einhaltung der Verfahrensregeln zu überwachen und die Entscheidung auf Grund des von den Parteien unterbreiteten Materials zu finden hatte; das Klageformprinzip ermöglichte es vielmehr, ja verlangte es geradezu, daß dem erkennenden Gericht als Organ amtlicher Wahrheitserforschung alle zur Ausübung dieser Tätigkeit erforderlichen Mittel zur Verfügung gestellt wurden und die Befugnis zustand, von Amts wegen Zeugen zu laden und andere Beweismittel zu beschaffen, den Angeklagten zu verhören und die Zeugen zu befragen sowie die gesamte Verhandlung zu leiten[235]. Der erkennende Richter wurde neben dem Untersuchungsrichter und dem Staatsanwalt zum Inquisitionsorgan, das auf Grund seiner umfassenden Verpflichtung zur Erforschung der materiellen Wahrheit einen Teil der Untersuchungsaufgaben mitübernahm, die früher der Inquirent wahrgenommen hatte. Aus diesem Grunde mußten die in der Diskussion um die Strafprozeßreform vereinzelt gemachten Vorschläge, dem Richter in der Hauptverhandlung eine rein passive und streng neutrale, auf formelle Verhandlungsleitung und Sachentscheidung beschränkte Stellung zu geben, auf Ablehnung stoßen[236]. Setzten sie doch, über das Klageformprinzip hinaus, die Rezeption des echten Anklagegrundsatzes nach dem Vorbild des englischen Systems und des altdeutschen Rechts voraus, die man jedoch mit dem Prinzip der materiellen Wahrheit nicht glaubte vereinbaren zu können.

Mit dieser Konzeption geriet die Reformbewegung jedoch in Gefahr, einen der wesentlichen Grundgedanken der Strafprozeßerneuerung: die Entlastung des erkennenden Richters von Strafverfolgungsaufgaben durch Trennung von Untersuchungs- und Entscheidungsfunktion, schrittweise wieder aufzugeben und damit ihrem prozeßpsychologischen Grundanliegen untreu zu werden. Blieb doch das ursprüngliche Ziel der Reform, die in der Person des Inquirenten vereinigten Funktionen „Anklagen, Verteidigen, Richten“ klar voneinander zu sondern, letztlich unverwirklicht, solange dem erkennenden Gericht in bloß formaler Durchführung des Anklageprinzips zwar organisatorisch ein besonderes Strafverfolgungsorgan gegenübergestellt, funktionell aber eine Tätigkeit übertragen wurde, die der Sache

---

234 *Abegg:* Über die Bedeutung des Strafrechtsprincips, S. 308, Anm. 18.

235 *Dieterici,* a. a. O., S. 505. Vgl. dazu allgemein die oben S. 195 Fn. 220 angeführte Literatur.

236 Vgl. über diese Bestrebungen besonders *Mittermaier:* Über den Zustand der Strafproceßordnung in Deutschland, S. 549 ff. Vorschläge in dieser Richtung gingen u. a. von *Mittermaier:* Mündlichkeit, S. 308, und *Glaser:* Über die Vernehmung des Angeklagten, S. 407 ff, aus. Daneben gab es vor allem in Frankfurt Bestrebungen, den deutschen Strafprozeß als echtes Parteiverfahren auszugestalten. Darüber *Mittermaier:* Über den Zustand der Strafproceßordnung in Deutschland, S. 551 ff.

nach Strafverfolgung war. Wenn *Abegg* sagte[237]: „Die Trennung der Funktionen, die Vertheilung der Thätigkeiten, die sonst bei dem von Amts wegen einzuleitenden Untersuchungsverfahren lediglich dem Gericht zugestanden, ist eine längst gewünschte Verbesserung, aber sie ändert nichts an der Pflicht des Gerichts, eine sorgfältige Prüfung zu veranstalten, die schon immer immer bestand", so bedeutete diese Formulierung nichts anderes als das Eingeständnis, daß die erstrebte Funktionentrennung um des Grundsatzes materieller Wahrheitserforschung willen nicht konsequent verwirklicht werden solle. Damit wurde aber zugleich auf die Verwirklichung auch der richterpsychologischen Intentionen, die mit dem Gedanken der Funktionentrennung verbunden waren, teilweise verzichtet. Den psychologischen Gesichtspunkten glaubte man vielmehr schon durch die akkusatorische Form des Hauptverfahrens gerecht werden zu können, während eine materielle Trennung zwischen Untersuchungs- und Entscheidungsaufgaben und eine ihr entsprechende Entlastung des erkennenden Gerichts von strafverfolgender Tätigkeit als Widerspruch zu dem Prinzip materieller Wahrheitsermittlung empfunden wurde.

dd) Theoretisch hätte sich nun die Möglichkeit geboten, den Gedanken der Trennung von Ermittlungs- und Entscheidungsfunktion zu verwirklichen, ohne zugleich die Inquisitionsmaxime aufzugeben. Historisch gesehen lag es nahe, für die dem Richter in der Hauptverhandlung obliegenden Untersuchungsaufgaben ein besonderes, vom erkennenden Gericht getrenntes richterliches Organ zu schaffen, ihm die Vernehmung der Zeugen, das Verhör des Angeklagten sowie die gesamte Prozeß- und Sachleitung zu übertragen, es indessen von der Mitwirkung an der Entscheidung auszuschließen. Die Institution eines solchen „Verhandlungsleiters"[238] hätte wesentliche Vorzüge der Untersuchungsmaxime mit den Vorteilen des Akkusationsprinzips im materiellen Sinne verbunden: Sicherung „parteiunabhängiger" Wahrheitsermittlung durch den Richter und zugleich strenge Neutralität des Richters infolge Trennung von Ermittlung und Entscheidung.

Ein Vorbild für eine derartige Ausgestaltung des Richteramts war historisch in der deutschrechtlichen Trennung zwischen „Richter" und „Urteilern" gegeben[239]. Sie hätte lediglich einer prozeßpsychologischen Umdeutung bedurft, die indessen um so leichter zu vollziehen war,

---

[237] Zur Verordnung usf., S. 179.

[238] Vgl. dazu u. S. 201 Fn. 243.

[239] Darauf hat besonders *Oetker:* Ein Vorschlag zur Verbesserung des Schwurgerichts, S. 325, und: Schwurgerichte und Schöffengerichte, S. 226 f, hingewiesen. Vgl. auch *Beling:* Reichsstrafprozeßrecht, S. 59 Anm. 1, und Strafprozeßgesetzgebung und energetischer Imperativ, S. 269. Über die deutschrechtliche Scheidung von Richter und Urteilern allgemein vgl. o. S. 85 Fn. 272, 273, S. 108 Fn. 406, 409, 410.

als das deutsche Rechtsdenken mit jener Trennung schon seit langem auch den Gedanken der Sicherung vor hoheitlicher Willkür verbunden und somit das archaisch-charismatische Rechtsfindungsprinzip, das ihr ursprünglich zugrunde lag, bereits in prozeßpsychologischem Sinne modifiziert hatte: der altgermanische Rechtsgedanke, daß Rechtsfindung ein Akt spezifischer „Rechtsweisheit" sei, die bei dem „Richter" als Amtsträger im Gegensatz zu den „Urteilern" als Repräsentanten des kollektiven Rechtsbewußtseins nicht vorausgesetzt werden könne[240], war seit der Rezeptionszeit durch die Vorstellung überlagert worden, daß der Vorgang der Urteilsfindung eine leidenschaftslose, besonnen abwägende, seelisch ausgeglichene Haltung verlange, die durch die Ausübung von Amts- und Befehlsgewalt, wie sie dem Richter als Verhandlungsleiter oblag, gefährdet werden könne[241]. Insofern enthielt die ursprünglich charismatische Scheidung zwischen „Richter" und „Urteilern" zugleich eine richterpsychologische Grunderfahrung, die wohl dazu beigetragen hat, daß sich die Trennung zwischen Verhandlungsleitung und Urteilsfindung teilweise bis in das 19. Jahrhundert hinein erhalten konnte[242].

Daß trotz des stark historisch ausgerichteten Prozeßrechtsdenkens der damaligen Zeit Vorschläge in dieser Richtung nicht gemacht wurden[243], ist um so erstaunlicher[244], als damals für den Grundsatz:

---

[240] Vgl. dazu vor allem Max *Weber:* Wirtschaft und Gesellschaft, S. 407: „Der Richter, der das Gericht kraft seines Amtes beruft und hegt, konnte gar nicht in den Bereich der Rechtsfindung eingreifen, weil nach charismatischer Rechtsauffassung ihm sein Amt eben nicht auch den Verstand: das Charisma der Rechtsweisheit gab." Vgl. ferner *Zachariä:* Schöffenverfassung, S. 117: dem „Richter" kam nach altdeutscher Rechtsauffassung regelmäßig keine „Rechtsweisheit" zu; *Planck:* Gerichtsverfahren I, S. 87: Der Richter war „nicht befugt, sein eigenes Wissen vom Recht den Beteiligten aufzudrängen". Vgl. auch die kennzeichnende Stelle im Dsp. 77, § 5.

[241] Vgl. dazu die S. 108 Fn. 409, 410 angeführte Literatur.

[242] Vgl. *Smend:* Reichskammergericht I, S. 244, 251 f, 261 f; *Lenel:* Scheidung von Richtern und Urteilern, S. 442 445, 446 f; *Stölzel:* Entwicklung des gelehrten Richtertums, Bd. I, S. 160 ff.

[243] Die altdeutsche Funktionentrennung zwischen „Richten" und „Urteilen" wurde zwar viel beschrieben, jedoch als mögliches Vorbild für die Ausgestaltung des Richteramts im reformierten Strafprozeß auch da nicht berücksichtigt, wo es der Zusammenhang nahe legte. Vgl. z. B. Georg *von Beseler:* Volksrecht und Juristenrecht, Leipzig 1843, S. 246 ff (s. dazu *Oetker:* Vorschlag zur Verbesserung des Schwurgerichts, S. 325 Anm. 1); auch *Zachariä:* Schöffenverfassung, S. 114, der sich mit dem rechtspolitischen Wert der altdeutschen Gerichtsverfassung beschäftigte, ging darauf nicht ein. Dasselbe gilt für die Abhandlung *Bieners:* Vorschläge, S. 69 ff, in der sich der Verfasser bemühte, unter historischen Gesichtspunkten eine Reform des bestehenden Strafverfahrens durchzuführen. Viel erörtert wurde indessen das Problem, inwieweit Beziehungen zwischen der

Unabhängigkeit der Urteilsfindung von Untersuchung und Verhandlungsleitung nicht nur ein geschichtlicher Anknüpfungspunkt, sondern auch ein praktisches Beispiel im Strafprozeßrecht vorhanden war. So hatte nach dem – durch Gesetz vom 3. April 1845 geregelten – preußischen Militärstrafverfahrensrecht das amtliche richterliche Untersuchungsorgan, der „Auditeur", dem Gericht zwar das in der Untersuchung gewonnene Material zu unterbreiten, durfte indessen bei der Urteilsgewinnung nicht mitwirken[245]. Den prozeßpsychologischen Wert dieser Regelung erkannte die Reformbewegung jedoch ebensowenig wie die Bedeutung, die der altdeutschen Sonderung von „Richter" und „Urteilern" im Hinblick auf die psychologische Situation des erkennenden Richters zukam. Dabei war der Gedanke, daß durch

---

Richter-Urteiler-Trennung des germanischen Rechts und der Richter-Jury-Trennung im Geschworenengericht vorhanden seien. Vgl. etwa *Savigny:* Geschichte, Bd. I, S. 216; *Grimm:* Deutsche Rechtsaltertümer, 3. Ausg. Göttingen 1881, S. 785. – Der Vorschlag, in Wiederanknüpfung an die – durch die Rezeption des römischen Rechts größtenteils beseitigte – deutschrechtliche Scheidung von „Richter" und „Urteilern" aus prozeßpsychologischen Gründen einen verhandlungsleitenden (und sachleitenden), an der Urteilsberatung und -beschließung aber unbeteiligten Richter in das Strafverfahren einzuführen, ist erstmals 1905 von *Oetker* gemacht worden (Ein Vorschlag zur Verbesserung des Schwurgerichts, S. 325, 326). Seitdem wurde er im Zusammenhang mit dem Ziel, den erkennenden Richter von Strafverfolgungsaufgaben zu befreien, verschiedentlich wiederholt. Vgl. *Sonnenfeld:* Zur Reform unserer Gerichtsorganisation, S. 1/2; nochmals *Oetker:* Schwurgerichte und Schöffengerichte, S. 226 f; *Beling:* Strafprozeßgesetzgebung und energetischer Imperativ, S. 269; *Drucker:* Laien allein, S. 1673 f. *Alsberg* hat ihn in seinem Gutachten für den 35. Deutschen Juristentag befürwortet (Gutachten, S. 447 f), *Drucker* hat ihn 1930 lebhaft unterstützt (Mitt. d. IKV N. F. Bd. 4, S. 140 f). – Im Anschluß an die Ausführungen *Druckers* hat dann Eb. *Schmidt* den Vorschlag *Oetkers,* den er in: Staatsanwalt und Gericht, S. 302, schon gestreift hatte, 1958 wieder aufgegriffen. Vgl.: Probleme der Struktur des Strafverfahrens, S. 21. Zustimmend A. *Arndt:* Grundfragen einer Reform der deutschen Justiz, S. 204; *von Stackelberg:* Der Anwalt im Strafprozeß, S. 311 ff; ders.: Zur Reform des Strafprozeßrechts, S. 186; U. *Stock:* Zur Frage der Übernahme angloamerikanischer Strafprozeßgrundsätze, S. 325; *Weinkauff* in: AnwBl. 1959, S. 210. Kritisch zu dem Vorschlag Eb. *Schmidts Ruscherweyh:* Herrschaft des Richters oder der Anwälte im deutschen Strafprozeß?, S. 283; *Amelunxen:* Die Stellung des Richters im künftigen Strafprozeß, S. 188; J. *Meyer:* Dialektik im Strafprozeß, Tübingen 1965, S. 58. Vgl. zu dem Problemkreis zuletzt Eb. *Schmidt:* Anklageerhebung, Eröffnungsbeschluß usw., S. 1088; *Grünhut:* Bedeutung englischer Verfahrensformen, S. 360 f; Hans *Dahs:* Reform der Hauptverhandlung, in: Aktuelle Rechtsprobleme, Festschrift für Hubert *Schorn,* Frankfurt 1966, S. 14 ff (39 ff).

[244] Vgl. *Oetker:* Vorschlag zur Verbesserung des Schwurgerichts, S. 325.

[245] Vgl. *Oetker:* Vorschlag zur Verbesserung des Schwurgerichts, S. 325 f.

Beschränkung auf reine Entscheidungstätigkeit die Objektivität und Unbefangenheit des Richters gefördert werde, auch der Prozeßdogmatik der damaligen Zeit nicht unbekannt[246]. Sah man doch den Grund für die förmliche Trennung zwischen Inquirentem und Spruchkollegium, die sich im Inquisitionsverfahren seit dem 16. Jahrhundert herausgebildet hatte[247], in dem Bestreben der Gerichtspraxis und Gesetzgebung, einen nicht mit Untersuchungsaufgaben belasteten und deshalb „unvoreingenommenen" Richter zu gewinnen[248], „der vom Inquirenten als dem zugleich in der Rolle des Anklägers fungirenden Proceß-Subjecte verschieden sey"[249]. *Biener* sah in dieser Sonderung von untersuchendem und erkennendem Richter einen der wesentlichen Vorzüge des Inquisitionsprozesses[250]; *Zachariä* erblickte darin sogar eine Modifikation des Inquisitionsverfahrens in Richtung auf das „akkusatorische Prinzip"[251]. Indessen war das Prinzip der Trennung zwischen untersuchendem und erkennendem Richter im Bewußtsein der Zeit zu sehr mit den Vorstellungen der „Schriftlichkeit" und „Mittelbarkeit" verbunden, als daß man es von dem Inquisitionsprozeß alten Stils hätte isolieren und in das reformierte Verfahren übernehmen können. Trennung von Untersuchungs- und Erkenntnisorgan im Strafverfahren – dieser Grundsatz habe, so glaubte man, die „Aufhebung der Unmittelbarkeit" zur zwingenden Folge[252] und führe zwangsläufig zu einem Rückfall in den mittelbaren und schriftlichen Inquisitionsprozeß; umgekehrt schien „Unmittelbarkeit" nur möglich zu sein in Verbindung mit einer Vereinigung von Untersuchungs- und Entscheidungstätigkeit in der Hand des erkennenden Richters[253]. So wurde, sofern man überhaupt darauf einging, die Trennung beider Funktionen und ihre Verteilung auf verschiedene richterliche Organe für das reformierte Strafverfahren abgelehnt, eine Auffassung, die man außer mit dem Hinweis auf die nachteiligen Folgen, zu denen jene Trennung im Inquisitionsprozeß geführt habe, mitunter mit der Erwägung begründete, daß „Untersuchung" und „Beurteilung" denknotwendig zusammengehörten und untrenn-

---

[246] Diesen Gesichtspunkt hat schon *von Stemann* in seinem Gutachten für den 11. Deutschen Juristentag, S. 16, hervorgehoben.

[247] Vgl. o. S. 114 m. Fn. 439, 441.

[248] *Mittermaier:* Strafverfahren I, § 37.

[249] *Zachariä:* Gebrechen und Reform, S. 157.

[250] *Biener:* Vorschläge, S. 71.

[251] *Zachariä:* Gebrechen und Reform, S. 157.

[252] Vgl. insbesondere *Zachariä:* Gebrechen und Reform, S. 157; ferner *Hepp:* Anklageschaft, S. 112. Außer ihnen gingen ersichtlich nur noch *Biener:* Vorschläge, S. 69 ff, und *Abegg:* Zur Verordnung usw., S. 165 f, auf diese Frage ein.

[253] Vgl. o. Fn. 252.

bare geistige Vorgänge seien[254]. Bei dieser Einstellung konnte es der Reformbewegung nicht gelingen, den Gedanken der Sonderung von untersuchendem und erkennendem Richter, den man – ähnlich wie die Neutralität des Richters im „echten" Akkusationsprozeß[255] – im Grunde als prozeßpsychologisch wertvoll anerkannte, von der konkreten Prozeßform, der er zugrunde lag, zu abstrahieren[256] und ihn in schöpferischer Freiheit für die Grundidee der Strafprozeßerneuerung, die „Reinerhaltung" des Richteramts von Strafverfolgungselementen, fruchtbar zu machen. Die Möglichkeit dazu, die in einer Wiederanknüpfung an die deutschrechtliche Scheidung von „Richten" und „Urteilen" lag, wurde so weder erkannt noch genutzt. Es blieb vielmehr bei der im Klageformprinzip angelegten Verbindung von Untersuchungs- und Entscheidungsfunktion.

Im Ergebnis wurde damit der ursprüngliche Plan der Reformbewegung, die „Aufspaltung" der Inquirentenstellung in strafverfolgende und echt richterliche Funktionen, nicht folgerichtig durchgeführt und so auch das prozeßpsychologische Leitbild der Reformer, die Befreiung des Richters von der Rolle des Anklägers, nur annäherungsweise verwirklicht. Organisatorisch waren „Ankläger" und „Richter" zwar jetzt nicht mehr identisch, inhaltlich jedoch wurde eine dieser organisatorischen Aufgliederung funktionell entsprechende Sonderung zwischen untersuchender und entscheidender Tätigkeit nicht vorgenommen, so daß der erkennende Richter der Sache nach weitgehend die Rolle des früheren Inquirenten übernahm[257].

b) Fortsetzung: Die Stellung des Richters im reformierten Strafprozeß

aa) Die Koinzidenz von inquisitorischer Sachverhaltserforschung und richterlicher Sachentscheidung, die somit als deutliches Relikt des Inquisitionsverfahrens in den reformierten Strafprozeß hineinragte, prägte entscheidend die Stellung des Richters im Ganzen des Verfahrensaufbaus. Mit den inquisitorischen „Schlacken"[258], die das refor-

---

[254] So besonders *Abegg:* Zur Verordnung usw., S. 165/166. Vgl. auch *Zachariä:* Gebrechen und Reform, S. 166 f u. p.

[255] Vgl. folgende Äußerungen über den Wert des Parteiprozesses für die Stellung des Richters: *Mittermaier:* Mündlichkeit, S. 308; *Dieterici:* Anklage- oder Untersuchungs-Prozeß?, S. 582; *Goltdammer:* Über die Stellung des vorsitzenden Richters, S. 177/178 u. bes. S. 341.

[256] Über die Möglichkeit und Notwendigkeit einer derartigen Abstrahierung vgl. neuerdings *Grünhut:* Bedeutung englischer Verfahrensformen, S. 356.

[257] Vgl. dazu *Planck:* Systematische Darstellung, S. 156; *Temme:* Das preußische Gesetz über das Untersuchungsverfahren, S. 357; *Goltdammer:* Über die Stellung des vorsitzenden Richters, S. 337, 342.

[258] Vgl. *Graf zu Dohna:* Gutachten, S. 135.

mierte Strafverfahren infolge der Beibehaltung des Untersuchungsgrundsatzes und der mangelnden Trennung von Strafverfolgungs- und Entscheidungsfunktion enthielt, wurden zugleich auch bedenkliche psychologische „Inkompatibilitäten“[259] in den neuen Strafprozeß mitübernommen: das erkennende Gericht wurde außer mit der Urteilsfindung mit Aufgaben inquisitorischen Charakters befaßt, die eine unbefangene, vorurteilsfreie Entscheidung erschwerten, ja ernsthaft gefährdeten. Derartige psychologische Belastungen ergaben sich an allen Punkten des Verfahrensablaufs, an denen der Mangel einer klaren Trennung zwischen Untersuchungs- und Entscheidungsfunktion in Erscheinung trat. Überall dort bestand die Gefahr, daß „inquisitorische“, auf Strafverfolgung gerichtete Erwägungen Haltung und Denken des erkennenden Gerichts beeinflußten, sich auf die Urteilsfindung auswirkten und so die Sachentscheidung innerlich verfälschten. Betrachtet man das preußische Strafverfahren von 1849/52 — das in vieler Hinsicht als repräsentativ für den Geist des reformierten Strafprozesses der Mitte des 19. Jahrhunderts gelten kann[260] —, so läßt sich feststellen, daß diese Gefahr in mehrfacher Hinsicht gegeben war.

Schon zu Beginn des Hauptverfahrens hatte sich das Gericht eingehend mit den Ergebnissen des staatsanwaltschaftlichen Ermittlungsverfahrens, bzw. der untersuchungsrichterlichen Voruntersuchung, auseinanderzusetzen und darüber zu befinden. Nach französischem Vorbild[261] hatte der Gesetzgeber zwischen Vor- und Hauptverfahren ein Zwischenverfahren eingeschoben, in dem über die „förmliche Eröffnung der Untersuchung“ oder — was sachlich gleichbedeutend war — über die „Versetzung in den Anklagestand“ entschieden wurde[262]. Diese Entscheidung hatte der Gesetzgeber — von einer in diesem Zusammenhang unwichtigen Ausnahme im Schwurgerichtsprozeß abgesehen[263] — grundsätzlich dem erkennenden Gericht selbst übertragen[264], das damit, bevor es in der Sache selbst entschied, zunächst

---

[259] Diesen Begriff hat wohl Adolf *Wach*: Zur Struktur des Strafprozesses, S. 7, geprägt. Vgl. ferner *Graf zu Dohna:* Gutachten, S. 139; *Ruscheweyh:* Herrschaft des Richters, S. 283.

[260] Vgl. *Abegg:* Zur Verordnung usw., S. 163 ff.

[261] Vgl. code d'instr. crim., art. 217 ff.

[262] Vgl. §§ 39, 47, 76 der preuß. VO von 1849.

[263] In Schwurgerichtssachen entschied über die „Versetzung in den Anklagestand“ nicht das ganze Geschworenengericht, allerdings auch kein besonderes Organ, sondern nach dem Vorbild der französischen Ratskammer eine „aus drei Mitgliedern bestehende Abtheilung des kompetenten Gerichts“ (§ 76 d. VO v. 1849 i. V. m. Art. 63 d. G. v. 1852).

[264] Vgl. §§ 39, 47, 78 der preuß. VO von 1849. Über die gleichartige Regelung in anderen deutschen Staaten vgl. z. B. *Nöllner:* Entwurf Baden, S. 117.

über die Berechtigung der Anklageerhebung zu befinden hatte. In dem von der Forderung nach „materieller Wahrheit" geleiteten Bestreben, das prozessuale Handeln des Anklägers richterlicher Nachprüfung zu unterwerfen, wurde so schon im Anfangsstadium des Hauptverfahrens auf eine klare Trennung zwischen Strafverfolgungs- und Entscheidungsfunktion verzichtet und der Richter mit einer Aufgabe befaßt, die im Inquisitionsprozeß der Inquirent in seiner Eigenschaft als „Kläger" wahrgenommen hatte. Die regelmäßige – wenngleich nicht begriffsnotwendige[265] – Identität von eröffnendem und erkennendem Richter, die dieser Gedanke zur Folge hatte, war jedoch geeignet, die richterliche Unvoreingenommenheit zu beeinträchtigen, beschwor die Gefahr herauf, daß sich auf Grund der häufig einseitigen Darstellung der Anklage und der darauf aufgebauten Eröffnungsentscheidung ein „Vor"urteil bildete, das die Entscheidung in der Hauptverhandlung psychologisch – dem Richter selbst meist unbewußt – zu präjudizieren drohte[266]. Ist es doch, wie schon *Zacharias* dargelegt hat[267], eine prozeßpsychologische Grunderfahrung, daß in der Psyche des Richters bereits bei der ersten Kenntnisnahme vom Fall ein summarisches Urteil entsteht, das die Bedeutung einer vorläufigen Grundlegung hat. Die diesem Vorgang innewohnende Gefahr, „daß dieses Urteil zum endgültigen wird und den Untersuchenden für eine richtige Würdigung der späteren Ermittlungsergebnisse blind macht"[268], bestand hier um so mehr, als die Entscheidung über die Eröffnung des Hauptverfahrens bereits eine prozessual erhebliche Stellungnahme des Gerichts zu Tat und Täter darstellte, die – nicht zuletzt, weil sie häufig

[265] Das erkennende Gericht konnte damals wie heute anders besetzt sein als das eröffnende.

[266] Den hier in Betracht kommenden psychologischen Vorgang hat bereits *Kant:* Logik, S. 83 ff, analysiert. Er unterscheidet „vorläufige Urteile" und „Vorurteile". Erstere sind „unentbehrlich für den Gebrauch des Verstandes", weil sie dazu dienen, ihn „bei seinen Nachforschungen zu leiten". Anders die „Vorurteile". Sie sind „vorläufige Urteile, insofern sie als Grundsätze angenommen werden". Aus ihnen entspringen „irrige Urteile". Vorurteile entstehen u. a. aus „logischem Egoismus", d. h. wenn man selbst schon vorläufig geurteilt hat und dieses Urteil bestätigt sehen möchte (S. 89). Vgl. auch *Schopenhauer:* Parerga und Paralipomena, S. 63. – Zum Vorurteil des Richters vgl. schon *Gross:* Criminalpsychologie, 1. Aufl. 1898, S. 561 ff; ferner *Zacharias:* Über Persönlichkeit, Aufgaben und Ausbildung des Richters, S. 33 ff; *Altavilla:* Forensische Psychologie II, S. 389; Otto *Brusiin:* Über das juristische Denken, Helsingfors 1951, S. 96; neuerdings *Hirschberg:* Fehlurteil, S. 105 f. E. J. *Cohn:* Der englische Gerichtstag, S. 32, formuliert überspitzt, aber im Kern berechtigt: „. . . jede vorherige Beschäftigung mit dem Prozeßstoff führt zu einer vorläufigen Urteilsbildung. Jede vorläufige Urteilsbildung aber ist ein Vorurteil . . ."

[267] Über Persönlichkeit, Aufgaben und Ausbildung des Richters, S. 33 ff.

[268] *Altavilla:* Forensische Psychologie II, S. 389.

von Sacherwägungen mitbestimmt wurde[269] – vielfach „schon ein vorweggenommener Schritt zur Verurteilung“[270] war. Zudem fehlte in der preußischen Strafverfahrensordnung jedes sichere Kriterium für die Abgrenzung der richterlichen Kognitionspflicht bei der Eröffnung der Untersuchung. Die Überlegungen, die der eröffnende Richter anzustellen hatte, waren vom Gesetzgeber nicht scharf von den Erwägungen geschieden worden, die vom erkennenden Richter bei der Urteilsfällung verlangt wurden: eine klare Unterscheidung zwischen „Verdacht“ einerseits und „Gewißheit“ andererseits vermißt man; der für die Eröffnung des Hauptverfahrens notwendige Wahrscheinlichkeitsgrad wurde lediglich mit der unklaren formelhaften Wendung: „Erachtet das Gericht die förmliche Einleitung der Untersuchung für begründet ...“ umschrieben[271] und damit die Grenze zwischen Prozeß- und Sachentscheidung psychologisch verwischt. Je mehr der Richter bei der Überlegung, ob die Eröffnung des „förmlichen“ Verfahrens „für begründet zu erachten“ sei, die Vorprüfung des in Ermittlungs-

---

269 Dazu K. *Peters:* Parallelität, insbes. S. 385.

270 Eb. *Schmidt:* Staatsanwalt und Gericht, S. 314. Die Voreingenommenheit des Richters, der zugleich eröffnender Richter war, ist allerdings kein feststehendes psychologisches Faktum i. S. der heute viel erwähnten „Befangenheitsthese“, sondern nur eine naheliegende Möglichkeit, eine psychologische Gefahr. Sehr klar Eb. *Schmidt,* a. a. O.: „Entscheidend ist der Gedanke, daß das Gericht zu einer unerwünschten Festlegung auf Einzelheiten der Anklage genötigt wird. Unerwünscht deshalb, weil im Interesse völliger richterlicher Unbefangenheit jede andere als urteilsmäßige Stellungnahme des Gerichts zu Tat und Täter vermieden werden muß. Die Feststellung, daß ein hinreichender Tatverdacht vorliegt, ist schon ein vorweggenommener Schritt zur Verurteilung. Er braucht nicht schädlich zu sein, aber er kann doch Gefahren bergen. Das Gericht aber soll nur urteilen auf Grund ausgeschöpfter Wahrheitserkenntnismöglichkeiten.“ Aus der Literatur zur psychologischen Lage des eröffnenden Richters, über die trotz reichhaltigen Schrifttums eine eingehende Analyse noch fehlt, vgl. u. a. *Fuchs:* Hauptverfahren, S. 43; *Oetker:* Wert des Eröffnungsbeschlusses, S. 75; ders.: Übergang vom Vorverfahren zum Hauptverfahren, S. 314 ff; *Nagler:* Zwischenverfahren, S. 342 ff; *von der Goltz:* Befassung des Gerichts mit der Anklage, S. 121 u. pass.; *Niederreuther:* Zur Strafverfahrenserneuerung, S. 206 ff; *Henkel:* Strafverfahrensrecht, S. 364; *Reichard:* Über die Hauptverhandlung, S. 106; Eb. *Schmidt:* Lehrkommentar I, 1. Auflage Göttingen 1952, S. 82 (Randn. 142 a u. Fußn. 152 a); ders.: Anklageerhebung, Eröffnungsbeschluß usw., S. 1081/1082; *Roesen:* Eröffnungsbeschluß, S. 1861; *Kern:* Die Ausschließung des Eröffnungsrichters im erkennenden Gericht, S. 368 ff, 370; *Grünhut:* Bedeutung englischer Verfahrensformen, S. 354.

271 Vgl. § 47 der preuß. VO von 1849. Ähnlich vage waren die Voraussetzungen, die das Schrifttum für die Eröffnungsentscheidung entwickelte. Vgl. z. B. *Planck:* Systematische Darstellung, S. 298; *von Bar:* Recht und Beweis, S. 135 f; *Zachariä:* Gebrechen und Reform, S. 225.

verfahren oder gerichtlicher Voruntersuchung gesammelten Materials zu einer „Sachprüfung" ausgestaltete, desto stärker wurde das Urteil durch Gedanken, Vorstellungen und Emotionen vorgeformt, die ihre Grundlage nicht im mündlichen, unmittelbaren, öffentlichen und kontradiktorischen Hauptverfahren, sondern in dem formal und inhaltlich „inquisitorisch" ausgestalteten Vorverfahren hatten. Der Richter des 19. Jahrhunderts, vom Inquisitionsprozeß her daran gewöhnt, seine Entscheidungen auf Grund von Akten zu fällen, mußte außerdem in den Akten des Vorverfahrens eine wesentliche Grundlage seiner Überzeugungsbildung sehen, ein Umstand, der das psychologische Gewicht des „vorläufigen Urteils" erhöhte, das die Entscheidung über die Eröffnung des Hauptverfahrens enthielt, und damit die Voreingenommenheit des Richters bei der endgültigen Urteilsbildung in der Hauptverhandlung begünstigte.

Obwohl die Gefahren, die sich aus der Koinzidenz von eröffnendem und erkennendem Richter für die richterliche Unbefangenheit ergaben, schon damals – wenn auch nur vereinzelt – im Schrifttum bemerkt wurden[272], schenkte der Gesetzgeber diesem Problemkomplex ersichtlich keine Aufmerksamkeit[273]. Als Folge der fehlenden Trennung zwischen Untersuchung und Sachentscheidung blieb so die Stellung des Richters im reformierten Strafprozeß mit einer nicht unerheblichen psychologischen „Inkompatibilität" belastet.

bb) Das Zwischenverfahren war indessen nur e i n Punkt des Verfahrensaufbaus, an dem sich die Belastung des erkennenden Richters mit Strafverfolgungs- und Untersuchungsaufgaben psychologisch auswirkte. Eine weitere Quelle für die Gefahr, daß in die Überzeugungsbildung des Richters unvermerkt seelische Impulse eindrangen, die

---

[272] So schlug *Zachariä:* Gebrechen und Reform, S. 243, vor, die Eröffnungsentscheidung dem Untersuchungsrichter zu übertragen, ein Vorschlag, den er mit der Erwägung begründete, daß dann „der über die Schuld des Angeklagten definitiv erkennende Gerichtshof ganz frei und unbefangen, ohne selbst schon ein Präjudiz gegeben zu haben, das Endurtheil fällen" könne. Auch *Abegg:* Betrachtungen über die Verordnung usw., S. 111, verlangte, „daß die Richter, welche die Einleitung der Untersuchung gegen eine bestimmte Person und deren Versetzung in den Stand der Anklage beschlossen haben, nicht dieselben seyen, welche nachher das Urtheil in der Sache selbst, nach denen vor ihnen statt gehabten Verhandlungen, fällen". Ähnlich wohl auch *Mittermaier:* Über den Zustand der Strafprozeßordnung, S. 533; ders.: Mündlichkeit, S. 295. – Meist wurde jedoch das prozeßpsychologische Problem, das mit der Identität von eröffnendem und erkennendem Richter verbunden war, gar nicht erkannt. Vgl. z. B. *Möhl:* Ist es rechtmäßig usw., S. 230, der das Befangenheitsproblem allgemein ausführlich behandelt, aber hierauf nicht eingeht. Erstmals kritisch zu dieser Frage *von Stemann:* Staatsanwaltschaft, S. 46 f.

[273] Vgl. dazu *Abegg:* Betrachtungen über die Verordnung usw., S. 111.

ihre Richtung durch das Vorverfahren erhalten hatten und eine vorurteilsfreie Rechtsfindung erschwerten, lag darin, daß der erkennende Richter auch in der Hauptverhandlung zugleich als Untersuchungsorgan fungierte und damit einer genauen Kenntnis des im Vorverfahren vorläufig gesammelten Prozeßstoffs bedurfte. Es war nur die Konsequenz dieser „inquisitorischen" Stellung des Richters, daß ihm der reformierte Strafprozeß dafür die Akten des Vorverfahrens zur Verfügung stellte, ja sie zur wesentlichen Grundlage der richterlichen Sachverhaltserforschung machte, indem er ihn für befugt erklärte, wann immer es „zur Aufklärung der Sache als nothwendig oder dienlich" erschien, „die Verlesung eines jeden Schriftstückes anzuordnen"[274]. Damit erhielt aber das auf dem „Mündlichkeitsprinzip" aufgebaute Verfahren, mochte auch der Form nach der Mündlichkeitsgrundsatz gewahrt bleiben, einen gewissen „schriftlichen" Einschlag[275], der für die Unvoreingenommenheit der richterlichen Urteilsfindung insofern eine Gefahr darstellte, als er zur Einschränkung eines der wesentlichen Grundsätze der Reformbewegung: der „Unmittelbarkeit" führen konnte. Der Richter mußte sich, sollte er sich seine Überzeugung allein auf Grund seiner eigenen unmittelbaren Wahrnehmung in der Hauptverhandlung bilden, zunächst von dem Eindruck frei machen, den er aus der vorangegangenen „mittelbaren" Wahrnehmung, dem Studium der Akten gewonnen hatte[276]. Gelang es ihm nicht, sich von diesem „vorläufigen Urteil" innerlich zu lösen, so wurde seine Entscheidung nicht mehr nur von seinen eigenen individuellen Beobachtungen bestimmt, sondern zugleich mitgeprägt von den fremden Gedanken und Gefühlen, die sich in den Akten niedergeschlagen hatten. Je stärker sich der Einfluß der Akten geltend machte, desto mehr trat die eigene Überzeugung des Richters hinter fremde Überzeugungen und Vermutungen zurück, desto mehr wirkte das rein „inquisitorische", nicht mit den prozeßpsychologischen Garantien „Anklage" und „Unmittelbarkeit" ausgestattete Vorverfahren auf seine Willensbildung ein und führte zu einer von der konkretindividuellen Anschauung des Beweismaterials weitgehend abstrahierten, „mittelbaren" Urteilsfindung: die Hauptverhandlung wurde zu einer „mündlichen Reproduktion des Akteninhalts"[277].

---

[274] Vgl. Art. 25 des preuß. Gesetzes vom 3. Mai 1852.

[275] Darin hat man damals etwas Bedenkliches nicht gesehen; an eine „reine" Mündlichkeit der Hauptverhandlung, ohne Benutzung der Vorverfahrensakten, dachte man nicht. Einen der Hauptvorteile des Mündlichkeitsprinzips sah man gerade in der Korrektur der schriftlich niedergelegten Ergebnisse des Vorverfahrens durch die Hauptverhandlung. Vgl. *Mittermaier:* Mündlichkeit, S. 259.

[276] So *Alsberg:* Das Weltbild des Strafrichters, S. 17.

[277] *Stein:* Zur Justizreform, S. 30. Vgl. auch Eb. *Schmidt:* Staatsanwalt und Gericht, S. 297.

Die Gefahren für eine unvoreingenommene Wahrheitserforschung, die sich aus dieser Belastung des erkennenden Richters mit der Kenntnis der Vorverfahrensakten ergaben, wurden jedoch damals durchweg nicht erkannt. So sehr man bei der Kritik am Inquisitionsprozeß den Mangel der Unmittelbarkeit beklagt hatte, so wenig wurde man sich bei der Gestaltung des reformierten Strafverfahrens der Tatsache bewußt, daß durch die Aktenkenntnis des Richters das Prinzip der Unmittelbarkeit innerlich gefährdet war. Der Unmittelbarkeitsgrundsatz, der seine Entstehung der Umdeutung des formalen Mündlichkeitsgrundsatzes in ein materielles Erkenntnisprinzip verdankte, wurde auf diese Weise wieder in Richtung auf das Formprinzip der Mündlichkeit abgeschwächt.

cc) Am empfindlichsten mußten sich die prozeßpsychologischen Auswirkungen, die die Belastung des erkennenden Richters mit Untersuchungsaufgaben im Gefolge hatte, bei dem Organ des reformierten Strafprozesses bemerkbar machen, das am stärksten unter der ungelösten Spannung von Untersuchungs- und Sachentscheidungsfunktion stand: dem erkennenden Richter in seiner Eigenschaft als verhandlungsleitendem Vorsitzenden. In Anlehnung an die Regelung des französischen Strafverfahrens[278] hatte der reformierte Strafprozeß die Ausübung der dem erkennenden Gericht in der Hauptverhandlung obliegenden Untersuchungsfunktion dem Vorsitzenden übertragen. In seiner Hand lag „die Leitung der mündlichen Verhandlung, das Verhör des Angeklagten und der Zeugen"[279]. In Gestalt des Vorsitzenden war gleichsam, wie es *Planck* formulierte[280], „der Inquirent in das erkennende Gericht selbst aufgenommen" worden. Die Antinomie zwischen Wahrheitsermittlung und Sachentscheidung, die für die Stellung des Richters im reformierten Strafprozeß allgemein kennzeichnend war, erreichte in der Funktion des Vorsitzenden ihren Höhepunkt. Hatte doch der Gesetzgeber mit der Übertragung der Beweisaufnahme auf den Vorsitzenden, wie es *Alsberg* einmal ausgedrückt hat[281], „den Richter, in dessen Hände man die unvoreingenommene, lediglich aus dem Inbegriff der Hauptverhandlung zu schöpfende Entscheidung legen wollte, zugleich zu dem machtvollsten Organ der Überführung des Angeklagten gemacht" und ihm damit die höchst schwierige, mitunter „fast übermenschliche" Aufgabe aufgebürdet, „die Strafverfolgung mit einer richterlichen Würdigung der

[278] Vgl. art. 268 code d'instr. crimin. von 1808.

[279] Vgl. § 54 der preuß. VO vom 3. 1. 1849 (GS S. 14 ff).

[280] *Planck:* Systematische Darstellung, S. 156. Vgl. auch *Temme:* Das preußische Gesetz über das Untersuchungsverfahren, S. 357; *Goltdammer:* Über die Stellung des vorsitzenden Richters, S. 337, 342; *Glaser:* Über die Vernehmung des Angeklagten, S. 419.

[281] *Alsberg:* Das Weltbild des Strafrichters, S. 17.

Tatfragen und der Beweise zu vereinigen"[282]. Schon die für die Vorbereitung der Vernehmungen notwendige intensive Beschäftigung mit dem im Vorverfahren gesammelten Tatsachenmaterial bedrohte seine Unbefangenheit. „Das Tatbild", so hat *Oetker* diese Gefahr beschrieben[283], „das die Vorverhandlungen gewähren, wird sich in vielen Fällen dem Vorsitzenden zu einer mehr oder weniger bestimmten Schuldauffassung verdichtet haben, deren Bestätigung von der Hauptverhandlung erwartet wird, wenn auch Berichtigung und Widerlegung dabei vorbehalten bleiben. Dieses Erwarten erzeugt — nach psychologischem Gesetz — eine gewisse Voreingenommenheit, die auf die Verhandlungsleitung nicht ohne Einfluß bleiben kann." Diese dem Vorsitzenden selbst meist unbewußte Belastung mit einer vorläufigen Schuldauffassung aber konnte dazu führen, daß die Beweisaufnahme eine einseitige Richtung erhielt, was sich wiederum auf das Urteil auswirkte. Hinzu kam, daß der Vorsitzende bei der Urteilsfindung, an der er nach dem Abschluß der Beweisaufnahme mitzuwirken hatte, als erkennender Richter die Ergebnisse seiner eigenen Untersuchungsarbeit objektiv bewerten sollte[284], eine Forderung, die schon deshalb nahezu unerfüllbar war, weil eine unbefangene Beurteilung der eigenen Leistung, wie sie hier von dem Vorsitzenden verlangt wurde, auch bei größtem Streben nach Objektivität fast

---

[282] *Hirschberg:* Fehlurteil, S. 106. — Zur Psychologie des Vorsitzenden vgl. aus der älteren Literatur vor allem *Glaser:* Über die Vernehmung des Angeklagten, S. 419 ff, sowie *Sundelin:* Die Forderung des Kreuzverhörs, S. 182; *von Stemann:* Staatsanwaltschaft, S. 47; ders.: Gutachten, S. 15; *von Bar:* Recht und Beweis, S. 330/331; ders.: Kritik der Prinzipien, S. 35 ff; *Gneist:* Vier Fragen, S. 115; *von Kries:* Vorverfahren und Hauptverfahren, S. 42 f; *Wach:* Struktur des Strafprozesses, S. 7. Die bis heute gründlichste prozeßpsychologische Analyse der Stellung des Vorsitzenden enthält die Abhandlung *Oetkers:* Vorschlag zur Verbesserung des Schwurgerichts, S. 326 ff, die alle späteren Erwägungen zu diesem Problemkreis der Sache nach schon vorwegnimmt. — Aus dem neueren Schrifttum vgl. u. a. *Hellwig:* Psychologie und Vernehmungstechnik, S. 28 ff; *Reichard:* Über die Hauptverhandlung, S. 106/107; *Schmidt-Leichner:* Deutscher und anglo-amerikanischer Strafprozeß, S. 8; *Roesen:* Stellung des Vorsitzenden, S. 977; *Dahs:* Anwalt im Strafprozeß, S. 186/187; ders.: Reform der Hauptverhandlung, in: Aktuelle Rechtsprobleme, Festschrift für Hubert *Schorn*, Frankfurt a. M. 1966, S. 14 ff (19 f); *von Stackelberg:* Gedanken zur Reform, S. 131 f; ders.: Der Anwalt im Strafprozeß, S. 311 f; ders.: Zur Reform des Strafprozeßrechts, S. 185/186; *Tackenberg:* Kreuzverhör, S. 85 f, 95 f; *Hirschberg:* Fehlurteil, S. 106 f; ders.: Das amerikanische und deutsche Strafverfahren, S. 72 f; *Grünhut:* Englische Verfahrensformen, S. 356 ff. Eine umfassende psychologische Analyse fehlt noch. *Altavilla* behandelt in dem der Psychologie des Richters gewidmeten Teil seines Werks die Stellung des Vorsitzenden überhaupt nicht.

[283] Vorschlag zur Verbesserung des Schwurgerichts, S. 327.

[284] Vgl. schon *Gneist:* Vier Fragen, S. 115; *Oetker*, a. a. O.

unmöglich ist[285]. Die Inanspruchnahme durch die Verhandlungsleitung gestattete es ihm zudem nicht, das Beweismaterial während der Hauptverhandlung einer distanzierten und ruhig abwägenden Beurteilung zu unterziehen[286], so daß sich in das „vorläufige Urteil", das sich im Verlauf der Verhandlung in seiner Psyche bildete, unkontrollierte Willens- und Gefühlsmomente einschlichen, die sich zu einem endgültigen Urteil verfestigten, ohne das Stadium der Reflexion durchlaufen zu haben, die zumindest aber eine Korrektur der aus dem Aktenstudium gewonnenen Eindrücke erschwerten.

In dieser prozeßpsychologisch fragwürdigen Stellung des Vorsitzenden, deren Problematik später viel behandelt worden ist[287], sah man indessen zur Zeit der Begründung des reformierten Prozesses nichts Bedenkliches. Obwohl die psychologischen Konsequenzen, die sich insoweit aus der Koinzidenz von Untersuchungs- und Entscheidungsfunktion ergaben, kaum mehr mit dem ursprünglichen Ziel der Reformbewegung — der „Reinerhaltung" des Richteramts durch Befreiung des Richters von der Funktion des „Anklägers" — übereinstimmten, schenkte man dieser Tatsache auffallend wenig Beachtung. Sieht man von einigen beiläufigen kritischen Äußerungen im Schrifttum[288] ab, so beschäftigte sich um die Mitte des 19. Jahrhunderts lediglich *Glaser* in seiner Abhandlung „Über die Vernehmung des Angeklagten und der Zeugen in der Hauptverhandlung"[289] eingehender mit der psychologischen Situation des Vorsitzenden. Darin, daß der Vorsitzende als erkennender Richter zugleich Untersuchungsorgan war, dem die Vernehmung des Angeklagten und der Zeugen in der Hauptverhandlung oblag, sah *Glaser* einen Widerspruch zu dem Grundgedanken der Reform, eine „augenfällige ungerechtfertigte Abweichung von dem reinen Accusationsprincip, das ja eben die im Inquisitionsproceß mit der Person des Richters vereinigten Rollen des Anklägers und Vertheidigers ablöst"[290]; diese „Häufung der Functionen" führe „einen der Hauptnachtheile des alten Inquisitionsprocesses" wieder ein[291]. Der vorsitzende Richter, dessen Amt es bei richtiger Auffassung des „Akkusationsprinzips" sein müsse, sich die

285 Vgl. *Oetker*, a. a. O., S. 326.

286 *Oetker*, a. a. O., S. 327: „Durch die stete aktive Weiterarbeit in Anspruch genommen kann der Vorsitzende nicht während der Verhandlung über die gewonnenen Ergebnisse abwägend reflektieren."

287 Vgl. oben S. 211 Fn. 282.

288 Vgl. *Planck*: Systematische Darstellung, S. 156; *Mittermaier*: Mündlichkeit, S. 308; ders.: Über die Stellung des Assisenpräsidenten, S. 20 f; *Dieterici*: Anklage- oder Untersuchungs-Prozeß?, S. 582; *Goltdammer*: Über die Stellung des vorsitzenden Richters, S. 341.

289 S. 419 ff.

290 a. a. O., S. 419.

291 a. a. O., S. 419.

Beweismittel „in ruhiger Unparteilichkeit vorführen zu lassen“[292], werde durch die Vorbereitung und Durchführung der Vernehmungen in eine gewisse innere Voreingenommenheit gegenüber dem Angeklagten hineingedrängt, die zu überwinden er oft „mehr als ein Mensch“ sein müsse[293].

dd) Die Stellung des Richters im reformierten Strafprozeß blieb so, trotz des erheblichen Fortschritts, den diese Verfahrensform gegenüber dem Inquisitionsprozeß darstellte, innerlich ebenso zwiespältig wie das „Klageformprinzip“, auf dem sie beruhte. Die große prozeßwissenschaftliche Bewegung, die im 19. Jahrhundert, unter dem spürbaren Einfluß einer gewandelten Grundauffassung von Richtertum und Rechtsfindung, im Gleichlauf mit den konstitutionell-liberalen Bestrebungen der Rechtspolitik den reformierten Strafprozeß geschaffen hatte, diese Bewegung hatte zwar ihre geistige Kraft aus der neuen, dem Aufklärungszeitalter noch unbekannten „prozeßpsychologischen Grunderfahrung“ geschöpft, „daß die innere Unbefangenheit und Unvoreingenommenheit, die der Richter bei seiner Entscheidungstätigkeit benötigt, nur dann gewährleistet sein kann, wenn er von allen ‚Vor‘urteilen freigehalten wird, die sich bei einer mit vielfachen Zwangsmaßnahmen verbundenen Angriffstätigkeit gegen den Beschuldigten nur zu leicht einstellen“[294]. Diese Erkenntnis hatte hauptsächlich den Anstoß zur Kritik am Inquisitionsprozeß, an der psychologisch widersinnigen Stellung des Inquirenten gegeben und dazu geführt, daß bisher rein formal verstandene Strukturprinzipien wie „Anklageschaft“ und „Mündlichkeit“ in materielle Garantien richterlicher Objektivität umgewertet und in den Dienst des Grundgedankens der Reform: der „Reinerhaltung“ des Richteramts von Strafverfolgungsmomenten gestellt wurden. Auf der anderen Seite hatte jedoch das Festhalten an dem Prinzip richterlicher Sachverhaltserforschung von Amts wegen, verbunden mit einer starken Formalisierung des Anklagegrundsatzes, die folgerichtige und psychologisch befriedigende Durchführung gerade dieses Gedankens im reformierten Strafprozeß erschwert, hatte die Belastung des erkennenden Richters mit „inquisitorischen“ Untersuchungsaufgaben zugleich die angestrebte Eliminierung jeder „Angriffstätigkeit“ aus der Richterfunktion unmöglich gemacht. Die Unvoreingenommenheit des Richters, der in seiner Eigenschaft als Vorsitzender geradezu die Stellung des früheren Inquirenten erhalten hatte, blieb so weiterhin gefährdet und von eben der Gefahr des „Vor“urteils bedroht, deren Beseitigung Ziel der Reform gewesen war.

---

292 ebendort.

293 *Glaser:* Über die Vernehmung des Angeklagten, S. 420.

294 Eb. *Schmidt:* Lehrkommentar I, S. 197, Rn. 347, m. weiteren Hinweisen in Fußn. 45.

c) Richteramt und Beweisrecht

aa) Vermochte sich die Reformbewegung, trotz bedeutungsvoller Ansätze, insoweit noch nicht völlig aus der Gedankenwelt des Inquisitionsprozesses zu lösen, so vollzog sie dagegen auf dem Gebiet des Beweisrechts eine grundlegende Neuorientierung: den Übergang vom gesetzlichen Beweissystem zum Prinzip der freien richterlichen Beweiswürdigung. Dieser Vorgang, ein scheinbar revolutionärer Umschwung in der Entwicklung des Beweisrechts, war in Wirklichkeit das Ergebnis einer intensiven, für die Wandlung der Richteridee überaus aufschlußreichen Auseinandersetzung mit dem Beweisrecht des Code d'instruction criminelle von 1808. In ihr fand die Überwindung des mechanistischen Gesetzlichkeitsdenkens der Aufklärung, die im Bereich des materiellen Rechts zu der Wiederanerkennung einer gewissen „geistigen Freiheit" des Richters gegenüber dem Gesetz geführt hatte, ihr prozeßrechtliches Korrelat.

War das Prinzip der freien richterlichen Beweiswürdigung in Frankreich ein Produkt der Schwurgerichtsbewegung gewesen, so stand auch in Deutschland die Diskussion um Wert oder Unwert dieses Prinzips zunächst in engem Zusammenhang mit der Schwurgerichtsfrage. Geschworenengericht und freie Beweiswürdigung betrachtete die Reformbewegung im Anfang als eng miteinander verwandte und unlösbar zusammengehörige rechtspolitische Gestaltungsprinzipien[295]. Dabei spielte die Idee der „intime conviction" – in der irrationalgefühlsmäßigen Zuspitzung, die sie in der französischen Beweislehre erhalten hatte – eine erhebliche Rolle. Mit der Stellung des Geschworenen sei, so glaubte man, eine rational-subsumtive, in Anwendung vorgegebener gesetzlicher Regeln sich vollziehende Urteilsfindung nicht vereinbar, weil er allein „auf Grund seines Gefühls, seiner orakelhaften moralischen Überzeugung urtheile"[296] und deshalb begriffsnotwendig von dem Zwang normierter Beweisregeln befreit sein müsse. Durch nicht immer klare philosophische Deduktionen, mit deren Hilfe man das jenseits der geschichtlich-politischen Wirklichkeit vorgestellte „reine" Wesen des Geschworenengerichts zu ergründen suchte[297], wurde die Neigung zur subjektivistisch-irrationalistischen Deutung der freien Beweiswürdigung unterstützt. Das galt

[295] Vgl. dazu allgemein *Schwinge:* Kampf um die Schwurgerichte, S. 74 ff, und *Glaser:* Beiträge, S. 17, jew. m. weit. Hinw. – Aus der Literatur der damaligen Zeit vgl. vor allem *Mittermaier:* Gesetzliche Beweistheorie, S. 505 f u. pass.; *Henke:* Handbuch, S. 417 Note 1 (weit. Hinw.); *Abegg:* Indizienbeweis, S. 6; ders.: Beiträge, S. 191; *Mittermaier:* Beweislehre, S. 101. Vgl. auch *Feuerbach:* Gerichtsverfassung Frankreichs, S. 418 f.

[296] *Glaser:* Beiträge, S. 17/18.

[297] Vgl. dazu *Biener:* Englisches Geschwornengericht I, S. 317 ff; *Schwinge:* Kampf um die Schwurgerichte, S. 102 ff.

besonders für die Theoreme *Gans'*[298] und *Köstlins*[299], die im Anschluß an Gedanken *Hegels*[300] die Auffassung vertraten, daß die Geltung des schwurgerichtlichen Wahrspruchs nicht sowohl auf seiner objektiven „Richtigkeit", d. h. der im Wege rationaler Entscheidung gewonnenen und logisch begründbaren Übereinstimmung mit der Wirklichkeit beruhe, sondern vielmehr darauf, daß sich die Geschworenen bei der Entscheidung über die Beweisfrage nachträglich in die seelische Lage des Täters zur Zeit der Straftat zurückversetzten, in einem intuitiv-gefühlsmäßigen Akt des Nacherlebens zu der inneren Anschauung des Verbrechens in seiner Einzigartigkeit gelangten und damit in ihrer subjektiven Gewissensentscheidung zugleich das Gewissen des Angeklagten repräsentierten, so daß dieser sich in ihrem Urteil gleichsam selbst richte[301]. Die Legitimation zu dieser „Gewissensvertretung" fließe der Jury – nach *Köstlin*[302] – aus der „konkreten Anschauung des Lebens" und dem „Vertrauen" des Angeklagten zu der Subjektivität der Geschworenen zu; beides befähige sie, ihre subjektive Überzeugung an die Stelle der eigenen Gewissensentscheidung des Angeklagten zu setzen. Auf die Objektivierbarkeit des Urteils – die im übrigen angesichts der konkreten Einmaligkeit des Sachverhalts nicht möglich sei[303] – komme es dabei nicht an, weil es ja

---

[298] Die Richter als Geschworne, S. 68 ff. Vgl. dazu *Biener,* a. a. O., S. 317 f; *Mittermaier:* Gesetzliche Beweistheorie, S. 496; *Schwinge:* Kampf um die Schwurgerichte, S. 105 ff.

[299] Wendepunkt, S. 25, 33, 120 f; weitere Fundstellen bei *Schwinge,* a. a. O., S. 106 Anm. 2; vgl. auch *Biener,* a. a. O., S. 317 ff.

[300] Grundlinien der Philosophie des Rechts, §§ 225–228, S. 191 ff. *Hegel* unterscheidet scharf Tat- und Rechtsfrage. Die Rechtsfrage ist „ein eigentümliches Geschäft des juristischen Richters, für welchen als Organ des Gesetzes der Fall zur Möglichkeit der Subsumtion vorbereitet, d. i. aus seiner erscheinenden empirischen Beschaffenheit heraus zur anerkannten Tatsache und zur allgemeinen Qualifikation erhoben sein muß (§ 226, S. 192). Anders die Tatfrage: „Die erstere Seite, die Erkenntnis des Falles in seiner unmittelbaren Einzelheit, enthält für sich kein Rechtsprechen. Sie ist eine Erkenntnis wie sie jedem gebildeten Menschen zusteht. Insofern für die Qualifikation der Handlung das subjektive Moment der Einsicht und Absicht des Handelnden wesentlich ist, und der Beweis ohnehin nicht Vernunft- oder abstrakte Verstandesgegenstände, sondern nur Einzelheiten, Umstände und Gegenstände sinnlicher Anschauung und subjektiver Gewißheit betrifft, daher keine absolut objektive Bestimmung in sich enthält, so ist das Letzte in der Entscheidung die subjektive Überzeugung und das Gewissen (animi sententia)" (§ 227, S. 192 f). Diese subjektive Gewissensentscheidung findet nach *Hegel* ihre Rechtfertigung in dem „Zutrauen" des Angeklagten zu der Subjektivität der Entscheidenden (§ 228, S. 194).

[301] Verwandte Gedanken bei *Stahl:* Philosophie des Rechts II, S. 601.

[302] Wendepunkt, S. 19 ff.

[303] *Köstlin,* a. a. O., S. 107 f.

– nach *Gans*[304] – nicht „dem Verbrecher gegenüber ein bloß Äußerliches" sei, sondern kraft der subjektiven Identität der Richtenden mit dem Gerichteten das Urteil des Angeklagten über sich selbst vorwegnehme. Der Tatbeweis wurde nach dieser Auffassung zur „subjektiven Vermittlung des Schuldbeweises"[305], zu einer irrationalen Gefühlsgewißheit des Gerichts, der Akt der richterlichen Überzeugungsbildung zu einer ausschließlich subjektiven Gewissensentscheidung.

Trugen philosophisch-juristische Theoreme dieser Art, die bei dem großen Einfluß *Hegels* auf das Rechtsdenken des 19. Jahrhunderts nicht nur vereinzelte Erscheinungen blieben[306], ein verwirrendes irrationales Moment in die Beweislehre hinein, das den Zugang zu dem Prinzip der freien Beweiswürdigung erschwerte, so bemühte sich allerdings eine andere Richtung, die Lehre von der „intime conviction" von dieser subjektivistischen Zuspitzung zu befreien und sie psychologisch zu verfeinern. In „tiefer gehenden Untersuchungen"[307] über das Schwurgericht, die sich nicht damit abfanden, daß der Geschworene die Wahrheit nur „fühle", ohne darüber Rechenschaft ablegen zu können, suchte man an die geschichtliche Wurzel des Prinzips der freien Beweiswürdigung – die *Beccaria*sche Unterscheidung zwischen der wissenschaftlich-juristischen Denkweise des Berufsrichters und dem „einfachen gesunden Menschenverstand" des Laien[308] – wieder anzuknüpfen. Man unterschied, offenbar beeinflußt durch das „Unmittelbarkeitsprinzip", zwischen der analytisch-zergliedernden Betrachtung des Beweismaterials durch den rechtsgelehrten Juristen und der ganzheitlich-synthetischen Denkweise des Geschworenen, der man jeweils die gesetzliche Beweistheorie bzw. den Grundsatz der freien Beweiswürdigung zuordnete[309]. Beide Arten der Wahrheitsfindung seien nur verschiedene Methoden zur Erreichung desselben Ziels: der objektiven Gewißheit über das Vorhandensein oder Nichtvorhandensein von Tatsachen. Der „wissenschaftlich gebildete Verstand" des Richters finde die Wahrheit „durch Zergliederung und

---

[304] *Gans:* Die Richter als Geschworne, S. 75.

[305] *Schwinge:* Kampf um die Schwurgerichte, S. 108.

[306] Weitere Vertreter ähnlicher Lehren vgl. bei *Biener:* Englisches Geschwornengericht I, S. 323 ff; *Glaser:* Beiträge, S. 21, Fußn. 22.

[307] *Schwinge:* Kampf um die Schwurgerichte, S. 86; dort Einzelnachweise in Fußn. 1.

[308] Vgl. *Beccaria:* Verbrechen, § 7, S. 80. Die Unterscheidung *Beccarias* kehrt bei *Hegel:* Grundlinien der Philosophie des Rechts, § 227, S. 192, wieder; vgl. oben S. 215 Fn. 300.

[309] Vgl. z. B. *Möser:* Patriotische Phantasien IV, S. 25 ff; *Zentner:* Das Geschwornengericht, S. 366; *Oppen:* Geschworene und Richter, S. 40 ff (45). Weitere Nachweise bei *Glaser:* Beiträge, S. 19 f, und *Schwinge*, a. a. O., S. 86 Fußn. 1.

Vereinzelung der Begriffe", der „gemeine gesunde Menschenverstand" des Geschworenen dagegen fasse „das Ganze richtiger in der Totalanschauung auf als in einzelnen, zersplitterten, ihm besonders vorgehaltenen Punkten, weil er die Handlungen leichter versteht als die abgezogenen Begriffe"[310].

Angesichts solcher Vorstellungen blieb das Prinzip der freien richterlichen Beweiswürdigung, das auf Grund seiner geschichtlichen Herkunft ohnehin eng mit der Schwurgerichtsidee verknüpft war, vorläufig auf den Bereich des Schwurgerichts beschränkt, wurde es geradezu als eine Funktion der Schwurgerichtsidee betrachtet. Eine Übertragung dieses Prinzips auf die Überzeugungsbildung des rechtsgelehrten Richters erschien zunächst undenkbar. Ließ doch die enge Wechselbeziehung, die für das Rechtsbewußtsein zwischen freier Beweiswürdigung und Schwurgericht bestand, den Eindruck entstehen, als werde die Entscheidung über die Tatfrage bei Fortfall der gesetzlichen Beweisregeln zwangsläufig zu einer Sache des „Gefühls" bzw. der „Totalanschauung" und damit letztlich zu einem unüberprüfbaren, rein persönlichen Akt des richterlichen Ermessens. Seit *Feuerbachs* scharfer Polemik gegen den Grundsatz der freien Beweiswürdigung im Verfahren vor den – mit Beamtenrichtern besetzten – französischen Zuchtpolizeigerichten[311] beherrschte denn auch die Auffassung, daß der Richter, wenn „das Gesetz über Art, Mittel und Kraft der rechtlichen Beweise keine Vorschriften oder leitende Grundsätze" ausspreche[312], notwendig zum „Geschworenen" werde und wie dieser allein nach unkontrollierbaren Intuitionen das Urteil spreche, als ungeprüftes Vorurteil die Diskussion um die freie Beweiswürdigung[313]. Eng damit zusammen hing die Vorstellung, daß der „irrationale" Charakter der freien Beweiswürdigung sowohl Entscheidungsgründe als auch Rechtsmittel begriffsnotwendig ausschließe, zumindest aber als Garantien für die Objektivität der Rechtsfindung wirkungslos mache[314]. Gegen eine derartige „Entrationalisierung" der richterlichen

---

310 *Zentner:* Das Geschwornengericht, S. 439.

311 Gerichtsverfassung Frankreichs, bes. S. 403.

312 a. a. O.

313 Vgl. dazu *Glaser:* Beiträge, S. 17; *Schwinge:* Kampf um die Schwurgerichte, S. 84/85. S. auch u. Fn. 314 und 315.

314 Vgl. *Glaser:* Beiträge, S. 17 f; *Schwinge:* Kampf um die Schwurgerichte, S. 74, 84. – Aus der Literatur der Reformbewegung vgl. insbes. *Mittermaier:* Gesetzliche Beweistheorie, S. 496; *Abegg:* Indicienbeweis, S. 6; *Köstlin:* Wendepunkt, S. 114; *von Weber:* Praktische Bemerkungen, S. 199; sehr bezeichnend *Zachariä:* Gebrechen und Reform, S. 197: „... da ja die Entscheidungsgründe der Natur der Sache nach in weiter nichts als der nachgewiesenen Übereinstimmung des concreten Urtheils mit den allgemeinen Vorschriften des Rechts bestehen und mithin da gar nicht gegeben werden können, wo es an solchen Regeln gänzlich fehlt..." Vgl. auch *Walther:* Rechtsmittel, Bd. 1, S. 133 f.

Überzeugungsbildung wehrte sich die Prozeßdogmatik jedoch nahezu einhellig, und so war die Forderung, daß das Prinzip der freien Beweiswürdigung, wenn überhaupt, dann nur im Schwurgerichtsprozeß angewandt werden dürfe, noch in den dreißiger Jahren des 19. Jahrhunderts die beinahe selbstverständliche Voraussetzung aller Überlegungen um die Neugestaltung des Strafverfahrens: für rechtsgelehrte, beamtete Richter wurde als unentbehrliche Garantie gegen „Subjektivität" und „Willkür" fast ausnahmslos die Bindung und Beschränkung der richterlichen Überzeugung durch eine gesetzliche Beweistheorie verlangt[315]. Sie allein gewährleiste, so glaubte man, eine objektive, nicht „blos in das Gewissen des Richters gelegte" und daher „von der Meinung und Willkühr dieses Richters selbst unabhängige" Tatsachenfeststellung[316] und biete zugleich die Möglichkeit, Rechenschaft über die für die Beweiswürdigung maßgeblichen Erwägungen in Form von Entscheidungsgründen zu verlangen und das Urteil auch hinsichtlich der Tatfrage einer Nachprüfung durch das Rechtsmittelgericht zugänglich zu machen[317]. *Zachariä* gab daher die weitaus herrschende Auffassung wieder, als er im Jahre 1846 feststellte:

> „Der besonderen Natur des Geschwornengerichts mag man es für angemessen erklären, daß sein Urtheil nicht an gesetzliche Beweisregeln, deren Anwendung durch Rechtskenntniß bedingt ist, gebunden werde; allein für das Urtheil rechtsgelehrter Richtercollegien gehören sie zu den unumgänglich nothwendigen Garantien und sind durch den Begriff des ihnen anvertrauten Rechtsprechens von selbst gegeben."[318]

---

[315] Vgl. schon *Möser:* Patriotische Phantasien I, S. 308: „Die gefährlichste Wendung aber, welche wir zu befürchten haben, ist nun diese, daß ungenossen Richtern eben die Macht gegeben werde, welche vordem die Genossen hatten." Aus dem Schrifttum des 19. Jahrhunderts vgl. etwa *Abegg:* Beiträge, S. 191; ders.: Indicienbeweis, S. 6; *Bauer:* Über gesetzliche Beweistheorie, S. 108/109; A. H. C. *Braun:* Hauptstücke des öffentlichen mündlichen Strafverfahrens, Leipzig 1845, S. 154; *Gans:* Die Richter als Geschworne, S. 68; *Gerau:* Über gesetzliche Beweistheorie, S. 374 f; *Jarcke:* Bemerkungen über die Lehre vom unvollständigen Beweise, S. 112 u. p.; *Mittermaier:* Beweislehre, S. 84 ff, 118 ff; ders.: Strafverfahren II, S. 226; ders.: Gesetzliche Beweistheorie, S. 495 f u. pass.; *Molitor:* Erfahrungen, S. 40 f; *Rintel:* Von der Jury, Münster/Westf. 1844, S. 31 u. 55 ff; *Rosshirt:* Kriminalistische Abhandlungen, S. 56; *Welcker:* Jury, S. 115/116; *Zentner:* Das Geschwornengericht, S. 331; *Zachariä:* Gebrechen und Reform, S. 197. – Vgl. im übrigen *Glaser:* Beiträge, S. 17 f, und *Schwinge:* Kampf um die Schwurgerichte, S. 76.

[316] Vgl. *Henke:* Handbuch V, S. 416, 417.

[317] Vgl. *Bauer:* Über gesetzliche Beweistheorie, S. 109; *Zachariä:* Gebrechen und Reform, S. 197; *Mittermaier:* Mündlichkeit, S. 405; weitere Nachweise bei *Glaser:* Beiträge, S. 22 Anm. 23.

[318] Gebrechen und Reform, S. 197.

bb) Bei dieser offenbar eindeutigen Haltung der Wissenschaft überrascht es zunächst, daß sich seit dem Jahre 1846, besonders aber seit dem Revolutionsjahr 1848, der Grundsatz der freien richterlichen Beweiswürdigung als allgemeiner, auch für die Überzeugungsbildung des juristisch ausgebildeten Berufsrichters geltender Rechtsgedanke in Deutschland plötzlich allenthalben durchsetzte[319]. In Preußen, dem ersten deutschen Staat, der im 19. Jahrhundert die gesetzlichen Beweisregeln abschaffte[320], wurde das Prinzip der freien Beweiswürdigung – durch Gesetz vom 17. Juli 1846[321] – sogar eingeführt, noch ehe auf der Lübecker Germanistenversammlung von 1847 die Entscheidung über die Rezeption des Schwurgerichts gefallen war[322] und drei Jahre bevor das Geschworenengericht in die preußische Gerichtsverfassung übernommen wurde[323]: der erkennende Richter hatte, ohne an gesetzliche Beweisregeln gebunden zu sein, „fortan nach genauer Prüfung aller Beweise für die Anklage und Vertheidigung nach seiner freien, aus dem Inbegriffe der vor ihm erfolgten Verhandlungen geschöpften Überzeugung zu entscheiden" (§ 19). Diese Vorschrift, von der späteren preußischen Strafverfahrensordnung wörtlich wiederholt[324], wurde zum Vorbild für den größten Teil der nach 1848 ergangenen partikularen Strafprozeßgesetze[325] und ist der Sache nach als § 261 in die Strafprozeßordnung eingegangen[326].

Es widerspräche nun dem ausgeprägt wissenschaftlichen Charakter der Reformbewegung[327], wollte man diese, auf den ersten Blick unverständliche Wendung allein außerjuristischen Einflüssen zuschrei-

---

319 Vgl. *Glaser:* Geschichtliche Grundlagen, S. 15 ff; ders.: Handbuch, S. 162 ff; *Geyer:* Beweis, S. 200 f; *von Hippel:* Strafprozeß, S. 43 f; *Henkel:* Strafverfahrensrecht, S. 43 ff.

320 Fälschlich wird als erstes Gesetz, das den Grundsatz der freien Beweiswürdigung verwirklicht habe, mitunter das sächs. G. v. 30. 3. 1838 genannt. Vgl. Näheres bei *von Kries:* Lehrbuch, S. 61; *Geyer:* Beweis, S. 61.

321 Gesetz betr. das Verfahren in den bei dem Kammergerichte und dem Criminalgerichte zu Berlin zu führenden Untersuchungen (GS 1846, S. 267 ff). Vgl. dazu die Besprechung *Abeggs* in ACrR 1847, S. 103 ff, 155 ff.

322 Vgl. dazu *Schwinge:* Kampf um die Schwurgerichte, S. 146 ff.

323 Das geschah durch die schon erwähnte VO v. 3. 1. 1849 (GS 1849, S. 14 ff).

324 Vgl. § 22 der VO v. 3. 1. 1849.

325 Vgl. statt vieler *Planck:* Systematische Darstellung, S. 196; *von Kries:* Lehrbuch, S. 61 f.

326 Vgl. *Geyer:* Beweis, S. 201; *von Kries,* Lehrbuch, S. 61.

327 Vgl. dazu vor allem Eb. *Schmidt:* Staatsanwalt und Gericht, S. 263 f, mit vielen Einzelhinweisen auf das Schrifttum des 19. Jahrhunderts. S. auch oben S. 168.

ben und sie, wie es vielfach geschehen ist[328], ausschließlich mit der politisch bedingten Übernahme des französischen Vorbildes erklären. Bei genauerer Betrachtung der Beweislehre des 19. Jahrhunderts bestätigt sich vielmehr auch hier der wissenschaftliche Grundzug der Strafprozeßerneuerung, ergeben sich deutliche Anhaltspunkte dafür, daß die Anerkennung des Prinzips der freien Beweiswürdigung nicht allein auf eine politisch motivierte schematische Rezeption des französischen Rechts zurückzuführen ist, sondern durch die innere Wandlung der Beweistheorie selbst bereits so weitgehend vorbereitet war, daß die von der Gesetzgebung vollzogene Übernahme dieses Prinzips – mochte sie auch der „herrschenden" Auffassung noch widersprechen – im Grunde keinen Bruch mit der wissenschaftlichen Lehre mehr bedeutete.

Die Richtung, in der diese Wandlung der Beweislehre zu suchen ist, hat schon *Abegg* in seiner Besprechung des preußischen Gesetzes von 1846 angedeutet. Er hob hervor, das Gesetz habe einen „Mittelweg" eingeschlagen „zwischen den beiden Gegensätzen, einer dem rechtsgelehrten Richter, der zugleich Strafen ausspricht, vorgeschriebenen Norm über die Wirkung der Beweise (gesetzliche Beweistheorie) auf der einen Seite und dem Schwurgericht auf der andern Seite"[329]. *Abegg* deutete hier die Wendung des Jahres 1846 als das Ergebnis einer beweisrechtlichen Synthese zwischen dem Schwurgerichtsgedanken und der Idee des rechtsgelehrten Richtertums und bezeichnete damit in der Tat den für die Entwicklung des Beweisrechts maßgeblichen geistigen Vorgang. Die bisher beobachtete und bis zur Mitte des 19. Jahrhunderts der herrschenden Lehre entsprechende einseitig irrationalistisch-subjektivistische Vorstellung von freier Beweiswürdigung beruhte auf der scharfen Antithese zwischen der logisch-rationalen Denkweise des juristisch ausgebildeten Berufsrichters und der gefühls- und anschauungsbestimmten Geisteshaltung des Geschworenen. Die von *Köstlin* aufgeworfene Frage: „Soll das Urtheil in Strafsachen blos das Resultat einer logischen Operation

---

328 Vgl. *von Kries:* Lehrbuch, S. 62; *Glaser:* Geschichtliche Grundlagen, S. 18 f; *Geyer:* Beweis, S. 200/201; *von Hippel:* Strafprozeß, S. 44; *Westhoff:* Grundlagen, S. 116. Neben der politischen Erklärung findet sich eine historisch-dogmatische Deutung bei *Planck:* Systematische Darstellung, S. 195 ff (197), der ähnlich wie *Zachariä:* Gebrechen und Reform, S. 59 ff, den Grundsatz der freien Beweiswürdigung aus dem inquisitorischen Prinzip ableitete und deshalb in der Anerkennung dieses Grundsatzes eine Konsequenz des „weiter durchgeführten Untersuchungsprinzips" im reformierten Verfahren erblickte. Vgl. auch *Walther:* Rechtsmittel I, S. 78 f.

329 *Abegg:* Betrachtungen über das Gesetz usw., S. 163. *Abegg* warnte vor dem Irrtum, der „Richter sey jetzt, indem er lediglich an seine freie Überzeugung ... gewiesen wird, in die Lage des Geschwornen gesetzt" (S. 163 f).

sein oder soll es die innerste Gewissensüberzeugung zu seinem letzten Fundamente haben[330]?" verstand man als apodiktisches „Entweder – oder", das für ein vermittelndes „Sowohl – als auch" keinen Raum ließ. „Logische Operation" schloß „Gewissensüberzeugung" aus und umgekehrt. Hierbei repräsentierte die gesetzliche Beweistheorie die – nur bei dem rechtsgelehrten Richter denkbare und mit „Subsumtion" identifizierte – „logische Operation", der Grundsatz der freien Beweiswürdigung dagegen die – wiederum nur bei Geschworenen vorstellbare und mit gefühlsmäßig-intuitiver „Totalanschauung" gleichgesetzte – „Gewissensüberzeugung". Beides schienen ebenso unvereinbare Gegensätze zu sein wie die ihnen zugeordneten Richtertypen: der rechtsgelehrte Berufsrichter und der Geschworene. Je mehr indessen die schroffe Gegenüberstellung „Richter – Geschworener" an Bedeutung einbüßte, je mehr insbesondere die Gleichartigkeit der geistigen Operation erkannt wurde, die hier wie dort bei der Tatsachenfeststellung zu vollziehen war, desto mehr mußte auch die antithetische Entgegensetzung der beiden Beweismaximen einer stärker synthetischen Betrachtung weichen.

Tatsächlich hatte sich eine derartige Synthese in der wissenschaftlichen Lehre bereits vor der Wendung des Jahres 1846 angebahnt, war auf beweisrechtlichem Gebiet eine w e c h s e l s e i t i g e A n n ä h e r u n g zwischen dem Schwurgerichtsgedanken und der Idee des rechtsgelehrten Richtertums vollzogen worden: auf der einen Seite hatte der dem Schwurgericht zugeordnete Grundsatz der freien Beweiswürdigung im Gleichlauf mit einer zunehmenden Rationalisierung des Schwurgerichtsgedankens[331] mehr und mehr von seinem irrational-subjektiven Einschlag verloren; auf der anderen Seite hatte sich zugleich auch das gesetzliche Beweissystem inhaltlich erheblich gewandelt, war stärker auf die subjektive Überzeugung des erkennenden Richters hin ausgerichtet worden, so daß die gesetzliche Beweistheorie sich im Grundsätzlichen – wie noch zu zeigen sein wird – eng mit dem Prinzip der freien richterlichen Beweiswürdigung berührte. Damit aber lockerte sich die enge Verbindung, die zwischen den Begriffen „freie Beweiswürdigung" und „Geschworener" einerseits sowie „gesetzliche Beweistheorie" und „rechtsgelehrter Richter" andererseits bestanden hatte, so daß nunmehr eine Übertragung des Grundsatzes der freien Beweiswürdigung auch auf die Überzeugungsbildung des rechtsgelehrten Richters möglich wurde und damit der von *Abegg* aufgezeigte „Mittelweg" eingeschlagen werden konnte.

---

330 Christian Reinhold *Köstlin:* Die Zukunft des Strafverfahrens in Deutschland, in: Deutsche Vierteljahresschrift 1846, S. 315 ff (322).

331 Vgl. dazu *Schwinge:* Kampf um die Schwurgerichte, S. 88 ff, der jedoch nicht – was außerhalb seines Themas lag – den damit korrespondierenden Wandel der gesetzlichen Beweistheorie behandelt.

Angesichts dieser Entwicklung kommt der vielfach hervorgehobenen „stofflichen" Rezeption des französischen Prozeßrechts nahezu nur mehr die Bedeutung einer sekundären Begleiterscheinung zu, die ihre tiefere Ursache in einer Wandlung des wissenschaftlichen Denkens hatte. Dieser Vorgang bestätigt den Grundcharakter jeder Rezeption fremder Rechtseinrichtungen: daß nämlich auf die Dauer nicht rezipiert werden kann, was nicht vor dem äußeren Rezeptionsvorgang bereits geistig verarbeitet und damit in einer Wandlung der Denkmethoden gleichsam schon vorweggenommen worden ist[332].

cc) Die angedeutete Rationalisierung der Schwurgerichtsidee hatte schon im Jahre 1825 mit *Jarckes* bahnbrechender Abhandlung: „Bemerkungen über die Lehre vom unvollständigen Beweise"[333] eingesetzt, die eine begriffliche Klärung des Beweisproblems anstrebte und starke Beachtung fand. Hatten die Vertreter einer irrationalistisch-subjektivistischen Auffassung von der Überzeugungsbildung im Geschworenengericht großenteils unter dem Einfluß der *Hegelschen* Rechtsphilosophie gestanden, so suchte *Jarcke* dagegen den *Kantischen* Wahrheitsbegriff für die juristische Beweislehre fruchtbar zu machen und von ihm aus der Schwurgerichtsidee ihre einseitig subjektive Zuspitzung zu nehmen. Die Frage: „Was ist Wahrheit?", die *Jarcke* an den Anfang seiner Untersuchung stellte[334], beantwortete er im Anschluß an *Kant*[335] mit dem Satz: „Die Wahrheit liegt in der Übereinstimmung der Überzeugung des urtheilenden Subjects mit dem erkannten Objecte"[336], eine Feststellung, die nach zwei Richtungen hin Klarheit schaffen sollte. Sie wandte sich einmal gegen den von *Feuerbach* vertretenen[337] und der herrschenden gesetzlichen Beweistheorie zugrunde liegenden Satz, daß die Wahrheit „in der Sache selbst" liege und daher unabhängig von dem urteilenden Richter im Wege logischer Subsumtion aus den gesetzlichen Beweisregeln abgeleitet werden könne. Sie wandte sich aber auch und besonders gegen

---

332 Vgl. dazu besonders *Wieacker:* Privatrechtsgeschichte, S. 65 i. V. m. S. 118; *Dahm:* Deutsches Recht, S. 91 ff.

333 In: NACrR Bd. 8 (1825), S. 97 ff. Zur Bedeutung und Wirkung dieser Abhandlung vgl. vor allem *Wegner: Jarcke*, S. 78 f; *Schwinge:* Kampf um die Schwurgerichte, S. 88; ferner die Rezension von Julius Eduard *Hitzig* in der Zeitschrift für die Criminal-Rechts-Pflege, Bd. 1 (1825), S. 243 ff, sowie *Landsberg:* Geschichte III/2 (Noten), S. 159. Zu *Jarckes* Bedeutung überhaupt vgl. *Wegner: Jarcke*, S. 65 ff; *Landsberg:* Geschichte III/2 (Text), S. 337 f (Noten), S. 158 f.

334 *Jarcke:* Bemerkungen über die Lehre vom unvollständigen Beweise, S. 98.

335 Vgl. *Kant:* Kritik der reinen Vernunft, S. 677, 679 f.

336 *Jarcke*, a. a. O.

337 Vgl. *Feuerbach:* Lehrbuch, S. 815 u. pass.; s. dazu *Jarcke*, a. a. O., S. 98 f.

die der freien Beweiswürdigung zugrunde liegende These – die Lehre von der intime conviction wurde hier angesprochen[338] –, daß die Wahrheit „in der Überzeugung des urtheilenden Subjects allein" zu suchen sei[339]. Denn die Überzeugung sei nur „derjenige Grad des Fürwahrhaltens, der ohne ein Gefühl der Falschheit des Urtheils und ohne ein Bewußtseyn um Gegengründe" in der menschlichen Psyche vorhanden sei[340] und schütze nicht gegen die Unrichtigkeit des Urteils. Könne daher die Wahrheit, um die es im Strafverfahren gehe, nur in der Übereinstimmung des subjektiven „Fürwahrhaltens" mit dem Erkenntnisobjekt bestehen, so ergebe sich als das Kernproblem des Beweisrechts die Frage: „Welche Garantie hat der Mensch für die Richtigkeit seines Urtheils, oder dafür, daß sein Fürwahrhalten mit der Wahrheit übereinstimme?" Darauf müsse geantwortet werden: „Die einzige Garantie dafür kann nur in den Gründen liegen; sie kann namentlich nicht in der Überzeugung selbst liegen, sonst hätte der Mensch bei sich und bei Andern nur zu untersuchen, ob er oder ob der Andere überzeugt sey[341]." Sei die Wahrheitsfindung aber eine Frage der Gründe, so sei sie zugleich eine Frage der Logik und der richtigen Schlußfolgerung: „Das Prüfen und Abwägen dieser Gründe ist aber ein Geschäft der Reflexion und folglich des Verstandes[342]."

Aus dieser Tatsache ergab sich für *Jarcke* zwingend die Unrichtigkeit der traditionellen Schwurgerichtsvorstellung und der mit ihr verbundenen Auffassung von der Überzeugungsbildung des Geschworenen. Einen prinzipiellen Unterschied zwischen der Denkweise des Geschworenen und der des rechtsgelehrten Richters erkannte er nicht an; die zur Verurteilung notwendige Gewißheit beruhte nach *Jarcke* hier wie dort weder auf einem dunklen instinktartigen Wahrheitsgefühl noch auf unreflektierter „Totalanschauung"[343], sondern war allein das Ergebnis einer auf Gründen beruhenden Reflexion[344]:

> „Wollen die Geschwornen sich eine Überzeugung bilden, und eine Garantie für die Richtigkeit ihrer Überzeugungen haben, so stehen sie hierin ... dem deutschen Richter ganz gleich. Sie müssen sich der Gründe ihrer Erkenntniß bewußt werden, diese einzeln prüfen und prüfen, ob dieselben in ihrer Gesammtheit zu einem Urtheil hinreichen. Dies Alles ist ein Geschäft der Reflexion, demnach können die Geschwornen also die Gewißheit, daß ihr Urtheil richtig sey, nur durch Reflexion gewinnen."

---

[338] Vgl. *Wegner:* Jarcke, S. 78 oben.

[339] *Jarcke*, a. a. O., S. 99.

[340] *Jarcke*, a. a. O., S. 100.

[341] *Jarcke:* Bemerkungen über die Lehre vom unvollständigen Beweise, S. 100.

[342] *Jarcke*, a. a. O., S. 101.

[343] Vgl. dazu im einzelnen *Jarcke*, a. a. O., S. 101.

[344] *Jarcke*, a. a. O., S. 102/103.

Die hier von *Jarcke* mit großer Klarheit ausgesprochene Erkenntnis, daß die geistige Tätigkeit des Geschworenen bei der Entscheidung über die Tatfrage die gleiche sei wie die des juristisch ausgebildeten Richters, begann seit den dreißiger Jahren mehr und mehr in der wissenschaftlichen Lehre vorzudringen. Neben der herrschenden subjektiv-irrationalen Schwurgerichtsvorstellung gewann in zunehmendem Maße die Auffassung an Boden, daß auch die frei von Beweisregeln sich vollziehende Überzeugungsbildung des Geschworenen gleichwohl auf Reflexion, logischem Denken und objektiv zureichenden Gründen beruhen müsse. Der Ansicht *Jarckes* schloß sich auch *Mittermaier* in seiner 1834 erschienenen Beweislehre an[345]. Ausgehend von dem Grundsatz, daß „Wahrheit die Übereinstimmung der Vorstellung von einem Gegenstande mit dem wirklichen Wesen desselben"[346] und Überzeugung ein psychischer Zustand sei, „in welchem unser Fürwahrhalten auf völlig befriedigenden Gründen beruht, deren wir uns bewußt sind"[347], erklärte *Mittermaier* wie *Jarcke* jedes nur subjektive „Fürwahrhalten", „in welchem wir etwas für wahr annehmen, ohne uns entweder der Gründe dafür deutlich bewußt zu sein oder ohne völlig zureichende Gründe zu haben" für ungenügend[348]. In einem 1844 erschienenen Aufsatz[349] zog *Mittermaier* aus dieser Grundauffassung die ausdrückliche Folgerung, daß die Lehre vom „Totaleindruck" unrichtig und irreführend sei. Es sei ein Irrtum zu glauben, „daß die Geschworenen nur nach ihrer subjectiven Überzeugung, gleichsam nach dem durch keine klare Vorstellung geleiteten Totaleindrucke urtheilen" sollten[350]. Wenn auch nicht geleugnet werden könne, daß diese Ansicht dem französischen Recht zugrunde liege, so betrachte man die Lehre vom Totaleindruck jedoch „mit Unrecht als zum Wesen der Jury gehörig"[351]. *Mittermaier* wies — ein Gesichtspunkt, der bisher fast ganz übersehen worden war — auf das Bestehen eines ausgeprägten Beweisrechts im englischen Schwurgerichtsverfahren, das „law of evidence", hin, das den Zweck habe, den Geschworenen für die Entscheidung über die Tatfrage einen „Inbegriff von Regeln" zur Verfügung zu stellen, „welche durch lange Gerichtsübung, durch gesunden Verstand und Logik ausgebildet

---

345 Gemeint ist die hier abkürzend als „Beweislehre" zitierte „Lehre vom Beweise im deutschen Strafprozesse nach der Fortbildung durch Gerichtsgebrauch usw.", Darmstadt 1834.

346 a. a. O., S. 63/64.

347 a. a. O., S. 70.

348 a. a. O., S. 69.

349 Über den neuesten Zustand der Ansichten der Gesetzgebung und der Wissenschaft über den Indicienbeweis usf., in: ACrR 1844, S. 274 ff (293 f).

350 *Mittermaier*, a. a. O., S. 293.

351 a. a. O., S. 294.

worden" seien[352]. Das zeige, wie wenig eine rationale, auf Reflexion beruhende Überzeugungsbildung mit dem Wesen des Schwurgerichts unvereinbar sei. Zu jeder Abwägung der Beweise – so führte *Mittermaier* 1845 ergänzend aus[353] – gehöre nun einmal außer einer umfassenden Kenntnis der Lebensverhältnisse und einer Fülle von Erfahrungen auch ein „logischer Geist, welcher die Thatsachen zergliedert und richtige Schlüsse zieht".

Unter dem maßgeblichen Einfluß *Mittermaiers* wuchs die Opposition gegen die herkömmliche Vorstellung von der Überzeugungsbildung im Schwurgericht. Seit den vierziger Jahren des 19. Jahrhunderts wurde daher die Lehre von der „Totalanschauung" immer seltener vertreten, und es setzte sich allmählich die Auffassung durch, daß auch die Entscheidung der Jury ein rationaler Denkvorgang sein müsse, der nur deshalb nicht gesetzlichen Beweisregeln unterworfen und in Form von Entscheidungsgründen offengelegt werden könne, weil bei den Geschworenen die dazu erforderlichen Rechtskenntnisse nicht vorauszusetzen seien[354]. Damit hatte jedoch die Schwurgerichtsidee – und mit ihr die Maxime der freien Beweiswürdigung – ihren subjektivistisch-irrationalistischen Einschlag verloren. Zwischen dem Erkenntnisakt des Geschworenen und dem des rechtsgelehrten Richters bestand insoweit kein prinzipieller Unterschied mehr. Die Folgerung, daß der juristisch ausgebildete Berufsrichter, wenn man ihm die freie Würdigung der Beweise gestatte, zwangsläufig nicht mehr nach der Logik, sondern nach seinem unreflektierten gefühlsmäßigen „Totaleindruck" entscheide, war nun nicht mehr zwingend; eine Übertragung des Grundsatzes der freien Beweiswürdigung auf die Entscheidungstätigkeit des rechtsgelehrten Richters erschien denkbar.

Dieser Rationalisierung des Prinzips der freien Beweiswürdigung entsprach ein Sinnwandel der gesetzlichen Beweistheorie, in dessen Verlauf sich die beobachtete Annäherung zwischen freier Beweiswürdigung und gesetzlicher Beweistheorie gleichsam in gegenläufiger Richtung vollzog. Beeinflußt durch die allgemeine Wandlung der Richtervorstellung in der ersten Hälfte des 19. Jahrhunderts begann man die Entscheidung des Richters in der Tatfrage nicht mehr als bloß logisch-schematische Folgerung aus den gesetzlichen Beweiskriterien zu betrachten, die – wie *Mittermaier* formulierte[355] – „unabhängig von dem urtheilenden Subjecte gleichsam selbst wider den Willen desselben" stattfinde; vielmehr war man sich der Tatsache bewußt geworden, daß die Bedingungen für eine richtige Würdigung

---

352 Vgl. *Mittermaier*, a. a. O., S. 294.

353 *Mittermaier:* Mündlichkeit, S. 367/368.

354 Vgl. dazu die umfassenden Nachweisungen bei *Schwinge:* Kampf um die Schwurgerichte, S. 89, Fußn. 1.

355 *Mittermaier:* Beweislehre, S. 67.

der Beweise nicht nur in objektiven Normen, sondern auch und ganz wesentlich in dem Subjekt des Erkenntnisakts: dem urteilenden Richter selbst liegen[356]. Der aus der Schwurgerichtstheorie stammende Gedanke, daß das Urteil „die innerste Überzeugung des Richters zu seinem letzten Fundamente haben" solle (*Köstlin*), beeinflußte die Vorstellungen über Inhalt und Wert der gesetzlichen Beweistheorie. Auf diesen Bereich übertragen verlor er zwar den irrationalen Gehalt, der ihm von der Schwurgerichtsidee her zugeflossen war, aber er bahnte entscheidend die Wendung vom Gesetz zum Richter an, die sich nunmehr auf dem Gebiet des Beweisrechts in Form einer Hinordnung der gesetzlichen Beweistheorie auf das Erkenntnissubjekt „Richter" vollzog. Der Begriff der richterlichen Überzeugung, auf den schon *Justi* abgestellt hatte, wurde zum Zentralbegriff des Beweisrechts.

Wiederum war es *Jarcke* gewesen, dessen Gedanken an dieser Wandlung entscheidenden Anteil gehabt hatten. *Jarcke* hatte sich mit dem Satz, daß die Wahrheit „in der Übereinstimmung der Überzeugung des urtheilenden Subjects mit dem erkannten Objecte" liege[357], nicht nur von der subjektivistischen Schwurgerichtsvorstellung, sondern zugleich von der Beweislehre der Aufklärung losgesagt, welche die Wahrheit allein im Objekt hatte finden wollen. Für diese Lehre beruhte die „Beweiskraft" eines Beweismittels nicht sowohl auf dessen Überzeugungskraft für den Richter als vielmehr auf bestimmten, isoliert vom Bewertungsakt des Richters vorgestellten Qualitäten des Beweismittels selbst[358], mit der Folge, daß die Be-

---

[356] Schon *Mittermaier:* Beweislehre, S. 69/70, sah, daß es sich hier um einen psychologischen Vorgang handelte: „Durch die Wirkung ... der Gründe, aus welchen wir Wahrheit ableiten, wird auf der Waage des menschlichen Gemüthes ein Eindruck oder eine Bewegung hervorgebracht, welcher eine gewisse Art von Seelenzustand correspondirt." – Übrigens wies auch *Kant:* Kritik der reinen Vernunft, S. 677, auf die „subjektiven Ursachen im Gemüte dessen, der da urteilt" hin.

[357] *Jarcke:* Bemerkungen über die Lehre vom unvollständigen Beweise, S. 98.

[358] Das war der Grundgedanke der Unterscheidung zwischen „natürlichem" („direktem") und „künstlichem" („indirektem") Beweis. Man glaubte, daß die „natürlichen" Beweismittel (Zeugen, Geständnis usw.) in sich selbst die Erkenntnisgründe für die Wahrheit enthielten, während umgekehrt die „künstlichen" (Indizien) nur durch Schlußfolgerung des Richters zur Wahrheit führen könnten. Darauf beruht die hohe Wertschätzung des Zeugenbeweises im Gegensatz zum Indizienbeweis. Vgl. zum Ganzen *Mittermaier:* Beweislehre, S. 139 f u. p. – Aus der älteren Lehre vgl. bes. *Grolman:* Grundsätze, § 341, S. 607; *Feuerbach:* Lehrbuch, S. 815 f. Abweichend schon *Kleinschrod:* Über den Beweis durch Anzeigen, S. 211. Kritisch zu dieser Lehre *Tomaschek:* Indicienbeweis, S. 448 f; K. S. *Zachariä:* Vierzig Bücher vom Staate, Bd. III, S. 51 f.

weiskraft abstrakt-generell in einem gesetzlichen Tatbestand umschrieben und dem Richter so als feststehende logische Größe für den Entscheidungssyllogismus zur Verfügung gestellt werden konnte. Die Tätigkeit des Richters bestand dabei der Idee nach lediglich in der Unterordnung der konkreten Eigenschaften des Beweismittels unter dessen im Gesetz abstrakt umschriebene Qualitäten: in einer logisch-mechanischen Subsumtion. Dieser Theorie setzte *Jarcke* mit Entschiedenheit den Gedanken entgegen, daß sich „ein Urtheil ohne ein urtheilendes Subject nicht denken" lasse[359]. Zwar hielt auch er an der gesetzlichen – und zwar sogar an der positiven[360] – Beweistheorie noch fest. Aber eben diese gesetzliche Beweistheorie erfuhr bei *Jarcke* einen bemerkenswerten Bedeutungswandel, wurde, entsprechend seinem Ausgangspunkt, in eine innere Beziehung zur „Überzeugung" des erkennenden Richters gesetzt. Im Gegensatz zu der damals herrschenden gesetzlichen Beweistheorie der Aufklärung[361] war für *Jarcke* die persönliche Überzeugung des Richters die unverzichtbare Grundlage des juristischen Beweises, und er verlangte ausdrücklich, daß der Berufsrichter wie der Geschworene nach seiner inneren Überzeugung entscheiden müsse[362], nach einer Überzeugung allerdings, die *Jarcke* nicht mehr als „dunkles, instinctartiges Gefühl"[363], sondern allein als Ergebnis rationalen Denkens und logischer Schlußfolgerung verstand[364]. Andererseits waren aber auch die gesetzlichen Beweisregeln nach *Jarckes* Auffassung mehr als nur äußere positiv-gesetzliche Normen, die das Handeln des Richters von außen her, ohne Rücksicht auf seine innere Überzeugung, determinierten, sondern gleichsam nach außen projizierte Denkgesetze, die als innere Bedingungen zuverlässiger Beweiswürdigung jeder aus der Sphäre des rein Gefühlsmäßigen herausgehobenen Überzeugungsbildung immanent waren. Insofern gebe es „auch, ohne daß sie ausdrücklich oder gesetzlich aufgestellt wäre, eine Beweistheorie"[365] als innere Bedingung richterlicher Erkenntnis, die „allgemeingültig wie die Natur des menschlichen Geistes"[366] sei und sich in dem Satz zusammenfassen lasse[367]: „Wo hinreichende Erkenntnißgründe vorhanden sind, welche

---

[359] *Jarcke:* Bemerkungen über die Lehre vom unvollständigen Beweise, S. 113/114.

[360] Vgl. *Jarcke:* Bemerkungen über die Lehre vom unvollständigen Beweise, S. 110/111.

[361] Abweichend jedoch schon *Kleinschrod:* Über den Beweis durch Anzeigen, S. 211.

[362] *Jarcke,* a. a. O., S. 113 f.

[363] *Jarcke,* a. a. O., S. 110.

[364] *Jarcke,* a. a. O., S. 107 u. p.

[365] *Jarcke,* a. a. O., S. 107 f.

[366] *Jarcke,* a. a. O., S. 109.

[367] *Jarcke,* a. a. O., S. 109.

dafür sprechen, daß die erlangte Erkenntniß mit der Sache übereinstimme, da ist der Mensch die Wahrheit anzunehmen verpflichtet." Gesetzliche Beweisregeln, die im Sinne dieser „natürlichen Beweistheorie"[368] auf die Urteilsgewinnung des Richters einwirkten, vergewaltigten und verfälschten daher seine Überzeugung nicht, sondern klärten und förderten die richterliche Überzeugungsbildung[369]:

> „Eine Gesetzgebung, die also jene logischen Gesetze ausspricht, spricht nur das sich von selbst Verstehende aus, und man kann eben so wenig von ihr sagen, daß sie dem Richter Fesseln anlege, als überhaupt die Logik als etwas den Menschen und seine natürliche Freiheit Beschränkendes gedacht werden kann. Sie bringt vielmehr dem Richter das sich ohnehin von selbst Verstehende vor Augen und erleichtert demselben sein Geschäft."

Allerdings dürfe die gesetzliche Beweistheorie nichts regeln, was der Logik und damit der rationalen Überzeugung des Richters widerspreche. Diese Gefahr sei indessen bei dem herrschenden gesetzlichen Beweissystem, insbesondere dem der preußischen Kriminalordnung, nicht gegeben. Auch dieses enthalte im Grunde keine Regeln, die man nicht letztlich auch als Gesetze der Logik und Grundsätze der Erfahrung anerkennen könne, was vor allem für die Normen über den Zeugenbeweis gelte[370].

Mit dieser Einbeziehung des Begriffs „Überzeugung" in das gesetzliche Beweissystem hatte *Jarcke* die Wandlung im Verständnis der gesetzlichen Beweisregeln gleichsam schon vorweggenommen[371], die sich in den dreißiger und vierziger Jahren innerhalb der gesetzlichen Beweistheorie abzeichnet[372]: die Beweisregeln des gemeinen und partikularen Strafverfahrensrechts wurden nicht mehr nur als äußere positiv-gesetzliche Normen verstanden, denen der Richter in seiner Eigenschaft als unselbständiges Vollzugsorgan des Gesetzes im Interesse der Verhütung richterlicher „Willkür" unterworfen sei[373]; vielmehr hatte sich im Gleichlauf mit der Lockerung der richterlichen Gesetzesgebundenheit im materiellen Recht auch im Beweisrecht das Verhältnis Richter — Gesetz insofern gewandelt, als die gesetzlichen Beweisregeln nunmehr von der Überzeugungsbildung des erkennenden Richters her gedeutet und als kodifizierte innere Gesetze richterlicher Erkenntnisgewinnung aufgefaßt wurden, die jeder sorgfältige

---

368 *Jarcke*, a. a. O., S. 109.

369 ebendort.

370 *Jarcke*, a. a. O., S. 110/111.

371 An die Theorie *Jarckes* anklingende Gedanken allerdings schon bei *von Weber*: Strafrechtliche Gewißheit, bes. S. 575.

372 Sie ist schon *von Wick*: Beweistheorie, S. 48 ff, aufgefallen.

373 So allerdings noch *Bauer*: Über gesetzliche Beweistheorie, S. 108; *Abegg*: Beiträge, S. 142.

Richter bei gewissenhafter Beweiswürdigung befolge. Hatte *Jarcke* noch vorwiegend auf den Gesichtspunkt der Entscheidungslogik abgestellt, so wurde jetzt auch auf den Gehalt an richterlicher Erfahrung hingewiesen, der in den gesetzlichen Beweisregeln aufgehoben sei. Das gesetzliche Beweissystem – diese Auffassung setzte sich in der Folge unter den Vertretern der gesetzlichen Beweistheorie immer mehr durch – bezwecke nicht in erster Linie die Gesetzesbindung des Richters um ihrer selbst willen, sei insofern kein „Product gesetzgeberischer Willkühr", sondern erstrebe auf dem Wege über jene Gesetzesbindung nur die „Sanctionirung allgemeiner Vernunftwahrheiten über die Auffindung der Gewißheit und der aus einer langen Erfahrung abstrahirten Regeln"[374], um „dem Richter einen aus Vernunft und Erfahrung abstrahirten Maaßstab für die Würdigung der Beweise"[375] zu geben.

Dieser Versuch der wissenschaftlichen Lehre, die positiv-gesetzlichen Beweisregeln aus der immanenten logisch-empirischen Gesetzlichkeit der richterlichen Überzeugungsbildung heraus zu rechtfertigen, setzte allerdings, wie schon *Mittermaier* gesehen hat[376], eine ganz bestimmte Ausgestaltung der gesetzlichen Beweistheorie selbst voraus. Das Argument, daß der Inhalt der auf rationalem Wege und unter Berücksichtigung bewährter Erfahrungssätze gewonnenen richterlichen Überzeugung bei jedem gewissenhaften Richter regelmäßig mit dem aus den gesetzlichen Beweisregeln abzuleitenden Beweisergebnis kongruent sei, blieb ein fragwürdiger dialektischer Kunstgriff, solange die Vertreter der gesetzlichen Beweistheorie daran festhielten, daß der Richter verpflichtet sei, im Einzelfall auch gegen seine individuelle

---

374 So *Mittermaier:* Beweislehre, S. 87.

375 *Mittermaier:* Beweislehre, S. 88. Vgl. ferner ebda. S. 89 u. pass. Besonders charakteristisch für diese Auffassung *Zachariä:* Gebrechen und Reform, S. 196: Beweisregeln seien „die durch Vernunft und Erfahrung erkannten und bewährten Sätze über diejenigen Dinge, welche die Erkenntniß von Thatsachen sichern oder andererseits die Wahrheit leicht gefährden"; S. 199: „Die gesetzlichen Beweisregeln können und sollen im Allgemeinen nichts anderes seyn als die Zusammenstellung der durch hundert- und tausendjährige Erfahrung bestätigten Sätze über die Sicherheit oder Unsicherheit der menschlichen Erkenntniß, über gewisse für die Herstellung der Wahrheit nothwendige äußere Garantieen. Diese Erfahrung bestätigt gewisse Mittel, durch welche die Absonderung des Scheins von der Wahrheit befördert wird; sie belehrt uns über die Gründe, welche bei der mittelbaren, auf Mittheilungen anderer beruhenden Erkenntniß die Glaubwürdigkeit der Zeugnisse zu bestimmen pflegen, bestätigt die Nothwendigkeit gewisser dabei zu beobachtender Formen und giebt uns warnende Fingerzeige selbst bei eigener, auf Augenschein beruhender Wahrnehmung." Vgl. im übrigen *Gerau:* Über gesetzliche Beweistheorie, S. 375.

376 Vgl. *Mittermaier:* Beweislehre, S. 85 f, 92.

Überzeugung nach Maßgabe des gesetzlichen Beweisergebnisses eine Verurteilung auszusprechen. M. a. W.: die bisher herrschende positive Beweistheorie, deren Unvereinbarkeit mit einer gewissenhaften richterlichen Wahrheitsfindung schon *Filangieri* erkannt hatte[377], ließ sich angesichts der veränderten Auffassung über die Funktion des gesetzlichen Beweissystems nicht mehr aufrechterhalten, weil sie deren Grundprämisse, der Harmonie von individueller richterlicher Überzeugung und gesetzlichem Beweisergebnis, widersprach. Nicht zufällig war daher mit der beobachteten Wandlung im Verständnis der gesetzlichen Beweisregeln zugleich eine Strukturveränderung der Beweistheorie selbst verbunden. Weniger als Folge eines bewußten Übergangs zu einer neuen „Theorie" als vielmehr bedingt durch die Art und Weise, wie Gesetzgebung und Wissenschaft bei der Formulierung und Auslegung der gesetzlichen Beweiskriterien nunmehr die Überzeugung des Richters mitberücksichtigten, nahm die herrschende Beweislehre immer deutlicher die Gestalt der sogenannten negativen Beweistheorie an, die zwar schon seit *Feuerbach* bekannt war, aber bisher nur sehr geringe praktische Bedeutung gehabt hatte[378]. Man hielt den erkennenden Richter im allgemeinen[379] nicht mehr für verpflichtet, seine eigene Überzeugung im Konfliktsfall dem gesetzlichen Beweisergebnis zu unterwerfen und den Angeklagten, wie es die positive Beweistheorie verlangte, bei Vorliegen des gesetzlichen Beweises selbst dann zu verurteilen, wenn er über dessen Täterschaft oder Schuld noch begründete Zweifel hegte. Andererseits aber – und dieses Erfordernis hatte die ältere negative Beweistheorie *Filangieris* und *Feuerbachs* noch nicht gekannt – verlangte man nunmehr auch, daß der Richter nicht allein auf Grund der gesetzlichen Beweisregeln entscheiden dürfe, ohne zugleich von der Richtigkeit seiner Entscheidung persönlich überzeugt zu sein[380]. Er

---

[377] Vgl. dazu oben S. 140.

[378] Zur Entwicklung im einzelnen vgl. besonders die zusammenfassende Darstellung von *Glaser:* Beiträge, S. 10 ff, 16; ferner *von Kries:* Lehrbuch, S. 61; *Geyer:* Beweis, S. 194 f, jeweils mit weiteren Hinweisen. Mitunter betrachtete man die negative Beweistheorie sogar als Bestandteil des gemeinen Rechts. Vgl. dazu *Biener:* Englisches Geschwornengericht I, S. 304; ders.: Abhandlungen II, S. 162; *Zachariä:* Grundlinien, S. 179 ff; ders.: Gebrechen und Reform, S. 201, 260; *Mittermaier:* Beweislehre, S. 84 ff, 92; ders.: Strafverfahren I (4. Aufl. 1845), S. 535; dagegen *Köstlin:* Wendepunkt, S. 119.

[379] Allerdings wurde auch die positive Beweistheorie noch vertreten, am konsequentesten von *Bauer:* Über gesetzliche Beweistheorie, S. 105 ff; weitere Vertreter bei *Savigny:* Beweistheorie, S. 482.

[380] Vgl. aus der Literatur *Zachariä:* Gebrechen und Reform, S. 200 f; *Leue:* Anklageproceß, S. 132; *von Weber:* Praktische Bemerkungen, S. 199; *Molitor:* Erfahrungen, S. 41 f; *Biener:* Englisches Geschwornengericht I, S. 305; *Möhl:* Über das Urtheilen rechtsgelehrter Richter, S. 285; *Mitter-*

war demnach nicht nur berechtigt, sondern auch verpflichtet, das gesetzliche Beweisergebnis bei entgegenstehender persönlicher Überzeugung nicht anzuerkennen. Angesichts dieser doppelten Relevanz der individuellen richterlichen Überzeugung kam den gesetzlichen Beweisregeln – und das kennzeichnet diese jüngere negative Beweistheorie – lediglich noch die Funktion eines gesetzlichen Beweisminimums bei im übrigen freier Überzeugungsbildung zu[381]; die negative gesetzliche Beweistheorie stellte in dieser Fassung, wie es *Glaser* ausgedrückt hat[382], nur noch einen „Appell an die individuelle Überzeugung des Richters" dar.

dd) Mit dieser Ausrichtung auf die individuelle Überzeugung des Richters war die gesetzliche Beweistheorie dem Prinzip der freien richterlichen Beweiswürdigung strukturell so stark angenähert worden[383], daß sich der vordem prinzipielle Gegensatz zwischen beiden Beweismaximen zu einem bloßen Gradunterschied abgeschwächt und die gesetzliche Beweistheorie geradezu die Form einer Modifikation des Grundsatzes der freien Beweiswürdigung angenommen hatte[384]. Die seit *Jarcke* zu beobachtende Einbeziehung der richterlichen Überzeugung in das System gesetzlicher Beweisregeln hatte die gesetzliche Beweistheorie indessen auch mit einem tiefgreifenden inneren Widerspruch belastet, der ihre eigentliche Schwäche deutlich werden ließ: die Unfähigkeit, dem konkreten Fall in seiner Individualität gerecht zu werden[385]. Beruhte doch die gesetzliche Beweistheorie auf der Voraussetzung, daß der Richter den Einzelfall auf Grund gesetzlich fixierbarer abstrakt-genereller Vernunftgesetze und „Durchschnittserfahrungen über den Wert der Beweismittel"[386] zutreffend beurteilen könne, daß mithin die Beweiswürdigung sich nach „allgemeinen, von jedem Richter gleichmäßig zu beachtenden Regeln der Erkenntnis"[387] vollziehe, eine Vorstellung, die in der Gleichsetzung von gesetzlichem Beweisergebnis und richterlicher Überzeugung ihren Ausdruck fand. Eben diese Prämisse war aber im Grunde stillschweigend wieder auf-

---

maier: Beweislehre, S. 83/84. S. ferner *Ortloff:* Beweisregeln und Entscheidungsgründe, S. 462.

381 *Mittermaier:* Beweislehre, S. 84.

382 Geschichtliche Grundlagen, S. 14.

383 Vgl. *Westhoff:* Grundlagen, S. 116.

384 Vgl. *Gerau:* Über gesetzliche Beweistheorie, S. 375.

385 Vgl. schon *Stahl:* Philosophie des Rechts III, S. 421: „Der gesetzliche Beweis hat den Mangel alles formellen Rechts. Wie das formelle Recht überhaupt die Gerechtigkeit des bestimmten Falls nicht treffen kann, so kann die Regel über Wahrheit und ihre Proben noch weniger die Wahrheit des bestimmten Falls treffen." Vgl. ferner insbesondere *Ullmann:* Lehrbuch, S. 323 f.

386 *Stein:* Das private Wissen des Richters, S. 33.

387 *Ullmann:* Lehrbuch, a. a. O.

gegeben worden, als dem Richter das Recht gegeben und sogar die Verpflichtung auferlegt wurde, das formelle Beweisergebnis auf Grund seiner persönlichen, nicht aus jenen generellen Regeln zu gewinnenden Überzeugung zu überprüfen und zu korrigieren[388]. Denn damit wurde anerkannt, daß der Richter bei der Würdigung der Beweise nicht nur das Vollzugsorgan feststehender, generalisierbarer Vernunft- und Erfahrungssätze war, sondern darüber hinaus in jedem einzelnen Falle eine mit allgemeinen Erfahrungssätzen allein nicht zu bewältigende konkrete Wertentscheidung treffen mußte, die ihre Grundlage in der nur dem jeweiligen Richter zugänglichen Individualität des Sachverhalts und der in ihrer Einmaligkeit unwiederholbaren Lebensbeziehung des Tatrichters zu Zeugen und Angeklagten hatte[389]. Insofern bedeutete schon die Existenz der negativen Beweistheorie das Eingeständnis, daß die aus der Summe richterlichen Erfahrungswissens abstrahierten „Vernunftwahrheiten", die in den Beweisregeln niedergelegt waren, zur Beurteilung des Einzelfalls nicht ausreichten und folglich eine zuverlässige Wahrheitserforschung nicht gewährleisteten[390]. Damit wurde aber die gesetzliche Bindung des Richters an Beweisregeln, an der auch die negative Beweistheorie grundsätzlich festgehalten hatte, logisch und psychologisch fragwürdig. Logisch, weil sie den Richter daran hinderte, auf Grund anderer, von der Logik anerkannter, aber gesetzlich nicht fixierbarer Regeln zu entscheiden[391]; psychologisch, weil sie ihn dazu verleiten konnte, es bei der Anwendung der gesetzlichen Beweisregeln bewenden zu lassen, ohne die Beweiskraft der einzelnen Beweismittel individuell zu beurteilen[392].

---

388 Vgl. *Glaser:* Beiträge, S. 15: „Die negative Beweistheorie verwickelt sich also in einen unlösbaren Widerspruch: sie beruht auf dem Gedanken, daß es möglich und nöthig sei, nicht blos die Beweisqualität, sondern auch die Beweiskraft durch abstracte Regeln zu bestimmen, und sie schenkt diesen das Vertrauen, das sie dem Richter versagt: daß dadurch das Richtige getroffen werde; zugleich aber bezweifelt sie das wieder und findet die entscheidende Gewähr nicht darin, daß die Beweismittel jenen abstracten Anforderungen entsprechen, sondern in dem Eindruck, den sie auf den Richter machen."

389 Vgl. dazu schon *Mittermaier:* Beweislehre, S. 67 u. 69; ferner *Leue:* Anklageproceß, S. 139 ff; *Möhl:* Über das Urtheilen rechtsgelehrter Richter ohne gesetzliche Beweistheorie, S. 291; *Savigny:* Beweistheorie, S. 486.

390 Vgl. dazu *Glaser:* Beiträge, S. 14 f; ders.: Geschichtliche Grundlagen, S. 14; *Ortloff:* Beweisregeln und Entscheidungsgründe, S. 463; *Walther:* Rechtsmittel, Bd. 1, S. 86 f; *Westhoff:* Grundlagen, S. 116.

391 Vgl. *Ullmann:* Lehrbuch, S. 323 f. Vgl. ferner *Beling:* Reichsstrafprozeßrecht, S. 292, sowie *Wundts* Kritik an der gesetzlichen Beweistheorie (Logik II/2, S. 588).

392 Vgl. im einzelnen *Savigny:* Beweistheorie, S. 489, 490; *Geyer:* Beweis, S. 195; *Glaser:* Beiträge, S. 16.

An diesem Punkte setzten schon vor 1846 die Gegner der gesetzlichen Beweistheorie mit ihrer Kritik an. Bereits im Jahre 1840 forderte *Leue* in seiner Schrift über den „Anklageprozeß" die allgemeine Anerkennung des Prinzips der freien Beweiswürdigung[393]. Die Überzeugungskraft eines Beweismittels, so führte *Leue* aus, lasse sich nicht in allgemeingültigen Regeln festhalten, sondern sei Sache der individuellen richterlichen Beurteilung. Das gelte insbesondere für die Bewertung von Zeugenaussagen[394]. Für die Prüfung, ob die Bekundung des Zeugen mit der Wirklichkeit übereinstimme, biete der Inhalt der Aussage selbst meist keine Anhaltspunkte; auch ein Vergleich mit anderen Umständen beseitige nur selten die möglichen Zweifel. So sei das Vertrauen des Richters in die Gewissenhaftigkeit des Zeugen, das ihm dessen persönlicher Eindruck in der Hauptverhandlung vermittle, die eigentliche Grundlage der Bewertung. Nur die eigenen Wahrnehmungen, nicht generelle Erfahrungen könnten dem Richter insoweit Gewißheit verschaffen. Der gewissenhaften und um möglichst vollständige Aufhellung aller erheblichen Umstände bemühten individuellen Beurteilung des Richters bleibe hier alles anheimgestellt[395].

Leues Forderung nach Beseitigung der gesetzlichen Beweistheorie fand in der Folgezeit rasch weitere Verfechter. Im Jahre 1842 unternahm *Möhl* einen weiteren Vorstoß in dieser Richtung. In seiner Abhandlung „Über das Urtheilen rechtsgelehrter Richter ohne gesetzliche Beweistheorie" suchte er nachzuweisen, daß in einem öffentlich-mündlichen Strafverfahren „eine gesetzliche Beweistheorie nicht nur entbehrlich, sondern unzweckmäßig und verwerflich" sei[396]. *Möhl* ging davon aus, daß der juristische Beweis niemals mathematische, sondern nur „geschichtliche" Gewißheit bedeute, eine Gewißheit, die hergestellt werde „durch einen Inbegriff objektiver, die Überzeugung des Richters bestimmender Gründe"[397]. Sie beruhe wesentlich auf den Erfahrungen und Beobachtungen des Richters, sei „das Resultat der gewissenhaften Prüfung der Beweismittel"[398] und bleibe deshalb immer mehr oder weniger subjektiv. Unter diesen Umständen könne der mögliche Sinn einer — negativen[399] — Beweistheorie nur darin gesehen werden, daß sie allgemeine „Vernunftwahrheiten" und be-

---

393 *Leue:* Anklageproceß, S. 132 ff. Vgl. dazu die Rezension von *F. Nöllner* in ZStrVerf Bd. 1 (1841), S. 524 ff.

394 *Leue:* Anklageproceß, S. 139 ff.

395 *Leue:* Anklageproceß, S. 143.

396 *Möhl:* Über das Urtheilen rechtsgelehrter Richter ohne gesetzliche Beweistheorie, S. 278 ff.

397 *Möhl,* a. a. O., S. 283.

398 *Möhl,* a. a. O., S. 283.

399 *Möhl,* a. a. O., S. 287.

währte Erfahrungsregeln gesetzlich sanktioniere, damit der kleine Kreis der Erfahrungen eines einzelnen Richters durch die Erfahrungen und Erkenntnisse von Generationen bereichert werde[400]. Dieses an sich anerkennenswerte Anliegen der Vertreter einer gesetzlichen Beweistheorie, so führte *Möhl* weiter aus[401], sei jedoch mit dem Mittel des Gesetzes nicht zu verwirklichen. Sei es doch schlechterdings unmöglich, „sichere Regeln darüber vorzuschreiben, wann und wie weit man einem Beweismittel Glauben schenken oder an dessen Glaubwürdigkeit zweifeln solle“[402]. Denn: „Nur die Individualität des einzelnen Falles kann über die Momente der Beweiskraft der Beweismittel entscheiden[403].“ Man könne nicht auf Grund allgemeiner Lebenserfahrung im voraus eine Gruppe von Zeugen für verdächtig und weniger glaubwürdig erklären, während doch nur der Einzelfall eine sichere Entscheidung darüber zulasse[404]. Ebenso könne nur auf Grund des Einzelfalls beurteilt werden, ob und wann ein einziger Zeuge zum Beweis ausreiche[405]. Die gesetzliche Beweistheorie, die darüber verbindliche allgemeingültige Regeln aufstelle, sei deshalb unzutreffend. *Möhl* forderte, daß statt bindender gesetzlicher Normen unverbindliche wissenschaftliche Anweisungen über Beweiswürdigungsfragen ausgearbeitet würden, so daß es „dem eigenen klugen Ermessen“ des Richters anheimgestellt bleibe, diese Anweisungen bei der Beurteilung des Einzelfalls zu verwerten[406]. Man müsse insoweit mehr Vertrauen zur Persönlichkeit des Richters haben[407]:

> „Das Richteramt ist nothwendig ein Fideicommissum, dem Wissen und Gewissen des Richters (religioni judicantis) ist das Meiste überlassen. Von jedem Richter kann und muß man auch voraussetzen, daß er jene beiden Arten von Salz besitze, von welchen *Carpzov* spricht, salem scientiae, ne sit insipidus, und salem conscientiae, ne sit diabolicus.“

Abgesehen jedoch „von der Persönlichkeit der Richter, ihrem Wissen und Gewissen“ gebe es vor allem zwei Garantien, die besser als jede gesetzliche Beweistheorie die Objektivität des Beweisergebnisses gewährleisteten: die „Unmittelbarkeit“ der Beweisaufnahme[408] und die Pflicht des Richters, Entscheidungsgründe zu geben[409]. Ergänzend

---

[400] *Möhl*, a. a. O., S. 287/288.
[401] *Möhl*, a. a. O., S. 289–291.
[402] *Möhl*, a. a. O., S. 290/291.
[403] *Möhl*, a. a. O., S. 291.
[404] *Möhl*, a. a. O., S. 291/292.
[405] *Möhl*, a. a. O., S. 292.
[406] *Möhl*, a. a. O., S. 293.
[407] *Möhl*, a. a. O., S. 293.
[408] *Möhl*, a. a. O., S. 296 ff; *Möhl* setzt „Unmittelbarkeit“ bezeichnenderweise mit „Öffentlichkeit“ gleich.
[409] *Möhl*, a. a. O., S. 304 f.

hinzukommen müsse eine kollegiale Besetzung des Gerichts und die Möglichkeit, Rechtsmittel einzulegen[410].

In den vierziger Jahren des 19. Jahrhunderts mehrten sich die Stimmen, die eine Befreiung des Richters auch von negativen gesetzlichen Beweisregeln forderten. Es gewann die Auffassung mehr und mehr an Boden, daß Mündlichkeit, Unmittelbarkeit, Öffentlichkeit, Entscheidungsgründe und Rechtsmittel genügende Garantien für die Objektivität der richterlichen Beweiswürdigung seien[411], während andererseits gesetzliche Beweisregeln die individuelle Bewertung des Falles durch den Richter erschwerten. 1842 forderte die Hamburger Senatskommission für die Reform des Strafverfahrens die Einführung der freien richterlichen Beweiswürdigung[412]. 1843 schlossen sich *Hayen*[413], *Molitor*[414] und *Foelix*[415], ein Jahr später auch *Höpfner*[416] den Gegnern der gesetzlichen Beweistheorie an. 1844 trat *Möhl* in seinem Aufsatz „Über die Werthlosigkeit einer gesetzlichen Beweistheorie"[417] erneut für das Prinzip der freien Beweiswürdigung ein. 1845 lehnte auch *Wächter*[418] die gesetzliche Beweistheorie ab, und 1846 befürwortete sogar *Mittermaier*, früher einer ihrer konsequentesten Vertreter, die Maxime der freien Beweiswürdigung[419].

Angesichts dieser wachsenden Opposition gegen die gesetzliche Beweistheorie konnte es 1846 *Savigny* wagen, gegen die damals noch herrschende Auffassung die Übernahme des Grundsatzes der freien Beweiswürdigung in das preußische Strafprozeßrecht vorzuschlagen. Seine Denkschrift über die „Prinzipienfragen" des Strafverfahrensrechts[420] gab den Anstoß zu dem durch die wissenschaftliche Diskussion schon weitgehend vorbereiteten Bruch mit der gesetzlichen Beweistheorie, veranlaßte die Wendung, die mit dem preußischen Gesetz vom 17. Juli 1846 in der Gesetzgebung eintrat[421].

---

410 *Möhl*, a. a. O., S. 304 f.

411 Vgl. *Schwinge*: Kampf um die Schwurgerichte, S. 90.

412 Dazu *Schwinge*: Kampf um die Schwurgerichte, S. 91.

413 H. W. *Hayen*: Der Richter als Geschworner? oder Geschworenengerichte mit Mündlichkeit, Öffentlichkeit und Anklage? (mit C. D. *von Buttel*), Oldenburg 1843, S. 43.

414 Erfahrungen, S. 39 ff (allerdings nicht ganz klar).

415 *Foelix*: Über Mündlichkeit und Öffentlichkeit des Gerichtsverfahrens und über das Geschwornengericht, Karlsruhe 1843, S. 106.

416 Julius *Höpfner*: Über den Anklageproceß und das Geschworenengericht, Hamburg 1844, S. 60.

417 In ZStrVerf N. F. Bd. 2 (1844), S. 184 ff (188 ff).

418 Beiträge zur Deutschen Geschichte, S. 80.

419 *Mittermaier*: Strafverfahren II, S. 316.

420 Vgl. darüber oben S. 169 Fn. 118.

421 Vgl. dazu die Bemerkungen *Goltdammers* zu *Savignys* Denkschrift, in: GA Bd. 6 (1858), S. 469/470.

Nach einem Überblick über den Streitstand[422] ging *Savigny* auf den neuesten Vorschlag der Doktrin ein, „eine spezielle Beweistheorie nicht aufzustellen, sondern im wesentlichen die Überzeugung des Richters entscheiden zu lassen"[423]. Er räumte zunächst das Bedenken aus, daß der Richter, wenn er nicht an gesetzliche Beweisregeln gebunden sei, notwendig allein nach seinem Gefühl entscheide: „Daraus, daß die Beweisregeln nicht ein für allemal gesetzlich festgestellt werden, folgt noch nicht, daß die Richter überhaupt von der Verpflichtung entbunden werden, nach Gründen und Regeln zu urtheilen und hiervon Rechenschaft zu geben. Im Gegenteil können und müssen die Richter nach Aufhören der gesetzlichen Beweistheorie im Wesentlichen durchaus in ihrer bisherigen Stellung verbleiben; sie werden daher nach wie vor ihr Urtheil nach Beweisgründen bilden, von letzteren in der Ausfertigung ihres Erkenntnisses Rechenschaft geben und die Prüfung derselben durch den Appellationsrichter erwarten müssen[424]." „Der Unterschied", fuhr *Savigny* fort[425], „zwischen Richtern mit und ohne gesetzliche Beweistheorie besteht lediglich darin, daß in letzterem Falle dem Richter selbst die Auffindung und Anwendung der Beweisregeln, welche die allgemeinen Denkgesetze, Erfahrung und Menschenkenntniß an die Hand geben, überlassen wird, während in ersterem Falle gewisse Beweisregeln schon durch das Gesetz selbst ein für allemal als unabänderliche Formeln festgestellt und dadurch das Urteil des Richters gefesselt und derselbe gehindert wird, jeden Fall nach seinen Eigenthümlichkeiten zu beurtheilen[426]."

Savigny verneinte anschließend – damit auf den Kern des Problems eingehend – die Möglichkeit einer Kodifizierung der dem Prozeß richterlicher Überzeugungsbildung innewohnenden logischen und erfahrungsmäßigen Gesetzlichkeit[427]:

„Die Regeln, wonach der reflektirende Verstand sein Urtheil bildet und die sich andrängende Meinung prüft, beruhen auf Sätzen der Erfahrung und auf Kenntniß der sittlichen und sinnlichen Natur des Menschen. Allerdings kann die Wissenschaft hierin Erfahrungen verbreiten, Prinzipien entwickeln und dem Richter und der Gesetzgebung vorarbeiten; allein sie kann dem Gesetzgeber keine allgemein gültigen und erschöpfenden Regeln an die Hand geben, weil es sich großentheils um Elemente der Wahrscheinlichkeit handelt, deren Regeln sich nach allen Richtungen hin auf die mannigfaltigste Weise durchkreuzen. Der Gesetzgeber kann keine spezielle Beweisregeln hinstellen ohne das Bewußtsein, daß in

[422] Vgl. *Savigny:* Beweistheorie, S. 481–483.

[423] *Savigny*, a. a. O., S. 484.

[424] ebendort.

[425] *Savigny*, a. a. O., S. 484.

[426] ebendort.

[427] *Savigny*, a. a. O., S. 485/486.

vielen Fällen durch deren Befolgung die Wahrheit verfehlt werden wird, in welchen sie nicht verfehlt sein würde, wenn die Regel nicht bestanden hätte."

Beruhe doch das, was wir Gewißheit oder Überzeugung nennten, „auf so vielen einzelnen, in ihrer Zusammenwirkung nur dem einzelnen Fall angehörenden Elementen, daß sich dafür gar keine wissenschaftlichen allgemeinen Gesetze geben" ließen[428]. In der Regel dürfe daher die Übereinstimmung des richterlichen Urteils mit der Wirklichkeit eher erwartet werden, „wenn der einzelne Fall in seiner Individualität aufgefaßt" als wenn „die Kraft der Beweise nach vorher gegebenen abstrakten Regeln abgemessen" werde[429].

War damit das Hauptargument für die gesetzliche Beweistheorie abgelehnt, so konnte sich *Savigny* auf die rechtspolitische Seite der Frage beschränken und den weiteren Einwand gegen das Prinzip der freien Beweiswürdigung, die gesetzliche Beweistheorie gewähre besonderen Schutz gegen den „unrechten Willen, das Vorurtheil und die Unfähigkeit der Richter", einer kritischen Prüfung unterziehen. Eine erhebliche Beschränkung des richterlichen Ermessens, führte *Savigny* aus[430], könne durch gesetzliche Beweisregeln nicht erreicht werden. Enthielten doch alle Beweisregeln, offen oder versteckt, Nebenbestimmungen, über die der Richter im Grunde nach seinem Ermessen zu entscheiden habe, so daß ihre Anwendung im Ergebnis wieder von dem Urteil des einzelnen Richters abhänge[431]. Der Gesetzgeber müsse sich zudem, sollten die Beweisregeln praktikabel bleiben, darauf beschränken, in ihnen das ohnehin Selbstverständliche auszusprechen[432]. Die Bindung des Richters durch eine gesetzliche Beweistheorie sei daher nur scheinbar. Aber selbst darin liege eine Gefahr. Sei es doch überaus schwer, selbst die allgemeinsten Regeln so zu fassen, daß sie nicht zu Mißdeutungen Anlaß gäben. Auch hätten gesetzliche Beweisregeln zu leicht die Folge, daß sich der Richter mit der Erfüllung der gesetzlichen Voraussetzungen abfinde, „ohne selbstthätig tiefer zu forschen" und den Fall in seiner Besonderheit zu ergründen[433]. Ein wirkungsvoller Schutz gegen den Mißbrauch richterlicher Ermessensfreiheit liege deshalb in den gesetzlichen Beweisregeln nicht. Die wesentliche Garantie für die Zuverlässigkeit der Beweiswürdigung sei vor allem in der Persönlichkeit des Richters, seiner gewissenhaften Überzeugung, seinem Willen zur Gerechtigkeit zu erblicken: „Die Gewähr für die Wahrheit des Urtheils über die

---

428 *Savigny:* Beweistheorie, S. 486.
429 ebendort.
430 *Savigny*, a. a. O., S. 487.
431 a. a. O., S. 488.
432 *Savigny:* Beweistheorie, S. 488.
433 a. a. O., S. 489.

Thatfrage ist also darin zu suchen, daß der Urtheilende neben dem unerschütterlichen Willen, der Wahrheit die Ehre zu geben, die erforderlichen Kenntnisse und Fähigkeiten besitze, und daß er davon in besonnener Reflexion wirklich Gebrauch mache[434]." Eine weitere Garantie für die Richtigkeit der Entscheidung, die geeignet sei, eben dafür die Voraussetzungen zu schaffen, stelle das Institut der Entscheidungsgründe dar[435]. *Savigny* wandte sich gegen die u. a. von *Rosshirt, Mittermaier* und *Zachariä* vertretene Auffassung, Entscheidungsgründe seien wertlos, wenn sie sich nicht an klare gesetzliche Regeln anschlössen[436]. Vielmehr war er mit *Möhl* der Ansicht, daß die Entscheidungsgründe auch bei Fortfall der gesetzlichen Beweisregeln großen Wert für die richterliche Überzeugungsbildung hätten, „indem sie die gründliche Erwägung befördern" und „die Anfechtung des Erkenntnisses durch Rechtsmittel sowie die Prüfung durch den höheren Richter möglich machen"[437].

Aus diesen Gründen forderte *Savigny* die Beseitigung der gesetzlichen Beweisregeln und die Einführung des Grundsatzes der freien Beweiswürdigung[438].

ee) Mit *Savignys* entschiedenem Eintreten für das Prinzip der freien Beweiswürdigung war die Vorherrschaft der gesetzlichen Beweistheorie praktisch gebrochen. Der preußische Gesetzgeber folgte in § 19 des Gesetzes vom 17. Juli 1846 und später in § 22 der Verordnung vom 3. Januar 1849 *Savignys* Vorschlag und schaffte die gesetzlichen Beweisregeln im Strafverfahren ab[439]. Wenngleich der überwiegende Teil der Lehre zunächst noch an der gesetzlichen Beweistheorie festhielt, so schritt doch die partikulare Strafprozeßgesetzgebung, die sich allenthalben dem preußischen Vorbild anschloß, schon binnen weniger Jahre über sie hinweg[440], so daß auch die Doktrin das Prinzip der freien Beweiswürdigung schließlich anerkennen mußte[441].

---

434 *Savigny*, a. a. O., S. 476 unten.

435 a. a. O., S. 491.

436 Vgl. oben S. 217 Fn. 314. *Savigny* erwähnt *Rosshirt:* Kriminalistische Abhandlungen, S. 19, und *Mittermaier:* Gesetzliche Beweistheorie, S. 496.

437 *Savigny:* Beweistheorie, S. 491.

438 ebendort.

439 Vgl. oben S. 219.

440 Vgl. oben S. 219 Fn. 325.

441 Für gesetzliche Beweisregeln traten später vor allem ein: *von Tippelskirch:* Beiträge, S. 303 ff (304, 312 ff); *Arnold:* Prüfung der Beweise ohne gesetzliche Beweistheorie, S. 40 ff (befürwortete teilweise die negative Beweistheorie); *Schaper:* Beweis und freie Überzeugung, S. 182 f; ders.: Beweistheorie, S. 180 ff; *von Wick:* Beweistheorie, S. 42 ff; weitere Hinweise bei *Glaser:* Beiträge, S. 26/27. – Zuletzt hat insbesondere *Heusler:* Die

Freilich gab es Stimmen, die darauf hinwiesen, daß die Beseitigung der gesetzlichen Bindung an Beweisregeln nicht zwingend den Verzicht auf Beweisregeln überhaupt einschließe. Die Vertreter dieser Richtung suchten dem Richter den Erfahrungs- und Erkenntniswert allgemeiner Beweiswürdigungsregeln zu erhalten und – in unbewußter Anknüpfung an einen Grundgedanken des *Schwarzenbergschen* Beweisrechts[442] – „Richtungsnormen" zu entwickeln, die, ohne Anspruch auf unbedingte Verbindlichkeit zu erheben und der individualisierenden Entscheidung des Richters vorzugreifen, ihm verläßliche Maßstäbe an die Hand geben und seine inneren Entschließungen leiten sollten. Mitunter strebte man dabei eine Wiederbelebung der gemeinrechtlichen Beweisregeln an. So wollte J. W. *Planck,* trotz Anerkennung des Grundsatzes der freien Beweiswürdigung, die überkommenen Beweisregeln kraft ihres Erkenntniswerts und Erfahrungsgehalts auch weiterhin berücksichtigt wissen[443]. Verschiedentlich wurde auch erwogen, das deutsche Beweisrecht in Anlehnung an das damalige englisch-amerikanische law of evidence umzugestalten[444], das nicht sowohl strikt bindende als vielmehr be-

---

Grundlagen des Beweisrechts, S. 233, 235, wieder gesetzliche Beweisregeln gefordert. Vgl. auch den anonym erschienenen Aufsatz: Freiheit der Beweiswürdigung, Wahrheit oder Irrthum?, in: GA Bd. 41 (1893), S. 355 ff. – In der Gesetzgebung kehrte die österreichische StPO von 1853, §§ 260 ff – im Gegensatz zu § 287 der österreichischen StPO von 1850 – wieder zur negativen Beweistheorie zurück.

442 Vgl. oben S. 130.

443 *Planck:* Systematische Darstellung, S. 383/384: „Jedenfalls bleibt zu beherzigen, daß von den Beweisregeln, wenn gleich sie als positiv-gesetzliche Vorschriften nicht mehr in Kraft stehen, doch die meisten von der Beschaffenheit sind, daß jeder gesunde Menschenverstand bei dem Geschäft der Prüfung historischer Gewißheit sich ihrer bedienen muß. Denn in der That sind sie weiter nichts als das Resultat einer durch Jahrhunderte gesammelten Erfahrung, welche sich fast auf alle Gebiete menschlicher Begegnisse erstreckt." Die Stelle ist später von *Birkmeyer:* Strafprozeßrecht, S. 91, zitiert worden. Über den Wert einer solchen „Beibehaltung des freien Beweisrechts unter tatsächlicher Berücksichtigung der im formalen Beweisrecht niedergelegten psychologischen Erfahrungen" vgl. K. *Peters:* Zeugenlüge, S. 277 ff; ders.: die Begrenzung des Strafrechts, S. 509 f; über den praktischen Wert freier Beweisregeln ferner *Ullmann:* Lehrbuch, S. 323 f; *Birkmeyer,* a. a. O.; *Bierling:* Juristische Prinzipienlehre IV, S. 69; *Salinger:* Mündlichkeit der Verhandlung und Unmittelbarkeit der Beweisaufnahme, Verh. d. 31. DJT, Bd. 1, S. 42.

444 Vgl. dazu schon *Abegg:* Beiträge, S. 145 u. 159 Anm. 203; *Rintel:* Von der Jury, S. 333; *Geib:* Reform, S. 137; *von Tippelskirch:* Beiträge, S. 304/305; *Schwarze:* Gesetzliche Beweistheorie, S. 721 ff; *Schaper:* Beweis und freie Überzeugung, S. 179; *Goltdammer:* Über die Stellung des vorsitzenden Richters, S. 170 ff. Weitere Hinweise bei *von Bar:* Recht und Beweis, S. 354, Anm. 49. Mit dem Wert des englischen Beweisrechts beschäftigten

lehrende und leitende, aus richterlicher Praxis geschöpfte Beweisregeln (rules of evidence) enthielt.

In eine dritte Richtung gingen schließlich die Erwägungen *Arnolds* und *Ortloffs*, zweier Kriminalisten, die auf die Notwendigkeit hinwiesen, verläßliche wissenschaftlich-praktische Erfahrungssätze als Grundlage der richterlichen Beweiswürdigung zu erarbeiten. Die „Regeln der Logik und der Wahrscheinlichkeit, letztere gegründet auf die Erfahrung", legte *Arnold* dar[445], müßten auch bei freier Beweiswürdigung erhalten bleiben; es sei deshalb „bei dem Mangel gesetzlicher Beweisregeln um so nothwendiger, daß die Wissenschaft die Regeln über Wahrscheinlichkeit und Gewißheit immer mehr ausbilde"[446]. In seiner 1858 erschienenen Abhandlung „Prüfung der Beweise ohne gesetzliche Beweistheorie" unternahm er es, eine solche wissenschaftliche Beweislehre zu entwickeln und in exemplifizierender Form die allgemeinen Beweiswürdigungsgrundsätze zusammenzustellen, die sich aus der Logik und der praktischen Erfahrung ergaben[447], näherte sich dabei allerdings wieder der hergebrachten gesetzlichen Beweistheorie, indem er einerseits feste Beweisminima nach Art der negativen Beweisregeln forderte und andererseits auch die „belehrenden" Beweiswürdigungsmaßstäbe in ein geschlossenes System brachte, das sich von der in der gemeinrechtlichen Doktrin entwickelten gesetzlichen Beweistheorie kaum mehr unterschied.

Bedeutsamer waren die im Ansatzpunkt ähnlichen Vorschläge, die im Jahre 1860 *Ortloff* in seiner Abhandlung „Beweisregeln und Entscheidungsgründe im Strafprozesse" machte. Die Gefahr der freien Beweiswürdigung, deren Wert er grundsätzlich anerkannte, erblickte *Ortloff* in der drohenden „Verflachung der richterlichen Beurtheilung und der Beweisprüfung"[448]. Um dieser Gefahr zu begegnen, forderte er die Ausarbeitung einer wissenschaftlich-praktischen Beweistheorie,

---

sich zur damaligen Zeit eingehend *Mittermaier:* Über die Bedeutung der englischen Beweislehre, Vorrede zu *Best-Marquardsen:* Grundzüge des englischen Beweisrechts, S. XI ff; ders.: Englisches Strafverfahren, S. 324 ff; ders.: Mündlichkeit, S. 27 (vgl. auch oben S. 177 m. Fn. 153; S. 224/25); *Schwarze:* Die gesetzliche Beweistheorie, S. 721 ff; *Marquardsen:* Die Evidenz im englischen Recht, S. 116 ff; *Walther:* Rechtsmittel I, S. 88 ff; *Biener:* Englisches Geschwornengericht II, S. 147 ff; *Heinze:* Zur Physiologie des englischen Beweisrechts, S. 466 ff; *von Bar:* Recht und Beweis, S. 311 ff.

[445] Prüfung der Beweise ohne gesetzliche Beweistheorie, S. 43. Vgl. auch schon die frühere Abhandlung *Arnolds:* Zur Lehre vom Beweise in Strafsachen, S. 277 f, 282.

[446] *Arnold:* Zur Lehre vom Beweise, S. 282.

[447] Vgl. *Arnold:* Prüfung der Beweise ohne gesetzliche Beweistheorie, S. 48 ff.

[448] *Ortloff:* Beweisregeln und Entscheidungsgründe, S. 594; ähnlich S. 596.

deren Ausgangspunkt allerdings sein müsse, daß die in ihr entwickelten Beweisregeln „nur allgemein die Beurtheilung leitende, nicht aber unbedingt bindende" sein dürften, so daß die richterliche Entscheidung „in der vorzugsweisen Berücksichtigung des konkreten Falles mit Beobachtung allgemeiner, aus dem Erfahrungswissen hergenommener Regeln" bestehe[449]. *Ortloff* sah die Funktion dieser Beweislehre in „einer Anleitung zum Gebrauch eines Maaßstabes der richterlichen Erkenntniß und Entscheidung, welcher jedoch elastisch sein und der Beurtheilung nach der Individualität der Fälle weichen muß und darf"[450]. Theoretiker und Praktiker sollten zusammenwirken, um auf der Grundlage der bisher entwickelten gemein- und partikularrechtlichen Beweistheorien bewährte psychologische Erfahrungsregeln zusammenzustellen[451]. *Ortloff* lehnte es ab, wie *Arnold* sogleich ein geschlossenes System zu entwerfen[452]; er forderte statt dessen die erfahrungswissenschaftliche Durchdringung der einzelnen Gebiete des Beweisrechts, insbesondere des Zeugenbeweises mit dem Ziel, zu allgemeinen Grundsätzen zu kommen. Diese seien an Hand des neu anfallenden Materials ständig zu überprüfen, Veraltetes und Unrichtiges sei auszuscheiden und neue Erkenntnisse seien der Praxis zuzuführen. Auf diese Weise gelange man allmählich zu einer „systematischen Ordnung" und endlich zu einem vollständigen Beweissystem, das durch seine „geistige Macht" von selbst zum Bestandteil der Rechtspraxis werde.

Indessen blieben diese vereinzelten Versuche, für die richterliche Tatfrageentscheidung logisch-empirische „Richtungsnormen" zu entwickeln und so der dem Richter eingeräumten Bewertungsfreiheit innere Grenzen zu setzen, ohne nennenswerten Widerhall. Den Anhängern der gesetzlichen Beweistheorie, soweit es sie zur Zeit des reformierten Strafprozesses noch gab[453], mochten diese Forderungen nicht genügen; die Vertreter der freien Beweiswürdigung hingegen befürchteten, jede Einschränkung der richterlichen Entscheidungsfreiheit auf diesem Gebiet – auch wenn sie nur durch „belehrende" Beweisregeln erfolge – werde zu einem Rückfall in die überwundene gesetzliche Beweistheorie führen[454]. Im übrigen war man der Auf-

---

449 a. a. O., S. 473.

450 a. a. O., S. 596.

451 ebendort.

452 a. a. O., S. 599.

453 Vgl. oben S. 238 Fn. 441.

454 Charakteristisch dafür ist die Bemerkung *von Bars:* Recht und Beweis, S. 350, die Aufstellung „auch nur leitender Regeln" werde „bald in eine Rückkehr zu der früheren gesetzlichen Beweistheorie ausarten". – Daß die vorgeschlagene Rezeption des englischen Beweisrechts keinen Anklang fand, führte *Glaser:* Über die Vernehmung des Angeklagten und der Zeugen in der Hauptverhandlung, S. 422 Anm. 37, auf die „häufige Ver-

fassung, daß der Richter, wenn er nur genügend seine geistigen Kräfte einsetze und sich an die Gesetze der Logik halte, mit Sicherheit zu einer richtigen Tatsachenfeststellung gelangen werde. Die Stimmen der Kritik an dem Fehlen fester Beweiswürdigungsmaßstäbe verstummten unter den Anhängern der freien Beweiswürdigung bald völlig; das Institut der freien richterlichen Beweiswürdigung in der Form, die es durch das preußische Gesetz vom 17. Juli 1846 erhalten hatte, wurde zu einem selbstverständlichen Bestandteil des deutschen Strafverfahrens.

4. *Zusammenfassung*

Der Übergang von der gesetzlichen Beweistheorie zum Prinzip der freien richterlichen Beweiswürdigung bedeutete — im Zusammenhang mit der Entwicklung der Richteridee gesehen — einen gewissen Abschluß der bisher in ihren verschiedenen Erscheinungsformen beobachteten Emanzipation des Rechtsdenkens von den Vorstellungen des Aufklärungszeitalters über Richtertum und Rechtsfindung, die sich in der ersten Hälfte des 19. Jahrhunderts unter dem Einfluß der historischen Schule vollzogen hatte, markierte ihren Höhepunkt, zeigte aber zugleich auch ihre Grenzen auf. Diese Emanzipation stellte sich deutlich als eine umfassende, alle wesentlichen Bereiche des Komplexes „Rechtsanwendung" betreffende geistige Bewegung dar, deren verschiedenartige Auswirkungen auf dem Gebiet des materiellen Rechts einerseits und im Bereich des prozessualen Rechts andererseits nur die Symptome eines in seiner Grundrichtung einheitlichen Wandlungsprozesses waren: einer allmählichen Befreiung der Doktrin von der mechanistischen Richtervorstellung der kriminalpolitischen Aufklärung und einer ihr entsprechenden Wiederanerkennung des Richters als eigenwertigen, nicht auf den bloß mechanisch-automatischen Gesetzesvollzug reduzierbaren Organs der Rechtspflege. Die dem Rechtsdenken des 19. Jahrhunderts durch die historische Rechtsschule vermittelte Einsicht, daß das abstrakt-generelle Gesetz nicht für jeden Einzelfall eine fertige, vom Richter lediglich schematisch nachzuvollziehende Entscheidung bereitstellen könne, daß vielmehr der Richter als lebendiger Vermittler zwischen dem allgemeinen Gerechtigkeitsplan des Gesetzes und der individuellen Gerechtigkeit des Einzelfalles ein unersetzlicher Faktor der Rechtsordnung sei, — diese Erkenntnis führte im Gegensatz zu dem ausschließlich gesetzesbezogenen Denken der Aufklärung zu einer deutlichen Ausrichtung der Rechtsanwendung auf den erkennenden Richter. Auf dem Gebiet des materiellen Rechts

---

wechslung derselben (sc. der rules of evidence) mit den Beweistheorien, die vergebens für den deutschen Inquisitionsproceß aufgestellt wurden" zurück.

äußerte sich diese Hinwendung zum Richter hauptsächlich darin, daß die richterliche Entscheidungstätigkeit nicht mehr nur als mechanische „Anwendung" der gesetzlichen Tatbestandsmerkmale auf den konkreten Sachverhalt verstanden, sondern vielmehr als „freie Denktätigkeit" innerhalb des im Gesetz enthaltenen Begriffssystems aufgefaßt wurde. Blieb jedoch hier die Rechtsfindung erklärtermaßen noch „Subsumtion" und „Deduktion", ein rein logisches Schlußverfahren, in dem für ein wertendes und willensmäßiges Verhalten des Richters kein Raum war, so wurden hingegen im Bereich des Strafprozeßrechts auch die nicht-logischen, emotional-volitiven Elemente der Rechtsanwendung in die Betrachtung mit einbezogen. Grundlegende prozeßstrukturelle Veränderungen, die im Zuge der Strafverfahrensreform vorgenommen wurden, insbesondere die Einführung des Anklage- und Unmittelbarkeitsprinzips, standen mit der Einsicht im Zusammenhang, daß nicht nur rational-verstandesmäßige Erwägungen, sondern auch psychische Faktoren emotionaler Herkunft, Impulse, die der Gefühls- und Willenssphäre der Richterpersönlichkeit entstammten, den Richterspruch bestimmten. Allerdings wurde dieser Erkenntnis weder bei der Ausgestaltung des Richteramts im reformierten Strafprozeß in folgerichtiger Weise Rechnung getragen noch wurde sie als solche klar formuliert, so daß sich trotz der stillschweigenden Anerkennung einer inneren Beziehung zwischen Richterspruch und Richterpersönlichkeit an der überwiegend vom materiellen Recht her konzipierten intellektualistischen, abstrakt-unpersönlichen Richtervorstellung nichts Wesentliches änderte. Insoweit brachte auch die Einführung des Grundsatzes der freien richterlichen Beweiswürdigung keine entscheidende Neuerung. Dadurch, daß die Beweiswürdigung nunmehr allein Sache der gewissenhaften Überzeugung des Richters wurde, verlor der richterliche Erkenntnisvorgang zwar weitgehend seinen Subsumtionscharakter, erfuhr zudem eine gewisse „Subjektivierung" im Sinne einer Ausrichtung auf die subjektive Gewißheit des Richters; der Überzeugungsbegriff war jedoch in der Auseinandersetzung der Prozeßdogmatik mit der intime-conviction-Idee des französischen Rechts und ihren Varianten in der deutschen Schwurgerichtstheorie so stark rationalisiert worden, daß seine Einführung in die Beweislehre, die ja schon mit der negativen Beweistheorie des 19. Jahrhunderts eingesetzt hatte, keine strukturelle Wandlung des richterlichen Erkenntnisvorgangs und infolgedessen keinen Bruch mit der herrschenden Idealvorstellung vom Richter bedeutete. Die Beseitigung der gesetzlichen Beweistheorie sollte den Richter zwar von der Bindung an generalisierende Beweisregeln freistellen, damit er in den Stand gesetzt werde, den Einzelfall in seiner Individualität zu würdigen; die individualisierende Beweiswürdigung des Richters wurde aber weiterhin – mochte man die ihr inhärenten irrationalen Unwägbarkeiten auch ahnen – allein als Sache der Logik und des

Verstandes betrachtet[455]. Man war sich, sieht man von einzelnen, nicht ganz klaren Andeutungen im Schrifttum ab[456], im allgemeinen nicht bewußt, daß man mit der Einführung der freien Beweiswürdigung zugleich emotional-volitiven Faktoren einen verstärkten Einfluß auf die richterliche Überzeugungsbildung einräumte. Sofern von der Richterpersönlichkeit und ihrer Bedeutung für die Wahrheitsfindung gesprochen wurde[457], geschah das regelmäßig nur in allgemeinen Wendungen, die nicht erkennen ließen, daß man den Einfluß persönlichkeitsbezogener Momente auf die richterliche Entscheidung bereits klar erkannte[458]. Vielmehr zeigte die Tatsache, daß man auf dem Gebiet des Beweisrechts die Gesetzesbindung durch die Entscheidungsfreiheit des Richters ersetzte, ohne auch nur leitende und belehrende Beweiswürdigungsmaßstäbe für notwendig zu halten, wie sehr man der richterlichen „Logik" und „Vernunft" vertraute.

Zusammenfassend läßt sich somit sagen, daß die Wandlung der Richtervorstellung, die sich unter dem Einfluß der historischen Rechtsschule im 19. Jahrhundert vollzog, zwar zu der Überwindung der mechanistischen Richteridee des Aufklärungszeitalters führte, trotz

---

455 Vgl. dazu ergänzend *Schwinge:* Grundlagen des Revisionsrechts, S. 115, 156 f m. w. Nachw.; neuerdings Hellmuth *Mayer:* Der Sachverständige im Strafprozeß, S. 457; *Krause:* Zum Urkundenbeweis im Strafprozeß, S. 17 m. Fn. 64.

456 Vgl. außer *Leue:* Anklageproceß, S. 135 f; *Möhl:* Über das Urtheilen rechtsgelehrter Richter usw., S. 291 ff, 296; *Arnold:* Prüfung der Beweise ohne gesetzliche Beweistheorie, S. 41, und *von Wick:* Beweistheorie, S. 79, besonders *Mittermaier:* Beweislehre, S. 58 f, 67 (dazu *Bohne:* Zur Psychologie der richterlichen Überzeugungsbildung, S. 34, 57).

457 Vgl. etwa *Möhl:* Über das Urtheilen rechtsgelehrter Richter ohne gesetzliche Beweistheorie, S. 292, 293, 296; ders.: Über die Werthlosigkeit einer gesetzlichen Beweistheorie, S. 188–190; *Savigny:* Beweistheorie, S. 476 u. (s. o. S. 237 f).

458 An dieser Stelle sei auf einen Bezug zur kritischen Philosophie *Kants* aufmerksam gemacht, dessen Gedanken auf die Beweislehre des 19. Jahrhunderts offenbar von Einfluß gewesen sind, wenn er auch kaum je zitiert wird (vgl. *Schwinge:* Kampf um die Schwurgerichte, S. 78 Anm. 1). *Kant* hat sich an zwei Stellen seines Werkes mit dem Vorgang der Überzeugungsbildung beschäftigt. Während er in der Kritik der reinen Vernunft (Methodenlehre, II. Hauptst., 3. Abschn., S. 677 ff) den Anteil willensmäßiger Momente an der Überzeugungsbildung nicht erörterte, lehnte er es in der Logik (S. 81 f) ausdrücklich ab, dem Willen einen unmittelbaren Einfluß auf das Zustandekommen der Überzeugung zuzugestehen, konzedierte lediglich einen Willensanteil beim „Gebrauch des Verstandes" insoweit, als „der Wille den Verstand entweder zur Nachforschung einer Wahrheit antreibt oder davon abhält" (S. 82) und sprach insofern von einer Einwirkung des Willens „auch mittelbar auf die Überzeugung selbst", weil „diese so sehr vom Gebrauch des Verstandes" abhänge (S. 82).

beachtlicher Ansätze jedoch eine Wiederentdeckung der personalen Richteridee, die vor der Aufklärung im deutschen Rechtsdenken lebendig gewesen war, nicht bewirkte. Das aufklärerische Dogma vom Richter als „Mund des Gesetzes“, als mechanisch-automatisch funktionierendem Gesetzesanwendungsautomaten wurde zwar als lebens- und wirklichkeitsfremd verworfen und dem Richter eine gewisse Entscheidungsfreiheit eingeräumt, die sich im Beweisrecht sogar zur völligen Befreiung von der Gesetzesbindung steigerte. Gleichwohl wurde die richterliche Tätigkeit weiterhin als rein formallogische Operation aufgefaßt; die Freiheit, die man dem Richter im Interesse einer stärkeren Individualisierung der Rechtsanwendung einräumte, wurde im Prinzip nur als Freiheit zum Denken, zu logischem Schließen und rationalem Deduzieren verstanden, nicht jedoch als Freiheit zum Wollen, Werten, Gestalten, zu schöpferischer Aktivität der Persönlichkeit begriffen. Wo die nicht-intellektuellen, die emotional-persönlichkeitsbezogenen Komponenten der richterlichen Entscheidung in den Blick fielen, wurden daraus keine grundsätzlichen Konsequenzen für das Verständnis des Richteramts gezogen. Der Richterspruch blieb auch für die der historischen Rechtsschule angehörende oder nahestehende Dogmatik des 19. Jahrhunderts der Idee nach das Ergebnis eines streng rationalen Erkenntnisakts, der sich unbeeinflußt von Werterwägungen und Willensentscheidungen in der Sphäre des Intellekts vollzog. Der Richter als Mensch, als mit Willen, Gefühl und Gewissen begabte Persönlichkeit wurde zwar in seiner Bedeutung für die Rechtsflege höher eingeschätzt als zur Zeit der Aufklärung, blieb jedoch der Idee nach an der Rechtsfindung selbst unbeteiligt. Als Erkenntnis-, nicht als Willenssubjekt, als individualitätsloser Ausgangspunkt von Vernunftakten, nicht als sozialethisch denkende und zweckvoll wertende Persönlichkeit wurde er – im Prinzip – nach wie vor betrachtet.

D. DIE RICHTERVORSTELLUNG DES RECHTSWISSENSCHAFTLICHEN POSITIVISMUS IM 19. JAHRHUNDERT

I. Geistesgeschichtliche Grundlagen

1. Diese einseitig-intellektualistische Auffassung von richterlicher Entscheidungstätigkeit, im Grunde noch ein Relikt des aufklärerischen Rationalismus, wurde zu einem der konstituierenden Momente für die Richteridee jener geistigen Bewegung, die das Rechtsleben in der zweiten Hälfte des 19. Jahrhunderts in zunehmendem Maße bestimmte[1] und in der Entstehungszeit der Reichsjustizgesetze ihren Höhepunkt erreichte[2]: des Positivismus. In ihm unterwarf sich die Aufklärung, die durch die historische Rechtsschule fast schon überwunden zu sein schien, zum zweitenmal und mit solcher Macht das deutsche Rechtsdenken, daß die Epoche der historischen Schule dem rückwärts gerichteten Blick geradezu wie eine Episode erscheinen mag, welche die von der Aufklärung zum Positivismus verlaufende Entwicklung nur für kurze Zeit unterbrach[3]. Unter dem Einfluß dieser Bewegung erfuhr auch die Grundauffassung über Wesen und Aufgabe des Richters, die sich in der ersten Hälfte des 19. Jahrhunderts herausgebildet hatte, eine erneute Veränderung, in deren Verlauf das „intellektualistische" Richterideal der historischen Rechtsschule der „mechanistischen" Richtervorstellung der Aufklärungszeit wieder angenähert wurde: eine Richteridee entstand, in der sich der aus der Aufklärung stammende Gedanke strikter Gesetzesbindung mit der Vorstellung vom ausschließlich logischen Charakter der richterlichen Entscheidung zu einer Richterauffassung verband, die in manchem an das Richterideal der *Montesquieu, Beccaria, Feuerbach* u. a. erinnert. Diese nun näher zu kennzeichnende positivistische Richtervorstellung erhielt ihr Gepräge durch die geistige Grundrichtung und die rechtsphilosophischen Intentionen des juristischen Positivismus und wird durch sie erst verständlich.

---

[1] Vgl. *Dahm:* Deutsches Recht, S. 124.

[2] Vgl. dazu *Schönfeld:* Grundlegung, S. 510.

[3] Vgl. *Dahm:* Deutsches Recht, S. 124/125; zur Beziehung zwischen Aufklärung und juristischem Positivismus vgl. allgemein E. *von Hippel:* Moralisches Rechtsdenken, S. 201; *Valjavec:* Aufklärung, S. 357.

Der juristische Positivismus des 19. Jahrhunderts[4] stellte die rechtswissenschaftliche Teilerscheinung einer umfassenden philosophisch-allgemeinwissenschaftlichen Richtung dar, bedeutete den Teilaspekt einer wissenschaftlichen Weltbetrachtung, die sich als solche im Bereich des Rechts nur folgerichtig auswirkte[5]: des philosophischen Positivismus[6]. Dieser erklärt sich aus der wachsenden Bedeutung, welche die Einzelwissenschaften in der zweiten Hälfte des 19. Jahrhunderts für das gesamte Geistesleben gewannen, nachdem die große geistige Bewegung der idealistischen Philosophie seit den vierziger Jahren allmählich abgeklungen war[7]. Mit dem durch bedeutsame wissenschaftliche Entdeckungen und technische Erfindungen unterstützten und durch die fortschreitende Industrialisierung beschleunigten Vordringen der Einzelwissenschaften, besonders der Naturwissenschaften, setzten sich immer mehr Bestrebungen durch, die alle Erkenntnis auf Beobachtung, Feststellung und Verbindung positiver Tatsachen zurückzuführen suchten. Eine „Wirklichkeitsphilosophie" entstand, die auch auf geisteswissenschaftlichem Gebiet strenge Faktizität erstrebte und das geistige Leben ebenso wie die Tatsachenwelt quantitativ-mechanischen und daher exakt zu berechnenden Gesetzen zu unterwerfen suchte. „Wirklichkeit" war für diese Philo-

---

[4] Es sei hier zunächst allgemein auf die Schrifttumsnachweisungen bei *Boehmer:* Grundlagen II/1, S. 122, und *Dahm:* Deutsches Recht, S. 124, sowie auf die dem Sammelband „Naturrecht oder Rechtspositivismus?" (hrsg. von Werner *Maihofer*, Darmstadt 1962, S. 580 ff) angefügte Bibliographie verwiesen. Aus dem umfangreichen Schrifttum zum juristischen Positivismus seien im übrigen genannt: *Jerusalem:* Kritik der Rechtswissenschaft, S. 183 ff; *Schönfeld:* Grundlegung, S. 510 ff; *Wieacker:* Privatrechtsgeschichte, S. 253 ff; Eb. *Schmidt:* Einführung, S. 303 ff; *Coing:* Grundzüge, S. 246 ff; Eb. *Schmidt:* Gesetz und Richter, S. 3 ff; *Boehmer:* Grundlagen II/1, S. 122 ff; *Brüning:* Der Gesetzesbegriff im Positivismus der Wiener Schule, S. 7 ff; *Larenz:* Methodenlehre, S. 34 ff; *Dahm:* Deutsches Recht, S. 124 ff. – Die hier mit dem Begriff „Positivismus" gemeinte Bewegung wird von *Wieacker:* Privatrechtsgeschichte, S. 253, als „juristischer Naturalismus" bezeichnet und von dem „rechtswissenschaftlichen Positivismus" unterschieden. Hier wird, ohne daß darauf näher eingegangen werden kann, der herkömmlichen Terminologie gefolgt. Vgl. z. B. *Schönfeld:* Grundlegung, S. 510 ff; E. *von Hippel:* Moralisches Rechtsdenken, S. 196; *Boehmer:* Grundlagen II/1, S. 122 ff; *Dahm:* Deutsches Recht, S. 125.

[5] E. *von Hippel:* Moralisches Rechtsdenken, S. 196.

[6] Vgl. dazu außer der o. Fn. 4 genannten Literatur zum juristischen Positivismus *Eisler:* Wörterbuch, Bd. II, S. 474 ff; *Rothacker:* Einleitung in die Geisteswissenschaften, 2. Aufl. Tübingen 1930, S. 190 ff; *Überweg-Oesterreich:* Philosophie des XIX. Jahrhunderts, S. 378 ff; *Hirschberger:* Geschichte der Philosophie, Bd. II, S. 498 ff; *Schilling:* Geschichte der Philosophie, Bd. II, S. 498 ff; jew. m. weit. Nachw.

[7] Vgl. dazu *Brüning:* Der Gesetzesbegriff im Positivismus der Wiener Schule, S. 7.

sophie, die eines ihrer Hauptziele in der Bekämpfung idealistischer „Spekulation“ sah, nur das, was empirisch durch Beobachtung und Experiment und rational durch Logik und Berechnung zu erfassen war, wie sie umgekehrt alles als „Metaphysik“ verwarf, was sich nicht wägen, messen, beobachten und berechnen ließ. Der wissenschaftlichen Erkenntnis erschienen – nach dem Vorbild der exakten Naturwissenschaften – allein zugänglich die wahrnehmbaren Fakten einschließlich der ihnen hervortretenden, im Experiment zu erhärtenden Gesetzlichkeit[8]. Die positivistische Philosophie berief sich, wie es ein deutscher Positivist des 19. Jahrhunderts ausdrückte[9], „nur auf Augen und Ohren und auf Verstandesschlüsse“, ließ „nur Selbstgesehenes und Selbsterfahrenes oder aus dieser Quelle kritisch Verbürgtes als Grundlage alles Denkens und Urteilens“ gelten.

2. Auf dem Boden dieser Weltbetrachtung, die in Frankreich durch ihren Begründer *Comte*, in England durch *Mill* und *Spencer*, in Deutschland vor allem durch *Laas*, *Schuppe*, *Avenarius*, *Mach* und Ludwig *Feuerbach* repräsentiert wurde, entstand der juristische Positivismus durch die Übertragung des an den Naturwissenschaften orientierten positivistischen Wissenschaftsbegriffs auf die Jurisprudenz. Sie wurde bewußt und ausdrücklich zuerst von Adolf *Merkel* in seinem Aufsatz „Über das Verhältnis der Rechtsphilosophie zur ‚positiven‘ Rechtswissenschaft und zum allgemeinen Theil derselben“[10] vollzogen. In dieser Abhandlung, die als die eigentliche Programmschrift des juristischen Positivismus gelten kann[11], wurde die These verkündet, „daß die Rechtswissenschaft eine Art von Naturwissenschaft sei und sich nach deren Wissenschaftsbegriff zu richten habe“[12], eine Auffassung, die zum stillschweigend sanktionierten Programm des juristischen Positivismus im 19. Jahrhundert wurde. Aus diesem Wissenschaftsbegriff ergab sich zwangsläufig eine Reduzierung des Rechts und der Rechtswissenschaft auf den „erfahrbaren“ Bereich des „Rechtsstoffs“[13]. Das Recht wurde mit der jeweiligen äußeren

---

[8] Vgl. *Larenz:* Methodenlehre, S. 35.

[9] Ernst *Dühring:* Wirklichkeitsphilosophie, Leipzig 1895, S. 519.

[10] Veröffentlicht in Grünhuts Zeitschrift für das Privat- und öffentliche Recht der Gegenwart, Bd. 1 (1874), S. 1 ff u. 302 ff; wiederabgedruckt in: Adolf *Merkel:* Hinterlassene Fragmente und Gesammelte Abhandlungen, II. Teil: Gesammelte Abhandlungen aus dem Gebiet der allgemeinen Rechtslehre und des Strafrechts, Straßburg 1899, S. 291 ff.

[11] *Schönfeld:* Grundlegung, S. 512 f. Über *Merkel* im übrigen M. *Liepmann:* Die Bedeutung Adolf *Merkels* für Strafrecht und Rechtsphilosophie, in: ZStW, Bd. 17 (1897), S. 638 ff; ferner *Landsberg:* Geschichte III/2 (Text), S. 709 ff, (Noten) S. 308; Eb. *Schmidt:* Einführung, S. 310 ff.

[12] *Schönfeld:* Grundlegung, S. 513.

[13] Vgl. Ernst *Forsthoff:* Zur Problematik der Rechtserneuerung, in: Naturrecht oder Rechtspositivismus? (vgl. S. 247 Fn. 4), S. 73 ff (76).

Wirklichkeit identifiziert, in der es sich der wissenschaftlichen Betrachtung darbot[14]; diese Rechtswirklichkeit wiederum faßte man als einen mit naturgesetzähnlicher Präzision ablaufenden, dem Gesetz von Ursache und Wirkung folgenden Rechtsmechanismus auf, dessen Wirkungsweise mit den Mitteln der formalen Logik erkannt und berechnet werden könne. Hatte die historische Rechtsschule noch eine dem positiven Recht überlegene, im „Volksgeist" vorgestellte Rechtsidee gekannt, hatte selbst die Aufklärung das gesetzte Recht als Ausfluß apriorischer Rechtswerte betrachtet, so verzichtete der Positivismus des 19. Jahrhunderts mit dieser Vorstellung vom Recht ganz auf ein Verständnis des Rechts als Wert, klammerte bewußt Wertbeziehungen aus dem Recht aus und ließ die Frage nach dem „richtigen" Recht auf sich beruhen[15]. Der Gedanke einer dem positiven Recht übergeordneten sinngebenden Rechtsidee wurde als „naturrechtliche" Spekulation abgelehnt. So existierte etwa für *Bergbohm*, den entschiedensten Vertreter des rechtsphilosophischen Positivismus, keine Rechtsidee außer der dem positiven Recht selbst immanenten[16]. Alles nicht-positive Recht war für ihn ein „Ungedanke"[17], Ergebnis „subjektiven sittlichen Fühlens", keine „objektive Wahrheit"[18]: „Als Recht ist jedes Recht außer dem positiven schlechthin ein Nonsens[19]." „Das Naturrecht", konnte *Binding*[20] sagen, „ist eben nichts, wenn es nicht positive Gestalt annimmt." „In der Abhängigkeit meiner Forschung und ihrer Ergebnisse von dem Stoff meiner Betrachtung", so lautete sein berühmtes Bekenntnis zum Positivismus[21], „finde ich meinen Stolz." Auch *Laband*, um einen weiteren bedeutenden Vertreter des juristischen Positivismus zu nennen, sah im Recht eine wertfreie positive Ordnung von Rechtssätzen; wissenschaftliche Bearbeitung des Rechts bedeutete für ihn darum nichts weiter als die „gewissenhafte und vollständige Feststellung des positiven Rechtsstoffs und die logische Beherrschung desselben durch Begriffe"[22].

Unter den „positiven" stofflichen Gegebenheiten, welche die positivistische Rechtswissenschaft allein als „Recht" anerkennen wollte, nahm naturgemäß das G e s e t z einen besonderen Rang ein. Das

---

[14] Vgl. E. *von Hippel:* Moralisches Rechtsdenken, S. 431.

[15] Vgl. *Schönfeld:* Grundlegung, S. 63 ff, 524 f; *Wieacker:* Privatrechtsgeschichte, S. 338; *Dahm:* Deutsches Recht, S. 156; *Boehmer:* Grundlagen II/1, S. 123 f; *von Hippel,* a. a. O.

[16] *Bergbohm:* Jurisprudenz und Rechtsphilosophie, S. 476/477.

[17] *Bergbohm,* a. a. O., S. 479.

[18] ebendort.

[19] ebendort.

[20] Handbuch des Strafrechts, Bd. I, S. 8.

[21] *Binding:* Handbuch des Strafrechts, Bd. I, S. VII.

[22] *Laband:* Staatsrecht, Bd. I, S. XI; zum Positivismus *Labands* und seiner Herkunft vgl. *Wilhelm:* Methodenlehre, S. 7 ff.

staatliche Gesetz erschien geeignet, den in der natürlichen Wirklichkeit beobachteten strengen Determinismus im Sinne des kausalmechanischen Weltbildes auch im Bereich des Rechts zu verbürgen. Mochte auch bei dieser Vorstellung der von *Montesquieu* ausgehende Gedanke des Gesetzes als Ausdruck der Rechtsvernunft noch nachwirken[23], so konnte jedoch der Positivismus von seinen eigenen Voraussetzungen her das Gesetz nicht mehr als Erscheinungsform des Rechtswerts, als Ausdruck eines höher als das Gesetz selbst zu wertenden „richtigen Rechts" verstehen, sondern mußte es in letzter Konsequenz als Produkt des staatlichen Willens, als Erzeugnis der autonomen Rechtsmacht des Gesetzgebers verstehen. So führte der juristische Positivismus zugleich zum Gesetzespositivismus[24], zu dem Dogma, daß der Staat als Gesetzgeber „jeden beliebigen Rechtsinhalt setzen" könne[25], m. a. W. zur Gleichsetzung von Recht und Gesetz. „Jedes Gesetz", so hat Arthur *Kaufmann* unlängst noch diesen Standpunkt des Gesetzespositivismus gekennzeichnet[26], „ist Recht – und zum anderen: nur das Gesetz ist Recht. Was als Gesetz proklamiert ist, ist immer Recht, und außer dem Gesetz gibt es kein Recht." Diese Auffassung wurde im juristischen Positivismus des 19. Jahrhunderts zwar nirgends in dieser Schärfe formuliert, aber die Beschränkung auf das positive Gesetzesrecht und die Ablehnung jedes überpositiven Rechts waren doch die „selbstverständliche Arbeitsbasis"[27] der Juristengeneration jener Zeit.

II. Die Richteridee des Positivismus

1. Dieser positivistischen Vorstellung von der Omnipotenz der staatlichen Norm, verbunden mit der Auffassung von der Rechtsordnung als eines nach exakt berechenbaren Gesetzen funktionierenden Rechtsmechanismus, entsprach als folgerichtiges Korrelat ein intellektualistisch-mechanistisches Verständnis der richterlichen Entscheidungstätigkeit. Angesichts der wertfeindlichen Haltung des Positivismus versteht es sich fast von selbst, daß er jede Deutung des Richter-

---

[23] Vgl. dazu Eb. *Schmidt:* Lehrkommentar I, S. 264 Rz. 466 mit Fußn. 266; ders.: Gesetz und Richter, S. 7; ferner *Bockelmann:* Richter und Gesetz, S. 29.

[24] Zur Entwicklung *Boehmer:* Grundlagen II/1, S. 123 f; *Wieacker:* Privatrechtsgeschichte, S. 271 f; Eb. *Schmidt:* Gesetz und Richter, S. 3 ff; *Dahm:* Deutsches Recht, S. 126 f.

[25] *Somló:* Juristische Grundlehre, S. 308.

[26] Arthur *Kaufmann:* Gesetz und Recht, in: Existenz und Ordnung, Festschrift für Erik *Wolf,* Frankfurt a. M. 1962, S. 357 ff (358/359).

[27] Hans *Welzel:* Naturrecht und Rechtspositivismus, in: Naturrecht oder Rechtspositivismus? (s. S. 247 Fn. 4), S. 322.

spruchs als Wertentscheidung bekämpfte, sich nach Kräften bemühte, „Werturteile und Willensentscheidungen des Richters unmöglich zu machen"[28], und die Rechtsfindung auf einen rein intellektuellen Vorgang zu reduzieren suchte[29]. Im Positivismus des 19. Jahrhunderts findet man daher zunächst die schon von der historischen Rechtsschule her bekannte intellektualistische Richtervorstellung wieder. Das Urteil wird danach im Wege einer rein formallogischen Operation, frei von jeder eigenverantwortlichen Wertentscheidung, durch Subsumtion von Tatsachen unter Rechtsbegriffe gefunden. „Die Entscheidung ist", wie es *Windscheid* formulierte[30], – dessen Pandektenlehrbuch neben *Bergbohms* Schrift über „Jurisprudenz und Rechtsphilosophie" und *Bindings* Handbuch des Strafrechts einen der „Höhepunkte" des Positivismus darstellte[31] – „das Resultat einer Rechnung, bei welcher die Rechtsbegriffe die Faktoren sind." Während jedoch die historische Rechtsschule und die ihr nahestehende Dogmatik bei aller Beschränkung auf den Bereich formallogischer „Subsumtion" und aller Ablehnung richterlicher Wertentscheidungen den Akzent bewußt auf die „freie Denktätigkeit" des Richters, die „freie Selbstbestimmung innerhalb des Gesetzes", gelegt hatten und damit die von der Aufklärung proklamierte absolute Gesetzesbindung lockern wollten, betonte der Positivismus nunmehr umgekehrt die Unmittelbarkeit und Strenge der Gesetzesgebundenheit des Richters, seine dienende Funktion als Vollstrecker des Gesetzesbefehls[32]. Der rechnende und schlußfolgernde Intellekt des Richters, sein eigentliches Organ zur Rechtsfindung, stand nicht mehr im Dienst eines das Gesetz überwölbenden Begriffssystems, sondern unmittelbar im Dienst des positiven Gesetzes selbst[33]. Allein aus dem gesetzten Recht sollte der Richter mit intel-

---

[28] *Dahm:* Deutsches Recht, S. 126.

[29] Vgl. *Boehmer:* Grundlagen II/1, S. 123; *Döhring:* Geschichte, S. 350 f; *Dahm:* Deutsches Recht, S. 129; *Germann:* Methodische Grundfragen, S. 369; *Kaufmann:* Analogie und Natur der Sache, S. 3.

[30] Bernhard *Windscheid:* Lehrbuch des Pandektenrechts, Bd. I, 4. Aufl. Düsseldorf 1875, § 24, S. 63.

[31] Vgl. *Reichel:* Gesetz und Richterspruch, S. 12.

[32] Vgl. *Coing:* Grundzüge, S. 246: „Die systematische Jurisprudenz des 19. Jahrhunderts hat die Tätigkeit des Richters im wesentlichen als logische angesehen, ihn allerdings dem Gesetz gegenüber insofern freier gestellt, als sie die Notwendigkeit einer Ergänzung des Gesetzes durch ‚Konstruktion', d. h. durch deduktive Ableitung aus dem System, erkannt hatte und forderte. Der Positivismus betonte umgekehrt stärker den Umstand, daß der Richter dem Gesetz unterworfen ist; er sieht in ihm den Vollstrecker des Gesetzes, das möglichst mechanisch ... anzuwenden ist."

[33] Bezeichnend dafür K. *Binding:* Strafgesetzgebung, Strafjustiz und Strafrechtswissenschaft in normalem Verhältnis zueinander, in: ZStW Bd. 1 (1881), S. 4 ff (15): „Nach dem Gesetze bestimmt sich der Inhalt der

lektuellen Mitteln die Entscheidung ableiten[34], wobei zugleich „die Anwendung des Rechts durch eine möglichst enge Fassung der Gesetzesbestimmungen und durch eine scharfkantige Begriffsbildung von vornherein in bestimmte Bahnen gelenkt“[35] wurde, um die Bindung des Richters an das Gesetz so eng wie möglich zu gestalten. Die richterliche Rechtsfindung wurde hier nicht mehr – wie noch unter der Herrschaft der historischen Schule – als geistiger Produktionsprozeß verstanden, bei dem infolge der Auflösung von Rechtsnormen in Rechtsbegriffe der „Gedanke“ letztlich Sieger über den „Stoff“ blieb[36], sondern als logisch-mechanische „Anwendung“ des lückenlosen, die Entscheidung im Prinzip fertig bereithaltenden Gesetzes auf den vorliegenden Fall. Für den Richter, sagte *Bergbohm*[37], sei im Augenblick des Urteilsspruchs so viel präzises Recht vorhanden, wie er für die Entscheidung brauche, „d. h. das Recht ist für ihn im entscheidenden Moment immer allseitig vorbestimmt, vollkommen lückenlos und in sich harmonisch“. Die Denktätigkeit des Richters bedeutete damit nicht mehr „freie Selbstbestimmung innerhalb des Gesetzes“; jede irgendwie geartete Freiheit des Richters sollte vielmehr aufgehoben werden: der Urteilsspruch war der Idee nach völlig determiniert durch die von dem Gesetzgeber im Grunde schon vorweg getroffene Entscheidung, die der Richter lediglich „zutage förderte“[38]. Der rechtsanwendende Richter wurde so zu einer Art unselbständigen und unfreien Vollstreckungsorgans des Gesetzes, und es kennzeichnet die positivistische Richterauffassung, daß ihn *Binding* tatsächlich mit einem „Vollstreckungsbeamten“ verglich, wenn er, um die Stellung des Vollstreckungsorgans zum Urteil zu kennzeichnen, auf das Verhältnis des Richters zum Gesetz als Analogie zurückgriff[39]: „In nicht vollständig, aber doch großenteils analogem Verhältnisse wie der Richter zum Gesetze steht der Vollstreckungsbeamte zum vollstreckbaren Urteil. Seine ganze und einzige Pflicht besteht in dessen exakter Verwirklichung.“ Damit kam spürbar das mechanisch-automatische Element wieder ins Spiel[40], das schon für die Richtervorstellung der

---

richterlichen Vollmacht und das Maß der Gebundenheit an positive Satzung; aus der Wissenschaft aber sollte der Richter die Fähigkeit schöpfen, seine Vollmacht im Geiste des Vollmachtgebers auszuüben ...“

[34] Vgl. *Radbruch-Zweigert:* Einführung, S. 249.

[35] *Dahm:* Deutsches Recht, S. 126.

[36] So Rudolf *Sohm:* Institutionen, 7. Aufl. Leipzig 1898, § 8, S. 32.

[37] Jurisprudenz und Rechtsphilosophie, S. 383 Anm. 10 a. E. (385).

[38] *Bergbohm,* a. a. O.

[39] Vgl. *Binding:* Lehrbuch des gemeinen Deutschen Strafrechts, Besonderer Teil, II. Bd., 2. Abt., Leipzig 1905, S. 569.

[40] Vgl. *Coing:* Grundzüge, S. 246; *Boehmer:* Grundlagen II/1, S. 126; *Wieacker:* Privatrechtsgeschichte, S. 255; *Reichel:* Gesetz und Richterspruch, S. 17.

kriminalpolitischen Aufklärung bezeichnend war. Der Richter wurde, ähnlich wie in der Zeit der Aufklärung, als eine Art intellektuelle Gesetzesanwendungsmaschine, als „Subsumtions-" und „Deduktionsautomat" gedacht[41], der bei der Urteilsfindung eine mechanisch einfache, weil völlig durch das Gesetz vorherbestimmte, logisch-begriffliche Gedankenoperation zu vollziehen hatte, zu deren Ausführung er lediglich seines Verstandes bedurfte. G. *Boehmer* hat dieses mechanistisch-intellektualistische Richterideal, das zwar nirgends in steriler Reinheit verwirklicht und ebensowenig klar formuliert wurde, aber als richtunggebende „Modellvorstellung" die Grundauffassung des Positivismus über Richtertum und Rechtsfindung bestimmte, treffend mit den Worten gekennzeichnet: „Die Richter sind unbeseelte Wesen, anonyme fungible Personen, deren einzige Aufgabe darin besteht, das Gesetz anzuwenden. Und diese Anwendung hat, im Geiste des begriffskonstruktiven Prinzips, das sich auch auf die Rechtsprechung überträgt, ausschließlich im Wege mechanisch-logischer Subsumtion des konkreten Einzelfalles unter die abstrakte Rechtsnorm zu erfolgen... Für Werturteile und Willensentscheidungen des Richters bleibt kein Raum[42]."

2. An dem Dogma, daß der Richter nur das unselbständige Vollzugsorgan des Gesetzes sei, hielt der Positivismus sogar dort fest, wo der Gesetzgeber selbst dem Richter weitgehende Entscheidungsfreiheit eingeräumt und damit auf völlige Determinierung des richterlichen Handelns verzichtet hatte: auf dem Gebiet des „Ermessens" im weitesten Sinne. Die grundsätzliche Stellung des Gesetzespositivismus zur richterlichen Ermessensfreiheit hat insoweit bei *Laband* ihre klassische Formulierung gefunden. *Laband* wies die naheliegende Folgerung, daß der Richter, wenn ihm „diskretionäre Gewalt" eingeräumt sei, eine e i g e n e, nicht völlig aus dem Gesetz ableitbare Entscheidung zu treffen habe, entschieden zurück. Ausgehend von der positivistischen Grundthese: „Die rechtliche Entscheidung besteht in der Subsumtion eines gegebenen Tatbestandes unter das geltende Recht; sie ist wie jeder logische Schluß vom Willen unabhängig; es besteht keine Freiheit der Entschließung, ob die Folgerung eintreten soll oder nicht...", wandte er diesen Grundsatz auch auf die Ermessensentscheidung des Richters an: „Ebenso kann das objektive Recht ... dem Richter eine weitreichende diskretionäre Gewalt einräumen, ihm die Berücksichtigung der Billigkeit vorschreiben, ihm

---

[41] Vgl. *Kantorowicz:* Kampf um die Rechtswissenschaft, S. 7 (13); *Reichel,* a. a. O.; *Wieacker,* a. a. O.; *Boehmer,* a. a. O.; *Germann:* Probleme der Rechtsfindung, S. 369; E. *von Hippel:* Rechtsbegriff und Richterstellung, in: DRiZ 1954, S. 65. Vgl. auch bereits *Ihering:* Zweck im Recht, Bd. I, S. 383/385.

[42] *Boehmer:* Grundlagen II/1, S. 126/127.

einen arbiträren Spruch übertragen. Trotzdem hat der Richter nicht seinen Willen, sondern denjenigen des objektiven Rechts zur Geltung zu bringen, er ist die viva vox legis[43]." Wurde hier – mit einem kennzeichnenden Hinweis auf die *Montesquieusche* bouche-de-la-lois-Metapher – das Schema, daß der Richterspruch ausschließlich aus dem „objektiven", d. h. zugleich „positiven", Recht abgeleitet werde, selbst auf einem Gebiet der Rechtsprechung unverändert aufrechterhalten, wo der Eigenwert der richterlichen Einzelentscheidung augenfällig hervortrat, so war es nur folgerichtig, daß der Positivismus das richterliche Urteil auch dort zur bloßen Funktion des Gesetzes erklärte, wo der Wertung des Richters eine schlechthin entscheidende Bedeutung zukam: auf dem Gebiete der richterlichen Strafzumessung. Gerade hier hatte sich – worauf bereits hingewiesen wurde[44] – in der ersten Hälfte des 19. Jahrhunderts der Ermessensraum des Richters sehr stark erweitert. Das preußische Strafgesetzbuch von 1851, in dem diese Entwicklung ihren Niederschlag fand und auf dem im wesentlichen das Straffolgensystem des Reichsstrafgesetzbuchs von 1871 beruhte[45], zeigte die Tendenz, „den Fehler einer zu engen Bindung des Richters in der Strafzumessung" zu vermeiden[46]; der Gesetzgeber verzichtete auf die Aufzählung gesetzlicher Strafzumessungsgründe[47], führte zudem das französische System der „mildernden Umstände" („circonstances atténuantes") ein[48] und ließ damit dem richterlichen Ermessen erheblichen Spielraum. Gleichwohl hielt die positivistische Strafrechtsdogmatik auch hier an dem Grundgedanken fest, daß der Richter allein aus dem Gesetz heraus die Strafe bemessen müsse. Zwar ließ sich hier die positivistische Vorstellung der lückenlosen Determinierbarkeit der richterlichen Entscheidung durch das Gesetz nicht mit letzter Folgerichtigkeit durchführen, was auch nicht versucht wurde. Aber schon ein Blick auf die Behandlung der Strafzumessung in den Lehrbüchern der damaligen Zeit läßt erkennen, wie sehr man selbst hier die gesetzliche Bindung in den Vordergrund stellte. „Als Organ des allgemeinen Willens, der in den Gesetzen seinen Ausdruck gefunden hat", betonte z. B. *Berner*, „muß der Richter den Gesetzen gemäß die Strafe festsetzen[49]." Dabei

---

[43] *Laband:* Staatsrecht, Bd. I, S. 646; dazu *Oertmann:* Gesetzeszwang und Richterfreiheit, S. 12/13.

[44] Vgl. oben S. 161.

[45] Vgl. *Drost:* Ermessen, S. 120.

[46] Vgl. Drost, a. a. O.; vgl. auch *Hälschner:* Geschichte, S. 278 f.

[47] Vgl. *Drost:* Ermessen, S. 122; R. *von Hippel:* Strafrecht, Bd. I, S. 325 Anm. 8 a. E. (S. 326).

[48] Vgl. R. *von Hippel:* Strafrecht, a. a. O., S. 326.

[49] Albert Friedrich *Berner:* Lehrbuch des Deutschen Strafrechts, 13. Aufl. Leipzig 1884, S. 293.

habe er sich vor allem auf die „Analyse des Gesetzes" zu stützen[50]. Die Funktion des Richters bei der Strafzumessung, so führte Hugo *Meyer* aus, bestehe lediglich darin, „den Gedanken des Gesetzgebers und somit die Thätigkeit des Gesetzgebers zu ergänzen"[51]. Auch für *Merkel* stand es fest, daß der Richter bei der Strafzumessung „den ihm eingeräumten Einfluß nicht nach subjektivem Belieben oder nach beliebigen Lehrmeinungen ausübt, sondern dem einzelnen Fall gegenüber die Arbeit des Gesetzgebers in dessen Sinn ergänzt und denjenigen Maßstab, den dieser bei der Unterscheidung der Deliktsarten und der Abgrenzung ihres Thatbestandes, bei der strafrechtlichen Wertung derselben und den Abstufungen des Strafmaßes, bei der Hervorhebung bestimmter Milderungs- und Erschwerungsgründe und der Anerkennung von Strafausschließungsgründen zur Anwendung bringt, auch seinerseits anlegt. Nur sofern dies geschieht, erscheint es unbedenklich, dem Richter jenen Spielraum einzuräumen"[52]. Die hier festzustellende Tendenz, auch auf dem Gebiet der Strafzumessung dem richterlichen Ermessen möglichst enge gesetzliche Grenzen zu setzen und nicht sowohl die Ermessenfreiheit als vielmehr die Gesetzesbindung des Richters als das für seine Stellung entscheidende Kriterium anzusehen, wurde unterstützt durch den Gedanken eines starr auf die Tat ausgerichteten Vergeltungsstrafrechts, der sich unter der philosophischen Ägide *Kants, Hegels* und *Stahls*[53] um die Mitte des 19. Jahrhunderts fast allgemein durchgesetzt hatte und sich bis in das 20. Jahrhundert hinein behaupten konnte[54]. Dieser Gedanke, in dem die Proportionalitätsidee der Aufklärungszeit wiederauflebte[55], kam der positivistischen Neigung, auch die richterliche Strafzumessung im Prinzip als einen Akt logisch-schematischer Gesetzesanwendung aufzufassen, weitgehend entgegen. Bestand doch die spezifische Bedeutung des Gedankens der Tatvergeltung für die Rechtsanwendung darin, daß der strafbemessende Richter grundsätzlich nicht auf Wertmaßstäbe außerhalb des anzuwendenden Strafgesetzes zurückzugreifen brauchte, um die richtige Strafe zu finden, sondern daß gerade die Umstände zur Grundlage der Straf-

---

[50] *Berner:* Lehrbuch, a. a. O., S. 293.

[51] Hugo *Meyer:* Lehrbuch des Deutschen Strafrechts, 3. Aufl. Erlangen 1882, S. 373.

[52] Adolf *Merkel:* Lehrbuch des Deutschen Strafrechts, Stuttgart 1889, S. 254.

[53] Vgl. *Kant:* Metaphysik der Sitten, Ausgabe *Weischedel,* S. 454 u. pass.; *Hegel:* Grundlinien der Philosophie des Rechts, Ausgabe *Gans,* S. 152 ff; *Stahl:* Die Philosophie des Rechts, II. Bd., 2. Abt., S. 683 ff (686).

[54] Vgl. die Übersicht über die Straftheorien der damaligen Zeit bei *Binding:* Grundriß des Gemeinen Deutschen Strafrechts, 1. Teil, 4. Aufl. Leipzig 1890, S. 130 ff; ferner R. *von Hippel:* Strafrecht I, S. 287 ff, 471 ff.

[55] Vgl. oben S. 69 f.

zumessung gemacht wurden, die ohnehin schon in dem von dem Richter festgestellten objektiv-subjektiven Verbrechenstatbestand enthalten waren. Die angemessene Strafe, die innerhalb des gesetzlichen Strafmaßes zu ermitteln war, ergab sich nach dieser Vorstellung als zwingende logische Folgerung aus der Feststellung des Tatbestandes: die „Ausmessung der Strafe" war lediglich das Ergebnis der „Ausmessung des Verbrechens"[56]. Von diesem Standpunkt aus hatte *Hälschner* nicht unrecht, wenn er geradezu die Existenz einer besonderen Strafzumessungslehre leugnete: „Von den Gründen der Strafzumessung als von einer besonderen Lehre handeln zu wollen, ist ein durchaus widersinniges Unternehmen. Wer über diese Gründe belehrt sein will, der muß auf das ganze System der Strafrechtswissenschaft verwiesen werden, das in seinem allgemeinen wie besonderen Theile gerade die Aufgabe hat, die Normen zu entwickeln, durch welche das Maß der Schuld und Strafe bestimmt wird[57]."

3. Derartige Äußerungen zur richterlichen Strafzumessung waren symptomatisch für die positivistische Vorstellung von der Funktion des Richters, die man auf der Tatbestands- wie auf der Rechtsfolgenseite möglichst als logisch-mechanische Gesetzesanwendung zu deuten suchte. Für das Rechtsdenken des juristischen Positivismus gab es, wie es J. *Esser* ausgedrückt hat[58], „keinen rechtlichen Konflikt, der nicht durch schulgerechte ‚Anwendung' des allumfassenden Kodifikationstextes positiv und endgültig beurteilt werden könnte, ohne daß es einer eigenverantwortlichen Willens- und Wertentscheidung bedürfte". Der Richter war der mechanische Vollstrecker des Gesetzes, ein individualitätslos-anonymes, nur als Intellekt funktionierendes Wesen, das lediglich formallogische Gedankenoperationen vollzog; jede auf sozialethischer Wertung beruhende schöpferische Entscheidung, die sich niemals in rationaler „Subsumtion" und „Deduktion" erschöpft, war ihm nach positivistischer Auffassung versagt. „Die Situation schöpferischer Einmaligkeit", so hat *Holstein* diese Denkweise charakterisiert[59], „vor die auch der Richter immer wieder gestellt wird, und die er niemals aus rein formaler Normgebundenheit meistern kann, weil sie von ihm eine echte und wirkliche Entscheidung verlangt, findet in diesem Denken keinen Platz." Bei dieser Einstellung fand der Positivismus naturgemäß zu dem Phänomen der Richterpersönlichkeit keinen Zugang[60]; der rationale Mechanismus der

---

[56] So *Berner:* Lehrbuch, S. 286.

[57] Vgl. *Hälschner:* System des Preußischen Strafrechtes, S. 469.

[58] Josef *Esser:* Die Interpretation im Recht, in: StG Bd. 7 (1954), S. 372 ff (372).

[59] Günther *Holstein:* Geschichte der Staatsphilosophie, München und Berlin 1934, S. 79.

[60] Vgl. dazu *Reichel:* Gesetz und Richterspruch, S. 17.

Gesetzesanwendung bedürfe, so glaubte man, der Lebens- und Werterfahrung des Richters, seines Rechtsgefühls und Gewissens nicht, da sich die endgültig richtige Entscheidung schon im Wege logischer Subsumtion ergebe und alles Menschlich-Persönliche, nicht Berechenbare und nicht in Begriffen Faßbare hier nur zu „Willkür" und Rechtsunsicherheit führen könne. Im System des Positivismus war daher für die Persönlichkeit des Richters als Trägerin konkreter Wertentscheidungen kein Raum; die positivistische Richteridee war in diesem Sinne wie die der Aufklärung abstrakt und unpersönlich.

E. DIE RICHTERIDEE DER STRAFPROZESSORDNUNG UND DES GERICHTSVERFASSUNGSGESETZES

Die Untersuchung ist mit dieser Darstellung der positivistischen Richterauffassung entwicklungsgeschichtlich an einen Punkt gelangt, von dem aus nunmehr der Versuch unternommen werden kann, die Eigenart der Richtervorstellung herauszuarbeiten, die der Strafprozeßordnung und – im Zusammenhang damit – dem Gerichtsverfassungsgesetz zugrunde liegt. Das soll an Hand von charakteristischen Grundentscheidungen des Gesetzgebers zu Stellung und Aufgabe des Richters geschehen, die im folgenden daraufhin untersucht werden, von welcher Richterauffassung sie bestimmt worden sind.

I. Richteramt und Prozeßstruktur

1. Anklagegrundsatz und Klageformprinzip in ihrer Bedeutung für die Stellung des Richters

a) Die Reformbestrebungen, die in der ersten Hälfte des 19. Jahrhunderts zu einer kritischen Auseinandersetzung mit dem gemeinrechtlichen Inquisitionsprozeß und im Zusammenhang damit zu einer Umgestaltung des Verfahrensaufbaus geführt hatten, waren dadurch gekennzeichnet gewesen, daß sich die Prozeßrechtswissenschaft des Einflusses nicht-rationaler, emotionaler psychischer Faktoren auf die richterliche Sachverhaltsfeststellung allmählich bewußt geworden war und diesem Umstand durch eine psychologisch durchdachte Ausgestaltung des Richteramts gerecht zu werden versucht hatte. War die Reformbewegung auch nicht zu einer klaren Erkenntnis der persönlichkeitsbedingten Komponenten der Entscheidung und ihrer Bedeutung für die Urteilsgewinnung gelangt, so hatte sie doch, soweit es um die praktische Gestaltung des Prozesses ging, in dem Richter nicht nur mehr einen persönlichkeitslosen „Subsumtionsautomaten" erblickt, sondern wesentlich den von vielfachen psychologischen Einflüssen abhängigen fehlsamen Menschen gesehen, der auch dann, wenn er sich streng an das Gesetz hält, Opfer des Irrtums werden kann. Diese richterpsychologische Grundtendenz der Reformbewegung war dann allerdings – wie im einzelnen dargelegt wurde – erheblich dadurch abgeschwächt worden, daß man das grundlegende prozeßpsychologische Strukturprinzip: den Anklagegrundsatz stark formalisierte und den erkennenden Richter weiterhin mit Aufgaben „inquisitorischer" Natur belastete, so daß der ursprüngliche Leitgedanke der Reform, die Gewährleistung der inneren Unbefangenheit des Richters, nur sehr unvollkommen verwirklicht werden konnte. Trotz bedeutungsvoller Ansätze zu einer psychologischen Durchdringung des richterlichen Erkenntnisvorgangs blieb daher die Stellung des Richters im reformierten Strafprozeß mit schwerwiegenden psychologischen „Inkompatibilitäten" belastet. Um sie zu erkennen und, soweit möglich, zu beseitigen, war freilich ein prozessuales Denken notwendig, das die Bedeutung der psychischen Bedingungen richterlicher Entscheidung in ihrem vollen Gewicht erkannte. Dafür fehlten jedoch die Voraussetzungen, solange die emotionale Komponente der Rechtsfindung und damit die Abhängigkeit der Urteilsfindung von Willen und Gefühl der Richterpersönlichkeit in rationalistischer Absolutsetzung des intellektuellen Elements hinwegdeutet und die richterliche Entscheidungstätigkeit zum Modus einer logisch-mechanischen Rechenoperation vereinfacht wurde. Betrachtet man unter diesem Gesichtspunkt die gesetzgeberische Grundentscheidung zur Struktur des Strafprozesses und ihre Konsequenzen für die Stellung des Richters, so ist es kennzeichnend für die Richtervorstellung des Gesetzgebers, daß er die richterpsychologischen Probleme, die der reformierte Strafprozeß offenließ, teils nicht erkannte, teils einer befriedigenden Lösung nicht zuzuführen vermochte.

b) Der Gesetzgeber machte sich zunächst das „Klageformprinzip", das die Reformbewegung aus dem Akkusationsgrundsatz entwickelt hatte, zu eigen. Obwohl es in den sechziger und siebziger Jahren des 19. Jahrhunderts nicht an Stimmen fehlte, die den Strafprozeß von den ihm anhaftenden inquisitorischen Zügen befreien und ihn stärker als bisher in Richtung auf ein echtes Anklageverfahren umgestalten wollten[1]. hielt der Gesetzgeber an dem Klageformprinzip fest, ja betrachtete es geradezu als d a s Anklageprinzip schlechthin[2]. Den Verfassern der Motive zum Entwurf der Strafprozeßordnung scheint der Unterschied zwischen materiellem und formalem Anklageprozeß kaum mehr bewußt gewesen zu sein. So wurde das Akkusationsprinzip in den Motiven rein formal definiert, wenn es hieß[3], „daß

---

1 Vgl. schon *Glaser:* Über die Vernehmung des Angeklagten, S. 407 ff; *Sundelin:* Die Forderung des Kreuzverhörs, S. 161 ff; *von Stemann:* Staatsanwaltschaft, S. 46 ff; ders.: Gutachten, S. 1 ff; *von Bar:* Kritik der Prinzipien, S. 35 ff; ders.: Recht und Beweis, S. 330 f; *Gneist:* Vier Fragen, S. 5 ff, 100 ff. Vgl. ferner *Hahn:* Materialien I, S. 189 Anm. 1.

2 Vgl. *Glaser:* Handbuch I, S. 217; *Gneist:* Vier Fragen, S. 100; neuerdings auch *Ruscheweyh:* Herrschaft des Richters usw., S. 280, l. Sp.

3 Mot. S. 86 (*Hahn:* Mat. I, S. 145).

das Wesen des Anklageprozesses sich in der Form eines Rechtsstreites bewege, dessen Eröffnung durch das Auftreten eines Anklägers bedingt sei". Die Folgerung, daß die Akkusationsmaxime einen auf reine Sachentscheidung beschränkten Richter verlange, wurde an einer anderen Stelle der Motive, die sich über die „Stellung des Richteramts im Anklageprozeß" verhielt, ausdrücklich zurückgewiesen[4]:

„Aus dem Prinzip des Anklageprozesses folgt nicht, daß, wie im Civilprozeß, so auch im Strafprozeß die Thätigkeit des Richters nach jeder Richtung hin durch die Anträge des Anklägers und des Beschuldigten bedingt werden muß. Vielmehr ergiebt sich aus der Natur der Strafsache als einer Sache des öffentlichen Rechts, daß der Richter ebenso berechtigt als verpflichtet sein muß, die Wahrheit nötigenfalls auch durch andere Mittel als durch die von dem Kläger oder von dem Beschuldigten an die Hand gegebenen zu erforschen..."

Was das Verhältnis zwischen dieser untersuchenden und der entscheidenden Tätigkeit des Richters betraf, so wurde lediglich darauf hingewiesen, daß „seine prüfende und urtheilende Thätigkeit" „in den Vordergrund getreten" sei, „während er für die Ausmittelung und Herbeischaffung des Materials nur ergänzend thätig" werde[5]. Die Vereinigung von Untersuchungs- und Entscheidungsaufgaben in der Funktion des Richters, diese insbesondere von *Gneist* so scharf kritisierte „Durcheinanderschiebung von Anklage- und Richteramt"[6], wurde als Selbstverständlichkeit vorausgesetzt und „die Frage, ob Anklage- und Richteramt sich nicht in anderer Weise folgerichtiger auseinanderzusetzen hätten", wurde „nicht mehr aufgeworfen"[7].

Mit dieser Grundentscheidung des Gesetzgebers zugunsten des formal-akkusatorischen Prinzips – die bei den anschließenden Beratungen in der Justizkommission und den späteren Erörterungen in Bundesrat und Reichstag nicht mehr in Frage gestellt wurde – blieb, wie die Motive ausdrücklich hervorhoben[8], die Stellung des Richters im wesentlichen „dieselbe wie früher". Der Gesetzgeber war damit zugleich vor dieselben richterpsychologischen Probleme gestellt, die schon im reformierten Strafprozeß des 19. Jahrhunderts aufgetreten waren.

---

[4] Mot. S. 88 (*Hahn*, a. a. O.).

[5] Nach *Gneist:* Vier Fragen, S. 100/101.

[6] Vgl. *Gneist:* Vier Fragen, S. 101; *Gneist* rügte besonders die Belastung des erkennenden Richters mit Untersuchungsaufgaben: „Das Richteramt sah sich beschwert und verunstaltet durch die Last und die Verantwortlichkeit der Strafverfolgung..."; „Die Trennung beider Funktionen ist der richtige, unwiderrufliche Gedanke unserer heutigen Reform" (S. 18).

[7] Vgl. *Gneist:* Vier Fragen, S. 100.

[8] Vgl. oben Fn. 5.

2. *Die Identität von eröffnendem und erkennendem Richter*

a) Die Gefahr, daß sich aus der Kollision von Ermittlungs- und Entscheidungsaufgaben für den erkennenden Richter „psychologische Inkompatibilitäten" *(Wach)* ergeben könnten, die seine innere Unvoreingenommenheit bedrohten, erkannte der Gesetzgeber nur ausnahmsweise an. In § 23 StPO (a. F.)[8a] – der mit § 17 des Entwurfs[9] inhaltlich insoweit übereinstimmte – sah er lediglich[10] vor, daß der Untersuchungsrichter in denjenigen Sachen, in denen er die Voruntersuchung geführt habe, nicht Mitglied des erkennenden Gerichts sein dürfe[11]. Zur Begründung wiesen die Motive auf die psychologische Erfahrung hin, „daß in der Regel der Untersuchungsrichter schon bei Abschluß der Voruntersuchung sich eine bestimmte Ansicht über die Sache gebildet hat, während der erkennende Richter sein Urtheil lediglich aus der mündlichen Verhandlung schöpfen soll"[12]. Diese Erwägung, die Ausgangspunkt für grundsätzliche Überlegungen zum Problem der inneren Unbefangenheit des Richters hätte sein können, gab dem Gesetzgeber jedoch keinen Anlaß, den Grundgedanken des § 23 StPO auch auf andere Fälle anzuwenden, in denen die Gefahr bestand, daß der Richter auf Grund seiner Kenntnis der Ermittlungsergebnisse bereits eine „bestimmte Ansicht" gewonnen hatte, die ihm die unvoreingenommene Würdigung der Sache erschwerte.

Der Gesetzgeber ließ insbesondere die in dieser Beziehung nicht unproblematische Identität von eröffnendem und erkennendem Richter, die er im reformierten Strafprozeß vorfand, weiterhin bestehen. Die damit verbundenen psychologischen Fragen blieben zwar bei den Gesetzesberatungen nicht unerörtert; zu einer durchgreifenden Neuregelung kam es indessen nicht. Der Gesetzgeber hatte sich hier vor allem mit den Stimmen in der Literatur zum reformierten Strafprozeß auseinanderzusetzen, die sich gegen die Belastung des erkennenden Gerichts mit der Entscheidung über die Eröffnung des

---

[8a] Der Text geht von der ursprünglichen, bis zum 31. 3. 1965 geltenden Fassung der Bestimmung aus. Die Neufassung durch das StPÄG vom 19. 12. 1964, die am 1. 4. 1965 in Kraft getreten ist, bleibt in diesem Zusammenhang außer Betracht. Vgl. auch unten S. 276 Fn. 15.

[9] Mit „Entwurf" ist hier jeweils der III. Entwurf der StPO gemeint, der am 29. Oktober 1874 dem Reichstag vorgelegt wurde und bei *Hahn:* Mat. I, abgedruckt ist. Geschichtliche Einzelheiten bei R. *von Hippel:* Strafrecht I, S. 342 m. w. H.

[10] Der in § 23 StPO ferner vorgesehene Ausschluß des erstinstanzlichen Richters von der Mitwirkung bei der Entscheidung in höherer Instanz kann in diesem Zusammenhang, in dem es um die Kollision von Untersuchungs- und Entscheidungsfunktion geht, außer Betracht bleiben.

[11] Vgl. *Hahn:* Materialien I, S. 6.

[12] Motive, S. 25 *(Hahn:* Mat. I, S. 89).

Hauptverfahrens ausgesprochen hatten[13]. Unter ihnen verdient insbesondere *Glasers* 1867 erschienene Abhandlung „Zur Reform des Verfahrens bei der Versetzung in den Anklagestand“[14] Beachtung. *Glaser* forderte darin – im Anschluß an *von Stemann*[15] – die Abschaffung des gerichtlichen Eröffnungsbeschlusses. Dieser stehe im Widerspruch zu der seit den Tagen der Reformbewegung geltenden prozeßpsychologischen Grundforderung: „Der Ankläger soll nicht Richter, der Richter nicht Ankläger sein[16].“ Die Einführung einer besonderen Anklagebehörde in den Strafprozeß sei nach der ursprünglichen Vorstellung der Reformer nicht deshalb gefordert worden, „damit jemand vorhanden sei, welcher noch neben und außer dem in seiner Stellung verbleibenden Richter auf die Verfolgung der Verbrechen Bedacht nehme und auf die Bestrafung des Verbrechers dringe“[17]. Vielmehr habe man „in der Einführung der Staatsanwaltschaft nur die Vorbedingung für die Befreiung des Richters aus jener Doppelstellung“ gesehen[18]. Es bedeute einen Rückfall in den überwundenen Inquisitionsprozeß mit seiner „Vereinigung entgegengesetzter Aufgaben“, wenn man den erkennenden Richter zugleich mit der Entscheidung über die Berechtigung der Anklage befasse. Denn eine solche Regelung führe zu einer Gefährdung der richterlichen Unvoreingenommenheit, die zu beseitigen gerade der Sinn des Anklageprozesses gewesen sei[19].

Psychologische Gesichtspunkte, wie sie hier *Glaser* gegen den gerichtlichen Eröffnungsbeschluß ins Feld geführt hatte, kamen auch bei den Gesetzesberatungen zur Sprache. In der Justizkommission setzten sich besonders *Lasker* und *Schwarze* dafür ein, daß die Möglichkeit einer Koinzidenz von eröffnendem und erkennendem Richter ausgeschlossen werde. *Schwarze* beantragte in der ersten Lesung der Kommission, die an der Eröffnungsentscheidung beteiligten Richter von der Teilnahme an der Hauptverhandlung und insbesondere von der Mitwirkung an der Sachentscheidung auszuschließen[20]. Er begründete diesen Antrag mit der psychologischen Vorbelastung, die dem erkennenden Richter aufgebürdet werde, wenn er zugleich über

---

[13] Vgl. schon *Zachariä:* Gebrechen und Reform, S. 243; *Abegg:* Betrachtungen über die Verordnung usw., S. 111; *Mittermaier:* Über den Zustand der Strafprozeßordnung, S. 533; ders.: Mündlichkeit, S. 295; *von Stemann:* Staatsanwaltschaft, S. 46. Vgl. auch die i. F. zit. Abhandlung *Glasers*.

[14] In: GS Bd. 19 (1867), S. 212 ff, bes. S. 226 ff. Die Abhandlung ist auch abgedruckt in: Kleine Schriften über Strafrecht und Strafprozeß, S. 477 ff.

[15] Staatsanwaltschaft, S. 45, 46.

[16] *Glaser*, a. a. G., S. 230.

[17] *Glaser*, a. a. O., S. 229.

[18] *Glaser*, a. a. O., S. 229 f.

[19] *Glaser*, a. a. O., S. 237.

[20] Vgl. dazu *Hahn:* Materialien I, S. 559/560.

die Eröffnung des Hauptverfahrens zu entscheiden habe. Es sei „etwas sehr Menschliches", legte *Schwarze* – laut Kommissionsprotokoll – dar[21], „wenn dieselben Richter sich im späteren Verfahren von der früher gewonnenen Anschauung, selbst unbewußt, leiten" ließen. *Lasker*, der *Schwarzes* Antrag unterstützte, betonte, „der Richter sei nicht im Stande, sich von den menschlichen Eindrücken frei zu machen, welche er empfange, wenn er über die Einleitung der Untersuchung zu beschließen habe. Gesteigert werde die Gefahr der Befangenheit bei der Aburtheilung, wo die Vorentscheidung auf Grund einer Prüfung bereits vorhandenen Aktenmaterials erfolge; denn der Richter müsse klar sehen, wieviel Beweiskraft diesem Aktenmaterial zugetraut werden dürfe, er nehme also eine Funktion der Beweisprüfung vorweg"[22]. Dieser prozeßpsychologischen Argumentation, die deutlich von dem Gedanken bestimmt wurde, daß bei der richterlichen Überzeugungsbildung auch emotionale, ja sogar unterbewußte seelische Einflüsse im Spiel waren, stand allerdings in der Justizkommission eine starke Opposition gegenüber, die – außer mit organisatorisch-technischen Erwägungen – insbesondere mit dem prozeßlogischen Einwand operierte, daß Eröffnungsentscheidung und Sachentscheidung zwei nach Inhalt, Grundlagen und Zweck verschiedene „Geistesoperationen" seien, zwischen denen der Intellekt des Richters bei einiger geistiger Anspannung eine klare Trennungslinie ziehen könne[23]; in dieser Argumentation überwog im Gegensatz zu der Auffassung *Schwarzes* und *Laskers* die rein rationalistische Richterauffassung, die in dem Richterspruch das ausschließliche Produkt einer Verstandesleistung sah und daher eine Gefahr für die innere Unbefangenheit des Richters von der emotionalen Seite her nicht befürchtete.

Tatsächlich scheint jedoch nicht diese rationalistische, sondern die psychologische Beweisführung die Kommissionsmehrheit zunächst überzeugt zu haben. Der Kommissionsbericht vom 28. Oktober 1876 hat sich die Argumente *Schwarzes* und *Laskers* zu eigen gemacht. „Es ist nicht zu verkennen", heißt es darin, „daß die Richter, welche über die Verweisung des Angeklagten zur Hauptverhandlung entschieden haben, bereits durch die Prüfung der in den Vorakten gesammelten Beweise und den auf Grund dieser Prüfung ertheilten Ausspruch, daß der Angeklagte der That dringend verdächtig sei, in sehr eingehender Weise mit der Sache befaßt gewesen sind, und daß die Überzeugung, durch welche die Richter zu dem erwähnten Ausspruche bestimmt worden sind, dieselben auch begleiten würde, wenn sie in der Haupt-

---

[21] Vgl. *Hahn:* Materialien II, S. 1227.

[22] Vgl. *Hahn:* Materialien II, S. 1226.

[23] Vgl. dazu im einzelnen *Hahn:* Materialien II, S. 1226. Dieser Standpunkt wurde besonders klar von *Hanauer* formuliert; vgl. *Hahn*, a. a. O.

verhandlung zur Aburtheilung berufen würden[24]." Die logisch-begriffliche Verschiedenheit von Eröffnungs- und Sachentscheidung beseitige den psychologischen Einfluß nicht, der darin liege, „daß die Richter, welche über das Vorhandensein eines hinreichenden Verdachts zu entscheiden hätten, mit dem gesammelten Beweise sich eingehend beschäftigten und mit der hierdurch gewonnenen Ansicht in das Hauptverfahren einträten"[25]. Das Strafverfahren verlange aber Richter, „welche in voller Unbefangenheit und ohne jede selbst unbewußte Voreingenommenheit lediglich auf Grund der mündlichen Beweisaufnahme das Urtheil sprächen"[26].

b) Bei der wiederholten Beratung dieser Frage in der Reichstagskommission[27] gewann jedoch die Gegenauffassung wieder die Oberhand. Viele Stimmen meldeten sich, die entweder die Gefahr der Befangenheit schlechthin verneinten oder sie jedenfalls nicht für so schwerwiegend hielten, daß sie die organisatorische Trennung zwischen eröffnendem und erkennendem Richter bzw. die Beseitigung des Eröffnungsbeschlusses rechtfertige. Unter dem Eindruck der zahlreichen Gegenstimmen schwächte *Schwarze* seinen ursprünglichen Antrag sehr stark ab und hielt in der Hauptsache nur mehr an der Forderung fest, daß der Berichterstatter des Eröffnungsverfahrens nicht am Hauptverfahren teilnehmen und damit nicht an der Sachentscheidung mitwirken dürfe.

Bei der Erörterung im Plenum des Reichstages erhoben sich dann noch einmal gewichtige Stimmen für eine Trennung zwischen eröffnendem und erkennendem Richter, ohne daß sich indessen die psychologische Argumentation hätte durchsetzen können. Der Abgeordnete *Reichensperger* hatte sich die ursprüngliche Auffassung *Schwarzes* und *Laskers* zu eigen gemacht und stellte nun seinerseits den Antrag, die an der Eröffnungsentscheidung beteiligten Richter von der Mitwirkung an der Hauptverhandlung auszuschließen[28]. Die Abgeordneten *Hänel* und *Windthorst* unterstützten diesen Antrag in bemerkenswerten Ausführungen. *Hänel* betonte[29], die Trennung zwischen eröffnendem und erkennendem Richter sei im Interesse einer unvoreingenommenen Urteilsfindung unentbehrlich. Wenn auch der Inhalt der Eröffnungsentscheidung, was den erforderlichen Verdachts- bzw. Gewißheitsgrad betreffe, ein anderer sei als der des endgültigen Erkenntnisses, so könne doch nicht geleugnet werden, daß der Richter das Beweismaterial schon im Rahmen des Eröffnungsverfahrens unter

---

[24] Kommissionsbericht, S. 12/13 (*Hahn:* Mat. II, S. 1541).
[25] Kommissionsbericht, a. a. O. (*Hahn,* a. a. O.).
[26] ebendort.
[27] Vgl. dazu *Hahn:* Materialien II, S. 1632 ff.
[28] Vgl. *Hahn:* Materialien II, S. 1715 ff.
[29] Vgl. *Hahn:* Materialien II, S. 1721–1723.

dem Gesichtspunkt der Schuld oder Nichtschuld des Angeklagten betrachte und daher leicht Opfer eines Vorurteils werden könne. Es sei zwar richtig, daß ein sorgfältiger und gewissenhafter Richter in der Lage sei, „wenn er sich alle Mühe gibt, sich von all den Eindrücken, die er aus den Akten entnommen hat, zu lösen", und es solle nicht geleugnet werden, „daß jeder gute Richter für den Fall, daß ihm ein Gegenbeweis geliefert wird, von diesem seinem Urtheile zurücktreten wird"[30]. Trotzdem bleibe die Gefahr der Voreingenommenheit bestehen. Sei es doch fast unmöglich, „in seinem Urtheile so zu thun, als ob man nicht wüßte, was man weiß", und gerade der gewissenhafte Richter, der sich bei der Eröffnungsentscheidung mit Sorgfalt seine Meinung gebildet habe, werde nicht immer ganz vorurteilslos in die Hauptverhandlung gehen. Die Trennung von eröffnendem und erkennendem Richter sei deshalb, trotz aller gegenteiligen „Deduktionen", eine „gewichtige und starke Garantie" des Strafverfahrens[31].

Windthorst hob die grundsätzliche Bedeutung hervor, die der Fragenkreis um den Eröffnungsbeschluß für die Stellung des Richters überhaupt habe; es gehe hier um „eine der allerernstesten Fragen und um eine wahre Kardinalfrage" des Strafprozesses[32]. „Denn es handelt sich darum, ob wir für die in dem Hauptverfahren erkennenden Gerichte vollkommen unbefangene Richter haben wollen oder nicht[33]." *Windthorst* warnte davor, in dieser Frage organisatorischen Erwägungen den Vorrang einzuräumen; es komme vielmehr allein auf das Gewicht der psychologischen Überlegungen an. In dieser Hinsicht sei aber nicht zu bezweifeln, daß die Richter, die an der Entscheidung über die Eröffnung des Hauptverfahrens teilnähmen, sich sowohl in der Tat- als auch in der Rechtsfrage schon weitgehend „engagiert" hätten. „Daß Richter immer das Beste suchen werden, daß sie, auch wenn sie zum zweiten Male sitzen, gewiß nur das Rechte suchen werden, bezweifle ich meinestheils gar nicht; aber sie haben bei der Verweisung vorläufig ihre Ansicht fixiert und müssen in der Hauptverhandlung diese ihre vorläufig fixierte Ansicht beseitigen, wenn sie irrig war[34]." Das sei aber in vielen Fällen fast unmöglich, und die eigene richterliche Erfahrung habe ihn, *Windthorst*, zu der Erkenntnis geführt: „Es ist einer der allerübelsten Zustände, wenn Richter, die an der Verweisung theilgenommen haben, auch an der schließlichen Urtheilssprechung theilnehmen[35]."

---

[30] *Hahn:* Materialien II, S. 1722.
[31] ebendort.
[32] *Hahn:* Materialien II, S. 1723.
[33] *Hahn:* Materialien II, S. 1724 f.
[34] Vgl. *Hahn:* Materialien II, S. 1724.
[35] Vgl. *Hahn*, a. a. O., S. 1725.

Trotz dieser gewichtigen Argumente für eine Trennung zwischen eröffnendem und erkennendem Richter blieben *Reichensperger, Hänel* und *Windthorst* im Reichstag mit ihrer Auffassung in der Minderheit, zumal nun auch die ursprünglichen Initiatoren des Vorschlags, *Schwarze* und *Lasker*, an ihm nicht mehr festhielten[36]. Der Antrag *Reichenspergers* wurde mit klarer Mehrheit abgelehnt[37] und an die prozeßpsychologische Beweisführung lediglich insoweit ein Zugeständnis gemacht, als der modifizierte Antrag *Schwarzes* – der im wesentlichen darauf hinauslief, den Berichterstatter des Zwischenverfahrens von der Mitwirkung an der Hauptverhandlung auszuschließen – zum Gesetz erhoben wurde[38]. Die aus der Diskussion hervorgegangene Vorschrift des § 23 Abs. 3 StPO – die später ebenfalls wieder beseitigt wurde[39] – erkannte die Befangenheit des eröffnenden Richters als Ausschließungsgrund im wesentlichen nur bei dem Berichterstatter des Eröffnungsverfahrens an, räumte damit im Prinzip die Berechtigung der psychologischen Bedenken gegen die Identität von eröffnendem und erkennendem Richter ein, ohne daraus die vollen Konsequenzen zu ziehen und insoweit eine klare Haltung einzunehmen.

Im Ergebnis hatte sich somit in dieser Frage nicht die prozeßpsychologische, sondern die prozeßlogische Argumentation behauptet, die Eröffnungs- und Sachentscheidung als strukturell verschiedene gedankliche Vorgänge betrachtete, zwischen denen sich eben wegen dieser logisch-begrifflichen Verschiedenheit bei der Urteilsfindung eine klare Grenze ziehen lasse. Obwohl man das Vorhandensein nichtrationaler psychologischer Kräfte in dem Prozeß der richterlichen Überzeugungsbildung nicht mehr verkannte, glaubte man am Ende doch fest an ihre rationale Kontrollierbarkeit durch den Intellekt des Richters[40].

---

[36] Vgl. *Hahn:* Materialien II, S. 1714.

[37] Vgl. *Hahn:* Materialien II, S. 1732 ff.

[38] Vgl. *Hahn:* Materialien II, S. 1736.

[39] Vgl. darüber R. *von Hippel:* Strafprozeß, S. 130 Fußnote m. w. Hinw.

[40] In der späteren Reformbewegung – auf die im übrigen hier nicht ausführlich einzugehen ist – läßt sich dagegen eine wachsende Aufgeschlossenheit gegenüber dem prozeßpsychologischen Aspekt des Problems beobachten. Die bald nach dem Inkrafttreten der Strafprozeßordnung einsetzenden Reformbestrebungen richteten sich bereits seit Anfang des 20. Jahrhunderts vorwiegend aus psychologischen Gründen gegen die Identität von eröffnendem und erkennendem Richter (vgl. den Überblick bei *von Hippel:* Strafprozeß, S. 505 mit Fußn. 2 u. 3, und *Henkel:* Strafverfahrensrecht, S. 364). Sie führten schließlich – nachdem bereits in dem „Vorläufigen Entwurf" von 1919 und in § 205 des Entwurfs eines Allgemeinen Deutschen Strafgesetzbuchs von 1929 die Beseitigung des Eröffnungsbeschlusses vorgeschlagen worden war – zur Abschaffung des Eröffnungsbeschlusses durch die Verordnung vom 13. August 1942 (RGBl I, 512).

3. Die Stellung des vorsitzenden Richters in der Hauptverhandlung

a) Waren bei der Diskussion um die Identität von eröffnendem und erkennendem Richter immerhin die wesentlichen prozeßpsychologischen Gesichtspunkte bereits zur Sprache gekommen, so zeigten indessen die Erörterungen über Stellung und Aufgabenbereich des Vorsitzenden, wie wenig derartigen Überlegungen schon allgemeine und grundsätzliche, über Teilfragen hinausgehende Bedeutung zukam. In diesem Fragenkreis stellte sich dem Gesetzgeber das Kardinalproblem des reformierten Strafverfahrens: die Gefährdung der richterlichen Objektivität durch die Koinzidenz von Ermittlungs- und Entscheidungsfunktion, sehr viel intensiver, als das bei der Frage

---

Sie entsprach damals einer fast einhelligen Forderung im Reformschrifttum (vgl. die Hinweise bei *Henkel:* Strafverfahrensrecht, a. a. O.). Durch das Vereinheitlichungsgesetz vom 12. September 1950 wurde der Eröffnungsbeschluß dann allerdings wieder eingeführt, jedoch sogleich in der Literatur vielfach angegriffen. In der Gegenwart geht die Tendenz dahin, den Eröffnungsbeschluß als solchen um seiner negativen Kontrollfunktion willen zwar – in modifizierter Form – bestehen zu lassen, den Bedenken gegen die Identität von eröffnendem und erkennendem Richter jedoch durch den Ausschluß des Eröffnungsrichters von der Mitwirkung an der Hauptverhandlung Rechnung zu tragen (vgl. etwa K. *Fuhrmann:* Die kleine Strafprozeßreform, 3. Beitrag: Der Eröffnungsrichter, in: JR 1963, S. 379 ff; R. *Kanka:* Überbleibsel des Inquisitionsprozesses, in: DRiZ 1963, S. 148; Eb. *Schmidt:* Anklageerhebung, Eröffnungsbeschluß usw., S. 1081 ff; Ed. *Kern:* Die Ausschließung des Eröffnungsrichters, S. 369 f; Hans *Dahs:* Die kleine Strafprozeßreform, in: NJW 1965, S. 81 ff [85, 86]). Bei den jüngsten Gesetzgebungsarbeiten, der „kleinen Strafprozeßreform“, haben sich diese Bestrebungen indessen noch nicht durchsetzen können. Der „Entwurf eines Gesetzes zur Änderung der Strafprozeßordnung und des Gerichtsverfassungsgesetzes“ (E 1962), der die alte Regelung im wesentlichen bestehen ließ, ist zwar im Rechtsausschuß und im Plenum des Bundestages stark angegriffen worden: nach dem Vorschlag des Rechtsausschusses sollte die Identität regelmäßig Ausschließungsgrund sein (Beschluß des Rechtsausschusses vom 1. 3. 1963, vgl. BT-Drucks. IV/1020; vgl. dazu Eb. *Schmidt*, a. a. O., S. 1082); der Bundestag hatte sich in seiner 2. Lesung für einen Kompromiß insofern entschieden, als der bei der Eröffnung mitwirkende Richter jedenfalls dann von der Teilnahme an Hauptverhandlung und Urteilsfindung ausgeschlossen sein sollte, wenn gegen Einwendungen des Beschuldigten oder abweichend von dem Antrag der Staatsanwaltschaft ein Eröffnungsbeschluß ergangen sei (vgl. BT-Drucks. IV/111 71 und den Bericht in DRiZ 1963, S. 158 ff). Die nunmehr Gesetz gewordene Neufassung der §§ 201, 202 StPO durch Art. 7 des StPÄG vom 19. 12. 1964 (BGBl I, S. 1067), die am 1. 4. 1965 in Kraft getreten ist, kehrt jedoch wiederum zu der bisher geltenden Regelung zurück und sieht eine Trennung zwischen eröffnendem und erkennendem Richter nicht vor. – Zum Wert des Eröffnungsbeschlusses vgl. zuletzt K. *Peters:* Strafprozeß, 2. Aufl., S. 400.

nach der Trennung von eröffnendem und erkennendem Gericht der Fall war. Hatte doch der Vorsitzende bei der Urteilsfindung nicht nur gegenüber einer vorläufigen und auf summarischer Prüfung des Beweismaterials beruhenden Vorentscheidung über den Tatverdacht, sondern darüber hinaus gegenüber den Ergebnissen seiner eigenen, auf die endgültige Klärung der Schuldfrage gerichteten Ermittlungstätigkeit neutral zu sein; diese Forderung zu erfüllen, war jedoch ungleich schwerer als sich von einer innerlichen Festlegung durch den Eröffnungsbeschluß freizuhalten[41]. Bestand hier also die Gefahr der Voreingenommenheit in erhöhtem Maße, so hätte man angesichts der lebhaften Diskussion, die in den Gesetzgebungsgremien über die psychologische Problematik des Eröffnungsbeschlusses geführt worden war, erwarten sollen, daß das Befangenheitsproblem bei den Erörterungen um die Stellung des Vorsitzenden mit besonderem Nachdruck zur Sprache gebracht worden wäre. Das um so mehr, als gerade insoweit die Stellung des Vorsitzenden in der Literatur zum reformierten Strafprozeß verschiedentlich scharf kritisiert und zum Ansatzpunkt grundsätzlicher Überlegungen um die Ausgestaltung des Richteramts im Strafverfahren gemacht worden war[42].

Bei den Beratungen des Entwurfs setzte man sich jedoch mit diesem Problemkreis nicht auseinander[43]. Die Grundentscheidung des Entwurfs, der im Anschluß an den reformierten Strafprozeß die „Leitung der Verhandlung, die Vernehmung des Angeklagten und die Aufnahme des Beweises" dem Vorsitzenden übertragen hatte[44], wurde prinzipiell nicht angegriffen. In den Materialien zur Strafprozeßordnung findet sich keine Stimme, die hier das Kardinalproblem der Reinerhaltung des Richteramts durch Trennung von Untersuchungs- und Entscheidungsfunktion, wie es im Schrifttum in diesem Zusammenhang erörtert wurde[45], zur Diskussion gestellt hätte. Auch die Auseinandersetzung mit dem Institut des Kreuzverhörs, das nach Ansicht vieler Juristen der damaligen Zeit eine größere Unbefangen-

---

[41] Wegen der hier in Betracht kommenden psychologischen Gesichtspunkte vgl. o. S. 210 ff dieser Arbeit. Zur Koinzidenz von Ermittlung und Entscheidung vgl. neuerdings F. *Baur:* Richtermacht und Formalismus, S. 111; *Grünhut:* Bedeutung englischer Verfahrensformen, S. 356 ff; K. *Peters:* Freie Beweiswürdigung und Justizirrtum, S. 539 f.

[42] Vgl. z. B. *Glaser:* Über die Vernehmung des Angeklagten, S. 70 ff; *Sundelin:* Die Forderung des Kreuzverhörs, S. 161 ff; *von Stemann:* Staatsanwaltschaft, S. 47; ders.: Gutachten, S. 1 ff (15); *Zachariä:* Handbuch II, S. 203; *von Bar:* Kritik der Prinzipien, S. 35 ff; ders.: Recht und Beweis, S. 330 f; *Gneist:* Vier Fragen, S. 100 ff, 115.

[43] Vgl. *Hahn:* Mat. I, S. 27 f, 188–190, 828–840; II, S. 1355–1357, 1521, 1578 –1581, 1621, 1656, 1688, 1898, 2014, 2109.

[44] Vgl. § 201 (*Hahn:* Mat. I, S. 27).

[45] Vgl. bes. *Sundelin,* a. a. O., S. 182, und *Gneist,* a. a. O., S. 115.

heit des Vorsitzenden verbürgte[46], gab dazu keine Veranlassung. Schon die Verfasser des Entwurfs hatten sich zwar – wie aus den Motiven hervorgeht – mit dem Kreuzverhör des englisch-amerikanischen Rechts beschäftigt[47]. Es war indessen bezeichnend, daß sie dabei wohl auf die verschiedenen praktisch-prozeßtechnischen Vor- und Nachteile dieser Einrichtung, nicht jedoch auf die zentrale richterpsychologische Frage nach der Bedeutung des Kreuzverhörs als Garantie der richterlichen Unvoreingenommenheit[48] eingingen. Die Befürworter des Kreuzverhörs in der Justizkommission[49] streiften zwar in ihren Ausführungen hin und wieder diesen Gesichtspunkt; aber auch hier vermißt man die Ausrichtung der Fragestellung auf die psychologische Situation des Richters, die bei den Erörterungen um die Identität von eröffnendem und erkennendem Richter zu beobachten war. Die Entscheidung für oder gegen das Kreuzverhör wurde eher als eine Frage prozessualer Zweckmäßigkeit behandelt, bei der Gesichtspunkte wie „Stärkung der Staatsanwaltschaft", „bessere Profilierung der Rolle des Verteidigers", „stärkeres Hervortreten der Individualität der Zeugen" eine ungleich wichtigere Rolle zu spielen schienen als der richterpsychologische Aspekt[50]. Diese Tendenz beherrschte auch die Beratungen im Plenum des Reichstages. Auch hier wurde die Diskussion um das Für und Wider des Kreuzverhörs überwiegend unter dem Blickwinkel prozeßtechnischer Einzelfragen geführt, während das „Hauptgebrechen des bisherigen Verfahrens" *(Gneist)*, die Belastung des Vorsitzenden mit Ermittlungsaufgaben, demgegenüber fast ganz zurücktrat und die Gelegenheit, im Zusammenhang mit dem Institut des Kreuzverhörs das Kardinalproblem der „Reinerhaltung" des Richteramts erneut zu durchdenken, nicht wahrgenommen wurde. Nicht sowohl grundsätzliche Erwägungen zur

---

[46] Vgl. die oben S. 268 Fn. 42 angegebene Literatur.

[47] Vgl. Motive, S. 135/136 *(Hahn:* Mat. I, S. 189/190).

[48] Die zentrale Bedeutung des Kreuzverhörs als Garantie größerer richterlicher Unbefangenheit wurde schon in der älteren Literatur oft hervorgehoben; vgl. dazu oben S. 268 Fn. 42. Aus der neueren Literatur vgl. u. a. *Wimmer:* Einführung in das englische Strafverfahren, S. 24; *von Stackelberg:* Gedanken zur Reform, S. 131; ders.: Zur Reform des Strafprozesses, S. 185/186; *Hirschberg:* Fehlurteil, S. 106 ff; ders.: Das amerikanische und deutsche Strafverfahren, S. 72 ff; *Hartung:* Einführung des anglo-amerikanischen Strafverfahrens?, S. 201; *Tackenberg:* Kreuzverhör, S. 85 f, 95 f; *Ruscheweyh:* Herrschaft des Richters, S. 279.

[49] Vgl. dazu die Darlegungen von *Marquardsen, Gneist, Schwarze, Herz, Wolffson* und *Klotz* bei *Hahn:* Mat. I, S. 832, 836 f, 837–839.

[50] Eine Ausnahme bildeten die Darlegungen *Gneists* (s. Prot., S. 360 = *Hahn:* Mat. I, S. 839), der als wesentlichen Gesichtspunkt hervorhob, „der Richter solle erleichtert und unbefangener gestellt werden, denn die Hauptgebrechen des bisherigen Verfahrens hingen damit zusammen, daß man dem Vorsitzenden zu viel gleichzeitig zugemuthet habe".

Stellung des Richters als vielmehr Fragen der Zweckmäßigkeit – insbesondere die Frage der Trennbarkeit von Anklage- und Verteidigungszeugen – gaben denn auch bei der Entscheidung über das Kreuzverhör den Ausschlag und führten dazu, daß nur „ein winziges Stück Kreuzverhör“[51] in den bestehenden, auf dem Klageformprinzip aufgebauten Strafprozeß übernommen wurde. Es wurde lediglich bestimmt, daß der Vorsitzende bei übereinstimmendem Antrag von Staatsanwalt und Verteidiger das Kreuzverhör zu gestatten habe. Da man mit einer derartig beschränkten Zulassung des Kreuzverhörs schon im reformierten Strafprozeß negative Erfahrungen gemacht hatte[52], wurde mit dieser Vorschrift das Kreuzverhör bewußt zur Bedeutungslosigkeit verurteilt.

b) Die Richtigkeit dieser Entscheidung des Gesetzgebers wie überhaupt das Für und Wider um dieses Institut stehen in diesem Zusammenhang nicht in Frage; auch soll keineswegs bezweifelt werden, daß es außer dem richterpsychologischen Aspekt andere wesentliche Gesichtspunkte gibt, die bei der Entscheidung über Ablehnung oder Einführung des Kreuzverhörs zu berücksichtigen sind, weil sie in unmittelbarer Beziehung zur Wahrheitsermittlung stehen[53]. Hier und jetzt, da es nicht um diese Fragen, sondern um die Grundauffassung des Gesetzgebers von der Eigenart richterlicher Rechtsfindung geht, kommt es lediglich auf die Überlegungen an, die hinter der gesetzgeberischen Entscheidung gegen das Kreuzverhör stehen. Insofern aber ist es kennzeichnend für die Haltung des Gesetzgebers, daß er das zentrale psychologische Problem, das die Stellung des Vorsitzenden aufwarf, in seiner Bedeutung unterschätzte, ja geradezu völlig verkannte: die Frage nach der besten Gewährleistung der inneren Unbefangenheit des Richters. Daran wird zugleich deutlich, wie wenig man gewisse einzelne Ansätze zu einer richterpsychologischen Betrachtungsweise – wie sie bei den Erörterungen um die Trennung von eröffnendem und erkennendem Richter hervortraten – in ihrer Bedeutung für die „Richteridee“, das Gesamtbild vom Richter, überschätzen darf. Sie blieben Randkorrekturen des herrschenden rationalistischen Richterdogmas, die das geistige Eigentum einzelner Männer, wie Rudolf *Gneist*, waren, aber der Kollektiverscheinung „Gesetzgeber“ nicht unbedingt zugerechnet werden dürfen. Denn dieser Gesetzgeber hielt – wie seine Haltung zur Stellung des Vor-

[51] So *Herz:* Prot., S. 354 (*Hahn:* Mat. I, S. 834).

[52] Vgl. dazu etwa *Heffter:* Lehrbuch, § 678, Anm. 7 u. 8, S. 554; *Fuchs:* Hauptverfahren, S. 73 m. Anm. 2.

[53] Vgl. die eingehenden Erörterungen bei *Tackenberg:* Kreuzverhör, S. 78 ff, und neuerdings *Hirschberg:* Das amerikanische und deutsche Strafverfahren, S. 70 ff; ferner *Peters:* Strafprozeß, 2. Aufl., S. 303. S. auch oben S. 269 Fn. 48.

sitzenden und zur Frage des Kreuzverhörs zeigte — im Prinzip weiterhin an der rationalistisch-intellektualistischen Richtervorstellung fest, wonach Urteilsfindung ein Denkvorgang war, der sich von emotionalen Impulsen fast unbeeinflußt in der Sphäre des richterlichen Intellekts vollzog und daher im Grunde von der Beschaffenheit der psychischen Entscheidungsbedingungen unabhängig war.

4. *Die Stellung des Richters im Wiederaufnahmeverfahren*

a) Wie sehr der Gesetzgeber, trotz vereinzelter Ansätze zu einer stärker prozeßpsychologischen Betrachtungsweise, die Entscheidungstätigkeit des Richters in Wahrheit als rein rationalen Denkvorgang klassifizierte und ihren psychischen Komponenten nur am Rande Aufmerksamkeit schenkte, wird an einer anderen Grundentscheidung der Strafprozeßordnung zur Stellung des Richters deutlich: der Zuständigkeitsregelung des Wiederaufnahmeverfahrens. Der Gesetzgeber hat in § 367 Abs. 1 (früher § 407 Abs. 1) StPO die im Wiederaufnahmeverfahren zu treffenden richterlichen Entscheidungen grundsätzlich[54] dem Gericht übertragen, das zuvor schon mit der Sache befaßt gewesen ist und das angefochtene Urteil erlassen hat. Dasselbe Gericht, dessen Urteil mit dem Wiederaufnahmeantrag angefochten wird, befindet darüber, ob der Antrag zulässig und begründet ist; vor ihm findet gegebenenfalls auch die erneute Hauptverhandlung statt. Diese Regelung führt dazu, daß im Wiederaufnahmeverfahren nicht selten dieselben Richter mitwirken, die das angefochtene Urteil erlassen haben[55]. Als gesetzgeberisches Motiv[56] steht hinter dieser Zuständigkeitsregelung der Gedanke, daß der Richter, dessen Urteil angefochten wird, am genauesten mit den Umständen vertraut ist, die für die Verurteilung des Angeklagten maßgebend waren[57] und ferner am besten in der Lage ist, die Gesamtwürdigung der Beweislage vorzunehmen, die ihm § 359 Nr. 5 StPO zur Pflicht macht[58]. Es waren somit Zweckmäßigkeitsüberlegungen, Gesichtspunkte der Pro-

---

[54] Der Ausnahmefall des § 367 Abs. 1 Satz 2 kann hier außer Betracht bleiben.

[55] Zu der am 1. 4. 1965 in Kraft getretenen Neuregelung durch das StPÄG vom 19. 12. 1964 vgl. u. S. 276 Fn. 75 dieser Arbeit.

[56] Aus den Materialien ergibt sich allerdings insoweit nichts. Vgl. jedoch u. Fn. 57 und 58.

[57] *Alsberg*: Justizirrtum und Wiederaufnahme, S. 82.

[58] Vgl. K. *Peters*: Strafprozeß, S. 540. Schon S. *Mayer*: Kommentar zur Österreichischen StPO, Bd. IV, Wien 1884, S. 424, bemerkt: „. . . weil das Gericht in vorzüglichem Maße die Kenntnis der Sachlage hat, welche es befähigt, den Wert der geltend gemachten Restitutionsgründe gebührend und im Zusammenhang mit seinen eigenen Erfahrungen zu würdigen."

zeßlogik und der Verfahrensökonomie, die den Gesetzgeber hier geleitet haben.

Ihnen stehen indessen schwerwiegende prozeßpsychologische Bedenken gegenüber, Bedenken von solchem Gewicht, daß sie die Frage nahelegen, ob nicht die Richteridentität in diesem Fall eine ernste Gefahr für die richterliche Unbefangenheit darstellt, die jenen logischen Gesichtspunkten zum Trotz eine Trennung beider Richterfunktionen zwingend erfordert[59]. Eine Regelung, die für die Entscheidungen im Wiederaufnahmeverfahren die Zuständigkeit des schon vorher mit der Sache befaßten Gerichts festlegt, läuft Gefahr, mit elementaren psychologischen Gesetzen der richterlichen Entscheidung in Widerspruch zu geraten[60]. Der Richter, der sich in dem vorangegangenen, oft langwierigen Verfahren eine bestimmte Überzeugung gebildet, sich nicht selten unter Überwindung mannigfacher Zweifel zu ihr „durchgerungen" hat, wird vielfach nicht in der Lage sein, diese seine eigene Entscheidung im Wiederaufnahmeverfahren einer unbefangenen kritischen Prüfung zu unterziehen, wie sie das Gesetz von ihm erwartet. In gewissem Sinne wiederholt sich hier die Problematik, welche die psychologische Situation des Vorsitzenden bei der Urteilsfindung kennzeichnet. Wie dieser soll auch der Wiederaufnahmerichter die Ergebnisse eigener Leistung und eigenen Bemühens mit der für die Stellung des Richters notwendigen neutral-objektiven Gelassenheit würdigen und möglicherweise als Irrtum anerkennen, allerdings mit dem – diesen Konflikt erheblich verschärfenden – Unterschied, daß es sich im Wiederaufnahmeverfahren bereits um einen innerlich und äußerlich abgeschlossenen Erkenntnisvorgang handelt. Gerade deshalb wird der Wiederaufnahmerichter nur selten zu einer unvoreingenommenen Haltung gegenüber dem angefochtenen Urteil imstande sein und den neuen Gesichtspunkten, die mit dem Wiederaufnahmeantrag vorgebracht werden, vorurteilslos gegenüberstehen können. Auch dann, wenn nicht der geringste Verdacht subjektiv fehlerhafter Entscheidung auf ihn fällt, wird er vielmehr – oft unbewußt – die „Urteilsschelte", die das Gesuch um

---

[59] Vgl. zu diesen Bedenken schon *Rosenblatt:* Res judicata und Justizirrtum, S. 592 f; ders.: Wiederaufnahme des Strafverfahrens, S. 115. Vgl. ferner *Alsberg:* Justizirrtum und Wiederaufnahme, S. 80 ff; *Mamroth:* Aus meiner Praxis in Wiederaufnahmesachen, S. 153 f; *von Hentig:* Wiederaufnahmerecht, S. 209 ff; *Hirschberg:* Zur Psychologie des Wiederaufnahmeverfahrens, S. 406 ff; ders.: Fehlurteil, S. 124 f; *Sello:* Irrtümer der Strafjustiz, S. 462; *Grassberger:* Psychologie des Strafverfahrens, S. 328; *Peters:* Strafprozeß, S. 540; *Löwe-Rosenberg:* Kommentar zur StPO, zu § 367 Anm. 1; *Teplitzky:* Probleme der Richterablehnung, S. 2044.

[60] *von Hentig:* Wiederaufnahmerecht, S. 211, spricht von einem „unmöglichen menschlichen Konflikt", *Hirschberg:* Das amerikanische und deutsche Strafverfahren, S. 33, von einer „psychologischen Absurdität".

Wiederaufnahme bedeutet, häufig zugleich als „Richterschelte" empfinden, die nicht nur die Richtigkeit des Urteils in Frage stellt, sondern auch ihn selbst als Person, als den für das Urteil verantwortlichen Menschen, betrifft. Aus der Perspektive des Richters, der an dem vorangegangenen Verfahren mitgewirkt hat, stellt sich das Wiederaufnahmegesuch, selbst wenn es frei von jedem persönlichen Vorwurf ist, häufig als Angriff dar, der sein Selbstbewußtsein, sein Selbstwertgefühl berührt und gegen den er sich glaubt verteidigen zu müssen[61]. Von ihm wird – aus diesem subjektiv-gefühlsmäßigen Blickwinkel betrachtet – das Eingeständnis eines Irrtums, eines persönlichen Versagens verlangt, zu dem er nicht bereit ist[62]. Hinzu kommt die allgemeine psychologische Erfahrungstatsache, daß ein abgeschlossener Erkenntnis- und Erlebnisprozeß, wie ihn das Strafverfahren für den Richter mit Erlaß des Urteils darstellt, zwangsläufig ein Vorurteil erzeugt, wenn er wieder in ein früheres Stadium zurückversetzt werden soll. Dieser Vorgang löst jene seelische Haltung aus, die *Kant* mit dem Begriff des „logischen Egoismus" bezeichnet[63] und *Schopenhauer* mit den Worten beschrieben hat[64]: „Es ist ganz natürlich, daß wir gegen jede neue Ansicht, über deren Gegenstand wir irgend ein Urteil uns schon festgestellt haben, uns abwehrend und verneinend verhalten. Denn sie dringt feindlich in das vorläufig abgeschlossene System unserer Überzeugungen, erschüttert die dadurch erlangte Beruhigung, mutet uns neue Bemühungen zu und erklärt alte für verloren." Dieses psychologische Gesetz erschwert auch dem Richter, der den Wiederaufnahmeantrag nicht als „Vorwurf" des Irrtums empfindet, die objektive kritische Auseinandersetzung mit dem eigenen früheren Urteil erheblich. Die seelische Haltung, die dem Richter eignet, der selbst an der im Wiederaufnahmeverfahren angefochtenen Entscheidung mitgewirkt hat, wirkt sich schließlich – worauf schon *Rosenblatt* hingewiesen hat[65] – mittelbar auch auf die Gerichtsmitglieder aus, die an dem Zustandekommen des früheren Urteils nicht beteiligt gewesen sind; je intensiver und organischer die kollegiale Zusammenarbeit ist, desto mehr

---

61 Vgl. *Alsberg:* Justizirrtum und Wiederaufnahme, S. 81/82; *Hirschberg:* Fehlurteil, S. 125.

62 Vgl. dazu schon *Rosenblatt:* Res judicata und Justizirrtum, S. 592; ders.: Wiederaufnahme des Strafverfahrens, S. 115 f; ferner *Hirschberg:* Zur Psychologie des Wiederaufnahmeverfahrens, S. 407; ders.: Fehlurteil, S. 125; *von Hentig:* Wiederaufnahmerecht, S. 213; *Alsberg,* a. a. O., S. 82.

63 Vgl. *Kant:* Logik, S. 89.

64 *Schopenhauer:* Parerga und Paralipomena, S. 63. S. zum Ganzen auch o. S. 206 Fn. 266.

65 Vgl. *Rosenblatt:* Res judicata und Justizirrtum, S. 593. Vgl. auch den Hinweis bei Carl *Schmitt:* Gesetz und Urteil, S. 75; neuerdings K. *Peters:* Strafprozeß, 2. Aufl., S. 593 unten.

empfinden sie eine gewisse Mitverantwortung für die Entscheidungen des „Gerichts", dem sie angehören.

So wird es „psychologisch verständlich" und oft geradezu zu einer zwingenden psychologischen Notwendigkeit, „daß jedes Gericht die Tendenz hat, zu seinem Urteil zu stehen"[66], eine Tendenz, die sich erfahrungsgemäß bereits im Stadium der Zulässigkeitsentscheidung intensiv geltend macht. „Nicht mit der gleichen Unbefangenheit wie anderen Anträgen", so hat *Mamroth* aus der Sicht des Strafverteidigers die Erfahrungen seiner Praxis in Wiederaufnahmesachen zusammengefaßt[67], „sondern von vornherein mit einer Art von innerem, ich möchte fast sagen ärgerlichem Widerstreben" ständen die meisten Richter den Wiederaufnahmeanträgen gegenüber. „Zu Schützern und Verteidigern gewissermaßen des rechtskräftigen Urteils, als sei es ein Teil der Rechtsordnung selbst, fühlen sie sich berufen, und deshalb treten sie regelmäßig an die Prüfung eines Wiederaufnahmeantrages nicht mit der bangen Frage heran: ‚Ist nicht doch möglicherweise dem Angeklagten Unrecht geschehen?‘, sondern mit der ganz anderen: ‚Welche Gründe können zur Aufrechterhaltung des angegriffenen Urteils herangezogen werden?‘[68]." Die in dieser Haltung des Wiederaufnahmerichters liegende Gefahr für die Objektivität der Rechtsfindung – die sich zwar bei verschiedenen Richtern verschieden auswirkt, jedoch nur selten ganz ausgeschlossen werden kann – läßt die Identität der Richter im ordentlichen und im Wiederaufnahmeverfahren, obwohl Argumente der Verfahrenslogik und Prozeßökonomie für sie sprechen, als psychologisch in hohem Grade fragwürdig erscheinen. Sehr scharf hat sie schon der früheste Kritiker des deutschen Wiederaufnahmerechts, *Rosenblatt,* verurteilt. „Es beruht auf einem vollständigen Verkennen der Psychologie des Richters", so betonte er[69], „wenn ihm zugemutet wird, sein eigenes Urteil umzustoßen, es als verfehlt anzuerkennen und offen zu gestehen, daß er sich bei der Urteilsfällung über die Schuld des Angeklagten geirrt habe." Die psychologische Sinnwidrigkeit der Richteridentität hat auch *von Hentig,* dessen Urteil hier stellvertretend für eine große Anzahl kritischer Stimmen[70] angeführt sei, hervorgehoben: „Es ist psychologisch eine Vermessenheit, vom Richter, der auf seine Autorität mit Recht Wert legen muß und soll, Übermenschliches zu verlangen und zu erwarten, daß er sich selbst, vor den Vorgesetzten, vor dem Verurteilten, vor einer allerdings eingeengten Öffentlichkeit ‚schelte‘[71]."

---

[66] K. *Peters:* Strafprozeß, S. 540.

[67] Vgl. *Mamroth:* Aus meiner Praxis in Wiederaufnahmesachen, S. 153 f.

[68] Vgl. *Mamroth:* Aus meiner Praxis in Wiederaufnahmesachen, a. a. O.

[69] Vgl. *Rosenblatt:* Res judicata und Justizirrtum, S. 592.

[70] Vgl. dazu oben S. 272 Fn. 59. Die dort angeführten Zitate stellen nur eine Auswahl dar.

[71] Vgl. *von Hentig:* Wiederaufnahmerecht, S. 213.

b) Berücksichtigt man diesen prozeßpsychologischen Sachverhalt, so stellt es ein wesentliches Indiz für die Richtervorstellung des Gesetzgebers dar, daß er sich mit derartigen Fragen überhaupt nicht auseinandergesetzt hat. Die Materialien zur Strafprozeßordnung lassen – wie im übrigen auch das Schrifttum zum Wiederaufnahmerecht aus der damaligen Zeit[72] – insoweit jeden auch nur andeutenden Hinweis vermissen[73]. Der Gesetzgeber hat bei der Schaffung des § 367 StPO ersichtlich einseitig auf die prozeßlogischen und verfahrensökonomischen Gesichtspunkte abgestellt, ohne das entscheidende richterpsychologische Problem, das damit verbunden war, überhaupt zu sehen. Diese Haltung des Gesetzgebers aber ist für seine Richtervorstellung insofern symptomatisch, als sie letztlich nur aus einem eminent rationalistischen Verständnis der richterlichen Entscheidungstätigkeit zu erklären ist. Beruht doch die Erwägung, daß der Richter des ordentlichen Verfahrens nach Möglichkeit auch für das Wiedernahmeverfahren zuständig sein solle, weil er eine gründliche Kenntnis der Sachlage besitze und deshalb am besten geeignet sei, die Erheblichkeit der Wiederaufnahmegründe zu erkennen, auf einer Überbewertung der rational-kognitiven und einer ihr entsprechenden Vernachlässigung der emotional-volitiven Seite des richterlichen Erkenntnisvorgangs. Die Urteilsfindung wird dabei nicht als eine aus emotionalen und rationalen Elementen gebildete gesamtpsychische Leistung verstanden, sondern als reine – von den übrigen seelischen Kräften des Menschen isoliert vorgestellte – Verstandestätigkeit ge-

[72] Vgl. *Arnold:* Wiederaufnahme des Strafverfahrens, in: GS Jg. 3, Bd. 1 (1851), S. 46 ff; J. E. *Waser:* Die Wiederaufnahme des Strafverfahrens, in: GS Jg. 3, Bd. 2 (1851), S. 373 ff; W. *Kirchner:* Zur Lehre von der Wiederaufnahme des Strafverfahrens, in: GS Jg. 5 (1853), S. 191 ff; *Schwarze:* Von der Wiederaufnahme des Strafverfahrens nach ertheiltem Erkenntnisse, in: ACrR N. F. 1851, S. 554 ff; A. F. *Berner:* Non bis in idem, in: GA Bd. 3 (1855), S. 472 ff; *Mittermaier:* Gesetzgebung und Rechtsübung, S. 670 f; *Walther:* Die Rechtsmittel im Strafverfahren, Abt. II, S. 118 ff; *Planck:* Systematische Darstellung, S. 606 f; *Goltdammer:* Die Wiederaufnahme des Strafverfahrens usf., in: GA Bd. 6 (1858), S. 515 ff; H. *Ortloff:* Die Rechtsmittel im Strafprozeß, in: GS Jg. 23, 1. Bd. (1871), S. 190; A. *von Kries:* Die Bestimmungen der deutschen Strafprozeßordnung über die Wiederaufnahme usw., in: GA Bd. 26 (1878), S. 169 ff; Fr. O. *von Schwarze:* Die Wiederaufnahme eines durch rechtskräftiges Urtheil abgeschlossenen Verfahrens, in: *Holtzendorffs* Handbuch, Bd. II, S. 325 ff; *Ditzen:* Über die Wiederaufnahme des Verfahrens auf Grund neuen Zeugenbeweises, in: GS Bd. 47 (1892), S. 126 ff (137, 138).

[73] Vgl. im einzelnen *Hahn:* Materialien I, S. 42, 265, 1056; Materialien II, S. 1435, 1994, 2116. Der Gesetzgeber befaßte sich zwar mit der Möglichkeit einer Trennung von ordentlichem und Wiederaufnahmerichter, jedoch nicht aus psychologischen Gründen. Vgl. näher *von Hentig:* Wiederaufnahmerecht, S. 212.

sehen, die durch Willens- und Gefühlsmomente wie überhaupt durch Impulse aus der Persönlichkeitssphäre nicht beeinflußt wird. Zugleich bleibt dabei unberücksichtigt, daß der Richter – und vor allem der gewissenhafte, von ethischer Grundeinstellung geleitete Richter – an das frühere Urteil nicht nur mit seinem Intellekt, seinem rationalen Erkenntnisvermögen gebunden, sondern ihm auch mit den tieferen Schichten seines Wesens, mit Überzeugung und Gewissen verpflichtet ist. Der Gesetzgeber, der dem Richter zumutet, im Wiederaufnahmeverfahren über sein eigenes Urteil zu befinden, beachtet den menschlichen Konflikt nicht, der daraus entsteht – und darauf hat *Alsberg* in diesem Zusammenhang hingewiesen[74] –, daß das frühere Urteil als Gewissensentscheidung dem Richter zur „sittlichen Verbindlichkeit" werden kann, so daß der Wiederaufnahmeantrag für ihn das Ansinnen bedeutet, „eine allgemeine sittliche Bindung wieder zu lösen". Diese tiefere Beziehung zwischen Richterspruch und Richterpersönlichkeit, die zwar nicht immer und täglich aktualisiert wird, aber zum eigentlichen Wesen des Richteramts gehört, weil sie in der richterlichen Entscheidung als personaler Leistung wurzelt, hat der Gesetzgeber bei der Konzeption des Wiederaufnahmeverfahrens ganz außer acht gelassen[75].

[74] Vgl. *Alsberg:* Das Weltbild des Strafrichters, S. 26: „Das rechtskräftige Urteil ist dem Richter zur sittlichen Verbindlichkeit geworden. In dem Antrag auf Wiederaufnahme gegenüber diesem Urteil klingt für ihn die Zumutung durch, eine allgemeine sittliche Bindung wieder zu lösen. Was dem Außenstehenden als Bedenkenlosigkeit ... erscheint: wenn mit haltlosen und spitzfindigen Gründen der Richter in seinem Ablehnungsbescheid die Wiederaufnahme hintertreibt – das ist, wenn wir die seelischen und sittlichen Kräfte durchdenken, die ihn bewegen, im gewissen Grade eine Notwendigkeit..."

[75] Das StPÄG vom 19.12.1964 (BGBl 1964 I, S. 1067), das am 1.4.1965 in Kraft getreten ist, schlägt hier nunmehr einen neuen Weg ein, indem es – im Anschluß an den Regierungsentwurf 1962 (BT-Drucks. IV/178) – in § 23 Abs. 2 StPO n. F. einen Richter, der bei einer im Wiederaufnahmeverfahren angefochtenen Entscheidung mitgewirkt hat (und den Richter der Vorinstanz) von der Mitwirkung am Wiederaufnahmeverfahren ausschließt. Das StPÄG, das damit einen „unerträglichen Rechtszustand beendet" hat (*Dahs:* Die kleine Strafprozeßreform, in: NJW 1965, S. 85), folgt darin früheren Reformvorschlägen (vgl. Art. 70 Ziff. 10 d. Entw. eines EinfG z. ADStGB von 1930). Nicht ganz verständlich ist allerdings die Begründung der Bundesregierung zu der Neufassung, in der die Ansicht vertreten wird, die Kritik am geltenden Recht sei „nicht so sehr" dahin gegangen, daß „an die Objektivität des Richters zu hohe Anforderungen gestellt würden und das frühere Gericht im Wiederaufnahmeverfahren unter psychologisch ungünstigen Voraussetzungen tätig werde"; vielmehr sei „in erster Linie geltend gemacht" worden, „daß der Angeklagte gegenüber den Richtern, die ihn früher verurteilt haben, häufig nicht das erforderliche Vertrauen aufbringe und, vom Standpunkt des Verurteilten aus,

5. *Die Stellung des Tatrichters nach Zurückverweisung der Sache durch das Revisionsgericht*

Die hier zu beobachtende Indifferenz des Gesetzgebers gegenüber den personalen Grundlagen der Rechtsfindung wird an einer weiteren Grundentscheidung der Strafprozeßordnung zur Stellung des Richters noch deutlicher sichtbar: an der Ausgestaltung, die das Verhältnis zwischen Tatrichter und Revisionsrichter im Gesetz gefunden hat. Die hochkomplizierte Beziehung Tatrichter — Revisionsrichter kann hier allerdings nicht als solche Gegenstand der Untersuchung sein; in Betracht kommt in diesem Zusammenhang lediglich ein Ausschnitt aus diesem Problemkomplex, der für die Richtervorstellung des Gesetzgebers von grundsätzlicher Bedeutung ist: die Zurückverweisung der Sache aus der Revisionsinstanz an den Tatrichter unter Bindung an die rechtliche Beurteilung des Revisionsgerichts.

Im Hinblick auf die psychologische Situation des Tatrichters sind dabei zwei Sachverhalte auseinanderzuhalten: die Auswirkungen der Zurückverweisung als solcher und die Folgen der Bindung an die Rechtsauffassung des Revisionsgerichts.

a) Nach § 354 Abs. 2 StPO[76] hat das Revisionsgericht die Sache grundsätzlich[77] an das Gericht, dessen Urteil aufgehoben wird, zurückzuverweisen. Die Richter, die an dem aufgehobenen Urteil mitgewirkt haben, nehmen infolgedessen — falls nicht inzwischen Veränderungen in der Besetzung des Gerichts eingetreten sind — regelmäßig auch an der Neuverhandlung und -entscheidung der Sache teil[78]. Sie sehen sich damit seelisch in eine Situation versetzt, die der psychologischen Lage der Richter im Wiederaufnahmeverfahren nicht

vernünftige Gründe vorliegen könnten, an der Unbefangenheit der früheren Richter im Wiederaufnahmeverfahren zu zweifeln". (Vgl. Begr. z. Art. 5 § 23 d. Entw. = BT-Drucks. IV/178, S. 33.) Das Gegenteil ist der Fall, so wichtig gerade der letztere Gesichtspunkt auch ist. K. *Peters*: Strafprozeß, 2. Aufl., S. 593, hat neuerdings darauf hingewiesen, daß auch die Neuregelung die Gefahr voreingenommener Entscheidungen im Wiederaufnahmeverfahren noch nicht ganz beseitigt habe. Wie das in der Tübinger Forschungsstelle für Strafprozeß und Strafvollzug untersuchte Wiederaufnahmematerial erkennen lasse, wirke die Tendenz zur Aufrechterhaltung des früheren Urteils nicht nur bei den unmittelbar beteiligten Richtern, sondern überhaupt bei den Richtern derselben Instanz.

[76] Der Text geht von der bis zum 31. 3. 1965 geltenden Fassung der Bestimmung aus. Zu der am 1. 4. 1965 in Kraft getretenen Neuregelung durch das StPÄG vom 19. 12. 1964 vgl. u. S. 282 Fn. 95 dieser Arbeit.

[77] Der Fall des § 354 Abs. 2 Satz 2 StPO a. F. hat hier mit Rücksicht auf die ursprüngliche Fassung der Bestimmung (vgl. *Hahn*: Mat. II, S. 2452) außer Betracht zu bleiben.

[78] Vgl. Eb. *Schmidt*: Lehrkommentar II, zu §§ 353 ff, Nr. 27 (S. 1028); RGSt Bd. 31, S. 226 f findet darin nichts Bedenkliches.

unähnlich ist. Auch der Tatrichter, an den zurückverwiesen wird, muß eine Rechtssache, über die er sich bereits eine bestimmte Überzeugung gebildet hat, von neuem unter veränderten Gesichtspunkten beurteilen und sich somit von seinem früheren Urteil in solchem Maße lösen, daß er zu einer unvoreingenommenen Neuverhandlung in der Lage ist. Die Gefahr der Befangenheit besteht hier zwar nicht in dem Grade wie im Wiederaufnahmeverfahren, weil das Revisionsgericht die tatsächliche Urteilsbasis – gegen die sich der Wiederaufnahmeantrag regelmäßig richtet – grundsätzlich nicht angreift und das Urteil nur auf Grund von „Rechts"verletzungen aufhebt. Folgt man der ursprünglichen Vorstellung des Gesetzgebers von dem Verhältnis Tatrichter – Revisionsrichter, so ist sogar jedweder Eingriff des Revisionsrichters in die tatrichterliche Würdigung, namentlich die Würdigung der Beweise, schlechthin ausgeschlossen und der Tatrichter bei der Gewinnung seiner Überzeugung insoweit von revisionsgerichtlicher Kontrolle völlig frei[79]. Indessen vermag keine auch noch so scharfe Grenzziehung zwischen den Bereichen des Revisions- und Tatrichters die psychologische „Strukturverschlingung" von Tatsachenfeststellung und Rechtsanwendung[80] aus der Welt zu schaffen, die bewirkt, daß sich beide Vorgänge wechselseitig durchdringen und daß sich somit eine bestimmte Rechtsauffassung nicht selten auf die Ergebnisse der Tatsachenfeststellung auswirkt. So betrachtet kann der frühere Standpunkt des Tatrichters auch auf die nach der Zurückverweisung der Sache neu vorzunehmenden oder erneut nachzu-

---

[79] Vgl. Motive, S. 201 (*Hahn:* Mat. I, S. 249 f): „... daß die rein thatsächliche Würdigung des Straffalles, also namentlich die Würdigung der erbrachten Beweise, von der Thätigkeit des höheren Richters ausgeschlossen bleiben muß. Diese Würdigung ist dem Richter erster Instanz ausschließlich überlassen, und das von diesem festgestellte thatsächliche Ergebniß ist für die höhere Instanz maßgebend, insoweit dasselbe nicht etwa im Wege eines gesetzwidrigen Verfahrens gewonnen worden ist." – Die spätere Entwicklung ist über diese ursprüngliche Auffassung des Gesetzgebers allerdings hinweggeschritten. Vgl. dazu allgemein *Peters:* Strafprozeß, S. 577 ff; aus der Literatur zur Abgrenzung von Tat- und Rechtsfrage im Revisionsrecht vgl. *Peters:* Tat-, Rechts- und Ermessensfragen, S. 53 ff, 66 ff; *Schwinge:* Grundlagen des Revisionsrechts, S. 48 ff; *Engisch:* Logische Studien, S. 113 f; Ernst-Walter *Hanack:* Der Ausgleich divergierender Entscheidungen in der oberen Gerichtsbarkeit, Hamburg u. Berlin 1962, S. 137 ff m. w. H.; *Kuchinke:* Grenzen der Nachprüfbarkeit tatrichterlicher Würdigung, S. 174 ff.

[80] Dazu schon *Bierling:* Juristische Prinzipienlehre, Bd. IV, Tübingen 1911, S. 7 ff, und insbesondere *Engisch:* Logische Studien, S. 20 ff, 83 ff. Vgl. ferner *Scheuerle:* Rechtsanwendung, S. 23; *Larenz:* Methodenlehre, S. 203; Joachim *Hruschka:* Die Konstitution des Rechtsfalles, Berlin 1965, S. 9 ff; weit. Hinw. bei *Engisch:* Einführung, S. 200, Anm. 48. Vgl. im übrigen o. S. 5 Fn. 15.

prüfenden Tatsachenfeststellungen von erheblichem Einfluß sein und die unbefangen-vorurteilsfreie Haltung des Richters gefährden. Nicht zufällig herrscht bei vielen Richtern eine instinktive Abneigung dagegen, daß sie in einem Fall, den sie tatsächlich und rechtlich abschließend gewürdigt haben, wiederum Beweiserhebungen vornehmen und neue Überlegungen anstellen müssen[81]. Deren Ergebnis wird daher nicht selten – und oft unbewußt – durch die frühere Entscheidung mitbestimmt. Das „Tatbild", das sich der Psyche des Richters einmal eingeprägt hat, kann zum „Vor"-urteil werden, das häufig auch bei allem Bemühen um unbefangene Beurteilung die Überzeugungsbildung beeinflußt, um so mehr, je intensiver die frühere Entscheidung erarbeitet und je fester sie in den emotionalen Schichten der Richterpersönlichkeit verwurzelt ist. Auch hier berührt sich schließlich der richterpsychologische Gesichtspunkt mit dem richter-„ethischen": die Zurückverweisung involviert für den Tatrichter – ähnlich wie für den Richter im Wiederaufnahmeverfahren – den Befehl der Rechtsordnung, die sittlich-gewissensmäßige Bindung an das frühere Urteil zu lösen und sich von seiner früheren Überzeugung zu distanzieren.

Um diesen seelisch-sittlichen Konflikt zu vermeiden, bot sich nun dem Gesetzgeber der gleiche Ausweg an, der auch im Wiederaufnahmeverfahren in Betracht kam: die Richteridentität aufzuheben und nach der Zurückverweisung andere Richter entscheiden zu lassen. In der Tat hat man bei den Gesetzesberatungen die Möglichkeit erwogen, die Strafsache nach Aufhebung des Urteils in der Revisionsinstanz an ein anderes als das vorher mit der Sache befaßte Gericht zurückzuverweisen[82]. Schon in den Motiven klingt der Gedanke an,

[81] Die psychologische Lage des Tatrichters, an den die Sache nach Aufhebung des Urteils in der Revisionsinstanz zur neuen Verhandlung und Entscheidung zurückverwiesen wird, ist bisher im Schrifttum auffallend wenig behandelt worden. Einzelne Hinweise finden sich bei (o. Verf.): Die Zurückverweisung an ein anderes Gericht, in: MDR 1954, S. 721 ff; Claus *Seibert:* Bei Zurückverweisung – andere Richter?, in: JZ 1958, S. 609 f; ders: Das benachbarte Gericht, in: NJW 1963, S. 431 f; Karl August *Bettermann:* Nochmals: Bei Rückverweisung – andere Richter!, in: JZ 1959, S. 17; Hanswerner *Müller:* Unter welchen Voraussetzungen ist jemand als Richter wegen früherer Befassung mit der Sache ausgeschlossen?, in: NJW 1961, S. 102 ff (103); *Teplitzky:* Probleme der Richterablehnung wegen Befangenheit, S. 2044 ff. Bedenken gegen die Identität der Richter bei Zurückverweisung aus der Revisionsinstanz äußert auch K. *Peters:* Strafprozeß, S. 120; ders: Grundprobleme der Kriminalpädagogik, S. 183. Vgl. ferner J. *Meyer:* Dialektik im Strafprozeß, Tübingen 1965, S. 137.

[82] Eine solche Regelung kannte damals Bayern. Vgl. *Planck:* Systematische Darstellung, S. 548. *Planck* hielt es – ohne allerdings näher darauf einzugehen – für „zweckmäßig", „daß die Personen, welche das vernichtete Urtheil abgaben, bei der Findung des neuen nicht mitwirken dürfen ..."

daß der erste Richter möglicherweise „befangen" sei. Diese Bedenken werden jedoch mit der Bemerkung zurückgewiesen: „Eine Störung der unbefangenen Beurtheilung kann bei dem zuständigen Gericht erster Instanz keinesfalls in dem Maße vorausgesetzt werden, daß deshalb die sonst begründete Zuständigkeit auszuschließen wäre[83]." Die „Verweisung an ein anderes Gericht erster Instanz als dasjenige, welches das aufgehobene Urtheil erlassen hat", werde deshalb „weder vorgeschrieben noch zugelassen"[84]. Immerhin deutet die Wendung „in dem Maße" darauf hin, daß schon die Verfasser des Entwurfs die Bedenken geahnt haben, die hier gegen eine ausnahmslose Richteridentität bestanden.

Deutlicher wurden diese Bedenken bei den Beratungen der Justizkommission[85] angesprochen. Der Abgeordnete *Reichensperger* stellte in der ersten Beratung den Antrag, dem Revisionsgericht die Möglichkeit zu geben, die Sache auch an ein anderes Gericht gleicher Ordnung bzw. an eine andere Kammer desselben Gerichts zurückzuverweisen[86]. Er begründete ihn mit der Bemerkung, „es habe sich nämlich gezeigt, daß die Richter nicht immer im Stande oder geneigt seien, sich auf den ihnen vom obersten Gerichtshof angewiesenen Standpunkt zu setzen"[87]. *Reichenspergers* Vorschlag wurde von verschiedenen Abgeordneten unterstützt[88] und von der Kommission zunächst angenommen[89]. Bei der wiederholten Beratung wurde jedoch dieser Schritt wieder rückgängig gemacht und die ursprüngliche Fassung des Entwurfs, welche die obligatorische Zurückverweisung an dasselbe Gericht vorgesehen hatte, wiederhergestellt[90]. Die Gründe dafür lagen darin, daß man inzwischen Klarheit über die Bindung des ersten Richters an die rechtliche Beurteilung des Revisionsgerichts erzielt hatte, die bisher noch umstritten gewesen war. Infolge dieser – demnächst in anderem Zusammenhang noch zu betrachtenden – Bindungswirkung, so glaubte man, sei nun „kein Grund mehr vorhanden, von den allgemeinen Grundsätzen der Zuständigkeit abzuweichen und die Sache an ein anderes Gericht zu verweisen"[91]. Die Kommission schloß sich damit einer Auffassung an, die schon in der ersten Beratung *Hanauer* vertreten und gegen *Reichensperger* und

[83] Vgl. Motive, S. 212 (*Hahn:* Mat. I, S. 259).

[84] a. a. O.

[85] Vgl. Protok. d. Komm., S. 604 ff (*Hahn:* Mat. I, S. 1039 ff).

[86] Vgl. dazu *Hahn:* Mat. I, S. 1039/1040 i. V. m. S. 1041.

[87] Vgl. *Hahn:* Mat. I, S. 1040.

[88] Vgl. *Hahn:* Mat. I., S. 1040, 1041.

[89] Vgl. *Hahn:* Mat. I, S. 1042; Mat. II, S. 2321/2322 (Kol. 2).

[90] Vgl. *Hahn:* Mat. II, S. 2323 (Kol. 3 Anm. 2).

[91] Vgl. Prot., S. 606 (*Hahn:* Mat. I, S. 1041).

seine Anhänger ins Feld geführt hatte. Die Begründung dieses Standpunkts, der sich schließlich durchgesetzt und damit im Gesetz Ausdruck gefunden hat, ist für die Richterauffassung des Gesetzgebers insofern aufschlußreich, als sie ein Beispiel dafür bietet, wie sehr richterpsychologische Überlegungen durch begriffskonstruktive Erwägungen überspielt und zurückgedrängt wurden. Der Gedanke, daß die Sache aus der Revisionsinstanz an ein anderes Gericht zurückzuverweisen sei, so hatte *Hanauer* argumentiert[92], beruhe auf dem französisch-rechtlichen Institut der Kassation. Das französische Prozeßrecht kenne eine Bindung des unteren Gerichts an die Rechtsauffassung des Kassationshofes nicht. Vielmehr habe das Gericht, an das die Sache nach Aufhebung des Urteils verwiesen werde, regelmäßig von neuem und ebenso selbständig zu urteilen, als wenn es sich um die erste Entscheidung handle. Daraus erkläre es sich, daß nach französischem Prozeßrecht ein anderes Gericht als das vorher mit der Sache befaßte nach Aufhebung des Urteils tätig werde. Zu einer solchen Regelung bestehe jedoch nach dem für die Strafprozeßordnung in Aussicht genommenen, durch die Bindungswirkung des kassatorischen Urteils gekennzeichneten Revisionsrecht keine Veranlassung, weil infolge der Bindung des Tatrichters an die rechtliche Beurteilung des Revisionsgerichts nach der Aufhebung des ursprünglichen Erkenntnisses kein „neues" Verfahren beginne, sondern lediglich der alte Prozeß fortgesetzt werde, so daß begriffsnotwendig auch an das frühere Gericht zurückverwiesen werden müsse[93].

Bei dieser, heute begriffsjuristisch anmutenden Deduktion, die für die endgültige Fassung des Gesetzes jedoch entscheidend war – im Plenum des Reichstags kam das Problem nicht mehr zur Sprache – blieben die prozeßpsychologischen Bedenken gegen die Zurückverweisung der Sache an dasselbe Gericht völlig unberücksichtigt. Die andersartige französische Regelung wurde in ihrem psychologischen Wert verkannt und in einseitig begriffskonstruktiver Argumentation als logisch-begriffliche Konsequenz des „Kassationsprinzips" verstanden, während umgekehrt die Regelung des § 354 Abs. 2 (damals § 394 Abs. 2) StPO ebenso einseitig begriffslogisch als Folge des „Revisionsprinzips" und speziell der Bindungswirkung des Revisionsurteils dargestellt wurde.

Auch hier bestätigt sich somit die schon wiederholt gemachte Beobachtung, daß richterpsychologische Überlegungen bei den Gesetzesberatungen zwar schon in den Kreis der Erwägungen einbezogen wurden, jedoch nur eine untergeordnete Rolle spielten und noch keine

---

[92] Vgl. Prot., S. 605 f (*Hahn:* Mat. I, S. 1040 f).

[93] Vgl. Prot., S. 606 (*Hahn:* Mat. I, S. 1041).

so entscheidende Bedeutung erlangt hatten[94], daß man in ihnen bereits die für die Ausgestaltung des Richteramts im Strafprozeß grundlegenden Gesichtspunkte gesehen hätte[95].

b) Die Regelung des Gesetzes über die Zurückverweisung bedeutete, für sich betrachtet, zwar einen gewissen psychologischen Zwang für den Tatrichter, sich von der früheren Entscheidung zu lösen und der Beurteilung des Revisionsgerichts zu folgen, ließ aber – von dieser faktischen Einschränkung abgesehen – die Freiheit der Entscheidung unberührt. Der Gesetzgeber beschränkte sich jedoch nicht darauf, sondern steigerte in § 358 Abs. 1 (früher § 398 Abs. 1) StPO den psychologischen Zwang zum Gesetzeszwang: nach dieser Vorschrift hatte das Gericht, an das die Sache zur anderweitigen Verhandlung und Entscheidung zurückverwiesen wurde, seiner Entscheidung die rechtliche Beurteilung zugrunde zu legen, die zur Aufhebung des Urteils geführt hatte. Die Tragweite dieser Bindungswirkung des Revisionsurteils[96] wird in ihrem vollen Umfang deutlich, wenn man sie

---

[94] Kennzeichnend ist auch die Bemerkung von August *von Kries:* Die Rechtsmittel des Civilprocesses und des Strafprocesses usw., Breslau 1880, S. 285, Anm. 150, der zu dem Problem der Zuständigkeit nach Zurückverweisung bemerkt: „Mir scheint die ganze Frage ohne erhebliche Bedeutung zu sein."

[95] Bei den jüngsten Reformbestrebungen hat man nunmehr auch in der Frage der Zuständigkeit nach Zurückverweisung den psychologischen Gesichtspunkten Rechnung getragen. Bereits in der zweiten Lesung des Bundestages über den Entwurf des StPÄG 1962 (vgl. BT-Drucks. IV/178) am 27. März 1963 (vgl. dazu *Bulletin* der BReg. vom 28. 3. 1963, Nr. 58, S. 516 ff, bes. S. 518 r. Sp.; DRiZ 1963, S. 158 ff) war ein Antrag der SPD-Fraktion angenommen worden, der vorsah, daß die Strafsache bei Zurückverweisung an ein zu demselben Land gehörendes anderes Gericht gleicher Ordnung oder an eine andere Kammer des Gerichts, dessen Urteil aufgehoben wird, zu verweisen sei. Diese Regelung ist nunmehr mit Wirkung ab 1. 4. 1965 Gesetz geworden. Vgl. § 354 Abs. 2 StPO i. d. F. d. Art. 9 des StPÄG vom 19. 12. 1964 (BGBl 1964 I, S. 1067).

[96] Vgl. dazu K. *Peters:* Strafprozeß, S. 93; 2. Aufl. S. 101; ders.: Das Gewissen des Richters und das Gesetz, S. 41; ders.: Grundprobleme der Kriminalpädagogik, S. 183. Vgl. auch schon *Arnold:* Wirkungskreis, S. 102. Die Problematik der Bindungswirkung des Revisionsurteils und ihre Bedeutung für die Stellung des Richters sind im übrigen in der Literatur auffallend wenig behandelt worden. Meist wird ganz übersehen, daß hier überhaupt ein Problem besteht. Vgl. z. B. *Birkmeyer:* Deutsches Strafprozeßrecht, S. 723 f; *Gerland:* Der deutsche Strafprozeß, S. 431; *Binding:* Grundriß des Deutschen Strafprozeßrechts, S. 278; *Beling:* Reichsstrafprozeßrecht, S. 13, Anm. 1, S. 48, Anm. 2; *Rosenfeld:* Reichs-Strafprozeß, S. 265; *Stock:* Strafprozeßrecht, S. 171; *Henkel:* Strafverfahrensrecht, S. 439; *Kern:* Strafverfahrensrecht, 6. Aufl. 1960, S. 215; *Schorn:* Der Strafrichter, S. 356 f; *von Kries:* Lehrbuch, S. 692, stellt schlicht fest, die Bindung sei „durch die Natur der

im Zusammenhang mit der Bestimmung des § 354 Abs. 2 StPO a. F. (Zurückverweisung an d a s s e l b e Gericht) sieht, deren Geltung sie nach der Vorstellung des Gesetzgebers voraussetzt[97]. Bei Zurückverweisung an ein anderes Gericht als das vorher mit der Sache befaßte würde die Bindungswirkung lediglich dazu führen, daß der angewiesene Tatrichter, der sich selbst in der Sache noch keine bestimmte Überzeugung hat bilden können, seiner Entscheidung eine fremde Rechtsansicht zugrunde zu legen hat. Zu einem Konflikt zwischen der von ihm verlangten Entscheidung und seiner Überzeugung käme es dabei im allgemeinen nur dann, wenn der Tatrichter aus grundsätzlichen Erwägungen oder weil er etwa aus eigener Praxis in vergleichbaren Fällen eine andere Auffassung gewonnen hat, die rechtliche Beurteilung des Revisionsgerichts nicht zu teilen vermöchte. Ungleich einschneidender ist hingegen die Einschränkung der richterlichen Entscheidungsfreiheit durch die Bindungswirkung des revisionsrichterlichen Urteils bei der in § 358 Abs. 1 StPO vorausgesetzten Zurückverweisung an dasselbe Gericht. Hier involviert – geht man von der Identität der Richter vor und nach der Zurückverweisung aus – die bindende Wirkung des Revisionsurteils für den angewiesenen Tatrichter nicht nur die Pflicht, nach der Rechtsauffassung des Revisionsgerichts zu entscheiden und damit, ähnlich wie bei der Anwendung eines Gesetzes, seinen eigenen Rechtsstandpunkt einer

---

Sache geboten"; *von Hippel:* Strafprozeß, S. 599 Anm. 4, verweist lediglich auf die Motive; *Ullmann:* Lehrbuch, S. 620/621, beschränkt sich auf die Bemerkung, daß „die Anfechtung des Urtheils ... ohne jeden praktischen Wert wäre und es den Intentionen des gesetzlich zugelassenen Rechtsmittels geradezu widersprechen würde, wollte man bei der neuerlichen Verhandlung der Sache dennoch die angefochtene und von dem Revisionsgericht als unrichtig erkannte Rechtsansicht dem neuerlichen Urtheil zu Grunde legen lassen". Auch *Löwe-Rosenberg (Jagusch)*, Kommentar z. StPO, zu § 358 Anm. 1, stellen lediglich fest: „Das Gesetz beläßt es insoweit nicht bei der bloßen Überzeugung durch die Gründe des Revisionsurteils." – Bedenken gegen die Bindung des Richters durch das Revisionsurteil klingen – von den o. a. Äußerungen K. *Peters'* abgesehen – nur bei *Graf* zu *Dohna* und Eberhard *Schmidt* an. *Graf* zu *Dohna:* Strafprozeßrecht, S. 207, bemerkt: „Das ist eine notwendige Konsequenz der Einrichtung des Instanzenzuges. Aber es bedeutet einen s t a r k e n E i n g r i f f (Sperrung nicht vom Verf.) in die Freiheit richterlicher Überzeugung." Eberhard *Schmidt:* Lehrkommentar II, zu § 358 Anm. 2, Rz. 8, S. 1041, stellt fest: „Die Folgen der Bindung bestehen für den angewiesenen Tatrichter darin, daß er gegebenenfalls nach einer von ihm (vielleicht mit guten Gründen) abgelehnten Rechtsansicht Recht sprechen, demgemäß auch entgegen eigener Auffassung verurteilen muß."

[97] Vgl. dazu Motive zu § 319 des Entw. einer StPO, S. 212 (*Hahn:* Materialien I, S. 259 unten). Vgl. ferner Protokolle der Kommission, 1. Beratung, S. 605 f (*Hahn:* Materialien I, S. 1040 f). S. auch oben im Text dieser Arbeit, S. 281.

vorgegebenen Norm unterzuordnen, sondern bedeutet darüber hinaus einen Eingriff des übergeordneten Richters in eine bereits feststehende Überzeugung: die Pflicht zur Entscheidung nach fremder Rechtsauffassung schließt hier zufolge der Identität des Gerichts für den Tatrichter zugleich die Pflicht ein, die bereits gewonnene Rechtsüberzeugung aufzugeben. Der Gesetzgeber hat den Richter damit in eine Situation hineingestellt, in der er – läßt man den Fall außer Betracht, daß sich der Tatrichter nunmehr der Ansicht des Revisionsurteils von sich aus anschließt – nicht nur nach einer für ihn verbindlichen fremden, sondern regelmäßig auch entgegen seiner widersprechenden eigenen Überzeugung Recht sprechen muß und daher gegebenenfalls gezwungen ist, den Angeklagten zu verurteilen, obwohl er nach wie vor einen Freispruch für geboten hält[98].

Die grundsätzliche Bedeutung, die dieser Regelung für die Stellung des Richters zukommt, wird deutlich, wenn man sie in dem Zusammenhang sieht, in den sie Eberhard *Schmidt* hineingestellt hat[99]: Die Bindung des Tatrichters an die Rechtsauffassung des Revisionsgerichts ist die „einzige Ausnahme" von dem allgemeinen Grundsatz, daß der deutsche Richter – ungeachtet seiner Gesetzesgebundenheit – „nach seiner eigenen rechtlichen Überzeugung" zu entscheiden, sich „in geistiger Selbständigkeit und Selbstverantwortlichkeit seine Rechtsansicht für jede zu entscheidende Frage zu bilden" hat. Die „Ausnahmevorschrift" des § 358 Abs. 1 StPO stellt somit, anders ausgedrückt, eine klare Entscheidung des Gesetzgebers g e g e n die „geistige Selbständigkeit und Selbstverantwortlichkeit" des Richters dar. Der Gesetzgeber hat diese spezifisch richterbezogenen Werte ersichtlich dem allgemeinen Prinzip der Rechtseinheit untergeordnet. Angesichts der Bedeutsamkeit dieser gesetzgeberischen Wertentscheidung verspricht die Untersuchung der Erwägungen, die den Gesetzgeber dabei geleitet haben, besonderen Aufschluß über dessen Einstellung zur Aufgabe des Richters und zur Eigenart des Richteramts.

Die Entscheidung des Gesetzgebers für die Bindung des Tatrichters an die rechtliche Beurteilung des Revisionsgerichts bedeutete, historisch betrachtet, die Wahl einer unter zwei sich anbietenden Gestaltungsmöglichkeiten[100]: der Kassation des französischen Rechts

[98] Vgl. K. *Peters:* Das Gewissen des Richters und das Gesetz, S. 41; ders.: Strafprozeß, S. 93; ders.: Grundprobleme der Kriminalpädagogik, S. 183; Eb. *Schmidt:* Lehrkommentar II, zu § 358 Anm. 2, Rz. 8, S. 1041; *Graf zu Dohna:* Strafprozeßrecht, S. 207.

[99] Vgl. Eb. *Schmidt:* Lehrkommentar I, S. 270 (Rz. 477). Vgl. auch *Beling:* Reichsstrafprozeßrecht, S. 48 Anm. 2 u. S. 49 Anm. 1.

[100] Vgl. hierzu Hellmuth *Mayer:* Die bindende Kraft des Urteils nach deutschem Recht, Die Spruchgerichte, 1949, S. 60 ff; *Planck:* Systematische Darstellung, S. 547 ff; *Schwinge:* Grundlagen des Revisionsrechts, S. 6 ff, 15 ff m. weit. Hinw.

und der Nichtigkeitsbeschwerde des deutschen Rechts. Die Kassation, wie sie auch in Bayern eingeführt worden war, hatte lediglich den Sinn, daß eine oberste Instanz alle dem Gesetz widersprechenden Urteile als solche kennzeichnen und ihnen im Wege der Urteilsaufhebung den richtigen Rechtssatz entgegenstellen sollte[101]. Der Kassationshof war nicht eigentlich Gericht, sondern „Organ der Rechtskontrolle", Schützer des Gesetzes und Wahrer einer dem Gesetz entsprechenden Rechtspflege[102]. Aus dieser Stellung folgte seine negative, rein kassatorische Funktion, die es nicht gestattete, über die Wahrung richtiger Rechtsanwendung hinaus in die Rechtsprechung der Gerichte einzugreifen. Der „eigentliche Inhalt" des kassatorischen Urteils konnte daher „nur die Vernichtung des unrichtigen Erkenntnisses sein", während es „außerhalb der Sphäre" des Kassationshofes lag, „das richtige Erkenntnis an dessen Stelle zu setzen"[103]. Eine Bindungswirkung der von dem Kassationshof erlassenen Urteile für die untergeordneten Gerichte bestand deshalb im Prinzip nicht. Vielmehr war die Unabhängigkeit des Gerichts, an das die Sache nach der Aufhebung des Urteils durch den Kassationshof verwiesen wurde, ein anerkannter Grundsatz des Kassationsrechts[104]. Schloß sich der Tatrichter der Rechtsansicht des Kassationsgerichts nicht an und wurde nach der Zurückverweisung auch gegen das neue Urteil die Kassation beantragt, so hatte der Kassationshof erneut – und zwar in seiner Plenarversammlung – darüber zu entscheiden. Erging alsdann wiederum ein aufhebendes Erkenntnis, so hatte nun allerdings das Gericht, an das die Sache verwiesen worden war, seiner Entscheidung die Ansicht des Kassationshofes zugrunde zu legen. Das angewiesene Gericht war jedoch in diesem Fall regelmäßig ein anderes als das vorher mit der Sache befaßte, oder es entschied eine andere Abteilung desselben Gerichts bzw. das alte Gericht in anderer Besetzung.

Diesem Kassationssystem des französischen Prozeßrechts stand nun in der sogenannten Nichtigkeitsbeschwerde des gemeinen Rechts ein in Deutschland selbständig, wenngleich nicht ohne Einfluß der Kas-

---

[101] Vgl. *Planck:* Systematische Darstellung, S. 547. S. dazu die ausführliche Darstellung des französischen Kassationsverfahrens bei *Feuerbach:* Gerichtsverfahren Frankreichs, S. 94 ff, 276 ff. Vgl. auch *Schwinge:* Grundlagen des Revisionsrechts, S. 39 ff.

[102] Zur Rechtsnatur des Kassationsgerichts vgl. jetzt insbes. *Schwinge:* Grundlagen des Revisionsrechts, S. 43 f m. w. Hinw.

[103] Vgl. *Planck:* Systematische Darstellung, S. 547.

[104] Vgl. *Arnold:* Wirkungskreis, S. 101, 103. *Arnold* hob hervor, der Tatrichter dürfe sich „weder durch den Gedanken, daß ein Widerspruch mit der Ansicht des Cassationshofs abermalige Nichtigkeitsbeschwerde ... veranlassen könne, noch durch die Furcht abschrecken ... lassen, daß der Cassationshof, wenn dessen Ansicht nicht gehuldigt würde, auch das neue Erkenntniß vernichten werde ...".

sation, entwickeltes Rechtsmittel[105] gegenüber, das ein ganz anders geartetes Verhältnis von Tat- und Rechtsmittelrichter voraussetzte als die Kassation. Nach dem Grundgedanken des deutschen Systems stand das Rechtsmittelgericht nicht lediglich als eine Art Wächter des Gesetzes „außerhalb" des Rechtszuges, sondern war die „Spitze der Gerichte des Staats"; seine Aufgabe war prinzipiell nicht verschieden von der der übrigen Gerichte[106]. Daher sollte das Urteil dieses „Revisions"gerichts grundsätzlich soweit als möglich Entscheidung in der Sache selbst sein. Außer der Aufhebung des ersten Urteils und der Zurückverweisung an das frühere Gericht war daher regelmäßig die Bindung des unteren Gerichts an die Entscheidung der Rechtsmittelinstanz vorgesehen[107].

Vergleicht man die Stellung des Tatrichters innerhalb der beiden verschiedenen Systeme, so fällt auf, daß das Kassationssystem dem Tatrichter den Konflikt zwischen seiner eigenen Überzeugung und der Rechtsansicht des Rechtsmittelgerichts regelmäßig erspart. Die Bindungswirkung der kassatorischen Entscheidung ist lediglich die ultima ratio, von der im Interesse der Rechtseinheit erst dann Gebrauch gemacht wird, wenn das Gericht, an das zurückverwiesen wird, sich der Rechtsauffassung des Kassationshofs nicht anschließt. Auch in diesem Fall trifft die Bindung grundsätzlich nur die Richter, die vorher noch nicht mit der Sache befaßt gewesen sind und sich daher im allgemeinen noch keine eigene Überzeugung in der Sache gebildet haben. Im Kassationssystem bleiben somit im Gegensatz zum System der Nichtigkeitsbeschwerde Selbständigkeit und Selbstverantwortlichkeit des Tatrichters weitgehend gewahrt; im Wertkonflikt zwischen der Überzeugung des einzelnen Richters und dem allgemeinen Prinzip der Rechtseinheit wird dem Wert der richterlichen Überzeugung grundsätzlich der Vorrang eingeräumt. Mit Rücksicht darauf hatte schon *Arnold* in seiner 1858 erschienenen Abhandlung „Wirkungskreis der Erkenntnisse des Cassationshofes"[108] in der französischen Rechtseinrichtung das rechtspolitisch vorbildliche Institut gesehen. „Die Richter", hatte *Arnold* gefordert[109], „an welche die Sache verwiesen ist, müssen ihre Ansicht unabhängig von anderer Meinung aussprechen. Wer von dieser Pflicht, die zugleich ein Recht ist, abweicht, verletzt seinen Eid, belästigt sein Gewissen und handelt wider die Würde seines Amtes ..." Allerdings müsse eine Garantie

---

[105] Vgl. *Planck:* Systematische Darstellung, S. 549 f; *Arnold:* Wirkungskreis, S. 103 ff; *Schwinge:* Grundlagen des Revisionsrechts, S. 10 ff, 15 f.

[106] Vgl. *Planck:* Systematische Darstellung, S. 549; *Schwinge:* Grundlagen des Revisionsrechts, S. 6/7.

[107] Vgl. z. B. die Regelung der preußischen VO vom 3. Januar 1849, Art. 118.

[108] In: GS Bd. 10 (1858), S. 100 ff.

[109] Vgl. *Arnold:* Wirkungskreis, S. 102.

dafür vorhanden sein, daß sich die Rechtsauffassung des Revisionsgerichts am Ende durchsetzen könne; diese Garantie dürfe jedoch nicht, wie bei der Nichtigkeitsbeschwerde des deutschen Prozeßrechts, in einer generellen Bindungswirkung des kassatorischen Urteils gesucht werden, sondern müsse darin bestehen, daß in den Fällen, in denen sich das untere Gericht der Auffassung des Rechtsmittelgerichts nicht anzuschließen vermöge, das Plenum des Kassationshofs entscheide und dann allerdings mit bindender Wirkung an ein anderes Gericht zurückverweise.

Für den Gesetzgeber der Strafprozeßordnung bestand damit im Hinblick auf die Stellung des Tatrichters eine klare Alternative: Er hatte die Möglichkeit, sich entweder um der Unantastbarkeit der richterlichen Gewissensüberzeugung willen für eine dem Kassationssystem entsprechende Ausgestaltung der Revision zu entscheiden oder dem Gesichtspunkt der Rechtseinheit den Vorzug zu geben und das System der Nichtigkeitsbeschwerde zu wählen. Die Voraussetzung dafür, daß diese Alternative als rechtspolitische Gestaltungsmöglichkeit überhaupt gesehen werden konnte, war allerdings, daß der Wertkonflikt zwischen der richterlichen Überzeugung einerseits und dem Grundsatz der Rechtseinheit andererseits als solcher erkannt wurde, war m. a. W. die Bereitschaft des Gesetzgebers, die subjektiv-persönliche Gewissensüberzeugung des Richters um ihrer selbst willen anzuerkennen und ihr insbesondere auch dann Berechtigung und Eigenwert zuzugestehen, wenn sie durch das Rechtsmittelgericht für „irrig" und „unrichtig" befunden worden war. Das aber setzte letztlich eine Grundauffassung von richterlicher Rechtsfindung voraus, nach der die Entscheidung des Richters nicht bloß Produkt seines Erkenntnis- und Denkvermögens, sondern darüber hinaus Ergebnis sittlicher Anstrengung, gewissensmäßiger Anspannung und damit rational-emotionale Persönlichkeitsleistung war. Es kennzeichnet, so gesehen, die Richtervorstellung des Gesetzgebers, daß er sich bei der Ausgestaltung des Revisionsrechts für die Bindungswirkung des revisionsgerichtlichen Urteils entschied, ohne überhaupt eine Wertabwägung zwischen dem Prinzip der Rechtseinheit und der Integrität der richterlichen Überzeugung vorzunehmen.

Für die Verfasser des Entwurfs der Strafprozeßordnung bestand hier offenbar gar kein Konflikt. „Daß das Gericht erster Instanz an die Rechtsnormen, welche der Aufhebung des Urtheils zu Grunde gelegt sind, gebunden sein soll", folgt nach den Motiven zwingend „aus dem Prinzip des Rechtsmittels"; solle doch das Urteil des Revisionsgerichts „stets als Entscheidung in der Sache selbst wirken"[110]. Der Gesichtspunkt, daß die Bindung an das Revisionsurteil den Tatrichter dazu zwinge, eine seiner Überzeugung widersprechende Ent-

---

110 Vgl. Motive, S. 212 (*Hahn*: Mat. I, S. 259).

scheidung zu fällen, wurde nicht erörtert. Die Motive beschränkten sich in dieser Hinsicht auf die kurze Bemerkung, daß die Bindung nicht „als eine Verletzung der Würde des Gerichts" angesehen werden könne[111].

Bei den Beratungen der Kommission wurde der Standpunkt der Motive zwar angegriffen. *Reichensperger* stellte den Antrag, die Bindungswirkung des Revisionsurteils zu beseitigen[112]. Im Gegensatz zu der Auffassung der Motive sah er darin eine „Verletzung der Würde des unteren Gerichts" und erblickte den Wert des Kassationssystems darin, daß es den Richter davor bewahre, sich dem Revisionsgericht „willenlos und sklavisch" unterordnen zu müssen. Von „sklavischem Gehorsam" des Tatrichters war auch in den Ausführungen *Herz'* die Rede, der *Reichenspergers* Vorschlag unterstützte und die Übernahme des Kassationssystems empfahl[113]. Doch auch in diesen Äußerungen wurde das Kernproblem der Bindungswirkung: die Frage nach der Integrität der richterlichen Gewissensüberzeugung und ihrem Verhältnis zu dem Erfordernis der Rechtseinheit nur flüchtig gestreift und in seiner grundsätzlichen Bedeutung für die Stellung des Richters nicht erkannt. So erklärt es sich auch, daß die Justizkommission zwar in erster Lesung beschloß, das französische Kassationssystem zu übernehmen, schon in der nächsten Lesung jedoch wieder zu der ursprünglichen Regelung des Entwurfs zurückkehrte, ohne daß inzwischen neue Gesichtspunkte hervorgetreten wären[114]. Die Kommissionsmehrheit wollte den Konflikt zwischen der richterlichen Überzeugung und der Bindung durch das Revisionsurteil, der hier bestand, nicht anerkennen. Man sah zwar, daß die Bindungswirkung einen Eingriff in die Entscheidungsfreiheit des Tatrichters darstellte, aber man hielt

---

[111] Vgl. Motive, a. a. O. – Interessant ist, daß hier der Begriff „Würde des Gerichts" ausschließlich auf die abstrakt-individualitätslose Institution Gericht bezogen wird, während sein personaler Gehalt außer Betracht bleibt. Das philosophische Schrifttum hat stets die Personbezogenheit des Begriffs Würde betont. Vgl. schon *Kant:* Grundlegung zur Metaphysik der Sitten, S. 60 f („was die Bedingung ausmacht, unter der allein etwas Zweck an sich selbst sein kann"; Zweck an sich selbst bedeutet für *Kant* Person); *Schiller:* Über Anmut und Würde, in: Philosophische Schriften, hrsg. von E. *Kühnemann,* 1902, S. 136 („Ausdruck einer erhabenen Gesinnung"); *Ihering:* Der Zweck im Recht, Bd. II, Leipzig 1883, S. 496 (spezifischer Wert des Menschen als Person). Vgl. ferner Wilh. *Wertenbruch:* Grundgesetz und Menschenwürde, Köln, Berlin 1958, S. 24. Eb. *Schmidt:* Die Sache der Justiz, S. 21, hat neuerdings mit Recht hervorgehoben, daß es „in erster Linie die richterliche Haltung selbst" ist, „die dem Gericht Würde gibt".

[112] Vgl. Protokolle der Kommission, S. 607/608 (*Hahn:* Materialien I, S. 1042/1043) und Protokolle der Kommission, S. 1034 (*Hahn:* Materialien II, S. 1428).

[113] Vgl. Protokolle der Kommission, S. 607 (*Hahn:* Materialien I, S. 1042).

[114] Vgl. dazu im einzelnen *Hahn:* Materialien II, S. 1427 ff.

ihn für unerheblich, weil man glaubte, der untere Richter werde sich der besseren Einsicht des höher qualifizierten Revisionsgerichts regelmäßig fügen, werde sich durch die Gründe des Revisionsurteils von der „Unrichtigkeit" seiner eigenen Auffassung überzeugen lassen. „Der selbständige Sinn eines wissenschaftlich strebsamen Richters", so glaubte man daher[115], „werde nicht beeinträchtigt, wenn ihn das Gesetz anweise, in dem einzelnen Fall die Rechtsansicht des oberen Gerichts maßgebend sein zu lassen." Der Gesetzgeber folgte damit auch hier letztlich dem für das Rechtsdenken des ausgehenden 19. Jahrhunderts kennzeichnenden rationalistischen Leitbild des Richters mit seiner Vereinfachung des richterlichen Entscheidungsakts zum logisch-begrifflichen Denkvorgang, seiner Neutralität gegenüber den personalen Komponenten des Richterspruchs. Er ließ unberücksichtigt, daß es jenseits des Bezirks rationalen Denkens eine innere, zutiefst persönliche Beziehung zwischen Richter und Richterspruch geben kann, die auf der konkreten, einmaligen und unvertauschbaren Willens- und Wertentscheidung des Richters als eines mit sittlichem Wollen, Verantwortungsbewußtsein und Gewissen begabten Menschen beruht. Der einschneidende Eingriff in diesen personalen Bereich der Rechtsfindung, den die Bindung des Tatrichters an die Rechtsauffassung des Revisionsgerichts zur Folge haben konnte, der Gewissenszwang, den die mit ihr verbundene Pflicht zur Entscheidung gegen die persönliche Überzeugung bedeutete, und die darin liegenden Gefahren für die Persönlichkeit des Richters[116] und die Über-

---

[115] Vgl. dazu Protokolle der Kommission, S. 1034 (*Hahn:* Materialien II, S. 1428).

[116] K. *Peters:* Das Gewissen des Richters und das Gesetz, S. 39, spricht davon, daß „die Persönlichkeit des Richters in unerträglicher Weise eingeengt" werde. Er hat deshalb vorgeschlagen (vgl. a. a. O., S. 41; neuerdings Strafprozeß, 2. Aufl. S. 101), dem Richter, der aus Gewissensgründen der Rechtsauffassung des Revisionsgerichts nicht zu folgen vermag und deshalb gegen seine persönliche Überzeugung entscheiden müßte, den Gewissenskonflikt dadurch zu ersparen, daß ihm entweder die Möglichkeit gegeben wird, entsprechend den Bestimmungen über die Ablehnung nicht mehr an der Entscheidung mitzuwirken, oder daß auf die Bindungswirkung des Revisionsurteils verzichtet wird, mit der Folge, daß bei erneuter gleichbleibender Entscheidung der unteren Instanz das Revisionsgericht die volle Sachentscheidung übernimmt. Zustimmung hat dieser Vorschlag jedoch bisher nicht gefunden; ablehnend insbesondere Eb. *Schmidt:* Lehrkommentar II, zu § 358, Rz. 8, S. 1041; *Müller-Sax:* Kommentar z. StPO (KMR), 6. Aufl. 1966, zu § 358 Anm. 4 c. — In der ab 1. 4. 1965 geltenden Neufassung des § 354 Abs. 2 StPO durch das StPÄG hat sich nunmehr der Gedanke durchgesetzt, daß die Zurückverweisung nicht mehr an dieselben Richter erfolgen darf; dadurch wird allerdings die Konfliktsmöglichkeit weitgehend herabgesetzt, da sich der Tatrichter, an den verwiesen wird, noch keine Überzeugung in der Sache gebildet hat und er die Rechtsauffassung des Revi-

zeugungskraft des Urteils wurden deshalb als solche gar nicht empfunden. Dem Konflikt zwischen der richterlichen Überzeugung und dem Postulat der Rechtseinheit bzw. Rechtsanwendungsgleichheit[117] konnte bei dieser Einstellung des Gesetzgebers zum Richteramt keine Bedeutung zukommen. In der hier zu beobachtenden Indifferenz gegenüber der Gewissensbezogenheit des Richtertums[118] erweist sich

---

sionsgerichts bei seiner Entscheidung von vornherein seiner Überzeugungsbildung zugrunde legen kann. Gleichwohl wäre zu überlegen, ob nicht darüber hinaus, sofern man nicht den Vorschlägen von *Peters* folgen will, wenigstens entsprechend dem „Kassationssystem" die Bindungswirkung auf den Fall einer erneuten Rückverweisung beschränkt werden sollte. Auf jeden Fall gilt es, den Konflikt zwischen der richterlichen Gewissensüberzeugung und dem Postulat der Rechtseinheit, den der Gesetzgeber nicht erkannt hat, in seiner vollen Tragweite zu sehen und zu durchdenken.

117 Dieser Konflikt taucht in anderer Form auch bei der hier nicht näher zu behandelnden Vorlegungspflicht wegen beabsichtigter Divergenz nach § 121 Abs. 2 GVG auf. Die geistige Selbständigkeit und Selbstverantwortlichkeit des Richters wird hier dadurch eingeengt, daß der Richter daran gehindert wird, eine seiner Rechtsüberzeugung entsprechende, von ihm voll verantwortete Entscheidung zu erlassen. Bedenken gegen diese Regelung bei *Peters:* Begrenzung, S. 497, Anm. 27 („Jeder Richter muß das von ihm gefällte Urteil selbst tragen und verantworten"). Gegen die Vorlegungspflicht auch J. *Schröder:* Rechtseinheit und richterliche Entscheidungsfreiheit, in: NJW 1959, S. 1517 ff (1521). Zum ganzen Problemkreis jetzt Ernst Walter *Hanack:* Der Ausgleich divergierender Entscheidungen in der oberen Gerichtsbarkeit, Hamburg 1962, bes. S. 360 f.

118 Diese Indifferenz zeigt sich auch darin, daß der Gesetzgeber bei der Konzeption der Ablehnungs- und Ausschließungsvorschriften einen möglichen Gewissenskonflikt des Richters im Hinblick auf das anzuwendende Recht ebensowenig in seine Erwägungen einbezogen hat wie die Möglichkeit, daß sich ein Richter aus sonstigen Gründen zu einer seiner Überzeugung entsprechenden Entscheidung nicht in der Lage sieht. Ein Recht zur „Selbstablehnung" hat der Gesetzgeber dem Richter versagt (vgl. statt vieler Eb. *Schmidt:* Lehrkommentar II, zu § 30 Erl. I, S. 65 m. w. Hinw.). Sieht der Richter sich in seiner inneren Unbefangenheit in einem Maße gefährdet, daß er seine Mitwirkung an der Verhandlung und Entscheidung nicht glaubt verantworten zu können, so kann er nach § 30 StPO lediglich den Weg der sog. Selbstanzeige beschreiten. A n d e r e Richter entscheiden dann über die Frage seiner Befangenheit oder Unbefangenheit. Dabei kann sich die als Schutz für den Angeklagten gedachte Objektivierung der Ablehnungsvoraussetzungen dahin auswirken, daß das Gericht trotz subjektiver Befangenheit des Richters einen Ablehnungsgrund für nicht gegeben erachtet, weil nicht die innere Unparteilichkeit als subjektive seelische Situation Voraussetzung für die Ablehnung ist, sondern das objektive Vorhandensein von Gründen, die geeignet sind, Mißtrauen gegen die Unbefangenheit des Richters zu rechtfertigen (vgl. dazu zuletzt Eb. *Schmidt:* Die Sache der Justiz, S. 18 f; *Teplitzky:* Probleme der Richterablehnung, S. 2044 f; Hubert *Schorn:* Die Ablehnung eines Richters im

die Strafprozeßordnung als dem Positivismus des 19. Jahrhunderts und seiner Denkweise verpflichtet. War doch nach der positivistischen Vorstellung von der ethischen Wertneutralität des Rechts der Konflikt zwischen dem Imperativ der Rechtsordnung und dem Gebot des individuellen Gewissens für das Recht und damit für den Richter als dessen rein verstandesmäßig arbeitenden „Anwender" ohne Belang[119], weil der gesetzliche Imperativ zugleich die – als dem Recht immanent gedachte – sittliche Idee in vollkommener Weise verkörperte, d. h. die Moral in dem Gehorsam gegenüber den Geboten des Gesetzes bestand[120].

II. Richteramt und Beweisrecht

Die bisher untersuchten Grundentscheidungen des Gesetzgebers zur Stellung des Richters innerhalb des Verfahrensaufbaus zeigten bei aller sachbedingten Verschiedenheit der jeweiligen Prozeßrechtsmaterie ein in seinen wesentlichen Zügen einheitliches „Leitbild" des Richters, das sich durch weitgehende Vereinfachung des vielschichtigen geistig-seelischen Entscheidungsvorgangs zum rein verstandesmäßigen Erkenntnisakt und auffällige Indifferenz gegenüber der

---

Strafprozeß in Rechtsprechung und Schrifttum, in: GA 1963, S. 161 ff; R. *Wassermann:* Richterablehnung wegen Befangenheit, in: NJW 1963, S. 429 ff, 431 Anm. 14). Sieht der Richter sich aus Gewissensgründen – nicht nur aus dem Bewußtsein oder Gefühl mangelnder Unparteilichkeit – nicht imstande, an der Entscheidung einer Strafsache teilzunehmen, so hat er nach dem Gesetz keinerlei Anspruch auf Beachtung seiner Gewissensüberzeugung (dagegen K. *Peters:* Das Gewissen des Richters, S. 37 f; ders.: Strafprozeß, S. 91; *Rotberg:* Zu einem deutschen Richtergesetz, S. 13. Beide Autoren fordern, daß der Richter seine Mitwirkung bei einem schwerwiegenden, das Gewissen berührenden Konflikt zwischen der vom Gesetz verlangten Entscheidung und der persönlichen Überzeugung versagen darf. Ablehnend Eb. *Schmidt:* Lehrkommentar I, S. 224 f; ders.: Gesetz und Richter, S. 12, 17 Anm. 24; *Westermann:* Streitentscheidung, S. 29; *Bettermann:* Die Unabhängigkeit der Gerichte, S. 534; H. J. *Scholler:* Die Freiheit des Gewissens, Berlin 1958, S. 177/178. Befürwortend offenbar *Maihofer:* Bindung des Richters an Gesetz und Recht, S. 8 Fn. 8; A. *Arndt:* Grundfragen einer Reform der deutschen Justiz, S. 202. Zum ganzen Problemkreis, auf den hier nur hingewiesen werden kann, vgl. Eb. *Schmidt:* Lehrkommentar I, S. 276 ff, Rz. 491 ff; *Evers:* Der Richter und das unsittliche Gesetz, S. 100 ff, 118 ff; *Engisch:* Einführung, S. 231 ff [Anm. 239 ff]; Reinhold *Zippelius:* Kollisionen des Rechts mit heterogenen Normen und Pflichten, in: Festschrift für *Liermann*, Erlangen 1964, S. 305 ff, 316 ff).

[119] Vgl. dazu *Evers:* Der Richter und das unsittliche Gesetz, S. 66 m. w. Hinw.

[120] Vgl. dazu Heinrich J. *Scholler:* Das Gewissen als Gestalt der Freiheit, Köln, Berlin, Bonn, München 1962, S. 53.

personalen Seite der Urteilsbildung kennzeichnete und darin seine Herkunft aus der rationalistisch-intellektualistischen Rechtsanwendungslehre des späten 19. Jahrhunderts erwies. Nicht so eindeutig klassifizierbar ist hingegen – so scheint es jedenfalls zunächst – der Befund, den das Beweisrecht der Strafprozeßordnung in dieser Hinsicht bietet. Richtet man den Blick auf den Ort, den der Gesetzgeber hier dem Richter innerhalb des Spannungsverhältnisses von Freiheit und Bindung angewiesen hat, so fällt zuerst der ausgeprägte Gegensatz zwischen Beweiserhebung und Beweiswürdigung ins Auge.

1. *Beweiserhebung*

Auf dem Gebiet der Beweiserhebung ist der Gesetzgeber ersichtlich darum bemüht gewesen, die richterliche „Forschungsfreiheit“[121] im Interesse der individuellen Gerechtigkeit wie der Rechtssicherheit durch eingehende gesetzliche Vorschriften möglichst zu begrenzen[122]. Die Strafprozeßordnung enthält zahlreiche bindende Normen über die prozessuale Verwertung der Beweismittel, die Durchführung der Beweisaufnahme, die Zulässigkeit und Begründetheit von Beweisanträgen und ihre Behandlung durch das Gericht, die dem Richter die Einhaltung eines bestimmten „justizförmigen Weges“ (Eb. *Schmidt*) bei der Benutzung der Erkenntnisquellen zur Pflicht machen. Im Interesse der Einzelfallgerechtigkeit bindet ihn z. B. die Vorschrift des § 244 Abs. 3–6 StPO grundsätzlich – mit eng begrenzten Ausnahmen – an die Beweisanträge der Prozeßbeteiligten und verpflichtet ihn, neue Beweismöglichkeiten, sofern sie hinreichend bestimmt sind, auch dann auszuschöpfen, wenn er sich auf Grund der vorhandenen Beweise bereits eine feste Überzeugung gebildet hat[123]. Im Interesse der Rechtssicherheit verwehrt der Gesetzgeber dem Richter andererseits durch generalisierende Beweisverbote[124] die Benutzung gewisser

---

[121] Vgl. dazu Hellmuth *Mayer:* Der Sachverständige im Strafprozeß, S. 471; vgl. auch *Kohlrausch:* Strafprozeßordnung, § 243 N. 2, S. 252, sowie *Gutmann:* Aufklärungspflicht und Beweiserhebungsanspruch, S. 370.

[122] Vgl. dazu u. a. Eb. *Schmidt:* Lehrkommentar I, S. 268, Rz. 472; Lehrkommentar II, Vorbem. zu §§ 244–256, Rz. 13, S. 659 f; ders.: Die Sache der Justiz, S. 12 f; *Engisch:* Einführung, S. 53; *Gutmann:* Aufklärungspflicht und Beweiserhebungsanspruch, S. 371 f; K. *Peters:* Individualgerechtigkeit und Allgemeininteresse im Strafprozeß, S. 191; *Spendel:* Wahrheitsfindung im Strafprozeß, S. 468 f, 471 f.

[123] Vgl. K. *Peters,* a. a. O., S. 191.

[124] Vgl. StPO §§ 52, 53, 54, 55, 72, 76 II, 81 c, 94 ff, 136 a, 251, 254. Grundlegend Ernst *Beling:* Die Beweisverbote als Grenzen der Wahrheitserforschung im Strafprozeß, Breslau 1903. Vgl. ferner M. *Alsberg*-K. H. *Nüse:* Der Beweisantrag im Strafprozeß, 2. Aufl. Köln u. Berlin 1956, S. 90 ff. Die Beweisverbote sind neuerdings wieder Gegenstand lebhafter Diskussion. Vgl.

bedenklicher Erkenntnisquellen ohne Rücksicht darauf, ob aus ihnen im Einzelfall eine wahrheitsgemäße richterliche Tatsachenkenntnis zu gewinnen ist[125]. Das Bestreben des Gesetzgebers, den Richter bei seiner Beweiserhebungstätigkeit nach beiden Richtungen hin an subsumierbare Entscheidungsvoraussetzungen zu binden, die Grenzen der Beweisaufnahme und die Anwendung unsicherer Erkenntnismittel seiner individuellen – möglicherweise durchaus zutreffenden – Bewertung zu entziehen und die richterliche Tatsachenermittlung insoweit zu einem Akt der Gesetzesanwendung auszugestalten, ist unverkennbar, was nicht ausschließt, daß gleichwohl in erheblichem Umfang Ermessensfreiheit besteht[126].

2. *Beweiswürdigung*

a) Im Gegensatz zu diesem Bemühen um Einschränkung der richterlichen Entscheidungs- und Bewertungsfreiheit bei der Benutzung der Erkenntnisquellen hat der Gesetzgeber, soweit es sich darum handelt, nach erfolgter Beweiserhebung die Beweisergebnisse zu würdigen, ebenso wie im reformierten Strafprozeß des 19. Jahrhunderts auf jede gesetzliche Regelung verzichtet und dem Richter in Form der freien Beweiswürdigung ein Höchstmaß an Gesetzesunabhängigkeit eingeräumt.

Auf Grund des § 261 (früher § 260) StPO entscheidet der Richter über das Ergebnis der Beweisaufnahme „nach seiner freien, aus dem Inbegriff der Verhandlung geschöpften Überzeugung". Betrachtet man diese Vorschrift zunächst ganz losgelöst von ihren geschichtlichen Entstehungsbedingungen – wie es in neuerer Zeit im Schrifttum zur richterlichen Beweiswürdigung zumeist geschieht[127] –, so ist man versucht anzunehmen, daß der Gesetzgeber hier nicht dem bisher beob-

---

die Verhandlungen des 46. DJT, Bd. I (Gutachten), Teil 3 A (Beweisverbote im Strafprozeß), Berlin 1966, mit Gutachten von K. *Peters* (S. 91 ff), K. H. *Rupp* (S. 165 ff) u. a. Ferner G. *Spendel:* Beweisverbote im Strafprozeß, in: NJW 1966, S. 1102 ff; Th. *Kleinknecht:* Die Beweisverbote im Strafprozeß, in: NJW 1966, S. 1537 ff; G. *Grünwald:* Beweisverbote und Verwertungsverbote im Strafverfahren, in: JZ 1966, S. 489 ff; K. H. *Nüse:* Zu den Beweisverboten im Strafprozeß, in: JR 1966, S. 281 ff.

[125] Vgl. Eb. *Schmidt:* Lehrkommentar I, S. 268 Anm. 276, Rz. 472: „Der Richter muß sich ihnen (scil. den Beweisverboten) fügen; er darf sie nicht umgehen, auch wenn er sich sagt, daß ihre Befolgung ihm die Wahrheit verschleiert, während die Umgehung sie ihm vielleicht enthüllt." Vgl. auch K. *Peters:* Individualgerechtigkeit und Allgemeininteresse, S. 193; *Spendel:* Wahrheitsfindung im Strafprozeß, S. 468 ff, 472 l. Sp.

[126] Vgl. Hellmuth *Mayer:* Der Sachverständige im Strafprozeß, S. 471; *Gutmann:* Aufklärungspflicht und Beweiserhebungsanspruch, S. 372.

[127] Vgl. das u. S. 294 Fn. 130 angegebene Schrifttum.

achteten einseitig rationalistisch-intellektualistischen „Leitbild" des Richters gefolgt ist, sondern sich bei der Konzeption des § 261 StPO vielmehr von einer umfassenderen, „personalen" Richtervorstellung hat leiten lassen. Hat er doch in § 261 StPO „nicht eine von der Person des Richters unabhängige Tatsache selbst, sondern lediglich die Überzeugung des Richters von dem Vorhandensein einer solchen Tatsache zur Voraussetzung einer Rechtsfolge des Gesetzes gemacht"[128] und damit ein eminent „persönlichkeitsbezogenes" Kriterium zum Maßstab der Beweiswürdigung erhoben: die subjektiv-persönliche Gewißheit des jeweils entscheidenden Richters ist zum Beweis erforderlich und genügend[129]. Das Attribut „persönlichkeitsbezogen" bedeutet dabei freilich nicht, daß die richterliche Überzeugung ein rein gefühlsmäßig-instinktives, verstandesmäßig unkontrolliertes und unkontrollierbares Produkt emotionaler Strebungen nach Art der „intime conviction" darstellte; der geistig-seelische Zustand des „Überzeugtseins", den § 261 StPO meint, erhält seinen persönlichkeitsbezogenen Charakter vielmehr dadurch, daß der ihm voraufgehende und ihn konstituierende Akt der Überzeugungsbildung[130] seiner psychologi-

---

[128] Vgl. *Drost:* Ermessen, S. 32.

[129] Vgl. aus der Literatur etwa K. *Peters:* Strafprozeß, S. 238; ders.: Freie Beweiswürdigung und Justizirrtum, S. 546; *Drost:* Ermessen, S. 32; *Kohlrausch:* Strafprozeßordnung, § 243 Anm. 12, S. 255; *Krause:* Zum Urkundenbeweis im Strafprozeß, S. 53 f; Eb. *Schmidt:* Lehrkommentar I, S. 208 f, Rz. 373; Lehrkommentar II, zu § 261 Rz. 11, S. 749; Löwe-Rosenberg: Kommentar zur Strafprozeßordnung, zu § 261 Anm. 3, S. 1065 f; *Müller-Sax* (KMR): Kommentar zur StPO, 2. Aufl. 1966, zu § 261 Anm. 26, S. 847; *Lucas-Dürr:* Anleitung zur strafrechtlichen Praxis, S. 190 f; *Stree:* In dubio pro reo, S. 37; *Mayer:* Der Sachverständige im Strafprozeß, S. 471; *Niese:* Zur Frage der freien richterlichen Überzeugung (vgl. u. Fn. 130), S. 150; *Gutmann:* Aufklärungspflicht und Beweiserhebungsanspruch, S. 371 l. Sp. – Aus der Rechtsprechung vgl. BGHSt Bd. 10, S. 28; BGH in GA 1954, S. 152; BGH in NJW 1957, S. 1039; BGH in DRiZ 1962, S. 169/170.

[130] Zur psychologischen Struktur der richterlichen Überzeugungsbildung vgl. (in alphabetischer Reihenfolge): *Altavilla:* Forensische Psychologie, Bd. II, S. 387 ff; *Anossow:* Das Irrationale im Strafrecht, S. 184 ff (194 f); *Bendix:* Die freie Beweiswürdigung des Strafrichters, S. 31 ff (39); ders.: Die tatsächlichen Feststellungen im Strafurteil – eine Fiktion, S. 184 ff (186 f); ders.: Die Anerkennung der relativen Wahrheit des Strafurteils durch das Reichsgericht, S. 228 ff (233); Fr. *Boden:* Über historische und forensische Wahrheit und Wahrscheinlichkeit, S. 1 ff (15 ff); *Bohne:* Zur Psychologie der richterlichen Überzeugungsbildung, bes. S. 50 ff; *Böhme:* Zum Begriff der Überzeugung beim Urteil, S. 20; *Döhring:* Erforschung des Sachverhalts, S. 462 ff; Albert *Ehrenzweig:* Die „freie Überzeugung" des Richters, in: JW 1929, S. 85 ff; *Engisch:* Logische Studien, S. 94 ff; Fritz *Francke:* Die irrationalen Elemente der richterlichen Entscheidung, S. 38 ff; ders.: Umstrittene Überzeugung, in: DRiZ 1960, S. 434 ff; *Grassberger:* Psychologie des Strafverfahrens, S. 312 ff, 317 f; D. *Hainmüller:* Der An-

schen Struktur nach in einem umfassenden Sinn von „personalen“ Kräften bestimmt wird, die ihm das Gepräge einer „personalen Leistung“ *(Mattil)* geben. Zu diesem vielschichtig-komplexen Tatbestand, dessen Problematik weit über die Grenzen des Themas hinausführt, seien hier nur einige Andeutungen gemacht. Die richterliche Beweiswürdigung, aus der die Überzeugung folgt, ist zwar in erster Linie ein von den Gesetzen der Logik und der allgemeinen Erfahrung beherrschter Erkenntnisvorgang[131], ist mit R. *von Hippel*[132] „logische Schlußfolgerung aus gewissenhaft festgestellten Tatsachen“ und insofern ein Denkprozeß. Richterliche Überzeugungsbildung als Gewinnung subjektiver Gewißheit[133] durch Überwindung des Z w e i -

---

scheinsbeweis und die Fahrlässigkeitstat im heutigen deutschen Schadensersatzprozeß, Tübingen 1966, S. 37 ff m. w. H.; F. *Hartung:* Zur Frage der Revisibilität der freien Beweiswürdigung, in: SJZ 1948, S. 579 ff; *Hartz:* Irrationale Grenzen der richterlichen Unabhängigkeit, S. 119 ff (120); *Heinsheimer:* Die Freiheit der richterlichen Überzeugung und die Aufgaben der Revisionsinstanz, S. 133 ff (133, 135 f); *Hellwig:* Zur Psychologie der richterlichen Urteilsfindung, S. 403 ff (426 ff); ders.: Wahrheit und Wahrscheinlichkeit im Strafverfahren, S. 417 ff (423 ff); *Henkel:* Strafverfahrensrecht, S. 405; *Löwe-Rosenberg:* Kommentar zur StPO, zu § 261, Anm. 3, S. 1065 f; Hans *Marmann:* Aufklärungspflicht durch Sachverständigengutachten und freie Beweiswürdigung, in: GA 1953, S. 136 ff (142); *Mattil:* Überzeugung, S. 334 ff; *Mezger:* Der psychiatrische Sachverständige im Prozeß, bes. S. 36 ff, 43 ff, 85 ff, 127 f, 159 f u. p.; Konrad *Moser:* In dubio pro reo, Diss. München 1933, S. 39 ff; *Niese:* Zur Frage der freien richterlichen Überzeugung, S. 148 ff; *Peters:* Strafprozeß, S. 40 ff, 237/238; ders.: Freie Beweiswürdigung und Justizirrtum, S. 535 ff; *Rumpf:* Der Strafrichter, Bd. I, S. 77 ff; *Sarstedt:* Die Revision in Strafsachen, S. 226; *Sauer:* Juristische Methodenlehre, S. 226 ff; ders.: Juristische Elementarlehre, S. 24 ff; ders.: System der Rechts- und Sozialphilosophie, 2. Aufl. Basel 1949, § 23, S. 221 u. p.; ders.: Allgemeine Prozeßrechtslehre, S. 155 ff; G. *von Scanzoni:* Darf der Strafrichter trotz Zweifels schuldig sprechen?, in: JW 1928, S. 2181 ff; ders.: Richterliche Überzeugung, S. 222 f; *Scheuerle:* Rechtsanwendung, S. 58 ff, 94; Eb. *Schmidt:* Lehrkommentar I, S. 209 Anm. 81, II, zu § 261, Rz. 12, S. 749; *Sello:* Die Irrtümer der Strafjustiz, Bd. I, S. 5; Heinz *Wassermeyer:* Der prima facie Beweis, Münster 1954, S. 9 ff; *Wimmer:* Überzeugung, Wahrscheinlichkeit, Zweifel, S. 390 ff.

[131] Vgl. *Bohne:* Zur Psychologie der richterlichen Überzeugungsbildung, S. 50 f.

[132] Strafprozeß, S. 386.

[133] Zum Begriff der subjektiven Gewißheit vgl. u. a. *Bohne,* a. a. O., S. 51 f; *Böhme,* a. a. O., S. 20; *Francke:* Umstrittene richterliche Überzeugung, a. a. O.; *Heinsheimer,* a. a. O., S. 133; *Hellwig:* Wahrheit und Wahrscheinlichkeit, a. a. O., S. 423–425; *Henkel:* Strafverfahrensrecht, S. 405; *Lucas-Dürr:* Anleitung zur strafrechtlichen Praxis, S. 190 f; *Mattil,* a. a. O., S. 337; H. *Mayer:* Der Sachverständige im Strafprozeß, S. 471; *Mezger:* Der psychiatrische Sachverständige im Prozeß, a. a. O., S. 127 u. p.; *Niese,* a. a. O., S. 150; *Peters:* Strafprozeß, S. 238; *von Scanzoni:* Richterliche Über-

f e l s[134] ist jedoch darüber hinaus ein gesamtpsychischer Erlebnisvorgang, der regelmäßig die rational-kognitive Sphäre überschreitet, und bei dem die Verstandestätigkeit zwar eine bedeutungsvolle, aber letzthin nicht entscheidende Funktion erfüllt. Vereinfacht gesehen führt die Anwendung der Denkgesetze und der allgemeinen Erfahrungsregeln den Richter jeweils nur zu einem Punkt, an dem zwar ein mehr oder weniger sicheres objektives Wahrscheinlichkeitsurteil möglich ist, das jedoch subjektiv, für den erkennenden Richter, noch Zweifel offenläßt[135]. Der an diesem Punkt – welcher möglicherweise nicht einmal erreicht wird – einsetzende Prozeß der „Zweifels-Überwindung", in dessen Verlauf der Richter die „an sich" (d. h. bei Zugrundelegung der Denk- und Erfahrungsgesetze) möglichen Zweifel erledigt und eine der sich anbietenden „Deutungsmöglichkeiten"[136] zu der für ihn gültigen subjektiven Gewißheit erhebt – dieser Prozeß wird nicht mehr nur vom Intellekt beherrscht und im Bereich rationaler Vorgänge beendet[137], sondern ebenso von verstandesmäßig nicht erfaßbaren Eindrücken, von Phantasie und Vorstellungsvermögen[138], persönlicher richterlicher Lebenserfahrung[139] und Menschenkenntnis, irrationalen Kräften[140], Gefühlen wie Sympathie und Anti-

---

zeugung, a. a. O., S. 222; Eb. *Schmidt:* Lehrkommentar I, a. a. O.; *Stree:* In dubio pro reo, S. 37 f; *Wimmer,* a. a. O.

134 In der „Zweifelsüberwindung" wird seit *Rumpf:* Strafrichter I, S. 190 f, und *Mezger:* Der psychiatrische Sachverständige, S. 160, der für die Überzeugungsbildung entscheidende Vorgang gesehen. Vgl. neuerdings auch *Döhring:* Erforschung des Sachverhalts, S. 466; *Hainmüller:* Anscheinsbeweis (vgl. o. S. 294 Fn. 130), S. 38; *Krause:* Zum Urkundenbeweis im Strafprozeß, S. 54.

135 Vgl. dazu vor allem *Mezger,* a. a. O., S. 159; *Bohne,* a. a. O., S. 76 f; *Wassermeyer,* a. a. O., S. 11.

136 Vgl. *Bendix:* Die freie Beweiswürdigung des Strafrichters, a. a. O., S. 39.

137 Grundlegend *Mezger:* Der psychiatrische Sachverständige im Prozeß, a. a. O., S. 159 ff; *Bohne:* Zur Psychologie der richterlichen Überzeugungsbildung, S. 15 u. 55 ff.

138 Zur Bedeutung der Phantasie für die Überzeugungsbildung vgl. *Rumpf:* Der Strafrichter I, S. 87, 90, 117 ff, 177; *Mezger,* a. a. O., S. 43 ff: *Hellwig:* Zur Psychologie der richterlichen Urteilsfindung, a. a. O., S. 426; *Bohne,* a. a. O., S. 31 f m. Fn. 48.

139 *Sarstedt:* Die Revision in Strafsachen, a. a. O., S. 226.

140 Über die irrationalen Kräfte allgemein vgl. *Anossow:* Das Irrationale im Strafrecht, a. a. O., S. 186 f; *Bendix:* Die freie Beweiswürdigung, a. a. O., S. 39; ders.: Die tatsächlichen Feststellungen, a. a. O., S. 186 ff; ders.: Die Anerkennung der relativen Wahrheit, a. a. O., S. 228 f; *Bohne,* a. a. O., S. 58 ff; *Francke:* Die irrationalen Elemente, a. a. O., S. 38 ff; *Hartz:* Irrationale Grenzen, a. a. O., S. 120; *Niese:* Zur Frage der freien richterlichen Überzeugung, a. a. O., S. 151; *Sauer:* Allgemeine Prozeßrechtslehre, S. 156; *Sello,* a. a. O., S. 5.

pathie, emotionalen Wertbeziehungen wie Vertrauen und Mißtrauen – insbesondere bei der Beurteilung der Glaubwürdigkeit von Zeugen und Angeklagten – sowie von unterbewußten Strebungen[141] bestimmt und in der Endphase der Überzeugungsbildung durch einen Willensakt[142] entschieden. Die intellektuellen und emotionalen Beziehungen in ihrer Gesamtheit konstituieren erst die komplexe seelische Situation der subjektiven Gewißheit, die das Gesetz mit dem Begriff der Überzeugung bezeichnet. Zunächst in diesem psychologischen Sinn: als eine alle Schichten der richterlichen Persönlichkeit berührende personale Leistung ist die freie Beweiswürdigung – wie K. *Peters* sie genannt hat[143] – ein „Persönlichkeitsakt"; sie ist es darüber hinaus auch in dem vertieften Sinn, daß sie dem Richter, der nicht an Beweiswürdigungsnormen gebunden ist, ein hohes Maß an Verantwortung auferlegt[144] und deshalb von ihm nicht nur den stetigen kontrollierenden Einsatz der Vernunft[145], den ständigen Willen zur „kritischen Gewißheit"[146], d. h. zur Erhellung und rationalen Durchdringung der ihn beherrschenden psychischen Kräfte verlangt, sondern auch den Einsatz sittlichen Wollens, die Aktivierung des Verantwortungsgefühls und des Gewissens[147] notwendig macht. Denn nur dann

---

[141] Zum Vorgang der „Zweifelsverdrängung" durch unbewußte Kräfte vgl. *Bohne:* Zur Psychologie der richterlichen Überzeugungsbildung, S. 15. Vgl. auch K. *Peters:* Freie Beweiswürdigung und Justizirrtum, S. 541.

[142] Vgl. dazu *Rumpf:* Der Strafrichter, Bd. I, S. 191; *Mezger:* Der psychiatrische Sachverständige, a. a. O., S. 159 ff; *Boden:* Über historische und forensische Wahrheit, a. a. O., S. 15 ff; *Hellwig:* Wahrheit und Wahrscheinlichkeit, a. a. O., S. 449; *Engisch:* Logische Studien, S. 94 ff; *Bohne:* Zur Psychologie der richterlichen Überzeugungsbildung, S. 76 ff; *Scheuerle:* Rechtsanwendung, S. 58 ff. Vgl. auch Eb. *Schmidt:* Lehrkommentar I, S. 209 Anm. 81; *Henkel:* Strafverfahrensrecht, S. 405; *Döhring:* Erforschung des Sachverhalts, S. 467.

[143] K. *Peters:* Strafprozeß, S. 237; ders.: Gutachten, S. 7. Die Begriffe „persönlich", „Persönlichkeit" usw. werden im Zusammenhang mit der richterlichen Überzeugung häufig gebraucht. Vgl. z. B. *Bendix:* Die tatsächlichen Feststellungen, a. a. O., S. 187 f; *Bohne,* a. a. O., S. 31 f; *Drost:* Ermessen, S. 32, 33; *Heinsheimer:* Die Freiheit der richterlichen Überzeugung, a. a. O., S. 136; *Mattil:* Überzeugung, a. a. O., S. 337; *Niese,* a. a. O., S. 151; *Sarstedt:* Revision in Strafsachen, a. a. O., S. 226. Vgl. auch BGH in GA 1954, S. 152, und entsprechend in NJW 1957, S. 1039, sowie in DRiZ 1962, S. 169 u. ö.

[144] Vgl. dazu schon *Beling:* Reichsstrafprozeßrecht, S. 293, und neuerdings Eb. *Schmidt:* Probleme der richterlichen Verantwortung, in: DRiZ 1963, S. 376 ff (382).

[145] Vgl. *Stree:* In dubio pro reo, S. 40; *Döhring:* Erforschung des Sachverhalts, S. 474.

[146] Darüber *Hirschberg:* Fehlurteil, S. 78 ff.

[147] Auf die Verantwortlichkeit des Richters vor seinem Gewissen bei der freien Beweiswürdigung weist auch der BGH (vgl. oben Fn. 143) hin.

vermag er dort, wo die Überzeugungsbildung in das Gebiet des Gefühls und Willens übergreift, der vielfachen Versuchungen und Gefahren[148], die seine Tatsachenerforschung bedrohen, Herr zu werden; nur dann vermag er zu verhindern, daß er bei aller unvermeidlichen Subjektivität in verantwortungslosen Subjektivismus abgleitet.

b) Von dieser, modernem Verständnis des Richteramts entsprechenden, „personalen" Sicht der freien Beweiswürdigung muß man sich jedoch gänzlich freimachen, wenn man ermitteln will, welche Bedeutung der historische Gesetzgeber – um dessen Vorstellungen und Wertungen es hier geht – dem in § 261 StPO gebrauchten Begriff „Überzeugung" beigelegt und wie er insoweit die geistige Tätigkeit des Richters bei der Würdigung der Beweise aufgefaßt hat. Die voluntaristisch-emotionalistische Vorstellung, die in der richterlichen Überzeugungsbildung nicht nur einen Denkvorgang, sondern eine gesamtpsychische Persönlichkeitsleistung erblickt, ist erst das Ergebnis psychologischer Erkenntnisse, die für die Entstehungszeit der Strafprozeßordnung nicht ohne weiteres vorausgesetzt werden dürfen; sie ist zugleich die prozeßrechtliche Teilerscheinung der grundlegenden Wandlung, die in der Auffassung von richterlicher Rechtsfindung seit der Anerkennung willens- und wertbezogener Elemente durch *Bülow*

---

[148] Dazu hat schon Ernst *Beling:* Die Wiedereinführung der Berufung in Strafsachen, Breslau 1894, S. 9, treffend gesagt: „Mit der größeren Freiheit des Meinens wächst die Möglichkeit des Irrthums. Soll sich der Richter nur an die allgemein menschlichen Regeln des Denkens halten, so urtheilt er eben viel mehr als Mensch, als der an Beweisregeln gebundene Richter, und bestimmend wird für ihn seine subjektive Veranlagung. Der eine Richter ist leichter überzeugbar als der andere, der eine hat ein größeres, der andere ein geringeres Vertrauen zur Menschheit, der eine neigt seinem Naturell nach dazu, leicht schuldhaftes Tun zu wittern, der andere wird von ängstlichem Skeptizismus beherrscht. Dem Einfluß solcher Momente kann sich der Richter, dem das Gesetz Freiheit in der Beweiswürdigung anweist, nicht entziehen. Die Möglichkeit einer Verschiedenheit der Ansichten involviert aber auch die Möglichkeit eines Irrthums ..." – Über die Gefahren der freien Beweiswürdigung vgl. ferner *Alsberg:* Das Weltbild des Strafrichters, S. 14 ff; *Altavilla:* Forensische Psychologie II, S. 385; *Döhring:* Erforschung des Sachverhalts, S. 473; *Goldschmidt:* Der Prozeß als Rechtslage, S. 257; *Hellwig:* Zur Psychologie der richterlichen Urteilsfindung, S. 430 f; M. *Hirschberg:* Zur Psychologie des Wiederaufnahmeverfahrens, S. 403; ders.: Fehlurteil, S. 129 ff; von *Hippel:* Strafprozeß, S. 386; K. *Peters:* Zeugenlüge und Prozeßausgang, S. 277 ff, 280; ders.: Strafprozeß, S. 237 f; ders.: Begrenzung, S. 507 f; ders.: Individualgerechtigkeit und Allgemeininteresse, S. 202; ders.: Freie Beweiswürdigung und Justizirrtum, S. 539 ff, 545; *Pfaffendorf:* Das Weltbild des Richters, S. 72, 73; Eb. *Schmidt:* Probleme der richterlichen Verantwortung, S. 376 ff (382, r. Sp.); *Stree:* In dubio pro reo, S. 37 f.

und *Rümelin*[149] gegen Ende des 19. Jahrhunderts und seit der Entdeckung der irrationalen Komponenten des Richterspruchs durch die Freirechtslehre[150] im Anfang des 20. Jahrhunderts eingetreten ist. Die Strafprozeßordnung von 1877/1879 ist von diesen Strömungen noch nicht berührt worden, und schon dieser geschichtliche Tatbestand verbietet im Grunde die Annahme, daß der Gesetzgeber entgegen der herkömmlichen Auffassung von richterlicher Entscheidung unter „Überzeugung" etwas anderes verstanden hat als das Produkt schlußfolgernden rationalen Denkens und rein intellektueller Gedankenarbeit. Freilich begegnet der Versuch, den historischen Sinn des in § 261 StPO gebrauchten Begriffs „Überzeugung" und die mit ihm zusammenhängende Vorstellung von richterlicher Überzeugungsbildung zu erhellen, insofern Schwierigkeiten, als die Gesetzesmaterialien selbst keinen unmittelbaren Aufschluß geben. Zur Überzeugung des Richters findet sich lediglich in den Motiven – im Zusammenhang mit dem Institut der Entscheidungsgründe – der Hinweis: „Indem das Gesetz den Richter ... lediglich auf seine Überzeugung verweist, muß es zugleich auf die Forderung verzichten, daß die verschiedenen Richter in den Gründen ihrer Überzeugung übereinstimmen[151]." Dieser Satz, der die im Entwurf vorgesehene Entbehrlichkeit der Entscheidungsgründe hinsichtlich der Tatfrage rechtfertigen sollte, läßt zwar erkennen, daß der Gesetzgeber die Möglichkeit verschiedener Überzeugungen bei verschiedenen Richtern trotz gleichen Beweisergebnisses gesehen hat, sagt aber über seine Vorstellung vom Zustandekommen der richterlichen Überzeugung nichts Verläßliches aus, gibt insbesondere keinen Anhaltspunkt für die Annahme, der Gesetzgeber habe hier bereits das Vorhandensein subjektiv-persönlicher, gefühls- und willensbedingter Einflüsse auf die Überzeugungsbildung des Richters erkannt und anerkannt. Die in den Motiven vertretene Auffassung von der Nichtübereinstimmung der Gründe bei übereinstimmendem Beweisergebnis vermochte sich im übrigen bei den Kommissionsberatungen nicht durchzusetzen[152] und hat im Gesetz, das in § 267 Abs. 1 StPO auch für die Tatfrage Entscheidungsgründe vorsieht, keinen Ausdruck gefunden.

---

149 Oskar *von Bülow:* Gesetz und Richteramt, Leipzig 1885, S. 6, 46 u. p.; Gustav *Rümelin:* Über Werturteile und Willensentscheidungen im Zivilrecht, Freiburg 1891, S. 29, 48/49 u. p.

150 *Gnaeus Flavius (Kantorowicz):* Kampf um die Rechtswissenschaft, S. 49/39, sah in dem Prinzip der freien Beweiswürdigung das Vorbild für die freie Rechtsfindung überhaupt.

151 Motive, S. 159 *(Hahn:* Materialien I, S. 210).

152 Vgl. dazu Prot., S. 406/407, 974/975 *(Hahn:* Mat. I, S. 876 f, bzw. II, S. 1378 f); ferner Komm.-ber., S. 72.

Was die Materialien zu § 261 StPO selbst betrifft, so beschränken sich die Motive[153] auf die Bemerkung: „Der Grundsatz der freien Beweiswürdigung bedarf gegenwärtig nicht mehr der Rechtfertigung; er liegt allen in neuerer Zeit ergangenen deutschen Strafprozeßordnungen zu Grunde." Die übrigen Materialien (Protokolle der Kommission; Niederschriften der Beratungen im Reichstag) zeigen, daß in den Gesetzgebungsgremien eine Erörterung dieses Grundsatzes nicht für erforderlich gehalten wurde[154]. Gerade dieser Sachverhalt gibt indessen für die historische Auslegung des § 261 StPO einen wichtigen Hinweis insofern, als der Gesetzgeber hier erkennbar zum Ausdruck gebracht hat, daß er das Prinzip der freien richterlichen Beweiswürdigung mit dem Inhalt, den es im reformierten Strafprozeß des 19. Jahrhunderts erhalten hatte, unverändert übernehmen wollte und sich somit auch die im reformierten Strafprozeß herrschende Vorstellung von richterlicher Überzeugungsbildung zu eigen gemacht hat[155]. Der Begriff der „freien Überzeugung", wie ihn der reformierte Strafprozeß zuerst in § 19 des preußischen Gesetzes vom 17. Juli 1846 gebraucht hatte[156], war jedoch — das ist in anderem Zusammenhang schon dargelegt worden — frei von voluntativen und emotionalen Elementen: Hervorgegangen aus der Auseinandersetzung der subsumtionslogisch ausgerichteten gesetzlichen Beweistheorie mit der irrationalistischen intime-convicton-Idee des französischen Rechts und ihren an dem subjektiven Gewißheitsbegriff *Hegels*[157] orientierten Varianten (*Gans, Köstlin* u. a.), beruhte dieser Überzeugungsbegriff auf einer durchweg rationalistischen, von der kritischen Philosophie *Kants*[158] beeinflußten Vorstellung von richterlicher Tatsachenerfor-

---

[153] Vgl. Motive zu § 220 des Entwurfs bei *Hahn:* Materialien I, S. 197.

[154] Vgl. zu den Kommissionsberatungen *Hahn:* Materialien I, S. 872; II, S. 1373; zu den Beratungen im Reichstag *Hahn,* a. a. O. II, S. 1903, 2110.

[155] Davon, daß die Strafprozeßordnung den Grundsatz der freien Beweiswürdigung ohne inhaltliche Veränderung aus dem reformierten Prozeß übernommen hat, geht z. B. auch *Glaser:* Beiträge, S. 27 f. aus. Vgl. ferner *Geyer:* Beweis, S. 201; *von Kries:* Lehrbuch, S. 61; neuerdings *Krause:* Zum Urkundenbeweis im Strafprozeß, S. 15 m. Fn. 55.

[156] Vgl. dazu oben S. 219.

[157] Vgl. dazu oben S. 215 Fn. 300.

[158] Vgl. zunächst oben S. 244 Fn. 458 — *Kant* hat in seiner Kritik der reinen Vernunft (Methodenlehre, II. Hst., 3. Abschn., S. 677 ff) den Begriff „Überzeugung" mehrfach, und zwar ausschließlich als Produkt des Intellekts definiert. Überzeugung war für *Kant* das zwar „subjektive" (d. h. ein Erkenntnissubjekt voraussetzende), aber von der menschlichen Individualität unabhängige und für jeden vernunftbegabten Menschen gültige Fürwahrhalten: „Das Fürwahrhalten ist eine Begebenheit in unserem Verstande ... Wenn es für jedermann gültig ist, sofern er nur Vernunft hat, so ist der Grund desselben objektiv hinreichend, und das Fürwahrhalten

schung. Hatte diese Auseinandersetzung doch zu dem Ergebnis geführt, daß die Entscheidung nach „freier Überzeugung" bei dem Geschworenen sowohl wie bei dem „rechtsgelehrten" Richter nicht zwangsläufig, wie man anfangs angenommen hatte, auf Kosten der Logik und der rationalen Begründbarkeit des Urteils gehe und eine gefühlsmäßig-unkontrollierbare Rechtsfindung nach „Intuition" und „Totalanschauung" im Gefolge habe, sondern nach wie vor im Wege rationaler Schlußfolgerung zustande komme.

Die aus dieser historischen Entwicklung der freien Beweiswürdigung resultierende Annahme, daß auch der Gesetzgeber der Strafprozeßordnung den Begriff „Überzeugung" in diesem herkömmlichen, streng rationalen Sinn verstanden und das Vorhandensein emotionaler Elemente noch nicht berücksichtigt hat, findet eine weitere Stütze in dem Fehlen jeglicher Rationalisierungs- und Objektivierungstendenzen im Gesetz selbst. In der neueren Entwicklung der Beweislehre läßt sich nämlich, je mehr der Einfluß emotionaler Kräfte auf die richterliche Überzeugungsbildung empfunden wird, desto deutlicher auch die Neigung zu einer rationalisierenden und objektivierenden Eingrenzung des tatrichterlichen Beurteilungsspielraums beobachten: In der Rechtsprechung äußert sie sich in der Entfaltung und Ausdehnung der Revisionskontrolle auch im Bereich der Beweiswürdigung (Revisionsrichterliche Überprüfung hinsichtlich der Beachtung der Denkgesetze, wissenschaftlich gesicherten Erkenntnisse und allgemeinen Erfahrungsregeln[159]) sowie in einem gewissen „Selbstzwang" der Gerichte zu ausführlicher Erörterung der für die Überzeugungsbildung bestimmenden Erwägungen in den Urteilsgründen[160]; in der Wissenschaft macht sie sich in dem Bestreben geltend, auf Grund der Logik objektive Kriterien für das zur Verurteilung notwendige Maß an Beweisgründen zu finden[161] und darüber hinaus auf

heißt alsdann Überzeugung..." „Der Probierstein ... ist die Möglichkeit, dasselbe mitzuteilen und das Fürwahrhalten für jedes Menschen Vernunft gültig zu befinden..."

159 Vgl. o. S. 278 Fn. 79; ferner *Peters:* Strafprozeß, S. 518 f; ders.: Freie Beweiswürdigung und Justizirrtum, S. 548 f; *Schwinge:* Grundlagen des Revisionsrechts, S. 159, 162 ff.

160 S. dazu *Kleinknecht-Müller-Reitberger:* Kommentar zur StPO, zu § 267 Anm. 5 B a; *Müller-Sax,* a. a. O., S. 883; Eb. *Schmidt:* Lehrkommentar, Bd. II, zu § 267 Rz. 6, S. 779; *Döhring:* Erforschung des Sachverhalts, S. 475 f.

161 Vgl. etwa Wilhelm *Sauer:* Grundlagen des Prozeßrechts, S. 75 ff; Gotthold *Bohne:* Mit an Sicherheit grenzender Wahrscheinlichkeit, in: NJW 1953, S. 1377 ff (1378); *Kleinknecht-Müller-Reitberger:* Kommentar zur Strafprozeßordnung, zu § 261 Anm. 2 b, S. 733; *Müller-Sax,* a. a. O., S. 847; *Stree:* In dubio pro reo, S. 40; vgl. auch *Peters:* Strafprozeß, S. 238 (an Sicherheit grenzende Wahrscheinlichkeit als objektives Mindestmaß subjektiver Gewißheit). *Peters* fordert in der neuesten Auflage seines Straf-

Grund psychologischer Erkenntnisse, insbesondere der Ergebnisse aussagepsychologischer Forschungen, Richtungsnormen für die Ausübung der freien Beweiswürdigung zu erarbeiten[162]. Der Gesetzgeber hat es indessen an jedem Versuch, durch entsprechende Verfahrensgestaltung auf die richterliche Überzeugungsbildung rationalisierend und objektivierend einzuwirken, fehlen lassen und die gesetzgeberischen Möglichkeiten, die insoweit vorhanden waren, nicht ausgeschöpft. So sollte die Beweiswürdigung nach der Vorstellung des Gesetzgebers[163] von der Revisionskontrolle ganz ausgenommen werden, das Beweisergebnis sollte für den Revisionsrichter schlechthin verbindlich sein, sofern es unter Beachtung der gesetzlichen Vorschriften gewonnen worden war; die Urteilsgründe brauchen nach § 267 Abs. 1 StPO – der noch heute gilt – lediglich „die für erwiesen erachteten Tatsachen" als solche anzugeben, ohne daß eine Erörterung der Beweisgründe vorgeschrieben und damit ein Zwang zur Offenlegung der für die Beweiswürdigung maßgeblichen Überlegungen gegeben ist[164]; eine zweite Tatsacheninstanz, die infolge erneuter Überprüfung der Beweis- und Entlastungsmomente durch andere Richter objektivierend wirkt[165], ist im Gesetz nur für weniger schwerwiegende Delikte vorgesehen. Dieser auffällige Mangel an rationalisierenden Kontrollen – das Nichtvorhandensein eines durchgehend auf die Tatfrage bezogenen Rechtsmittelsystems einerseits und der Verzicht auf jeden Zwang zu richterlicher Selbstprüfung andererseits – zeigt, wie

---

prozeßlehrbuchs sogar, das Gewißheitsurteil müsse soweit objektiv gesichert sein, daß es von anderen Richtern nachvollzogen werden könne (2. Aufl. 1966, S. 257).

162 Zum Wert praktisch-wissenschaftlicher „Beweisregeln" bei freier Beweiswürdigung vgl. schon *Bierling:* Juristische Prinzipienlehre, Bd. IV, S. 69; ferner *Salinger:* Verhandlungen des 31. DJT, Bd. 1, S. 42; *Hellwig:* Zur Psychologie der richterlichen Urteilsfindung, S. 432 m. weit. Schrifttumshinweisen in Anm. 2; *Goldschmidt:* Der Prozeß als Rechtslage, S. 257 (die durch die Untersuchungen der experimentellen Psychologie zutage geförderten Erfahrungssätze müßten zu gesetzlichen Beweisregeln erhoben werden!); H. *Ostermeyer:* Methodische Beweiswürdigung, in: MDR 1964, S. 975 ff (Ableitung bestimmter Beweiswürdigungskriterien aus forensischer Erfahrung); K. *Peters:* Zeugenlüge, S. 277 ff („Beibehaltung des freien Beweisrechts unter tatsächlicher Berücksichtigung der im formalen Beweisrecht niedergelegten psychologischen Erfahrungen"); ders.: Begrenzung des Strafrechts, S. 507 f; ders.: Freie Beweiswürdigung und Justizirrtum, S. 542/543; *Pfaffendorf:* Weltbild des Richters, S. 72/73; *Spendel:* Wahrheitsfindung im Strafprozeß, S. 473. Kritisch *Stock:* Zur Frage der Übernahme anglo-amerikanischer Strafprozeßgrundsätze, S. 321.

163 Vgl. o. S. 278 Fn. 79 (Hinweis auf die Motive).

164 Vgl. o. S. 301 Fn. 160.

165 Vgl. dazu schon *Beling:* Die Wiedereinführung der Berufung in Strafsachen, Breslau 1894, S. 9 ff; neuerdings *Hirschberg:* Fehlurteil, S. 120.

wenig der Gesetzgeber die Notwendigkeit, den Beweiswürdigungsvorgang gegen verfälschende subjektive Einwirkungen abzusichern, bereits gesehen, wie wenig er mithin den Einfluß emotionaler, der Willens- und Gefühlssphäre des Richters entstammender Kräfte auf die Überzeugungsbildung schon erkannt hat. Für den historischen Gesetzgeber – diese Vermutung bestätigt sich hier – war die richterliche Beweiswürdigung, wie die Urteilsgewinnung überhaupt, im wesentlichen ein Denkvorgang, eine logische Operation, an der der Richter nur mit seinem Intellekt, nicht aber – wie erst spätere Untersuchungen zur Überzeugungsbildung gezeigt haben – zugleich mit Willen und Gefühl beteiligt war; „Überzeugungs"bildung war demgemäß eine rein intellektuelle, von volitiven Momenten unbeeinflußte Tätigkeit und „Überzeugung" somit nichts weiter als das durch logisches Denken vermittelte Wahrheitsbewußtsein: der Richter war hier, wie bei der Rechtsanwendung überhaupt, nur das Erkenntnis-, nicht das Willens- und Wertungssubjekt, der individualitätslose „Träger" von Vernunftakten, nicht die menschlich-lebendig vorgestellte „Persönlichkeit". Die Richtervorstellung, die im Beweisrecht der Strafprozeßordnung zum Ausdruck gekommen ist, unterscheidet sich damit im Prinzip nicht von dem intellektualistischen „Richterbild", das den Gesetzgeber auch sonst bei der Ausgestaltung des Strafverfahrens geleitet hat[166].

III. Die gerichtsverfassungsrechtliche Ausgestaltung des Richteramts

1. Die Bestimmungen des Gerichtsverfassungsgesetzes über das „Richteramt" (§§ 1–11 GVG)

Diese Richtervorstellung hat auch im Gerichtsverfassungsgesetz ihren Niederschlag gefunden. Nur geringen Aufschluß über das „Richterbild" des Gesetzgebers geben allerdings die Bestimmungen des ersten Titels (§§ 1–11 GVG[167]), die ausdrücklich vom „Richteramt" handeln. Zu Wesen und Eigenart des Richteramts hat der Gesetzgeber hier nicht Stellung genommen[168]. Das Gerichtsverfassungsgesetz verlangt in § 1 zwar „unabhängige, nur dem Gesetz unterworfene Gerichte" und legt damit die rechtsstaatlichen Voraussetzungen rich-

---

[166] Vgl. jetzt auch K. *Peters:* Freie Beweiswürdigung und Justizirrtum, S. 535: „Die deutsche Strafprozeßordnung geht von einem Richterbild aus, dem die Vorstellung von einem unbeteiligten, rein objektiv handelnden Rechtsprechungsorgan zugrunde liegt."

[167] Die §§ 2–9 und 11 GVG sind durch das Deutsche Richtergesetz vom 8. September 1961 aufgehoben worden.

[168] Vgl. schon *Hahn:* Mat. z. GVG, Abt. I, S. 26.

terlicher Tätigkeit fest; „vom eigentlichen Inhalt des Richteramts, wie der erste Titel überschrieben ist, sagt es dagegen nichts"[169]. Nur mittelbar läßt sich aus § 1 GVG die geistige Haltung erschließen, die diese knappe Aussage des Gesetzes über die Stellung des Richters geprägt hat. In der Bezeichnung und Deutung der richterlichen Gesetzesbezogenheit als „Unterwerfung" erweist sich das rationalmechanistische Rechtsanwendungsdogma des Gesetzespositivismus als maßgebend. „Unterwerfung" des Richters unter das Gesetz steht im Gegensatz zu „Bindung" des Richters an das Gesetz: „Der Begriff der Unterwerfung verrät das starre automatische Element, der Begriff Gebundenheit, Bindung, läßt den Raum für das Moment der Freiheit offen[170]." „Unterwerfung" bedeutet zugleich Unterordnung „unter den objektiven Zwang der logischen Schlußfolgerungen, die dem logisch erfaßbare Wahrheiten mitteilenden Gesetz oder gesetzten Recht zu entnehmen sind", während der Begriff der Bindung „zu einer auf Subjektivität nie völlig verzichtenden Wertung allererst herausfordert"[171]. Weist der in § 1 GVG gebrauchte Ausdruck „dem Gesetz unterworfen" auf den logisch-mechanischen Charakter der vom Richter zu vollziehenden „Gesetzesanwendung" hin, so deutet die im Zusammenhang damit verwendete abstrakt-unpersönliche Bezeichnung „Gericht" statt „Richter" — obwohl man diesem terminologischen Indiz kein besonderes Gewicht beimessen darf[172] — das Fehlen personaler Bezüge an[173]. Das wird deutlich, wenn man der Formulierung des § 1 GVG den Wortlaut des Art. 97 GG gegenüberstellt: hier wird

[169] Vgl. Hermann *Krause:* Idealbild und Gefährdung des Richters, S. 26.

[170] So René *Marcic:* Richterstaat, S. 242. Vgl. auch Eb. *Schmidt:* Das deutsche Richtergesetz, in: JZ 1963, S. 73 ff (75). Art. 20 Abs. 3 GG verwendet im Gegensatz zu § 1 GVG den Begriff „Bindung".

[171] So *Darmstaedter:* Der Begriff ‚Recht' in Art. 20 Abs. 3 des Grundgesetzes, S. 769 ff (771 f). Zum historischen Sinn der „Gesetzesunterworfenheit" vgl. ferner *Bockelmann:* Richter und Gesetz, S. 24; Eb. *Schmidt:* Lehrkommentar I, S. 275 f; ders.: Gesetz und Richter, S. 24; *Evers:* Der Richter und das unsittliche Gesetz, S. 105; *Maihofer:* Die Bindung des Richters an Gesetz und Recht, S. 5 ff; Arthur *Kaufmann:* Gesetz und Recht, S. 358 f.

[172] GVG und StPO gebrauchen die Begriffe „Richter" und „Gericht" oft ohne inhaltlichen Unterschied (vgl. *Birkmeyer:* Lehrbuch, S. 40). In der Redaktionskommission des Reichstags hatte man zwar die Absicht, „scharf zwischen Richter und Gericht zu unterscheiden"; wenn der einzelne Richter gemeint sei, solle der Ausdruck „Richter", sonst die Bezeichnung „Gericht" gebraucht werden (vgl. Prot., S. 1121). Der Gesetzgeber hat sich jedoch an diesen Plan nicht gehalten (Einzelheiten bei *Löwe-Rosenberg:* Kommentar zur StPO, Berlin und Leipzig 1934, S. 65; Eberh. *Schmidt:* Lehrkommentar I, 1. Aufl. Göttingen 1952, S. 54, Rz. 80 m. Fn. 77).

[173] Vgl. dazu Hermann *Krause:* Idealbild und Gefährdung des Richters, S. 26.

von den Richtern in Person gesprochen[174], nicht nur von der sachlich-abstrakten Institution „Gericht". Mit diesen, aus der Gesetzessprache zu erschließenden Hinweisen auf die Richtervorstellung des Gesetzgebers ist freilich die Aussagekraft des § 1 GVG bereits erschöpft. Auch was man unter dem Titel „Richteramt" sonst im Gerichtsverfassungsgesetz findet, bezieht sich nur auf gewisse formale — sachliche und personelle — Voraussetzungen für die Tätigkeit des Richters, nicht jedoch auf die Eigenart seines Amtes[175].

2. *Das Verhältnis von Einzelrichter- und Kollegialsystem nach dem Gerichtsverfassungsgesetz und seine Bedeutung*

Deutlicher als in den ausdrücklichen Gesetzesbestimmungen über das „Richteramt" hat die Grundauffassung des Gesetzgebers von Wesen und Eigenart der richterlichen Tätigkeit in der Ausgestaltung der Gerichtsverfassung selbst, in den Normen über Gestalt und Funktionsweise der Gerichte, ihren Ausdruck gefunden.

a) Schon die auf den ersten Blick zu beobachtende Bevorzugung des Kollegialsystems gegenüber dem Einzelrichterprinzip enthält implizit eine wesentliche Grundentscheidung des Gesetzgebers zur Stellung des Richters und insbesondere zur Struktur der Rechtsfindung. Will man sie in ihrer Bedeutung richtig einschätzen, so darf man allerdings nicht von der gegenwärtigen differenzierten Aufgabenverteilung zwischen Kollegium und Einzelrichter ausgehen, deren Schwergewicht zwar bei dem Kollegium liegt, die aber einen verhältnismäßig ausgedehnten Aufgabenkreis des Einzelrichters kennt; sie ist erst das Ergebnis späterer Umgestaltungen, insbesondere der grundlegenden Veränderungen, die durch die *Emminger*-Verordnung von 1924 vorgenommen wurden und deshalb in diesem Zusammenhang außer Betracht bleiben müssen[176]. Nach der ursprünglichen Strafgerichtsverfassung, die den Willen des historischen Gesetzgebers widerspiegelt, waren als erkennende Gerichte fast ausnahmslos kollegiale Spruchkörper zuständig, während der Einzelrichter als erkennender Richter

[174] Vgl. H. *Krause:* Idealbild und Gefährdung des Richters, a. a. O. Auch Art. 92 GG spricht von „den Richtern" (dazu Eb. *Schmidt:* Die Sache der Justiz, S. 8).

[175] Vgl. H. *Krause:* Idealbild und Gefährdung des Richters, S. 26.

[176] Zur Entwicklung des Verhältnisses zwischen Einzelrichter und Kollegium in der Strafgerichtsverfassung vgl. *Klingebiel:* Gerichtsverfassung des Strafprozesses, S. 41 ff; *Kern:* Geschichte, S. 145 ff, 162 f; M. *Liepmann:* Das Strafverfahren und die Organisation der Strafgerichte, 2. Aufl. Berlin 1930, S. 21. Vgl. auch E. *Bumke:* Fünfzig Jahre deutsche Strafgerichtsbarkeit, in: JW 1927, S. 349 ff, 351.

nur bei ganz unbedeutenden Strafsachen tätig wurde[177]. Der Gesetzgeber hatte die buntscheckige „Mischung des Einzelrichter- und Kollegialprinzips", die in den partikularen Gerichtsverfassungen bestanden hatte[178], ganz bewußt durch eine fast ausschließlich kollegial verfaßte Gerichtsorganisation ersetzt, die für das Einzelrichtertum – sieht man von der untersuchungs- und haftrichterlichen Tätigkeit des Einzelrichters ab – praktisch keinen Raum ließ. „Das geltende Recht", konnte deshalb *Binding* 1915 sagen[179], „steht durchaus auf der Überzeugung von der unbedingten Überlegenheit des Kollegialgerichts über den Einzelrichter."

Diese außerordentlich hohe Wertschätzung des Kollegialgedankens mag in erster Linie praktisch-rechtspolitischen Zweckmäßigkeitserwägungen zuzuschreiben sein – „sechs Augen sehen mehr als zwei"[180] – sie ist jedoch zugleich Symptom für die Grundauffassung des Gesetzgebers von der Eigenart richterlicher Tätigkeit. Denn die rechtspolitische Alternative: Kollegialgericht oder Einzelrichter[181]? steht, wie Carl *Schmitt* dargelegt hat[182], „mit bestimmten Auffassungen von der Methode der Praxis in engstem Zusammenhang", d. h. sie weist eine innere Beziehung zu spezifischen Vorstellungen von der Struktur richterlicher Rechtsfindung auf. Es ist kein Zufall, daß der Akzentuierung der verstandesmäßig-kognitiven Funktion, der Hervorhebung des

---

[177] Einzelheiten bei *Klingebiel:* Gerichtsverfassung des Strafprozesses, S. 26 f.

[178] Über den Rechtszustand vor Erlaß des GVG vgl. *Hahn:* Materialien I, S. 26 ff.

[179] Vgl. *Binding:* Grundfragen, S. 108.

[180] Vgl. *Hahn:* Materialien I, S. 30.

[181] Grundsätzliches zu dieser Frage, die für Strafsachen meist im Sinne des Kollegialprinzips entschieden wird, bei *Feuerbach:* Öffentlichkeit und Mündlichkeit, S. 353 ff (für Kollegium); *Heffter:* Über das Collegial-System, S. 64 ff, 95 (für Einzelrichter hinsichtlich der Rechts-, für Kollegium hinsichtlich der Tatfrage); *Abegg:* Beiträge zur Lehre von der Rechtsfindung durch Richter-Kollegien, S. 740 f (für Kollegium); *Ihering:* Zweck im Recht, Bd. I, S. 391 f, 394 f (für Kollegium); *Adickes:* Grundlinien durchgreifender Justizreform, S. 112 ff (für Einzelrichter); *Hellwig:* Zur Psychologie der richterlichen Urteilsfindung, S. 413, 419 (für Einzelrichter); *Heinsheimer:* Gutachten, S. 304 ff, 312 (für Kollegium); *Düringer:* Richter und Rechtsprechung, S. 45 f; *Binding:* Grundfragen, S. 108/109 (für Kollegium); *Bartning:* Einzelrichter, S. 12 u. p. (für Einzelrichter); *Haymann:* Mehrheitsentscheidung, S. 397; W. *Sauer:* Grundlagen des Prozeßrechts, S. 74; *Beling:* Reichsstrafprozeßrecht, S. 56 f; *von Hippel:* Strafprozeß, S. 163 (sämtlich für Kollegium); *Henkel:* Strafverfahrensrecht, S. 162 f; *Kern:* Gerichtsverfassungsrecht, S. 134 (differenzierend); Eb. *Schmidt:* Lehrkommentar I, S. 77, Rz. 91; *Dahm:* Deutsches Recht, S. 330 (beide für Kollegium). Vgl. auch *Dagtoglou:* Kollegialakte, S. 21 ff.

[182] Carl *Schmitt:* Gesetz und Urteil, S. 72.

Erkenntnischarakters richterlicher Entscheidungstätigkeit regelmäßig die Hinwendung zum Kollegialgedanken entspricht, während andererseits der Bevorzugung des Einzelrichtersystems häufig eine mehr voluntaristische Richtervorstellung korrespondiert[183]. Wo es auf Aktivität, auf Wollen und Handeln ankommt, wird der Einzelrichter als die sachrichtige Instanz empfunden; denn „aktiv handeln kann immer nur der einzelne Mensch"[184]. Das Kollegium dagegen „bettet den Richter", wie *Eichenberger* gesagt hat[185], „ein in eine Erkenntnisgemeinschaft und macht deutlich, daß es bei der richterlichen Tätigkeit nur sehr beschränkt auf den Willen ankommt". Die Bedeutung des individuellen Einzelwillens, der in einem fiktiven „Gesamtwillen" aufgeht, tritt hier zurück hinter der kognitiven Funktion des Votums. „Der Richter im Kollegium gilt mehr als eine Stimme im Willensentscheid: er gilt so viel wie seine aktualisierte und mitgeteilte Erkenntniskraft[186]." Die typische Eigenart kollegialer Rechtsfindung besteht damit in einer stärkeren „Intellektualisierung"[187] und „Objektivierung"[188] der Entscheidung im Verhältnis zur Rechtsanwendung des Einzelrichters, die in höherem Grade willens- und gefühlsmäßigen Einflüssen zugänglich ist. Mit dieser wechselseitigen Abhängigkeit zwischen der Struktur des Rechtsanwendungsvorgangs und der Gerichtsorganisation hängt eine Erscheinung zusammen, die häufig in den Blick gefallen ist: die einzelrichterliche Entscheidung ist in größerem Maße „persönlichkeitsbezogen"; von dem Kollegialgericht geht

---

183 Dieser Gegensatz tritt schon bei *Feuerbach:* Öffentlichkeit und Mündlichkeit, S. 364 f, und deutlicher noch bei *Abegg:* Beiträge zur Lehre von der Rechtsfindung, S. 742, hervor. S. im übrigen *Haymann,* a. a. O., S. 397 f; *Wildhagen:* Diskussionsbeiträge, in: Verhandlungen des 29. DJT, Bd. V, Berlin 1909, S. 602 f; *Bartning:* Einzelrichter, S. 8 ff; *Hellwig:* Zur Psychologie der richterlichen Urteilsfindung, S. 413. Vgl. auch die folgenden Zitate.

184 *de Boor:* Einzelrichter und Kollegium, S. 17. Vgl. auch *Beling:* Reichsstrafprozeßrecht, S. 56; *Henkel:* Strafverfahrensrecht, S. 162 f.

185 *Eichenberger:* Die richterliche Unabhängigkeit, S. 240/241.

186 *Eichenberger:* Die richterliche Unabhängigkeit, S. 241.

187 Carl *Schmitt:* Gesetz und Urteil, S. 73. Vgl. auch *Haymann:* Mehrheitsentscheidung, S. 397/398; Max *Weber:* Wirtschaft und Gesellschaft, 4. Aufl. 1956, S. 166; *Dagtoglou:* Kollegialakte, S. 23.

188 Vgl. K. *Peters:* Gutachten, S. 53. Vgl. ferner *Düringer:* Richter und Rechtsprechung, S. 46, und besonders *König:* Richter und Rechtsfindung, S. 45: „... die Entscheidung fällt also immer so, daß auch ein anderer Richter sie billigt. Das hat seinen tieferen Sinn darin, daß die richterliche Entscheidung nicht etwas rein Subjektives bleiben darf, sondern daß der Richter nur so urteilen darf, wie auch ein anderer Richter zumindest geurteilt haben könnte... Das bedeutet eine gewisse Objektivierung der Überzeugung und eine gewisse Distanzierung der subjektiven Gefühlsregung..." S. auch *Zippelius:* Wesen des Rechts, S. 101.

dagegen eine versachlichende, „entpersönlichende" Wirkung aus[189]. Nicht zufällig tritt dort, wo man – wie in England – den Richter traditionell als Persönlichkeit wertet, oder wo man – wie in der von *Adickes* eingeleiteten Justizreformbewegung – bewußt eine Befreiung und Entfaltung der Richterpersönlichkeit anstrebt, die Idee des Einzelrichtertums in den Vordergrund[190], während andererseits der aufklärerisch-positivistischen Linie mit ihrer persönlichkeitsfeindlichen Einstellung die nachdrückliche – mitunter sehr scharf formulierte[191] – Ablehnung des Einzelrichterprinzips, verbunden mit dem Ausschließlichkeitsanspruch des Kollegialsystems[192], entspricht.

---

[189] Vgl. z. B. *Hellwig:* Zur Psychologie der richterlichen Urteilsfindung, S. 418; *Bartning:* Einzelrichter, S. 5 f; *Düringer:* Richter und Rechtsprechung, S. 45 f; *Beradt:* Der deutsche Richter, S. 84 ff; *Altavilla:* Forensische Psychologie, Bd. II, S. 439, 440; Carl *Schmitt:* Gesetz und Urteil, S. 73, der diese Tatsache allerdings nicht für wesentlich hält, weil „alle Vorstellungen über Macht und Würde der ‚Persönlichkeit' ... sich in außerjuristischen Kategorien" bewegten.

[190] Ein früher Vertreter dieses Gedankens ist bereits *Heffter:* Über das Collegial-System, S. 65: „Ein Oberrichter ... ausgesucht aus den besten ..., verantwortlich für seine Rechtssprüche, wird weit eher eine viva vox iuris civilis seyn als ein oft in seinen Gliedern wechselndes und wegen der Verschiedenheit der darin gewöhnlich herrschenden Ansichten beinahe einem Chamäleon ähnliches Collegium ..." Vgl. ferner etwa *Adickes:* Grundlinien durchgreifender Justizreform, S. 112 ff; Karl *Weidlich:* Die englische Strafprozeßpraxis und die deutsche Strafprozeßreform, Berlin 1906, S. 75; aus heutiger Zeit insbesondere *Weinkauff:* Richtertum und Rechtsfindung in Deutschland, S. 34 f; ders.: Warum und wie Große Justiz-Reform?, in: Juristen-Jahrb., Bd. 1 (1960), S. 3 ff (17); *Coing:* Der Aufbau der rechtsprechenden Gewalt, S. 241.

[191] Vgl. z. B. *Feuerbachs* „Philippika gegen den Einzelrichter" *(Binding)* in: Öffentlichkeit und Mündlichkeit, S. 365. Darin lehnt *Feuerbach* das Einzelrichtertum gerade wegen seiner Persönlichkeitsbezogenheit, in der er nur das Einfallstor richterlicher „Willkür" sieht, scharf ab: „Die Vereinigung voller Gerichtsgewalt in einer einzigen Person ist übrigens schon mit der Würde der Gerechtigkeit unverträglich. Wird dieselbe von einem einzelnen Menschen vertreten, ist mit ihm gleichsam verselbstet (identifizirt), so wandelt derjenige, dessen Einzelwille zugleich als Rechtswille sich geltend macht, gleichsam als die verkörperte Gerechtigkeit aller Orten umher; und, indem auf diese Weise die Idee der Gerechtigkeit mit der Vorstellung von einer sichtbaren Person in eins verschmilzt, muß jene mit all ihrer Würde und Hoheit in der beschränkten Persönlichkeit eines einzelnen Menschen untergehen." Nachdrücklich hat sich, im Anschluß an *Feuerbach*, auch *Binding:* Grundfragen, S. 109, gegen das Einzelrichtersystem ausgesprochen.

[192] Vgl. *Binding:* Grundfragen, S. 109: „Wahrlich, mit bestem Grunde sind alle unsere erkennenden Strafgerichte kollegial organisirt."

Betrachtet man die hier bestehende Beziehung zwischen Richterpersönlichkeit und Gerichtsverfassung genauer, so stößt man – neben dem erwähnten strukturellen Gegensatz von mehr willens- und gefühlsbezogener Rechtsfindung einerseits und stärker verstandesmäßig-intellektueller Rechtsanwendung andererseits – zunächst auf die eigentümlich nivellierende, individuell-persönliche Besonderheiten ausgleichende Wirkung kollegialgerichtlicher Urteilsbildung. Während das Urteil des Einzelrichters „ganz allein sein Urteil"[193] ist, die einheitliche Äußerung einer konkreten, eigenverantwortlich handelnden Richterindividualität darstellt, geht im Kollegium die persönliche Entscheidung des Mitglieds in einem abstrakt-überindividuellen „Gesamtwillen" auf, der den Anteil des einzelnen Richters häufig nicht mehr erkennen läßt[194]. Zwischen die individuelle Stellungnahme des Richters als konkreter Einzelperson und das gerichtliche Urteil schiebt sich bei kollegialer Willensbildung ein Abstrahierungs- und Kollektivierungsprozeß ein, der die Entscheidung des einzelnen Mitglieds von dessen Persönlichkeit gleichsam ablöst und zum integrierenden Bestandteil, zur bloßen „Komponente" des anonymen Kollektivwillens werden läßt. Diese „entindividualisierende" Macht der kollegialen Urteilsfindung ist des öfteren beobachtet worden. Schon *Ihering* hat den charakteristischen Grundzug kollegialgerichtlicher Rechtsanwendung darin gesehen, daß sich bei ihr der Typus des individualitätslosen „Normalrichters" durchsetze[195]. Carl *Schmitt* hat dann in seiner Schrift „Gesetz und Urteil" die „ausgleichende", Gegensätze und individuelle Besonderheiten der einzelnen im Kollegium herrschenden Meinungen abschleifende Wirkung des Kollektivsystems hervorgehoben[196]. Später hat Wilhelm *Sauer*, an den *Iheringschen* Begriff des „Normalrichters" wieder anknüpfend, die Bedeutung des Kollegialprinzips darin erblickt, daß sich extreme oder divergierende Anschauungen wechselseitig aufhöben oder einander annäherten und auf diese Weise ein richterlicher Durchschnittstypus, eben der „Normalrichter", gewonnen werde[197]. „Je mehr Personen man auf einer Richterbank vereinigt", hat *Bartning* festgestellt[198], „desto mehr wächst die Wahrscheinlichkeit, daß sich ihr Spruch in der Richtung einer gewissen Mittellinie, gegen einen Durchschnitt hin bewegen werde."

---

193 Vgl. *Altavilla:* Forensische Psychologie II, S. 439.

194 Vgl. schon *Ihering:* Zweck im Recht, Bd. I, S. 394/395.

195 Vgl. *Ihering:* Zweck im Recht, Bd. I, S. 392.

196 Carl *Schmitt:* Gesetz und Urteil, S. 73.

197 Vgl. *Sauer:* Grundlagen des Prozeßrechts, S. 74, hier zitiert nach der 1. Aufl. Stuttgart 1919.

198 Vgl. *Bartning:* Einzelrichter, S. 6.

Durch das Kollegialgericht, hat schließlich *Radbruch* gesagt[199], „werden die individuellen Eigentümlichkeiten der einzelnen Richter auf die mittlere Linie der konventionellen Werturteile zusammengebogen".

Die in diesen Äußerungen angesprochene Nivellierung der persönlichen Besonderheiten durch die kollegiale Willensbildung kann im Einzelfall – und zwar desto eher, je stärker die Gerichtsverfassung den institutionellen Charakter des „Gerichts" herausstellt – zu Entscheidungen führen, die zwar auf Grund der Beratung und Abstimmung individueller Richterpersönlichkeiten mit individuellen Meinungen zustande gekommen sind, hinter denen jedoch nur eine Minderheit, ja oft nicht einmal ein einziger Richter mit Überzeugung und Verantwortungsbewußtsein steht. „Wer aber Erfahrungen in collegialischen Abstimmungen über Rechtsfragen gesammelt hat", so hat bereits *Heffter* festgestellt[200], „der wird wissen, wie wunderlich sich oft die Meinungen durchkreuzen und widersprechen, und doch muß am Ende e i n Resultat, eine collegialische Meinung daraus mechanisch geschaffen werden", die – wie man hinzufügen könnte – mitunter niemandes Meinung, sondern lediglich die Auffassung des individualitätslos-unpersönlichen „Gerichts" ist. „Das Urteil kann", das hat auch *Binding* hervorgehoben[201], „die einheitliche Maske der allerverschiedensten Beurteilungen desselben Falles durch die Mitglieder desselben Kollegiums sein", ein durch die Eigenart kollegialer Rechtsfindung bedingter „Kompromiß" der Auffassungen, der keiner Einzelüberzeugung mehr entspricht[202]. In dieser Erscheinung findet die „entpersönlichende" Kraft kollegialgerichtlicher Urteilsbildung ihren sinnfälligsten Ausdruck; sie macht, um es mit den Worten *Feuerbachs* zu sagen – der darin freilich einen Vorzug des Kollegialsystems sah –, deutlich, „daß in einem Kollegium die eigentlich erkennende, wollende, gebietende Macht eine unsichtbare ist, welche, von sichtbaren Personen ausgehend, gleichwohl keiner einzelnen Person angehört"[203].

b) Die Loslösung der Entscheidung von der individuellen Richterpersönlichkeit, die sich bei kollegialer Willensbildung in mehr oder minder großer Intensität vollzieht, wirkt zugleich – und das ist ebenfalls schon häufiger beobachtet worden – auf die psychologische

---

[199] Vgl. *Radbruch-Zweigert:* Einführung, S. 170. Vgl. außerdem *Hellwig:* Zur Psychologie der richterlichen Urteilsfindung, S. 418; *Düringer:* Richter und Rechtsprechung, S. 46; *König:* Richter und Rechtsfindung, S. 45.

[200] *Heffter:* Über das Collegial-System, S. 65.

[201] Vgl. *Binding:* Die Beschlußfassung im Kollegialgericht, S. 155.

[202] Vgl. *Hellwig:* Zur Psychologie der richterlichen Urteilsfindung, S. 418. S. auch Hans J. *Wolff:* Organschaft und juristische Person, Bd. II, Berlin 1934, S. 246/247; *Dagtoglou:* Kollegialakte, S. 24.

[203] Vgl. *Feuerbach:* Öffentlichkeit und Mündlichkeit, S. 366.

Situation des einzelnen Kollegiumsmitglieds zurück und führt auch insoweit, stellt man einzel- und kollegialrichterliche Urteilsfindung einander gegenüber, zu einer Lockerung der personalen Beziehungen zwischen Richter und Richterspruch: die Bereitschaft des einzelnen Richters, sich unter Einsatz aller seiner Geistes- und Willenskräfte ein selbständiges Urteil zu bilden, mit dem er sich zu identifizieren, für das er persönlich einzustehen vermag, m. a. W. sein Verantwortungsbewußtsein wird im Kollegium mangels äußerlich sichtbarer Verantwortlichkeit abgeschwächt, während umgekehrt das Einzelrichtersystem eine gewisse Tendenz zur Intensivierung des persönlichen Verantwortungsgefühls enthält[204]. „Das Urtheil des Einzelrichters", hat schon *Ihering* gesagt[205], „ist s e i n Urtheil, e r muß dafür einstehen." „Der Einzelrichter", so hat *Bartning* später die psychologische Situation gekennzeichnet[206], „sieht sich in jedem Augenblick zur vollsten Aufmerksamkeit, zur Aktivität, zur selbständigen Entschließung genötigt, er steht in jedem Augenblick unter dem Bewußtsein seiner höchstpersönlichen, unabwälzbaren Verantwortung. Seine höchste Leistungsfähigkeit, die Anspannung aller Seelenkräfte wird herausgefordert." Bei kollegialer Rechtsfindung besteht indessen eine gegenläufige Tendenz: das Verantwortungsgefühl „schwächt sich beim Kollegialgericht ab, weil das Urteil nicht persönlichkeitsgebunden ist"[207]. Bekanntgeworden ist die scharfe Kritik, die *Bismarck* deswegen am Kollegialprinzip geübt hat[208]: „das Gefühl persönlicher Verantwortlichkeit, in welcher die wesentliche Bürgschaft für die Gewissenhaftigkeit der Entscheidung" liege, gehe „sofort verloren, wenn diese durch anonyme Majoritäten" zustande komme. *Bartning* hat sogar von der „Verantwortungslosigkeit" des Kollegiums schlechthin gesprochen[209]. Immerhin lassen sich typische Unterschiede je nach der Stellung des Richters innerhalb des Kollegiums feststellen. Bei dem Vorsitzenden, von dem als Verhandlungsleiter ständige Aufmerksamkeit, Willensanspannung und Aktivität verlangt werden, wird die innere Anteilnahme am Prozeßgeschehen regelmäßig größer und

---

204 Vgl. außer den folgenden Schrifttumsangaben etwa Franz *Adickes:* Stellung und Tätigkeit des Richters, Dresden 1906, S. 9; *Beradt:* Der deutsche Richter, S. 84 f; *Beling:* Reichsstrafprozeßrecht, S. 56; *Bartning:* Einzelrichter, S. 10; *Altavilla:* Forensische Psychologie, Bd. II, S. 439; *Henkel:* Strafverfahrensrecht, S. 162 f; *Hellwig:* Wahrheit und Wahrscheinlichkeit, S. 426; *Dagtoglou:* Kollegialakte, S. 75.

205 *Ihering:* Zweck im Recht, Bd. I, S. 394 f.

206 *Bartning:* Einzelrichter, S. 10.

207 *Altavilla:* Forensische Psychologie, Bd. II, S. 439.

208 *Bismarck:* Gedanken und Erinnerungen, Bd. 1, S. 48 (zitiert nach der bei *Cotta*, Stuttgart und Berlin 1928, erschienenen Ausgabe). Zu der Äußerung *Bismarcks* vgl. *Binding:* Grundfragen, S. 109 Anm. 104.

209 *Bartning:* Einzelrichter, S. 10.

dementsprechend auch das Bewußtsein der persönlichen Verantwortung im allgemeinen ausgeprägter sein als etwa bei dem Mitglied des Kollegiums, das als Nicht-Berichterstatter zwar unbefangener und unvoreingenommener, aber auch weniger aufmerksam und weniger interessiert ist[210]. Diese Unterschiede der typischen psychologischen Position ändern freilich nichts an der Grundtendenz zur Abschwächung des Verantwortungsgefühls als solcher, die bei kollegialer Entscheidung im Vergleich zur Urteilsfindung des Einzelrichters besteht.

Die hier im Hinblick auf die Struktur der Rechtsfindung und die Haltung des Richters beobachteten Gegensätze zwischen einzelrichterlicher und kollegialgerichtlicher Urteilsbildung dürfen allerdings, so wenig sie im Grundsätzlichen zu leugnen sind, so wenig im einzelnen zu schematisierender Vereinfachung verleiten. Bei der engeren „Persönlichkeitsgebundenheit" der einzelrichterlichen Entscheidung einerseits und der „Entpersönlichung" des Richterspruchs als Folge kollegialer Willensbildung andererseits handelt es sich hier wie dort nicht um genau berechenbare Kausalbeziehungen, exakt feststellbare und verstandesmäßig restlos analysierbare Sachverhalte, sondern um höchst differenzierte geistig-seelische Vorgänge, die als solche in hohem Grade von den Individualitäten der im Einzelfall beteiligten Menschen abhängig sind und in ihrer Dynamik und Variationsbreite ein Stück Lebendigkeit des Menschlichen überhaupt darstellen. Bei der Überzeugungsbildung des Einzelrichters b r a u c h e n sich deshalb volitive und emotionale Faktoren nicht stärker auszuwirken als bei der Rechtsfindung im Kollegium; sein Verantwortungsgefühl b r a u c h t nicht größer zu sein als das eines pflichtbewußten und gewissenhaften Beisitzers im Kollegium. Die kollegiale Entscheidungsweise vermag oft sogar gegen verantwortungsloses Verhalten des einzelnen Richters wirksamen Schutz zu bieten[211]. „Der Wille jedes Gerichtsmitglieds ist hier", wie *Feuerbach* gesagt hat[212], „bedingt und beschränkt durch den gleichviel geltenden Willen jedes andern; folglich bricht sich der Eigenwille des Ungerechten an dem Willen des Gerechten und verliert an diesem seinen Einfluß auf den Gesamtbeschluß." Andererseits b r a u c h t das Ergebnis kollegialgerichtlicher Entscheidung nicht eine individualitätslose, persönlicher Färbung entbehrende „Durchschnittsauffassung", ein „konventionelles Werturteil" im Sinne *Radbruchs* zu sein. „Die Arbeit im Kollegium ist ein

---

[210] Vgl. dazu die bewußt übertreibende, aber im Kern zutreffende Schilderung dieses „dritten Richters", die *Beradt:* Der deutsche Richter, S. 88, gibt. Vgl. auch die Glosse „Der dritte Mann" in NJW 1959, S. 1119.

[211] Vgl. *Kantorowicz:* Kampf um die Rechtswissenschaft, S. 41/34; *C. Schmitt:* Gesetz und Urteil, S. 72; *Heinsheimer:* Gutachten, S. 310 f; *Sauer:* Grundlagen des Prozeßrechts, S. 74; *Abegg:* Beiträge zur Lehre von der Rechtsfindung durch Richter-Kollegien, a. a. O., S. 746.

[212] Öffentlichkeit und Mündlichkeit, S. 368/369.

feinnerviges Zusammenspiel, das, unendlicher Variationen fähig, stark von Wesens- und Denkart der Mitglieder bestimmt wird"[213], und bei dem regelmäßig Führung und Lenkung stattfinden. Die kraftvolle und überzeugende Richterpersönlichkeit vermag auch hier das Urteil mitzuprägen und oft allein die Entscheidung zu bestimmen[214]. Daß gerade die wertvollsten Mitglieder im Kollegium die Führungsrolle übernehmen[215], ist freilich in keiner Weise gesichert[216]. „Schwache Richter, die als Einzelrichter überfordert wären, können im Kollegium stärker wirken, und überragende Figuren, die Rahmen und Zusammenspiel des Kollegiums in Frage zu stellen imstande sind, drohen der Vereinzelung und Wirkungslosigkeit anheimzufallen[217]." In welchem Maße und in welchem Sinne die Persönlichkeit des Richters die Entscheidung formt, hängt zuletzt wesentlich von ihr selbst ab.

Diese Einschränkung, die aus der Inkommensurabilität menschlichen Verhaltens folgt, ist bei der typisierenden Gegenüberstellung von „Einzelrichter" und „Kollegium" stets als stillschweigendes Korrektiv mitzudenken. Mit dieser Maßgabe verstanden bedeutet die „Persönlichkeitsbezogenheit" der einzelrichterlichen Rechtsfindung, von der die Rede war, bedeutet ebenso die festgestellte „Entpersönlichung" der Entscheidung im Kollegium keine zwingend und unausweichlich notwendige Realität, sondern meint lediglich das Vorwalten bestimmter Neigungen, Tendenzen, Möglichkeiten, die sich im Einzelfall verschieden auswirken. Ein Gesetzgeber, der das Einzelrichtersystem bevorzugt, schafft, wie seit *Adickes*' Reformschrift über die „Grundlinien durchgreifender Justizreform" immer wieder betont worden ist, günstigere Bedingungen für die Entfaltung der Richterpersönlichkeit und die Vermenschlichung der Justiz, freilich auch für

---

[213] *Eichenberger:* Die richterliche Unabhängigkeit, S. 240.

[214] Vgl. Alois *Zeiler:* Meine Mitarbeit, 1939, S. 49.

[215] Das setzen die Motive, S. 9 (*Hahn:* Mat. I, S. 30), als selbstverständlich voraus: „Die geistig kräftigeren Mitglieder des Kollegiums üben einen bildenden Einfluß auf die weniger befähigten Mitglieder... Das Übergewicht der besseren Juristen paralysiert die Schwäche der geringeren Kollegialmitglieder, die ersteren wissen in der Regel der richtigen Ansicht den Sieg zu verschaffen."

[216] Was *Bartning* in seiner Apologie des Einzelrichters als Tatsache hingestellt hat, ist als naheliegende Möglichkeit jedenfalls nicht auszuschließen: „Kompensieren nämlich Kollegialgerichte durch ihre Stimmenmehrheit die weniger erwünschten Eigenschaften oder Neigungen des einzelnen Mitgliedes, so kompensieren oder, besser gesagt, ersticken sie fast noch bestimmter seine persönlichen Vorzüge. Da verschwindet etwa die gereifte Lebens- und Welterfahrung des einen in der zahlenmäßig überwiegenden Unerfahrenheit junger Beisitzer oder in jener Unerfahrenheit, die, zur Routine erstarrt, die schlechthin größte Gefahr für den Strafrichter bedeutet" (*Bartning:* Einzelrichter, S. 7).

[217] *Eichenberger:* Die richterliche Unabhängigkeit, S. 240.

größere Subjektivität, stärkere Willens- und Gefühlsbezogenheit der Rechtsanwendung; umgekehrt begründet die Bevorzugung des Kollegialsystems, wie zuletzt noch *Grünhut* dargelegt hat[218], „den Gedanken des institutionellen Charakters des Gerichts, hinter dessen Anonymität der einzelne beisitzende Richter zurücktritt", begünstigt damit die Unpersönlichkeit der Entscheidung, schafft aber zugleich günstigere Voraussetzungen für eine stärkere Objektivierung und Intellektualisierung der Rechtsfindung. Hier wie dort treten indessen diese Folgen nicht zwangsläufig und mit logischer Notwendigkeit ein, hängen vielmehr weitgehend von den Individualitäten der jeweils beteiligten Richter ab.

Die Wahl des Kollegialprinzips durch den Gesetzgeber des Gerichtsverfassungsgesetzes — verbunden mit der einer Ablehnung gleichkommenden Einschränkung des Einzelrichtersystems — sagt daher noch nichts Endgültiges über seine Richterauffassung aus, gibt vielmehr nur die Richtung an — und ist insofern allerdings für die Grundauffassung des Gesetzgebers von der Stellung des Richters wesentlich —, in welche seine Vorstellung von Wesen und Eigenart des Richteramts zielt, schafft im übrigen aber nur einen gewissen Rahmen, innerhalb dessen sich das persönliche Richtertum des einzelnen mit dem Richteramt betrauten Menschen je nach dessen Individualität entfaltet.

3. Die konkrete Ausgestaltung des Kollegialsystems durch Gerichtsverfassungsgesetz und Strafprozeßordnung

a) Trägt die Entscheidung, die der Gesetzgeber mit der Wahl eines bestimmten Gerichtsverfassungstypus über die Stellung des Richters getroffen hat, somit nur vorläufigen und allgemeinen Charakter, so wird sie jedoch regelmäßig durch die jeweilige Einzelausgestaltung des gewählten Gerichtsverfassungssystems näher konkretisiert. Erst sie vermag endgültig den Standort des Richters im Gefüge der Gerichtsverfassung zu bestimmen. So kann ein Gesetzgeber, der das Einzelrichtersystem bevorzugt oder sehr weitgehend von ihm Gebrauch macht, der Tendenz zu subjektiv-gefühlsmäßigen Entscheidungen, die dieses System kennzeichnet, dadurch entgegenwirken, daß er institutionelle Vorkehrungen schafft, die gewährleisten, daß nur geistig und charakterlich besonders hochstehende Persönlichkeiten in das Richteramt berufen werden; diese institutionellen Sicherungen der Richterauslese dürfen sich freilich nicht auf die fachliche Ausbildung beschränken, sondern müssen in einen umfassenden „sozial-

---

[218] Vgl. *Grünhut:* Minderheitsvotum, S. 622.

psychologischen Effekt"[219] einmünden, der die sachlich-wissenschaftliche Vorbildung sowohl wie die menschlich-charakterliche Bildung, die Gewährleistung des sozialen Ranges ebenso wie die Hebung des Vertrauens in die Justiz umgreift und im weitesten Sinne eine Kultur der Richterpersönlichkeit zum Gegenstand hat[220]. Andererseits kann ein Getzgeber, der mit der Wahl der Kollegialprinzips den institutionellen Gedanken ohnehin in den Vordergrund stellt, den damit gegebenen „entpersönlichenden" Tendenzen dadurch begegnen, daß er durch eine elastische Gestaltung der Kollegialverfassung dem einzelnen Richter im Innenverhältnis die Freiheit zur Entscheidung nach eigener Überzeugung, im Außenverhältnis die Freiheit zu selbstverantwortlichem Eintreten für diese Überzeugung offenhält und so der Richterpersönlichkeit ihren Entfaltungsraum sichert, indem er sie vor der Anonymität ihres Wirkens und vor der Absorption durch den Mehrheitswillen bewahrt. Er kann freilich auch umgekehrt die im Kollegialsystem angelegte Tendenz zur „Entpersönlichung" der richterlichen Entscheidung dadurch noch unterstützen, daß er den institutionellen Gedanken bis in die letzte Konsequenz durchführt und das Kollegium nach außen und innen zu einer fest geschlossenen Einheit ausgestaltet, in der das einzelne Gerichtsmitglied aufgeht. Die Wahl eines bestimmten Gerichtsverfassungstypus als gesetzgeberische Grundentscheidung zur Stellung des Richters läßt sich also nicht isolieren von der jeweiligen konkreten Ausgestaltung, die das umfassende Spannungsverhältnis zwischen der institutionellen Garantie und der Entscheidungsfreiheit der Einzelpersönlichkeit im Ganzen des Gerichtsverfassungssystems gefunden hat. Auf die Stellung des Richters in der deutschen Strafgerichtsverfassung angewandt, mündet diese Überlegung ein in die Frage, in welcher Weise der Gesetzgeber diese „Wechselbeziehung zwischen institutioneller Garantie und persönlichem Einsatz"[221] im Rahmen der von ihm gewählten kollegialen Gerichtsverfassungsform geordnet hat.

---

[219] Vgl. Helmut *Coing:* Der Aufbau der rechtsprechenden Gewalt zum Nutzen des Volkes, in: DRiZ 1956, S. 241 ff (243).

[220] Vgl. zu diesen Fragen, die auch bei den Bemühungen um die deutsche Justizreform eine bedeutende Rolle spielen, etwa *Adickes:* Grundlinien durchgreifender Justizreform, passim; Eugen *Schiffer:* Die deutsche Justiz, Grundzüge einer durchgreifenden Reform, 1. Aufl. Berlin 1928, S. 80 ff; *Coing,* a. a. O., S. 243 ff; A. *Arndt:* Das Bild des Richters, S. 5 ff; K. *Peters:* Grundfragen der Strafrechtsreform, S. 26 f u. p.; ders.: Grundprobleme der Kriminalpädagogik, S. 181 f; neuerdings Wolf *Middendorff:* Die soziale Prognose und der Strafrichter, in: Gerichtliche Psychologie, hrsg. von G. *Blau* und E. *Müller-Luckmann,* Neuwied 1962, S. 328 ff (333 f); ders.: Der Strafrichter, S. 91 ff.

[221] Vgl. *Grünhut:* Minderheitsvotum, S. 620.

b) Zwei Sachverhalte sind dabei zu unterscheiden: das Außenverhältnis und das Innenverhältnis des Richterkollegiums.

Was das Außenverhältnis angeht, so hat der Gesetzgeber insoweit eine Entscheidung zugunsten des institutionellen Gedankens und damit gegen die Freiheit des einzelnen Richters zu verantwortlichem Eintreten für seine persönliche Überzeugung getroffen, wie sie eindeutiger kaum sein kann[222]. Nach außen hin tritt das Richterkollegium als festgefügte Einheit, als in sich geschlossener „Spruchkörper" in Erscheinung, dessen Entscheidung den Anteil des einzelnen Mitglieds an ihrem Zustandekommen nicht erkennen läßt: der Richterspruch wird als Entscheidung „des Gerichts" verkündet; alle mitwirkenden (Berufs-)Richter haben das schriftliche Urteil namentlich zu unterzeichnen (§ 275 Abs. 2 StPO); die Möglichkeit, abweichende Stellungnahmen kundzumachen, sieht das Gesetz nicht vor. Die Auffassung des einzelnen Richters bleibt ein Internum des Kollegiums. Der Gesetzgeber hat das Richterkollegium damit nicht als bloße Zusammenfassung mehrerer Richter, sondern als eine von der Vielheit der Richter qualitativ unterschiedene besondersartige überindividuelle Einheit, als „Gericht" im institutionellen Sinn ausgestaltet. Ihren wesentlichen Niederschlag hat diese Auffassung von der Struktur des Kollegiums im richterlichen Beratungsgeheimnis gefunden, das zwar im Gerichtsverfassungsgesetz ursprünglich nur für Laienrichter statuiert worden ist[223], dessen — nunmehr durch § 43 DRiG ausdrücklich normierte — Geltung der Gesetzgeber jedoch, wie die Materialien erkennen lassen[224], auch für Berufsrichter vorausgesetzt hat. Das Beratungsgeheimnis ist mehr als nur die besondere Ausprägung der amtlichen Schweigepflicht der einzelnen im Kollegium mitwirkenden Richter; es steht in engem inneren Zusammenhang mit der Vorstellung vom institutionellen Charakter des Kollegiums. Denn die Geheimhaltung des kollegialen Willensbildungsprozesses „löst die Entscheidung von der Person des einzelnen Richters" in einem solchen Maße, daß „nicht die Mehrheit der Richterindividuen, sondern das Gericht" Recht spricht[225] und gibt der Kollegialentscheidung nach

[222] Vgl. dazu *Schmidt-Räntsch:* Gegenstand, Sinn und Grenzen des Beratungsgeheimnisses, S. 329; *Scheuerle:* Richterliches Beratungsgeheimnis, S. 323; *Grünhut:* Minderheitsvotum, S. 623; *Kohlhaas:* Beratungsgeheimnis, S. 401; *Bergerfurth:* Zur Anonymität des Kollegialgerichts, S. 124 f; vgl. auch *K. Peters:* Strafprozeß, S. 93.

[223] Vgl. § 198 GVG a. F., aufgehoben durch § 85 Ziff. 13 DRiG vom 8. 9. 1961. § 43 DRiG verpflichtet nunmehr alle Richter ausdrücklich, über den Hergang bei der Beratung und Abstimmung auch nach Beendigung des Dienstverhältnisses zu schweigen.

[224] Vgl. *Hahn:* Materialien I, S. 181, 365 f; II, S. 1387.

[225] Vgl. die Referentendenkschrift zur Vorbereitung eines Richtergesetzes, Köln 1954, S. 30.

außen das Gepräge der Einheitlichkeit. Das Beratungsgeheimnis ist daher, wie *Grünhut*[226] im Anschluß an *Schmidt-Räntsch*[227] dargelegt hat, „der unmittelbare Niederschlag der Auffassung von der Einheit des Gerichts als einer anonymen Institution", einer Auffassung, die bereits *Abegg* in seinen „Beiträgen zur Lehre von der Rechtsfindung durch Richter-Kollegien"[228] formuliert hat: „Jedes Urtheil einer Instanz", führte *Abegg* aus, „wie es auch zu Stande gekommen sein möge, wenn nur ordnungsmäßig dabei verfahren worden, muß als Kollegialbeschluß wie eine Einheit, ein bestimmter Ausdruck dessen, was für Recht erkannt wird, aufgefaßt werden, wogegen die Individualitäten zurücktreten und wenigstens im Gebiete der Rechtsprechung nicht weiter in Betracht kommen."

Der Gesetzgeber hat sich, wie ein Blick auf die Gesetzesberatungen erkennen läßt, bewußt für diese streng institutionelle Ausgestaltung des Kollegialsystems entschieden. Abgesehen davon, daß ihm das damals in England, der Schweiz und Nordamerika übliche „Minderheitsvotum"[229] bekannt war, fand er auch im partikularen deutschen Gerichtsverfassungsrecht Regelungen vor, die auf eine lückenlose Durchführung des institutionellen Gedankens verzichteten und eine Durchbrechung des Beratungsgeheimnisses zuließen. Nach einem Bericht, der 1875 vor der Justizkommission des Reichstages erstattet wurde, herrschten damals in den deutschen Staaten im wesentlichen zwei Systeme[230]: das – z. B. in Preußen geltende – System des absoluten Beratungsgeheimnisses und das System der Protokollführung über Beratung und Abstimmung, wie es z. B. in Württemberg gebräuchlich war. In manchen deutschen Staaten mit dem System absoluter Geheimhaltung war es dabei dem überstimmten Richter gestattet, seine schriftlich abgefaßte abweichende Stellungnahme in

226 Vgl. *Grünhut:* Minderheitsvotum, S. 623.

227 Vgl. *Schmidt-Räntsch:* Gegenstand, Sinn und Grenzen des Beratungsgeheimnisses, S. 329. In ähnlichem Sinne schon *von Coelln:* Beratungsgeheimnis, S. 4 ff, 13, 53; ferner *Spendel:* Beratungsgeheimnis, S. 407, der in der „Einheitlichkeit des Richterkollegiums" eine der Zweckbestimmungen des Beratungsgeheimnisses sieht; *Scheuerle:* Beratungsgeheimnis, S. 323; *Kohlhaas:* Beratungsgeheimnis, S. 401; Joachim *Kniesch:* Zur Veröffentlichung von Sondergutachten der Mitglieder von Kollegialgerichten, in: NJW 1959, S. 57. Vgl. auch *von Hippel:* Strafprozeß, S. 354.

228 In: GA Bd. 6 (1858), S. 739 ff; Bd. 7 (1859), S. 3 ff, 145 ff; hier GA Bd. 6 (1858), S. 753 Anm. 5.

229 Vgl. dazu die umfassende rechtsvergleichende Darstellung von *Nadelmann:* Das Minderheitsvotum im Kollegialgericht, in: AöR Bd. 86 (1961), S. 39 ff; sowie *Grünhut:* Minderheitsvotum, S. 620 ff; ferner u. a. *Wagner:* Der Richter, S. 236 m. w. Hinw. Die Probleme des Minderheitsvotums behandelt neuerdings *Heyde:* Das Minderheitsvotum des überstimmten Richters, Bielefeld 1966.

230 Vgl. *Nadelmann:* Minderheitsvotum, S. 54 f; *Heyde,* a. a. O., S. 82 f.

geheimer Form zu den Akten zu geben; diese Möglichkeit sah in Preußen § 144 II 10 ALR vor. In Baden waren derartige Sondervoten den Prozeßbeteiligten und den Anwälten zugänglich[231].

Die Justizkommission konnte daher an der Frage, ob der institutionelle Charakter des Kollegiums für bestimmte Konfliktsfälle durchbrochen werden müsse, nicht vorübergehen. Bei den Kommissionsberatungen zeigten sich Bestrebungen, dem überstimmten Richter die Bekanntgabe seiner abweichenden Meinung zu gestatten. Die Abgeordneten *Bähr* und *Struckmann*[232] erstrebten die Übernahme des bisherigen preußischen Rechts; der Abgeordnete *Lasker*[233] beantragte mit bemerkenswerten Gründen die Einführung des englisch-amerikanischen Minderheitsvotums. *Lasker* wandte sich nachdrücklich gegen eine einseitig institutionelle Sicht des Kollegiums. Er halte es für sehr nachteilig, „daß bei Kollegialgerichten in der Ausfertigung des Urtheils der Wille der Majorität als Wille sämmtlicher Richter erscheine"[234]. Eine fruchtbare richterliche Tätigkeit beruhe auf der „steten Wechselwirkung zwischen dem Richter und dem rechtsuchenden Publikum", bei der „wie überall im Leben die unmittelbare Beziehung von Person zu Person" entscheidend sei[235]. Die persönliche Stimme des Richters wirke überzeugender und nachhaltiger als der Mehrheitsbeschluß eines anonymen Spruchkörpers. Das Richtertum gewinne an Ansehen, der Richterspruch an Autorität und Würde, wenn der einzelne Richter aus dem Kollegium heraustreten und seine eigene Auffassung bekanntgeben könne[236].

Die Kommissionsmehrheit folgte indessen weder dieser Auffassung noch der von *Bähr* und *Struckmann* für ein Sondervotum zu den „Geheimakten" vorgebrachten Begründung, daß es „im Interesse sowohl der moralischen als der juristischen Verantwortlichkeit des Richters für ein unabweisbares Recht desselben zu halten sei, festzulegen, wie eine Entscheidung, für welche er äußerlich die Mitverantwortlichkeit trage, ohne seine Zustimmung zu Stande gekommen sei"[237]. Beide Anträge wurden — der Antrag *Lasker* schon in der ersten, der Antrag *Bähr-Struckmann* in der zweiten Beratung — von der Kommission abgelehnt. Die Mehrheit der Kommissionsmitglieder schloß sich den Gründen der Gegner des Sondervotums an, die den

---

231 Vgl. dazu die Ausführungen *Grimms* in: Protokolle der Komm., S. 62 (*Hahn:* Materialien I, S. 363); neuerdings *Heyde:* Minderheitsvotum, S. 83 ff.

232 Vgl. Prot., S. 59 (*Hahn:* Mat. I, S. 361).

233 Vgl. Protokolle, S. 59 (*Hahn:* Materialien I, S. 361).

234 Vgl. zu diesen und den folgenden Ausführungen *Laskers* Protokolle, S. 60/61 (*Hahn:* Mat. I, S. 361/362).

235 Vgl. *Lasker,* a. a. O.

236 ebendort.

237 Vgl. dazu den Kommissionsbericht, S. 71 (*Hahn:* Materialien II, S. 978).

institutionellen Gedanken gegenüber der personalen Sicht des Richteramts in den Vordergrund stellten. Im Interesse der „Autorität der Gerichte" sei es „unumgänglich nöthig, daß der Spruch der Mehrheit als der Spruch des ganzen Gerichts angesehen und die Solidarität des Kollegiums gewahrt werde"[238]. Man sprach von der „Anmaßung der Minorität, sich der Majorität nicht fügen zu wollen"[239]. „Der Richter, der sich unangenehm berührt fühle, daß er überstimmt sei", hieß es[240], „müsse als Mitglied des Gerichts die Autorität desselben mit schützen". „Die Mißempfindung des einzelnen Richters darüber, daß er für eine ihm unrichtig erscheinende Entscheidung mitverantwortlich gemacht werde, müsse zurücktreten, wenn höhere Interessen überwögen. Es überwiege aber die Rücksicht auf die Autorität des Gerichts nach außen und auf den Frieden nach innen. Die Autorität der Gerichte werde geschwächt, wenn jemand sofort nach der Urtheilsverkündung erkläre, daß er im Resultat oder in einzelnen Gründen nicht einverstanden sei. Der Friede im Kollegium werde gestört, wenn die Majorität der Kritik eines Mitgliedes der Minorität ausgesetzt werde[241]." „Deutscher Auffassung entspreche es", so wurde geltend gemacht[242], „daß das Kollegium nach außen hin solidarisch auftrete. Das sei die Bedingung der kollegialen Rechtsprechung." „Das Gericht sei gegenüber der Außenwelt eine einheitliche Behörde, seine Sprüche seien Sprüche des Gerichts"[243] und nicht einzelner Richter.

Diese Äußerungen machen deutlich, mit welchem Nachdruck der Gesetzgeber – und ihn repräsentiert hier die Kommissionsmehrheit, da ihre Auffassung ohne nachfolgende Erörterungen im Reichstag Gesetz geworden ist, d. h. zur Nichtanerkennung des Sondervotums geführt hat – die Auffassung von der institutionellen Einheit des Gerichts als individualitätslos-anonymer Behörde vertrat. Dem einzelnen Richter als Mitglied des Kollegiums sollte neben der Institution „Gericht" rechtlich gleichsam keine selbständige Existenz zukommen, er sollte, wie es schon *Feuerbach* ausgedrückt hat[244], nur „sichtbarer Teil einer unsichtbaren Person", der „Gesamtpersönlichkeit"[245] des

---

238 Ausführungen des Abgeordneten *von Schwarze:* Protokolle, S. 61 (*Hahn:* Materialien I, S. 363).

239 Vgl. *Schwarze,* a. a. O.

240 ebendort.

241 Ausführungen des Abgeordneten *Struckmann* zum Antrag *Lasker,* in: Protokolle, S. 64 (*Hahn:* Materialien I, S. 365).

242 Ausführungen des Kommissionsmitglieds *von Amsberg,* in: Protokolle, S. 63 (*Hahn:* Materialien I, S. 364).

243 Kommissionsbericht, S. 72 (*Hahn:* Materialien II, S. 979).

244 *Feuerbach:* Öffentlichkeit und Mündlichkeit, S. 366.

245 Vgl. *Spendel:* Beratungsgeheimnis, S. 407; vgl. auch *Binding:* Beschlußfassung im Kollegialgericht, S. 165.

Kollegiums sein; von ihm wurde daher im Interesse der Einheitlichkeit dieser Institution vollkommene Unterordnung unter den Mehrheitswillen, an Selbstverleugnung grenzende Identifizierung mit der Mehrheitsauffassung verlangt. Der Mehrheitswille offenbart nach Auffassung des Gesetzgebers den Standpunkt des überstimmten Richters als dessen „Irrtum", an dem er nicht mehr festhalten darf[246]; er muß den als „richtig" erwiesenen Standpunkt der Mehrheit vor den Prozeßbeteiligten und der Öffentlichkeit als solchen anerkennen. Unberücksichtigt bleibt dabei der innere Konflikt des überstimmten Richters[247] zwischen dem Gebot, sich nach außen mit dem Spruch des Kollegiums zu identifizieren, und der Pflicht, nach eigener Überzeugung zu entscheiden, der entsteht, wenn er eine Entscheidung mitzuverantworten hat, die er nicht billigt, ein Urteil mitunterzeichnen muß, das seiner Überzeugung widerspricht, ja sogar als Berichterstatter ein Erkenntnis zu begründen hat[248], das er innerlich ablehnt.

---

[246] Vgl. *Breetzke:* Abstimmung, Spruch, Gründe, S. 7.

[247] Dazu *Peters:* Das Gewissen des Richters, S. 40 f; ders.: Strafprozeß, S. 92 f, 378 f; *Seibert:* Der überstimmte Richter, S. 597; *Grünhut:* Minderheitsvotum, S. 625; *Bergerfurth:* Zur Anonymität des Kollegialgerichts, S. 124, 125; *Döhring:* Geschichte, S. 274 ff (Historisches).

[248] Dazu *Alsberg:* Urteilsbegründung des überstimmten Richters, S. 2164 f; *Jung:* Urteilsbegründung des überstimmten Strafrichters, S. 363 ff; *Sachse:* Die Urteilsbegründung durch den von den Schöffen überstimmten Richter, in: JW 1930, S. 2520; K. *Peters:* Das Gewissen des Richters, S. 40 f; ders.: Strafprozeß, S. 378 f; ders.: Grundprobleme der Kriminalpädagogik, S. 183; *Seibert:* Der überstimmte Richter, S. 597. – Abgesehen von diesem Konflikt des überstimmten Berichterstatters (bzw. Vorsitzenden im Schöffengericht), zeigt das Problem der Urteilsbegründung bei disparaten Auffassungen im Kollegium allgemein, zu welchen Schwierigkeiten die Vorstellung von der institutionellen Einheit des Kollegialgerichts in der Praxis führen kann. Der institutionelle Gedanke gerät hier u. U. in krassen Widerspruch zur Wirklichkeit. Wird nämlich das Kollegium als einheitliche Gesamtpersönlichkeit verstanden, so muß der Berichterstatter in den schriftlichen Urteilsgründen – und ähnlich der Vorsitzende bei der mündlichen Urteilsbegründung – folgerichtigerweise die Auffassung „des Gerichts", d. h. die Gründe der Richter, angeben, die in ihrer Mehrheit oder in ihrer entscheidenden Minderheit den Spruch bestimmt haben. Das ist aber nur möglich, solange es entweder eine klare Mehrheitsauffassung oder jedenfalls eine Minderheitsauffassung gibt, die in Verbindung mit der Ansicht der Mehrheit das Urteil maßgeblich trägt (zum letzteren Fall vgl. das Beispiel von *Peters:* Strafprozeß, S. 383). Ist das jedoch nicht der Fall, haben sich in der Beratung keine Gründe herausgestellt, die das Urteil maßgeblich stützen (vgl. dazu die Beispiele von *Haymann:* Mehrheitsentscheidung, S. 411 f, und den dritten Beispielsfall von *Peters:* Strafprozeß, S. 383) und gibt es daher keine Auffassung „des Gerichts", sondern nur eine Mehrzahl von im Ergebnis übereinstimmenden disparaten Stellungnahmen einzelner Richter, so läßt sich insoweit auch das Prinzip der institutionellen Einheit des

Diesem Konflikt wird vom Gesetzgeber nur die Bedeutung einer „Mißempfindung", eines leicht überwindbaren „unangenehmen Gefühls", nicht aber eines ernsten seelischen Widerstreits zugestanden; die Frage, ob es mit einer Rechtsfindung nach Überzeugung und Gewissen vereinbar sei, den überstimmten Richter zur Identifizierung seiner selbst mit einer Entscheidung zu zwingen, die er nicht zu billigen vermag, ihm nach außen die Mitverantwortung für ein Urteil aufzubürden, das seiner Überzeugung widerspricht[249] – diese Frage

---

Kollegiums nur noch auf Kosten der Realität aufrechterhalten. Der Berichterstatter kann zwar der Entscheidung nach außen hin dadurch den Charakter der Einheitlichkeit geben, daß er – dem Vorschlag *Bindings* (Die Beschlußfassung im Kollegialgericht, S. 149, 157 ff) und *Alsbergs* (Urteilsbegründung des überstimmten Richters, S. 2165; vgl. ähnlich Motive zur StPO, S. 159 = *Hahn:* Materialien I, S. 211) folgend – unabhängig von den im Kollegium herrschenden widerstreitenden Auffassungen eine Begründung schafft, die das Urteil logisch trägt und es vor der Revisionsinstanz zu rechtfertigen vermag. Dadurch wird jedoch eine Einheit vorgetäuscht, die in Wirklichkeit nicht besteht; das institutionelle Prinzip wird zur reinen Fiktion, da allein ein einzelner Richter, der nach der institutionellen Vorstellung nur das Sprachrohr „des Gerichts" zu sein hätte, die Auswahl und Verknüpfung der Gründe bestimmt. Will der Berichterstatter diesen Weg dagegen nicht beschreiten, so bleibt ihm nur die Möglichkeit, in der Urteilsbegründung die im Kollegium herrschenden Meinungsverschiedenheiten offenzulegen und in voller Wahrhaftigkeit darzutun, wie das Gericht zu seiner Entscheidung gelangt ist, wobei das Beratungsgeheimnis zurückzutreten hat, soweit es für eine ordnungsgemäße Begründung des Erkenntnisses unerläßlich ist (heute herrschende Auffassung; vgl. schon *Zacke:* Über Beschlußfassungen, S. 59 ff, 64 ff; ferner *Beling:* Bindings Lehre von der Abstimmung im Strafgericht, S. 384; *Haymann:* Mehrheitsentscheidung, S. 413 mit weiteren Hinweisen; *Jung:* Urteilsbegründung des überstimmten Strafrichters, S. 364; *Gerland:* Strafprozeß, S. 383; *Peters:* Strafprozeß, S. 383; Eb. *Schmidt:* Lehrkommentar III, zu § 194 GVG, Rz. 34; *Breetzke:* Abstimmung, Spruch, Gründe, S. 5 mit weiteren Hinweisen). Gleichgültg, welche Methode der Begründung der Berichterstatter wählt – in jedem Fall muß hier die Konstruktion der institutionellen Einheit des Kollegiums der Realität weichen, daß auch ein Kollegialgericht in Wahrheit aus Einzelpersonen mit verschiedenen und letzthin nicht zu harmonisierenden Auffassung und Überzeugungen besteht.

[249] Diese Frage wird heute vielfach aufgeworfen und, so scheint es, überwiegend verneint. Mit besonderem Nachdruck ist vor allem Adolf *Arndt* für die Zulassung eines Sondervotums eingetreten. Es widerspreche der notwendigen „personalen Sicht des Menschen und der Ämter", dem Gedanken, daß „nicht Gerichte, sondern Richter" Recht sprechen sollten, dem einzelnen Richter für seine Person das Einstehen für eine Feststellung aufzubürden, die er selbst nicht für wahr oder rechtens halte (vgl. *Arndt:* Grundfragen einer Reform der deutschen Justiz, S. 201; Umwelt und Recht, in: NJW 1962, S. 1661 f; Das Bild des Richters, S. 19). Für das Sondervotum haben sich u. a. ausgesprochen *Coing:* Aufbau der rechtsprechenden

hat sich der Gesetzgeber nicht gestellt. Er nahm insoweit, um der Einheit des Kollegiums willen, „keine Rücksicht auf den persönlichen Gewissenskonflikt des Einzelnen“[250].

c) Dieser Absolutsetzung der institutionellen Einheit des Kollegiums im Außenverhältnis entsprach im Innenverhältnis eine starke Tendenz zur Vereinheitlichung der kollegialen Willensbildung, zur Integrierung der verschiedenen persönlichen Stellungnahmen der einzelnen Mitglieder in einen überindividuellen Gesamtwillen.

Allerdings hat der Gesetzgeber davon abgesehen, den Vorgang der Rechtsanwendung in jeder Phase der kollegialen Urteilsbildung zu vereinheitlichen, wie es das im partikularen Gerichtsverfassungsrecht durchaus herrschende System der Abstimmung nach einzelnen „Urteilselementen“ vorsah. Er hat bewußt darauf verzichtet[251], das im 19. Jahrhundert häufiger erörterte Problem, ob nach „Gründen“ oder „total“ abzustimmen sei[252], gesetzlich zu regeln und lediglich in § 195 GVG zum Ausdruck gebracht, daß er die Möglichkeit einer Abstimmung nach Urteilselementen jedenfalls nicht ausschließen wolle[253]. Der Gesetzgeber hat damit eine Frage offen gelassen, deren Beantwortung ein wesentliches Indiz für seine Vorstellung von richterlicher Rechtsfindung dargestellt hätte. Denn die Alternative: Abstimmung nach Elementen oder Totalabstimmung? war mehr als eine bloße Zweckmäßigkeitsfrage, sie stand zugleich mit bestimmten Vorstellungen über die Methode der Rechtsanwendung in engem Zusammenhang[254]. In der Auffassung, daß der Abstimmungsvorgang im Kolle-

---

Gewalt, S. 245; *Peters:* Das Gewissen des Richters, S. 41 Fußn.; *Wagner:* Der Richter, S. 230; *Kohlhaas:* Beratungsgeheimnis, S. 401, 404; *Scheuerle:* Beratungsgeheimnis, S. 331 f. Dagegen u. a. *Schmidt-Räntsch:* Gegenstand, Sinn und Grenzen des Beratungsgeheimnisses, S. 329, und nachdrücklich *Bergerfurth:* Zur Anonymität des Kollegialgerichts, S. 124 f – Weit. Hinw. jetzt bei *Heyde:* Minderheitsvotum, S. 120 ff.

250 *Grünhut:* Minderheitsvotum, S. 625.

251 Vgl. Motive, S. 204 (*Hahn:* Mat. I, S. 179); Protokolle der Kommission, S. 47 ff (*Hahn*, a. a. O., S. 351 ff).

252 Vgl. zu dieser Frage *Zacke:* Über Beschlußfassungen, S. 62 ff, 64, 67 f u. p.; *Savigny:* System, Bd. VI, S. 408; *von Bar:* Zur Lehre von der Abstimmung in Richtercollegien, S. 467 ff; *Heffter:* Über das Collegial-System, S. 93 f u. p.; *Binding:* Beschlußfassung im Kollegialgericht, S. 141 ff, 147 mit weiteren Hinweisen; *Beling:* Bindings Lehre von der Abstimmung im Strafgericht, S. 365 ff, 377; ders.: Zur Lehre von der ratsgerichtlichen Abstimmung, S. 599 ff; *Haymann:* Mehrheitsentscheidung, S. 114 ff; *Döhring:* Geschichte, S. 264; *Peters:* Strafprozeß, S. 381 f; *Breetzke:* Abstimmung, Spruch, Gründe, S. 5 ff; ferner die Kommentierungen zu § 194 GVG.

253 Vgl. *Breetzke:* Abstimmung, Spruch, Gründe, S. 6.

254 Vgl. Motive, S. 205 (*Hahn:* Mat. I, S. 180); *Zacke:* Über Beschlußfassungen, S. 62 ff; *von Bar:* Zur Lehre von der Abstimmung, S. 505; *Döhring:* Geschichte, S. 264.

gium in Teilfragen zu zerlegen und über diese in logischer Reihenfolge gesondert abzustimmen sei, verband sich der Gedanke der „Gesamtpersönlichkeit“ des Kollegiums mit der Vorstellung, daß richterliche Rechtsfindung „die Natur eines mathematischen Schlusses habe“[255]; das Kollegium als „moralische Person“, als „eine Art künstlichen Menschen“[256], müsse, so glaubte man, die logisch-mathematische Operation der Rechtsanwendung in derselben Weise vollziehen wie der Intellekt des einzelnen Richters und daher, von Prämisse zu Prämisse fortschreitend, bis zum Endergebnis jeden einzelnen Punkt durch Mehrheitsabstimmung feststellen[257]. Dieser streng intellektualistischen Vorstellung von kollegialer Urteilsbildung hatten nun *Zacke* und, ihm folgend, *von Bar* mit ihrer Forderung nach „Totalabstimmung“ den Gedanken gegenübergestellt, daß Rechtsanwendung nicht allein ein Akt formaler Logik sei, sondern jeder richterlichen Beurteilung „ein Rest freier Willensentscheidung“ innewohne[258]. Obwohl sich in der Justizkommission starke Bestrebungen zeigten, im Interesse vollständiger Rationalisierung der Kollegialentscheidung das Verfahren der Abstimmung nach Urteilselementen gesetzlich vorzuschreiben[259], entschied sich der Gesetzgeber weder nach der einen noch nach der anderen Richtung, ließ vielmehr den Abstimmungsmodus offen und folgte damit dem Vorschlag der Motive[260], die diese Frage für gesetzgeberisch nicht lösbar erklärt und der wissenschaftlichen Auseinandersetzung anheimgestellt hatten. So konnte später die Lehre, die sich unter Führung *Belings*[261] gegen *Binding*[262] für die Form der „Totalabstimmung“ – jedenfalls hinsichtlich der Schuld-

---

[255] Vgl. Motive, a. a. O.

[256] Vgl. *Haymann:* Mehrheitsentscheidung, S. 414; vgl. ferner *Zacke:* Über Beschlußfassungen, S. 67/68, und die dort Zitierten.

[257] Vgl. *Zacke*, a. a. O., S. 62 ff, 67 f; *von Bar*, a. a. O., und *Haymann:* Mehrheitsentscheidung, S. 414/415.

[258] So *von Bar:* Zur Lehre von der Abstimmung in Richtercollegien, S. 505; *Zacke:* Über Beschlußfassungen, S. 53 ff; vgl. auch Motive, S. 205 (*Hahn:* Mat. I, S. 180): „ein Willensakt eines Organs der Staatsgewalt.“

[259] Vgl. die Ausführungen von *Struckmann:* Prot., S. 48 (*Hahn:* Mat. I, S. 352): „Jedes Urtheil setze sich aus verschiedenen Vordersätzen zusammen, aus denen ein Schluß gezogen werde.“ *Bähr:* Prot., S. 49 f (*Hahn*, a. a. O., S. 353): „Die Mehrheit müsse denselben Weg gehen wie der einzelne ...“ *Klotz:* Prot., S. 53 (*Hahn*, a. a. O., S. 356): „Der Richter habe nicht einem dunklen Gefühle zu folgen, nicht einen bestimmten Willen auszudrücken, sondern solle erkennen ...“

[260] Vgl. Motive, S. 204 f (*Hahn:* Mat. I, S. 179 f).

[261] *Beling:* Bindings Lehre von der Abstimmung, S. 377; heute herrschende Auffassung, Nachweise bei Eb. *Schmidt:* Lehrkommentar III, zu § 194 GVG, Rz. 10 ff, S. 268 f.

[262] Vgl. *Binding:* Beschlußfassung im Kollegialgericht, S. 141 ff.

frage – entschied, die Übersteigerung des Gedankens der institutionellen Einheit, die das System der Abstimmung nach Elementen bedeutete, vermeiden und damit der Gefahr vorbeugen, daß Entscheidungen zustande kamen, hinter denen keiner der mitwirkenden Richter mit seiner Persönlichkeit stand[263].

In einer anderen Beziehung hat jedoch der Wille des Gesetzgebers, die kollegiale Entscheidung auch „nach innen" möglichst zu vereinheitlichen und die individuelle Stellungnahme auch des überstimmten Mitglieds weitgehend dem Gesamtwillen zu integrieren, im Gesetz deutlichen Ausdruck gefunden. Sieht man von der Bestimmung des § 196 GVG ab, die in diesem Zusammenhang außer Betracht bleiben soll, so wird der Gedanke der institutionellen Einheit im Innenverhältnis insbesondere durch die Vorschrift des § 195 GVG repräsentiert. Sie sieht vor, daß kein Richter die Abstimmung über eine Frage verweigern darf, weil er bei der Abstimmung über eine vorhergegangene Frage in der Minderheit geblieben ist. Diese Bestimmung zwingt den überstimmten Richter, der z. B. von der Unschuld des Angeklagten überzeugt ist, an dessen Bestrafung mitzuwirken. Sie zwingt ihn, folgt man der herrschenden Auslegung[264], ferner, sich bei der weiteren Abstimmung trotz entgegenstehender eigener Auffassung den Mehrheitsstandpunkt zu eigen zu machen und entsprechend mitzustimmen. Das kann, wie der von K. *Peters* mitgeteilte Beispielsfall[265] zeigt, sogar dazu führen, daß der mit seiner Ansicht in der Minderheit gebliebene Richter, da er sich nunmehr der Mehrheitsauffassung anzuschließen hat, für eine besonders hohe Bestrafung des Angeklagten stimmen muß, wobei sich das Gewicht seiner Stimme infolge der „Automatik" des § 196 Abs. 3 GVG zwangsläufig auch auf die Gesamtentscheidung straferhöhend auswirkt. Hier hat der Gesetzgeber das Spannungsverhältnis zwischen „institutioneller Garantie" und „persönlichem Einsatz" in einer Weise zugunsten des institutionellen Gedankens gelöst, die einer Mißachtung der persönlichen Entscheidung des einzelnen Richters gleichkommt. Von dem überstimmten Richter wird verlangt, sich gegen seine Überzeugung und damit

---

[263] Vgl. dazu schon *Heffter:* Über das Collegial-System, S. 93 f („Freilich ist und bleibt es ein greller Widerspruch, wenn intelligente Wesen durch das Rein-Formelle ihres Zusammenwirkens genöthigt werden, einer rechtsuchenden Parthei etwas zuzufügen, was sie sämmtlich, nach ihren individuellen Überzeugungen, für ein Unrecht erkennen müssen." Vgl. ferner *Beling:* Bindings Lehre von der Abstimmung, S. 377; K. *Peters:* Strafprozeß, S. 382, mit Beispielsfall; Eb. *Schmidt:* Lehrkommentar III, zu § 194 GVG Rz. 12, S. 269; *Löwe-Rosenberg:* Kommentar II, zu § 194 GVG Anm. III. 2. S. 817.

[264] Nachweise bei Eb. *Schmidt:* Lehrkommentar III, zu § 195 GVG Rz. 1, S. 275. Gegen die herrschende Meinung K. *Peters:* Strafprozeß, S. 378.

[265] K. *Peters:* Das Gewissen des Richters, S. 40, Fußn.

möglicherweise gegen die Stimme seines Gewissens nicht nur dem Mehrheitswillen passiv unterzuordnen, wie es die Logik des Mehrheitsprinzips bedingt, sondern bei der weiteren Abstimmung sogar aktiv im Sinne der von ihm abgelehnten Mehrheitsauffassung an der kollegialen Willensbildung mitzuwirken und dadurch für eine von ihm nicht gebilligte Entscheidung mitverantwortlich zu werden. Die psychologische Situation, in die der überstimmte Richter damit hineingestellt wird, weist eine gewisse Parallelität zu der des Tatrichters auf, an den die Strafsache nach Aufhebung des Urteils durch das Revisionsgericht zu erneuter Verhandlung und Entscheidung mit bindender Wirkung zurückverwiesen wird. Hier wie dort auferlegt das Gesetz dem betroffenen Richter die Verpflichtung, nach Maßgabe einer für ihn verbindlichen fremden und entgegen seiner eigenen Überzeugung zu urteilen. Die Pflicht zur weiteren Abstimmung im Mehrheitssinne ist dabei im Grunde nicht einmal ein zwingendes Erfordernis des Kollegialgedankens. Um eine einheitliche Willensbildung im Kollegium zu gewährleisten, hätte es durchaus genügt, das frühere Votum des überstimmten Mitglieds – unter Befreiung von der Pflicht zu fernerem Mitstimmen – bei der weiteren Teilabstimmung der für den Angeklagten günstigeren Meinung hinzuzurechnen[266]. Der Gesetzgeber hat indessen, wie die Materialien erkennen lassen[267], diese Möglichkeit der Verfahrensgestaltung gar nicht in seine Erwägungen einbezogen. Er hat vielmehr d e n Abstimmungsmodus als selbstverständlich zugrunde gelegt, der das Prinzip der institutionellen Einheit des Kollegiums und den ihm entsprechenden Gedanken der funktionellen Unterordnung des einzelnen Mitglieds unter den Gesamtwillen am klarsten zum Ausdruck brachte, ohne das Bedenken zu sehen, daß diese Regelung den überstimmten Richter in ernsthaften Konflikt mit seiner sorgfältig gewonnenen Überzeugung bringen kann und u. U. eine Entscheidung von ihm verlangt, die seinem richterlichen Gewissen widerspricht[268]. Mit der Auffassung von der Einheit des Kollegiums als abstrakt-anonymer Gesamtpersönlichkeit, die darin

---

[266] Vgl. K. *Peters*: Strafprozeß, S. 382.

[267] Vgl. dazu *Hahn*: Materialien I, S. 180, 360; II, S. 1387. Über die eigenartige Formulierung der Motive (*Hahn*: Mat. I, S. 180) vgl. *von Kries*: Lehrbuch, S. 439; Eb. *Schmidt*: Lehrkommentar III, zu § 195 GVG Rz. 1, S. 275.

[268] Auf dieses Bedenken gegen die Pflicht des überstimmten Richters zur weiteren Abstimmung im Mehrheitssinne ist im älteren Schrifttum bereits *Abegg* eingegangen (Beiträge zur Lehre von der Rechtsfindung durch Richter-Collegien, S. 146 ff). *Abegg* führte aus, man könne zweifeln, ob es eine „angemessene Frage an den sei, welcher die Schuld verneint und den Beweis für nicht erbracht erklärt hat, ... zu welcher Strafe er den seiner Meinung nach Unschuldigen ... verurtheile". Zwar ergebe sich aus der Einheit des Kollegiums, daß der in einer bestimmten Abstimmungsfrage ermittelte Mehrheitswille „für die weiteren Rechtsfolgen von Allen,

ihren Ausdruck gefunden hat, verbindet sich dabei eine rein intellektualistische Vorstellung von richterlicher Rechtsanwendung und Überzeugungsbildung. Die Vorschrift des § 195 GVG löst nämlich nicht nur den Konflikt zwischen dem Prinzip der institutionellen Einheit und der persönlichen Überzeugung des einzelnen im Sinne des institutionellen Gedankens, sie regelt darüber hinaus, wie unlängst noch

---

auch den in der Minorität Gebliebenen, anerkannt werden" müsse (S. 147). „Dennoch ist nicht zu bestreiten, daß der individuellen Überzeugung und dem Gewissen eine schwere Zumuthung gemacht, ein Zwang zugefügt wird" (l. c.). *Abegg* erwog die Möglichkeit, daß sich der überstimmte Richter bei der weiteren Abstimmung der Stimme enthalten dürfe oder „jedenfalls für den niedrigsten Grad (scil. der Strafe) zu stimmen berechtigt sei" (S. 149), hielt jedoch beide Lösungen für unvereinbar mit dem institutionellen Charakter des Kollegiums. Dem durch den Mehrheitswillen in seiner Entscheidungsfreiheit gebundenen Richter bleibe also „nichts übrig, als mit schwerer Herzens- und Gewissensangst seine beifällige Erklärung abzugeben" (l. c.). – Im neueren Schrifttum hat K. *Peters* (Das Gewissen des Richters, S. 40; Strafprozeß, S. 92, 379 f) das Problem erneut zur Diskussion gestellt. Er vertritt die Auffassung, daß bei einem „Widerspruch schwerwiegender Art", der „das Empfinden und Denken des Richters erheblich berührt" und den Bereich des Gewissens tangiert, dem Richter zu gestatten sei, an der weiteren Abstimmung nicht mitzuwirken. Seine Stimme solle der für den Anklagten günstigsten Meinung hinzugezählt werden. Diesem Vorschlag hat sich neuerdings *Maihofer:* Die Bindung des Richters, S. 20, Fußn. 42, angeschlossen. *Schäfer* (bei *Löwe-Rosenberg:* Kommentar, Bd. II, zu § 195 GVG Anm. 1 b, S. 821 f) hat dagegen die Auffassung von *Peters* abgelehnt. Es ergebe sich aus dem Grundgedanken des Kollegialprinzips, daß sich der bei einer Teilabstimmung in der Minderheit gebliebene Richter auf den Standpunkt der Mehrheit stellen und somit das von ihr Beschlossene als maßgebend anerkennen müsse. Dagegen hat Eb. *Schmidt* (Lehrkommentar III, zu § 195 GVG Rz. 2, S. 275 f) zwar die von K. *Peters* vorgetragenen Gründe als „beachtlich" anerkannt; er hält die von ihm vorschlagene Lösung jedoch mangels eines ausreichenden Maßstabes für das Vorliegen eines Gewissenskonfliktes de lege lata für nicht vertretbar. – Das ganze Problem steht im Zusammenhang mit der grundsätzlichen rechtsphilosophischen Frage nach der Verbindlichkeit des Gewissens für das Handeln des Richters, deren Beantwortung außerhalb des Rahmens dieser Arbeit liegt. Entscheidend ist hier und jetzt nur, daß der Gesetzgeber die hier bestehende Konfliktsituation ganz übersehen hat. – Nach österreichischem Recht steht es den Richtern, die den Angeklagten wegen einer ihm zur Last gelegten strafbaren Handlung nicht schuldig gefunden haben, frei, ihre Stimme über die Strafe auf der Grundlage des über die Schuldfrage gefaßten Beschlusses abzugeben oder sich insoweit der Abstimmung zu enthalten (§ 22 österr. StPO). Ersichtlich will das Gesetz hier einen Gewissenskonflikt vermeiden (vgl. Hermann *Roeder:* Lehrbuch des österreichischen Strafverfahrensrechts, Wien 1963, S. 110). Zu diesem Fragenkreis jetzt *Heyde* (s. o. S. 317 Fn. 229), S. 140 ff.

Breetzke dargelegt hat[269], auch „den Widerspruch zwischen dem irrationalen Rechtsgefühl, dem Judiz auf der einen Seite und dem rationalen Überlegen, dem logisch erkennenden und subsumierenden Verstand“ andererseits; sie entscheidet diesen Gegensatz – anders als bei der Frage: Totalabstimmung oder Abstimmung nach Elementen?, wo der Gesetzgeber dieses Problem auf sich beruhen ließ – allein „im Sinne der ratio“[270]. Da das Abstimmungsergebnis nach Auffassung des Gesetzgebers „den Standpunkt des Überwundenen als dessen Irrtum, als Fehler“ erwiesen hat, verbietet § 195 GVG folgerichtig[271] „dem überstimmten Richter, seine falsche Meinung bei einer späteren Teilabstimmung nachwirken zu lassen“[272]. Der Gesetzgeber ist dabei anscheinend, ähnlich wie bei der Bindung des Tatrichters an die Rechtsansicht des Revisionsgerichts, von der Erwägung ausgegangen, daß sich der überstimmte Richter regelmäßig durch die „richtigere“ und als solche erkannte Auffassung der Majorität werde überzeugen lassen – eine Überlegung, der allerdings für gleichgeordnete Richter ungleich weniger Gewicht zukommt als für das Verhältnis Tatrichter – Revisionsrichter. Bei dieser rationalistischen Betrachtungsweise bleibt dann aber ganz außer Betracht, daß der Akt der Rechtsfindung außer rational überprüfbaren Erwägungen auch Elemente der Wertung und Willensentscheidung enthält, die sich wegen ihrer Persönlichkeitsbezogenheit nicht selten der Erledigung durch Mehrheitsentscheid nach dem Kriterium „richtig“ oder „falsch“ entziehen, so daß die Verpflichtung zum weiteren Mitstimmen auf der Grundlage der Majoritätsauffassung nicht die bloße Korrektur eines „Irrtums“, sondern u. U. einen schwerwiegenden Eingriff in die Freiheit der richterlichen Überzeugung bedeutet, den gerade der gewissenhafte Richter als unzumutbaren Zwang empfinden wird.

IV. Schlußbetrachtung

Mit der Betrachtung des Kollegialsystems, seiner Ausgestaltung und seiner Auswirkungen auf die Situation des einzelnen Richters kann die Untersuchung über die Richteridee der Strafprozeßordnung und des Gerichtsverfassungsgesetzes abgeschlossen werden. Zwar läßt sich die Fülle der Fragen, die mit der prozessualen und organisationsrechtlichen Stellung des Richters zusammenhängen, nicht annähernd ausschöpfen. Meint doch alles Rechtliche, wie Eberhard *Schmidt* gesagt hat[273], schließlich den Richter, beeinflußt also das Verfahrens-

[269] *Breetzke:* Abstimmung, Spruch, Gründe, S. 6.
[270] *Breetzke*, a. a. O.
[271] Insoweit vermag ich die Bedenken, die K. *Peters:* Strafprozeß, S. 378, gegen § 195 GVG vom Standpunkt der Logik aus erhebt, nicht zu teilen.
[272] *Breetzke:* Abstimmung, Spruch, Gründe, S. 6.
[273] Eb. *Schmidt:* Der Richter, S. 277.

und Gerichtsverfassungsrecht in seiner Gesamtheit letztlich irgendwie den Standort des Richters. Indessen war es nicht die Aufgabe dieser Arbeit, derartigen Zusammenhängen bis in ihre feinsten Verästelungen nachzuspüren; sie hatte sich lediglich zum Ziel gesetzt, die „Richteridee", die Grundvorstellung des Gesetzgebers über die Aufgabe des Richters und die Eigenart richterlicher Tätigkeit herauszuarbeiten. Insofern hat aber die – allein beabsichtigte – Analyse der für die Stellung des Richters wesentlichen gesetzgeberischen Grundentscheidungen, sieht man sie im Zusammenhang mit den früher dargestellten dogmengeschichtlichen Grundlagen, ein hinreichend deutliches Bild ergeben. Die Untersuchung, die durch teilweise sehr heterogene Gebiete führte, ließ bei aller sachbedingten Verschiedenheit der jeweiligen Regelungsobjekte eine im Grundsätzlichen einheitliche Vorstellung von richterlicher Entscheidungstätigkeit erkennen. Sie kennzeichnet sich durch eine starke Betonung, fast Absolutsetzung des logisch-kognitiven Elements im Entscheidungsakt und, bedingt dadurch, eine gewisse Indifferenz gegenüber dem personalen Kern der richterlichen Urteilsbildung, die sich mitunter zu einer geradezu personfeindlichen Einstellung steigert. Diese Richtervorstellung ließ sich bereits im Bereich des Verfahrensaufbaus deutlich erkennen. Die Prozeßreformbewegung des 19. Jahrhunderts hatte den Einfluß nicht-rationaler, emotional-volitiver Faktoren auf die richterliche Entscheidung in den Blick gerückt und ihm durch eine psychologisch zweckmäßigere Gestaltung des Prozesses Rechnung zu tragen versucht, ohne diesen Einfluß allerdings in seiner vollen Bedeutung klar zu erfassen und ohne daraus alle notwendigen Folgerungen für die Stellung des Richters zu ziehen. Die Strafprozeßordnung setzte indessen den damit eingeschlagenen Weg nicht fort; der Gesetzgeber übernahm den von der Reformbewegung erarbeiteten, auf dem „Klageformprinzip" beruhenden Verfahrensaufbau, ohne die Lösung der richterpsychologischen Probleme, die der reformierte Prozeß offen gelassen hatte, in Angriff zu nehmen. Bezog der Gesetzgeber bei der Entscheidung über die Trennung oder Identität von eröffnendem und erkennendem Richter noch psychologische Gesichtspunkte in seine Erwägungen ein, ohne ihnen jedoch im Ergebnis entscheidende Bedeutung zuzugestehen, so traten schon bei dem Fragenkreis um die Stellung des vorsitzenden Richters die psychologischen Überlegungen zugunsten einer rein rationalistisch-intellektualistischen Richterauffassung zurück, nach der die Urteilsfindung lediglich einen Denkvorgang darstellte, der sich unbeeinflußt von Gefühlsmomenten und Willensimpulsen in der Sphäre des richterlichen Intellekts vollzog und daher von der Beschaffenheit der psychologischen Entscheidungsbedingungen im Grunde unabhängig war. Wie sehr der Gesetzgeber, trotz vereinzelter Ansätze zu einer richterpsychologischen Betrachtungsweise, die Entscheidung des Richters als bloßes Produkt einer

Verstandesleistung betrachtete, ohne ihren psychischen Komponenten die notwendige Aufmerksamkeit zu schenken, zeigte sich dann mit besonderer Deutlichkeit am Beispiel der Stellung des Richters im Wiederaufnahmeverfahren, die der Gesetzgeber ungeachtet der psychologischen Situation des Wiederaufnahmerichters allein nach prozeßlogischen und verfahrensökonomischen Gesichtspunkten ausgestaltete. Mit der Indifferenz gegenüber den psychischen Voraussetzungen richterlicher Urteilsfindung verband sich dabei — auch dies ein Symptom für die einseitig intellektualistische Sicht der richterlichen Tätigkeit — eine auffällige Gleichgültigkeit gegenüber der persönlichen Überzeugung des einzelnen Richters, deren Gewissensbezogenheit der Gesetzgeber ganz außer acht ließ. Diese Einstellung des Gesetzgebers war in der Folge noch häufiger zu beobachten, so z. B. bei der Regelung des Verhältnisses Tatrichter — Revisionsgericht; durch die Rückverweisung der Sache aus der Revisionsinstanz an das zuvor bereits damit befaßte Gericht und die Bindungswirkung des revisionsgerichtlichen Urteils verpflichtete der Gesetzgeber den Tatrichter, gegen seine erklärte abweichende Überzeugung zu entscheiden, ohne die damit gegebene psychologische und u. U. auch moralische Konfliktslage zu berücksichtigen. Als Ergebnis bloßer Denktätigkeit faßte der Gesetzgeber schließlich auch den Akt der richterlichen Beweiswürdigung auf. Der Vorgang der Überzeugungsbildung bei der Würdigung der Beweise, der in neuerer Zeit zum bevorzugten Gegenstand für die Erforschung und Erkenntnis der personalen Komponenten richterlicher Entscheidungstätigkeit geworden ist, stellte für den Gesetzgeber lediglich eine logische Operation dar, bei der nur der Intellekt des Richters, nicht jedoch auch tiefere Persönlichkeitsschichten im Spiele waren, und die deshalb gegen subjektiv-gefühlsmäßige Einflüsse nur ungenügend abgesichert wurde. Diese — durch eine Überbewertung der rational-kognitiven und eine entsprechende Vernachlässigung der „persönlichkeitsbezogenen" Elemente der Entscheidung gekennzeichnete — Richterauffassung fand schließlich auch im Gerichtsverfassungsgesetz ihren Niederschlag. Sie äußerte sich zunächst allgemein in der hohen Wertschätzung des Kollegialsystems mit seiner „intellektualisierenden" und „entpersönlichenden" Tendenz; sie fand insbesondere ihren Ausdruck in der konkreten Ausgestaltung des Richterkollegiums durch den Gesetzgeber. Das Kollegium wurde rein institutionell, als abstrakt-anonyme Gesamtpersönlichkeit verstanden und ausgestaltet als eine nach außen und innen einheitliche Spruchbehörde, deren durch Mehrheitsentscheid ermittelter Gesamtwille als „richtig" und daher für den einzelnen beisitzenden Richter im Außen- wie im Innenverhältnis als unbedingt verbindlich gilt, ohne daß die abweichende Überzeugung des überstimmten Richters Berücksichtigung findet. In der hierin zum Ausdruck kommenden Indifferenz gegenüber dem personalen Kern des Richterseins erwies die Richtervorstellung des Gesetzgebers ihre Zugehörigkeit zu einer Auffassung vom Richter, die – aus der rationalistischen Gedankenwelt der Aufklärung stammend, durch die historische Rechtsschule vorübergehend zurückgedrängt, im Positivismus des 19. Jahrhunderts jedoch wieder erstarkt – in der Tätigkeit des Richters allein den Vollzug kognitiver Erkenntnisakte erblickte, die Willens-, Gefühls- und Gewissensgebundenheit der richterlichen Wertentscheidung hingegen verkannte.

SCHRIFTTUMSVERZEICHNIS[1]

ABEGG, Julius Heinrich: Lehrbuch des gemeinen Criminal-Processes mit besonderer Berücksichtigung des preußischen Rechts, Königsberg 1833.

ABEGG, Julius Heinrich: J. GOBLERI Interpretationem Constitutionis Criminalis Carolinae ... denuo vulgavit notasque adjecit J. F. H. ABEGG, Heidelberg 1837.

ABEGG, Julius Heinrich: *Beiträge* zur Strafprozeß-Gesetzgebung, Neustadt a. d. O. 1841.

ABEGG, Julius Heinrich: Über die Bedeutung des Strafrechtsprincips für das strafrechtliche Verfahren ..., in: ZStrVerf Bd. 1 (1841), S. 291 ff.

ABEGG, Julius Heinrich: Zur Lehre vom *Indicienbeweise*, in: ZStrVerf N. F. Bd. 3 (1846), S. 3 ff.

ABEGG, Julius Heinrich: Betrachtungen über das Gesetz betreffend das Verfahren in den bei dem Kammergerichte und dem Criminalgerichte zu Berlin zu führenden Untersuchungen vom 17. Juli 1846, in: ACrR 1847, S. 103 ff, 155 ff.

ABEGG, Julius Heinrich: Betrachtungen über die Verordnung betreffend die Einführung des mündlichen und öffentlichen Verfahrens ..., in: ACrR N. F. 1849, S. 1 ff.

ABEGG, Julius Heinrich: Zur Verordnung betreffend die Einführung des mündlichen und öffentlichen Verfahrens ..., in: ACrR N. F. 1851, S. 163 ff.

ABEGG, Julius Heinrich: Das richterliche Urtheil nach Recht und Gesetz, in: ACrR N. F. 1856, S. 40 ff.

ABEGG, Julius Heinrich: Beiträge zur Lehre von der Rechtsfindung durch Richter-Kollegien, in: GA Bd. 6 (1858), S. 739 ff; Bd. 7 (1859), S. 3 ff, 145 ff.

ADICKES, Franz: Grundlinien durchgreifender Justizreform, Berlin 1906.

ALSBERG, Max: Justizirrtum und Wiederaufnahme, Berlin 1913.

ALSBERG, Max: Die Urteilsbegründung des überstimmten Richters, in: JW 1926, S. 2164 f.

ALSBERG, Max: *Gutachten* über die Frage: Mit welchen Hauptzielen wird die Reform des Strafverfahrens in Aussicht zu nehmen sein?, in: Verhandlungen des 35. DJT, Bd. I (Gutachten), Berlin und Leipzig 1928, S. 440 ff.

ALSBERG, Max: Das Weltbild des Strafrichters, Mannheim, Berlin, Leipzig 1930.

[1] Das Schrifttumsverzeichnis enthält nur Schriften und Aufsätze, die wiederholt zitiert werden oder für das Thema besonders bedeutsam sind. Nur gelegentlich zitierte Autoren werden in den Fußnoten jeweils mit vollständiger Angabe der Fundstelle angeführt. Bei schlagwortartigen Zitaten ist in Zweifelsfällen das maßgebliche Schlagwort durch Kursivdruck im Schrifttumsverzeichnis hervorgehoben worden.

ALTAVILLA, Enrico: Forensische Psychologie, Bd. II: Die Psychologie der Strafverfahrensbeteiligten, herausgegeben von Gotthold BOHNE und Walter SAX, Graz, Wien, Köln o. J. (1959).

ANOSSOW, J. J.: Das Irrationale im Strafrecht, in: MSchrKrimPsych Bd. 25 (1934), S. 184 ff.

AMELUNXEN, Clemens: Die Stellung des Richters im künftigen Strafprozeß, in: DRiZ 1962, S. 188 ff.

AMIRA, Karl von: Grundriß des germanischen Rechts, 4. Aufl., bearbeitet von Karl August ECKHARDT, Teil I, Berlin 1960.

ARISTOTELES: Nikomachische Ethik, griechische Textausgabe von John BURNET, London 1900; deutsche Ausgabe von Franz DIELMEIER, Berlin 1956.

ARNDT, Adolf: Richter, Gericht und Rechtsweg in der Reichsverfassung, in: AöR N. F. Bd. 21 (1932), S. 183 ff.

ARNDT, Adolf: Das Bild des Richters, Karlsruhe 1957.

ARNDT, Adolf: Grundfragen einer Reform der deutschen Justiz, in: DRiZ 1959, S. 199 ff.

ARNDT, Adolf: Gesetzesrecht und Richterrecht, in: NJW 1963, S. 1273 ff.

ARNOLD, (o. V.): *Erfahrungen* aus dem Baierischen Strafgesetzbuch vom Jahre 1813 . . ., in: ACrR N. F. 1843, S. 96 ff; 1844, S. 190 ff.

ARNOLD, (o. V.): Zur Lehre vom Beweise in Strafsachen, in: GS Bd. 2 (1852), S. 277 ff.

ARNOLD, (o. V.): Prüfung der Beweise ohne gesetzliche Beweistheorie, in: GS Bd. 10 (1858), S. 40 ff.

ARNOLD, (o. V.): *Wirkungskreis* der Erkenntnisse des Cassationshofes, in: GS Bd. 10 (1858), S. 98 ff.

ASCHROTT, P. F.: Generalreferat über die Reform des Strafprozesses, in: Reform des Strafprozesses, Berlin 1906, S. 46 ff.

BADER, Karl Siegfried: Die deutschen Juristen, Tübingen 1947.

BAR, Ludwig von: *Recht und Beweis* im Geschworenengericht, Hannover 1865.

BAR, Ludwig von: Zur Lehre von der Abstimmung in Richtercollegien . . ., in: KrVJSchr Bd. 10 (1868), S. 467 ff.

BAR, Ludwig von: *Kritik der Prinzipien* des Entwurfs einer deutschen Strafprozeßordnung, Berlin 1873.

BAR, Ludwig von: Handbuch des Deutschen Strafrechts, Bd. I: *Geschichte* des Deutschen Strafrechts . . ., Berlin 1882.

BARTHOLOMEYCZIK, Horst: Die Kunst der Gesetzesauslegung, 3. Auflage Frankfurt a. M. 1965.

BARTNING, (o. V.): Der *Einzelrichter* im Strafrecht, Leipzig 1924.

BAUER, Anton: Die Theorie des Anzeigenbeweises nebst vorausgeschickter Darstellung der Thorie des Criminalbeweises überhaupt, Göttingen 1843.

BAUER, Anton: Über gesetzliche Beweistheorie mit besonderer Berücksichtigung der vorherrschenden Richtung des deutschen Strafverfahrens, in: ZStrVerf N. F. Bd. 2 (1844), S. 105 ff.

BAUMANN, Jürgen: Grenzen der individuellen Gerechtigkeit im Strafrecht, in: Summum ius summa iniuria, Individualgerechtigkeit und der Schutz allgemeiner Werte im Rechtsleben, Tübingen 1963, S. 117 ff.

BAUR, Fritz: *Justizaufsicht* und richterliche Unabhängigkeit, Tübingen 1954.
BAUR, Fritz: Richtermacht und Formalismus im Verfahrensrecht, in: Summum ius summa iniuria, Individualgerechtigkeit und der Schutz allgemeiner Werte im Rechtsleben, Tübingen 1963, S. 97 ff.
BECCARIA, Cesare: Über *Verbrechen* und Strafen (Dei delitti et delle pene, Livorno 1764), Übersetzt, mit biographischer Einleitung und Anmerkungen versehen von Karl ESSELBORN, Leipzig 1905.
BELING, Ernst: Bindings Lehre von der Abstimmung im Strafgericht, in: ZStW Bd. 37 (1916), S. 365 ff.
BELING, Ernst: Zur Lehre von der ratsgerichtlichen Abstimmung im Strafgericht, in: ZStW Bd. 42 (1921), S. 599 ff.
BELING, Ernst: Strafprozeßgesetzgebung und energetischer Imperativ, in: ARSPh Bd. 13 (1919/20), S. 253 ff.
BELING, Ernst: Deutsches *Reichsstrafprozeßrecht* mit Einschluß des Strafgerichtsverfassungsrechts, Berlin und Leipzig 1928.
BENDIX, Ludwig: Die freie Beweiswürdigung des Strafrichters, in: GA Bd. 63 (1917), S. 31 ff.
BENDIX, Ludwig: Die tatsächlichen Feststellungen im Strafurteil – eine Fiktion, in: RuW 1918, S. 184 ff.
BENDIX, Ludwig: Die Anerkennung der relativen Wahrheit des Strafurteils durch das Reichsgericht, in: MSchrKrimPsych Bd. 25 (1934), S. 228 ff.
BERADT, Martin: Der deutsche Richter, Frankfurt a. M. 1930.
BERGBOHM, Karl: Jurisprudenz und Rechtsphilosophie, Leipzig 1892.
BERGERFURTH, Bruno: Zur Anonymität des Kollegialgerichts, in: DRiZ 1962, S. 124 f.
BERNER, Albert Friedrich: Lehrbuch des Deutschen Strafrechts, 13. Auflage Leipzig 1884.
BEST, W. M.: Grundzüge des englischen Beweisrechts, bearbeitet von Heinrich MARQUARDSEN, mit einer Einleitung über die Bedeutung der englischen Beweislehre von Carl Josef Anton MITTERMAIER, Heidelberg 1851.
BETTERMANN, Karl August: Die Unabhängigkeit der Gerichte und der gesetzliche Richter, in: K. A. BETTERMANN – H. C. NIPPERDEY – U. SCHEUNER: Die Grundrechte, Bd. III, 2. Halbbd., Berlin 1959, S. 523 ff.
BEYER, Hermann Wolfgang: Luther und das Recht, München 1935.
BEYERLE, Franz: Wortsinn und ursprüngliche Aufgabe der altfränkischen *Rachinburgen*, in: Angebinde, John MEIER dargeboten, Lahr 1949, S. 43 ff.
BEYERLE, Franz: Der andere Zugang zum Naturrecht, in: DRW Bd. 4 (1939), S. 3 ff.
BIENER, Friedrich August: Über die historische Methode und ihre Anwendung auf das Criminalrecht, in: NACrR Bd. 10 (1828), S. 476 ff.
BIENER, Friedrich August: Über die neueren *Vorschläge* zur Verbesserung des Criminalverfahrens in Deutschland, in: ZgeschRW Bd. 12 (1845), S. 69 ff.
BIENER, Friedrich August: Abhandlungen aus dem Gebiete der Rechtsgeschichte, 2. Heft: Begrüngung des Criminal-Rechts und Processes nach historischer Methode, Leipzig 1848.
BIENER, Friedrich August: Gegen Anklage-Jury und für Special-Verdict, in: ACrR N. F. 1849, S. 74 ff.

BIENER, Friedrich August: Das englische Geschwornengericht, 3 Bände, Leipzig 1852–1855.

BIENER, Friedrich August: *Beitrag* zur Theorie des neuen Criminalprocesses, in: GS Bd. 7 (1855), S. 408 ff.

BIERLING, Ernst Rudolf: Juristische Prinzipienlehre, Bd. IV und VI, Tübingen 1911.

BINDING, Karl: Handbuch des Strafrechts, Bd. I, Leipzig 1885.

BINDING, Karl: Grundriß des Deutschen Strafprozeßrechts, 5. Auflage Leipzig 1904.

BINDING, Karl: Lehrbuch des gemeinen Deutschen Strafrechts, Besonderer Teil, Bd. II, 2. Abt., Leipzig 1905.

BINDING, Karl: Die *Strafprozeßprinzipien* und das Maß ihrer prozeßgestaltenden Kraft, in: Strafrechtliche und strafprozessuale Abhandlungen, Bd. II: Strafprozeß, München und Leipzig 1915, S. 169 ff.

BINDING, Karl: Die drei *Grundfragen* der Organisation des Strafgerichts, in: Strafrechtliche und strafprozessuale Abhandlungen, Bd. II: Strafprozeß, München und Leipzig 1915, S. 3 ff.

BINDING, Karl: Die Beschlußfassung im Kollegialgericht, in: Strafrechtliche und strafprozessuale Abhandlungen, Bd. II: Strafprozeß, München und Leipzig 1915, S. 141 ff.

BIRKMEYER, Karl von: Deutsches Strafprozeßrecht, Berlin 1898.

BLUHME, Friedrich: *System* des in Deutschland geltenden Strafrechts mit Einschluß des Strafprocesses, Bonn 1854.

BLUHME, Friedrich: Quellen und Literatur des in Deutschland geltenden Strafprocessrechts, Bonn 1854.

BOCKELMANN, Paul: Richter und Gesetz, in: Rechtsprobleme in Staat und Kirche, Festschrift für Rudolf SMEND, Göttingen 1952, S. 23 ff.

BOCKELMANN, Paul: Einführung in das Recht, München 1963.

BÖCKENFÖRDE, Ernst Wolfgang: Gesetz und gesetzgebende Gewalt, Berlin 1958.

BODEN, Fr.: Über historische und forensische Wahrheit und Wahrscheinlichkeit, in: AgesPsych Bd. 31 (1914), S. 1 ff.

BOEHM, Ernst: Der Schöppenstuhl zu Leipzig und der sächsische Inquisitionsprozeß im Barockzeitalter, in: ZStW Bd. 59 (1940), S. 371 ff, 620 ff; Bd. 60 (1941), S. 155 ff; Bd. 61 (1942), S. 300 ff.

BOEHMER, Gustav: *Grundlagen* der bürgerlichen Rechtsordnung, 2. Buch, 1. Abt.: Dogmengeschichtliche Grundlagen des bürgerlichen Rechts, Tübingen 1951.

BOEHMER, Gustav: *Jugenderinnerungen* an die Zeit der Freirechtslehre, in: Vom deutschen zum europäischen Recht, Festschrift für Hans DÖLLE, Bd. I, Tübingen 1963, S. 3 ff.

BOEHMER, G. W.: *Handbuch* der Litteratur des Criminalrechts in seinen allgemeinen Beziehungen, Göttingen 1816.

BOEHMER, Johann Samuel Friedrich von: *Meditationes* in Constitutionem Criminalem Carolinam, Halle und Magdeburg 1770.

BOEHMER, Johann Samuel Friedrich von: *Observationes selectae* ad Benedicti Carpzovii Practicam novam Rerum Criminalium, Frankfurt a. M. 1759.

BOEHMER, Justus Henning: *Vorrede* zu Peter *ROQUES*: Gestalt Eines Gewissenhaften Richters, Aus dem Französischen übersetzt von Eberhard RAMBACH, Jena 1747, S. 1 ff.
BÖHME, Albrecht: Zum Begriff der Überzeugung beim Urteil, in: DRiZ 1960, S. 20.
BOHNE, Gotthold: Die Freiheitsstrafe in den italienischen Stadtrechten des 12. bis 16. Jahrhunderts, Teil I, Leipzig 1922.
BOHNE, Gotthold: Zur Psychologie der richterlichen Überzeugungsbildung, Köln 1948.
BOLDT, Gottfried: Johann Samuel Friedrich *von Boehmer* und die gemeinrechtliche Strafrechtswissenschaft, Berlin und Leipzig 1936.
BREETZKE, Ernst: Abstimmung, Spruch, Gründe, in: DRiZ 1962, S. 5 ff.
BROCKDORFF, Baron Cay von: Die deutsche Aufklärungsphilosophie, München 1926.
BRÜNING, Walter: Der Gesetzesbegriff im Positivismus der Wiener Schule, Meisenheim/Glan 1954.
BRUNNENMEISTER, E.: Die Quellen der Bambergensis, Leipzig 1879.
BRUNNER, Heinrich: Deutsche *Rechtsgeschichte*, Bd. I, 3. Auflage Berlin 1906 (Nachdruck 1961); Bd. II bearbeitet von Claudius Frh. VON SCHWERIN, Berlin 1958.
BRUNNER, Otto: Land und Herrschaft, 4. Auflage Wien und Wiesbaden 1959.
BUCHNER, Adolph: Die Einführung des Geschworenengerichts in Frankreich, in: KrZRGA Bd. 25 (1953), S. 371 ff.
BÜLOW, Oskar von: Gesetz und Richteramt, Leipzig 1885.
BURCHARD von Worms: Decretorum Libri XX, Ausgabe von Jaques-Paul MIGNE: PL, Series II, Tomus 140, Paris 1880, Col. 549 ff.
BRÜGGEMANN, Dieter: Die rechtsprechende Gewalt, Berlin 1962.

CARPZOV, Benedict: Practica nova rerum criminalium imperialis Saxonica in partes tres divisa, Ausgabe von Johann Samuel Friedrich VON BOEHMER, Frankfurt a. M. 1758.
CARSTEN, Ernst: Die Geschichte der Staatsanwaltschaft in Deutschland bis zur Gegenwart, Breslau 1932.
CASSIRER, Ernst: Die Philosophie der Aufklärung, Tübingen 1932.
CLAPROTH, Justus: Ohnmaßgeblicher Entwurf eines Gesetzbuches, Erste Fortsetzung, welche das Criminalrecht enthält, Frankfurt a. M. 1774.
CLASS, Wilhelm: Generalklauseln im Strafrecht, in: Festschrift für Eberhard SCHMIDT, Göttingen 1961, S. 122 ff.
COELLN, VON (o. V.): Das Beratungsgeheimnis, Berlin 1931.
COENDERS, Albert: *Richtlinien* aus den Lehren Feuerbachs für die moderne Strafrechtsreform, Tübingen 1914.
COHN, Ernst J.: Der englische Gerichtstag, Köln und Opladen 1956.
COING, Helmut: Die obersten Grundsätze des Rechts, Heidelberg 1947.
COING, Helmut: *Grundzüge* der Rechtsphilosophie, Berlin 1950.
COING, Helmut: Der Aufbau der rechtsprechenden Gewalt zum Nutzen des Volkes, in: DRiZ 1956, S. 241 ff.
COING, Helmut: Geschichte und Bedeutung des *Systemgedankens* in der Rechtswissenschaft, in: Zur Geschichte des Privatrechtssystems, Frankfurt a. M. 1962, S. 9 ff.

CONRAD, Hermann: Die geistigen Grundlagen des Allgemeinen Landrechts für die preußischen Staaten, Köln und Opladen 1958.

CONRAD, Hermann: Die *Gestalt* und soziale Stellung des Richters im Wandel der Zeit, in HHW 1962, S. 71 ff.

CONRAD, Hermann: Deutsche Rechtsgeschichte, Bd. I, 2. Auflage Karlsruhe 1962.

DAGTOGLOU, Prodromos: *Kollegialakte* und Kollegialorgane in der Verwaltung, Stuttgart 1960.

DAHM, Georg: Das Strafrecht Italiens im ausgehenden Mittelalter, Berlin und Leipzig 1931.

DAHM, Georg: Deutsches Recht, Die geschichtlichen und dogmatischen Grundlagen des geltenden Rechts, 2. Auflage Stuttgart 1963.

DAHS, Hans: Der Anwalt im Strafprozeß, in: AnwBl 1959, S. 186 ff.

DANNENBERG, Herbert: Liberalismus und Strafrecht im 19. Jahrhundert ..., Berlin und Leipzig 1925.

DARMSTAEDTER, Friedrich: Der Begriff „Recht" in Art. 20 III GG, in: NJW 1957, S. 769 ff.

DE BOOR, Hans Otto: Einzelrichter und Kollegium im italienischen und deutschen Zivilprozeß, Göttingen 1953.

DE LOLME, Jean Louis: Die Constitution Englands in ihrer genetischen Entwicklung (La Constitution de l'Angleterre), übersetzt von C. F. LIEBETREU, Berlin 1848.

DIETERICI, (o. V.): Die Gewalten des Strafprozesses, in: GA Bd. 4 (1856), S. 189 ff.

DIETERICI, (o. V.): Anklage- oder Untersuchungs-Prozeß?, in: GA Bd. 2 (1854), S. 501 ff.

DILTHEY, Wilhelm: Zur Preußischen Geschichte, Gesammelte Schriften Bd. XII, 2. Auflage Göttingen 1960, herausgegeben von Erich WENIGER (zit. ALR).

DÖHRING, Erich: *Geschichte* der deutschen Rechtspflege seit 1500, Berlin 1953.

DÖHRING, Erich: Die Erforschung des Sachverhalts im Prozeß, Beweiserhebung und Beweiswürdigung, Berlin 1964.

DOERING, Oskar: Feuerbachs Straftheorie und ihr Verhältnis zur Kantischen Philosophie, Würzburg 1907 (Neudruck 1958).

DOHNA, Alexander Graf zu: *Gutachten* über die Frage: Mit welchen Hauptzielen wird die Reform des Strafverfahrens in Aussicht zu nehmen sein?, in: Verhandlungen des 35. DJT, Bd. I (Gutachten), Berlin und Leipzig 1928, S. 129 ff.

DOHNA, Alexander Graf zu: Das Strafprozeßrecht, Systematisch dargestellt, 3. Auflage Berlin 1929.

DROST, Heinrich: Das *Ermessen* des Strafrichters, Berlin 1930.

DRUCKER, (o. V.): Laien allein, in: JW 1924, S. 1672 ff.

DRUCKER, (o. V.): Welche Folgerungen ergeben sich aus der Strafrechtsreform für den Strafprozeß?, in: Mitteilungen der IKV, N. F. Bd. 4, Berlin und Leipzig 1930, S. 128 ff.

DÜRINGER, Adelbert: Richter und Rechtsprechung, Leipzig 1909.

ECKHARDT, Karl August: Das Landrecht des Sachsenspiegels, Textausgabe, Göttingen 1955.
EISLER, Rudolf: Wörterbuch der philosophischen Begriffe, Bd. I (A–K), 4. Auflage Berlin 1927; Bd. II (L–Sch), 4. Auflage Berlin 1929, fortgeführt durch Karl RORETZ.
ELLING, Karl: Die Einführung der *Staatsanwaltschaft* in Deutschland, Breslau 1911.
END, Heinrich: Existentielle Handlungen im Strafrecht, München 1959.
ENGELMANN, Woldemar: Die *Wiedergeburt* der Rechtskultur in Italien durch die wissenschaftliche Lehre, Leipzig 1938.
ENGISCH, Karl: Die Idee der *Konkretisierung* in Recht und Rechtswissenschaft unserer Zeit, Heidelberg 1953.
ENGISCH, Karl: Die normativen Tatbestandselemente im Strafrecht, in: Festschrift für Edmund MEZGER, München und Berlin 1954, S. 127 ff.
ENGISCH, Karl: *Einführung* in das juristische Denken, 3. Auflage Stuttgart 1964.
ENGISCH, Karl: *Logische Studien* zur Gesetzesanwendung, 2. Auflage Heidelberg 1960.
ENGISCH, Karl: Wahrheit und Richtigkeit im juristischen Denken, München 1963.
ENNECCERUS, Ludwig: Allgemeiner Teil des Bürgerlichen Rechts, 15. Auflage, neubearbeitet von Hans-Carl NIPPERDEY, 1. Halbband, Tübingen 1959.
ESSER, Josef: Die Interpretation im Recht, in: StG Bd. 7 (1954), S. 372 ff.
ESSER, Josef: Grundsatz und Norm in der richterlichen Fortbildung des Privatrechts, Tübingen 1956.
ESSER, Josef: Zur Methodenlehre des Zivilrechts, in: StG Bd. 12 (1959), S. 97 ff.
EVERS, Hans-Ulrich: Der Richter und das unsittliche Gesetz, Berlin 1956.
EWALD, Oskar: Die französische Aufklärungsphilosophie, München 1924.
EXNER, Franz: *Studien* über die Strafzumessungspraxis der deutschen Gerichte, Leipzig 1931.
EXNER, Franz: Gerechtigkeit und Richteramt, Leipzig 1922.
EXNER, Franz: Strafverfahrensrecht, Berlin und Heidelberg 1947.

FECHNER, Erich: Artikel „Richter", in: StL, Bd. VI, Freiburg i. Br. 1961, Sp. 917 ff.
FEHR, Hans: Deutsche *Rechtsgeschichte*, 6. Auflage Berlin 1962.
FEUERBACH, Paul Johann Anselm Ritter von: Philosophisch-juridische Untersuchung über das Verbrechen des Hochverraths, Erfurt 1798.
FEUERBACH, Paul Johann Anselm Ritter von: *Revision* der Grundsätze und Grundbegriffe des positiven peinlichen Rechts, 2 Teile, Erfurt 1799 und Chemnitz 1800.
FEUERBACH, Paul Johann Anselm Ritter von: Über Philosophie und Empirie in ihrem Verhältnisse zur positiven Rechtswissenschaft, Landshut 1804.
FEUERBACH, Paul Johann Anselm Ritter von: *Kritik* des Kleinschrodischen Entwurfs zu einem peinlichen Gesetzbuche, 2 Bände (3 Teile), Gießen 1804.

FEUERBACH, Paul Johann Anselm Ritter von: Themis oder Beiträge zur Gesetzgebung, Landshut 1812.

FEUERBACH, Paul Johann Anselm Ritter von: Betrachtungen über das Geschworenengericht, Landshut 1813.

FEUERBACH, Paul Johann Anselm Ritter von: Einige Worte über historische Rechtsgelehrsamkeit und einheimische Gesetzgebung (1816), in: Kleine Schriften vermischten Inhalts, Nürnberg 1833, S. 133 ff.

FEUERBACH, Paul Johann Anselm Ritter von: Betrachtungen über die *Öffentlichkeit und Mündlichkeit* der Gerechtigkeitspflege, Bd. I, Gießen 1821; Bd. II: Über die *Gerichts*verfassung und das gerichtliche *Verfahren Frankreichs* in besonderer Beziehung auf die Öffentlichkeit und Mündlichkeit der Gerechtigkeitspflege, Gießen 1825.

FEUERBACH, Paul Johann Anselm Ritter von: Die hohe Würde des Richteramts (1817), in: Kleine Schriften vermischten Inhalts, Nürnberg 1833, S. 123 ff.

FEUERBACH, Paul Johann Anselm Ritter von: Blick auf die teutsche Rechtswissenschaft (1810), in: Kleine Schriften vermischten Inhalts, Nürnberg 1833, S. 160 ff.

FEUERBACH, Paul Johann Anselm Ritter von: *Lehrbuch* des gemeinen in Deutschland gültigen Peinlichen Rechts, 1. Ausgabe 1801, 14. Ausgabe, herausgegeben von Carl Joseph Anton MITTERMAIER, Gießen 1847.

FILANGIERI, Gaetano: *System* der Gesetzgebung (La scienza della legislazione, Mailand 1780–1785), deutsch von J. C. SIEBENKEES, 8 Bände, 2. Auflage Ansbach 1788–1791.

FISCHL, Otto: Der Einfluß der *Aufklärungsphilosophie* auf die Entwicklung des Strafrechts in Doktrin, Politik und Gesetzgebung, Breslau 1913.

FLÜCKIGER, Felix: Geschichte des Naturrechtes, Bd. I, Zollikon-Zürich 1954.

FÖLDES, Béla: Zur Psychologie der Urteile, in: Das Recht, 9. Jahrgang (1905), S. 601 ff.

FORSTHOFF, Ernst: Hermeneutische Studien, in: Recht und Sprache, Prolegomena zu einer richterlichen Hermeneutik, Halle 1940, S. 18 ff.

FRANCKE, Fritz: Die irrationalen Elemente der richterlichen Entscheidung, in: Das Richteramt, herausgegeben von Theodor HECKEL, München 1958, S. 38 ff.

FRANCKE, Fritz: Umstrittene richterliche Überzeugung, in: DRiZ 1960, S. 434 f.

FRANK, Reinhard: Die Wolff'sche *Strafrechtsphilosophie* und ihr Verhältnis zur criminalpolitischen Aufklärung im XVIII. Jahrhundert, Göttingen 1887.

FREUDENTHEIL, (o. V.): Der Entwurf eines Criminalgesetzbuchs für das Königreich Hannover ..., in: ACrR N. F. 1839, S. 88 ff.

FRISCHEISEN-KÖHLER, Max und Willy MOOG: Die Philosophie der Neuzeit bis zum Ende des 18. Jahrhunderts, 12. Auflage Berlin 1924 (Friedrich ÜBERWEG: Grundriß der Geschichte der Philosophie, 3. Teil).

FRITZSCHE, Hans: Richteramt und Persönlichkeit, Zürich 1921.

FUCHS, Ernst: Gerechtigkeitswissenschaft, Ausgewählte Schriften zur Freirechtslehre, herausgegeben von Albert S. FOULKES und Arthur KAUFMANN, Karlsruhe 1965.

FUCHS, (o. V.): Das *Hauptverfahren* in erster Instanz, in: Handbuch des deutschen Strafprozeßrechts in Einzelbeiträgen, herausgegeben von Franz VON HOLTZENDORFF, Bd. II, Berlin 1879, S. 3 ff.

GANS, Eduard: Die Richter als Geschworene, in: Beiträge zur Revision der preußischen Gesetzgebung, Bd. I, Heft 1, Berlin 1830, S. 68 ff.

GARRAUD, R.: Traité Théorique et Pratique du Droit Pénal Français, tome premier, Paris 1898.

GARRAUD, R.: Traité Théorique et Pratique d'Instruction Criminelle et de Procédure Pénale, tome premier, Paris 1907.

GEIB, Gustav: Über die Nothwendigkeit einer vergleichenden Berücksichtigung der neueren Strafgesetzbücher bei Darstellung des gemeinen Deutschen Criminalrechts, in: ACrR N. F. 1836, S. 187 ff.

GEIB, Gustav: Die *Reform* des deutschen Rechtslebens, Leipzig 1848.

GEIB, Gustav: Lehrbuch des Deutschen Strafrechts, Bd. I: *Geschichte*, Leipzig 1861; Bd. III: *System*, Allgemeine Lehren, Leipzig 1862.

GEIGER, Willi: Von der Aufgabe und Bedrängnis des Richters, in: DRiZ 1959. S. 336 ff.

GEIGER, Willi: Der Richter und seine Bindung an Gesetz und Recht, in: DRiZ 1963, S. 170 ff.

GÉNY, François: Méthode d'Interprétation et Sources du Droit Privé Positif, 2. Auflage Paris 1919.

GERATS, Hans: Das „Neue System des Naturrechts" des Leipziger Gelehrten C. F. HOMMEL, in: Festschrift für Erwin JACOBI, (Ost-)Berlin 1957, S. 103 ff.

GERAU, (o. V.): Über gesetzliche Beweistheorie mit speciellem Hinblicke auf den Beweis durch Anzeigen, in: ZStrVerf N. F. Bd. 1 (1844), S. 371 ff.

GERLAND, Heinrich: Der deutsche Strafprozeß, Mannheim, Berlin, Leipzig 1927.

GERMANN, Oscar Adolf: Methodische Grundfragen, Basel 1946.

GERMANN, Oscar Adolf: Probleme und Methoden der Rechtsfindung, Bern 1965.

GERSTÄKER, (o. V.): Darf das allgemeine deutsche Criminalrecht jetzt blos noch nach den Gesetzen, oder muß es nach der durch die Praxis und den Gerichtsgebrauch erhaltenen Umgestaltung dargestellt werden? Oder: Über die großen Gefahren des die Praxis und ihre Abweichungen von unvernünftigen oder grausamen Gesetzen verwerfenden *Gesetzrigorismus* im allgemeinen deutschen Criminalrecht, in: ACrR Bd. 6 (1823), S. 463 ff.

GEYER, August: Der Beweis im Strafprozeß, in: Handbuch des deutschen Strafprozeßrechts in Einzelbeiträgen, herausgegeben von Franz VON HOLTZENDORFF, Bd. I, Berlin 1879, S. 185 ff.

GLASER, Julius: Zur Reform des Verfahrens bei der Versetzung in den Anklagestand, in: GS Bd. 19 (1867), S. 212 ff.

GLASER, Julius: Die *geschichtlichen Grundlagen* des neuen Deutschen Strafprozeßrechts, in: Handbuch des deutschen Strafprozeßrechts in Einzelbeiträgen, herausgegeben von Franz VON HOLTZENDORFF, Bd. I, Berlin 1879, S. 3 ff.

GLASER, Julius: *Handbuch* des Strafprozesses, Bd. I, Leipzig 1883.

GLASER, Julius: *Beiträge* zur Lehre vom Beweis im Strafprozeß, Leipzig 1883.

GLASER, Julius: *Über die Vernehmung des Angeklagten* und der Zeugen in der Hauptverhandlung, in: Kleine Schriften über Strafrecht und Strafprozeß, 2. Auflage Wien 1883, S. 407 ff.
GLASER, Julius: Über die Versetzung in den Anklagestand bei schweren Verbrechen, in: ACrR 1952, S. 89 ff, 252 ff.
GLOBIG, Hanns Ernst von: Versuch einer Theorie der Wahrscheinlichkeit zur Gründung des historischen und gerichtlichen Beweises, 2 Teile, Regensburg 1806.
GLOBIG, Hanns Ernst von und Johann Georg HUSTER: *Abhandlung* von der Criminal-Gesetzgebung, Zürich 1783.
GLOBIG, Hanns Ernst von und Johann Georg HUSTER: *Vier Zugaben* zu der Schrift ... von der Criminal-Gesetzgebung, Altenburg 1785.
GMELIN, Christian Gottlieb: Grundsätze der Gesetzgebung über Verbrechen und Strafen, Tübingen 1785.
GMÜR, Rudolf: Savigny und die Entwicklung der Rechtswissenschaft, Münster (Westf.) 1962.
GNEIST, Rudolf: *Vier Fragen* zur Deutschen Strafprozeßordnung, mit einem Schlußwort über die Schöffengerichte, Berlin 1874.
GOLDSCHMIDT, James: Staatsanwaltschaft und Kriminalpolizei in Frankreich, in: GA Bd. 67 (1919), S. 179 ff.
GOLDSCHMIDT, James: Der Prozeß als Rechtslage, Berlin 1925 (Neudruck Aalen 1962).
GOLTDAMMER, (o. V.): Über die Stellung des vorsitzenden Richters ..., in: GA Bd. 1 (1853), S. 164 ff, 334 ff.
GOLTZ, Rüdiger Graf von der: Die Befassung des Gerichts mit der Anklage und die Anberaumung der Hauptverhandlung, in: Das kommende deutsche Strafverfahren, Berichte der amtlichen Strafprozeßkommission, herausgegeben von Franz GÜRTNER, Berlin 1938, S. 118 ff.
GRASSBERGER, Roland: Psychologie des Strafverfahrens, Wien 1950.
GRATIAN: Decretum Gratiani, Textausgabe, herausgegeben von Jaques-Paul MIGNE, Paris 1891.
GROLMAN, Karl von: *Grundsätze* der Criminalrechtswissenschaft, 2. Auflage Gießen und Darmstadt 1805.
GROTIUS, Hugo: De jure belli ac pacis libri tres, editio nova cum annotatis auctoris ... et praefatione Christiani Wolfii, Marburg 1734.
GRÜNHUT, Max: Anselm *von Feuerbach* und das Problem der strafrechtlichen Zurechnung, Mannheim, Berlin, Leipzig 1922.
GRÜNHUT, Max: Begriffsbildung und Rechtsanwendung im Strafrecht, Tübingen 1926.
GRÜNHUT, Max: Methodische Grundlagen der heutigen Strafrechtswissenschaft, in: Festgabe für Reinhard FRANK, Bd. I, Tübingen 1930, S. 1 ff.
GRÜNHUT, Max: Das Minderheitsvotum, in: Festschrift für Eberhard SCHMIDT, Göttingen 1961, S. 620 ff.
GRÜNHUT, Max: Die Bedeutung englischer Verfahrensformen für eine deutsche Strafprozeßreform, in: Festschrift für Hellmuth VON WEBER, Bonn 1963, S. 343 ff.
GÜNTHER, L.: Die Idee der *Wiedervergeltung* in der Geschichte und Philosophie des Strafrechts, 3 Abteilungen, Erlangen 1889–1895.
GÜNTHER, L.: Jean Paul Marat ..., in: GS Bd. 61 (1902), S. 161 ff.

GÜTERBOCK, Karl: Die Entstehungsgeschichte der Carolina..., Würzburg 1876.
GUTMANN, Alexander: Die Aufklärungspflicht des Gerichts und der Beweiserhebungsanspruch der „Parteien“ im Strafprozeß, in: JuS Bd. 2 (1962), S. 369 ff.

HAHN, Carl: Die gesammten Materialien zur Strafprozeßordnung und zu dem Einführungsgesetz zu derselben vom 1. Februar 1877, 2 Abteilungen, 2. Auflage, herausgegeben von Eduard STEGMANN, Berlin 1885 und 1886.
HAHN, Carl: Die gesammten Materialien zu dem Gerichtsverfassungsgesetz und dem Einführungsgesetz zu demselben, 2 Abteilungen, Berlin 1879.
HALL, Karl Alfred: Die Lehre vom *corpus delicti*, Stuttgart 1933.
HALL, Karl Alfred: Richter und Ankläger, Auslegung einer Thomas-Stelle, in Festgabe für Heinrich HERRFAHRDT, Marburg 1961, S. 93 ff.
HÄLSCHNER, Hugo: Das Preußische Strafrecht, 1. Teil: *Geschichte* des Brandenburgisch-Preußischen Strafrechtes, Bonn 1855; 2. Teil: System des Preußischen Strafrechtes, Erster oder Allgemeiner Teil des Systems, Bonn 1858.
HARTMANN, Richard: P. J. A. *Feuerbachs* politische und strafrechtliche Grundanschauungen, (Ost-)Berlin 1961.
HARTMANN, Nicolai: Ethik, 3. Auflage Berlin 1949.
HARTUNG, Fritz: Einführung englisch-amerikanischen Strafverfahrensrechts in Deutschland?, in: NJW 1952, S. 201 ff.
HARTZ, Walter: Irrationale Grenzen der richterlichen Unabhängigkeit, in: SchlHA 1961, S. 119 ff.
HAYMANN, Franz: Die *Mehrheitsentscheidung*, Ihr Sinn und ihre Schranke, in: Festgabe für Rudolf STAMMLER, Berlin und Leipzig 1926, S. 395 ff.
HECK, Philipp: Begriffsbildung und Interessenjurisprudenz, Tübingen 1932.
HECK, Philipp: Das Problem der Rechtsgewinnung, 2. Auflage Tübingen 1932.
HEFFTER, August Wilhelm: *Über* die juristische Intelligenz, ihre Bedeutung und Repräsentanten in der Rechtsverwaltung, insbesondere über *das Collegial-System*, in: AcP Bd. 13 (1830), S. 48 ff.
HEFFTER, August Wilhelm: *Bemerkungen* über Anwendung und Auslegung des neuen Strafgesetzbuchs, in: GA Bd. 1 (1853), S. 25 ff.
HEFFTER, August Wilhelm: *Lehrbuch* des gemeinen deutschen Strafrechtes mit Rücksicht auf ältere und neuere Landesrechte, 6. Auflage Braunschweig 1857.
HEGEL, Georg Wilhelm Friedrich: Grundlinien der Philosophie des Rechts (1821), Ausgabe von Eduard GANS, 3. Auflage Stuttgart 1952.
HEGLER, August: Subjektive Rechtswidrigkeitsmomente im Rahmen des allgemeinen Verbrechensbegriffs, in: Festgabe für Reinhard FRANK, Bd. I, Tübingen 1930, S. 251 ff.
HEINEMANN, Franz: Der Richter und die Rechtspflege in der deutschen Vergangenheit, 2. Auflage Jena 1924.
HEINSHEIMER, Karl: *Gutachten* über die Frage: Ist in bürgerlichen Rechtsstreitigkeiten das Kollegialprinzip zugunsten des Einzelrichtertums einzuschränken?, in: Verhandlungen des 29. DJT, Bd. IV (Gutachten), Berlin 1908, S. 304 ff.

HEINSHEIMER, Karl: Die Freiheit der richterlichen Überzeugung und die Aufgaben der Revisionsinstanz, in: Festschrift für Franz KLEIN, Wien 1914, S. 133 ff.

HEINZE, Carl Friedrich Rudolf: Zur Physiologie des englischen Beweisrechts – law of evidence, in: GS Bd. 15 (1863), S. 466 ff.

HÉLIE, Faustin: *Traité* de l'Instruction criminelle ou Théorie du Code d'Instruction criminelle, Vol. I et V, Paris 1853, 1854.

HELLER, Theodor: Logik und Axiologie der analogen Rechtsanwendung, Berlin 1961.

HELLWIG, Albert: Zur Psychologie der richterlichen Urteilsfindung, in: GS Bd. 82 (1914), S. 403 ff.

HELLWIG, Albert: Wahrheit und Wahrscheinlichkeit im Strafverfahren, in: GS Bd. 88 (1922), S. 417 ff.

HELLWIG, Albert: Psychologie und Vernehmungstechnik bei Tatbestandsermittlungen, 2. Auflage Berlin 1943.

HENKE, Eduard: Kriminalistische Versuche, Bd. I, Berlin 1807.

HENKE, Eduard: Darstellung des gerichtlichen Verfahrens in Strafsachen, Zürich 1817.

HENKE, Eduard: *Handbuch* der Criminalrechtswissenschaft und der Criminalpolitik, Berlin und Stettin 1838.

HENKE, Horst-Eberhard: Die Tatfrage, Berlin 1966.

HENKEL, Heinrich: Strafverfahrensrecht, Stuttgart und Köln 1953.

HENKEL, Heinrich: Recht und Individualität, Berlin 1958.

HENKEL, Heinrich: Einführung in die *Rechtsphilosophie*, München und Berlin 1964.

HENKEL, Heinrich: *Strafrichter und Gesetz* im neuen Staat, Hamburg 1934.

HENTIG, Hans von: Wiederaufnahmerecht, Heidelberg 1930.

HEPP, Ferdinand Carl Theodor: *Anklageschaft*, Öffentlichkeit und Mündlichkeit des Strafverfahrens, gegründet auf eine historisch-kritische Beleuchtung des bestehenden Inquisitionsprozesses, Tübingen 1842.

HEPP, Ferdinand Carl Theodor: Beiträge zum Inquisitionsprozeß, Dritter Beitrag: Über das Verhältnis desselben zum Anklageprozesse, in: ZStrVerf N. F. Bd. 3 (1846), S. 153 ff.

HERTZ, Eduard: *Voltaire* und die französische Strafrechtspflege des 18. Jahrhunderts, Stuttgart 1887.

HEUSLER, A.: Die Grundlagen des Beweisrechtes, in: AcP Bd. 62 (N. F. Bd. 12), 1879, S. 209 ff.

HIPPEL, Ernst von: Mechanisches und *moralisches Rechtsdenken*, Meisenheim/Glan 1959.

HIPPEL, Robert von: Deutsches *Strafrecht*, Bd. I: Die allgemeinen Grundlagen, Berlin 1925.

HIPPEL, Robert von: Der deutsche *Strafprozeß*, Lehrbuch, Marburg 1941.

HIRSCH, Hans: Die hohe Gerichtsbarkeit im deutschen Mittelalter, 2. Auflage Weimar 1958.

HIRSCHBERG, Max: Zur Psychologie des Wiederaufnahmeverfahrens, in: MSchrKrimPsych Bd. 21 (1930), S. 395 ff.

HIRSCHBERG, Max: Das *Fehlurteil* im Strafprozeß, Stuttgart 1960 (zit. n. d. Fischer-Taschenbuch Frankfurt a. M. 1962).

HIRSCHBERG, Max: Das amerikanische und deutsche Strafverfahren in rechtsvergleichender Sicht, Neuwied 1963.

HIRSCHBERGER, Johannes: Geschichte der Philosophie, 2. Teil: Neuzeit und Gegenwart, 3. Auflage Freiburg i. Br. 1958.

HIRZEL, Rudolf: *Themis*, Dike und Verwandtes, Leipzig 1907.

HIS, Rudolf: Geschichte des Deutschen Strafrechts bis zur Karolina, München 1928.

HIS, Rudolf: Das Strafrecht des Deutschen Mittelalters, 2 Bände, Weimar 1920 und 1935.

HOEHN, Reinhard: Die Stellung des Strafrichters in den Gesetzen der französischen Revolutionszeit (1791–1810), Berlin und Leipzig 1929.

HOFFMEISTER, Johannes: Wörterbuch der philosophischen Begriffe, 2. Auflage Hamburg 1955.

HOLLERBACH, Alexander: Der Rechtsgedanke bei *Schelling*, Frankfurt a. M. 1957.

HOLTZENDORFF, Franz von: *Einleitung* in das Strafrecht, in: Handbuch des deutschen Strafrechts, herausgegeben von Franz VON HOLTZENDORFF, Bd. I: Die geschichtlichen und philosophischen Grundlagen des Strafrechts, Berlin 1871, S. 3 ff.

HOMMEL, Carl Ferdinand: Des Herrn Marquis von *Beccaria* unsterbliches Werk von Verbrechen und Strafen, mit Anmerkungen C. F. HOMMELS, Breslau 1778.

HOMMEL, Carl Ferdinand: Von der Disputation Principis cura legis, in: Philosophische Gedanken über das Criminalrecht, aus den Hommelschen Handschriften herausgegeben von Karl Gottlob RÖSSIG, Breslau 1784.

HUBER, Ernst Rudolf: Dokumente zur deutschen Verfassungsgeschichte, Bd. I, Stuttgart 1961.

HUBMANN, Heinrich: Naturrecht und Rechtsgefühl, in: Naturrecht oder Rechtspositivismus?, herausgegeben von Werner MAIHOFER, Wissenschaftliche Buchgesellschaft Darmstadt 1962, S. 339 ff.

IHERING, Rudolf von: Der Zweck im Recht, 2 Bände Leipzig 1877 und 1883.

IMBODEN, Max: Montesquieu und die Lehre der Gewaltentrennung, Berlin 1959.

ISAY, Hermann: Rechtsnorm und Entscheidung, Berlin 1929.

ISIDOR VON SEVILLA: Etymologiarum sive originum libri XX, herausgegeben von W. M. LINDSAY, Tomus I, Oxford 1911.

JARCKE, Carl Ernst: Bemerkungen über die Lehre vom unvollständigen Beweise, vornehmlich in Bezug auf die außerordentlichen Strafen, Mit besonderer Rücksicht auf die Criminalordnung, in: NACrR Bd. 8 (1825), S. 97 ff.

JERUSALEM, Franz W.: Kritik der Rechtswissenschaft, Frankfurt a. M. 1948.

JESCHECK, Hans-Heinrich: Methoden der Strafrechtswissenschaft, in: StG Bd. 12 (1959), S. 108 ff.

JESCHECK, Hans-Heinrich: Vom Stil der gegenwärtigen deutschen Strafrechtspflege, in: Stellung und Aufgabe des Richters im modernen Strafrecht, Mélanges Oscar Adolf GERMANN, SchwZStr Bd. 75 (1959), S. 56 ff.

JUNG, Heinz: Die Urteilsbegründung des überstimmten Strafrichters, in: JW 1927, S. 363 ff.

KALSBACH, Werner: Referat zum Thema: In welcher Weise empfiehlt es sich, die Grenzen des strafrichterlichen Ermessens im künftigen Strafgesetzbuch zu regeln (Ermessensfreiheit oder gesetzliche Bindung des Richters bei der Verhängung der Strafe und sonstiger Unrechtsfolgen)?, in: Verhandlungen des 41. DJT, Bd. II (Sitzungsberichte), Tübingen 1956, Teil D, S. 3 ff.

KANT, Immanuel: Was ist Aufklärung?, zuerst erschienen in: Berlinische Monatsschrift 1784, S. 481 ff; zit. nach K. VORLÄNDER: Immanuel Kants kleinere Schriften zur Logik und Metaphysik, 2. Auflage Leipzig 1936, S. 135 ff.

KANT, Immanuel: Kritik der reinen Vernunft, Ausgabe von Theodor VALENTINER, 10. Auflage Leipzig 1913.

KANT, Immanuel: Logik, Ein Handbuch zu Vorlesungen, zuerst herausgegeben von Gottlob Benjamin JÄSCHE, neu herausgegeben von Walter KINKEL, 3. Auflage Leipzig 1904.

KANT, Immanuel: Grundlegung zur Metaphysik der Sitten, Ausgabe von Wilhelm WEISCHEDEL: Immanuel Kant: Schriften zur Ethik und Religionsphilosophie (Kant-Studienausgabe Bd. IV), Wissenschaftliche Buchgesellschaft Darmstadt 1956, S. 11 ff.

KANT, Immanuel: Die Metaphysik der Sitten (in zwey Theilen), Ausgabe von Wilhelm WEISCHEIDEL: Immanuel Kant: Schriften zur Ethik und Religionsphilosophie (Kant-Studienausgabe Bd. IV), Wissenschaftliche Buchgesellschaft Darmstadt 1956, S. 309 ff.

KANTOROWICZ, Hermann U.: Albertus *Gandinus* und das Strafrecht der Scholastik, Bd. I, Berlin 1907.

KANTOROWICZ, Hermann U.: Was ist uns SAVIGNY?, in: RuW 1912, S. 47 ff.

KANTOROWICZ, Hermann U.: Rechtswissenschaft und Soziologie, *Ausgewählte Schriften* zur Wissenschaftslehre, Herausgegeben von Thomas WÜRTENBERGER, Karlsruhe 1962.

KANTOROWICZ, Hermann U.: Der Kampf um die Rechtswissenschaft, Heidelberg 1906 (wieder abgedruckt in Rechtswissenschaft und Soziologie, S. 13 ff; auf diesen Neudruck bezieht sich jeweils die zweite Fundstellenangabe in den Fußnoten).

KANTOROWICZ, Hermann U.: Aus der Vorgeschichte der Freirechtslehre, Mannheim 1925 (wieder abgedruckt in Rechtswissenschaft und Soziologie, S. 41 ff; auf diesen Neudruck bezieht sich jeweils die zweite Fundstellenangabe in den Fußnoten).

KAUFMANN, Arthur: Gesetz und Recht, in: Existenz und Ordnung, Festschrift für Erik WOLF, Frankfurt a. M. 1962, S. 357 ff.

KAUFMANN, Arthur: Analogie und „Natur der Sache", Karlsruhe 1965.

KERN, Eduard: Der gesetzliche Richter, Berlin 1927.

KERN, Eduard: Die Ausschließung des Eröffnungsrichters im erkennenden Gericht, in: Festschrift für Hellmuth VON WEBER, Bonn 1963, S. 368 ff.

KERN, Eduard: Die *Gerichtsbeisitzer* oder Gerichtszeugen (stumme Schöffen) in den partikularen Gerichtsverfassungen des 18. und 19. Jahrhunderts, in: Festschrift für Wilhelm SAUER, Berlin 1949, S. 71 ff.

KERN, Eduard: Gerichtsverfassungsrecht, 4. Auflage München und Berlin 1965.

KERN, Eduard: *Geschichte* des Gerichtsverfassungsrechts, München und Berlin 1954.

KERN, Eduard: Strafverfahrensrecht, 8. Auflage München und Berlin 1967.

KERN, Fritz: Recht und Verfassung im Mittelalter (zuerst erschienen in: HZ Bd. 120 (1919), S. 1 ff), Sonderausgabe der Wissenschaftlichen Buchgesellschaft Darmstadt, 2. Auflage Darmstadt 1958.

KIP, Hans-Gerhard: Das sogenannte Mündlichkeitsprinzip, Köln, Berlin 1952.

KITKA, Joseph: Soll der Richter in einem Strafcodex ermächtigt werden, bey besonderen Milderungsumständen selbst unter das Minimum der auf das Verbrechen gesetzlich bestimmten Strafe herabzugehen?, in: ACrR N. F. 1836, S. 624 ff.

KITKA, Joseph: Die *Beweislehre* im österreichischen Criminalstrafprocesse, Wien 1841.

KITKA, Joseph: Leitfaden für den Kriminal-Untersuchungsrichter bei dem Verhöre des Beschuldigten, Wien 1848.

KLAUHOLD, Karl August: Bild eines vollkommenen Richters, oder Vorschläge zu einer vernünftigen Verwaltung des Richteramtes, den Zeitbedürfnissen gemäß dargestellt, Gießen 1798.

KLEINHEYER, Gerd: Staat und Bürger im Recht, Die Vorträge des Carl Gottlieb *Svarez* vor dem preußischen Kronprinzen (1791–92), Bonn 1959.

KLEINKNECHT, Theodor, Hermann MÜLLER und Leonhard REITBERGER: Kommentar zur Strafprozeßordnung, 5. Auflage Darmstadt, Nürnberg, Düsseldorf, Berlin 1963; 6. Auflage, bearbeitet von Hermann MÜLLER und Walter SAX, Darmstadt 1966.

KLEINSCHROD, Gallus Aloys: Systematische Entwickelung der Grundbegriffe und Grundwahrheiten des peinlichen Rechts nach der Natur der Sache und der positiven Gesetzgebung, 3 Teile, Erlangen 1794–1796.

KLEINSCHROD, Gallus Aloys: Über die Wirkungen eines unvollkommenen Beweises in peinlichen Sachen, in: Abhandlungen aus dem peinlichen Rechte und peinlichen Processe, Bd. I, Erlangen 1797, Nr. 1, S. 1 ff.

KLEINSCHROD, Gallus Aloys: Entwurf eines peinlichen Gesetzbuchs für die Churpfalzbaierischen Staaten, München 1802.

KLEINSCHROD, Gallus Aloys: Über den Beweis durch Anzeigen in peinlichen Sachen, in: NACrR Bd. 7 (1824), S. 53 ff; Bd.7 (1825), S. 205 ff.

KLINGEBIEL, Josef Hans: Die Gerichtsverfassung des Strafprozesses in ihrer Entwicklung seit 1879, Diss. Göttingen 1936.

KOHLER, Josef: Das Strafrecht der italienischen Statuten vom 12.–16. Jahrhundert, Mannheim 1895.

KOHLHAAS, Max: Das Beratungsgeheimnis, in NJW 1953, S. 401 ff.

KOHLRAUSCH, Eduard: Strafprozeßordnung und Gerichtsverfassungsgesetz, Textausgabe mit Einleitung, Anmerkungen und Nebengesetzen, 24. Auflage Berlin 1936.

KÖNIG, Wilhelm: Die Aufgaben des Richters, in: Rudolf REINHARDT und Wilhelm KÖNIG: Richter und Rechtsfindung, München und Berlin 1957, S. 31 ff.

KÖSTLIN, Christian Reinhold: *System* des deutschen Strafrechts, 1. Abteilung, Tübingen 1855.

KÖSTLIN, Christian Reinhold: Der *Wendepunkt* des deutschen Strafverfahrens im 19. Jahrhundert, Tübingen 1849.
KÖSTLIN, Christian Reinhold: Geschichte des deutschen Strafrechts im Umriß, Tübingen 1859.
KRAUS, Alexander: Über die *practische Begründung* des Strafrechts und das Verhältniß derselben zur Gesetzgebung, in: ACrR N. F. 1852, S. 188 ff.
KRAUSE, Friedrich-Wilhelm: Zum Urkundenbeweis im Strafprozeß, Hamburg 1966.
KRAUSE, Hermann: Idealbild und Gefährdung des Richters, in: Das Richteramt, herausgegeben von Theodor HECKEL, München 1958, S. 24 ff.
KRAUSS, Günther: Die Gewaltengliederung bei Montesquieu, in: Festschrift für Carl SCHMITT, Berlin 1959, S. 103 ff.
KRIES, August von: Lehrbuch des deutschen Strafprozeßrechts, Freiburg i. Br. 1892.
KRIES, August von: Vorverfahren und Hauptverfahren, in: ZStW Bd. 9 (1889). S. 1 ff.
KRUMME, Elisabeth: Ermessensfreiheit oder gesetzliche Bindung des Richters bei der Verhängung der Strafe oder sonstiger Unrechtsfolgen?, in: DRiZ 1955, S. 208 ff.
KUCHINKE, Kurt: *Grenzen der Nachprüfbarkeit* tatrichterlicher Würdigung und Feststellungen in der Revisionsinstanz, Bielefeld 1964.
KUNERT, Karl Heinz: Die normativen Merkmale der strafrechtlichen Tatbestände, Berlin 1958.
KÜSSNER, (o. V.): Über Beweislast und Präsumtionen im Preußischen Strafverfahren, in: GA Bd. 3 (1855), S. 32 ff.

LABAND, Paul: Das Staatsrecht des Deutschen Reichs, Bd. I, 3. Auflage Freiburg und Leipzig 1895.
LANDSBERG, Ernst: Vgl. STINTZING, Roderich.
LANG-HINRICHSEN, Dietrich: Die kriminalpolitischen Aufgaben der Strafrechtsreform, *Gutachten* für den 43. DJT, in: Verhandlungen des 43. DJT, Bd. I, 3. Teil B, Tübingen 1960, S. 5 ff.
LARENZ, Karl: Wegweiser zur richterlichen Rechtsschöpfung, in: Festschrift für Arthur NIKISCH, Tübingen 1958, S. 275 ff.
LARENZ, Karl: *Methodenlehre* der Rechtswissenschaft, Berlin, Göttingen, Heidelberg 1960.
LARENZ, Karl: Richterliche Rechtsfortbildung als methodisches Problem, in: NJW 1965, S. 1 ff.
LENEL, Paul: Scheidung von Richtern und Urteilern in der deutschen Gerichtsverfassung seit der Rezeption des fremden Rechts, in: ZSavStGA Bd. 34 (1913), S. 440 ff.
LESS, Günter: Von *Wesen und Wert* des Richterrechts, Erlangen 1954.
LEUE, F. G.: Der mündliche öffentliche *Anklageproceß* und der geheime schriftliche Inquisitionsproceß in Deutschland, historisch und kritisch dargestellt, Aachen und Leipzig 1840.
LIEBERWIRTH, Rolf: Untersuchungen zur Geschichte der Folter, in: Christian THOMASIUS: Über die Folter, übersetzt und herausgegeben von Rolf LIEBERWIRTH, Weimar 1960, S. 13 ff.
LIERMANN, Hans: *Richter*, Schreiber, Advokaten, München 1957.
LILIENTHAL, Karl von: Strafprozeßrecht, Berlin 1923

LIPPMANN, Karl: Historisch-dogmatische Darstellung der Lehre von der richterlichen *Strafänderungsbefugnis* . . ., Nördlingen 1863.
LISZT, Franz von: Lehrbuch des Deutschen Strafrechts, 6. Auflage Berlin 1894.
LITT, Theodor: Ethik der Neuzeit, München und Berlin 1930 (Handbuch der Philosophie, herausgegeben von A. BAEUMLER und M. SCHRÖTER, Abteilung III: Mensch und Charakter).
LITT, Theodor: Kant und Herder als Deuter der geistigen Welt, Leipzig 1930.
LOENING, Richard: Über *geschichtliche* und ungeschichtliche *Behandlung* des deutschen Strafrechts, in: ZStW Bd. 3 (1883), S. 219 ff.
LÖWE-ROSENBERG: Die Strafprozeßordnung und das Gerichtsverfassungsgesetz mit Nebengesetzen, Kommentar, herausgegeben von DÜNNEBIER, GEIER, JAGUSCH, KOHLHAAS, SARSTEDT, SCHÄFER u. a., Bd. I, 21. Auflage Berlin 1963; Bd. II, 21. Auflage Berlin 1965.
LOHMANN, Friedrich: Jean Paul *Marat* und das Strafrecht der französischen Revolution, Bonn 1963.
LUCAS, Hermann: Anleitung zur strafrechtlichen Praxis, 1. Teil, Das formelle Strafrecht, 5. Auflage, bearbeitet von Alfred DÜRR, Berlin 1931.

MAIHOFER, Werner: Die Bindung des Richters an Gesetz und Recht (Art. 20 III GG), in: AUS Vol. VIII (1960), S. 5 ff.
MALBLANK, Julius Friedrich: Geschichte der Peinlichen Gerichts-Ordnung Kaiser Karls V. von ihrer Entstehung und ihren weiteren Schicksalen bis auf unsere Zeit, Nürnberg 1783.
MAMROTH, Ernst: Aus meiner Praxis in Wiederaufnahmesachen, in: Max ALSBERG: Justizirrtum und Wiederaufnahme, Berlin 1913, S. 148 ff.
MARCIC, René: Vom Gesetzesstaat zum *Richterstaat*, Wien 1957.
MARCK, S.: Das Jahrhundert der Aufklärung, Leipzig und Berlin 1923.
MARQUARDSEN, Heinrich: Die Evidenz nach englischem Recht, ihre Grundzüge und Anwendbarkeit im deutschen Strafproceß, in: GS Bd. 1 (1849), II. Teil, S. 166 ff.
MASSOW, Eberhard Julius Wilhelm Ernst von: Anleitung für den practischen Dienst der Königlich-Preußischen Justizbedienten . . ., 3 Bände, 2. Auflage Berlin und Stettin 1816.
MATTIL, Friedrich: „Überzeugung", in: GA 1954, S. 334 ff.
MAYER, Ernst: Deutsche und französische Verfassungsgeschichte vom 9. bis zum 14. Jahrhundert, 2 Bände, Leipzig 1899.
MAYER, Hellmuth: Der Sachverständige im Strafprozeß, in: Festschrift für Edmund MEZGER, München und Berlin 1954, S. 455 ff.
MAYER-HOMBERG, Edwin: Beweis und Wahrscheinlichkeit nach älterem deutschen Recht, Marburg 1921.
MEHRING, Kurt: Inwieweit ist praktischer Einfluß Montesquieus und Voltaires auf die strafrechtliche Tätigkeit Friedrichs des Großen anzunehmen bzw. nachzuweisen?, Breslau 1927.
MEIER, Ernst von: Französische Einflüsse auf die Staats- und Rechtsentwicklung Preußens im 19. Jahrhundert, 2 Bände, Leipzig 1907 und 1908.
MEIER-HAYOZ, Arthur: Der Richter als Gesetzgeber, Zürich 1951.
MEINECKE, Friedrich: Die Entstehung des Historismus, München 1959 (Werke Bd. III, herausgegeben von Carl HINRICHS).

MERZBACHER, Friedrich: Das geschichtliche Bild des kirchlichen Richters, in: AkathKR Bd. 129 (1960), S. 369 ff.
MEZGER, Edmund: Der psychiatrische Sachverständige im Prozeß, Tübingen 1918 (Beilageheft zu AcP Bd. 117).
MEZGER, Edmund: Vom Sinn der strafrechtlichen Tatbestände, in: Festschrift für Ludwig TRAEGER, Berlin 1926, S. 187 ff.
MIDDENDORFF, Wolf: Die soziale Prognose und der Strafrichter, in: Gerichtliche Psychologie, herausgegeben von Günter BLAU und Elisabeth MÜLLER-LUCKMANN, Neuwied 1962, S. 328 ff.
MIDDENDORFF, Wolf: Der Strafrichter, Freiburg i. Br. 1963.
MITTEIS, Heinrich: Deutsche *Rechtsgeschichte*, Ein Studienbuch, 9. Auflage München und Berlin 1965, bearbeitet von Heinz LIEBERICH.
MITTERMAIER, Carl Joseph Anton: Über die Einführung des Baierischen Strafgesetzbuches in Weimar mit *Betrachtungen* über den Werth des Gesetzbuches, in: NACrR Bd. 2 (1818), S. 54 ff.
MITTERMAIER, Carl Joseph Anton: Über den neuesten Zustand der Strafgesetzgebung mit vorzüglicher Rücksicht auf den von Livingstone bearbeiteten Code . . ., in: NACrR Bd. 12 (1831), S. 173 ff.
MITTERMAIER, Carl Joseph Anton: Die *gesetzliche Beweistheorie* in ihrem Verhältniß zu Geschworenengerichten . . ., in: ACrR Bd. 12 (1831), S. 488 ff; Bd. 13 (1832), S. 120 ff.
MITTERMAIER, Carl Joseph Anton: Die Lehre vom Beweise im deutschen Strafprozesse, nach der Fortbildung durch Gerichtsgebrauch und deutsche Gesetzbücher, in Vergleichung mit den Ansichten des englischen und französischen Strafverfahrens, Darmstadt 1834 (zit. „Beweislehre").
MITTERMAIER, Carl Joseph Anton: Das deutsche *Strafverfahren* in der Fortbildung durch Gerichtsgebrauch und Landesgesetzgebung, 1. Auflage Heidelberg 1827, 2. Auflage Heidelberg 1832/33, 4. Auflage Heidelberg 1845.
MITTERMAIER, Carl Joseph Anton: *Der deutsche Strafprozeß* verglichen mit dem auf Öffentlichkeit, Mündlichkeit und Anklageprincip gebauten Verfahren mit Prüfung der neuesten Ergebnisse der Strafprozeßgesetzgebung, in: ACrR N. F. 1842, S. 61 ff, 259 ff, 424 ff.
MITTERMAIER, Carl Joseph Anton: Über den neuesten Zustand der Ansichten der Gesetzgebung und der Wissenschaft über den *Indicienbeweis* und die Vorschläge der Bedingungen, unter denen diese Beweisesart gestattet werden soll, in: ACrR N. F. 1844, S. 274 ff, 443 ff.
MITTERMAIER, Carl Joseph Anton: Die *Mündlichkeit*, das Anklageprinzip, die Öffentlichkeit und das Geschworenengericht in ihrer Durchführung in den verschiedenen Gesetzgebungen dargestellt . . ., Stuttgart und Tübingen 1845.
MITTERMAIER, Carl Joseph Anton: Über die Stellung des Assisenpräsidenten, in: GS Bd. 1 (1849), S. 17 ff.
MITTERMAIER, Carl Joseph Anton: Das *englische*, schottische und nordamerikanische *Strafverfahren* . . ., Erlangen 1851.
MITTERMAIER, Carl Joseph Anton: Über den Zustand der Strafproceßordnung in Deutschland und Prüfung der neuesten Gesetzgebungsarbeiten, insbesondere der österreichischen Strafproceßordnung, der Entwürfe für Strafproceßordnungen für Preußen, Baiern . . ., in: ACrR N. F. 1853, S. 528 ff.

MITTERMAIER, Carl Joseph Anton: Über den Zustand der Strafproceßordnung in Deutschland und Prüfung der neuesten Gesetzgebungsarbeiten mit besonderer Rücksicht auf die Fragen über den Werth gesetzlicher Beweisregeln..., in: ACrR N. F. 1854, S. 120 ff.

MITTERMAIER, Carl Joseph Anton: Die Gesetzgebung und Rechtsübung über Strafverfahren nach ihrer neuesten Fortbildung, Erlangen 1856.

MÖHL, Arnold: Über das Urtheilen rechtsgelehrter Richter ohne gesetzliche Beweistheorie, in: ZStrVerf Bd. 2 (1842), S. 277 ff.

MÖHL, Arnold: Über die Werthlosigkeit einer gesetzlichen Beweistheorie, in: ZStrVerf N. F. Bd. 2 (1844), S. 184 ff.

MÖHL, Arnold: Ist es rechtmäßig und zweckmäßig, daß der französische Instructionsrichter in der Rathskammer Sitz und Stimme hat...?, in: ZStVerf N. F. Bd. 1 (1844), S. 230 ff.

MOLITOR, Erich: Der Richter, in: Die juristischen Berufe in Vergangenheit und Gegenwart, herausgegeben von Erich BERNEKER, Mainz 1948, S. 53 ff.

MOLITOR, (o. V.): *Erfahrungen* im Gebiete der Criminalrechtspflege, in: ZStVerf Bd. 3 (1843), S. 1 ff.

MONTESQUIEU, Charles de Secondat Baron de la Brède et de: De l'Esprit des lois (1748), französische Textausgabe von Gonzague TRUC, 2 Bände, Paris 1961 (Classiques Garnier); deutsche Übersetzung von Ernst FORSTHOFF: Montesquieu: Vom Geist der Gesetze, 2 Bände, Tübingen 1951; Übersetzung in Auswahl von Friedrich August Frhr. VON DER HEYDE: Charles Baron de Montesquieu: Vom Geist der Gesetze, Berlin 1950.

MÖSER, Justus: Patriotische Phantasien (Sämtliche Werke, Bd. I, 1. Teil), Berlin 1842.

MUMME, Helmut: Ernst Ferdinand *Kleins* Auffassung von der Strafe..., Hamburg 1936.

NADELMANN, Kurt H.: Das Minderheitsvotum im Kollegialgericht – Bekanntgabe oder Geheimhaltung? (Aus dem Englischen übersetzt von Gino LÖRCHER), in: AÖR Bd. 86 (1961), S. 39 ff.

NAEVIUS, Johann Karl: Jus Justitiariorum oder das Gerichts Recht in den Städten / Aembtern und auf dem Lande. Was dabey von denen Richtern / deren Assessoren und Schöppen / auch andern Justitiarien fürnehmlich zu beobachten / zu welches besseren Nachricht / der Städte und Dorffschaften alt und neuer Zustand / deren Unterscheid und besondere Rechte / auch wie die Gerichts-Stete allda eingeführet und gehalten / beygefüget und kürtzlich abgefasset, Wittenberg 1713.

NAGLER, Johannes: Die Strafe, 1. Hälfte, Leipzig 1918.

NAGLER, Johannes: Das Zwischenverfahren, in: GS Bd. 111 (1938), S. 342 ff.

NIEDERREUTHER, (o. V.): Zur Strafverfahrenserneuerung, in: GS Bd. 112 (1939), S. 169 ff.

NIESE, Werner: Zur Frage der freien richterlichen Überzeugung, in: GA 1954, S. 148 ff.

NÖLLNER, Friedrich: Der *Entwurf* einer Strafproceßordnung für das Großherzogthum *Baden* nebst Motiven, in: ZStrVerf N. F. Bd. 1 (1844), S. 86 ff.

OERTMANN, Paul: Gesetzeszwang und Richterfreiheit, Leipzig 1909.

OETKER, Friedrich: Ein Vorschlag zur Verbesserung des Schwurgerichts, in: GS Bd. 65 (1905), S. 325 ff.

OETKER, Friedrich: Schwurgerichte und Schöffengerichte, in: ARWPh Bd. 2 (1908/09), S. 223 ff.

OETKER, Friedrich: Der Wert des Eröffnungsbeschlusses, in: GS Bd. 106 (1935), S. 66 ff.

OETKER, Friedrich: Der Übergang vom Vorverfahren zum Hauptverfahren, in: GS Bd. 106 (1935), S. 314 ff.

OLDENDORP, Johann: Wat byllich unn recht ys, eyne korte erklaring, allen stenden denstlick (1529), übersetzt von Erik WOLF, in: Deutsches Rechtsdenken, Heft 2, 2. Auflage Frankfurt a. M. 1948.

OPPEN, (o. V.): Geschworene und Richter, Köln 1835.

ORTLOFF, Hermann: Beweisregeln und Entscheidungsgründe im Strafprozesse, in: GA Bd. 8 (1860), S. 461 ff, 591 ff.

OVERBECK, Alfred Frhr. von: Das Strafrecht der französischen Encyclopädie, Karlsruhe 1902.

PAALZOW, Christian Ludewig: Kommentar über die Criminal-Ordnung für die preußischen Staaten, Zweiter Teil, Berlin 1809.

PETERS, Karl: Die kriminalpolitische Stellung des Richters bei der Bestimmung der Strafrechtsfolgen, Berlin 1932.

PETERS, Karl: Artikel „Strafzumessung", in: HdwK, Bd. II, Berlin und Leipzig 1936, S. 737 ff.

PETERS, Karl: Tat-, Rechts- und Ermessensfragen in der Revisionsinstanz, in: ZStW Bd. 57 (1938), S. 53 ff.

PETERS, Karl: *Zeugenlüge* und Prozeßausgang, Bonn 1939.

PETERS, Karl: Das Gewissen des Richters und das Gesetz, in: Gegenwartsprobleme des Rechts, herausgegeben von der Görres-Gesellschaft, N. F. Heft 1, Paderborn 1950, S. 23 ff.

PETERS, Karl: Strafprozeß, Ein Lehrbuch, Karlsruhe 1952; 2. Auflage 1966 (wenn nicht anders vermerkt, ist die 1. Auflage zitiert).

PETERS, Karl: Die *Parallelität* von Prozeß und Sachentscheidungen, in: ZStW Bd. 68 (1956), S. 374 ff.

PETERS, Karl: In welcher Weise empfiehlt es sich, die Grenzen des strafrichterlichen Ermessens im künftigen StGB zu regeln (Ermessensfreiheit oder gesetzliche Bindung des Richters bei der Verhängung der Strafe und sonstiger Unrechtsfolgen)?, *Gutachten* für den 41. DJT, in: Verhandlungen des 41. DJT, Bd. I (2), Tübingen 1956, S. 1 ff.

PETERS, Karl (und Dietrich LANG-HINRICHSEN): Grundfragen der Strafrechtsreform, Paderborn 1959, S. 13 ff.

PETERS, Karl: Grundprobleme der Kriminalpädagogik, Berlin 1960.

PETERS, Karl: Die Begrenzung des Strafrechts bei zivilrechtlichen Verhältnissen als materiellrechtliches und prozessuales Problem, in: Festschrift für Eberhard SCHMIDT, Göttingen 1961, S. 488 ff.

PETERS, Karl: Artikel „Strafgerichtsbarkeit", in: StL, Bd. VII, Freiburg i. Br. 1962, S. 736 ff.

PETERS, Karl: Artikel „Strafzumessung", in: StL, Bd. VII, Freiburg i. Br. 1962, S. 785 ff.

PETERS, Karl: Individualgerechtigkeit und Allgemeininteresse im Strafprozeß, in: Summum ius summa iniuria, Individualgerechtigkeit und der Schutz allgemeiner Werte im Rechtsleben, Tübingen 1963, S. 191 ff.

PETERS, Karl: Freie Beweiswürdigung und Justizirrtum, in: Festschrift für Karl OLIVECRONA, Stockholm 1964, S. 532 ff.

PFAFFENDORF, Hans von: Das Weltbild des Richters, Wien 1951.

PLANCK, Julius Wilhelm: Systematische Darstellung des deutschen Strafverfahrens auf der Grundlage der neueren Strafprozeßordnungen, Göttingen 1857.

PLANCK, Julius Wilhelm: Das deutsche *Gerichtsverfahren* im Mittelalter..., 2 Bände, Braunschweig 1879.

PLANITZ, Hans: Deutsche *Rechtsgeschichte*, 2. Auflage, bearbeitet von Karl August ECKHARDT, Graz, Köln 1961.

PLATHNER, Günther: Der Kampf um die richterliche Unabhängigkeit bis zum Jahre 1848..., Breslau 1935.

PUCHTA, Wolfgang Heinrich: Der *Inquisitions-Prozeß* mit Rücksicht auf eine zeitgemäße Reform des deutschen Strafverfahrens überhaupt und besonders auf die Öffentlichkeitsfrage betrachtet, Erlangen 1844.

RADBRUCH, Gustav: Die Natur der Sache als juristische Denkform (zuerst erschienen in: Festschrift für Rudolf LAUN, Hamburg 1948, S. 157 ff), Sonderausgabe der Wissenschaftlichen Buchgesellschaft Darmstadt, 1960.

RADBRUCH, Gustav: Isaak *Iselin* über Cesare Beccaria, in: Elegantiae juris criminalis, 2. Auflage Basel 1950, S. 61 ff.

RADBRUCH, Gustav: Kleines Rechtsbrevier, Spruchbuch für Anselm, nach dem Tode des Verfassers herausgegeben von Fritz VON HIPPEL, Göttingen 1954.

RADBRUCH, Gustav: Paul Johann Anselm von *Feuerbach*, Ein Juristenleben, 2. Auflage, herausgegeben von Erik WOLF, Göttingen 1957.

RADBRUCH, Gustav: Einführung in die Rechtswissenschaft, 11. Auflage, nach dem Tode des Verfassers besorgt von Konrad ZWEIGERT, Stuttgart 1964.

RADBRUCH, Gustav: Rechtsphilosophie, 6. Auflage, nach dem Tode des Verfassers besorgt und biographisch eingeleitet von Erik WOLF, Stuttgart 1963.

RADBRUCH, Gustav: Aphorismen zur Rechtsweisheit, gesammelt, eingeleitet und herausgegeben von Arthur KAUFMANN, Göttingen 1963.

RAISER, Ludwig: Rechtswissenschaft und Rechtspraxis, in: NJW 1964, S. 1201 ff.

REHBERG, (o. V.): Über die Verbesserung der Criminaljustiz und neuen Gesetzbücher für dieselbe, in: NACrR Bd. 10 (1828), S. 402 ff.

REICHARD, Hans: Über die Hauptverhandlung, in: Anwälte zur Reform des Strafrechts und Standesrechts, Gedenkschrift für Joseph CÜPPERS, Essen 1955, S. 103 ff.

REICHEL, Hans: Gesetz und Richterspruch, Zürich 1915.

REINHARDT, Rudolf: Methoden der Rechtsfindung, in: Rudolf REINHARDT und Wilhelm KÖNIG: Richter und Rechtsfindung, München und Berlin 1957, S. 7 ff.

REUSS, Hermann: Der Richter und das Gesetz, in: DÖV Bd. 16 (1963). S. 361 ff.

RIEZLER, Erwin: Das Rechtsgefühl, 2. Auflage München 1946.

RINTEL, C. G. N.: Von der Jury, Münster (Westf.) 1844.

ROESEN, Anton: Die Stellung des Vorsitzenden in der Hauptverhandlung, in: NJW 1958, S. 977 ff.

ROESEN, Anton: Der Eröffnungsbeschluß, in: NJW 1959, S. 1861 ff.

ROSENBLATT, (o. V.): *Res judicata* und Justizirrtum, Ein Beitrag zur Lehre von der Wiederaufnahme des Strafverfahrens, in: ZStW Bd. 23 (1903), S. 580 ff.

ROSENBLATT, (o. V.): Die *Wiederaufnahme des Strafverfahrens* in den europäischen Gesetzen der Gegenwart, in: ZStW Bd. 26 (1906), S. 101 ff.

ROSENFELD, Ernst Heinrich: Der Reichs-Strafprozeß, 4. und 5. Auflage Berlin 1912.

ROSENTHAL, Eduard: Geschichte des Gerichtswesens und der Verwaltungsorganisation Baierns, Bd. I, Würzburg 1889.

ROSS, Alf: Theorie der Rechtsquellen, Leipzig und Wien 1929.

ROSSHIRT, Conrad Franz: Einiges über Wissenschaft, Gesetzgebung und Anwendung der Rechte, besonders im Criminalrechte, in: NACrR Bd. 8 (1825), S. 145 ff.

ROSSHIRT, Conrad Franz: Über den Geist des in der Carolina aufgestellten Criminalprozesses mit besonderer Rücksicht auf unsere Praxis, in: NACrR Bd. 8 (1825), S. 610 ff (zit. „Criminalprozeß der Carolina").

ROSSHIRT, Conrad Franz: *Schwarzenberg* in seiner Beziehung zur Bambergensis und Carolina, in: NACrR Bd. 9 (1826), S. 233 ff.

ROSSHIRT, Conrad Franz: Zwei *kriminalistische Abhandlungen*, Heidelberg 1836.

ROTBERG, Hans Eberhard: Zu einem deutschen Richtergesetz, Tübingen 1950 (Beihefte zur DRZ, Nr. 12).

ROTHENBERGER, Curt: Der deutsche Richter, Hamburg 1943.

RÜMELIN, Gustav: Über Werturteile und Willensentscheidungen im Civilrecht, Freiburg i. Br. 1891.

RÜMELIN, Max: Erlebte Wandlungen in Wissenschaft und Lehre, Tübingen 1930.

RUMPF, Max: Gesetz und Richter, Versuch einer Methodik der Rechtsanwendung, Berlin 1906.

RUMPF, Max: Der Strafrichter, Bd. I: Die tatsächlichen Feststellungen und die Straftheorie, Berlin 1912.

RUMPF, Max: Artikel „Richter und Rechtsprechung", in: HdwR, Bd. V, Berlin und Leipzig 1928, S. 142 ff.

RUOFF, H. W.: Der endliche Rechtstag in Zürich vor 1400, in: Strafprozeß und Rechtsstaat, Festschrift für H. F. PFENNIGER, Zürich 1956, S. 115 ff.

RUSCHEWEYH, Herbert: Herrschaft des Richters oder der Anwälte im deutschen Strafprozeß?, in: SchlHA 1959, S. 277 ff.

SACHS, Walter: Beweiswürdigung und Strafzumessung, entwickelt an praktischen Strafrechtsfällen, Mannheim, Berlin, Leipzig 1932.

SALINGER, M.: *Gutachten* über die Frage: Sind die Grundsätze der Mündlichkeit der Verhandlung und der Unmittelbarkeit der Beweisaufnahme in dem jetzt geltenden deutschen Zivilprozeß zweckmäßig durchgeführt...?, in: Verhandlungen des 31. DJT, Bd. I (Gutachten), Berlin 1912, S. 29 ff.

SARSTEDT, Werner: *Referat* zum Thema: In welcher Weise empfiehlt es sich, die Grenzen des strafrichterlichen Ermessens im künftigen Strafgesetzbuch zu regeln ...?, in: Verhandlungen des 41. DJT, Bd. II (Sitzungsberichte), Tübingen 1956, Teil D, S. 29 ff.

SARSTEDT, Werner: Die Revision in Strafsachen, 4. Auflage Essen 1962.

SAUER, Wilhelm: Lehrbuch der Rechts- und Sozialphilosophie, Berlin 1929.

SAUER, Wilhelm: Grundlagen des Prozeßrechts, 2. Auflage Stuttgart 1929.

SAUER, Wilhelm: Juristische Methodenlehre, Stuttgart 1940.

SAUER, Wilhelm: Juristische Elementarlehre, Basel 1944.

SAUER, Wilhelm: Allgemeine Prozeßrechtslehre, Berlin 1951.

SAVIGNY, Friedrich Carl von: Juristische *Methodenlehre* (1802/1803), nach der Ausarbeitung Jacob GRIMMS herausgegeben von Gerhard WESENBERG, Stuttgart 1951.

SAVIGNY, Friedrich Carl von: Vom *Beruf* unserer Zeit für Gesetzgebung und Rechtswissenschaft (Heidelberg 1814), zit. nach der Ausgabe von Jaques STERN: Thibaut und Savigny, Berlin 1914 (Nachdruck Darmstadt 1959), S. 69 ff.

SAVIGNY, Friedrich Carl von: *Geschichte* des römischen Rechts im Mittelalter, Bd. I, Heidelberg 1815.

SAVIGNY, Friedrich Carl von: *Stimmen* für und wider neue Gesetzbücher (zuerst erschienen in: ZgeschRW Bd. 3 [1817], S. 1 ff), abgedruckt in: Jacques STERN: Thibaut und Savigny, Berlin 1914 (Nachdruck Darmstadt 1959), S. 205 ff.

SAVIGNY, Friedrich Carl von: *System* des heutigen Römischen Rechts, Bd. I, Berlin 1840; Bd. VI, Berlin 1847.

SAVIGNY, Friedrich Carl von: Die Prinzipienfragen in Beziehung auf eine neue Strafprozeßordnung (Ungedruckte Denkschrift, Berlin 1846), auszugsweise abgedruckt u. d. Titel „Über Schwurgerichte und *Beweistheorie* im Strafprozesse“ in: GA Bd. 6 (1858), S. 469 ff; weiterer Auszug u. d. Titel „Über das Institut der *Staatsanwaltschaft*“ in: GA Bd. 7 (1859), S. 577 ff.

SAX, Walter: Das strafrechtliche *Analogieverbot*, Göttingen 1953.

SCANZONI, G. von: Richterliche Überzeugung, in: NJW 1951, S. 222 f.

SCHAFFSTEIN, Friedrich: Die allgemeinen Lehren vom Verbrechen in ihrer Entwicklung durch die Wissenschaft des gemeinen Strafrechts, Berlin 1930.

SCHAFFSTEIN, Friedrich: *Beiträge* zur Strafrechtsentwicklung von der Carolina bis Carpzov, in: GS Bd. 101 (1932), S. 14 ff.

SCHAPER, (o. V.): Beweis und freie Überzeugung, in: GA Bd. 8 (1860), S. 175 ff.

SCHAPER, (o. V.): Zur Psychologie des Verdachts und der Überzeugung, in: GA Bd. 12 (1864), S. 441 ff.

SCHAPER, (o. V.): Grundzüge der gegenwärtig herrschenden *Beweistheorie* in Strafsachen, in: GA Bd. 14 (1866), S. 180 ff, 245 ff.

SCHELER, Max: Der Formalismus in der Ethik und die materiale Wertethik, Neuer Versuch der Grundlegung eines ethischen Personalismus, 4. Auflage Bonn 1954.

SCHEUERLE, Wilhelm A.: Rechtsanwendung, Nürnberg und Düsseldorf 1952.

SCHEUERLE, Wilhelm A.: Richterliches Beratungsgeheimnis und richterliche Meinungsfreiheit, in: ZZP Bd. 68 (1955), S. 317 ff.

SCHEYHING, Robert: Eide, *Amtsgewalt* und Bannleihe, Köln, Graz 1960.
SCHIFFER, Eugen: Die deutsche Justiz, Grundzüge einer durchgreifenden Reform, 1. Auflage Berlin 1928, 2. Auflage 1949.
SCHILL, Hans J.: Die Stellung des Richters in Frankreich, Bonn 1961.
SCHILLING, Kurt: Geschichte der Philosophie, Bd. II: Die Neuzeit, München 1944.
SCHMIDT, Eberhard: Rechtsentwicklung in Preußen, 2. Auflage Berlin 1929 (Neudruck Darmstadt 1961).
SCHMIDT, Eberhard: *Inquisitionsprozeß* und Rezeption, Leipzig 1940.
SCHMIDT, Eberhard: Die *Kriegsstrafverfahrensordnung* im Ganzen der deutschen Strafprozeßrechtsentwicklung, in: ZStW Bd. 61 (1942), S. 429 ff.
SCHMIDT, Eberhard: Strafrechtspflege und Rezeption, in: ZStW Bd. 62 (1944), S. 232 ff.
SCHMIDT, Eberhard: *Staatsanwalt und Gericht*, in: Probleme der Strafrechtserneuerung, Festschrift für Eduard KOHLRAUSCH, Berlin 1944, S. 263 ff.
SCHMIDT, Eberhard: Montesquieus „Esprit des lois" und die Problematik der Gegenwart von Recht und Justiz, in: Festschrift für Wilhelm KIESSELBACH, Hamburg 1947, S. 177 ff.
SCHMIDT, Eberhard: Die Maximilianischen Halsgerichtsordnungen für Tirol (1499) und Radolfzell (1506) als Zeugnisse mittelalterlicher Strafrechtspflege, Textausgabe mit Einleitung und Erläuterungen, Schloß Bleckede a. d. Elbe 1949.
SCHMIDT, Eberhard: Der Richter, in: Die Sammlung, 1. Jahrgang 1945/46, S. 277 ff.
SCHMIDT, Eberhard: *Einführung* in die Geschichte der deutschen Strafrechtspflege, 3. Auflage Göttingen 1965.
SCHMIDT, Eberhard: *Lehrkommentar* zur Strafprozeßordnung und zum Gerichtsverfassungsgesetz, Teil I: Die rechtstheoretischen und die rechtspolitischen Grundlagen des Strafverfahrensrechts, 2. Auflage Göttingen 1964; Teil II: Erläuterungen zur Strafprozeßordnung und zum Einführungsgesetz zur Strafprozeßordnung, Göttingen 1957; Teil III: Erläuterungen zum Gerichtsverfassungsgesetz und zum Einführungsgesetz zum Gerichtsverfassungsgesetz, Göttingen 1960.
SCHMIDT, Eberhard: *Richter und Staatsanwalt* im demokratischen sozialen Rechtsstaat, in: DRiZ 1952, S. 181 ff.
SCHMIDT, Eberhard: Gesetz und Richter, Wert und Unwert des Positivismus, Karlsruhe 1953.
SCHMIDT, Eberhard: Die *geistesgeschichtliche Bedeutung* der Aufklärung für die Entwicklung der Strafjustiz aus der Sicht des 20. Jahrhunderts, in: SchwZStr Bd. 73 (1958), S. 341 ff.
SCHMIDT, Eberhard: Rechtssprüche und Machtsprüche der preußischen Könige des 18. Jahrhunderts, Leipzig 1943.
SCHMIDT, Eberhard: Probleme der Struktur des Strafverfahrens unter rechtsstaatlichen Gesichtspunkten, in: DRiZ 1959, S. 16 ff.
SCHMIDT, Eberhard: Die Sache der Justiz, Göttingen 1961.
SCHMIDT, Eberhard: Anklageerhebung, Eröffnungsbeschluß, Hauptverfahren, Urteil, Betrachtungen zur Strafprozeßreform, in: NJW 1963, S. 1081 ff.

SCHMIDT, Eberhard: Probleme der richterlichen Verantwortung, in: DRiZ 1963, S. 376 ff.
SCHMIDT, Richard: Die Herkunft des Inquisitionsprozesses, Freiburg und Leipzig 1902 (Sonderdruck aus der Festschrift f. d. Großherzog Friedrich).
SCHMIDT-LEICHNER, (o. V.): Deutscher und anglo-amerikanischer Strafprozeß, in: NJW 1951, S. 7 ff.
SCHMIDT-RÄNTSCH, Günther: Gegenstand, Sinn und Grenzen des Beratungsgeheimnisses, in: JZ 1958, S. 329 ff.
SCHMIDT-RÄNTSCH, Günther: Deutsches Richtergesetz, Kommentar, München und Berlin 1962.
SCHMITT, Carl: Gesetz und Urteil, Berlin 1912.
SCHMITT-WEIGAND, Adolf: *Rechtspflegedelikte* in der fränkischen Zeit, Berlin 1962.
SCHOETENSACK, August: Der Strafprozeß der Carolina, Leipzig 1904.
SCHÖLLGEN, Werner: Der Richter und das Gesetz, in: FH Bd. 2/2 (1947), S. 656 ff.
SCHÖNFELD, Walther: *Grundlegung* der Rechtswissenschaft, Stuttgart und Köln 1951.
SCHOPENHAUER, Artur: Parerga und Paralipomena, Stuttgart und Berlin 1923 (Sämtliche Werke Bd. VIII-XI, Ausgabe Cotta).
SCHORN, Hubert: Der Strafrichter, Frankfurt a. M. 1960.
SCHRAMM, Johann Friedrich: Richterlicher Gewissensspiegel, In welchen ein Richter dasjenige, so er so wohl selbst, als auch wegen derer vor Gerichte erscheinenden Advocaten und streitenden Partheien Gewissen halber inacht zu nehmen, ohntrüglich erkennen kan, Nach Ordnung des Prozesses kürtzlich dargestellet, Erfurt 1729.
SCHRÖDER, Horst: Gesetz und Richter im Strafrecht, Kiel 1953.
SCHRÖDER, Horst: In welcher Weise empfiehlt es sich, die Grenzen des strafrichterlichen Ermessens im künftigen StGB zu regeln (Ermessensfreiheit oder gesetzliche Bindung des Richters bei der Verhängung der Strafe und sonstiger Unrechtsfolgen)?, *Gutachten* für den 41. DJT, in: Verhandlungen des 41. DJT, Bd. I (2), Tübingen 1956, S. 57 ff.
SCHRÖDER, Richard: *Lehrbuch* der deutschen Rechtsgeschichte, 1. Teil, 6. Auflage, fortgeführt von Eberhard Frhr. VON KÜNSSBERG, Leipzig 1919.
SCHULTZE, August Sigmund: Privatrecht und Prozeß in ihrer Wechselbeziehung, 1. Teil, Freiburg i. Br. und Tübingen 1883.
SCHWARZE, Friedrich Oskar von: Die gesetzliche Beweistheorie mit besonderer Rücksicht auf die Beweisregeln des englischen Strafverfahrens, in: GA Bd. 6 (1858), S. 721 ff.
SCHWARZE, Friedrich Oskar von: Über Beweistheorie und Entscheidungsgründe im Criminalprocesse, in: GS Bd. 10 (1858), S. 81 ff.
SCHWARK, (o. V.): Über den Königl. Sächsischen Entwurf zu einer Strafprozeßordnung und sein Verhältniß zu den Preußischen Gesetzen vom 3. Januar 1849 und 3. Mai 1852, in: GA Bd. 1 (1853), S. 662 ff.
SCHWEIKERT, Heinrich: Die Wandlungen der Tatbestandslehre seit Beling, Karlsruhe 1957.
SCHWERIN, Claudius Frhr. von: *Grundzüge* der deutschen Rechtsgeschichte, 4. Auflage, besorgt von Hans THIEME, München und Berlin 1950.

SCHWINGE, Erich: Der Kampf um die Schwurgerichte bis zur Frankfurter Nationalversammlung, Breslau 1926.

SCHWINGE, Erich: Irrationalismus und Ganzheitsbetrachtung in der deutschen Rechtswissenschaft, Bonn 1938.

SCHWINGE, Erich: Die Grundlagen des Revisionsrechts, 2. Auflage Bonn 1960.

SCHWINGE, Erich: Der Jurist und sein Beruf, Eine Einführung in die Rechtswissenschaft, Hamburg, Berlin, Bonn 1960.

SECKENDORFF, Veit Ludwig von: Teutscher Fürsten-Staat, Frankfurt und Leipzig 1736.

SEIBERT, Claus: Der überstimmte Richter, in: MDR 1957, S. 597.

SELLO, Erich: Die Irrtümer der Strafjustiz und ihre Ursachen, Berlin 1911.

SMEND, Rudolf: Das Reichskammergericht, Erster Teil: Geschichte und Verfassung, Weimar 1911.

SOMLÓ, Felix: Juristische Grundlehre, 2. Auflage Leipzig 1927.

SOMMER, Franz: *Studien* zur Geschichte der Rechtswissenschaft im Lichte der Philosophiegeschichte, Paderborn 1934.

SONNENFELD, (o. V.): Zur Reform unserer Gerichtsorganisation, in: BlRpfl Jahrgang 18 (1907), S. 1 ff.

SPENDEL, Günter: Das richterliche Beratungsgeheimnis und seine Grenzen im Strafprozeß, in: ZStW Bd. 65 (1953), S. 403 ff.

SPENDEL, Günter: Zur Lehre vom Strafmaß, Frankfurt a. M. 1954.

SPENDEL, Günter: Die Begründung des richterlichen Strafmaßes, in: NJW 1964, S. 1758 ff.

SPENDEL, Günter: Wahrheitsfindung im Strafprozeß, in: JuS 1964, S. 465 ff.

STACKELBERG, Curt Ferdinand Frhr. von: Gedanken zur Reform des deutschen Strafverfahrens, in: Anwälte zur Reform des Strafrechts und Standesrechts, Gedenkschrift für Joseph CÜPPERS, Essen 1955, S. 122 ff.

STACKELBERG, Curt Ferdinand Frhr. von: Der Anwalt im Strafprozeß, in: DRiZ 1959, S. 311 ff.

STACKELBERG, Curt Ferdinand Frhr. von: Zur Reform des Strafprozeßrechts, in: JJB, Bd. 2 (1961/62), Köln-Marienburg 1962, S. 171 ff.

STAHL, Friedrich Julius: Die Philosophie des Rechts, Bd. II, 4. Auflage Heidelberg 1870.

STAMMLER, Rudolf: Der Richter, Donauwörth und Berlin 1924.

STEIN, Erwin: Die verfassungsrechtlichen Grenzen der *Rechtsfortbildung* durch die Rechtsprechung, in: NJW 1964, S. 1745 ff.

STEIN, Friedrich: Das private Wissen des Richters, Untersuchungen zum Beweisrecht beider Prozesse, Leipzig 1893.

STEIN, Friedrich: Zur Justizreform, Tübingen 1907.

STEMANN, C. von: *Gutachten* über die Frage: Ist im Strafverfahren das Verhör durch den Präsidenten oder das Kreuzverhör vorzuziehen?, in: Verhandlungen des 11. DJT, Bd. I (Gutachten), Berlin 1873, S. 1 ff.

STEMANN, C. von: Über die Fortbildung des Instituts der *Staatsanwaltschaft,* in: GA Bd. 8 (1860), S. 41 ff.

STEPHEN, Henry J.: Handbuch des englischen Strafrechts und Strafverfahrens, aus dem Englischen übersetzt und erklärt von Ernst MÜHRY, Göttingen 1843.

STINTZING, Roderich und Ernst LANDSBERG: *Geschichte* der deutschen Rechtswissenschaft, 3 Abteilungen, Abt. I und II von R. STINTZING, Abt. III von E. LANDSBERG, München und Leipzig 1880–1910.

STOBBE, Otto: Geschichte der deutschen Rechtsquellen, 2 Bände, Braunschweig 1860 f.

STOCK, Ulrich: Strafprozeßrecht, Tübingen 1952.

STOCK, Ulrich: Zur Frage der Übernahme anglo-amerikanischer Strafprozeßgrundsätze in das deutsche Strafprozeßrecht, in: Festschrift für Theodor RITTLER, Aalen 1957, S. 305 ff.

STÖLZEL, Adolf: Die Entwicklung des gelehrten *Richterthums* in deutschen Territorien ..., 2 Bände, Stuttgart 1872.

STÖLZEL, Adolf: Carl Gottlieb Svarez, Berlin 1885.

STÖLZEL, Adolf: Brandenburg-Preußens *Rechtsverwaltung* und Rechtsverfassung, dargestellt im Wirken seiner Landesfürsten und obersten Justizbeamten, 2 Bde., Berlin 1888 f.

STÖLZEL, Adolf: Fünfzehn *Vorträge* aus der Brandenburgisch-Preußischen Rechts- und Staatsgeschichte, Berlin 1889.

STOLL, Adolf: Friedrich Carl von Savigny, Bd. III: Ministerzeit und letzte Lebensjahre, Berlin 1939.

STRAUCH, Dieter: Recht, Gesetz und Staat bei Friedrich Carl von Savigny, 2. Auflage, Bonn 1963.

STREE, Walter: In dubio pro reo, Tübingen 1962.

STÜBEL, Christoph Carl: *System* des allgemeinen peinlichen Rechts ..., Bd. I, Leipzig 1795.

STÜBEL, Christoph Carl: Das Criminalverfahren in den deutschen Gerichten ..., Bd. III, Leipzig 1811.

SUNDELIN, (o. V.): Die Berechtigung und Bedeutung des Verhörs im gegenwärtigen Preußischen Strafverfahren, in: GA Bd. 6 (1858), S. 624 ff.

SUNDELIN, (o. V.): Die Forderung des Kreuzverhörs in ihrer Begründung und Ausführung, in: GA Bd. 11 (1859), S. 161 ff.

SVAREZ, Carl Gottlieb: Inwiefern können und müssen Gesetze kurz sein?, in: Vorträge über Recht und Staat, herausgegeben von Hermann CONRAD und Gerd KLEINHEYER, Köln und Opladen 1960, S. 627 ff.

SVAREZ, Carl Gottlieb: Über den Einfluß der Gesetzgebung in die Aufklärung, in: Vorträge über Recht und Staat, herausgegeben von Hermann CONRAD und Gerd KLEINHEYER, Köln und Opladen 1960, S. 634 ff.

TACKENBERG, Gisela: *Kreuzverhör* und Untersuchungsgrundsatz im spanischen Strafprozeß, Bonn 1960.

TEMME, J. H. D.: Das preußische Gesetz über das Untersuchungsverfahren vom 17. Juli 1846, in: ZStrVerf Bd. 3 (1846), S. 343 ff.

TEMME, J. H. D.: Über das accusatorische und inquisitorische Prinzip im Strafverfahren, in: ZStrVerf Bd. 4 (1847), S. 90 ff.

TEPLITZKY, Otto: Probleme der Richterablehnung wegen Befangenheit, in: NJW 1962, S. 2044 ff.

THIEME, Hans: Die Zeit des späten Naturrechts, in: ZSavSt GA Bd. 56 (1936), S. 202 ff.

THIEME, Hans: Die preußische Kodifikation, in: ZSavSt GA Bd. 57 (1937), S. 355 ff.

THIERFELDER, Rudolf: Anselm von Feuerbach und die bayerische Strafprozeßgesetzgebung, in: ZStW Bd. 53 (1934), S. 403 ff.
THIESING, Adolf: Das Justizministerium unter Friedrich Wilhelm IV. bis zum Abschluß der Verfassung (Savigny als Gesetzgebungsminister...), in: 200 Jahre Dienst am Recht, Gedenkschrift aus Anlaß des 200jährigen Gründungstages des Preußischen Justizministeriums, Berlin 1938, S. 95 ff.
THOMAS VON AQUINO: Recht und Gerechtigkeit, Bd. 18 der deutsch-lateinischen Thomas-Ausgabe „Summa theologica", kommentiert von Arthur Fridolin UTZ O. P., Heidelberg, München, Graz, Wien, Salzburg 1953.
TIPPELSKIRCH, von (o. V.): *Beiträge* zur künftigen Strafprozeß-Ordnung für Preußen, Siebenter Artikel: Von der Beweistheorie in Strafsachen, in: GA Bd. 5 (1857), S. 303 ff.
TITTMANN, Carl August: Daß sich die *Urtheilssprecher* in der Nothwendigkeit befinden können, eine gesetzwidrige Strafe zu bestimmen, um ein gerechtes Urtheil zu sprechen, in: NACrR Bd. 1 (1816), S. 352 ff.
TITTMANN, Carl August: *Handbuch* der Strafrechtswissenschaft und der deutschen Strafgesetzkunde, 3 Bände, Halle 1822, 1823, 1824.
TOMASCHEK, Eduard: Der Indizienbeweis des österreichischen Strafgesetzbuches..., in: ZStrVerf Bd. 2 (1842), S. 445 ff.
TÖNNIES, Ferdinand: Gemeinschaft und Gesellschaft, 8. Auflage Leipzig 1935.

ÜBERWEG, Friedrich: Grundriß der Geschichte der Philosophie, 2. Teil: Die patristische und scholastische Philosophie, herausgegeben von Bernhard GEYER, 11. Auflage 1955, Nachdruck Darmstadt 1960.
ULLMANN, Emanuel: *Lehrbuch* des Deutschen Strafprocessrechts, München 1893.
UTZ, Arthur Fridolin: Vgl. THOMAS VON AQUINO.

VALJAVEC, Fritz: Geschichte der abendländischen *Aufklärung*, Wien und München 1961.
VEROSTA, Stephan: Korreferat über „Rechtliche und politische Grenzen der Verfassungsgerichtsbarkeit", in: Verhandlungen des 1. Österreichischen Juristentages, Bd. II, 2. Teil, Wien 1961, S. 41 ff.
VIEHWEG, Theodor: Zur Geisteswissenschaftlichkeit der Rechtsdisziplin, in: StG Bd. 11 (1958), S. 334 ff.
VÖLCKER, (o. V.): Einige Worte über den *Beweis in Criminalsachen*, in: ZStrVerf Bd. 1 (1841), S. 461 ff.

WACH, Adolf: Struktur des Strafprozesses (Sonderdruck aus der Festgabe der Leipziger Juristenfakultät für Karl BINDING), München und Leipzig 1914.
WÄCHTER, Carl Georg von: Beiträge zur Deutschen Geschichte, insbesondere zur Geschichte des Deutschen Strafrechts, Tübingen 1845.
WÄCHTER, Carl Georg von: *Gemeines Recht* Deutschlands, insbesondere Gemeines Deutsches Strafrecht, Leipzig 1844.
WAGNER, Albrecht: Der Kampf der Justiz gegen die Verwaltung in Preußen..., Hamburg 1936.
WAGNER, Albrecht: Der Richter, Geschichte, Aktuelle Fragen, Reformprobleme, Karlsruhe 1959.

WALTHER, Friedrich: Die Rechtsmittel im Strafverfahren nach den Grundsätzen des englisch-französischen Strafproceßrechtes, 2 Abteilungen, München 1853 und 1855.

WARDA, Günter: Dogmatische Grundlagen des richterlichen Ermessens im Strafrecht, Köln, Berlin, Bonn, München 1962.

WEBER, Max: Wirtschaft und Gesellschaft, 3. Auflage, Tübingen 1947.

WEBER, Max: Rechtssoziologie, aus dem Manuskript herausgegeben von Johannes WINCKELMANN, Neuwied 1960.

WEBER, VON (o. V.): Über den Begriff der *strafrechtlichen Gewißheit*, in: NACrR Bd. 8 (1825), S. 557 ff.

WEBER, VON (o. V.): Praktische Bemerkungen in Bezug auf den künstlichen oder Anzeigenbeweis, in: ACrR N. F. 1838, S. 195 ff.

WEBER, Hellmuth von: Benedikt Carpzov, in: Festschrift für Ernst Heinrich ROSENFELD, Berlin 1949, S. 29 ff.

WEGNER, Arthur: Einführung in die Rechtswissenschaft, 2. Auflage Berlin 1948.

WEGNER, Arthur: Carl Ernst JARCKE, in: Festschrift für Ernst Heinrich ROSENFELD, Berlin 1949, S. 65 ff.

WEINKAUFF, Hermann: Richtertum und Rechtsfindung in Deutschland, Tübingen 1952.

WELCKER, Carl Theodor: Jury, Schwur- oder Geschworenengericht als Rechtsanstalt und als politisches Institut, Altona 1840.

WELZEL, Hans: Die Naturrechtslehre Samuel *Pufendorfs*, Berlin 1958.

WERNER, Fritz: Das Problem des Richterstaates, Berlin 1960.

WESTERMANN, Harry: Wesen und Grenzen der richterlichen *Streitentscheidung* in Zivilsachen, Münster (Westf.) 1955.

WESTHOFF, Ursula: Über die *Grundlagen* des Strafprozesses mit besonderer Berücksichtigung des Beweisrechts, Berlin 1955.

WICK, von (o. V.): Über *Beweistheorie* und Entscheidungsgründe im Criminalprocesse und deren Verhältniß zur Ermittelung der materiellen Wahrheit, in: ACrR N. F. 1857, S. 42 ff.

WIEACKER, Franz: Privatrechtsgeschichte der Neuzeit, Göttingen 1952.

WIEACKER, Franz: Zur rechtstheoretischen Präzisierung des § 242 BGB, Tübingen 1956.

WIEACKER, Franz: Gesetz und Richterkunst, Zum Problem der außergesetzlichen Rechtsordnung, Karlsruhe 1958.

WIEACKER, Franz: Rechtsprechung und Sittengesetz, in: JZ 1961, S. 337 ff.

WIEACKER, Franz: 250 Jahre Celler Oberlandesgericht, Richter und Gesellschaft im nordwestdeutschen Territorialstaat, Göttingen 1962.

WILHELM, Walter: Zur juristischen *Methodenlehre* im 19. Jahrhundert, Frankfurt a. M. 1958.

WILLENBÜCHER, Ferdinand: Die strafrechtsphilosophischen Anschauungen Friedrich des Großen, Breslau 1904.

WIMMER, August: Einführung in das englische Strafverfahren mit rechtsvergleichenden Hinweisen, Bonn 1947.

WIMMER, August: Überzeugung, Wahrscheinlichkeit und Zweifel, in: DRZ 1950, S. 390 ff.

WINDELBAND, Wilhelm: Lehrbuch der Geschichte der Philosophie, 15. Auflage, herausgegeben von Heinz HEIMSOETH, Tübingen 1957.

WIRTH, Johann Georg August: Handbuch der Strafrechtswissenschaft und Strafgesetzgebung, Bd. I, Breslau 1822.

WLASSAK, Moriz: Römische Processgesetze, 1. Abteilung, Leipzig 1888.

WOHLHAUPTER, Eugen: Die Rechtsfibel, Deutsches Recht in der Vergangenheit, Bamberg 1956.

WOLF, Erik: Grotius, Pufendorf, Thomasius, Tübingen 1927.

WOLF, Erik: Der *Sachbegriff* im Strafrecht, in: Die Reichsgerichtspraxis im deutschen Rechtsleben, Festgabe der juristischen Fakultäten zum 50jährigen Bestehen des Reichsgerichts, Bd. V, Berlin und Leipzig 1929, S. 44 ff.

WOLF, Erik: Die Typen der Tatbestandsmäßigkeit, Breslau 1931.

WOLF, Erik: Große Rechtsdenker der deutschen Geistesgeschichte, 4. Auflage Tübingen 1963 (darin: Johann *von Schwarzenberg*, S. 102 ff; Johann *Oldendorp*, S. 138 ff; Friedrich Carl *von Savigny*, S. 467 ff).

WUNDT, Wilhelm: Logik, Bd. II, 2. Teil, 2. Auflage Stuttgart 1895.

WÜRTENBERGER, Thomas: Die deutsche Strafrechtsgeschichte im 19. Jahrhundert, in: GS Bd. 116 (1942), S. 261 ff.

WÜRTENBERGER, Thomas: Strafrichter und soziale Gerechtigkeit, in: Stellung und Aufgabe des Richters im modernen Strafrecht, Mélanges Oscar Adolf GERMANN, SchwZStr Bd. 75 (1959). S. 35 ff.

WÜRTENBERGER, Thomas: Die *geistige Situation* der deutschen Strafrechtswissenschaft, 2. Auflage Karlsruhe 1959.

ZACHARIÄ, Heinrich Albert: *Grundlinien* des gemeinen Deutschen Criminalprocesses, Göttingen 1837.

ZACHARIÄ, Heinrich Albert: Die *Gebrechen und* die *Reform* des deutschen Strafverfahrens, dargestellt auf der Basis einer consequenten Entwickelung des inquisitorischen und des accusatorischen Prinzips, Göttingen 1846.

ZACHARIÄ, Heinrich Albert: Über die *Schöffenverfassung* nach der peinlichen Gerichts-Ordnung . . ., in: ACrR N. F. 1857, S. 85 ff.

ZACHARIÄ, Heinrich Albert: *Handbuch* des deutschen Strafprocesses, 2 Bände, Göttingen 1861 und 1868.

ZACHARIÄ, Karl Salomo: Vierzig Bücher vom Staate, 3. Band, 2. Auflage Heidelberg 1825.

ZACHARIAS, A. N.: Über Persönlichkeit, Aufgaben und Ausbildung des Richters, Berlin 1911.

ZACKE, A.: Über Beschlußfassungen in Versammlungen und Collegien, insbesondere über die Abstimmung in Richtercollegien, Leipzig 1867.

ZAHN, Karl von: Karl Ferdinand Hommel als Strafrechtsphilosoph und Strafrechtslehrer, Leipzig 1911.

ZALLINGER, Otto von: Das Verfahren gegen die landschädlichen Leute in Süddeutschland, Innsbruck 1895.

ZEILLER, Franz von: Grundsätze der Gesetzgebung (1806/09), in: Deutsches Rechtsdenken, herausgegeben von Erik WOLF, H. 6, Frankfurt a. M. 1948, S. 5 ff.

ZENTNER, J.: Das Geschworenengericht mit Öffentlichkeit, Freiburg i. Br. 1830.

ZIPPELIUS, Reinhold: *Wertungsprobleme* im System der Grundrechte, München 1962.

ZIPPELIUS, Reinhold: Zum Problem der *Rechtsfortbildung*, in: NJW 1964, S. 1981 ff.

ZIPPELIUS, Reinhold: Das Wesen des Rechts, München 1965.

ZIRKLER, J. H.: *Revision* der wichtigsten Lehren des positiven Rechts ..., Bd. II, Gießen 1807.

ZÖPEL, Heinrich: Zur *Biographie* von Schwarzenberg ..., in: ZStrVerf Bd. 1 (1841), S. 133 ff.

ZWEIGERT, Konrad: Zum richterlichen Charisma in einer ethisierten Rechtsordnung, in: Festgabe für Carlo SCHMID, Tübingen 1962, S. 299 ff.

RECHTSQUELLENVERZEICHNIS[1]

Sachsenspiegel, Landrecht. Ausgabe von Karl August ECKHARDT: Das Landrecht des Sachsenspiegels, Göttingen 1955.

Deutschenspiegel, Landrecht. Ausgabe von Karl August ECKHARDT und Alfred HÜBNER: Deutschenspiegel mit Augsburger Sachsenspiegel, Hannover 1933.

Schwabenspiegel, Landrecht. Ausgabe von Heinrich Gottfried GENGLER: Des Schwabenspiegels Landrechtsbuch, Erlangen 1875.

Glosse zum sächsischen Weichbildrecht. Ausgabe von A. VON DANIELS und Fr. VON GUBEN: Das sächsische Weichbildrecht, Ius municipale Saxonicum, Berlin o. J. (1858).

Maximilianische Halsgerichtsordnungen: Tiroler Malefizordnung und Radolfzeller Halsgerichtsordnung. Ausgabe von Eberhard SCHMIDT: Die Maximilianischen Halsgerichtsordnungen für Tirol (1499) und Radolfzell (1506) als Zeugnisse mittelalterlicher Strafrechtspflege, Schloß Bleckede a. d. Elbe 1949.

Peinliche Gerichtsordnung Kaiser Karls V., Constitutio Criminalis Carolina. Ausgabe von Reinhold SCHMID: Kaiser Karls des Fünften Peinliche Gerichtsordnung nebst der Bamberger Halsgerichtsordnung nach den Ausgaben von 1533 und 1507 ..., 2. Auflage Jena 1835.

Preußische Kabinettsorder vom 14. April 1780 die Verbesserung des Justizwesens betreffend (Novum Corpus Constitutionum Prussico-Brandenburgensium ..., Bd. 6, Nr. 13, S. 1939 ff).

Österreichische Allgemeine Gerichtsordnung vom 1. Mai 1781 (JGS Nr. 13, S. 6 ff).

Österreichisches Allgemeines Bürgerliches Gesetzbuch vom 1. November 1786 (JGS Nr. 591, S. 71 ff).

Österreichisches Allgemeines Gesetz über Verbrechen und derselben Bestrafung vom 13. Januar 1787 (JGS Nr. 611, S. 7 ff).

Allgemeines Landrecht für die Preußischen Staaten vom 5. Februar 1794, zit. nach der Ausgabe Berlin 1806 ff.

Österreichisches Strafgesetz über Verbrechen und schwere Übertretungen vom 3. September 1803 (JGS Nr. 626, S. 82 ff).

Preußische Kriminalordnung vom 11. Dezember 1805. Allgemeines Criminalrecht für die Preußischen Staaten, Erster Theil, Criminalordnung, 2. Abdruck Berlin 1816.

Code d'instruction criminelle vom 7. November 1808. Ausgabe Dessau und Leipzig 1809.

---

[1] Das Verzeichnis enthält lediglich Rechtsquellen von ausschließlich historischer Bedeutung.

Strafgesetzbuch für das Königreich Baiern vom 16. Mai 1813. Amtliche Ausgabe München 1813.
Preußisches Gesetz betreffend das Verfahren in den bei dem Kammergerichte und dem Criminalgerichte zu Berlin zu führenden Untersuchungen vom 17. Juli 1846 (GS 1846, S. 267 ff).
Preußische Verordnung vom 3. Januar 1849 über die Einführung des mündlichen und öffentlichen Verfahrens mit Geschworenen in Untersuchungssachen (GS 1849, S. 14 ff).
Strafgesetzbuch für die Preußischen Staaten vom 14. April 1851 (GS 1851, S. 101 ff).
Preußisches Gesetz vom 3. Mai 1852 betreffend die Zusätze zu der Verordnung vom 3. Januar 1849 über die Einführung des mündlichen und öffentlichen Verfahrens mit Geschworenen in Untersuchungssachen (GS 1852, S. 209 ff).

Kolibri 360 GmbH
Ferdinand-Jühlke-Straße 7
99095 Erfurt, Deutschland
produktsicherheit@kolibri360.de